Début d'une série de documents
en couleur

CORRESPONDANCE
DES
RÉFORMATEURS
DANS LES PAYS DE LANGUE FRANÇAISE

RECUEILLIE ET PUBLIÉE

AVEC

D'AUTRES LETTRES RELATIVES A LA RÉFORME

ET DES NOTES HISTORIQUES ET BIOGRAPHIQUES

PAR

A.-L. HERMINJARD

TOME SIXIÈME (1539 à 1540)

AVEC UN INDEX ALPHABÉTIQUE DES NOMS

GENÈVE, BALE, LYON
H. GEORG, LIBRAIRE-ÉDITEUR
PARIS
G. FISCHBACHER, 33, RUE DE SEINE

1883

H. GEORG, ÉDITEUR

GENÈVE, BALE ET LYON

Archives (les) de Genève. Inventaire des documents contenus dans les portefeuilles historiques et les registres des conseils, avec le texte inédit de diverses pièces de 1528 à 1541, publié par F. Turrettini avec le concours de A.-C. Grivel, archiviste du canton de Genève. In-8º, viii, 331 et Index de 18 p. 1878 .... 8 —

Astié (J.-F.), La théologie allemande contemporaine, avec une lettre préface à la jeunesse théologique des pays de langue française. In-8º, 288, 100 et 360 p. 1874 .... 10 —

Bordier (Henri), La Saint-Barthélemy et la critique moderne. In-4º, 116 p. avec 9 pl. et fig. dont 1 pl. en chromo. 1879 .... 10 —

Calvin, Récit de la dernière maladie et de la mort de J. Calvin, par un témoin oculaire (*Th. de Bèze*). In-12º. 1864 .... — 60

Catéchisme français de Calvin publié en 1537, réimprimé pour la première fois d'après un exemplaire nouvellement retrouvé, suivi de la plus ancienne Confession de foi de l'église de Genève, avec deux notices par Albert Rilliet et Théophile Dufour. In-16 de 434 p., papier de Hollande, avec 2 fac-simile. Épuisé, les derniers exemplaires à 20 —

Du Bois-Melly (Charles), Mémoires d'un fugitif (1686), suivi du Journal de Genève pour la présente année 1690. In-12º, 270 p. 1877 ... 5 —
*** Imprimé sur papier de Hollande.

— Le récit de Nicolas Muss, serviteur de M. l'Amiral. Épisode de la Saint-Barthélemy, avec notes historiques et gloses. In-12º, 258 pages. 1878 .... 4 —

Fazy (Henri), Procès de Jérôme Bolsec. In-4º. 1866 .... 5 —

— Procès de Valentin Gentilis et de Nicolas Gallo (1558) publié d'après les documents originaux. In-4º. 1878 .... 4 —

— La Saint-Barthélemy et Genève. Étude historique, avec documents. In-4º, 131 p. 1879 .... 5 —

Galiffe (J.-B.-G.), Genève historique et archéologique, avec dessins et illustrations de H. Hammann. In-4º, environ 90 grav. dans le texte et un plan synchronique. 1869—72 .... 37 50

Goltz (Baron de), Genève religieuse au XIXme siècle, ou tableau des faits qui, depuis 1815, ont accompagné dans cette ville le développement de *l'individualisme ecclésiastique du réveil*, mis en regard de l'ancien système théocratique de l'église de Calvin. Traduit de l'allemand par C. Malan. In-8º, 592 p. 1862 .... 7 50

Lombard (Alexandre), Jean-Louis Paschale et les martyrs de Calabre. 2me édition revue et augmentée. In-12. 108 p. avec une carte de la Calabre citérieure. 1881 .... 2 50

Merle d'Aubigné (J.-H.), Caractère du réformateur et de la réformation de Genève. In-8º. 1862 .... 1 —

Rilliet (Albert), Le rétablissement du catholicisme à Genève il y a deux siècles. Étude historique d'après des documents contemporains pour la plupart inédits. In-8º, 256 p. 1880 .... 5 —

Schmidt (C., prof. de théol.), Les libertins spirituels, traités mystiques, écrits dans les années 1547 à 1549, publié d'après le manuscrit original. In-12º, 248 p. 1876 .... 7 50

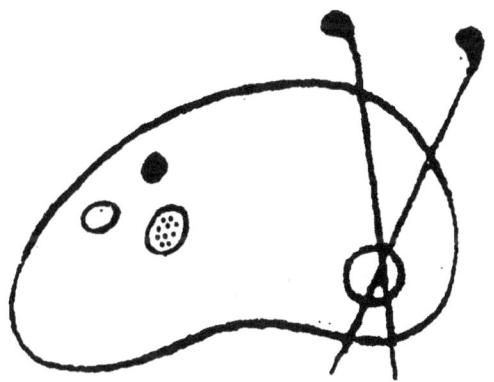

Fin d'une série de documents en couleur

CORRESPONDANCE

DES

RÉFORMATEURS

DANS LES PAYS DE LANGUE FRANÇAISE

GENÈVE. — IMPRIMERIE SCHUCHARDT.

CORRESPONDANCE

DES

RÉFORMATEURS

DANS LES PAYS DE LANGUE FRANÇAISE

RECUEILLIE ET PUBLIÉE

AVEC

D'AUTRES LETTRES RELATIVES A LA RÉFORME

ET DES NOTES HISTORIQUES ET BIOGRAPHIQUES

PAR

A.-L. HERMINJARD

TOME SIXIÈME

1539—1540

GENÈVE, BALE, LYON
H. GEORG, LIBRAIRE-ÉDITEUR
PARIS
G. FISCHBACHER, 33, RUE DE SEINE

—

1883

Tous droits réservés.

A LA MÉMOIRE

DE

MON VÉNÉRÉ AMI

LOUIS VULLIEMIN

CORRESPONDANCE

DES

RÉFORMATEURS

SUITE DE LA TROISIÈME PÉRIODE

Depuis la publication de l'Institution Chrétienne de Calvin jusqu'à l'acceptation des Ordonnances ecclésiastiques à Genève.

1536—1541

JEAN SINAPIUS [1] à Jean Calvin, à Strasbourg.
De Ferrare, 1ᵉʳ septembre 1539.

Autographe. Bibl. Publ. de Genève. Vol. n° 112. Calvini Opera.
Brunsvigæ, t. X, Pars II, p. 363.

Ὑγιαίνειν. Ea tua doctrina est, is candor, illud studium propagandæ pietatis, quantùm et ex iis qui te et norunt et audierunt, et ex scriptis tuis tum privatis tum publicis [2] intelligo, ut *tametsi nulla inter nos unquam intercessisset notitia, non possem tamen tibi non ex animo bene velle.* Jam mirum in modum hanc opinionem de te

---

[1] Voyez, sur *Jean Sinapius* ou *Sinapi*, les Indices des tomes IV et V.
[2] Voici la liste des livres que *Jean Calvin* avait publiés jusqu'alors : L. A. Senecæ libri duo de Clementia, Io. Calvini commentariis illustrati. Parisiis, 1532. — Christianæ Religionis Institutio. Basileæ (mense Martio) 1536. — Epistolæ duæ de rebus hoc sæculo cognitu apprime necessariis. Basileæ (mense Martio) 1537. — Instruction et confession de foy dont on use en l'église de Genève (Genève, Wigand Köln, avril 1537). Voyez la réimpression de cet ouvrage, publiée avec deux Notices par Albert Rilliet et Théodore Dufour. Genève, Georg, 1878, p. xxxii et lx. — La traduction latine de l'Instruction (ou Catéchisme) et de la Confession de foy. Bâle, Robert Winter, mars 1538. Voyez le N° 696, note 3. — Aulcuns Pseaulmes et Cantiques mys en chant. Strasbourg, 1539 (Voy. N° 823, n. 29).

augent, partim officia tua et animus benevolus erga me, partim jucundissima recordatio, immò desyderium præsentiæ tuæ, — quando sanè illo quo adfuisti tempore, superioribus annis [3], *revera me sicuti Alcibiadis Silenus quispiam latuisti* [4]. Ante omnia verò me devincit communis illa tibi mecum cum amicissimis meis necessitudo, *Simone Grynæo* et *Martino Bucero,* inquam, et *Francisca Bucyro-*

[3] Au printemps de l'année 1536, époque où *Calvin* séjourna quelque temps à *Ferrare* (N°⁸ 545, n. 2; 568, n. 3).

[4] *Alcibiade* s'exprime comme il suit, dans *le Banquet* de Platon : « Socrate ressemble tout à fait à ces *Silènes* qu'on voit exposés dans les ateliers des sculpteurs et que les artistes représentent avec une flûte ou des pipeaux à la main, et dans l'intérieur desquels, quand on les ouvre, en séparant les deux pièces dont ils se composent, on trouve renfermées des statues de divinités..... C'est un homme qui n'entend rien à quoi que ce soit ; il en a l'air au moins. Tout cela n'est-il pas d'un Silène? Tout à fait. Mais ce n'est là que l'enveloppe, c'est le Silène qui couvre le dieu. Ouvrez-le : quels trésors de sagesse.... n'y trouverez-vous pas renfermés ! » (Œuvres de Platon, trad. par Victor Cousin. Paris, 1822-40, t. VI, p. 325, 329.) Le *Silène d'Alcibiade* a passé en proverbe pour désigner tout homme dont l'extérieur est sans apparence, mais dont l'âme recèle des trésors : en un mot, le mérite qui se cache. (Voy. Adagiorum Chiliades... Erasmi Roterodami. (Genevæ) Rob. Stephanus, M.D.LVIII, in fol. col. 667-678.)

De l'application que *Sinapius* fait de ce proverbe à *Calvin,* nous concluons que celui-ci, pendant son séjour à *Ferrare,* s'était conduit avec beaucoup de réserve ; qu'il n'avait pas *prêché* dans la chapelle de *Renée de France,* et que sa polémique avec le chapelain de la duchesse n'eut pas lieu à cette époque. Autrement, *Sinapius,* qui était précepteur de la princesse Anne d'Este et médecin à la cour, en aurait su quelque chose, d'autant plus qu'il avait déjà, par une affection toute fraternelle, mérité la confiance de *Françoise Boussiron,* l'une des demoiselles d'honneur de la duchesse *Renée* (Renvoi de note 5, et t. IV, p. 204, 205, 337). Merle d'Aubigné n'était donc pas fondé à dire que *Calvin* à *Ferrare* a « commencé à paraître, à parler, à conduire avec l'autorité d'un réformateur » (Hist. de la Réformation au temps de Calvin, V, 544-546, 550-556, 562). Au contraire, le Calvin de Ferrare, tel que Sinapius nous le dépeint d'un seul mot, ressemble parfaitement à celui qui, peu de temps après (en juillet 1536), voulait traverser *Genève* « sans se donner à connaître. » C'est la même répugnance à se produire, le même soin à éviter toute activité extérieure qui aurait compromis la liberté de ses tranquilles études (Voy. t. IV, p. 4, 75, 77, 87). Aussi n'admettons-nous pas que ce même *Calvin* n'ait rien eu de plus pressé, en se rendant d'Italie en Suisse, que d'évangéliser, au milieu des plus grands périls, *le val di Grana, Saluces* et *la cité d'Aoste,* — lui qui avait coutume de dire « qu'il n'était entré en Italie que pour en sortir » (Voyez J. Gaberel. Hist. de l'Église de Genève, 1858, I, 266-268. Pièces justif. p. 100-102. — Jules Bonnet. Bulletin du Pro-

nia [5]. Quorum *illos* nunquam aliter atque patrum loco dilexi, *hanc* vero germanæ sororis in loco antehac semper habitam, nunc ut *uxorem* decet, amo, diligereque et eos et eorum amicos non desinam, dum spiritus hos reget artus.

Cum itaque unaquæque causarum istarum sæpe me incitarit, ut de rebus nostris prolixè ad te, cum testificatione hujus erga te affectus mei scriberem, præsertim quando id et non ingratum tibi fore confiderem, et jam olim me facturum recepissem, — tamen nescio quo Saturnino testudineoque consiliorum meorum successu factum fuit, ut ante hunc diem nunquam id præstare potuerim, nunc autem ut possim, nihil ampliùs opus esse reor. *Connubio enim anno superiore junctos esse nos, et omnem vitæ statum, omniaque consilia nostra, partim ex scriptis conjugis meæ* [6], *partim ex amicis qui hinc ad vos pervenerunt, te pridem rescivisse arbitror.* Quod igitur reliquum est, *ambo te oramus ut quam amicitiam hactenus crebris consiliis erga uxorem meam coluisti, eam nunc deinceps erga nos ambos literis tuis fovere digneris* [7], nosque docere qua ratione aut modo possimus, ex tam perplexis domesticorum negotiorum spinis extricare nos, et ut Christianos conjuges decet, vivere quàm purissimè ac sanctissimè coram Domino, et quàm minimùm vel carni vel mundo concedere, quò neque unquam nos cœpti pœniteat, atque ut unanimes semper nomen Patris nostri laudemus et invocemus. *Plurimùm* enim *tuæ authoritati uterque deferimus, tanquam per cujus os Deus nobiscum colloquatur,* qui quicquid de nobis statuerit aut voluerit, et lubenter volumus et

---

testantisme, 1860, p. 160-168. *Calvin au Val d'Aoste* (février-mars 1536). Récits du seizième siècle, 2ᵐᵉ édit. Paris, 1872, p. 25-74. — Albert Rilliet. Lettre à M. Merle d'Aubigné sur deux points obscurs de la vie de Calvin. Genève, mai 1864, p. 21-34. — Jules Bonnet. *Calvin en Italie.* Bulletin cité, 1864, p. 183-192. — Merle d'Aubigné, op. cit. V, viii-xv, 537-580. — Kampschulte. Joh. Calvin. Leipzig, 1869, I, 279, 280. — Étrennes chrétiennes. Genève, 1874, p. 214-250. *Voyage de Calvin en Italie.* Histoire et Légende, par Charles Dardier. — Encyclopédie des sciences religieuses. Paris, 1876, t. I, p. 392, art. *Aoste* par Henri Bordier. — O. Douen. Clément Marot et le Psautier huguenot. Paris, 1878, I, 197-210, 217-220).

[5] *Françoise Boussiron de Grand-Ry,* originaire du Poitou (t. IV, p. 337, 338. — Douen, o. c. I, 171-174).

[6] C'était *Françoise Boussiron* qui avait annoncé à Calvin la mort d'*Olivétan* (N° 767, n. 6). On ne possède aucune des lettres de cette femme distinguée.

[7] Les lettres de Calvin à Sinapius et à sa femme n'existent plus.

æquo animo feremus. Interea tuis sanctissimis precibus ad Eundem nos ac nostra omnia commendata esse cupimus. Bene vale. Ex aula Ferrariæ, Cal. vii^{bris} Anni MDXXXIX.

JOANNES SINAPIUS.

(Inscriptio:) Pietate atque eruditione eximio viro Domino Joanni Calvino, divini verbi [pr]æconi acerrimo, Domino atque amico suo honoratissimo. Argentorati.

814

JEAN CALVIN au Cardinal Sadolet.
De Strasbourg, 1er septembre 1539.

Iac. Sadoleti Romani Cardinalis Epistola ad Senatum populumque Genevensem, qua in obedientiam Romani Pontificis eos reducere conatur. *Ioannis Calvini Responsio.* Argentorati per Vuendelinum Rihelium. Mense Septembri. Anno M.D.XXXIX, in-8°. — Calvini Opera quæ supersunt omnia. Ediderunt Guilielmus Baum, Eduardus Cunitz, Eduardus Reuss, theologi Argentoratenses. Brunsvigæ, t. V, pp. 365-416.

Ces deux Épitres ont été souvent réimprimées en latin. Celle de Sadolet avait été adressée de Carpentras aux Genevois le 18 mars 1539. (Voyez les N°ˢ 773; 792, note 3; 811, notes 11 et 13.) Elles parurent en français sous le titre suivant : « Epistre de Iaqves Sadolet Cardinal, enuoyée au Senat et Peuple de Geneue : Par laquelle il tasche les reduire soubz la puissance de l'Euesque de Romme. Auec la Response de Iehan Caluin : translatées de Latin en Françoys. Imprimé a Geneue par Michel du Bois. M.D.XL. » In-8°. A la fin : « Imprimé... le VI. de Mars, M.D.XL. » (Voy. la réimpression de J.-G. Fick. Genève, 1860, et les *Calvini Opera*, édition citée, t. V, p. XLIV-XLVI des Prolégomènes.)

815

JEAN CALVIN [à l'abbé de Bon-Repos [1]] à Orléans.

De Strasbourg (1ers jours de septembre 1539 [2].)

Copie de la main de Pierre Daniel. Bibl. de Berne. Manuscrits, vol. n° 141. Calvini Opera. Brunsvigæ, t. XI, p. 56.

Ita me vehementer delectarunt tuæ literæ [3], ut putaverim non

---

[1] Dans l'édition de Brunswick cette pièce est intitulée : « *Calvinus incerto.* » Elle ne porte point de signature, mais on y reconnaît aisément le style de *Calvin*. On voit qu'il s'adresse à une ancienne connaissance, à un chanoine d'Orléans qui cultive assidûment les belles-lettres, et qui est assez éclairé pour rendre hommage à la doctrine évangélique, mais pas assez courageux pour la professer ouvertement. Ces traits divers n'iraient pas mal au chanoine *Guillaume du Costé* (en latin *Lateranus*).

Ce personnage devait être un homme distingué. On lui avait confié une partie de l'éducation du jeune seigneur *Gui de Laval*, et, en 1537, *François I* lui avait donné en commende l'abbaye de *Bon-Repos*, située dans le diocèse de Quimper, à 3 lieues N. de Pontivy. Le 7 mars 1547, il fut élu doyen et archidiacre de Ste-Croix, église cathédrale d'Orléans, et il reçut, à une date qui nous est inconnue, le titre d'aumônier du Roi. *Guillaume du Costé*, à l'exemple de plusieurs Nicodémites français, continuait à servir une Église dont il ne partageait pas toutes les croyances. Aussi *Calvin* écrivait-il à François Daniel, le 26 novembre 1559 : « Quid de patre *Bonæ Requietis* dicam? qui in fœcibus suis resided nimis securè. » Mais il paraît qu'au début des guerres de religion, il se rallia franchement à la Réforme : le 4 novembre 1562, il n'était plus *abbé de Bon-Repos*, et, trois mois plus tard, le nom de « *Latérane*, doyen de Ste-Croix, » figurait en tête d'une liste de 142 Huguenots orléanais condamnés par le parlement de Paris (13 février 1563) à être pendus. On n'a pas de renseignements ultérieurs sur sa personne. Il mourut en 1565 (Voyez Le Maire. Hist. d'Orléans, 1648, Partie III, p. 233. — Gallia Christiana, t. VIII, p. 1483, 1498, 1510; t. XIV, par Barthél. Hauréau, p. 912. — Haag. France protestante, t. IX, art. Spifame, p. 310. — Œuvres de Rabelais. édition Burgaud des Marets et Rathery. Paris, F. Didot, 1870, t. I, p. 38).

[2] Voyez les notes 14, 15, 18.

[3] Lettre adressée à *Jean Sturm* ou bien à l'un des jeunes gens dont il est question plus bas (renvois de note 8-15).

aliter me officio meo satisfacturum, quàm si ipse ad eas, velut ad me scriptas, responderem. Primùm *tibi ex animo gratulor, quòd te video, quantùm ex stilo judicare licet, non esse ex otiosis illis canonicis qui sic tota vita in cibo, potu, alea, somno, fœdis etiam libidinibus occupantur, ut de honestioribus studiis ne per somnium quidem unquam cogitent* [4]. *Neque tamen miror te ab eo vitæ genere nunc esse alienum, à quo memini te, cum nondum tibi Dominus illuxisset, singulari quadam naturæ bonitate semper abhor[r]uisse.*

Sed hoc quoque tibi in tuis studiis videndum est, ut non oblectamenti loco tibi sint duntaxat, verùm in eum finem conferantur, *ut aliquem usum Christi ecclesiæ olim adferant*. Eos enim qui nihil aliud in literis quærunt, nisi ut honesta aliqua occupatione otii tædium fallant, comparare iis soleo qui picturis contemplandis tota vita detinentur : et certè non multùm sunt absimiles. Quorsum enim pertinet in hoc tantùm philosophari ut doctus sis et censearis ? Atqui illud necesse est evenire omnibus qui et profanis scriptis perpetuò immorantur, vel potiùs incubant, nec aliò spectant nisi ut reconditam inde eruditionem referant. Ergo, *ut in verum scopum tua studia destinentur, fac primùm ut sint ejusmodi quæ ad vitam tuam ritè formandam* [5] *valeant, deinde quibus ad alios juvandos instructus sis ac comparatus. Id fiet si bonam temporis partem sacræ lectioni destinaveris*, et eum animum ad legenda Domini oracula afferas quem cœlestis ille magister à discipulis suis requirit. Alioqui non est quòd Deo approbari vitam tuam posse existimes, etiam si hominibus centies satisfacias. Neque enim vel pauper es, ut prætexas æquum esse tuam inopiam Ecclesiæ opibus sublevari, nec sic prædæ expositæ sunt ecclesiasticæ facultates, ut non certo aliquo jure obtinendæ sint.

Scio quàm odiosa sit plerisque isthæc mea severitas. Sed quid vobis, obsecro, in perniciem vestram blandiar [6] ? Ne id quidem humanum esset, tantùm abest ut sit christianum. Quanquam *me etiam tacente satis te aliorum exempla monent. Multi enim extiterunt qui præclaram de se initio spem præbuerunt*. Ubi verò se in illam desidiam ac securitatem, vel potiùs socordiam, tradiderunt, quotus quisque fuit qui non, ut ita loquar, evanuerit in fumum [7] ?

---

[4] Voyez, t. IV, p. 90, lignes 6-10, ce que Jean Calvin disait des *chanoines d'Orléans*, dans sa lettre à François Daniel du 13 octobre 1536.

[5] L'édition de Brunswick porte *reformandam*, au lieu de *ritè formandam*.

[6] Ibidem, *blandior*.

[7] *Pierre Daniel* (N° 310, n. 1, 3) a placé, après *fumum*, un renvoi à

Huc se nuper ad nos *adulescentes duo* ⁸ istinc contulerunt, inconsultis suis, quemadmodum ex literis intelleximus quæ paulò post sunt subsecutæ. Communicarunt autem mecum præcipuè *Joannis*

cette note marginale : « Desunt nonnulla de *Frambergo* et de *N. D.* [et?] matre relinquenda si filium ad superstitionem colendam velit cogere. » Les deux phrases précédentes du texte étant relatives aux personnes qui n'avaient pas persévéré dans la foi évangélique, nous sommes autorisé à croire que *Calvin* citait ensuite des exemples de cette légèreté en mentionnant *Framberge* et *N. D.* (*Nicolas Duchemin*). Le désir de ménager ces deux Orléanais, amis de son père, aura sans doute engagé *Pierre Daniel* à ne donner qu'une indication abrégée du passage qui les concernait. Mais il était trop consciencieux pour ne pas écrire en note : « *Desunt nonnulla...* »

Il s'agit probablement ci-dessus de *Claude Framberge*, receveur de la ville d'Orléans en 1530 (Le Maire, o. c. III, 230), ami de *Jean Truchon* (note 9) et de *François Daniel*, père de Pierre. Dans la liste des Huguenots orléanais condamnés le 13 février 1563 (note 1), figurent, parmi les marchands et bourgeois, *Guillaume Framberge*, deux autres *Framberge*, dont l'aîné s'appelait *la Bretesche*, et *Framberge*, avocat du Roi (Voy. t. III, p. 104, 105). Quant à *Nicolas Duchemin*, on sait qu'il avait accepté en 1535 ou 1536 les fonctions d'official de l'évêque du Mans, ce qui lui valut une verte remontrance de *Calvin* (Nᵒˢ 602, n. 1 ; 754, n. 3. — Douen, o. c. I, 207, 208).

⁸ En copiant la présente épître, vers 1565 (Voy. n. 19), *Pierre Daniel* écrivit, en regard de ce passage, la note suivante : « D. D. *Thibout* Rotom.[agensis] consil.[iarius] et *Albaspinæus* Episcopus Lemovicen. » — Ce qui doit signifier : « Ces jeunes gens étaient Mʳ *Thibout*, aujourd'hui conseiller à *Rouen*, et Mʳ de *l'Aubespine*, qui est maintenant *évêque de Limoges*. »

Nous ignorons si le jeune *Thibout* [l. *Thibaut?*], originaire de Bourges ou de Paris, fut plus tard, à *Rouen*, du nombre de ces « conseillers de Parlement qui favorisoient » les Évangéliques (Voy. Jean Chenu. Antiquitez de la ville de Bourges... Paris, 1621, p. 79, 125, 126, 127. — Ch. Desmaze. Le Châtelet de Paris, 1863, p. 126, 156. — Bèze. Hist. ecclés. I, 306). Son compagnon était évidemment *Sébastien de l'Aubespine*, né à *Orléans*, le 30 avril 1518. Introduit à la cour par son frère aîné *Claude*, qui fut secrétaire d'État de 1542 à 1567, il remplit très habilement les fonctions d'ambassadeur en Suisse, en Allemagne et auprès de Philippe II (1543-1561). Il possédait en commende plusieurs riches abbayes, lorsqu'il reçut, au même titre, l'évêché de *Vannes*, qu'il échangea bientôt contre celui de *Limoges* (1559). Il n'entra dans les Ordres qu'en 1578 et il mourut le 2 juillet 1582.

La correspondance de *Séb. de l'Aubespine* ne présente pas la moindre trace des rapports qu'il aurait eus en 1539 avec les professeurs de *Strasbourg*. Il était, avant tout, diplomate, et le dévouement absolu au monar-

Truschii Doctoris literas [9] ea de re ad *alterum ipsorum* [10] scriptas, quoniam nonnihil ad me pertinebant. Jubebat enim ut *Sturmium* potiùs *ac me* [11] in consilium adhiberet, quàm æquales suos. Obtemperavit ille, quantùm ad consilium petendum; sed quemadmodum rationes suas nobis exposuit, non potuimus aliud suadere quàm ut alteram responsionem hîc à suis expectaret. Quid causæ habueri-

que ne se conciliait guère, pour lui, avec une généreuse intervention en faveur des Protestants français. *Séb. de l'Aubespine*, devenu secrétaire d'État et membre du conseil secret (1567-1578) dut, au contraire, avoir quelque part à la préparation de *la St-Barthélemi*, mais à regret, sans doute, s'il est permis d'en juger d'après ce qu'il écrivait de *Paris* à l'un de ses neveux, peu de temps avant le mois d'août 1572 : « Je n'attends rien de bon de tout ce qui se passe ici..... Sans la main de Dieu, nous serons, avant qu'il soyt un mois bien révolu, en telle extrême, qu'il ne soyt aux hommes à y mettre confort. Faites tousjours vostre debvoir près du maistre et maistresse, qui est *le seul but*, *après Dieu*, qu'il faut choisir et servir » (Voy. Documents inéd. sur l'Hist. de France. Pièces relat. au règne de François II, publ. par Louis Paris, 1841, p. xxxi, xxxii. — C. Schmidt. Vie de Jean Sturm, p. 58, 70, 71. — Bèze, o. c. II, 834. — Chenu, o. c. p. 76, 77. — Le Maire, o. c. II, 102. — Moréry. Dict. hist. — Polluche. Essais hist. sur Orléans, 1778, p. 188. — Gallia Christiana, II, 540, VIII, 1490, IX, 1074, XI, 260).

Son frère *François*, lieutenant général au bailliage de Berry, puis président de la Justice à *Metz*, vers 1553, avait, parmi les Protestants, la réputation d'un « homme sage et *cognoissant de long temps la vérité* » (Bèze, o. c. III, 437. — Chenu, o. c. p. 111, 119, 145).

[9] *Jean Truchon*, que J. Lucius appelle « hominem literatissimum, omnium sententiâ, omnibus virtutis, doctrinæ et eloquentiæ numeris absolutissimum, » était docteur-régent en l'université des lois d'Orléans. Il avait enseigné pendant quelques années au collège de la Marche à Paris. En 1547 ou 1548, il fut pourvu d'un office de conseiller en Bretagne, et plus tard à Chambéri. Nommé en 1554 second président à la Cour de Savoie, il devint, vers 1560, premier président à Grenoble. Sa conduite pendant les premiers troubles l'a fait appeler « *l'esclave des Guises* » (Voyez Jo. Lucii placitorum summæ apud Gallos curiæ XII libri. Parisiis, 1559, lib. 6. — Le Maire, o. c. I, 871. — Eugène Burnier. Hist. du Sénat de Savoie, 1864, I, 189. — Bèze, o. c. I, 350, 351). L'un des volumes de la collection Bongars (Bibl. de Berne, mscrit nº 141) renferme plusieurs lettres de Truchon. L'une des plus intéressantes est datée de Chambéri et porte ce titre : « *Joann. Truchius* Jacobo Viartio, Petro Burdinæo, Cl. Frambergo, Franc. Danieli S. D. »

[10] Probablement *Thibout* (Voy. n. 12).

[11] C'est à Paris que *Truchon* avait dû faire la connaissance de *Jean Sturm* et de *Calvin*.

mus breviter tibi indicabo, ut si qua tibi cum ipso *Truschio* familiaritas intercedat, ei quoque significes.

Primùm videbamus non posse hinc amandari quin propemodum invitus abstruderetur. Tanta scilicet cupiditate flagrabat nobiscum hic manendi. Quòd si persuasus esset ut in *Galliam* rediret, nunquam tamen fuisset impetratum ut viveret *Aureliæ;* nam cum omnia nobis concederet, illud semper constanter excepit, ne *Aureliæ* agere cogeretur : se enim potiùs extrema quæque tentaturum quàm ut mensem unum istic hæreat, hoc tempore. Quoniam igitur videmus ipsum in *Galliam* adeò parùm inclinare, ab *Aurelia* verò toto pectore abhorrere, veremur magnopere ne si istuc venerit, majores offensas in se excitet. At ea fortè indulgentia *tutorum* [12] est, ut ei concessuri sint quod petet. Ergo in *Italiam* mittetur? Quo ingenio præditus est ipse juvenis, et quibus corruptelis abundat illa regio, quid hoc, obsecro, aliud est quàm laqueum illi induere ? Ego conscientiam tuam appello. Sustineresne auctor esse, ut in *Italiam* mitteretur *puer* non malo alioqui sed lubrico flexibilique ingenio ? At non multò satius est ut *hic* ad continentiam integritatemque morum, imprimis verò ad pietatem formetur simul ac confirmetur ? Memineris nos in ea deliberatione non esse an huc concedere debeat. Semel id factum est. Consideratène an secus [13], quid attinet quærere, postquam factum est ? Sed *quia hic sunt* (de ambobus jam loquor) *malim hic ad paucos menses proficere quàm istuc protinus redire,* cujus et ipsos pœniteat in posterum et propinquos eorum amicosque pigeat. Quid enim aliud sperem ab eo qui in animum induxit quidvis potiùs experiri, quàm dimidium mensem eo loci transigere quò eum *tutores* revocant, et ubi detinere ipsum cupiunt.

Deinde, fac istorum omnium nihil obstare quominus se istuc recipiat, quid tamen faceret tam adverso anni tempore juvenis et parùm robusto corpore, et delicatè enutritus et equo pecuniaque destitutus ? Erat tantus æstus cum nobiscum deliberaret, ut nos domi sedentes debilitaret [14]. Nummus unus ad viaticum non suppetebat; erat obæ-

---

[12] Ce trait doit se rapporter à *Thibout*, qui était encore bien jeune (un *puer*, comme il est dit plus bas), et non à *Sébastien de l'Aubespine*, âgé de vingt et un ans et quatre mois (Voyez Guy Coquille. Institution au droit des François. Paris, 1630, p. 347, 351, 352. — Claude Serres. Les Institutions du droit françois. Paris, 1753, p. 3, 85).

[13] P. Daniel a écrit à la marge les mots suivants qui sont biffés : « Fortè hic distinguendum virgula. »

[14] Ce détail paraît avoir engagé les nouveaux éditeurs de Calvin à pla-

ratus hospiti. Nihil istorum aut fingo aut amplifico. Ergo *Truschius* ipse, nisi fallor, si in consilium esset nobiscum adhibitus, nobis libenter assensus fuisset, nihil esse melius, rebus ita impeditis, quàm expectare usque dum non literis tantùm vocetur, sed ad reditum instruatur. Interim tamen *Truschium* admonebis, ut diligenter expendat ac reputet quid è re utilitateque juvenis sit futurum. *Hic neque seritur mihi neque metitur; sed horreo dum considero imminere periculum saluti ejus adulescentis, quem salvum servare cupio* [15].

Jam finem faciam, nam vides me epistolam longiùs extendisse quàm initio proposueram. Salutabis mihi amantissimè *omnes nostros, cognatum tuum* præcipuè, cui *meam ad Sadoletum Responsionem offeres* [16], postquam legeris [17]. Mihi enim cum eo agendum

cer la présente lettre en *juin 1540*. La chaleur fut si grande, cette année-là, qu'on la surnomma *l'année des vins rôtis*. Mais déjà la précédente avait été excessivement chaude jusqu'au milieu de l'automne. « Il y eut [en *1539*] une si grande sécheresse par tout le royaume de France, que tous les puits et toutes les fontaines tarirent; que même les plus grosses rivières n'avoient plus que des filets d'eau... Depuis Pâques jusqu'à la fin de novembre, il ne plut que trois fois et fort légèrement » (Annales de Toulouse par La Faille, 1701, II, 114. — Voyez aussi Chronique de François I, publiée par G. Guiffrey, 1860, p. 269, 270). Dans la Suisse occidentale et dans le Wurtemberg, l'année 1539 fut une année d'abondance exceptionnelle (Voyez Boyve. Annales de Neuchâtel, II, 407.— C. F. Schnurrer. Erläuterungen der Würtembergischen Kirchen-Reformations- und Gelehrten-Geschichte. Tübingen, 1798, p. 178). Il n'est donc pas étonnant que la chaleur fût intolérable à Strasbourg vers le commencement de septembre 1539.

[15] *Calvin* avait de bonnes raisons, à ce moment-là, pour désirer que le jeune *Thibout* restât encore « quelques mois » à *Strasbourg*. Mais en juin *1540*, la prudence la plus vulgaire lui aurait prescrit de le renvoyer tout de suite à *Orléans*. « Pendant l'été de 1540, une épidémie mortelle sévit à *Strasbourg*. Le Gymnase fut menacé d'être supprimé; beaucoup d'élèves et quelques professeurs quittèrent la ville. Pour empêcher la dissolution de l'École, *Jacques Sturm* la fit transporter momentanément à *Gengenbach*, au pied de la Forêt-Noire. *Calvin* et [*Jean*] *Sturm* durent y accompagner les élèves, autant pour les surveiller que pour que Strasbourg ne les perdît pas eux-mêmes » (Ch. Schmidt, o. c. p. 75).

[16] Voyez le N° 814. Celui des parents de l'abbé *de Bon-Repos* qui devait recevoir le récent ouvrage de Calvin, était peut-être *François Daniel*. Notre conjecture expliquerait comment l'original de la présente lettre a pu passer dans les mains de Daniel fils, après la mort de l'ex-abbé (1565).

[17] Daniel a placé ici un renvoi à la note suivante: « Hic aliquid deest. » « *Frambergum* jussi expergiscat: lethargicum penè factum putabo. »

est ut cum suis creditoribus solent debitores qui solvendo non sunt : munusculis enim eos deliniunt, quò solutionis moram patientiùs expectent [18]. Vale, optime vir et mihi in Domino dilectissime. Dominus Christus te suo spiritu roboret ad omne opus bonum ! Arg.[entinæ.] [19]

816

CHRISTOPHE FABRI à Jean Calvin, à Strasbourg.

De Thonon, 5 septembre 1539.

Autographe. Bibliothèque de Gotha. Calvini Opera. Brunsvigæ,
t. X, P. II, p. 364.

S. Gratiam et Pacem ab optimo patre nostro per Jesum Christum !

Non molestè feres, amicissime frater, quòd hactenus postremis tuis haud responderim literis [1], partim ut eadem opera *negocii expeditionem* [2] significarem, partim ob fidi tabellarii pœnuriam. Illud ut absolverem nullum non movi lapidem, atque tandem peractum accipe ut sequitur.

Primùm ex indumentis partem coacti sumus *Reginaldo* [3] resig-

[18] Si *Calvin* avait hâte de se rappeler au souvenir de *Framberge* ou de *François Daniel*, aurait-il attendu jusqu'au milieu de l'année 1540 pour lui envoyer sa *Réponse à Sadolet*, publiée le 1er septembre 1539 ?

[19] On lit, au dos du manuscrit, la quittance suivante : « Je soubsigné confesse avoir emprunté de Monsieur *Gouault* les pièces cy-dessoubz escrites, lesquelles je luy promects rendre à sa volonté.

Faict le 2 de décembre 1566. P. DANIEL.

Les estimacions des héritages de la succession de feu Monsr le bailly *Mairat*, etc. »

[1] Cette lettre de Calvin n'a pas été conservée.

[2] Par *negocii expeditionem*, Fabri entend les affaires qu'il avait eu à régler, comme exécuteur testamentaire d'*Olivétan* (Voy. t. V, p. 305-308).

[3] Le nom de *Reginaldus* figure au bas d'une lettre des pasteurs de la

nare, cum *Psalterio Buc[eri]* 2^{bus} voluminibus [4] et tertio volumine *Epistolarum Ciceronis*[5]. Alteram veró partem pauperculo *Anto.[nio]* sartori, ut placuit, donavimus. Diploidem quandam satis detritam, inter libros repertam, dedimus *fratri Lulinensi*, cùm detritis siccarii indumentis amictus nobis redderetur [6]. Unum tantùm indusium cum minutissimis quisquiliis recepimus inter sarcinas, et capsulam libellis ac literis refertam [7].

Librorum in catalogo [8] *conscriptorum aliquot reddidimus,* scilicet *Jacobo Camerlo* [9] crassum volumen hebraicum ceremoniarum et

---

Classe de Thonon. Nous ne savons si ce personnage pourrait être identifié avec *Jean Regnauld*, principal du collège de Tournay à Paris, et qui fut ajourné devant le Parlement à la suite de l'affaire des *placards* (N° 488, n. 12).

[4] *Olivétan* faisait relier en deux ou trois volumes les ouvrages que leur masse rendait peu commodes pour un travail prolongé; ainsi *le Psautier de Bucer*, intitulé : « Psalmorum libri quinque ad hebraicam veritatem versi et familiari explanatione elucidati per Aretium Felinum. (A la fin :) Argentorati, Georgio Ulrichero Andlano Chalcographo. Mense Septemb. MDXXIX, » in-4° de 398 feuillets. La 2de édition (Argentor. G. Ulricher, MDXXXII) a 334 ff. in-folio.

La bibliothèque d'Olivétan, formée en vue de sa traduction de la Bible, était plus riche en ouvrages théologiques récents qu'aucune autre de la Suisse romande. L'inventaire qui en fut dressé par Fabri n'indique, malheureusement, qu'une moitié de ces ouvrages (celle qui était échue à *Calvin* et à son frère. Voy. n. 25). Nous en donnerons, autant que possible, les titres *in extenso*. Ces renseignements feront apprécier le soin extrême qu'*Olivétan* avait mis à s'entourer de tous les secours nécessaires. On pourra aussi, à l'aide de ces mêmes renseignements, remarquer tel exemplaire qui porterait l'un des noms sous lesquels il est peu connu (*Pierre Robert* ou *Ludovicus*), ou bien sa signature abrégée et des notes de sa main. Ce serait une précieuse découverte, parce qu'elle fournirait à ses futurs biographes un moyen d'information qui nous a fait défaut jusqu'ici : nous voulons dire, la connaissance de son écriture (V. le t. V, p. 280, n. 6).

[5] Aucune des éditions antérieures à 1538 des *Ciceronis Epistolæ* n'est subdivisée en trois volumes.

[6] Allusion au voyage forcé que le pasteur de Lullin, *Bertrand Gravier*, avait fait jusqu'à *Annecy*, au mois de février 1539. Il en était revenu portant les habits du brigand qui l'avait enlevé (V. t. V, p. 242, 243, 280, 281).

[7] Voyez t. V, p. 280, renvoi de note 6.

[8] Catalogue dressé par Olivétan lui-même (N°s 779, renv. de n. 2-4, 8; 786, renv. de n. 8).

[9] *Jacques Camerle* était pasteur de la ville de *Gex* (Voy. les Indices des t. III-V). L'ouvrage qu'il avait prêté à Olivétan était peut-être celui qui est intitulé : « Liber Iudaicarum Precum secundùm ritum Germanorum. Augsburgi, anno 1531 an 1536 ? » in-folio (Voy. Masch. Bibliotheca sacra. Partis II volumen tertium. Appendix, p. 17).

præcum Judaicarum. *Nicolao, concionatori Montis Belligardi* [10], 3 posteriores prophetas ex translatione *Stapul.[ensis* [11]] et *Jobum* Gallicum cum commento. Item, *Zebedæo* [12] Proverbia hebraica. Hos se *Olivetano nostro* tradidisse mutuò affirmarunt. Quos verò ipse vel *Reginaldus* variè distraxit commodato, etsi toties eos repetierim, nulla tamen pertinatia importunitateve omnes potui colligere. Præsertim : a *Jo. Papillione* [13], qui unus ex curatoribus testamenti est [14], 12 aut 15 volumina extorquere non valemus; quos nisi mox reddiderit, in contione fratrum [15] conquerar et persequar. A *Sonerio, Eckium* [16] nec *Definitiones discretionum* [17], quos se non habuisse vel habere respondit; a *Jo. Fabro, Genev.[ensi]* [18], *librum Annæ* [19]; ab *Alexandro nostro* [20], *Tabulam Mosellani* [21] cum aliquot libellis; nec horum quicquam se possedisse dixit.

---

[10] *Nicolas de la Garenne*, pasteur à Montbéliard. Il résidait sans doute dans la Suisse romande à l'époque où *Olivétan* lui avait prêté des livres (t. V, p. 325).

[11] *Jacques Le Fèvre d'Étaples* (t. V, p. 405, note 27).

[12] *André Zébédée*. Ce passage prouve qu'il était arrivé à *Genève* avant le départ d'Olivétan pour l'Italie, c'est-à-dire pendant les premiers mois de l'année 1538.

[13] Voyez t. V, p. 306, note 10 et p. 457.

[14] Les deux autres exécuteurs testamentaires étaient *Pierre de la Fontaine* et *Christophe Fabri*.

[15] La *congrégation* ou assemblée de la Classe, qui se tenait à *Thonon* chaque jeudi.

[16] *Jean Eck*, le fameux théologien catholique (V. l'Indice du t. III).

[17] Nous n'avons trouvé ce titre dans aucune bibliographie. Voici, selon Du Cange (Glossaire, 2e édit. 1842, II, 784), quel était, au moyen âge, le sens du mot *discretio* : « Titulus honorarius, quo nonnunquam compellati sunt *Episcopi*, interdum etiam laici nobiles, uti videre potes apud Th. Madox, Formul. Anglic. p. 5. »

[18] *Jean Favre* ou *Fabri* (III, 47. — Reg. de Genève du 18 avril 1533). Il ne faut pas le confondre avec le ministre *Jean Fabri*, originaire du comté de Nice et qui ne vint que plus tard à *Genève*.

[19] *Liber Annæ* ne doit pas désigner l'ouvrage intitulé : « Legenda sanctissime matrone Anne, genitricis virginis Marie matris et Hiesu Cristi avie. Lipsiæ, Melch. Lotter, 1497, » in-4°, réimprimé plusieurs fois. Il s'agit probablement ici de l'opuscule d'*Agrippa* qui porte ce titre : « De beatiss. Annæ monogamia ac unico puerperio » (Agrippæ Opp. Lugduni, per Beringos, t. II, p. 588-593), ou de l'un des ouvrages publiés par *Le Fèvre d'Étaples*, entre 1517 et 1519, sur les trois Maries et sur sainte Anne (Voy. le t. I, p. 49-52, 60. — Freytag. Adparatus litter. I, 192).

[20] *Alexander Sedelius*, professeur d'hébreu à l'école de Thonon (n. 95).

[21] *Petrus Mosellanus* (1493-1524), célèbre professeur de grec à l'uni-

Novum Testamentum græcum Colinæi [22] *Papillioni* vendiderat, unde *Reginaldo* exsoluti sunt 15 asses; reliquum præcii reliquimus *Papil.[lioni]*. *Biblia latina Rob. Steph.* [23] *Reginaldus Michaelli* [24] vendendam *(sic!)* tradidit, qui pro eis 2. ▽. solares tibi soluturus est. *Incidit enim in sortem tuam et fratris* [25], *simul cum sequentibus, juxta divisionem à nobis tribus bona conscientia peractam* : quam et per *Michaellem* quoque *Bibliopolam* æqua æstimatione singulorum, ut videbis, examinari curavimus : hujusque rei gratia uno die ipsum huc accersivi, et pro laboribus suis libellum quem delegit ipse tradidi, scilicet *Maistre Allain le charretier* [26], et alterum Domino *Gulielmo du Taillis* [27], scilicet *les Lunettes des princes* [28], quas studiosè poposcerat.

Michaëli verò, post apprœtiationem singulorum, *partitionem prius actam communicavi, collatisque utriusque partis præciis,*

---

versité de Leipsic, ami d'Érasme et de Mélanchthon, a publié entre autres ouvrages : « Tabulæ de schematibus et tropis Rhetoricis, » in-8°, livre réimprimé plus de dix fois, soit en Allemagne, soit en France, de 1527 à 1536 (Voy. Jo. Fichardus. Virorum illustrium Vitæ. Francoforti, 1536, in-4°, f. 88-93.— Melch. Adam. Vitæ, etc.— Maittaire. Annales typogr.II, 855).

[22] Η ΚΑΙΝΗ ΔΙΑΘΗΚΗ. (Puis la marque de Simon de Colines.) Εν λευκετίᾳ τῶν παρησίων, παρὰ Σίμωνι τῷ Κολιναίῳ, δεκεμβρίου μηνὸς δευτέρᾳ φθίνοντος, ἔτει ἀπὸ τῆς θεογονίας ͵α. φ. λ. δ. (1534) petit in-8° de 416 feuillets. (Voyez Colomies. Biblioth. choisie, nouv. éd. Paris, 1731, p. 276. — Maittaire, II, 404, 405, 798. — Panzer, VIII, 174. — Masch, o. c. I, 206.)

[23] La première édition de la *Bible latine* publiée par *Robert Estienne* parut en 1528, in-folio. Olivétan a dû préférer, pour sa traduction de l'Écriture Sainte, l'édition in-folio qui est intitulée : « Biblia. Breves in eadem annotationes ex doctiss. interpretationibus ex Hebræorum commentariis.... Parisiis ex officina Roberti Stephani. M.D.XXXII » (Panzer, VIII, 115, 156. — Maittaire, II, 763, 798. — Nicéron, XXXVI, 253). Ce bel ouvrage, ordinairement relié en deux volumes, devait se payer, chez les libraires, plus de 4 *écus au soleil*.

[24] *Michel du Bois*, imprimeur et libraire à Genève (Voy. les Indices des t. IV et V).

[25] *Olivétan* n'avait légué à *Jean* et à *Antoine Calvin* que la moitié de son avoir (N° 786, renvois de note 3-11, 17).

[26] *Alain Chartier* (en latin *Alanus Auriga*) a composé, entre autres ouvrages : Les Paraboles de Maistre Alain. Paris, 1497. Les faicts et dicts de Maistre Alain. Paris, 1526, in-4°. Les Cronicques du feu Roy Charles septiesme, imprimées plusieurs fois de 1526 à 1529.

[27] Voyez, sur *Guillaume du Taillis*, l'Index du t. V.

[28] C'est le titre d'un volume de vers, en grande partie composé par *Jehan Meschinot*, natif de Nantes, mort en 1509. La 1re édition datée est celle de Paris, 1522 (Voy. Nicéron, XXXVI, 357-361).

æquissimam deprehendimus eam, licet juditio nostro eam fecerimus. Tantùm in quibusdam libris delectum habuimus propter te, si fortè nonnullos asservare decreveris. Atque ideo ipse quoque *potiores tuæ sortis* mihi accepi juxta summam 10. ▽. et ultra, ut ex iis tibi semper liceat apud me invenire et reposcere quos libuerit, imò etiam ex meis, qui tui sunt perinde atque mei, quum nullos peculiares indicare volueris.

Hebræi codices.

Biblia Venetiana [29].......... 6 fl.	Proverbia et Cant. cum annot.
Lexicon Munst. [30]......... 15 s.	Munst. [34]............. 10 β.
Gramm. chald. [31]...... 1 fl. 6 β.	Psalmi heb............. 10 β.
Kalend. heb. Munsteri [32].... 8 β.	Institutiones The. Fabr. [35]... 3 β.
Capitula cantici [33] etc....... 1 fl.	Compend. Matt. Aurigalli cum 2 lib. prioribus Gazæ [36]... 4 β.

[29] Avant l'année 1534, on possédait trois éditions de la Bible hébraïque publiée à *Venise* par Daniel Bomberg : 1517, en IV parties, in-fol., cum commentariis Rabbinorum et notis Mazoræ. — 1518 et 1521, in-4°. — 1526, en IV parties, in-folio (Voyez Maittaire, II, 309, 310, 670. — Panzer, VIII, 450, 499). Les titres, le nom de l'imprimeur, celui de Venise et la date y sont donnés ordinairement en hébreu.

[30] On peut hésiter entre les trois ouvrages suivants de *Sébastien Munster* : Dictionarium Hebraicum. Basileæ, 1523, in-8°. — Dictionarium Chaldaicum, non tam ad Chaldaicos interpretes quam Rabbinorum intelligenda commentaria necessarium... Basileæ, 1527, 8°. — Dictionarium trilingue, in quo scilicet Latinis vocabulis... respondent græca et hebraica... Basileæ, 1530, fol.

[31-32] *Sebastiani Munsteri* Grammatica chaldaica, antehac a nemine tentata... Basileæ, 1527, in-4° (Maittaire, II, 694). — Kalendarium Hebraicum. Varia hic occurrunt opuscula hebr. et latina... *Munsteri* Tractat. de anno et mensibus, etc., in-4° (N° 733 *bis*, n. 17. — Panzer, IX, 402).

[33] *Elias Levita.* Capitula Cantici, specierum, proprietatum et officiorum, in quibus scilicet agitur de literis, punctis et quibusdam accentibus hebr. Opus per Seb. Munsterum latine versum. Basileæ, 1525, 1527, 8° (Gesneri Bibliotheca).

[34] Proverbia Salomonis iam recens iuxta Hebraicam veritatem translata et Annotationibus illustrata, autore *Seb. Munstero*... (Basileæ, Jo. Froben. 1524) 8°. — Canticum Canticorum Salomonis latine iuxta hebraicum contextum per *Seb. Munsterum* translatum atque annotationibus aliquot nonnihil illustratum. Basileæ, J. Froben. 1525, 8° (Panzer, VI, 244, 249).

[35] Institutiones *Theodori Fabritii* in linguam Sanctam. Coloniæ, ap. Joannem Soterem, 1528, in-4°.

[36] Institutio puerilis literarum græcarum Phil. Mel. cum epigrammatibus, etc. Compendium hebrææ Grammatices per *Matthæum Aurogallum.*

Pentateuc. heb. et chald.
  alb.³⁷............ 2 fl. 6 s.
Quædam opera talmud...... 8 s.

Præcepta heb. cum epistola
  R. Samuel ³⁸.......... 10 s.
Dificilium dict. in Gen. ³⁹. 2 s. 6 d.

Græci.

No. Test. Colin. ⁴⁰...... 1 fl. 6 s.
No. Test. cum Annotat. Erasmi
  2^{bus} voluminibus ⁴¹...... 2 ▽.
Comment. Budæi ⁴² .... 1 ▽.

Opera hom. imperf. .... 20 s.
Rudim. Lopadii ⁴³ ...... 1 s. 6 d.
Hæsiod. quædam opusc. ⁴⁴ ... 2 s.
Gramm. Melancht. ⁴⁵ .... 7 s.

Hagenoæ, 1525, in-4°, — ouvrage qui était sans doute relié avec le suivant : *Theodori Gazæ* Grammaticæ Libri duo priores translati per Erasmum Rot. (Iidem græcè.) Basileæ apud Jo. Frobenium, Mense Februario Ann. M.D.XXI, in-4°. (Voyez Panzer, VII, 94, IX, 86, 90, VI, 207, 224.)

³⁷ Pentateuchus hebraicus et Chaldaicus cum Commentario Raschii.... Constantinopoli, 1505, in-4°, — ou bien l'édition intitulée : Pentateuchus hebr. et chald. cum quinque Megilloth et Aphtar. (Venetiis) 1527, in-8° (Voyez Panzer, VI, 446, 447, VIII, 505).

³⁸ Peut-être l'ouvrage suivant : Præcepta Mosaica sexcenta atque tredecim cum succincta ac plerumque mirabili et superstitiosa Rabinorum expositione. Basileæ, Henricus Petrus, 1533, in-8° (Panzer, VI, 296). — Nous supposons que cet ouvrage était relié avec l'opuscule intitulé : « Epistola *Rabbi Samuelis* Iudæi ad Rabbi Isaac Iudæum, de prophetiis veteris testamenti, secundùm translationem eorum quibus lex Iudaica destruitur, Christianaque religio approbatur. Lugduni in ædibus Claudii Nourry (alias du Prince) excusum, ac venale prostat, » petit in-8° de 32 ff. Il se termine par une épître latine de Daniel Camerlus à Michel d'Arande, évêque de St-Paul, datée de Lyon, le 9 mai 1527 (Communicat. de M. Ernest Chavannes). Une autre édition, publiée vers la même époque par Cl. Nourry, est en caractères gothiques. L'opuscule du rabbin *Samuel* avait déjà paru en 1523 sous ce titre : « De Iudæorum vana expectatione... Argentorati, apud Hervagium » (C. Gesneri Bibl. univ., 1545, f. 590).

³⁹ L'auteur de cet ouvrage nous est inconnu.

⁴⁰ Voyez la note 22.

⁴¹ Novum Testamentum omne Græcè et Latinè, diligenter ab *Erasmo Roterodamo* recognitum et emendatum... cum annotationibus. Basileæ, 1516, 1519, 1522, 1527, 1535, 1 vol. in-folio (Maittaire, II, 276; V, Pars I, 171, 172).

⁴² *Gulielmi Budæi* Commentarii Græcæ Linguæ. Parisiis, 1529, ex chalcographia Badiana, in-fol. (Maittaire, II, 728.) — Coloniæ, 1530; Florentiæ, 1530 (Panzer, VI, 410, VII, 47).

⁴³ *Ludovici Lopadii* rudimenta Græcæ linguæ. Basileæ, 8°. L'auteur était principal du collége de Constance. (Gesneri Bibl.)

⁴⁴ Plusieurs éditions d'Hésiode, publiées entre 1500 et 1534, ne renferment qu'une partie des œuvres de ce poète.

⁴⁵ Iustitutiones græcæ Grammaticæ... *Philipp. Melancht.* Tubingæ,

Progym. Othom. Luscinii cum Cepor.⁴⁶	6 β.	Illias Homeri	2 s.
		Tab. Cœb. græcolat.⁴⁸	3 s. 6 d.
Ioan. Reucl. in 7 Psal.⁴⁷	3 s.	Capito in Hab.⁴⁹	1 s. 6 d.

Latini et Germanici.

Œcol. in Ezech.⁵⁰	20 s.	Primasius in omnes Ep. Pau.⁵³	1 fl.
Idem in Iob⁵¹	15 s.	Biblia Sanctisp.⁵⁴	2 fl. 2 s.
Eccl. cum comm. Brentii⁵²	9 s.	Biblia germ. Zuingl.⁵⁵	6 fl.

M.D.XVIII, in-4° (Panzer, VII, 85). Cet ouvrage fut réimprimé sept ou huit fois avant 1536.

⁴⁶ Progymnasmata græcanicæ litteraturæ ab *Ottmaro Luscinio* [scil. *Nachtigall*] pro studiosis iam pridem concinnata... Argentorati, M.D.XVII, in-4°. Réimpr. Argentorati, 1521 et 1523, in-8° (Panzer, VI, 83, 95, 103). — Compendium Grammaticæ græcæ *Jacobi Ceporini*. Tiguri, MDXXVI, in-8°. Réimpr. Basileæ, 1528, 1532, in-8°; Parisiis ex officina Simonis Colinæi, MDXXIX, in-8°.

⁴⁷ *Joannis Reuchlini* in septem Psalmos pœnitentiales hebraicos interpretatio de verbo ad verbum et super eisdem Commentarioli sui, etc. Wittembergæ, 1529, in-8° (Panzer, VIII, 323, IX, 88). Cet ouvrage avait déjà paru à Tubingue en 1512, in-8° (Maitt. II, 226, 714).

⁴⁸ Hesiodi Opera et dies. Catonis Romani Moralia. *Cebetis Tabula*. Græcè et Latine. Argentorati, Jo. Knoblouch, s. a. in-4° (Maittaire, II, 270; V, Pars I, 244, 245. — Panzer, XI, 435).

⁴⁹ In Habakuk prophetam *V. Fabritii Capitonis* enarrationes. Argentorati, MDXXVI, in-8° (Freytag. Adparatus litterarius, I, 353-55).

⁵⁰ In prophetam Ezechielem commentarius D. *Joan. Oecolampadii*, per Vuolfgangum Capitonem æditus... Argentorati, MDXXXIIII, in-4° (Panzer, VI, 124).

⁵¹ *Jo. Oecolampadii* exegemata in Iob. Basileæ MDXXIII, in-4°. — Ibid. 1531, fol., 1532, 1536, in-4°. D'après G. Masch (Bibliotheca Sacra. Halæ, 1785, P. II, vol. III, p. 508) il y aurait deux éditions de *Genève*, *1532* et *1533*, in-folio. Mais il est probable que ce bibliographe a été induit en erreur.

⁵² Ecclesiastes Salomonis cum commentariis... *Joannis Brentii* per *Hiobum Gast* e germanico in latinum tralatus. Haganoæ, MDXXVIII, in-8° (Panzer, VII, 101).

⁵³ Primasii Uticensis in Africa episcopi, in omnes D. Pauli epistolas commentarii... ante annos mille ab autore editi. Nunc verò primùm *Ioannis Gagneii* theologi ac Doctoris regii opera in lucem emissi. Apud Seb. Gryphium, Lugduni 1537, in-8°.

⁵⁴ Veteris ac Novi Instrumenti nova translatio per Rev. S. Theol. Doct. *Sanct. Pagninum* Lucen. nuper edita. Lugduni... anno 1527, die 29 Ianuarii (1528 n. st.) in-4°. Il y eut plusieurs autres éditions, publiées entre 1528 et 1534 à Lyon, Paris, Cologne, Anvers, Nuremberg, etc. (Masch, o. c. P. II, 473-476. — Maittaire, V, Pars I, p. 141-143).

⁵⁵ Nous ne connaissons pas de Bible allemande traduite en entier par

No. Test. parvum germ. [56]... 8 s.
Laur. Val. annot. in No. Test. [57] 6 s.
Psalt. Pellic. [58]............ 9 s.
Theophilacti 2 vol. [59].... 2 fl. 6 s.

B. Rhenani de gestis Germ. [60]. 1 fl.
Prudentii opera [61].......... 6 s.
Origenis opera 2^{bus} volumin. [62] 2 ▽.
Chronica Phryg. [63]......... 3 fl.

Zwingli. Il s'agit ici de la traduction allemande publiée de 1527 à 1529, en 5 parties in-16, par *les pasteurs de Zurich.* Elle porte ce titre général : « Bibel, die gantze, der vrsprünglichen Ebräischen vnd Griechischen waarheyt nach, auffs aller treüwlichest verteütschet. » La IV° Partie est intitulée : « Das Vierde teyl des Alten Testaments. Alle Propheten, aus Ebraischer sprach, mit guten treuwen vnd hohem fleiss, *durch die Predicanten zu Zürich,* inn Teutsch vertolmätschet. Gedr. zu Zürich in dem Barfüsser Kloster, durch Chr. Frosch., und volendet am ersten tag des Merzens, im Jar 1529 » (Voyez E. Camillo Rudolphi. Die Buchdrucker-Familie Froschauer, p. 20, 23, 26, 27). En 1529, 1530, 1531, 1534 et 1535, elle fut réimprimée en plus grand format.

[56] Das gantz Nüw Testament recht gruntlich vertüscht. Mit gar gelerten vnd richtigen vorreden, vnd der schwäresten örteren kurtz aber gut vsslegungen. Zürich, 1533, in-16, 1534, in-12. C'est la 5° partie de la Bible allemande indiquée plus haut (note 55).

[57] *Laurentii Vallæ,* viri tam Græcæ quam latinæ linguæ doctissimi, in Novum Testamentum Annotationes. Des. Erasmi Præfatio. Basileæ, apud Andr. Cratandrum, Anno M.D.XXVI, in-8° (Panzer, VI, 256).

[58] Psalterium Davidis, ad Hebraicam veritatem interpretatum cum scholiis brevissimis *Conradi Pellicani,* nunc primum ab auctore recognitum. Argentorati, 1527, in-8° (Masch, vol. cit. 524-525). — Tiguri, Froschover, MDXXXII, in-8°.

[59] Theophilactus in Abacuc, Jonam, Naum et Oseam. Basileæ, 1534, in-8°. — Theophylacti Archiepiscopi Bulgariæ in IV Evangelia Enarrationes, Jo. Oecolampadio interprete. Basileæ, Andr. Cratander, 1522, 1524, 1525, in-folio. — Theophylacti in omnes Divi Pauli Epistolas enarrationes... Latine : Christophoro Porsena Romano interprete. Coloniæ, M.D.XXVII, in-4°. Ces deux derniers ouvrages, réimprimés plusieurs fois séparément, sont réunis dans l'édition de Cologne, 1528, in-folio (Voyez Panzer, XI, 147, 148; VI, 403).

[60] *Beati Rhenani* Selestadiensis Rerum Germanicarum Libri tres... Basileæ, M.D.XXXI, in-folio (Gesneri Biblioth. 1545, f. 140. — Panzer, VI, 278).

[61] *Prudentii* (Aurelii Clementis) Opera multò quam antehac castigatiora, præterea et Æl. Antonii Nebrissens. commentariis illustrata... Antverpiæ, Martinus Cæsar, 1536, in-8° (Maittaire, II, 850).

[62] En 1536 il existait cinq éditions des *Origenis Opera* en quatre volumes in-folio : Parisiis, 1512, 1519, 1522, 1536; Lugduni, 1536. Celle de Bâle, même année, revue par *Érasme,* se compose de deux volumes in-folio (Voyez Maittaire, II, 227, 836. — Panzer, VII, 370, XI, 8).

[63] *Paul. Constant. Phrygionis* Chronicum rerum regnorumque omnium catalogum... ab exordio mundi... complectens. Basileæ, M.D.XXXIII, in-folio.

(interturb.) Opera Chrysost.⁶⁴	16 fl.	Psalm. Zuingl. cum paraphrasi Camp. ⁶⁸	8 s.
Tabulæ ⁶⁵ aliquot cum 2 libˡⁱˢ	2 fl.	Concord. minor⁶⁹	7 s.
Bibliand. in Nahum ⁶⁶	2 s. 6 d.	Aelius Donatus ⁷⁰	3 s.
De contemptu relig. ⁶⁷	3 s. 6 d.	Œcol. in Ep. Heb. ⁷¹	4 s.
No. Test. lat	5 s.		

[64] Le prix élevé de cet ouvrage annonce qu'il s'agissait de l'une des récentes éditions latines de *S. Jean Chrysostome* publiées en cinq volumes folio (Basileæ, 1517, 1522, 1530; Parisiis, 1536), ou de l'édition en sept volumes, même format, mise au jour par André Cratander, à Bâle, 1525 (Voyez Maittaire, II, 626, 732, 835. — Panzer, VI, 252, X, 236). On lit à la marge : *interturb.* [*interturbata?*] qui signifie peut-être que les volumes étaient en désordre, mal reliés ou incomplets.

[65] Des cartes de géographie ?

[66] Propheta Nahum iuxta veritatem Hebraicam Latine redditus per *Th. Bibliandrum*. Tiguri, Chr. Froschover, 1534, in-8°.

[67] Ouvrage de *Hieronymus Gebwiler*, intitulé : « Syngramma de contemptæ Religionis ultione... Hagenoæ, 1528, » 8° (Maitt. II, 706. — Panzer, VII, 101).

[68] Enchiridion Psalmorum quos sanctæ memoriæ clariss. vir *Huldericus Zuinglius* ex Ebraica veritate latinitati donavit et mira claritate illustravit. Tiguri, Chr. Froschoverus, 1532, in-12. — Psalmorum sive Hymnorum liber, quem pius juxta et eruditus quidam ex Ebræo sic transtulit, ut non verbum è verbo, sed sensum reddiderit è sensu. (A la fin :) Explicatio Psalmorum *Hulrici Zuinglii*. Tiguri, 1532, in-8°. — Une 3ᵉ édition parut à Zurich chez Froschover, avec le titre suivant : « Enchiridion Psalmorum ex Hebraica veritate Latinitati donatum. 1533, » in-24.

Comme cette dernière édition ne portait pas le nom du traducteur, elle put être impunément copiée à *Paris* et à *Lyon* (Voy. N° 422, n. 20-21), et elle fut publiée avec la Paraphrase de *Jean van den Campen*, sous le titre que voici : « Enchiridion Psalmorum ex Hebraica veritate Latinitati donatum una cum *Johannis Campensis paraphrasi*. Parisiis, 1533, Claud. Chevallon, » in-16. — « Enchiridion Psalmorum. Eorundem ex veritate Hebraica versionem, ac *Joannis Campensis è regione Paraphrasin*, sic ut versus versui respondeat, complectens. Seb. Gryphius excudebat. Lugduni anno 1533, in-16 ; 1534, in-12 (Voy. Paquot. Mém. pour servir à l'Hist. litt. des Pays-Bas. Louvain, 1768, t. XI, p. 225, 228-29. — Masch. vol. cit. p. 525-532).

[69] Concordantiæ breviores, rerum optimarum, magisque memorabilium, ex sacris Bibliorum libris diligenter collectæ, et in ordinem redactæ alphabeticum. Coloniæ, 1529, 8° (Panzer, IX, 432).

[70] Il existe plusieurs éditions des deux principaux ouvrages d'*Ælius Donatus* : *Rudimenta Grammatices* (Panzer, VII, 420, VIII, 325, IX, 322) et *Methodus*. Ainsi, pour ce dernier ouvrage, on a les éditions in-8° pourvues des scholies d'*Henri Glareanus* et qui parurent de 1531 à 1535 à Zurich, Bâle et Paris.

[71] In Epistolam ad Hebræos, *Ioannis Oecolampadii* explanationes, ut ex ore prælegentis exceptæ, per quosdam ex auditoribus digestæ sunt.

Præcationes christia.⁷² ...... 7 s. | De vasc. de re vest. etc.⁷⁵ .. 10 s.
Iacob. Ziegl. in Pli.⁷³ ...... 30 s. | Quest. collib. caiet.⁷⁶ .... 5 s.
Gramm. lat. Fab.⁷⁴ .... 1 fl. | Dial. et Rhet. Mel.⁷⁷ .... 3 s.

Argentorati apud Mathiam Apiarium. Mense Augusto, Anno MDXXXIIII, »
in-8°.

⁷² Nous ne connaissons aucun recueil de prières intitulé *Præcationes christianæ*. Fabri voulait sans doute parler de l'un des ouvrages suivants: Precationes biblicæ, Sanctorum Patrum, illustriumque virorum et mulierum utriusque Testamenti. Antverpiæ, 1535, in-12. — Precationes aliquot celebriores e sacris Bibliis desumtæ, hebraice, græce et latine. Lugduni, Gryph. MDXXVIII, 8°. — Precationum aliquot et piarum meditationum Enchiridion... Argentorati, 1525, in-8° (Panzer, VI, 24, VII, 344, VI, 109, IX, 352.) — Præcationes quædam et cantica, videlicet Oratio Dominica, etc. Hebraicè et Latinè. Basileæ, 1520, in-8°.

⁷³ *Jacobi Ziegleri* in Caii Plinii de naturali historia librum II commentarius, quo difficultates Plinianæ præsertim astronomicæ tolluntur. Item *G. Collimitii* et *Joachimi Vadiani* in eundem secundum Plinii scholia quædam. Basileæ, apud Henr. Petrum, 1531, petit in-folio (Voy. Panzer, VI, 284).

⁷⁴ Conrad Gesner (Biblioth. universalis, 1545, f. 353 a) attribue à *Jacobus Faber Stapulensis* une *Grammatica*, qui pourrait bien être l'ouvrage mentionné dans notre t. II, p. 196, n. 7; en outre, une *Grammatographia*, que nous croyons pouvoir identifier avec l'ouvrage indiqué par Maittaire, II, 797, comme il suit : « *Grammatographia ad promptè citoque discendam Grammaticen Latinam*. Parisiis, apud Simonem Colinæum, 1529, » in-4°. Ce livre, réimprimé en 1531 et en 1533, avait été composé « pour l'instruction de *Madame Madelène*, fille de France, à laquelle on avoit dessein d'apprendre la langue Latine » (Voy. Maittaire, V, Pars I, 447. — Du Verdier, éd. de Paris, 1773, t. III, p. 567).

⁷⁵ Eruditissimi viri *Lazari Bayfii* opus de re vestimentaria... Eiusdem de vasculorum materiis ac varietate tractatus... Basileæ, 1531, in-8°. (Freytag. Adparatus litterarius, III, 313.) — Venetiis, 1535, in-8° (Panzer, XI, 535). — *Lazari Bayfii* libri de Re Navali et Vestiaria et de Vasculis, et *Anton. Thyles.* de coloribus. Parisiis, ex offic. Rob. Stephani, 1536, in-4° (Maittaire, II, 852).

⁷⁶ *Thomæ de Vio Caietani* quæstiones quodlibetales cum aliquot assertionibus contra *Lutheranos*. Parisiis per Franciscum Regnault, 1530, in-8° (Panzer, VIII, 136).

⁷⁷ *P. Melanchthonis* de Rhetorica libri tres. Basileæ, 1519, in-4°. — P. Melanchthonis Dialectica. Parisiis, 1522, in-8°. Ces deux ouvrages ont été réimprimés plusieurs fois séparément avant 1536. Nous ne les trouvons réunis que dans l'édition suivante : « Dialectices P. Melanchthonis, libri quatuor, ab Autore nuper ipso de integro in Lucem conscripti ac editi. Item, eiusdem Rhetorices præceptiuncula doctissima. Haganoæ, 1528, Mense Augusto, » in-8° (Panzer, IX, 471).

Gallici.

La paraphr. de Camp. [78]	8 s.	La lunet. des princes	3 s.
Gargant. [79]	3 s.	Les oevr. de Sal. [80] etc	7 s.

[78] Paraphrase, c'est-à-dire, claire translation, faicte jouxte la sentence, non pas jouxte la lettre, sur tous les Psalmes, selon la vérité hébraïque; faite par *Jean Campensis*, vulgò *Van den Campen*. Paris, 1534, in-16 (Paquot, o. c. XI, 230, 231). Les annotateurs de Du Verdier (Bibl. Françoise, éd. de Paris, 1773, II, 370) attribuent la traduction de cet ouvrage à *Estienne Dolet*, mais ils ne citent que l'édition de 1542, imprimée par lui à Lyon, in-8° (Voy. aussi Joseph Boulmier. Estienne Dolet. Sa vie, ses œuvres, son martyre. Paris, 1857, p. 288).

[79] Cet exemplaire du *Gargantua* était certainement l'un des livres dont Fabri disait à Calvin : « Multos libellos prophanos parumque pudicos... dicto retinui præcio, ex quibus, *ut didici ab ipso* [*Olivetano*] aliquid fructus decerpere potero » (Lettre du 21 février 1540). Dans sa forme primitive, cet opuscule de *François Rabelais* est intitulé : « Les grandes et inestimables Cronicques du grant et enorme geant Gargantua : Contenant sa genealogie... » (A la fin :) « Nouuellement Imprimees A Lyon, 1532, » petit in-4° de 16 feuillets en caractères gothiques; réimprimé à Lyon, 1533, petit in-8° ou in-16 de 25 ff. caract. goth.

Nous croyons que, sous le rapport de la langue, le susdit opuscule dut présenter moins d'intérêt à *Olivétan*, que l'édition plus volumineuse où l'on trouve le 1ᵉʳ livre de Gargantua dans sa forme définitive. Cette édition, si souvent reproduite, porte le titre suivant : « Gargantua. ΑΓΑΘΗ ΤΥΧΗ. La vie inestimable dv grand Gargantua, pere de Pantagruel, iadis composée par L'abstracteur de quinte essence... M.D.XXXV. On les vend a Lyon chés Francoys Juste... » In-24 de 102 feuillets, caract. goth. (Voy. Brunet, 5ᵉ éd. t. IV, col. 1037, 1038, 1042.)

On lit à la ligne suivante du catalogue de Fabri : « *La lunet. des princes*, » et en regard, dans la seconde colonne : « *Maist. Allain Char.* » Ces deux titres ont été biffés, parce qu'ils figurent déjà au commencement de la lettre (renv. de n. 26, 28).

[80] A ce titre abrégé ne correspondent ni les Œuvres françaises d'un *Salignac* quelconque, ni les poésies de *Hugues Salel*, qui parurent seulement en 1540. Les œuvres de l'historien *Salluste* n'étaient pas encore complètement traduites en français. Il s'agissait peut-être de l'ouvrage qui porte ce titre : « L'Oraison de Saluste contre Cicéron. L'Oraison de Cicéron responsive à celle de Saluste. Avec deux Oraisons de Saluste à Jules César : le tout translaté nouuellement de Latin en François, par *Pierre Saliat*, avec une Élégie nuptiale présentée à Madame Magdalaine première fille de France, le lendemain de ses nopces avec le Roy d'Escoce. Paris, apud Simonem Colinæum, 1537 » in-8° (Maittaire, III, 271-272). Citons encore : « Déclamation contenant la manière de bien instruire les Enfans, translatée nouuellement de Latin en François par *Pierre Saliat*. Paris, Sim. de Colines, 1527, » 8° (Maitt. II, 693).

Un petit pacquet des fueilles en franc.[81]............... 5 s.	Maist. Allain Char.......... 6 s.

Summa : 106 fl. 6 s. Sabaud., ex quibus distrahantur 2. ▽. *Mich.*[aëlis] et 10 ▽ quos ex me habuistis, cum 4. quos nunc mitto. Supersunt 31 fl. 1 s.

Satis ægrè divendentur, sed ut visum fuerit expedire, meo agam arbitrio, perinde atque pro me ipso vellem ageretis. Quoscunque tibi mitti vel asservari cupis, indicato; alioqui ferè præcipuos retinebo, sed hac semper lege jam dicta.

Exciderunt in frontispicio aliquot libri quos mihi *duo fratres exequ*[*uto*]*res* ante omnia tradiderunt pro 3^{bus} coron.[atis] quos *Olivet.*[*ano*] tradideram quidem (ut soliti eramus communicare nostra omnia) dono; sed nullo pacto voluit recipere nisi mutuò, atque ideo Apocham mihi invito concessit, quam ipsis exerui. Ii sunt:

Bibl. germ. Luth. [82] 1. ▽.

---

[81] C'était sans doute un paquet d'épreuves d'imprimerie ou des feuilles dépareillées, appartenant à quelques-uns des ouvrages suivants qu'*Olivétan* a publiés à Genève de 1536 à 1538 :

« Le Novveav Testament de nostre Seigneur et seul Sauueur Iesus Christ, translaté de Grec en Francois. (A la fin :) M.D.XXXVI, Geneve, Jehan Gerard, » petit in-8°. C'est la traduction revisée du N. T. qui fait partie de la Bible imprimée à Neuchâtel en 1535. — « Les Psalmes de David. Translatez d'Ebrieu en Francoys. (Geneve, J. Gerard) M.D.XXXVII. (A la fin :) Fin du liure des Psalmes, translaté et reueu par *A. Belisem de Belimakon,* » petit in-8°. — « L'Instrvction dés enfans. M.D.XXXVII. (A la fin :) Fin du Recueil de *Belisem d'Vtopie.* Imprimé à Geneue par I. Gerard. » — « Les Livres de Salomoh. Lés Prouerbes, L'Ecclesiaste, Le Cantique dés cantiques, Translatez d'Ebrieu eu Francoys... M.D.XXXVIII. (A la fin :) Translatez et reueux par *Belisem de Belimakon.* Imprime a Geneue Par Iehan Gerard Imprimeur, » petit in-8°. — « Le Nouueau Testament... Translate de Grec en Francoys... M.V^{c}XXXVIII. (A la fin :) translate par *Belisem de Belimakom.* (Et, après les Tables :) Imprime par Iehan Michel (Genève) 1538, » petit in-8°, caractères gothiques.

On trouvera une description très détaillée de ces publications d'*Olivétan*, aux pages ccxxxvj - ccxlviij de l'ouvrage intitulé : Le Catéchisme Français de Calvin publié en 1537, etc. Avec deux Notices par Albert Rilliet et Théophile Dufour. Genève, Paris, 1878.

[82] Biblia, das ist, die gantze heilige Schrift deutsch, Mart. Luth. Wittenberg. begnadet mit Kurfürst. zu Sachsen Freyheit. Gedruckt durch Hans Luft. 1534, in-folio, première édition complète de la *Bible de Luther*, et qu'*Olivétan* utilisa sans doute immédiatement pour sa Bible française

Bibl. ital. [83] 1. ▽.

3 libelli Iosephi [84] cum Œcol. in Ier. [85] 1. ▽.

Aliquos ex parte tua commutavi meis, partim ut mei faciliùs, recentes, vendantur, partim *ob varias annot.[ationes] et lucubrat.[iones] quæ non omnibus ut mihi lectu tam essent facilia* [86] : quod tibi non ingratum fore arbitramur.

Sic egerunt, aliquam habentes rationem expens.[orum], quamvis nihil postularem.

Mittimus præterea duos coronatos Gaspari nostro Charmelo, pro maturo ad nos reditu [87]. Vocatur enim a Domino per omnes fratres ad Ministerium. Ad id igitur quum sit, gratia Domini, idonæus, habeamusque quinque aut sex ecclesias Ministro destitutas [88], nisi

---

de 1535. Mais il ne faut pas oublier, qu'avant cette époque *Olivétan* avait pu consulter le N. T. allemand de *Luther*, publié en 1522 et 1523, puis sa traduction allemande de l'A. T., 1523, bientôt supprimée par Luther luimême, et enfin les diverses parties de sa traduction définitive qui parurent successivement (Voy. N° 128, n. 6. — Joannis Vogt Catalogus historicocriticus librorum rariorum. Hamburgi, 1748, p. 103. — Freytag. Anal. litt. p. 106. — S. J. Baumgartens Nachrichten von merkw. Büchern. Halle, 1754, VI, 378, 379. — Maittaire, o. c. II, 817, 835).

[83] La Biblia, che contiene sacri libri del Vecchio Testamento, tradotti nuovamente dalla Hebraica verità in lingua Toscana, per *Antonio Brucioli*, con divini libri del nuovo testamento, tradotti da Greco in lingua Toscana per medesimo. Con privilegio de l'inclito Senato Veneto e lettera al *Francesco I*. Rege Christianiss. In Venezia per li Giunti, 1532, in-fol. Réimpr. à Venise 1534 (F. G. Freytag. Analecta litteraria. Lipsiæ, 1750, p. 113).

[84] Tredecim Articuli fidei Judæorum, et Compendium Historiarum *Josephi* per *Josippum ben Gorion*, et decem Captivitates Judæorum : Hebraicè et Latinè, interprete Seb. Munstero. Wormatiæ, 1529, in-8° (Maittaire, II, 714. — C. Gesneri, Bibl. univ. 1545, f. 466 a).

[85] In Hieremiam prophetam Commentariorum libri tres *Ioannis Œcolampadii*. Eiusdem in Threnos Hieremiæ Enarrationes. Argentinæ (in officina Matthiæ Apiarii, mense Septembri) M.D.XXXIII, in-4°. Cet ouvrage et le précédent (n. 84) ne pouvaient pas être reliés ensemble ; ils formaient sans doute un seul lot.

[86] Ce détail semblerait indiquer que l'écriture d'*Olivétan* n'était facile à lire que pour ceux qui en avaient une grande habitude, ou bien que ses annotations manuscrites étaient parsemées de sigles et d'abréviations dont *Fabri* seul avait la clef.

[87] *Gaspard Carmel* étudiait depuis près d'une année à *Strasbourg* (t. V, p. 156, 160, 167, 207, 215, 237, 283, 453).

[88] La Classe de Thonon ne comptait alors que *treize* pasteurs (Voy. le P.-S.), qui étaient chargés de desservir une vingtaine de paroisses.

quatenus nobis vim facimus, ipsa quoque plæbecula ministrum efflagitet, — quid tantopere cunctatur? Nonne deprehendi facilè potest, ipsum modis omnibus ad id urgeri, ac veluti invitum impelli? Veniat igitur quàm mox poterit, quó nobiscum in praxi Evangelica exerceatur ac præparetur, si quando, ut brevi futurum speramus, ostium illud tantopere desideratum amplissimè patuerit sermoni gratiæ Domini.

Præfectus Chirensis [89] *revera liberatus est cum suis sodalibus. Alius frater qui hîc trimestri ferè egerat* [90], nobiscum fidei certam cognitionem adeptus, dum hinc abiret, *Lugduni detrusus fuit in carcerem*, deprehensis libellis gallicis quos secum deferebat. Hic firmus in fide permansit, unde damnatum à mense nondum occiderunt. Conjicimus ex iis solissitationes vestras et piorum Senatuum [91] aliquid apud *Pharaonem* [92] effecisse : quod si verum est, pergite quæso, quandoquidem *in multis aliis locis mirè sæviunt tyranni*.

Vale, mi frater et Amice integerrime. Salutato Do. *Capi*[tonem], *Buc*[erum], *Hœd*[ionem] cum optimis eorum symmistis, et *Gaspar*[em], quem, ut nosti necessarium, urgere vel etiam expellere non desines, donec jugo quod diu effugit subjiciatur. *Jo.*[annem] *fratrem* in te comprehendimus, ut unum vos esse scio [93].

Institutionem Christianam et *Com. in Epistolam ad Rom.* curabis ad nos perfer.[enda], si jam, ut accepimus, excudenda curasti [94]. Id poteris per Bibliopolas qui ex *Basilæa* isthuc confluunt. Ex *Basilæa* verò *Neocomum* facilè vehentur ad *Farellum*, qui ex nostris, vel etiam suis, exolvet pro nobis. Tononii, 5 Sept. 1539.

Tuus in omnibus Christof. Libertetus.

[89] Ce personnage à qui Farel donne le nom de *Chiranus*, dans sa lettre du 16 avril 1540, était, à ce qu'il paraît, châtelain ou maire de *Chirens*, bourg situé à 6 l. environ au N.-O. de Grenoble (Voy. IV, 128, et la lettre adressée par MM. de Genève « au chastelain de Chérein, » le 14 déc. 1536. Arch. de Genève).

[90] *Antoine Barbat* ou *Barbut?* Voyez le N° 819, notes 3-5.

[91] Les démarches des magistrats de *Berne*, de *Zurich* et de *Strasbourg* (Voy. Nos 811, n. 6, 7, et renv. de note 9; 812, n. 1).

[92] Le roi *François I.*

[93] C'est probablement *Jean Sturm* (Voy. t. V, p. 321, renv. de note 5).

[94] La deuxième édition latine de *l'Institution Chrétienne* avait paru en août (N° 809). Le commentaire de Calvin sur l'Épître aux Romains ne fut publié qu'en mars 1540.

Salutant vos omnes : *Alexander*, professor noster heb.³⁵, *Pariatus*, cooperarius meus haud pœnitendus⁹⁶, *Frumentus, Porretus, Chambutus*, minister Feissiac.[ensis], *Eynardus Pichonus, Baleisoni* aut *Vegiaci* mox præficiendus, nisi, ut *Charmelus*, montem conscendere plus æquo horruerit, et jugum, ut ille, excusserit. Cum 8. reliquis Classis nostræ ministris⁹⁷.

(*Inscriptio :*) Pietate et eruditione insigni Joanni Calvino, fratri et amico integerrimo. Argentinæ.

817

BÉAT COMTE¹ à Jean Calvin, à Strasbourg.
De Lausanne, 13 septembre 1539.

Autographe. Bibl. Publ. de Genève. Vol. n° 109. Calvini Opera.
Brunsvigæ, t. X, P. II, p. 369.

Credibile non est, nihil istuc ad vos quoque perlatum fuisse *de acerba illa rerum mearum conditione*². Quæ quantò minùs hacte-

---

⁹⁵ Le même *Alexandre* qui est mentionné plus haut (renv. de n. 20). Nous pensons qu'il peut être identifié avec *Alexander Sedelius*, qui, peu d'années après, signait l'une des lettres de la Classe de Thonon.

⁹⁶ En 1538, *Fabri* et *Farel* avaient moins bonne opinion de *Gérard Pariat* (t. V, p. 151, 159), ce qui n'empêcha pas celui-ci d'être élu juré de la Classe de Thouon en 1541.

⁹⁷ Trois des pasteurs ci-dessus mentionnés (*Gérard Pariat, Antoine Froment, Michel Porret*) sont déjà connus par la correspondance antérieure de Farel et de Fabri. *Urbain Chambout* était pasteur à *Fessy*, village situé à quelques lieues au S.-O. de Thonon. *Eynard Pichon*, l'un des sous-maîtres de Cordier en 1538 (t. V, p. 115), n'avait pas suivi *Gaspard Carmel* à Strasbourg : il se préparait, à Thonon, à la carrière ecclésiastique, et les ministres du Chablais se proposaient de l'envoyer comme pasteur à *Balaison*, à 3 l. ½ au N.-E. de Genève, ou à *Veigi*, l'ancienne paroisse de *Denis Lambert*, mort en 1538.

Voici (autant que nous avons pu les constater) les noms des « huit autres » ministres de la Classe de Thonon : les deux *Régis, Antoine Rabier*, pasteur à Hermance, *Reginaldus* (note 3), *Jean Papillon, Pierre de la Fontaine, Nicolas le Teinturier* et *Claude d'Aliod* (N° 631, renv. de n. 2). Toutefois il est bien possible que ce dernier pasteur fût déjà remplacé par *Joachim de Coignac*.

¹⁻² Voyez, sur *Béat Comte*, les Indices des tomes IV et V, et le N° 812,

nus mihi fuerat sperata, eò certè difficiliùs perferri potuit. Et utique nisi me Jesus Dominus in non ferendis adflictionibus illis roborasset, defecissem : Hercule me. Etenim eò res deductæ fuerant, *sic impius spiritus in nectendis fraudibus prævaluerat,* ut mihi in Infernum ferè conjecto, velut alter Abrahamus forem, præter omnem spem spes tenenda fuerit : atque ea quidem non fuit irrita nullamque mihi confusionem reliquit. Ecce enim dum nos omnes rem hanc vel deploratissimam languidiùs frigidiùsque tractamus [3], divina pietas sic mirabiliter adfulsit, ut in momento oculique nutu crassissimus quisque *Impostorii spiritus technas* facilè deprehenderit. Et sic demum in potenti Domini dextera ab ore Leonum extractus sum. Deinde *oviculis meis non minore gloria ministerii nostri restitutus, quàm dedecore inde me sceleratorum impietas extraxerat. Cæterùm nihil omnino multis retro ab hinc annis actum esse puto, quod perinde vehementer in hac nostra regione cornutæ illius bestiæ, Romanum dico antichristum, vires virusque represserit atque absterserit.* Gratia sit Domino !

Quæ autem adhuc scribi hac de re poterant lubenter silebo : præsertim nactus *tam fidum tamque pium tabellarium* [4], qui id totum tibi meliùs coràm dicere possit quàm ullis ego literis explicare queam. Porrò quis rerum tuarum sit status, quantùmque *istic* tibi placeas, abs te ipso certior fieri cupio. Vale, salutatis piis ac doctis omnibus qui sunt tecum. Lausannæ, Idib. Septemb. M.D.XXXIX.

Tuus ex asse B. COMES Donzaren[sis]. [5]

(*Inscriptio :*) Doctiss. et insigniter pio D. Joanni Calvino, Viro mihi charissimo. Argentinæ.

---

qui nous informe du procès criminel qu'on lui avait intenté au mois de juillet précédent, et de sa réintégration dans le clergé du Pays de Vaud, le 29 août.

[3] *Comte* reproche ici indirectement aux pasteurs du Pays de Vaud de n'avoir pas fait des démarches assez actives en sa faveur.

[4] Très probablement *Eynard Pichon*, qui se rendait à Strasbourg, et qui dut arriver à Lausanne le samedi 13 septembre (Voy. N° 818, n. 3-5).

[5] Ce mot, qui dans l'original commence par une minuscule, annonce seulement que *Béat Comte* était originaire de *Donzère*, bourg situé à 3 l. au sud de Montélimart (Drôme). A notre connaissance, ce ministre n'a jamais été appelé *M. de Donzère*. Depuis 1545 on lui donna volontiers, dans le Pays de Vaud, le titre de « *M. de Mex*, » qu'il venait d'acquérir en épousant une veuve, Péronne de Chissey, qui possédait la seigneurie

818

JEAN CALVIN à Christophe Fabri, à Thonon.
De Strasbourg (vers le 25 septembre 1539 [1]).

Autographe. Bibliothèque des pasteurs de Neuchâtel. Calvini Opera. Brunsvigæ, t. X, P. II, p. 371.

Gratia tibi et pax a Domino, integerrime frater!
Literæ tuæ [2] ab *Enardo* [3], cujus me nomine in illis salutabas, redditæ fuerunt 17. circiter die ex quo datæ fuerant [4]. Itaque locum illum non sine risu prætterii, cum viderem tam citò eum *huc* advolasse, quem affixum *istic* putabas [5]. Non enim dubito, quin à vobis quoque missionem ante obtinuerit [6], quàm huc se conferret. Certè ubi meliùs formatus [7] ad ministerium accesserit, spero ejus operam, ut magis seram, ita magis frugi [8] Ecclesiæ fore.

---

de Mex (Voy. le Passevent parisien. Paris, réimpression de 1875, p. 47, 49, 50. — D. Martignier et A. de Crousaz. Dict. hist. du C. de Vaud, art. Mex).

[1] Voyez les notes 3-5.
[2] La lettre de Fabri du 5 septembre (N° 816).
[3-5] Malgré les scrupules d'*Eynard Pichon*, les ministres de la Classe de Thonon se proposaient encore, le jeudi 4 septembre, de l'employer prochainement en qualité de pasteur : ainsi l'écrivait Fabri, le 5 (Voy. le P.-S. du N° 816). Par conséquent, ce ne fut que dans leur assemblée subséquente (celle du jeudi 11) qu'ils purent lui permettre d'aller continuer ses études à *Strasbourg*. Eynard Pichon serait donc parti de *Thonon* le surlendemain, par l'un des bateaux qui traversaient le lac tous les samedis, et, arrivé à *Lausanne*, il aurait attendu les lettres que les pasteurs lausannois voulaient lui confier. C'est bien de lui que *Béat Comte* pouvait dire, le 13 septembre : « Nactus [sum] tam fidum tamquam pium tabellarium » (N° 817, renv. de n. 4). Huit ou neuf jours lui suffisaient pour atteindre le terme de son voyage. Aussi voyons-nous qu'il remit lui-même à *Calvin*, vers le 22 septembre, la lettre de Fabri dont il était le porteur.
[6] Le mot *quoque* semble annoncer que *Pichon*, avant de demander son congé aux ministres du Chablais, avait dû se mettre en règle avec le bailli de Thonon.
[7] Au lieu de *melius formatus*, on lit *vocatus* dans l'édition de Brunswick.
[8] Le mot *frugi*, ainsi que plusieurs autres, est presque effacé par la mouillure. Les nouveaux éditeurs de Calvin ont lu *utilem*.

A Gaspare[9] *hoc extundere nullo modo possis, ut se ante hyemen* [l. *hyemem*] *ad opus accingat* [10]. Ne ipse quidem, si coràm adesses, eum avelleres [11] ante id tempus : adeó semel ad has inducias animum obstinavit. Per me certè non stetit quin primo quoque die iter corriperet. Sed cum viderem adeó constantem ac propositi sui tenacem [12], non potui diutius insistere. Non tamen patiar ultra multos menses, nisi quid fortè inciderit, ociosum hìc desidere. Hujus [13] veró temporis jacturam compensabit, quòd instructior aliquantò ad vos veniet. Ad vos cum dico, intelligo in vineam Christi. Nam secum ipse no[n]dum [14] deliberavit, qua in parte agere debeat. Neque veró consilium id nisi ex re præsenti capere potest.

Nescio quas tibi gratias agere debeam de ista tua diligentia [15], *quæ mihi certè luculento testimonio est, quantopere me ames. Quò magis etiam me pudet, cum reputo tantum temporis tibi mea causa deperire. Non enim fieri potest quin te multis diebus tricæ istæ occuparint. Quando* [16] *tamen non gravatim in amici gratiam id molestiæ devoras, perge quæso ad colligendas illas reliquias qua cepisti fide.* Non enim audeo dicere diligentiâ, quam propè nimiam fuisse agnosco. *Reliquias* intelligo volumina illa quæ a *Papilione* adhuc detinentur [17], apud quem miror tam parum esse religionis. Nihil enim afferre potest quo tergiversationem istam ritè excuset. *Nescio an omnes libros tanti poteris vendere, quanti vos ex æquo et bono æstimastis* [18]. *Verùm si quid erit intertrimenti, libenter patiar decidi ex summa. Duos tantùm* [19] *habere optem, nisi tibi molestum*

[9.]1[:] *Gaspard Carmel* (Voyez t. V, p. 453, n. 27, et N° 816, n. 87, 97). Il ne se décida qu'au mois de janvier suivant à retourner en Suisse.

[11] Édition de Brunswick : *ave*[*here possis ante*].

[12] Ibidem : *constanter propositi sui tenacem.*

[13] Ibidem : *Hyems* vero, etc.

[14] Ibidem : *nedum*, qui nous paraît en désaccord avec le contexte.

[15] Allusion à la peine que Fabri s'était donnée pour recueillir les livres d'*Olivétan* et en dresser un nouvel inventaire, indiquant le prix de chaque volume. Voyez le N° 816.

[16] L'original porte *Qn*, surmonté d'un trait horizontal : c'est l'abréviation de *quando*. Dans l'édition de Brunswick on lit : *Quum.... devoras.* Il nous semble que si Calvin avait employé cette dernière conjonction, il aurait, plus bas, écrit *devores*, et non *devoras.*

[17] Voyez le N° 816, renvois de note 13-15.

[18] Édition de Brunswick : *æstimatis.*

[19] Ibidem : *tamen.* L'original porte *tn*, surmonté d'un trait horizontal, ce qu., dans l'écriture de Calvin, est l'abréviation de *tantum.*

erit : *Biblia veneta et psalterium* [20]. *Scio enim psalterium à majori volumine abesse* [21]. *Causa hæc est meæ cupiditatis, quòd Olivetanus diligenter omnes versus suis numeris notavit* [22]. Hac tamen exceptione illos peto, si nulla tua vel jactura vel molestia fiet. Ex animo loquor. Quamobrem dispice, an nullo tuo incommodo resignare utrumque mihi possis. Cum *Joanne Girardo* confice prout videbitur [23]. Ratum enim habebo quidquid transegeris.

Negocium fratrum [24] *curamus qua decet fide,* minore tamen successu quàm optaremus. *Comiti Guillelmo* [25] diligenter commendavit *Senatus noster,* interim dum responsum [26] a Principibus expectatur *de mittenda legatione* [27]. Saluta mihi fratres nostros omnes

---

[20,21] C'était la Bible hébraïque imprimée à Venise par Daniel Bomberg (N° 816, n. 29). *Olivétan* en avait détaché *le Psautier*, qu'il avait fait relier à part. Son exemplaire se composait ainsi d'un gros volume et d'un volume beaucoup plus petit. Cette particularité pourra les faire reconnaître, s'ils existent encore.

[22] Les nouveaux éditeurs de Calvin disent à propos de ce passage (p. 372, note 3) : « *Biblia græca Aldina, 1518. fol.; opus hodie rarissimum, numeris capitum et versuum omnino carens.* » Nous croyons que ce n'est pas de la Bible grecque des Aldes qu'il s'agit ici, mais de la Bible *hébraïque* de Daniel Bomberg : La première, en effet, ne figure nullement dans la liste des *Codices græci* qui appartenaient à *Olivétan* (Voy. N° 816, renvois de note 40-49), tandis que l'article qui se trouve en tête des *Hebræi codices* de sa bibliothèque est précisément « Biblia Venetiana » (N° 816, renv. de n. 29).

[23] Fabri était-il chargé de vendre à *Jehan Gérard* quelques-uns de livres d'*Olivétan?* — Les passages suivants du Registre de Genève permettraient plutôt de croire, qu'il s'agissait d'un projet de réimpression de la *Bible française d'Olivétan*, projet que *Jehan Gérard* aurait soumis aux héritiers du traducteur : « 19 septembre 1539. *Jo. Girard*, imprimeur. Lequelt az demandé licence de povoyer imprimer laz Bible en petit volume. Arresté de parler az *Jo. Michiel*, imprimeur, autquelt doyjaz az esté donné licence [le 6 juin] de icelle imprimer en petit volume, voyer si le veult fère, aut non. » — « 10 octobre. *Jo. Girard*... Lequelt az prier luy volloyer donner licence de imprimer laz Bible..., ce que luy az esté outroyé, moyennant quel icelle soyt bien collationé par les S[rs] prédicans... » (Voyez Th. Dufour, o. c. p. 184, 185.)

[24] Les démarches en faveur des *Évangéliques de France.*

[25] Le comte *Guillaume de Furstemberg*. Voyez les Indices des deu volumes précédents, et, en particulier, le t. V, p. 444, 446.

[26] Dans l'édition de Brunswick : *nuncium*.

[27] Dans l'assemblée de Francfort (février-avril 1539) les princes protestants d'Allemagne avaient déjà délibéré au sujet d'une ambassade à envoyer au roi de France ; mais ils n'avaient pris aucune décision défini-

qui istic agrum Domini colunt : *Pariatum,* quem tecum ita bene conspirare gaudeo ²⁸, *Alexandrum* et alios ²⁹, *Petrum* ³⁰ etiam, quem admonebis ut quam debet pecuniolam mittat mihi primo nuncio. Negligentiùs enim egit quàm par erat, quòd tot monitiones surdis auribus excepit. Malæ fidei nolo insimulare, quia ³¹ semper bonum virum sum expertus. Sed æquitatem in eo non immeritò desidero : quòd cum *inopiam meam* ³² non ignoret, pecuniolam mihi debitam securè retinet. Proinde effice queso, ut vel restituat tibi quæ à *fratre meo* emit, vel precium solvat. Dominus Christus vos omnes Ecclesiæ suæ diu conservet incolumes ! Vale, frater mihi dilectissime. Argent.[inæ.]

CALVINUS tuus.

Omnes te salutant, præter *fratrem,* qui nunc abest ³³. *Librum meum* ³⁴ ideo non mitto, quia non est ad manum proprius nuncius. Quia ergo non multò minoris constatura erat vectura, quàm liber ipse, et citò hac ratione perferri ad te non poterat, putavi magis expedire ut a *Michaële* ³⁵ emas.

(Inscriptio :) Optimo fratri meo Christophoro Liberteto, ecclesiæ Tononiensis pastori fidelissimo.

---

tive (Voy. t. V, p. 268, n. 9). Le 17 juillet suivant, MM. de Berne, sollicités d'intervenir auprès de *François I,* avaient résolu de ne pas importuner le Roi, et d'attendre d'abord la réponse du *landgrave de Hesse* et des autres princes (N° 811, n. 6, et renvois de n. 7-9).

²⁸⁻²⁹ A comparer avec le post-scriptum du N° 816.

³⁰ Cinq ministres du Pays de Vaud et un ministre de Genève portaient alors le prénom de *Pierre.* Il ne s'agit ici d'aucun d'eux. Pour satisfaire au contexte et à la vraisemblance, c'est dans le Chablais qu'il faut chercher le *Petrus* que *Calvin* faisait saluer en disant : « Saluta mihi fratres... qui *istic* agrum Domini colunt... *Petrum etiam,* etc. » C'était, à notre avis, *Pierre de la Fontaine* (Petrus *a Fonte,* t. V, p. 306), qu'on trouve un peu plus tard pasteur à *Sciez,* à une lieue S.-O. de Thonon.

³¹ Dans l'édition de Brunswick : *quem.* L'original porte l'abréviation dont Calvin se servait presque toujours pour écrire le mot *quia.*

³² Voyez les N°⁸ 784, renvoi de note 10 ; 786, renvoi de note 20.

³³ Calvin venait d'envoyer à *Metz* son frère *Antoine,* comme nous l'apprend sa lettre du 27 octobre.

³⁴ La deuxième édition de *l'Institution chrétienne* (N°⁸ 809, 816, renv. de n. 94).

³⁵ *Michel du Bois,* imprimeur-libraire à Genève.

819

CHRISTOPHE FABRI à Guillaume Farel, à Neuchâtel.
De Thonon, sur la fin de septembre 1539.

Inédite. Autographe. Bibliothèque des pasteurs de Neuchâtel.

S. Priusquam literarum nostrarum fasciculum *fratri*[1] ad te dedissemus, frater charissime, alias ad te *Vireto* jam commiseramus : quas, ut audio, neutiquam recepisti. Aut *Vireto* non fuerunt redditæ[2], aut ipse, ut multis obruitur negociis, obliviosus asservat. *Scribebamus de Antonio illo Barbato*[3], *qui hic circiter duos aut 3 menses nobiscum egerat, et Lugduni in reditu*[4] *raptus fuerat, deprehensis aliquot libellis gallicis, quos ex Geneva secum detulerat*[5]. *Hic autem constanter pergit spiritus* [l. *spiritu*] *Christi magis in dies Pharisæos convincens, adeò ut tam apertum ac modestum hominem damnatum Lutetiam appellare ferè adegerint, quò nuper deductum audio*[6]. Dominus illum et omnes quotquot nunc ubique locorum pro gloria sua periclitantur, corroboret ac omnino substineat (ut suis nunquam non stat pollicitis) suam defendendo causam, quam sic quotidie impugnari conspicit!

[1] Les frères de Farel avaient quitté le Chablais depuis quelques mois (N° 810, n. 6-7). Le frère dont il est question ici était probablement *Eynard Pichon* (N° 818, n. 3-5).

[2] Cette lettre à *Farel* avait dû être confiée à l'un des Savoyards qui se rendaient de Thonon à Lausanne, pour le marché du samedi.

[3] On pourrait voir dans le mot *Barbatus* la traduction du nom de famille *Barbut* ou *Barbé*, ou bien celui de *Barbat*, muni d'une désinence latine. L'un des biographes de Farel (Olivier Perrot) a lu ici *Barbot*, nom très répandu (Voy. la France Prot. 2ᵉ édit. I, 802-807), mais qui n'est pas celui que porte le manuscrit original.

[4] Ce retour par *Lyon* semble annoncer qu'*Antonius Barbatus* était originaire du midi de la France.

[5] A comparer avec le N° 816, renvoi de note 90.

[6] Le Martyrologe de Crespin se tait absolument sur la personne, le procès et la condamnation de *Barbatus*; mais on ne peut douter qu'il n'ait

Non potuimus, ex fragmento chartæ, certò cognoscere quis sit *ille litoviacensis, liconiensis* aut *lingonensis Episcopus*⁷, ita sæpiam imitari videris in scriptis tuis⁸; quamvis perspectum habeamus, tibi ad varios raptim *in dies* scribendum esse⁹. Misereatur suorum Opt. Max. Pater, suamque nunc tueatur Ecclesiam! Nos verò, etiam si commodiùs atque tranquiliùs utcunque agatur nobiscum, *memores esse debemus fratrum nostrorum qui in Ægypto*¹⁰ *tam durè tractantur,* ut eorum non solùm gemitus audiamus, sed etiam et nos cum illis congemiscamus, donec gemitus noster usque ad aures Domini perveniat, quum alia via illis succurrere non valeamus; nec alia quidem videtur tutior atque præstantior, imò compendiosior.

Quod ad nos attinet, in pace et unitate, quantùm licet, ecclesiis nostris pro tenuitate nostra studemus omnes. Non permittit hujus cum *Francisco meo*¹¹ præceps digressus latiùs scribere. Vale, salu-

---

subi le même sort qu'*André Berthelin*, brûlé vif à *Annonay* (1539), pour avoir refusé de s'agenouiller devant une image, sur le grand chemin, au moment où il se rendait à la foire de Lyon (Bèze. Hist. eccl. I, 26). Les persécutions contre les « hérétiques » étaient poussées avec une plus grande rigueur (t. V, p. 281, 282, 310, 371, n. 6, 7), depuis que *François I*, atteint de la maladie qui devait abréger ses jours, abandonnait complétement le soin des affaires au connétable *de Montmorency* (Voy. le N° 824, notes 8, 10. — La lettre de Calvin du 31 décembre 1539. — Gaillard. Hist. de François I. Paris, 1819, III, 68, 69. — Henri Martin. Hist. de France, 4° éd. VIII, 254, 357).

⁷ Dans ce billet perdu, Farel parlait-il de *Claude de Longwy*, évêque de *Langres* (Lingonensis)? C'est peu probable, l'histoire ne disant rien des Évangéliques de son diocèse avant 1547. Il n'y avait pas d'évêque de *Litau*. Celui de *Lincoln* aurait été désigné par l'adjectif *Lindecollinensis*. Nous supposons que Farel a voulu parler de l'évêque de Winchester (*Vintoniensis*) ou de celui de Worcester (*Vigorniensis*). Voyez le N° 824, note 5.

⁸ La *sèche* ou *sépia* est un poisson de mer qui répand une liqueur noirâtre, au moyen de laquelle il se dérobe à la vue. Pareillement *l'écriture de Farel*, avec ses caractères excessivement fins, serrés, enchevêtrés les uns dans les autres et compliqués de signes abréviatifs, défie parfois toutes les investigations.

⁹ De ce grand nombre de lettres que *Farel* a dû écrire dans une seule année, on voit combien peu il en reste : pas plus de *six* en 1539!

¹⁰ Dans sa lettre du 5 septembre, Fabri désigne *François I* par l'épithète de *Pharaon*.

¹¹ Fabri écrivait à Farel, le 25 mai 1542 : « Recepi hodie literas a *Francisco meo*, qui rectè valet et suo diligenter fungitur munere. » On est

tato *Thoma, Fatono, Corderio, sorore* [12], familia, *Jacobo* [13] et omnibus piis. Tononii, raptim, sub finem Sept. [14] 1539.

Tuus Christof. Libertetus.

(*Inscriptio:*) Suo Gulielmo Farello Evang.[elii] Christi ministro. Neocomi.

820

Simon Grynæus à Jean Calvin, à Strasbourg.
De Bâle, derniers jours de septembre 1539.

Autographe. Bibl. Publ. de Genève. Vol. n° 109. Calvini Opera. Brunsvigæ, t. X, P. II, p. 370.

S. *Valde te oro per Dominum, ut frater singulariter amplecti ex visceribus charitatis errantem fratrem velis* [1]. Scis gentis et linguæ et patriæ communitas quantam ad gratiam vim habeat. Apud nostrates *Carolus* est tanquam apud peregrinos; apud te erit ut fratrem. Stude per Dominum confirmare animum vacillantem. Apud

donc autorisé à penser que ce *François* *** vivait chez Fabri en 1539 et se préparait à la carrière pastorale.

[12] *Thomas Barbarin*, pasteur à Boudri, *Jean Fathon*, pasteur à Colombier, *Mathurin Cordier*, principal du collége de Neuchâtel, et *Françoise Farel* (N° 787, n. 6 et renv. de n. 13).

[13] Probablement *Jean-Jacques*, frère du Réformateur. Nous ignorons l'époque précise où il quitta *Genève*, pour s'établir à *Neuchâtel* comme pharmacien.

[14] Peut-être le 27, dernier samedi du mois de septembre (Voyez n. 2).

[1] Le frère recommandé était *Pierre Caroli*. Son histoire, à partir de la conférence de *la Neuveville* (mi-juillet 1539. N° 802), est racontée en ces termes par Calvin : « Illinc... concessit *Monsbelgardum*... Postquam intellexit, nihil se illic posse consequi, *Basileam* reflexit iter... ubi literas commendatitias eblanditus est a *Grymeo*: quibus onustus *Argentoratum* se, tanquam in ultimum asylum, recepit. Literas cum reddidisset *Capitoni, Bucero* et *Calvino*, tempus sibi ad colloquium dari petiit: quod concessum est » (Adversus Petri Caroli calumnias... N. Gallasii Defensio, 1545, p. 11). Ces détails, comparés avec les deux lettres de Calvin du 8 octobre, écrites après la conférence qu'avait obtenue *Caroli*, fixent approximativement la date du présent billet.

eos unde ad nos concessit versari non sinit veritas et conscientia²; apud nos consistere ideo non potest, quòd qui illum solidè monendo, hortando, complecti ut fratrem valuerit, fortasse nondum invenit. Tenta quæso, si qua spes nobis in Domino superest, si solidissimè conciliari nobis in Domino possit.

Saluta mihi *Bedrotum*³ diligentissimè⁴.

(*Inscriptio :*) Joanni Calvino suo.

821

ANTOINE PIGNET[1] à Jean Calvin, à Strasbourg.
De Genève, 4 octobre 1539.

Autographe. Bibl. de Gotha. Calvini Opera. Brunsvigæ, t. X, P. II, p. 373.

Gratia tibi et pax a Deo patre per Dominum Jesum! *Expectabam cum silentio si quid novarum rerum istinc adferretur, ut ex scriptis tuis respondendi occasionem nanciscerer. Sed quando mea me fefellit expectatio, non ausus sum temerè quicquam scribere.* Partim quòd varii et incerti de te spargerentur rumores, te scilicet modò *Basileæ*, aliquando *Tiguri*, rarenter verò *Argentorati* agere². Par-

---

[2] Les populations du comté de *Neuchâtel* et du comté de *Montbéliard* n'avaient pas dissimulé l'horreur que *Pierre Caroli* leur inspirait (Voy. la lettre de Farel du 21 octobre).

[3] *Jacques Bédrot*, professeur de grec à Strasbourg.

[4] Les nouveaux éditeurs de Calvin ont lu : « Saluta mihi *Bedrotum, Sebastianum.* » Après ce dernier nom, ils ajoutent en note : « *Castellionem.* » Nous doutons que *Sébastien Castalion* fût déjà à Strasbourg.

La lettre ne porte pas de signature, mais elle est certainement de la main de *Simon Grynæus*.

[1] Voyez, sur *Antoine Pignet*, pasteur à Ville-la-Grand, le t. V, p. 126.

[2] C'est un indice que *Pignet* n'avait pas reçu de lettres de *Calvin* depuis le mois de janvier 1539 (N° 764), et que celui-ci écrivait très rarement à ses anciens disciples de Genève.

[3] En décembre 1536, *Eimer Beynon*, prédécesseur de Pignet à Ville-la-Grand, avait déjà été exposé à de très grands périls (t. IV, p. 137, 144, 145), et il n'y avait échappé qu'en déployant sa bravoure accoutumée.

tim verò ob tabellariorum improbitatem, qui me his diebus etiam in vitæ periculum conjecerunt³. Accedit quoque tenuitas ingenii mei, quæ me non parùm à scribendo avocasset, nisi de tua synceritate animique candore planè confisus essem. *Verùm cum in manus venisset illa tua ad Epistolam Sadoleti responsio* (quæ ut est elegans, ita summopere necessaria hoc præsertim seculo), *non potui facere, quin Ecclesiæ nomine tibi gratias agerem.* Et certè, ne rudibus et latinæ linguæ imperitis tantus excideret thesaurus, *ad versionem Gallicam animum adplicui* ⁴. Si temerè, nescio. Hoc tamen scio, id supra meam eruditionem positum esse. Neque enim potest *illa tua scribendi dexteritas* à quoquam transferri, nisi qui feliciter versatus sit in litteris. Verùm hanc culpam facilè ignosces. Testor enim coram Domino, me non mei sed reip.[ublicæ] studio id oneris suscepisse.

Catechismi tui felicem editionem ⁵ *tibi gratulor : sed interim dolemus secundam impressionem nobis denegari.* Conquestus est enim apud me *Michaël Sylvius* ⁶ se hactenus pependisse à tuis exemplaribus, tempusque protraxisse, quò primitias calcographiæ suæ libris tuis nominique tuo dedicaret ac veluti consecraret⁷. Habet quidem varios, idque exquisitos characteres, non inferiores certè typis Germanicis ⁸. Nec dubito quin accuratiùs et magis elaboratè prodeant

---

Pierre Schneider, pasteur de Bienne, écrivait, en effet, le 17 janvier 1537 : « Duodecim sacrifici noctu *Ministrum Evangelicum novæ Bernæ...* vi adgrediuntur, sed cum damno ab eodem fugantur » (Lettre à Bullinger. Copie. Coll. Simler. Bibl. de Zurich).

⁴ Voyez, sur cette version française de la *Réponse de Calvin à Sadolet*, les N°⁸ 830, 832.

⁵ C'est-à-dire, la 2ᵉ édition de *l'Institution chrétienne*, que son auteur venait de publier, non à *Genève*, mais à *Strasbourg* (N°ˢ 620, n. 7 ; 749, renv. de n. 17 ; 809).

⁶ *Michel du Bois*, natif de Villers-en-Arthies, près de Mantes, à 12 ou 15 l. de Paris. Cet imprimeur-libraire, quoique établi à *Genève* depuis le milieu de l'année 1537, n'avait encore imprimé aucun ouvrage (Voy. N° 816, renv. de n. 24. — Le Catéchisme de Calvin... 1878. Notice bibliographique sur le Catéchisme... de Calvin et sur les autres livres imprimés à Genève et à Neuchâtel dans les premiers temps de la Réforme. Par Théophile Dufour. Genève, J.-G. Fick, p. clxxxix).

⁷ Le vœu de *Michel du Bois* se réalisa un peu plus tard. Le 30 janvier 1540, il obtint du Conseil de Genève la permission d'imprimer la traduction française de l'*Épître de Sadolet aux Genevois* avec la *Réponse de Calvin* (Voy. Th. Dufour. Notice citée, p. cxcii, p. 96 du tirage à part).

⁸ M. Th. Dufour (Notice, p. 95) traduit ainsi ce passage : « Du Bois

libri ex ejus officina (absit tamen dicto invidia) quàm ex alia qualibet Typographia [9]. Quicquid enim ad artem calcographicam pertinet, hic revera potest egregiè præstare. Proinde, Calvine frater, *obtestatum te velim ut Gallus Gallis* [10] *tuas lucubrationes commendare non dedigneris.* Id enim debes et juri [11] patriæ. Quòd si felix *Germania* nos tuo privarit consortio, non tamen sumus adeò tygres, ut jure nos *Calvinus* abjecisse videatur. Age ergo, et *libellum tuum adversùs hypnosophistas* [12] *mittito*, quò somnum veternosis istis excutiamus, et nebulonibus ansam calumniæ præripiamus. Si quid præterea erit sub incude, *Michaëli* servato, qui certè tantus quantus est studet expoliendæ typographiæ : quo nomine omnes pii bene debent illi cupere.

Ecclesia nostra utcunque se sustentat. Fratres omnes sunt unanimes [13], et spirant in unum et eundem Christum. *Genevæ* nescio quis latet anguis in herba : qui qualis sit in medio relinquo. De *Nurembergensi Synodo* nihil certi audimus [14] : quod unus ait, alter

possède diverses sortes de caractères élégants, qui ne le cèdent certainement en rien aux types *gothiques*. » Ce serait donc une allusion aux caractères dont se servait encore *Jean Michel*, successeur de *Pierre de Wingle*, et qui imprima plusieurs ouvrages à Genève, de 1538 à 1544 (Voy. t. III, p. 348, 349. — Dufour, o. c. p. 86, 87, 94). Mais il nous semble que Pignet veut dire simplement que les caractères romains de M. du Bois n'étaient pas inférieurs à ceux de même espèce qu'employaient les typographes *allemands*.

[9] Dans son désir de rendre service à Michel du Bois, *Pignet* dépasse la juste mesure de l'éloge. Les livres de l'imprimeur *Jehan Gérard* (N° 816, n. 81) se distinguaient déjà par leur correction et leur élégante simplicité, témoin cette « Familière et briefve Exposition sur l'Apocalypse, » qu'il avait imprimée pendant les premiers mois de 1539 (Voyez Dufour, o. c. p. 166, 189), et dont *Pignet* était l'auteur. *Du Bois* a peut-être égalé *Gérard*, mais il ne l'a point surpassé.

[10] *Michel du Bois* avait pour lui sa qualité de Français. *Jehan Gérard* était originaire de Suse, en Piémont (Voy. Th. Dufour. Notice cit. p. 80).

[11] Dans l'édition de Brunswick : *iure*.

[12] C'était la *Psychopannychia*, ouvrage composé par *Calvin* en 1534, remanié en 1535, mais encore inédit (N°ˢ 490, 527, 749, renvois de note 12, 13).

[13] Il veut parler des ministres de la Classe de Ternier, dont le pasteur de Ville-la-Grand faisait partie.

[14-15] Hors de l'Allemagne, on était parfaitement autorisé à croire qu'un *synode* composé de Protestants et de Catholiques s'était réuni à *Nuremberg* le 1ᵉʳ août, pour aviser aux moyens de rétablir la paix religieuse. Il avait été proposé au nom de l'Empereur et accepté le 19 avril 1539 par la diète

negat. Tu ergo pro tua humanitate non detrectabis ad nos scribere qua ratione gesta sint omnia [15], quid *Martinus* [16] agat, quàm feliciter se gerat *Gallorum istic ecclesia*. In summa, si quid est quod faciat ad Ecclesiæ consolationem, hoc ipsum disertè significato.

Salutant te fratres omnes, præsertim *Jacobus Carmelus* [17], *Michaël Sylvius*, et universa nostra familia. Salutabis observandissimum præceptorem meum *Joannem Sturmium* [18], *Casparem* [19] cæterosque bonos fratres. Gratia Domini tecum, frater! Genevæ, 4 Octobris 1539.

Tuus in Christo frater
ANTONIUS PIGNETUS.

(*Inscriptio* :) Joan. Calvino, viro et ingenio et pietate excellen. Ecclesiastæ Argentoraten., fratri in Domino observandiss. Argentorati.

---

de Francfort (Voy. t. V, p. 255, lig. 11-17. — Sleidan, liv. XII, édit. am Ende, t. II, p. 141, 157). Les États et les Villes évangéliques avaient immédiatement élu leurs députés au futur « colloque de Nuremberg. » *Bucer, Hédion, Capiton, Jacques Sturm* devaient y représenter Strasbourg; *Joachim Vadian*, la ville de St-Gall ; *Boniface Amerbach, Simon Grynæus* et *Jean Calvin*, la ville de Bâle (Seckendorf, III, 205 a). Aussi *Bucer* écrivait-il à Louis du Tillet, le 2 mai suivant : « Iterum hic indutias qualescunque accepimus a *Cæsare*, et *conventum* jam Cæsar promisit et indicturum se recepit ad primam Augusti *Nuremberguæ*, ubi jam nos non inter damnatos numeremur, sed pari numero cum iis qui diversa in parte sunt, consultemus, et vias componendi dissidii totius de religione quæramus » (Copie. Bibl. Nation. à Paris. Mscrits franç. n° 2391, f. 38. Communication de M. Henri Bordier).

Mais la plupart des Catholiques se montraient hostiles à ce projet de conciliation, et le pape *Paul III* était profondément irrité des décisions prises à Francfort; c'est pourquoi *Charles-Quint*, par lettres datées de Madrid le 5 juillet, ajourna la convocation du susdit synode (Voy. Seckendorf, III, 205 b, 206 a, 207 b. — Læmmer. Monumenta vaticana, p. 238-252). *Henri Bullinger* écrivait à ce sujet, le 30 août 1539, à Oswald Myconius : « *Conventum Nerobergensem* gaudeo in cineres abiisse .. Ita enim meticulosos vidi nostrorum quosdam, ut non potuerim non vereri *compositionem parùm integram*... Adversa pars non est talis cum qua possit componi. Neque illi nobiscum concinent » (Minute autogr. Arch. de Zurich).

[16] *Bucer* ou *Luther?*

[17] *Jacques Carmel* ou plutôt *Camerle*, pasteur de la ville de Gex (t. IV, p. 134, 462; N° 816, renv. de n. 9, et fin de la n. 38).

[18-19] Voyez le N° 764, note 11.

822

ACTES DE LA RÉCONCILIATION
des Pasteurs et Professeurs de Strasbourg
avec Pierre Caroli.

(Strasbourg, entre le 1er et le 8 octobre 1539.)

Copie contemporaine [1]. Bibliothèque Publique de Genève.
Vol. n° 145. Calvini Opera. Brunsvigæ, t. X, Pars II, p. 374-396.
(Extraits.)

Cum Domino *Carolo,* quó constaret si sit verus inter nos in doctrina Christi et administranda ejus ecclesia consensus, contulimus sententias de controversiis religionis quæ sunt et agitantur inter nostras et illas ecclesias quæ papæ romani jugum adhuc ferunt, hacque collatione in subjectam sententiam convenimus.

Primùm *Confessionem principum nostrorum Cæsari Augustæ oblatam* agnoscit orthodoxam. Deinde aiebat se teneri magna reverentia Ecclesiæ, tum veteris, tum ejus quoque quæ hodie per orbem dispersa est, atque ideo non recedere à communibus Ecclesiæ placitis. Proinde sibi [videri] suam in subjectis dogmatis moderationem non debere ab orthodoxis rejici.

Et primùm *de libero seu servo arbitrio* censebat sic loquendum : In ecclesiis ne dicerentur cuncta fidei necessaria, sublata rerum contingentia : Deum enim cuncta agere liberè, nos quoque, sive bonum sive malum agimus, utrumque agere voluntate propria et ideo liberè.

Respondimus, nostros nec divinis nec humanis actionibus liber-

---

[1] Elle existe en deux exemplaires, qui ont été écrits avec tant de négligence, que maint passage en est devenu inintelligible. Nous avons suppléé les mots sautés et introduit dans le texte quelques variantes destinées à rétablir le sens logique. Plusieurs de celles que proposent les nouveaux éditeurs de Calvin nous ont été très utiles.

tatem adimere. Deum enim non posse ab externo agente impelli et regi, hominesque, quidquid agunt, agere motos à se ipsis suoque proprio arbitrio et sua sponte, non coactè [2].....

Art. 2. Deinde dicebat *Carolus,* sibi videri nos magis *missarum* correctionem quàm abolitionem profiteri debuisse. Nam vitiis correctis piè illas retineri posse, ita ut piè quoque veteres sancti celebrassent : ad eum enim modum minori novationis offensione veram hujus sacramenti administrationem restitui in ecclesiis potuisse. Respondimus [3].....

Ad hæc *Carolus* testificatus est, se..... ab eo cum primùm *Galliam* reliquit et ad nos pervenit, nullam *missam* fecisse nec porró facturum ; sed de hac ipsa re sic loqui propter bonos qui passim Christo serviunt in vera fide, et facilem correctionem rituum receptorum ac præcipuè hujus ceremoniæ admittere possint, si non nimia novatione offenderentur, et ea ipsis relinquerentur quæ per se impia non sunt et à veteribus piè usurpata agnoscuntur [4]. Nos homines vel in solitis precibus satis videre, oportere nos per omnia niti meritis Christi, non ministerio eucharistiam celebrantis ullave ceremonia externa, quæ vel ibi geritur, vel alibi ab ulla creatura

---

[2] Cette reconnaissance du *libre arbitre* est suivie de réserves longuement développées et qui se terminent par les réflexions que voici : « Non potest quidem ratio cognoscere hæc inter se consentanea esse : *hominem sine spiritu Christi non posse non ipsum se perdere*, et id tamen ipsi, non Deo, vitio dandum esse, tametsi homo, nisi Deus ultro hunc spiritum donet, ne rogare quidem pro eo possit.

« At quoniam utrumque disertè Scriptura prædicat, et nihil posse nos bonum facere nisi id operetur Deus in nobis, et tamen cum mala facimus (quod solum ex nobis valemus), nos nostra, non Dei, culpa perire, — par est nos Scripturæ hæc prædicanti simpliciter assentire, et idem quoque ingenuè prædicare, id quod tandem nostra ipsorum conscientia, velit nolit, facere compellet. Certè Judas, in agnitionem sceleris sui adductus, non Deo, qui non tantum ipsi de suo spiritu quantum Petro contulisset, sed sibi suum exitium attribuit dicens : « *Peccavi ego,* » non *peccare me fecit Deus.*

« Ista simplicia nobis videntur et in Scripturis ita tradita : ipsis igitur libenter inhæremus, eaque liberè profitemur, et rationi humanæ, cùm iis offenditur, respondemus : Illud non est iniquitas apud Deum. Item : Quis es tu qui disputes cum Deo ? Et : O altitudo divitiarum ! »

[3] Ici et dans les articles 6 et 12, nous avons supprimé les réponses faites à Caroli. Nous n'avons conservé, dans les autres articles, que les passages qui fournissent des données intéressantes pour l'histoire ecclésiastique.

[4] A comparer avec le tome V, page 41, ligne 17-27, et p. 439-441, renvois de note 30-34.

geri possit. Sed et illud clarè in ritu veterum et consuetis concionibus extare : oportere mysterium Christi in hac ceremonia explicari populo, ad fidei in Christum instaurationem, et sacramentorum communicationem diligenter commentari atque totam quoque exhiberi; denique nec *verum usum oblationum* difficile sit istis ostendere et persuadere ex iis quæ adhuc in usu ecclesiarum hærent [5].

Art. 3. Ad hæc nos respondimus : Quæcunque ecclesiæ in *administranda eucharistia* fiduciam externi operis, quantùm poscit salus populi huic nimis altè immersi, avertere studeant, et prædicare confirmareque fiduciam Christi, ita ut necesse est in ista Christi ignoratione et neglectu, laborent; communicationem corporis et sanguinis ejus sedulò commendent et integram omnibus præstent, nec sine ea eucharistiam in cœtu populi celebrent; preces quoque, lectiones et doctrinam sic administrent, ut inde populus verè excitari et ædificari possit, intellectisque omnibus amen adjungat, *oblata* quoque curent Christo offerre et minimis ejus, et Verbum ejus dispensari,— ad hunc, inquam, modum si quæ ecclesiæ eucharistiam administrent, et gravissimas istas perversiones et abusus quibus papistæ cunctam fiduciam Christi averterunt amoveant, his nos, in reliquis omnibus ritibus et observationibus omnia [l. obnoxiis?] libertati quæ ad veram piorum ædificationem instituitur et usurpatur, libentissimè accessuros.

Art. 4. Gratulabatur post hæc nobis consensionem de eucharistia, quæ ecclesiis nostris restituta est, ut citra transsubstantiationem, ac etiam veterem Christi Domini cum symbolis eucharistiæ conjunctionem, quæ detrahat aliquid vel veritati humanæ naturæ in Christo, vel gloriæ ejus cœlesti in qua nunc regnat, aut [l. haud] tantùm inania symbola absentis Christi, sed ipsum Domini corpus

---

[5] On peut rapprocher de ce passage le fragment suivant du Catéchisme de Bucer : « *Pastor.* Veteres Christi Ecclesiæ, quem retinuerunt morem ab Apostolorum temporibus, quantùm ad *oblationes* pertinet ? *Discipulus.* In omnibus piis conventibus... fideles offerebant munera sua, maximè autem in cœna Domini, quæ fuit etiam causa ut nominaretur *oblatio...* P. In quos usus converti debent ? D. In omnem usum qui necessarius est ad sustentationem religionis, ut et ministri religionis idonei habeantur, et ea omnia quæ administrationi religionis commoda sunt, ut templa sunt, et templorum instrumenta, tum in alimoniam et curam omnium egentium. » (Catechismus Ecclesiæ et Scholæ Argentoratensis. Argentor. 1544, petit in-8°, fol. 57.)

et ipsum sanguinem distribui et percipi cum pane et vino in sacra
cœna agnoscant.

Art. 5. Præterea dicebat, sibi videri, non solùm causa vitandæ
offensionis, sed etiam gratia ædificationis instituendæ et promovendæ, *retinendum esse in ecclesiis symbolum impositionis manuum,*
siquidem depellatur omnis quæ abusu hujus symboli irrepsit superstitio : nam et Apostolos spiritum sanctum ad confirmationem et
robur christianæ religionis hoc symbolo tradidisse baptisatis, sicut
et facultatem donumque spiritus ad obeunda in ecclesiis sacra
ministeria. Veterem verò Ecclesiam, ut apud Cyprianum videre
est, etiam veniam peccatorum ea confessis eodem symbolo fecisse.
Cumque in his certis Christi promissionibus hoc signum adhibeatur, et exhibendis donis Christi invisibilibus usurpetur, non videri
sibi quare hujusmodi istius symboli usurpationes non etiam sacramenta appellari possint, vel secundi ordinis, quando non ita expressum Domini de his mandatum in sacris literis extet, ut de
eucharistia et baptismate.

Ad ista respondimus : Nos optare ut in omnibus ecclesiis primùm
ii qui in infantia baptizati sunt, diligenter de religione nostra,
quàm primùm ejus per ætatem possunt capaces esse, publicè per
ecclesiarum ministros instituantur, quò *catechismus,* qui non potuit
ante, post baptisma adhibeatur. Deinde, cum promoventur hujusmodi *catechumeni,* et profiteri fidem Christi in Ecclesia seseque
ipsi Domino in obedientiam Evangelii atque disciplinam Ecclesiæ
adducere fœdusque salutis propria conscientia cum Domino inire
valent, ut Ecclesiæ per parentes suos, vel ab his paratos deductores, publicè sistantur; et coram omni populo ab illis, commodis
rogationibus per ministros eosque procuratores, et fidei confessio
et Satanæ mundique abrenunciatio, suique ipsorum in obedientiam Christi, in disciplinam Ecclesiæ addictio et consecratio publicè
recipiatur; utque hac professione sancta et ἐπερωτήματι bonæ conscientiæ (ut divus Petrus vocat) completo, tum etiam prece, pro
confirmatione spiritus iis qui ita professi sunt, fusa ab omni ecclesia, — *eisdem à primo ministro manus imponantur* [6]*,* quo ille symbolo eis nomine totius ecclesiæ, imò Christi, confirmet manum
Domini ipsos conservaturam, corroboraturam et deducturam in
omnibus, adeoque ubertim suum spiritum inflaturum, ut sanctè et

---

[6] A comparer avec T. W. Röhrich. Geschichte der Reformation im
Elsass. Strasburg, 1830-32, II, 45, 46.

piè in ecclesia ejus versantes progressus salutis indies faciant, regnumque Christi ornent et augeant.

Itaque velle nos, *etiam iis qui ad sacra Ecclesiæ ministeria ritè delecti probatique fuerint, ejusmodi impositione manuum,* cum fidem illi ministerii sui publicè in ecclesia professi sint, et facta pro eis ab ecclesia precatio fuerit, *spiritum sanctum exhiberi,* id est, donum et facultatem spiritualem munus suum sanctè et salubriter obeundi, *sicque eos ad functionem suam inaugurari et ecclesiæ commendari.*

Ad eundem modum diximus, *nos et illud probare ut ministr' veniam peccatorum hoc symbolo, facta peccatorum exomologesi, petentibus addicant,* ita ut majores nostri et ecclesia Christi soliti sunt facere [7].... Itaque hoc signo ad exhibenda ea dona Domini quorum habemus certas promissiones, uti ecclesias salutariter posse judicamus, quamquam de eo nec Domini nec Apostolorum mandatum extet : quòd enim Dominus et Apostoli, tum Ecclesia vetus, sic isto symbolo usi sunt, id nobis satis ostendit quid hac in re comprobetur et queat à nobis utiliter usurpari. Quia scimus et ecclesiis hanc libertatem esse, ut commendandis promissionibus Domini firmandæque in eas fidei, quibusvis etiam signis uti possint, modò ea ad commendandas promissiones Dei et fidem in his roborandam verè faciant, nec quidquam vel superstitionis aut offendiculi secum trahant. Sed nec de appellatione *sacramenti* nos pugnare testati sumus......

Art. 6. Monebat deinceps *Carolus de confessione et absolutione privata :* videri sibi (aiebat) et has debuisse in ecclesiis retineri, et propter erudiendos qui in cognitione religionis rudiores adhuc sunt, et propter confirmandos eos qui habent conscientias graviùs perculsas. Magni enim debet esse nobis quod Dominus dicit : « Quorum remiseritis peccata, iis ea remissa erunt, etc. » Nam

---

[7] L'*absolution* donnée au peuple, après la confession publique des péchés, avait été conservée à *Strasbourg*, lors de la réformation du culte (1524). Elle existe également dans la liturgie de *Bâle* (1525) et dans celle du *Wurtemberg* (1536). Cette dernière fut traduite en latin, sept ans plus tard, pour les églises du comté de Montbéliard (Voy. Röhrich, o. c. I, 201. — J. J. Herzog. Dás Leben Joh. Œkolampads, I, 341, et p. 190, 191 de la trad. franç. par A. de Mestral. — Ecclesiasticorum rituum et cæremoniarum Ducatus Wirtembergensis Regula... autore Erhárdo Schnepffio. Tubingæ, M.D.XLIII, 8°, fol. 12. — C. F. Schnurrer, o. c. p. 172, 174, 549). Les églises de l'ancienne principauté de Montbéliard suivent encore aujourd'hui, pour la confession publique et l'absolution, le formulaire de 1543 (Voyez p. 286-288 de leur Liturgie, réimpr. à Strasbourg, 1844).

videri sibi Dominum his verbis quoddam in Ecclesia instituisse tribunal de peccatis judicandi, eoque inde vel remittendi vel retinendi......

Art. 7. Referebat ad ista *Carolus* : cum tamen ad remissionem peccatorum requiritur agnitio peccatorum, et maximè quæ peccata sint quæ admisimus, eam agnitionem acriorem utique fore, si in singulis etiam malè admissis consideretur quantùm sit peccatum quantumque mali perpetratum. Deinde dignum quoque esse *ut veniam pro quolibet delicto, cujus conscientiam habere possimus, a Domino oremus : proinde posse etiam singula utiliter ministris indicari,* ut illa ex lege quàm graviter peccatum sit doceant, et ad agnoscendum eò pleniùs, et ad expetendum eò ardentiùs Christi beneficium excitent.

Ad quæ respondimus, et in nostris ecclesiis doceri, ne homines quæ pravè faciunt dissimulent, et ut pro singulis etiam peccatorum, quoad fieri potest, veniam a Domino orent..... *Sed ut singula pravè facta ministris exponantur, aut ut privatim singuli.... peccata sua certis temporibus ministris confiteantur, non requirimus,* propterea quòd id nullo verbo Dei nec exemplo apostolico ullo doceatur. *Ad id autem hortamur, ut juniores ætate et quicunque opus eruditione habent, sese ministris aliquando sistant, erudirique se de omni cognitione Christi patiantur. Ita hortamur nos eos qui perturbatas habent conscientias,* sive inopia judicii de suis actionibus, sive imbecillitate fiduciæ de remissione peccatorum, *ut privatis confessionibus consilium et consolationem apud suos pastores quærant* [8]. Monemus etiam multò plures esse in ecclesiis qui hac privata confessione egregiè juvari queant (quæ vulgo patent). Itaque optamus multò quoque majorem esse omnium in ecclesiis cum pastoribus suis consuetudinem, ut privatim et confirmari commodiùs possint quotquot eo habent opus, et ad hanc consuetudinem usumque sacri ministerii etiam privata cùm doctrina tum consolatione diligenter hortamur.....

Art. 8. Fecit *Karolus* post hæc mentionem *de extrema unctione,* de qua rogabat an cuiquam ecclesiæ vitio dandum putemus, si illam ita ut divus Jacobus descripsit ægrotis adhibeat.

Respondimus : Si nihil admisceretur superstitionis, et symbolum illud tantùm ad confirmandam orationem fidei a Christo cuncta petentis et expectantis adjungeretur, nihil in eo damnaturos esse.

---

[8] A comparer avec la lettre de Capiton du 9 août 1537 (N° 649).

Tamen quia nec ista Epistola planè autoritatem apostolicam habet, nec à prima Ecclesia inter solennes et communes omnibus ecclesiis ceremonias unctio hæc numerata esse dicitur, testati sumus ita eam aliis ecclesiis nos permittere retinendam, ad commendandam purè *unctionem Christi,* ut invicem contendamus nunc ecclesiis concedi ut eam prætermittant, postquam superstitioni, hoc est fiduciæ operis externi, tantopere serviit [l. servierit?], et apud nostros homines *apostolica simplicitas* sic recepta sit et adametur, ut non queat facilè ista unctio promovendæ fidei in Christum apud nostros servire : sicut nec pleræque aliæ ceremoniæ et ritus, quos tamen non infitiamur à veteribus, donis Christi commendandis, piè adhibitos.....

Art. 9. Ad hæc *Karolus* referebat : sibi satis esse si istiusmodi ritus non ut per se impii damnentur ; in abusu eorum se quoque agnoscere plurimum impietatis admissum esse et hodie admitti.

Art. 10. Rogabat deinceps D. *Karolus de invocatione sanctorum* qui cum Christo cœlesti pace fruuntur, an [minùs pium?] judicaremus si ecclesiæ Deum invocent ut illorum pro se preces dignetur exaudire, et si quis ex hoc voto ad ipsos etiam verba faciat, non quidem ea opinione tanquam ipsi ea verba audiant, sed quemadmodum quis in vehementi cogitatione de amico etiamnum hîc agente, absente tamen, incipit apud se quasi cum illo loqui, ad eum tanquam præsentem, postquam animo jam præstò est, verba dirigere.

Ad ista respondimus : nos optare ut ecclesiæ satis habeant, memoriam sanctorum eorum de quibus nobis certæ historiæ extant, sic celebrare, ut populus opus et redemptionem Christi in illis magis cognoscat et pleniore fide amplectatur, imitationeque fidei eorum ampliùs accendantur.....

Art. 11. Addebat ad hæc *Karolus* se *nullum purgatorium* statuere eoque nec rationem ullam animas inde liberandi.

Art. 12. Proposuit et idem *Karolus de precibus pro defunctis, quibus dicebat ipsis à veteri Ecclesia non remissionem pœnarum purgatorii, sed beatam resurrectionem modò quæsitam esse,* cumque hæc omnibus Domino credentibus promissa sit et expectetur, adhuc nos pro illa et pro nostris mortuis orare [9].....

Fatebatur præterea *Karolus,* se *sæpe admodum turbatum fuisse eo quòd videamur à reliquis ecclesiis quandam fecisse secessionem,*

---

[9] A comparer avec le tome IV, p. 188, 1er paragraphe ; p. 199, ligne 16-19 ; p. 242, note 14.

atque petebat ut sibi exponeremus quanam ratione hujus secessionis crimen à nobis depelleremus.

Ad id ei diximus : societatem unitatemque ecclesiarum inter se constare fide et confessione Christi professioneque doctrinæ ejus et usu vero sacramentorum atque disciplinæ communicatione, et nulla rituum aliorum vel ceremoniarum conformitate. Alioqui nec ecclesiæ posteriorum temporum cum ecclesiis Apostolorum una ecclesia essent. Jam nos persistere in vera fide Christi, fideique hujus confessione retinere sinceram Christi doctrinam, et sacramentis ita ut ipse instituit uti, disciplinam Christi membris libenter admittere, et omnia in vicem quoque libenter præstare ac præstituros esse omnibus qui illam à nobis suscipere volunt. Permanere igitur nos in vera societate et unitate Ecclesiæ et corporis Christi cum omnibus ecclesiis et privatis etiam Christianis qui hoc quod dicuntur verè sunt. In erroribus utique quos in doctrina, et superstitione quam è ritibus, simonia et perversitate quam è ministeriis Ecclesiæ repurgavimus, non esse suam ecclesiarum societatem et veram Christi communionem; itaque nec in ritibus illis, qui ut nullo verbo Dei vel probato exemplo ecclesiis obrepserunt, ita superstitioni perniciosissimæ servierunt, quos utique submovere penitùs debuimus potiùs quàm corrigere, dum illud instaurandæ apud nostros religioni conducibilius esse quàm hoc deprehenderemus. Et ut plerique ritus quos submovimus sine detrimento religionis retineri potuerint, nullos tamen omnino sustulimus qui non sint ex earum rerum genere de quibus nos nemo judicare debet (Coloss. 2), et quarum rerum libertatem ecclesiæ sibi invicem semper permiserunt, dum à veris pastoribus administrarentur, et quæ nec hodie in ecclesiis eodem modo servantur. Nullam igitur nos ab aliis ecclesiis Christi quæ id verè sunt, secessionem fecisse, sed pseudoepiscopos cum papa suo nostras ecclesias et nos ministros earum, indicta causa, abjecisse et hæreseos iniquissimè condemnasse, — propterea quòd à recepta veritate Christi et instituta regni ejus apud nos instauratione nollemus ad ipsorum mendacia [provocare].

Et verò quia *Carolus* semel in administratione puriore Evangelii quam profitemur fuit, et hinc rursus ad *Cardinales* quosdam et alios papæ addictos prælatos sese recepit, remittique sibi à Pontifice romano petiit quòd apud nos tanquam apud hæreticos ac schismaticos fuisset [10], — id quod [fertur] *bulla Pauli tertii* quæ ipsi

---

[10] Voyez la supplique de *Caroli* adressée au pape (N° 638).

impetrata et erga eum exemtioni [l. executioni?] demandata est [11], — nos jam admonuimus hominem, ut agnosceret serio quàm graviter Christum et ejus ecclesias, hac à nobis ad papæ dominatum reditione nostrarumque ecclesiarum et ministrorum earum criminatione offendisset......

Hortati itaque *Karolum* graviter sumus, ut perpenderet quid sit ad hosce tam flagitiosos et impios homines ac totius regni Christi eversores gravissimosque hostes à nobis quoquo modo reverti, ac præ se ferre tanquam sentiat apud illos doctrinam Christi et administrationem ecclesiæ ejus habere tolerabiliùs quàm apud nos, illisque titulum ecclesiæ catholicæ concedere, nobis schismatum crimen et hæreseos impingere.

Horum itaque cum Karolum admoneremus, confessus est ingenuè, ut et antea fecerat quàm ipsi ista objecissemus, *se gravi infirmitate magnaque quadam perturbatione perculsum ac præcipitatum fuisse. Testabatur tamen se nunquam animo à nobis secessisse,* tametsi, dum ei jam apud nostros locus non esset, corpore ad Pontificios se contulisset. Se enim, licet ad impiorum prælatorum dominatum quoquo modo recepisset, non tamen eorum impiæ tyrannidi, sed sanctis potiùs Christi qui sub illorum tyrannide dispersi sunt et captivi tenentur, ministerium Christi exhibere et docere voluisse [12]. Itaque se in ista quamlibet gravi perturbatione atque infirmitate superatum a Domino esse, ut, quamquam apud adversarios constitutus, nullum tamen articulum fidei sanæque doctrinæ nominatim, sed in genere tantùm omnem hæresin et errorem abjuraverit, nec uxorem suam abdicaverit, nullam item impietatem docuerit, nec missas habuerit; verùm, contra, articulum justificationis ea claritate et constantia privatim et publicè asseruerit, ut ob id subinde in nova discrimina inciderit mutareque loca oportuerit. Et hujus luculenta nobis testimonia exhibuit, inter cætera etiam *epistolam ad se Sadoleti,* in qua nominatim ab illo reprehenditur quòd fidem et satisfactionem Christi rectè prædicasset, et purgatorium et humanas satisfactiones dissimulasset, imò et damnasset [13].

---

[11] Nous avons cité quelques passages de cette bulle du pape *Paul III* (N° 638, n. 9). Elle est datée du 17 août 1537.

[12] *Caroli* avait déjà dit la même chose dans la conférence de la Neuveville (t. V, p. 459, lig. 8-13). Mais ses assertions sont infirmées par la lettre de Farel du 21 octobre (N° 830, renv. de n. 15).

[13] On lit à la page 14 de l'ouvrage de *Calvin* contre *Caroli* : « Conjecturam facere promptum est, qualis sit toto libro, cum à prima statim

Præterea testabatur se ob id ipsum ad nos rediisse (id quod utique non potuerit non perdurum esse carni suæ, cum propter tam gravem quæ ei nobiscum intercessisset offensionem, tum etiam propter factam à nobis secessionem), quòd viderit spe sua apud adversarios Christi studium in illis locis resuscitandi, frustrari, et à *prælatis* qui initio apud se animos instaurationi ecclesiarum haud iniquos præ se tulerint, nihil ferè expectari posse, quàm indies magis magisque semunire laborent contra omnium ecclesiarum reformationem regnique Christi restitutionem, quó ex ista immani(?) ecclesiarum oppressione et spoliatione, quam nunc obtinent, ambitionem luxumque suum diu queant fovere. *Aiebat se non dubitare, imò id expertum esse, Dominum ubique multum populum servare, et sperare se Domino etiam apud adversarios non planè inutilem fuisse : ita multos illic puram Christi fiduciam motos sua prædicatione amplexos esse.* Sed dum improbitate prælatorum et monachorum loco Christi sinceriter prædicandi excludi se videret, non alia causa ad nos revertisse, quàm quia apud nos et esse veras ecclesias Christi et ministerium ejus haberi sincerum non dubitaret, speraretque fore sibi in nostris ecclesiis locum, ubi juxta Christi doctrinam vivere cum fratribus, his facultatibus quas a Domino accepisset, quantulæcunque essent, et commodare aliquid posset. Nam si ita sibi iratus Dominus fuisset, ut traditus in sensum reprobum se cupiditatibus carnis suæ potiùs quàm regno Christi cedere maluisset, fuisse sibi oblatas conditiones ab adversariis omni de gratia Christi nihil sollicito haudquaquam pœnitendas.

pagina adeò impudentiæ suæ fræna laxaverit. Ejusdem farinæ est, quòd se cum Cardinali *Sadoleto* de itinere suo communicasse dicit. Nam cum *Argentoratum* venisset [1539], hoc captandæ benevolentiæ aucupium præ se ferebat, quòd *Sadoletum* habuisset sibi infestissimum. Proferebat enim et suas et *Sadoleti literas*, unde constabat displicuisse *Sadoleto* ejus doctrinam. Quid plura? Præsentissimum sibi periculum impendisse jurabat, nisi maturo discessu antevertisset. Id enim argumento volebat esse, nunquam ita se fuisse versatum in Papistarum castris, quin eorum impietati resisteret, ac qualecunque susciperet piæ doctrinæ patrocinium. Si *Sadoletus* eum *Avenione* quietum esse non patiebatur, quin illi capitis periculum crearet, an passus fuisset a *suo Molendino* * salvum abire? Horum quidquam si negat, adhuc proferentur schedæ illæ quibus gratificari *Argentinensibus* voluit. »

* *Le Moulin* ou *le Moulinet* était sans doute le nom de la villa que le Cardinal possédait près de Carpentras, et qui a été mentionnée dans le t. V, p. 264, note 12

Ad hunc itaque modum *Karolus* nobis suum casum et in eo Domini misericordiam exposuit, oravitque per Christum veniam omnium quæ, vel à nostris ecclesiis ad hostes Christi se conferendo, vel nostras ecclesias per *bullam illam* vel alias quocunque modo criminando, aut saltem non ut oportebat defendendo, et apud adversarios hærendo, aut quovis pacto alio, toto illo tempore suæ perturbationis, peccasse[t], quum [l. quorum?] ipse sibi conscius esse posset, tum vel nobis vel aliis videretur. Abjurabat disertè et graviter omnem consensum cum papa romano et cum cunctis ejus creaturis et administris, qui illi in ista in qua est regni Christi oppressione sanctorumque persecutione conspirant, et verissimis antichristis : quos universos et singulos, dum in ista sceleratissima et immanissima ecclesiarum devastatione et evangelii Christi oppugnatione persevera[n]t, coram Domino et nobis anathemate devovebat, seseque pro veritate Christi, de qua ipsi nobiscum non [l. modò] convenisset, ac omnium instauratione ecclesiarum staturum nobiscum ac pugnaturum [pollicebatur], pro portione spiritus Christi quæ ipsi contigisset, dum uti se Dominus in hoc ministerio et in hac vita dignetur, quà papam et cunctos antichristos impietatisque assertores [damnet], sanctos licet [l. scilicet] qui dispersi sub istorum tyrannide sunt, ut omnes filios Dei vera caritate et Christi visceribus amplectatur et salvos optet.

Postquam igitur, ad hunc quem præmisimus modum, *de omni doctrina Christi ejusque administratione Carolo nobiscum convenisset, suumque lapsum,* cum in recedendo à nobis et nostros traducendo, tum se ad hostes Christi recipiendo, veniamque ab illis quòd apud nos fuisset petendo, et quidquid in ista sua perturbatione peccavit, *ingenuè confessus esset, antichristosque et cunctam illorum impietatem disertè damnasset,* seseque constanter posthac perstiturum atque dimicaturum nobiscum contra papisticam et omnes religionis nostræ perversiones et pestes pollicitus esset, gravi etiam exilio et multis ærumnis lapsus sui pœnas dedisset; denique cum iis ipsis fratribus cum quibus certamen gravius habuit et à quibus ad Pontificios discessit, jam in gratiam rediisset, de quo illorum literas dudum acceperamus [14], quique petebant ipsi Christi lenitatem et caritatem benignè impendi, — *visum nobis est, esse lenitatis et dilectionis christianæ fratri sic nobiscum de regno Christi consen-*

---

[14] L'une de ces lettres avait été écrite par Guillaume Farel, vers la fin de juillet 1539 (Voy. t. V, p. 370, 371).

tienti ejusque se propugnationi addicenti, casumque suum cognoscenti, veniam præcipitationis suæ et reconciliationem cum ecclesiis Christi, quam tantopere flagitabat, nequaquam denegare.

Proinde, quantùm ad nos attinere potest, et salva confirmataque ea conventione qua Agathopoli à fratribus nostris in gratiam receptus est [15] *et consensionem Christi admissus, in nomine Christi remissionem peccatorum suorum addiximus, nostræque eum ecclesiæ ac nobis reconcilia[vi]mus, et ut fratrem et symmystam amplexi sumus :* quod etiam eò fecimus libentiùs quòd evidentibus argumentis deprehendimus eum, dum apud adversarios fuit, Christum prædicare non destitisse, atque quàm primùm ipsi hujus facultas planè negari cœpit, rectà ad nos rediisse, potiusque dixisse [l. duxisse] apud nos in libera sinceraque Christi confessione cum summa vivere paupertate et gravibus exerceri ærumnis, homo jam paulò minor sexagenario, quàm apud Ἀντιχρίστους honoribus affluere et delitiis. Dominus Jesus eum et nos omnes conservet et spiritu suo in dies augeat! Amen.

Volphgangus Capito.   P. Karolus.
Martinus Bucerus.
Casparus Hoedio.
Matthias Zell.
Joannes Calvinus.
Jacobus Bedrotus.
Joannes Sturmius.

(Datum pro copia [16].)

---

[15] Voyez, dans le t. V, p. 457-462, le procès-verbal de la *conférence de la Bonneville* ou *Neuveville*, et le N° 823, note 14.

[16] Calvin parle en ces termes des Actes originaux de la *conférence de Strasbourg* : « Acta de his rebus confecta... Quis fidem horum Actorum faciet? Ipsa *Caroli* manus. Sicut enim exemplar unum habuit ab illis [scil. ministris Argentinensis ecclesiæ] subscriptum, ita alterum manu sua consignatum apud eos reliquit. Quod hodie quoque servant » (Adversus P. Caroli calumnias... N. Gallasii Defensio, etc. 1545, p. 12-13).

823

JEAN CALVIN à Guillaume Farel, à Neuchâtel.
De Strasbourg, 8 octobre 1539.

Autographe. Bibl. Publ. de Genève. Vol. n° 106. Calvini Opera.
Brunsvigæ, X, P. II, p. 396.

Ego cum his diebus novum subinde argumentum scribendi occurreret, *abstinere à scribendo volui, donec ad exitum aliquem perductum esset Caroli negocium*[1] *: cujus tractatio nostros distinebat, me verò cura vehementer anxium habebat*. Non visum est Bucero expedire ut ullis actionibus interessem, donec ventum foret ad spem aliquam concordiæ, vel saltem inclinatio aliqua in utramvis partem facta esset. Id à me impetrari non difficulter passus sum, ne quid asperiùs dicerem, quod majores etiamnum turbas excitaret. Et hoc ipse expetere videbatur, quò liberior esset adversùm nos dicendi locus.

Incœperunt, quantùm intelligere potui, à doctrina : sciscitati enim sunt num quid in ea quam prædicamus fide desideraret? Ille de certis capitibus contulit, quæ ordine recensentur in *Actis* quæ postea perscripta sunt et nostra subscriptione comprobata[2]. *Inde ad ejus defectionem descenderunt,* quæ erat epitasis actionis. Conatus est modis omnibus excusare. Jactabat enim justissimam causam se initio contra nos suscepisse : non enim protinus ad accusationem prorupisse, sed amicè postulasse ut subscriberemus *tribus symbolis*[3]. Nos verò non tantùm detrectasse, sed vexasse multis cachinnis symbola illa, quæ perpetua bonorum consensione authoritatem firmam in Ecclesia semper habuerunt. Exceperunt *nostri* non tamen fuisse illi causam cur ad Papistas deficeret. Deinde severissimè castigatum hortati sunt ad resipiscentiam.

[1,2] Voyez la pièce précédente.

[3] A comparer avec les N°ˢ 610, renvoi de note 11 ; 638, second paragraphe ; 640, renvois de note 5, 6.

Cum vocatus essem, respondi ad ejus objecta. Et primùm quidem totum rem ut erat ab initio exposui. De Symbolis [4] *nos purgare paulò fuit difficilius :* erat enim illud odiosum, nos ea repudiasse quæ, cum totius Ecclesiæ suffragiis sint recepta, extra controversiam esse debent. Quamquam id quoque diluere promtum erat, nos non respuisse, multò minùs improbasse, sed ideo tantùm detrectasse subscriptionem, ne ille, quod captaverat, de ministerio nostro triumpharet [5]. Manebat tamen semper aliquid invidiæ. Præsertim verò id favorem illi conciliabat, quòd paulò antequam nos vexasset, receptus fuerat in ministerium *Claudius* [6], quem constabat ab omnibus ecclesiis fuisse toties jure damnatum [7]. Ergo *tametsi malitiosè fecisse ipsum ostendebam, efficere non potui, ne prætextum*

---

[4] Après *Symbolis*, on lit les mots suivants, qui ont été biffés par Calvin : « respondi ; diluere studui quod erat maximè odiosum : nos illa respuisse negavi. »

[5] A comparer avec le N° 654, fin du second paragraphe.

[6-7] Un pasteur condamné en 1534 et en 1535 par la plupart des églises réformées de la Suisse et par celles de Constance, d'Ulm, de Strasbourg, de Wittemberg, avait été réintégré, au mois de mai 1537, par le synode de Lausanne. C'était *Claude d'Aliod*, l'antitrinitaire. *Calvin* fait un léger anachronisme en disant qu'il fut admis « peu de temps *avant* » les attaques de *Caroli*, puisque celles-ci remontaient au mois de janvier 1537 (Voy. t. III, p. 172, 173, 174, 308; IV, 235; V, 437).

Les nouveaux éditeurs de Calvin disent, au contraire, p. 397, n. 4 : « *Glandineus*, nunc in *agro Vadensi* minister. » Cette assertion ne nous semble pas fondée. *Claude de Glantinis*, censuré en 1536 par le synode d'Yverdon, fut excommunié par l'Église de Neuchâtel en décembre 1538, et réintégré seulement en 1539 (Voy. t. IV, p. 64, renv. de n. 20-22; V, 206, renv. de n. 12; 447, n. 2). Il n'avait pas, d'ailleurs, la fâcheuse notoriété de *Claude d'Aliod*, et ce n'est pas de lui qu'on aurait pu dire : « il a été condamné tant de fois par toutes les églises. »

Quant à la dénomination de *Vadensis*, donnée au *Pays de Vaud* par les éditeurs de Calvin, elle est absolument nouvelle et sans fondement. Dès le sixième siècle, le Pays de Vaud est appelé dans les chartes *pagus Waldensis, comitatus Waldensis*, et lorsque plus tard les notaires lui donnent le nom de *patria Waudi*, l'adjectif précité ne varie pas. Devenu canton indépendant, il a eu soin de rappeler, sur le titre de ses chrestomathies latines (1811), qu'elles étaient publiées « in usum scholarum *Pagi Valdensis* » (Voyez Ruchat. Abrégé de l'Hist. ecclés. du Pays de Vaud. Lausanne, 1838, p. 30, 111-113, 140. — Juste Olivier. Le canton de Vaud, sa vie et son histoire, 1837, p. 126-146, 1191, 1192. — Mémorial de Fribourg, année 1857, p. 342. — Dictionnaire de Géographie anc. et moderne, à l'usage du libraire... par un bibliophile. Paris, 1870, col. 1300).

aliquem habuisse videretur nos impetendi. De battalogiis⁸ satisfacere meum fuit. Ego verò nullo negocio comprobavi esse illic battalogiam. Confessus tamen sum me non fuisse dicturum, nisi ejus improbitate coactus fuissem. Sed volumen conscribere opus esset, si referre omnia vellem. Summam enim totius nostræ contentionis retexui, ac ita ordine digessi, ut facilè appareret, malum à nobis non prodiisse.

Nunquam meliùs sensi quantopere nos gravassent suis delationibus *amici nostri Bernenses* quos nosti ⁹. *Nemo erat nostrorum qui de innocentia nostra dubitaret. Vexabant me tamen de Symbolis, quòd subscribere noluissemus, cum id sine periculo esset, ac nos magna suspitione eximere posset. Consilium ergo nostrum uno ore improbabant.* Hæc absente *Carolo.* Rogavit deinde *Bucerus* ut ea omnia notarem in quibus deliquisset. Id nolui. Habebat enim semper aliquid quo vel elaberetur vel extenuaret delictum. Quando igitur nihil profuturum me videbam ea ratione, prætexui me no[l]le instruere contra eum accusationem; satis mihi esse, si se peccasse profiteretur ex animo. Verùm quia exitum mihi fore difficilem providebam, nihil magis urgebam, quàm ut sine me transigerent. Nihil me velle impedire, modò ne assentiri cogerer. Hoc quia existimabant esse summum impedimentum, non concesserunt.

Confecti ergo sunt articuli, in quibus nonnulla ipse deprecatus est, quæ ejus rogatu fuerunt expuncta. Tum ad me missi fuerunt multa nocte. Cum legissem, uno loco sic fui consternatus, ut non meminerim toto hoc anno majori in mœrore fuisse. Postridie manè vocavi ad me *Sturmium* ¹⁰. Dolorem illi meum exposui. Retulit ille ad *Bucerum.* Condixerunt mihi horam in ædibus *Matthiæ* ¹¹, qua exponerem quid me gravaret. *Illic graviter peccavi, quòd non potui modum tenere. Ita enim totam mentem meam occupaverat bilis, ut omni ex parte acerbitatem effunderem. Et erat sanè aliqua indignationis causa, si adhibita fuisset moderatio.* Expostulabam quòd, *Carolo* jam abituriente, defungendi causam [l. causâ] *illos articulos* mihi obtulissent; quòd pronunciarent bonos sibi videri, me inau-

---

[8] Allusion à ces formules du symbole de Nicée : « Credimus in unum Deum... et in unum Dominum Jesum Christum... *Deum ex Deo, lumen ex lumine, Deum verum ex Deo vero...* » (Voyez t. V, p. 458, troisième paragraphe).

[9] *Pierre Kuntz* et *Sébastien Meyer* (T. IV, p. 344, 345 ; t. V, p. 22-24, 27, 28).

[10] Le professeur *Jean Sturm*, ami intime de Calvin.

[11] Le pasteur *Matthias Zell.*

dito; quòd, sententia jam lata, subscriptionem a me peterent, quam si recusarem illos adversarios essem habiturus. *Res* tamen *ipsa præcipuè me commovebat: quòd illic dicebat Carolus se commendare Domino offensiones quibus impulsus ad defectionem fuerat, ideoque commendare quòd ex parte ad alios pertinerent. Clausula orationis meæ fuit: Mihi decretum esse potiùs perire quàm illud obsignare.* Illic tantus utrinque fervor fuit, ut non fuerim futurus asperior in *Carolum* ipsum, si adfuisset. Tandem proripui me ex cœnaculo. Secutus est *Bucerus,* qui postquam me suis sermonibus mitigavit, retraxit ad alios. Dixi me velle ampliùs considerare antequam planè responderem.

Ubi domum redii, correptus sum mirabili paroxysmo. Nec aliud solatii occurrebat, quàm in gemitu et lachrymis. Eoque magis excruciabar, quòd tu mihi istorum malorum causa eras. Identidem enim mihi exprobrabant tuam lenitatem, qui clementer statim *Carolum* amplexus esses. Me nimis esse capitosum, qui nihil moverer isto præjudicio. *Bucerus* omnes personas quidem induebat, ut animum meum emolliret; sed exemplum tuum interim mihi invidiosè objectabat. Neque verò excusare hîc potes vel incogitantiam vel nimiam facilitatem[12]. Atque, ut ingenuè loquar, majorem et gravitatem et constantiam et moderationem in te meritò quis desideret. Institerunt tibi boni fratres, ut illum reciperes in gratiam. Hîc non cessisti, sed prorsùs concidisti. Animadvertisti paulò post lapsum. Pœnituit. Atqui sine pœnitentia recipere ipsum poteras, nisi modum excessisses. Patere ergo me solatium aliquod capere ex tuæ culpæ accusatione, quæ mihi tantopere incommodavit. Quòd si coram appellare te potuissem, convertissem in te totam illam intemperiem quam in alios effudi.

Postquam me aliquantulùm recepi, vocavi ad me *Jacobum*[13]; sciscitatus sum quid cum eo actum esset. Quædam retulit, quæ mihi animum excitarunt. Itaque *postulavi, ut locus ille induceretur ubi*

---

[12] C'était pourtant *Calvin* qui écrivait à Farel, deux mois auparavant ! « Adii *Bucerum,* recitavi tuas literas, quibus fuit exhilaratus, præsertim quòd tanta in *Carolum* te esse lenitate cerneret... *Nobis certè omnibus gratissima fuit tua hæc mansuetudo,* quæ nihil mali ecclesiis afferre poterit...» (T. V, p. 370, 371.) Voyez la note 14.

[13] D'après l'édition de Brunswick (p. 399, note 15), ce serait le professeur *Jacques Bédrot,* l'un des signataires de la pièce précédente. Mais *Calvin* ne le désigne jamais que par son nom de famille. Ne s'agirait-il pas plutôt de ce *Jacobus* dont Calvin transmet les salutations à Farel (renvoi de note 25) ?

defectionis suæ culpam in alios derivabat, utque nominatim confirmarentur illæ conditiones quibus receptus fuerat à vobis in gratiam Agathopoli [14]. Aliquid meliùs effecissem, nisi me impedisses. Tibi ergo imputa si quid est vitii. Primùm, quòd non ea qua decebat moderatione reconciliationem temperasti : ut non nisi cum solenni lapsus ac resipiscentiæ testificatione ipsum recepisses : deinde quòd non mihi perscripsisti omnia ut acta fuerant [15]. Spero tamen *scriptum*, ut nunc est, fore tibi tolerabile. Sed magno mihi constitit.

Restat nunc ut quando eum recepimus in gratiam, constanter in ea perstemus. Nam si non debuimus abjicere, omni studio est retinendus. Id non aliter fiet, quàm si tuos omnes retineas, ne illi insultent. *Scriptum* simul ac descriptum fuerit, ad te perferetur. Illic satis firmis vinculis constrictus est, ne quid novi moliatur. Tantùm vos eam illi mansuetudinem servate, quam præmaturè exhibuistis. Sed hæc et reliqua persequar cum *scriptum* mittetur. Nunc volui tibi paucis indicare, quem finem habuerit ista causa.

Nunc *Carolus* ad *Rognacum* [16] profectus est, quo consilio non habeo compertum, nisi ut secessum aliquem sibi quæreret [17], donec

---

[14] Les collègues de Calvin lui accordèrent sa demande. Aussi les Actes de la conférence de Strasbourg contiennent-ils (N° 822, renv. de n. 15) la mention des engagements que *Pierre Caroli* avait contractés, en se réconciliant avec les pasteurs neuchâtelois. Le vieux docteur de Sorbonne dut sourire de cette précaution : il n'avait pris aucun engagement formel dans *la conférence de la Neuveville*. Les pasteurs neuchâtelois ne lui avaient fait signer aucune déclaration, et ils s'étaient bornés à constater l'adhésion de *Caroli* à la doctrine des Réformateurs, son désir de vivre en paix avec ses anciens collègues et de contribuer à l'édification des églises. *Farel* s'était empressé de communiquer à *Calvin* cette bonne nouvelle, et, sans le vouloir, il l'avait induit en erreur sur les résultats de la conférence précitée (Voyez la note 12, les N°° 811, n. 3; 830, renv. de n. 112, les pp. 352-354, 457-462 du t. V, les lettres du 10 janvier et du 6 février 1540).

[15] Dans sa lettre du 21 octobre suivant, Farel fit droit à ce grief.

[16] Le traducteur anglais des Lettres de Calvin a pris un nom d'homme pour un nom de lieu, et il envoie directement *Caroli* à *Rognac*, bourg situé en Provence, à 5 lieues environ de la ville d'Aix. *M. de Rognac* était issu d'une famille brabançonne; il habitait le château de *Linchant* dans les Ardennes et ne possédait aucune seigneurie en Provence (Voy. t. V, p. 248, 452, 463). Les seigneurs du bourg de *Rognac*, au XVIme siècle, étaient de la famille provençale des *d'Arbaud* (Voy. le Dict. de la Noblesse de France par F.-A. de La Chesnaye des Bois. Paris, 1770-86, t. I, p. 336-337.— Ludovic Lalanne. Dict. hist. de la France, p. 97, 1573).

[17] *Caroli*, cherchant une retraite écartée, n'aurait pu trouver mieux que le château de *Linchant*, situé en dehors du royaume de France, d'où il se disait « banni » (Voy. t. V, p. 459. lig. 7-8).

apud vos sit agendi locus. Profectus est cum eo *Alexander*[18], quem ex sententia *Barbarini*[19] se comitem sumpsisse excusavit. Ab illo autem non erat cur vel tibi vel nobis timeres. Non enim ea sumus *hic* facilitate, ut eos amplexemur quos aliæ ecclesiæ excommunicarunt[20]. Petiit quidem ille quoque audiri. Sed ocium non erat. In reditu si petierit, non intercedam quominus audiatur: modò antea mihi consignes totam ejus historiam[21], quò possit pro dignitate excipi.

Tuis literis brevi respondebo. Corripuit enim me gravis catarrhus qui plura nunc scribere non patitur. Hic qui meas tibi literas reddit, commendatus nobis fuerat a Domino *Rognacensi*[22], in cujus gratiam conati sumus illi reperire conditionem. Sed non potuimus. Inter opificia magis inclinabat animus ad artem concinnandorum librorum. Nunc istuc profectus est, quò omnia experiatur. Cupio tibi esse commendatum et spero. Dignus enim est *Rognacensis* in cujus gratiam et hoc et plura. Omnes te amicissimè salutant. Præcipuè *Capito, Buc.[erus], Sturmius, Pedrot.[us], Claudius*[23], *Gaspar*[24], *Jacobus cum suo comite*[25], *Enardus*[26] et omnes *Galli*. Quia scio te satis assuefactum esse meæ asperitati, non excusabo quòd incivilius æquo tecum egerim. Saluta mihi omnes fratres. Præcipuè *Corderium* et *Capunculum* et *Thomam*[27]. De *epistola Sadoleti*, fac

---

[18] *Alexandre le Bel*, ex-pasteur de St-Aubin, dans le comté de Neuchâtel.

[19] *Thomas Barbarin*, pasteur à Boudri.

[20] A comparer avec le t. V, p. 206, renvoi de note 12.

[21] Les antécédents d'*Alexandre le Bel* sont passés en revue dans la lettre de Farel du 21 octobre.

[22] Calvin l'appelle ordinairement *Rognacus* (Voy. sa lettre du 6 février 1540). Le nom du sieur *de Rognac* est latinisé de la même manière par de Thou.

[23] *Claude de Fer* (ou *Féray?*) jeune helléniste français réfugié à Strasbourg, où il remplaça plus d'une fois le professeur de grec, *Jacques Bédrot* (Voy. Ch. Schmidt, o. c. p. 76).

[24] *Gaspard Carmel*.

[25] Nous avons quelques raisons de croire que *Jacobus* désigne *Jacques Sorel*, natif de Sézanne en Brie, et que son *compagnon* était *Robert le Louvat*, ancien chanoine, originaire de la même ville (Voyez la lettre de Farel du 16 avril 1540. — Charles Recordon. Le Protestantisme en Champagne. Paris, 1863, p. 91, 92, 159, 243). *Farel* avait-il fait leur connaissance, lors de son dernier voyage à *Strasbourg* (juin 1539, t. V, p. 341, n. 14), ou bien *Jacques Sorel* avait-il déjà prêché l'Évangile dans le pays de *Neuchâtel* pendant cette même année 1539?

[26] *Eynard Pichon*.

[27] *Mathurin Cordier, Jean Chaponneau* et *Thomas Barbarin*.

quod visum fuerit [28] : quid tamen feceris significa. *Corderius rem mihi magnopere gratam faciet, si Psalmos quos habet descriptos mihi curaverit* [29]. 8 Octob. Argent. 1539 [30].

CALVINUS tuus.

(Inscriptio :) Optimo fratri meo Farello, Neocomensis ecclesiæ pastori fidelissimo.

824

JEAN CALVIN à Pierre Viret, à Lausanne.
De Strasbourg, 8 octobre (1539 [1]).

Autographe. Bibl. Publ. de Genève. Vol. n° 106. Calvini Opera. Brunsvigæ, X, P. II, p. 401.

Cum literæ tuæ [2] venerunt, jam secundus ad *Principes* nuntius dimissus erat, per quem *nostri petierunt illam de qua prius egerant*

---

[28] S'agissait-il de quelques exemplaires de *l'Épître de Sadolet* suivie de la *Réponse de Calvin* (N° 814), ou bien de l'une des lettres de ce cardinal que *Pierre Caroli* aurait laissée entre les mains des pasteurs de Strasbourg (N° 822, fin de la note 13)?

[29] A défaut de preuves positives, nous avons énuméré, t. V, p. 452, les indices qui nous disposaient à croire que *le recueil de psaumes* préparé par *Calvin*, dans l'automne de 1538, dut être publié au commencement de l'année 1539. L'existence de cette première édition vient d'être constatée par M. le pasteur O. Douen (op. cit. t. I, p. 300-315), qui a signalé et décrit en détail une plaquette de 63 pages in-16, portant le titre que voici : « *Aulcuns | Pseaulmes et Cantiques | mys en chant. | A Strasburg, | 1539.* »

En demandant à *Mathurin Cordier* de lui envoyer les *psaumes* qu'il avait recueillis et *copiés*, *Calvin* songeait évidemment à une deuxième édition du *Psautier* précité. Nous ignorons si elle a vu le jour.

[30] Le millésime est de la main de *Farel*. Au verso, sous l'adresse, on lit encore ces mots de la même main : « 8 Octobris 1539. *De Carolo.* »

[1] Le traducteur anglais des Lettres de Calvin (t. I, n° 51) date inexactement du 8 octobre *1540*. Le millésime n'existe pas dans le manuscrit original ; mais le contenu de l'épître indique évidemment qu'elle est de l'année 1539.

[2] Lettre perdue.

legationem [3] : *deinde alteram quoque ad Anglum mitti* [4], qui duos Episcopos et multos Doctores in carcere detinet [5], quòd furiosis ejus decretis subscribere recusarint [6]. *Ne dubites*, mi Virete, *rem Senatui nostro cordi esse. De nobis taceo, quos tamen cura bonorum fratrum propiùs afficit quàm existimes* [7]. Si verba vobis dari putas, quoties successum quem optas non cernis, non satis cogitas quid à nobis sit expectandum. Atque, ut scias istam tarditatem negligentiæ nostræ minimè posse imputari, *Senatus* quoque *noster* valde miratur, non remitti sibi nuncium cum qualicumque saltem responso, nec dubitat præsenti rerum conditione impediri *Principes*, quom.-nus certum aliquid statuant.

[3] Voyez le N° 818, note 27.

[4] Voyez, sur les rapports des princes protestants avec *Henri VIII*, les N°⁸ 752, note 47 ; 772, note 54. Ils lui envoyèrent, vers la fin de novembre 1539, une nouvelle ambassade, qui devait accompagner la princesse *Anne de Clèves*, sa fiancée. Mais déjà le 1ᵉʳ novembre, *Mélanchthon* avait écrit au Roi pour réfuter *les six articles* (Voy. n. 6) et lui faire connaître la pénible impression que ses ordonnances avaient produite en Allemagne (Voyez Melanthonis Opera, ed. Bretschneider, III, 804-819. — Seckendorf. Commentarius de Lutheranismo, 1694, III, 225-228).

[5] *Hugues Latimer*, évêque de Worcester, et *Nicolas Shaxton*, évêque de Salisbury, ayant parlé très vivement contre *la loi des six articles* (note 6), durent résigner leur évêché en juillet 1539 et subirent une longue détention. Cinq cents personnes furent emprisonnées à la même époque, pour infractions réelles ou supposées à la susdite loi (Voyez Burnet. Hist. de la Réf. de l'Église d'Angleterre. Londres, 1683, I, 365, 507. — Lingard. Hist. d'Angleterre, VI, 438).

[6] « Pour empêcher une diversité d'opinions, en certains articles de la Religion chrétienne, » *Henri VIII* avait imaginé de faire accepter au Parlement (juin 1539) une loi qui se composait des *six articles* suivants : « 1. Le corps de Jésus-Christ est véritablement présent dans l'eucharistie, sous la forme et non la substance du pain et du vin. 2. La communion sous les deux espèces n'est pas nécessaire pour le salut. 3. La loi de Dieu interdit aux prêtres le mariage. 4. Les vœux de chasteté doivent être observés. 5. Les messes privées ont leur fondement dans l'Écriture et sont d'un grand secours. 6. La confession auriculaire est utile et même nécessaire. »
Cette loi édictait des pénalités terribles. Parler, écrire ou disputer contre l'un de ces articles, enfreindre le 3ᵉ ou le 4ᵉ, négliger la confession et le sacrement entraînait, pour les coupables, l'emprisonnement, la confiscation et, dans la plupart des cas, la mort. Même le bénéfice de l'abjuration leur était refusé (Voy. Burnet, o. c. I, 354-356. — Lingard, o. c. VI, 436, 437. — Merle d'Aubigné, o. c. VIII, 226-231).

[7] Voyez, sur les récentes démarches de *Viret* et des *Strasbourgeois* en faveur des *Évangéliques de France*, les N°⁸ 804, note 4 ; 811, deuxième paragraphe et note 6 ; 812, n. 1 ; 818, renvois de note 24-27.

Edictum Regis [8] *transtuli,* ac curavi describendum. Nihil negligimus, sed non semper assequimur nostra diligentia quod bonis omnibus optandum esset. Novum quoque impedimentum nuper accessit ex *contentione Comitis Guillelmi cum militiæ et aulæ Regiæ Præfecto* [9]*,* quæ utinam tandem aliquid boni pariat! Simul atque allatum fuerit responsum, quodcunque erit vobis indicabo. Utinam voto nostro respondeat! *Quæ ex aliis Galliæ partibus afferuntur literæ nullam mentionem edicti faciunt* [10], et sanè, inter vertendum. nonnullam mihi suspicionem injecit compositio, quæ sapere aulicam elegantiam non videbatur. Id tamen apud me continui, ne *fratrum* periculo minùs diligenter consuleretur.

Cum *Carolo* quibus legibus *nostri* transegerint, posthac ex lectione rescisces [11]. Nunc quoque nonnulla scribo ad *Farellum* [12] quæ communicare tecum poterit. Ego more meo coactus sum sustinere totam invidiæ molem. Quia tamen res confecta est, dabis ipse quoque operam ut omnes veteres offensæ aboleantur. Vale, mi frater. Argent. 8 Octob. (1539). Salutant te omnes fratres, *Capito, Bucerus, Sturmius* et reliqui.

CALVINUS tuus.

(Inscriptio :) Optimo et suavissimo fratri meo Petro Vireto, Lausannensis Ecclesiæ fidelissimo pastori.

---

[8] Calvin fait sans doute allusion à *l'édit de François I du 24 juin 1539,* dont nous avons donné un extrait, t. V, p. 371, 372. Il était adressé « aux cours souveraines, » c'est-à-dire à tous les parlements du royaume.

[9] Le comte *Guillaume de Furstemberg* et *Anne de Montmorency,* connétable et grand maître de France. Voyez, pour les détails, les lettres de Calvin du 27 octobre et du 20 novembre.

[10] C'est du *Dauphiné* ou de la *Provence* que les pasteurs de Lausanne avaient dû recevoir une copie de l'édit du 24 juin 1539. Les Français des *autres* provinces pouvaient très bien ignorer encore, au mois de septembre, l'existence de ce nouvel édit. Intentionnellement, ou à cause de la multiplicité des affaires, les parlements ne vérifiaient parfois les édits royaux et ne les publiaient que plusieurs mois après la date de leur réception. Les Annales de Toulouse par La Faille, I, 109, 110, nous en fournissent un exemple, à l'année 1538 : « L'Hérésie prenant de nouvelles forces dans le royaume, le Roy fit un nouvel édit plus rigoureux encore que les précédents contre les Hérétiques et leurs fauteurs : C'est l'édit du *10 Décembre 1538.* Il ne fut vérifié au parlement de *Toulouse* que le *vingt-unième d'Avril* de l'année d'après. »

[11] C'est-à-dire, par la lecture des *actes* (N° 822).

[12] Voyez la pièce précédente.

825

MARTIN BUCER à Louis du Tillet, à Paris [1].
De Strasbourg, 8 octobre 1539.

Inédite. Copie. Bibl. Nationale de Paris. Mscr. français, n° 2391.
Communiquée par M. Henri-L. Bordier.

Bucerus Ludovico suo.

Gratia et pax verumque de religione judicium, vir in Domino verè amantissime, si quidem Domini Jesu, ita ut polliceris, esse perseveraveris !

Literæ tuæ me valde conturbarunt quas hisce diebus ad me dedisti 18 Septemb. [2] Testaris enim te in multis hodie à me dissentire,

---

[1] Le manuscrit cité comme source renferme quatre épîtres de *Bucer* à Louis du Tillet, datées du 27 septembre (1538), du 2 mai 1539, du 8 octobre, même année, et du 20 octobre. Celle que nous publions résume, en partie, les trois autres et peut servir de complément à la correspondance de *Calvin* avec *Louis du Tillet*. La dernière lettre de celui-ci (oct. ou déc. 1538) ayant précipité leur rupture, *Calvin* dut être satisfait en voyant continuer, sur un ton plus calme et sans personnalités blessantes, un débat où il se sentait gêné par le souvenir des services qu'il avait reçus de son correspondant (Voy. Nos 742, 759, n. 12, 14; 784, renv. de note 13-15). Il est, en effet, bien peu probable que *Bucer*, ami et collègue de *Calvin*, lui fît un mystère des lettres de L. du Tillet et de ses propres réponses. On est d'autant moins autorisé à le croire, que les paroles suivantes de Bucer, écrites le 27 septembre (1538), font allusion à certaines lettres protestantes que' L. du Tillet lui aurait communiquées : « *Buc. Ludovico suo* S. D. Gratissima sunt quæ scribis, tam ea quæ alii contra nos, quàm *quæ alii pro nobis...* » Quelles seraient ces dernières lettres, sinon celles de Calvin à son ancien ami d'Angoulême, qui en aurait traduit et cité des passages en écrivant à Bucer ?

[2] On lit, en tête de la copie contemporaine, l'avertissement suivant : « Interim, dum proximè præcedentem epistolam, multis aliis negotiis occupatus, tantùm succisivis horis *Lud.*[*ovicus*] scribebat, *audivit se delatum esse apud Bucerum*, quòd omnino a Christo abalienatus esset, et nullis non superstitionibus et impietatibus se immisceret ac contaminaret. Alia

novasque rationes quibus respondi his objectionibus quas anno superiore, 8 Septemb., ad me perscripsisti[3], tanquam à viris bonis profectas, tibi non satisfacere. Homo sum, mi frater (spero, feres adhuc istam appellationem), labi possum ; certus tamen sum coram Domino nostro Jesu Christo, me de summa religionis rectè sentire, et eum non posse Christi esse qui de ea non idem judicet. *Quò autem magis studeo de omni doctrina Christi id sentire quod sentit Christus ipse, quòque magis te amo salutisque tuæ sum cupidus, hoc magis cruciat quòd hodie in multis te dissentire à me scribis, qui cum hinc discederes tam pulchrè consentiebas in omnibus*[4], *ita sanè*

itaque parvula epistola ipse *Lud.*[*ovicus*] *Buc.*[*erum*] interpellavit, ne falsis hujusmodi delationibus fidem haberet, et, ut astruxit se [in] Dei gratia esse et in Christo se perseverare, ita etiam *non abnegavit se jam in pluribus a Bucero dissentire*, nec sibi per hujus literas [scil. 2ª Maii datas] satisfactum fuisse, quibus responsionem parabat, quam se missurum cum primùm absoluta esset pollicebatur. *Hac verò parvula epistola accepta, Bucerus sequentes scripsit.* »

L'épître de *L. du Tillet* que l'avertissement précité désigne par ces mots : « *proximè præcedentem epistolam,* » ne compte pas moins de 20 pages d'une écriture minuscule et serrée. Elle traite de la foi, de la justification et des œuvres, selon les principes énoncés dans la lettre du 9 septembre 1538 (note 3). Le ton en est modéré, le style clair, mais peu élégant. C'est une dissertation assez froide, et qui dut parvenir tardivement à *Bucer*, car il n'y fait aucune allusion dans ses lettres du 8 et du 20 octobre.

[3] Cette lettre de L. du Tillet est datée : « Lutetiæ, 9 septembris 1538.» La copie originale n'en donne que la dernière partie, dont voici les principaux passages : « Porrò quemadmodum *illi* [scil. viri docti et pii] concedunt sinc fide neminem justificari posse, ita etiam hæc *bona opera quæ in fide per spiritum Domini fiunt non solùm ad justitiam pertinere, sed etiam justitiam esse volunt.* Quæ Paulus de justificatione fidei scribit adversùs falsam et perversam Judæorum, Christum abnegantium, de operibus sententiam, intelligenda esse dicunt de *fide formata*, hoc est, quæ sit efficax per charitatem. Et licet Paulus solam nominet *fidem*, intelligunt tamen ipsum ab ea non excludere *spem* et *charitatem*, quas simul adesse oporteat, ut sine quibus nemo Deo acceptus esse potest. Asseverant autem *Lutheri, et eorum qui cum ipso faciunt, doctrinam de justificatione, in vanis animi cogitationibus et opinionibus justitiam quærere et collocare*, utcunque multis in locis opera valde commendare et ea tanquam ad hanc externam vitam necessaria à fidelibus exigere videatur… »

Bucer fit deux réponses à la lettre précitée. La première est datée du 27 septembre (1538). Nous en avons déjà reproduit quelques fragments, note 1, et t. V, p. 187, 188. La seconde est du 2 mai 1539 (Voy. N° 821, fin des notes 14-15).

[4] A comparer avec le N° 680, renvois de note 7, 8, 10, 11.

mentem tuam ego intellexi. Faxit Christus ut ista mutatio sententiæ quo sit facta spiritu agnoscas! Interim per Christum Dominum te obsecro scribas per hunc nuncium, et quænam illa multa sint in quibus hodie à me dissentis, et quæ te ut sic dissentias rationes commoverunt [5]. Postremò quæ argumentis meis, quibus objectiones illas ad me perscriptas repuli, inesse vitia deprehenderis.

Relegi litteras quibus ea objecta ad me superiori anno perscripsisti [6]. Quid autem ego responderim ad manum non est. Nulla enim retinere soleo istorum scriptorum exempla, quia desunt amanuenses et occupationes non permittunt spatium describendi. Quò verò possis certus ostendere quid in rationibus meis desideres, volo eas hîc paucis repetere.

Scribis quatuor maximè nobis Germanis crimina objici: Primum, quòd ecclesiam Christi à qua secessimus impugnamus. *Alterum,* quòd ex observationibus Ecclesiæ rejecerimus, tanquam per se impia, quæ sint in se optima, contempto et offendiculo quod ista audacia bonis objecerimus, et consensu Ecclesiæ quo illæ observationes sint constitutæ atque serventur. *Tertium,* quòd bona ecclesiarum nostri diripiant. *Quartum,* quòd multa vera dogmata perverterimus et oppugnaverimus, falsaque contrà tradiderimus et contumaciter defendamus [7].

Ad primum respondeo, mi frater, *id nobis falsissimè impingi. Neque enim ab ecclesia Christi secessimus neque eam oppugnamus.* Quæso te, quid est ecclesia Christi? Nunquid est corpus Christi, membra Christi, capiti Christo vera fide adhærentia, quæque ejus spiritu agitantur et vivunt? Lege, obsecro, diligenter quæ divus Paulus de ecclesia Christi scribit, Ephes. 4 et 5 et similibus locis. Jam quid vocabis ab ecclesia Christi secedere aut eam impugnare? Certè, si vera fide Christi, quæ per dilectionem efficax sit, Christi membra sumus, per eandem et in Ecclesia sumus. Hæc fides, hæc dilectio externè quoque conjungunt sanctos inter se, fateor, at quibus in rebus? numquid confessione Christi, usu doctrinæ sanctæ et sacramentorum legitimo, communioneque disciplinæ ecclesias-

---

[5] La longue épître de L. du Tillet composée en août, septembre et octobre 1539 (Voy. la fin de la n. 2) ne renferme aucune réponse à cette question spéciale de Bucer.

[6] Il n'existe, de l'année 1538, qu'une seule lettre de L. du Tillet à Bucer : celle du 9 septembre (note 3).

[7] Ces griefs étaient sans doute exposés au commencement de la lettre du 9 septembre 1538 (n. 3, 6).

ticæ? Atqui nos Christum ita credimus et confitemur ut eum Scriptura omnis prædicat ; sacramentis ejus et doctrina ita ut ipse hæc instituit, uti studemus; disciplinam quam ipse in ecclesia sua esse voluit nos amplectimur eique nos subjicimus. *Infirmi sumus atque peccamus in multis; at scientes et prudentes nihil omnium prætermittere volumus quæ unquam in Ecclesia utiliter instituta sunt et hodie quoque possunt apud nos momentum aliquod habere instaurandæ pietatis. Porrò, quod non ædificat fidem Christi, id nec spiritui sancto ferri acceptum nec adscribi ecclesiæ Christi potest.* Nam paracletus spiritus nihil quàm quod Ecclesiæ certam utilitatem afferat, docet et efficit. Datur enim unicuique ἡ φανέρωσις τοῦ πνεύματος πρὸς συμφέρον ⁸. Verbum Domini purè apud nos docetur; sacramenta ut ipse instituit dispensantur : in qua dispensatione hoc solum variamus à vobis, quòd mysteria Christi populo ut oportet exponimus, usi lingua quam intelligit, et dispensamus integra ita ut Dominus ea instituit, et quosdam humanitùs adjectos ritus prætermittimus, sed quos nec Apostoli observarunt. *De disciplina pœnitentiæ laboramus ⁹, at illa ante nos ex ecclesiis sublata est.* Dum autem nos toti in id ut illam restituamus incumbimus, non debet nobis imputari, sed his qui eam substulerunt, quòd ea apud nos desideratur. *Haudquaquam igitur ab ecclesia Christi secessimus, multò minus eam impugnamus; nam nihil quàm vitia quæ in Ecclesiam irrepserant reprehendimus. Vestri,* mi frater, *prælati, qui nos scismatis et hæreseos condemnant, in utroque tenentur :* Christum enim non prædicant sinceriter. Fiduciam ceremoniarum, divorum et propriorum operum, citra solidam fiduciam Christi, sine pœnitentia, apertè fovent, manifestas idololatrias defendunt, symoniacæ hæresi sine omni pœnitentia immersi sunt. Vivunt tam spurcè, ut ii se, juxta canones, anathemate obligent qui cum illis ullis sacris ceremoniis communicant. Paulus dixit enim « qui se scorto adjungit tollere membrum Christi, et facere illud membrum scorti. » Quid jam dicemus fieri tam impia doctrina et manifestis idololatriis symoniaque tam impudenti? *Jam nos qui, quales quales sumus, Christum quærimus, ejusque veram et unicam doctrinam profitemur, isti sancti patres diriùs quàm ullos quamlibet sceleratos homines, persequuntur et eradicare funditus laborant. Tacemus quæ contra nos impuden-*

---

⁸ I Corinthiens, XII, 7.

⁹ A comparer avec les Nᵒˢ 649, 685, paragraphe 2; 686, § 1; 730, note 4; 733, à la fin; 738, § 1; 751, renvoi de note 13; 752, renvoi de n. 53; 772, fin du § 7; 774, § 4; 775, § 1-2.

tissimis calumniis, et privatim in conciliis Principum, et publicè in concionibus suis et scriptis moliuntur, hæcque omnia audent in nos inauditos, indicta causa!

Extant canones, superest ratio et à sanctis Patribus et à piis Principibus constituta, quomodo debeant ecclesiæ administrari, quomodo reformari, quomodo item *novatores in dogmatis vel ritibus compesci.* Istam rationem, illos canones cur non repetimus? *Fuisti Rhomæ*[10] *et in aulis Principum et episcoporum; versaris quotidie in templis. Lege jam quæ Scripturæ tradunt de sacro ministerio, quæ decreta sunt in conciliis, quæ scripta Patres reliquerunt; confer ista inter se et fac judicium verum.* Ergòne valebunt tantum in ecclesia Christi, in regno veritatis, inania nomina? Adorarene pro episcopis et patribus Ecclesiæ oportet quibus nihil est ecclesiis exitiosius? et mussare ad omnem impietatem ecclesiasticorum, id verò est manere in Ecclesia? *De privatis hominibus scis quid sentiam*[11]. *At de doctoribus, de magistratibus, de totis ecclesiis, alia ratio est. Certè, si id est manere in Ecclesia quod vos videmini vocare « manere in Ecclesia, » scilicet ad cunctam impietatem silere, eamque communicando illa[m] verbis et factis confirmare, quando demum reformabitur Ecclesia, si volemus omnes sic manere in Ecclesia? Imò quid omnino de omni regno Christi manebit mundo reliquum? Nam papa cum suis in dies se omni scelerata audacia vincit.* Constitue igitur, mi frater, primùm de ipsa Christi ecclesia et communione sanctorum, et statue ex divinis literis, ex scriptis Patrum, ex canonibus, in quibus ea societas Christi sita sit per se, quæ salva hac societate omitti possint, quæ non, quæ corpore Christi reipsa separent, quæ apud perversos homines. Et cogita unam esse Ecclesiam vim seculorum, eoque quæ tempore Pauli faciebant esse in Ecclesia, ea id hodie quoque facere; quæ Ecclesia excludebant ea et hodie excludere. Quid etiam ecclesiæ sibi invicem debeant, quæ

---

[10] *Louis du Tillet* avait-il fait son voyage de *Rome* vers l'année 1532, c'est-à-dire à la fin de ses études universitaires, ou bien au printemps de 1536 (t. IV, p. 77)? Dans le second cas, il se serait arrêté très peu de temps à *Ferrare*, où *Calvin* aurait attendu son retour. Cette circonstance expliquerait pourquoi *M. de Hautmont* (nom seigneurial de *L.* du Tillet) n'est pas mentionné dans les lettres adressées plus tard à *Calvin* par ses amis de Ferrare.

[11] C'est probablement une allusion à ces *viri docti et pii* (ailleurs *Christi studiosi*) dont L. du Tillet communiquait les objections à Bucer, et parmi lesquels devait se trouver *Jean du Tillet* l'ecclésiastique (N° 742, n. 11).

sit ministrorum inter se subjectio et prælatio, ex canonibus disce et Scriptura. Vide item quæ sint vera offendicula, quæ ficta, quæ pio homini vitanda, quæ negligenda. Hæc ad *primum* tamen nunc satis sint, dum intelligam quibus sis argumentis impeditus.

Alterum crimen æquè luculenta calumnia est; nam ex observationibus Ecclesiæ, nihil prorsùs ut impium rejecimus, nisi missas easque ceremonias quibus fulciebatur fiducia externi operis, sine fide Christi et pœnitentia, quibusque manifesta admittitur idololatria. Cætera quæ submovimus, non ideo submovimus quòd per se sint impia, sed quòd cum in se *liberi usus* sint, et ad fovendam impietatem pertracta fuere, videbantur pietati, propter conformatum abusum, obfutura. *Et declarandum erat reipsa quid in ea juris habeant ecclesiæ. Sunt enim hæ res omnes ex illorum genere de qu° nemo nos judicare debet. Consensus Ecclesiæ non debet vocari admissa sensim ab omnibus superstitio.* Nec ea tanti facienda offensio quæ nascitur ex impietate, nec caveri potest nisi læsa pietate. In multis ritibus manifesta idololatria admittitur ; id vobis nullum offendiculum parit : si ritus tollitur, quia aliàs ipsa idololatria ægrè tota et funditus tolli poterat, hoc verò offendiculum objicit non ferendum ? Quamquam, *fateor ingenuè, mallem nos, in mutandis rebus mediis, majorem cautionem adhibuisse et moderationem* [12]. Sed ut peccatum aliquid à nobis hac in parte sit, de quo cum nemine pugno, obsecro, quale tamen est et quantulum, si cum eo conferas quòd adversarii eisdem rebus, per universas ecclesias confessa et horrenda impietate, abutuntur ? Nos sustulimus res medias, fac intempestivè, fac cum aliqua bonorum offensione, quæ vitanda erat. At vestri in illis manifestam exercent foventque impietatem, quæ hoc plures planè perdit quò ea pauciores offendunt. Offendiculum autem in Scripturis quod sanctis summopere vitandum est, id præcipuè vocatur quo læditur fiducia Christi, sauciantur conscientiæ; quanquam et id offendiculum quoque omni studio vitandum sit, ne quem à nobis et causa Christi quacunque offensione alienemus.

Sed quid faciendum nobis erat? Nostris enim hominibus relinquenda quæ lædebant fiduciam Christi, ne in offensionem incidissemus hostium Christi? Boni enim qui sub his sunt, facilè cogitabunt

---

[12] A comparer avec les deux lettres écrites de *Strasbourg* en 1525 par *Gérard Roussel*, le futur évêque d'Oléron (t. I, p. 405, 409), et avec le t. V, p. 60, lignes 21-23 ; p. 292, 293, renvois de note 18-20.

non esse æquum judicare inauditos et causa nondum cognita, et magis irascendum esse his qui evertunt substantiam pietatis, quàm qui attingunt accidentia quædam. Sed fac istam novationem quam [l. quantùm] velis intempestivam, et offensionem natam ex ea quantumlibet grandem et perniciosam, quid facias nobis ? Quicquid cum salute populi nostri restitui possit, restituemus ; quæ sic restitui non possunt, nec vos ut restituantur petere potestis. Interim non habetis nos pro Christianis, et habebitis adversarios nostros, cum apud nos tota religionis substantia salva sit, apud illos penitùs eversa? *Disce hic, frater, jura libertatis Christianæ, et agnosce verum illud Augustini ad Januarium :* « *quæ pietatem et bonos mores non instaurant, ea ab observatione ecclesiarum submovenda esse, etiam si pietatem et bonos mores non lædant, vel eo tantùm quia gravant libertatem Christianam.* » Ista satis sint quod ad alterum crimen attinet.

In tertio, quod est de direptione bonorum ecclesiasticorum, plerosque nostrùm non excuso [13] *; multos, si valeant canones et jus naturæ, nullo negotio deffendam.* Nam quicquid ad publicas utilitates et necessariam ecclesiarum defensionem, non defraudatis ecclesiis nec sustentatione ministrorum, nec alimonia pauperum, impenditur de bonis ecclesiasticis, id rectè et piè impenditur. *Vestri* autem *Principes* bona ecclesiarum unà cum ministris sibi vindicant, et ecclesias vero ministerio prorsùs spoliant, pauperibus ne tantillum impendunt, ad quos tamen quarta portio omnium bonorum ecclesiasticorum, secundùm canones, pertinet. Nunquid verò eripiuntur ecclesiis sua bona, cùm indignissimis hominibus, titulo falsissimo episcopatuum et abbatiarum, cuncta ecclesiarum et pauperum bona addicuntur obligurienda et dilapidanda in aulis? O frater, sistamus nos et nostros judicio vero Christi et Ecclesiæ, et accusate vos vestros sacrilegos tam liberè quàm nos nostros accusabimus, et fiat judicium secundùm canones ; huic nos stabimus.

Quartum crimen rursus indignissima injuria est. Sed te per Dominum nostrum Jesum Christum obtestor, *judica quænam vera dogmata damnemus, quæve falsa astruamus.* Illud *de bonis operibus*, mi frater, utinam tractaretur studio vero bonorum operum ! Utinam tam liberet verè bona opera facere, quàm pugnaciter de eorum merito disputatur ! Et quæso te, cum in judicium Dei cum tuis bonis operibus veneris, tuisque te Satan malis operibus urse-

---

[13] Voyez le t. V, p. 145, note 23 ; p. 250, 251.

rit, quid oppones ei? tuane bona opera? At inutilem te servum esse dicet, cum etiam omnia perfeceris quæ debuisti perficere. Quis interim satisfaciet pro peccatis tuis? Petesne ut Pater compensationem faciat malorum operum tuorum, per bona quæ fecisti? At nec horum satis erit, et præponderabit lanx malorum. Nonne periisti tum, nisi puram misericordiam Dei in solo Christo suplici fide aprehendas, salutemque totam nulla ex parte ex teipso vel tuis operibus petas et percipias? Interim verùm tamen, ubi per Christum, quem vera fide agnovisti, et te ei conservasti salvus et justificatus, hoc est peccatis absolutus es, quæcunque tum ille in te bona efficit, ea non redigentur in nihilum, non corruent in judicio Dei, sed amplissimam mercedem referent. At quando? cum adhuc te urgent tua peccata, cum adhuc dubitas de salute tua? minimè. Neque possunt malæ arboris esse fructus boni. Ergo tum valebunt apud Deum tua bona opera, cum tu antea in gratiam Patris per Christum fueris receptus. Neque id ex te, aut ex ipsorum tanto merito, sed propter eundem Christum et ultroneam liberalitatem in te Patris, quam eandem idem tibi Christus paravit. Corruent igitur bona opera in judicio Dei et non corruent. Corruent, ubi de salute agitur personæ; non corruent, ubi restituta saluti persona est per Christum et gratuitam misericordiam Dei. Redigentur in nihilum, ubi considerabis gravitatem peccatorum ex lege Dei. Non redigentur in nihilum, dum, apprehensa remissione peccatorum in Christo, consideras gratuitas promissiones Dei illis (*sic*) factas. Paralogismum igitur facitis secundùm quid et cetera. Sed dum de his nos planè credimus et loqui volumus ut Scriptura docet, fac ut *tui* ea corrigant quæ manifestissimè contra Deum sunt, et de hac quæstione nullo inter nos negotio conveniet.

Hæc repetere volui ad te de his quatuor criminibus, et te per Christum oro, lege omnia coram Domino, et remitte has literas mihi, quia describere non licuit, et respondere ad singula dignare. Amo te et sum de salute tua sollicitus, hujusque, ut scis, maximas causas habeo. Fac igitur, te iterum atque iterum oro et obsecro, remitte has mihi literas, et responde ad singula, ut conferre ea inter se possim. Ad D. *Jo. Sthleidanum* [14] pone literas : ille habebit nuncium intra paucos dies. Vides quàm multis ego scribam, qui in ecclesiasticis rebus te multò occupatior sum.

---

[14] *Jean Sleidan*, qui résidait encore à Paris (Voy. t. V, p. 320. — C. Schmidt. Vie de Jean Sturm, p. 50-52).

De quatuor causis[15] nunc non vacat scribere, nisi hæc : *Carnalem libertatem scilicet quærere nos dicitis. Hæc quantò apud vos desiderabatur! Nonne potuissem in magnis opibus ecclesiarum delitiari, qui nunc me, ut scis, laboribus frango, vix centum coronatos habens in annuum stipendium? Ah! plura potuissem. Ah! ubi major quàm apud vos rerum omnium licentia et scelerum impunitas?* Ad alterum, *de proprii judicii confidentia, quare ergo non audimur? Quare non cogitur synodus*[16], *ut judicemur de pravo judicio aliorum, nihil quàm patientissimè judicemur, sed fructibus judicemur?* Ne putetis oculis Dei tegi quæ vos tegere conamini. *De avaritia Principum,* quasi non potuissent, exemplo vestrorum, omnia semel sibi obnoxia facere et opes et personas! Insumpserunt in defensionem ecclesiarum omnes longè plus quàm unquam ab ecclesiis acceperint, et sunt hodie in summo discrimine rerum suarum. *Privati sanguinem fundimus et exurimur vivi. Summos labores delitiis, maximam paupertatem maximis opibus commutamus. Nos tamen libertatem carnis et opes sectamur! Papa verò cum suis, inopiam, ærumnas et crucem! O frater, frater, quàm longè aliud judicabit de nobis Christus!*

[15] C'est-à-dire, les quatre *causes* que les Catholiques romains assignaient à la Réformation de Luther. Elles étaient sans doute développées dans l'une des lettres de Louis du Tillet qui ont été supprimées par sa famille.

[16] Bon nombre de protestants et de catholiques croyaient encore au *Concile universel* tant de fois promis et ajourné par le pape. *Georges Wicelius,* qui avait quitté l'église de Luther pour celle·de Rome, écrivait à Érasme le 30 mars 1533 : « Superioribus nundinis, dedi ad te literas... Summa rei erat *Œcumenica Synodus.* Bone Christe, ut animum meum obsedit ejus negotii tam magni quàm necessarii consideratio perpetua ! Nihil nunc in votis meis est hoc ipso prius. Nam video *summi mali nullum finem, nisi causa legitimo modo transigatur.* Bello exulceratur, non sedatur... O surdas aures tuas, *Roma,* o pectora ad considerationem rei maximæ emortua et in desideriis mundi hujus sepulta ! Quomodo habet titulus tuus, quæ est professio, quod officium ? Satisne diu exspectamus opem debitam nobis *Catholici?* Siccine grex Domini Jesu nulli vobis curæ est, uti fama non tarda in orbe universo volat ? » (Erasmi Epistolæ, éd. le Clerc, p. 1755, 1756.) En novembre 1534, *Ant. Marcourt* disait, dans son traité de la sainte Eucharistie, fol. Eiiij : « Maintenant droict divin et humain est violé, toutes choses... sont faictes oblicquement en la haine de l'Évangile. Que ne faict-on à tout le moins ainsi que porte la loy ? c'est que en matière et chose de la foy, fault avoir résolution de *Concile...* On ne sçait que devenir, on ne sçait que faire, on ne sçait où se trouver, tant est le monde divisé ! » Voyez aussi t. III, p. 206, notes 6, 7.

Vale nunc et ora Dominum ne in ipsum impingas, dum sic nos studemus tibi. Vide, vide ne ocium et tranquilitas carnis et opes hujus mundi faciant, ut coneris Antichristum ex Christo et ex Antichristo Christum facere. Non est consensus Ecclesiæ conspiratio in impietatem, superstitionem et servitutem ecclesiarum. Non est obedientia Ecclesiæ mussare ad prælatorum publica et privata vitia. Non est esse ecclesiæ Christi membrum consentire cum anathematis. *Christus ex evangeliis suis discendus est, non ex nostris pulchris commentis. Regnum Dei ecclesia Christi : in nulla re externa per se, sed in fide et justitia sita est, usuque eo externorum quem dictat fides. Ubi vel in oppidis, nedum in pagis, dominicis diebus, communicatur ab curato evangelium Christi et docetur unus esse qui servat nos? Vivos et mortuos prædicant. Christum utinam vel monachi illi et fratres prædicarent! Scimus, scimus ut religio in Galliis administretur : quotidie nostri in Galliis sunt.* 8 Octob. 1539.

Tuus in D. salutis tuæ studiosissimus.

Huc veniunt *exules Christi*, qui essent Christo et ecclesiis alendi. Qui opes hîc tenent ecclesiasticas, *Papæ* quàm Christo malunt eas impendere. Hîc vos de vestra abundantia succurrere debebatis [17].

---

[17] A la suite de cette lettre, on en trouve une autre de Bucer, datée du 20 octobre sans millésime, mais qui semble appartenir à l'année 1539. Nous en donnons le commencement et la conclusion :

« *Bucerus Ludovico suo. Gratia et Pax!* Dum festinarem nuper, excidit illa tua objectio de successione sacerdotis... O fratres, fratres, si Christum amatis et ejus ecclesiam, si veram veri sacerdotii successionem quæritis, non eramus nos vobis sic abjiciendi, qui nihil quàm regnum Christi restitutum volumus, et ita ferendi ii quos omnis Scriptura, omnes canones tantopere damnant et planè anathematizant! Istos vos interim qui symoniis et flagitiis... cooperti sunt habetis pro catholicis, pro legitimis episcopis!... *Væ facientibus bonum malum, malum bonum! dicentibus tenebras lucem esse, lucem tenebras!* Moneo et hortor te, mi frater, Christo cogita omne judicium datum esse, et hunc veritatem poscere, suosque vera fide, non ceremoniis, æstimare, et obedientiam eam requirere hominibus quæ obedientiam sui imperii non destruat. Vale, et, ne dubita, nisi tui essem cupidus, hæc ad te non scriberem. Argent. 20 Octob.

Oro te valde, rescribe diligenter ad omnia. »

C'est la fin du manuscrit n° 2391, et, probablement aussi, de la correspondance de Bucer avec Louis du Tillet.

826

MARGUERITE DE NAVARRE au Conseil de Nîmes.
De Compiègne, 8 octobre (1539).

Manuscrit original sur parchemin. Signature autogr. Arch. de Nimes. Ménard. Hist. de Nismes, 1753, t. IV, Preuves, p. 146.

Messieurs, j'ay entendu par Maistre *Claude Baduel* [1] comme vous luy avez escript et prié qu'il allast par delà, pour vous aider à faire *l'institucion d'un colége en vostre ville* [2] : en quoy je croy qu'il se sçaura bien acquiter. Il s'en va maintenant devers vous pour cest effect. Et, pour ce que je l'ay entretenu aux estudes, je vous prie de l'avoir pour recommandé durant qu'il sera par delà, et vous me ferez, en ce faisant, plaisir bien aggréable. A tant, Messieurs, je prie Dieu qu'il vous ait en sa très saincte garde. Escript à Compiègne, ce 8ᵉ jour d'octobre (1539) [3].

La bien vostre MARGUERITE.

(Suscription :) A Messieurs les Consulz, manans et habitans de Nymes.

---

[1] Voyez, sur *Claude Baduel*, natif de Nîmes, le t. III, p. 189, 190, 199, 363; t. V, p. 39, 42.

[2] « *Baduel* professoit la philosophie à *Paris* en 1539, et quoiqu'il y eût une pension de 400 livres, il préféra servir sa patrie, où il n'en recevoit que 200 » (Senebier. Hist. litt. de Genève, I, 392. — Voyez aussi C. Schmidt. Gérard Roussel, p. 111. — Le Bulletin du Protestantisme, III, 638).

Les *écoles de Nîmes*, dont il a été question à l'année 1537 (t. IV, p. 318), venaient de faire place à un « *collège et université* es arts et grammaire, » en vertu d'un rescrit du Roi « donné à Fontainebleau, au mois de May MDXXXIX » (Voy. Ménard, o. c. t. IV, Preuves, p. 145, 146).

[3] Le 12 juillet 1540, *Baduel* fut installé comme professeur de l'université instituée au mois de mai 1539, et l'ouvrage intitulé : « De Collegio et Universitate Nemausensi, opusculum Claudii Baduelli, » parut à Lyon la même année (Le P. le Long. Bibl. hist. de la France, 1719, n° 17014). C'est certainement de ce livre-là que voulait parler le professeur Xystus Betuleius, lorsqu'il écrivait le 15 août 1540 à Ambroise Blaarer : « *Claudii*

827

MARTIN LUTHER à Martin Bucer, à Strasbourg [1].
De Wittemberg, 14 octobre 1539.

Autographe. Arch. du séminaire protestant de Strasbourg.
De Wette. Luthers Briefe, V, 210.

G. et P. in Domino! Sic cogito, mi Bucere, scire te quàm non sit opus crebriùs à me scribi ad te. Tu enim plus otii et minus annorum habes, ut negotia et causas taceam, quibus obruor singulis horis. Quare tibi responsum esse arbitrare simul, quoties tu ad me scribis. *Spero enim cordium esse conjunctionem inter nos sinceram. Idem sentio de tuis symmistis omnibus...*

De *rege Angliæ* vereor ne tua spes sit nihil [2]. Ipsos *Anglos,* dum hic hærerent, audivimus de Rege suo querulantes et nostram libertatem admirantes [3]. *Legatum* habuit apud nostrum Principem

---

Baduelli libellum nondum vidi, sed aveo videre » (Autogr. Bibl. de St-Gall). Ces faits déterminent la date, qui est aussi fixée par la mention du lieu où la lettre fut écrite. *La reine de Navarre* se trouvait à *Compiègne* à cause de la maladie de son frère (N° 819, n. 6). On lit, en effet, à la p. 271 de la Chronique de François I publiée par G. Guiffrey : « Environ la fin du mois de septembre [1539] le Roy estant à *Compiengne* et à Villiers-Cousterez en Picardie, luy survint une maladie qui le tint longuement, et fut en très grand dangier de sa personne... »

[1] La seconde partie de cette lettre a été traduite en français par M. A. Mûntz et publiée dans le *Bulletin,* t. VIII, p. 29.

[2] *Bucer* avait écrit au Landgrave de Hesse, le 16 septembre précédent, pour le prier d'agir en faveur des Évangéliques anglais. Il espérait que si *Mélanchthon* se rendait en Angleterre, il obtiendrait d'*Henri VIII* l'abolition ou l'adoucissement de *la loi des six articles* (Voy. le N° 824, n. 6. — Melanchtonis Epp. ed. Bretschneider, III, 775-782. — Seckendorf, o. c. III, 225, 226).

[3] Allusion à l'ambassade anglaise de 1535, qui se composait d'*Édouard Fox,* de l'archidiacre *Nicolas Heath,* de *Christophe Mount* et du docteur *Antoine-Robert Barnes.* Ces personnages passèrent à Wittemberg une partie de l'hiver de 1535 à 1536 (Voy. Sleidan, o. c. I, 554, II, 36-38,

his diebus, sed qui nihil attulit nec retulit quod ullam spem significaret[4]. Dominus dirigat cor ejus cum omnibus aliis regibus in gloriam suam!

De *Cæsare* sunt prophetiæ certæ, postquam junxit se Deo odibili *Papæ,* amisisse eum omnem et fortunam et benedictionem Dei[5]. Sed nobis imputant totum. Bene vale, et *salutabis Dn. Joannem Sturmium et Johannem Calvinum reverenter, quorum libellos cum singulari voluptate legi*[6]. *Sadoleto optarem ut crederet Deum esse creatorem hominum etiam extra Italiam;* sed hæc persuasio non penetrat corda *Italorum,* cum tamen soli præ ceteris exuerint planè humanum sensum præ superbia. Iterum vale. Die Calixti, a. MDXXXIX.

T. Mart. Luther D.

(*Inscriptio :*) Clarissimo viro Dn. Martino Bucero, Argentoratensis Ecclesiæ Episcopo, vero servo Domini, fratri in Christo charissimo.

195. — Burnet, o. c. I, 266, 405. — Seckendorf, III, 110, 112, 261. — Merle d'Aubigné, o. c. V, 141, 142, 149-152).

[4] *Christophe Mount* (en latin *Montius*) était venu en Allemagne pour négocier le mariage d'*Henri VIII* avec *Anne de Clèves*. Il avait une seconde mission, que Mélanchthon fait connaître en ces termes : « *Anglus...* misit nuncium ad *Principem nostrum,* et nescio qua Sophistica lenit *illos suos impios articulos,* quos contra Evangelii doctrinam edidit, ac petit ne *nostri* contra eos articulos scribant. Impudens postulatio est. Itaque *Princeps* graviter et piè respondet; taxat illos tyrannicos articulos, et negat se prohibiturum quo minùs stylo piorum refutentur » (Lettre du 22 septemb. 1539. Mel. Epp. III, 784). Voyez aussi la lettre des théologiens de Wittemberg et celle de Luther du 23 octobre à l'Électeur Jean-Frédéric, dans Luthers Briefe, éd. de Wette, V, 213-218; dans le *Bulletin,* VIII, 29-33. — La lettre de Calvin du 27 octobre. — Seckendorf, III, 180, 225, 226, 552.

[5] Allusion aux revers de *Charles-Quint* en Dalmatie, où les Turcs avaient repris la ville de Castel-Nuovo (août 1539) et massacré toute la garnison espagnole (Voy. Sleidan, II, 151. — La lettre de Luther du 13 octob. 1539 à Albert, duc de Prusse. Bulletin, VIII, 28).

[6] *Luther* veut parler de *l'Institution chrétienne,* de la *Réponse de Calvin à Sadolet* (N° 814), et de l'opuscule de *Jean Sturm* qui est intitulé : « Epistolæ de dissidiis religionis, Jacobi Sadoleti, Jacobi Omphalii, Jo. Sturmii. Argentinæ, Crato Mylius, 1539, mense septembri, » in-8°. L'épître de *Sadolet* à Sturm, composée en 1538, avait paru à Wittemberg l'année suivante. *Sturm* ne la reçut que le 15 juillet (Idibus Julii). Sa réponse est datée de Strasbourg, le 18 juillet (Argentinæ, 15 Calend. Augusti, Anno 1539). L'épître d'Omphalius porte la date du 10 août 1539

828

JEAN CALVIN à Simon Grynæus, à Bâle.
De Strasbourg, 18 octobre 1539.

Ioannis Calvini commentarii in Epistolam Pauli ad Romanos.
Argentorati per Vuendelinum Rihelium [1].

JOANNES CALVINUS Simoni Grynæo, viro ornatissimo. S. D.

Memini, cum ante triennium de optimo enarrandæ Scripturæ genere inter nos familiariter commentaremur [2], *eam, quæ plurimùm tibi placebat, rationem mihi quoque præ aliis probatam tunc fuisse. Sentiebat enim uterque nostrum, præcipuam interpretis virtutem in perspicua brevitate esse positam.* Et sanè, cum hoc sit propè unicum illius officium, mentem scriptoris quem explicandum sumpsit, patefacere, quantùm ab ea lectores abducit, tantundem à scopo suo aberrat, vel certè à suis finibus quodam modo evagatur. Itaque cupiebamus ex eorum numero quibus, in hoc laboris genere, theologiam juvare hodie propositum est, unum aliquem extare qui et facilitati studeret, et simul daret operam ne prolixis commentariis studiosos ultra modum detineret. *Quanquam autem scio sententiam hanc non apud omnes receptam esse, et eos qui non recipiunt, nonnullis quoque argumentis adduci ut ita judicent, ego tamen dimo-*

(Voy. t. V, p. 373. — La lettre de Calvin du 20 novembre, à la fin. — Nicéron, o. c. XXVIII, 364. — Freytag. Adparatus litterarius, III, 220, 221, 226. — Jean Sturm par C. Schmidt, p. 315).

[1] On lit à la fin du volume : « Mense Martio. Anno M.D.XL. » Le titre, la dédicace et l'argument occupent les seize premiers feuillets. La pagination commence seulement avec le corps de l'ouvrage, qui se compose de 430 pages petit in-8°. Quelques exemplaires portaient sans doute, sur le titre, le nom d'*Alcuin*, anagramme de celui de *Calvin* (Voy. N° 809, n. 1, 4).

[2] Ces conversations entre *Calvin* et *Grynæus* ont dû avoir lieu à Bâle au mois de mars 1536. C'est l'opinion de M. Albert Rilliet (Lettre à M. Merle d'Aubigné, p. 21) et elle se trouve confirmée par le fait que *Simon Grynæus* donna le 21 mars de cette année-là sa première leçon sur *l'Épitre aux Romains* (Voy. t. IV, p. 148, 463).

veri non possum ab amore compendii. Verùm, cum ita ferat ea quæ hominum ingeniis insita est varietas, ut alia aliis magis arrideant, fruatur hic sanè quisque suo judicio, modò ne quis omnes alios sub leges suas redigere velit. Ita fiet, ut neque nos, quibus magis placet brevitas, eorum labores vel respuamus vel contemnamus qui in sacris libris enarrandis copiosiores sunt ac fusiores, et illi vicissim nos ferant, etiam si putent nimis pressos ac concisos.

Ego certè mihi temperare non potui quin experirer, ecquid posset hic ecclesiæ Dei mea opera commodare. Neque verò aut me assecutum nunc confido illud quod tunc nobis videbatur esse optimum, aut assequi me posse speravi, cum inciperem. Verùm ita stylum temperare conatus sum, ut videri possem animum intendisse ad illud exemplar. Quantùm profecerim, quia meum non est judicare, tibi tuique similibus relinquo æstimandum. Enimvero quòd periculum in hac potissimùm Pauli epistola facere ausus sum, consilium meum obnoxium fore video multorum reprehensioni. Nam cum tot excellentis doctrinæ viri antehac in ejus explicatione elaborarint, credibile est, nullum aliis melius aliquid afferendi relictum esse locum. Ego verò fateor, tametsi mihi aliquod operæ meæ precium pollicebar, hac tamen cogitatione fuisse me initio deterritum, quòd verebar ne incurrerem in famam temeritatis, si post tot egregios artifices manum huic operi admoverem. *Extant in istam Epistolam multi veterum, multi recentiorum commentarii.* Et sanè nusquam meliùs collocare suam operam poterant : quando, si quis eam intelligat, aditum sibi quendam patefactum habet ad totius Scripturæ intelligentiam. *De veteribus sileo :* quibus pietas, eruditio, sanctimonia, ætas denique tantum autoritatis fecit, ut nihil quod ab ipsis profectum sit contemnere debeamus. *Ac eos etiam qui hodie vivunt nominatim omnes commemorare nihil attinet. De iis qui præcipuam operam navarunt dicam quod sentio.*

Philippus Melanchthon, pro singulari et doctrina et industria et dexteritate qua in omni disciplinarum genere pollet, præ iis qui ante ipsum in publicum prodierant, multum lucis intulit [3]. Sed

---

[3] *Melanchthon* a publié les trois ouvrages suivants, qui ont été réimprimés plusieurs fois : « Annotationes in Epistolam ad Romanos et ad Corinthios duas. Norinbergæ, per Joannem Stucks, 1522, » in-4° (Maittaire, II, 625). — « Dispositio orationis in Epistola Pauli ad Romanos. Haganoæ, per Johannem Secerium, 1529, » in-8°. — « Commentarii in Epistoiam Pauli ad Romanos. Anno 1532. (A la fin :) Impressum Vitebergæ in ædibus Josephi Clug, » in-8° (Panzer, o. c. VII, 103 ; IX, 92).

quia illi propositum modó fuisse apparet, quæ imprimis essent animadversione digna excutere, in iis dum immoratur, multa consultò præterit, quæ vulgare ingenium fatigare nonnihil possint. Secutus est *Bullingerus,* qui et ipse magnam suo merito laudem adeptus est. Habuit enim conjunctam cum doctrina facilitatem, qua se magnopere approbavit [4]. Tandem *Bucerus,* lucubrationibus suis emissis, veluti Colophonem imposuit [5]. Siquidem vir ille, ut nosti, præter reconditam eruditionem, copiosamque multarum rerum scientiam, præter ingenii perspicaciam, multam lectionem, aliasque multas ac varias virtutes, quibus à nemine ferè hodie vincitur, cum paucis est conferendus, plurimos antecellit, hanc sibi propriam laudem habet quòd nullus, hac memoria, exactiore diligentia in Scripturæ interpretatione versatus est. Cum talibus ergo viris velle contendere, ut nimis improbæ æmulationis esse confiteor, ita mihi nunquam in mentem venit, vel minimam laudis partem illis præripere. Maneat illis salva et gratia et authoritas quam sunt, bonorum omnium confessione, promeriti. Hoc tamen mihi, ut spero, concedetur : nihil unquam fuisse inter homines

---

[4] Les commentaires d'*Henri Bullinger* sur le N. T. étaient déjà très estimés en Angleterre (Voy. Merle d'Aubigné, o. c. VIII, 186). Celui qu'il avait composé sur l'Épître aux Romains portait ce titre, simplifié plus tard : « In sanctissimam Pauli ad Romanos Epistolam, Heinrychi Bullingeri Commentarius. Hac Epistola exhibemus tibi Lector compendium Philosophiæ Christianæ... ut hic iam nullum alium expectes rerum potissimarum Catalogum, nisi hunc : Tot in hac tractari mysteria, quot habet Epistola verba... Tiguri apud Christoph. Frosch. Mense Febr. Anno M.D.XXXIII. » Petit in-8° de 184 feuillets. Ce commentaire, dédié à *Berthold Haller,* pasteur à Berne, est reproduit dans l'ouvrage intitulé : « In omnes apostolicas epistolas, divi videlicet Pauli xiiii et vii canonicas, commentarii Heinrychi Bullingeri, ab ipso iam recogniti, et nonnullis in locis aucti. Tiguri apud Christ. Froschoverum, 1537, » in-folio. Réimpr. à Zurich en 1538 et 1539.

[5] Metaphrases et Enarrationes perpetuæ Epistolarum D. Pauli Apostoli, quibus singulatim Apostoli omnia, cùm argumenta, tum sententiæ et verba ad autoritatem D. Scripturæ, fidemque Ecclesiæ catholicæ tam priscæ quam præsentis religiose ac paulo fusius excutiuntur... Tomus Primus. Continens Metaphrasim et Enarrationem in *Epistolam ad Romanos...* Per *Martinum Bucerum.* (A la fin :) Excusum Argentorati apud Wendelinum Richelium, Mense Martio. Anno M.D.XXXVI, » in-folio. La dédicace à *Thomas Cranmer,* archevêque de Cantorbéry, est datée : « Argent. VIII Calend. Aprilis. Anno 1536. » (Voy. Panzer, VI, 127.)

Les commentaires de *Zwingli,* de *Luther* et d'*Œcolampade* sont appréciés par Calvin dans sa lettre à Viret du 19 mai 1540.

tam absolutum, in quo vel expoliendo, vel ornando, vel illustrando non fieret locus sequentium industriæ. De me nihil prædicare audeo, nisi quòd judicavi, non inutilem fore hanc operam : ad quam suscipiendam nulla me unquam alia ratio quàm publicum Ecclesiæ bonum induxisset.

Ad hæc, sperabam fore, ut in diverso scribendi genere nulla æmulationis invidia premerer, quæ mihi imprimis timenda erat. *Philippus* enim quod voluit adeptus est, ut maximè necessaria capita illustraret. Multa, quæ negligenda non sunt, dum in illis primis occupatus prætermisit, noluit alios impedire quin ea quoque excuterent. *Bucerus* et prolixior est quàm ut ab hominibus aliis occupationibus districtis raptim legi, et sublimior quàm ab humilibus et non valde attentis intelligi facilè queat. Nam ad cujuscunque argumenti tractationem se contulit, tam multa illi ad manum suggeruntur ab incredibili qua pollet ingenii fœcunditate, ut manum de tabula tollere nesciat [6]. Cum ergo alter non omnia sit persecutus, alter fusiùs sit persecutus, quàm ut exiguo tempore perlegi possit, nullam æmulationis speciem habere institutum meum mihi videbatur.

Dubitavi tamen aliquamdiu, præstaretne quasdam veluti racemationes post ipsos aliosque facere, in quibus ea colligerem in quibus juvare me posse mediocria ingenia arbitrabar, quàm perpetuum commentarium texere, in quo multa repetere necesse foret, quæ aut ab illis omnibus, aut aliquo saltem illorum priùs essent dicta. Verùm quia illi non rarò inter se variant, atque ea res multam præbet difficultatem lectoribus parùm acutis, dum hæsitant cujus sententiæ potiùs debeant assentiri, — *putavi hunc quoque laborem non pœnitendum fore, si optimam interpretationem indicando, sublevarem eos à judicandi molestia quibus non satis firmum est à se ipsis judicium. Præsertim cum ita omnia succinctè perstringere instituerem, ut non magnam temporis jacturam facturi essent lectores,*

---

[6] *Bullinger* est moins indulgent pour la prolixité de *Bucer*. Pendant les négociations qui préparèrent la Formule de Concorde entre Luthériens et Zwingliens, il écrivait à Myconius, le 19 décembre 1535 : « Nosti quanta illi [sc. Argentoratenses] utantur verborum turba, quantis ambagibus. Audivimus semel *Bucerum* apud nos, de re quæ paucis exponi potuisset, *aliquot horis disputare*. Futurum ergo est ut totos dies, rebus interim infectis, disserturi sint, si illos admiserimus in colloquium. Concident et nostrorum animi, ubi istorum audierint *mitigationes* » (Autogr. Arch. de Zurich).

apud me legendo quæ in aliis habentur. In summa, dedi operam ne quis jure conqueratur multa hic supervacua esse. De utilitate nihil dico. Cujus tamen plus se hinc cepisse fatebuntur fortè non maligni homines, ubi legerint, quàm ego verbis verecundè spondere ausim. *Jam quod ab aliis interdum dissentio, vel certè non nihil diversus sum, in eo me excusatum haberi æquum est. Tantam quidem apud nos venerationem habere debet verbum Domini, ut interpretationum varietate quàm minimùm à nobis distrahatur.* Sic enim ejus majestati nescio quo modo derogatur. Præcipuè si non magno delectu, magnaque adhibita sobrietate, id fiat. Atqui si contaminari nefas ducitur quidquid est Deo dedicatum, ferendus certè non est ille qui rem omnium quæ in terris sunt sacratissimam, impuris aut etiam non ritè præparatis manibus attrectet. Proinde affinis sacrilegio audacia est, Scripturas temerè huc illuc versare, et quasi in re lusoria lascivire : quod à multis jam olim factitatum est. Verùm *animadvertere semper licuit, illos ipsos quibus nec pietatis studium deesset, nec in tractandis Dei mysterii[s] religio ac sobrietas, nequaquam ubique inter se consensisse.* Nunquam enim tanto beneficio servos suos dignatus est Deus, ut singuli plena perfectaque, omni ex parte, intelligentia præditi essent. Nec dubium quin eo consilio, ut nos in humilitate primùm, deinde communicationis fraternæ studio retineret. *Ergo cum sperandum in præsenti vita non sit, quod maximè alioqui optandum esset, ut in locis Scripturæ intelligendis perpetua sit inter nos consensio, — danda est opera, ut nulla novandi libidine incitati, nulla suggillandi alios cupiditate impulsi, nullo instigati odio, nulla ambitione titillati, sed sola necessitate coacti, nec aliud quærentes quàm prodesse, à superiorum sententiis discedamus; deinde ut id fiat in Scripturæ expositione, in religionis autem dogmatibus, in quibus præcipuè voluit Dominus consentaneas esse suorum mentes, minus sumatur libertatis. Utriusque studium mihi fuisse facilè deprehendent lectores.*

Sed, quoniam de me vel statuere vel pronunciare me ipsum non decet, libenter hanc censuram tibi permitto : cujus judicio, si omnes plurimùm jure deferunt, ego nihil non deferre debeo. Quò scilicet propiùs mihi ex familiari consuetudine perspectus es, quæ cum aliorum existimationem aliquid minuere soleat, tuam, quæ aliàs apud omnes doctos præclara est, non parùm auget. Vale. Argentinæ, 15. Calend. Novembr. 1539.

829

ÉBERARD DE RUMLANG [1] à Henri Bullinger, à Zurich.
De Berne, 20 octobre 1539.

Autographe. Arch. de Zurich. Calvini Opera, Brunsvigæ, t. X,
P. II, p. 406.

S. Libentiùs idque multò libentiùs velim plausibiliora et quæ tibi grata essent, vir doctissime, perscribere. Verùm *non possum committere quin tibi significem quid Lutherani nostrates meditentur.* Cùm præteritis concionibus *Sebastianus* et *Conzenus* [2] ad nauseam usque nos *de substantiali esu dominici corporis....* obtruderunt, habent adhuc quod illorum sententiam oppugnare videtur; *proptereaque correctum* (propè dixeram depravatum) *velint, nempe libellum quem vocamus Agentem,* quo videlicet utuntur in matrimoniis copulandis, pueris baptisandis et dominica cœna celebranda [3].

---

[1] Natif de Winterthour, ancien secrétaire de la ville de Thoune. Appelé à Berne pour rédiger, avec trois autres secrétaires jurés, les procès-verbaux de la Dispute de religion (janvier 1528), il fut chargé d'en surveiller l'impression à Zurich (Voy. les Actes de la Dispute, éd. allemande de 1528, in-4°, f. bij. — Zuinglii et Œcolampadii Epp. 1536, f. 204.— Zuinglii Opp. VIII, 402). Après l'année 1533, MM. de Berne lui confièrent les fonctions de secrétaire des Comptes (Seckelschreiber) et d'archiviste. Il suppléait parfois le Chancelier.

[2] *Sébastien Meyer* et *Pierre Kunts* (N°ˢ 640, n. 7; 644, fin de la n. 5; 661, n. 5; 677, n. 17-19).

[3] Il s'agit ici de la *Liturgie bernoise*, composée en 1528 par *Gaspard Megander* et intitulée : « Canzel und *Agend-*Büchlein der Kilchen zu Bern. » Plusieurs auteurs supposent qu'elle parut, pour la première fois, au mois de mars 1529 (Voy. F. Trechsel. Beiträge zur Gesch. der Schweizer. reform. Kirche. Bern, 1841, p. 87, 88. — J. J. Frickart. Beiträge zur Gesch. der Kirchengebräuche im ehemaligen Kanton Bern. Aarau, 1846, p. 32, 33). Nous croyons, au contraire, que les trois liturgies particulières dont elle se compose parurent successivement en février, mars et avril 1528.

On lit, en effet, dans les instructions données, le 23 février 1528, aux

Nam iste libellus continet, lingua nostra, *quòd panis significet corpus dominicum* [4], etc. Cum verò jam doceant quæ cum eo libello dissideant, non desunt qui dicant doctrinæ eorum parùm cum libello, quem prælegant in dominici corporis communicatione, convenire, adeòque apertè deprehendi ipsos à solita et consueta via exorbitare.

Hoc cum intelligant, *librum vellent renovatum, idque verbum « significat » expunctum*. Et cum magna eorum libellorum penuria sit plurimis in parochiis, sunt qui eum rursum typis excudi efflagitent [5]. Quod et ego urgeri cupiam, daboque operam ut iste libellus expetatur, quò celeriùs astum Lutheranorum nostratium deprehendamus. Videbis multos bonos se interposituros, ut nunquam obtineant quidquam immutari in dicto libello, atque interim perspicuum fiet quòd à disputatione hîc habita [6] desciverint : quod tamen semper fieri negant et propemodum nos pro surdis habent, quasi verba et sensum eorum non intelligamus, ut cum illis non sit de verbis in concionibus prolatis concertandum. *Loquuntur enim tropicè ut Scriptura, sed tropum non solvunt*, seque ista ratione secundùm Scripturas loqui asserunt, quæ tutissima docendi sit via.....

Præterea scias *Calvinum* egregiè scripsisse in libro suo *de Insti-*

---

députés qui allaient visiter toutes les paroisses bernoises : « Vous remettrez à chaque pasteur, pour sa gouverne, une Réformation *imprimée* (c'est-à-dire un exemplaire de l'édit de Réforme du 7 février) et *le livre du baptême* » (Voy. Archiv. des hist. Vereins des K. Bern, III, 258, 270). Il est donc très peu probable que MM. de Berne, ayant fait imprimer l'édit en question, se soient contentés de distribuer des *copies manuscrites* de la nouvelle Liturgie dans les *deux cents paroisses allemandes* où le culte évangélique allait être inauguré (Voy. t. II, p. 395, n. 2. — Hundeshagen. Die Conflikte in der Bernischen Landeskirche. Bern, 1842, p. 370, lig. 11-16, à comparer avec notre t. IV, p. 90, n. 24). Les passages suivants du Manuel de Berne semblent confirmer notre assertion : « *26 mars 1528*. L'arrêté relatif à *la sainte Cène* a été adopté comme les prédicants l'ont proposé. » — « *31 mars 1528* : Écrire à *Farel*. Lui envoyer la Réformation, le livre du baptême (*Toufbüchli*) et la Cène du Seigneur » (Voy. aussi la lettre des Bernois du 25 avril 1528 à leur lieutenant à Aigle, t. II, p. 130, lig. 6-9. — Ruchat, I, 488).

[4] Le texte allemand porte : « Bildet euch auch wol eyn.... dass das gebrochen Brodt, sein gebrochenen gecreutzigten Leib... *bedeute.* »

[5] Selon Frickart et le Mémoire de Wyss publié par Trechsel (Voy. note 3), la *Liturgie bernoise* ne fut réimprimée qu'en 1545.

[6] La Dispute de 1528.

tutione christiani hominis, ubi apertè metonymiam jam posuit⁷. *Ibidem videtur Lutherum, tametsi non nominatim, perstringere*⁸ : quod Lutherani nostrates ægerrimè ferunt, quan 'oque⁹ *Calvinum* criminantur, et *Capitonem* atque *Bucerum* dormitasse parumque animadvertisse calumniantur. Sed res bene habet. Si quando poteris, *scriptis tuis Calvinum confirmato : nam minimè est negligendus* ¹⁰. Vale felicissimè.... Bernæ, raptim, xx die Octobris anno 1539.

Tuus Eberardus a Rumlang.

⁷ Voyez les *Calvini Opera*, Brunsvigæ, t. I, qui renferme le texte des premières éditions de *l'Institution chrétienne*. Le chapitre intitulé *De Cœna Domini* présente, p. 993, les passages auxquels E. de Rumlang fait allusion.

⁸ A la fin de sa lettre à Farel du 20 novembre 1539, *Calvin* semble avouer le fait.

⁹ Édition de Brunswick : *quumque*.

¹⁰ En 1536, *Capiton* et *Bucer* avaient eu la même impression. Voyez leurs lettres à Calvin du 1ᵉʳ décembre (Nᵒˢ 585, 586). Nous avons déjà cité le jugement de *Conrad Pellican* sur *l'Institution chrétienne* (t. IV, p. 23, 24). Celui de *Léon Jude*, son collègue, n'est pas moins flatteur. Il s'exprime ainsi dans la préface de son *Catéchisme*, ouvrage non daté, mais qui nous paraît de l'année 1537 ou 1538 : « Ioanni Frisio suo Salutem.... *Ioannes Calvinus*, qui summam pietatem cum summa eruditione conjunxit, *Institutiones quasdam Christianæ religionis* nuper congessit, quas ego percurrens, præcipua quædam capita excerpsi, quæ mihi juventuti non salutaria modò, sed et maximè necessaria esse videbantur, nihil vel parum immutans, minus addens de meo, quòd viderem copiosè adeò ab eo tradita esse omnia, ut adjicere nihil fuerit opus, *ita autem ornata omnia, ut elegantiùs, clariùs et perspicatiùs dicere potuerit nemo*.... Hoc duntaxat meum est, quòd copiosè ab eo annotata et sparsa fusiùs, in arctum quoddam enchiridion conti...i... et quòd ordine fortasse alio (quòd sic commodum videretur) usus sum. Ex qua re tam abest ut gloriam captem, ut veniam mihi dari potiùs ab authore cupiam, quòd *splendidissima ejus scripta* vel immutaverim vel resciderim : quam facilè me (ut est vir humanissimus) impetraturum spero... » (Catechismus. Brevissima Christianæ Religionis Formula, instituendæ iuuentuti Tigurinæ... aptata... Tiguri apud Christoph. Froschouerum. » (s. a.) 35 feuillets petit in-8°.

830

GUILLAUME FAREL à Jean Calvin, à Strasbourg.
De Neuchâtel, 21 octobre 1539.

Manuscrit original[1]. Signature autographe. Bibl. des pasteurs de Neuchâtel. Calvini Opera. Brunsvigæ, t. X, P. II, p. 408.

S. Gratiam et pacem a Deo! Si non armata esset nostra simplicitas præsidio Christi ducis, qui nos tales vult ac jubet esse, quid tandem de nobis fieret? *Domi ab amicis et fratribus gravissimè premimur. Nam parum erat foris nos gravari impetu hostili, nisi accederent quæ prorsùs obruerent.* Cum tuos paroxysmos audio, tuas graveis et certè non immeritò factas expostulationes, tuas lachrymas et quæ satis intelligo, non procul ab horroribus mortis dolores et angustias, quibus sanè credo mortem longè faciliorem, faciliùs fero quæ ipse pertuli. *Nam cum mihi significatum fuit jam adesse Carolum[2] idque in vicinia, ac domi jam esse, hic tibi cogitandum relinquo, quàm mox conciderim, quàm fuerim exanimatus.*
« En tibi pietatis exterminium! Non est dignus populus cui
« Christus adnuncietur! Jam tibi aut graviora sunt subeunda cer-
« tamina, motusque tibi horrendi, quibus totus concidisti fractus,
« ferendi, aut prodendus Christus, aut opus Domini, ad quod voca-
« tus et impulsus es, deserendum! Adest hostis qui neque Deum,
« neque aliud quàm se curat; tam sui est amans ut in amentiam
« incidat. Ille qui inter hostes, causæ Christi oblitus, cum fratribus
« contendebat pro primaria concione, ut præ cæteris haberetur in
« precio[3], nec fecit quicquam reliqui ut etiam inter impios locum

---

[1] La présente lettre répond à celle de Calvin du 8 octobre (N° 823). Elle a été copiée sur la minute de Farel par deux mains différentes (Voyez les notes 116, 139). La signature et le post-scriptum sont seuls autographes.

[2] *Pierre Caroli* était arrivé en Suisse dans la première moitié de juillet (N°⁸ 802, 803).

[3] Voyez t. IV, p. 105, 108.

« obtineret et gradum, ruinis ac offensionibus gravissimis implevit
« omnia! »

Quòd si malè egit inter hostes, pejùs dum ad nostra venit castra, mollicie, compotatione, scortatione, apertaque subsannatione correctionis vitiorum, perditus ac secum alios perdens. Tam apertè testatus est gloriam Christi non esse sibi curæ, ut ausus fuerit, quantumvis ad illustrandam Christi gloriam incitaretur, dicere « se velle omnes intelligant *Carolum* scientem esse » — quamvis in arena alienis sese venditaret plumis [4], quod non latuit nos. Sæpiùs ego ac *Viretus,* quæ videramus ipsis etiam verbis afferentem non obscurè intelleximus [5], etsi Dominus tantam ambitionem plectebat, ut etiam *scripta* neque satis legere, neque referre valebat. Quod ubi non suc[c]essit, clàm virus suum effudit, ut impediret Pontificiarum impietatum eversionem. Rursus spe frustratus, abiens in malam rem, in traducendo Christi opere ac sugillando nostro ministerio incubuit, sed clàm, ut bonos à nobis abalienaret; movit nonnihil, sed non permovit. *Vocatus idque ab uno, aut nescio quot* [6], *tandem ubi potuit erumpere, cœpit doctrinam, instituta damnare, aliis inducendis laborare :* « *non fuisse intellectam precationem Domini* » *apertè detonare, ad scholas remittere, ac pleniùs discere, quasi solus tandem doceret quid precandum esset,* nimirum pro Apostolis et omnibus qui cum Christo quiescunt [7], et quæ sunt hujus farinæ; ne commemorem *quam petierit sibi dari provinciam in omnes Gallos qui ministrant,* ac literas quales non puto nec Pontifices ducentesimo demum tyrannidis anno emisisse [8]. Quàm urebat quòd a *Vireto* admonitus [esset] juxta id quod Christiana poscit charitas ac prout præcipiebant principes pii, ut tanquam *novicium* adjuvaret, ac non satis tenentem ut se cum populo deberet ge-

---

[4] Allusion à la Dispute de Genève (mai-juin 1535).

[5] Le sens que donne le contexte nous semble celui-ci : Nous avons bien vite reconnu, Viret et moi, que *Pierre Caroli* exposait textuellement, non pas ses propres arguments, mais ceux que nous avions examinés entre nous deux et rédigés par écrit avant chaque séance de la Dispute. Aussi hésitait-il en les lisant.

[6] *Caroli* fut élu pasteur à *Lausanne* par le Conseil de Berne le 28 octobre 1536 (t. IV, p. 94, 95).

[7] Voyez, sur cette affaire, le récit de *Calvin* et celui de *Farel,* t. IV, p. 184, 188, 284; V, 436.

[8] « Ut sibi jus inspectionis in ministros agri vicini daretur, » dit Calvin (Voy. t. IV, p. 105).

rere⁹. Respondit « ut sua curaret; se non aliquid attingere de iis quæ prædicaret *Viretus,* sed liberum ipsi sinere quid vellet concionaretur. Idem et sibi liberum sineret; » quamvis diligentiùs subindicatum esset unius causam esse alterius, non habere se diversas ecclesias, diversa evangelia, neque Christum, sed unum, ac idem gratissimum debere unicuique esse si officii admoneatur, et eorum quæ faciunt ad communem ædificationem. Sed lusa fuit opera.

Ubi rediit Geneva Viretus, fuit mox pertractus ad Senatum ¹⁰. *Ibi cœpit Carolus post aliquot indicare suspectam se habere Vireti fidem, ac mox poscere quandam confessionem :* quæ sanè indicabant animum deploratum, qui cum fratre priùs quicquam non contulit, nec verbum unquam fecit, testatus est se nolle neque monere, neque moneri, sed in Senatu traduxit. Sic furor exagitabat hominem, ut cum non posset *Viretum* perdere, in *Christophorum* ¹¹ rabiem verterit. Sed quid ad *Viretum?* An autor fuit *Christophoro? Nos quoque invasit, ac conatus est productos in theatrum,* ut bonus satelles Satanæ, *hæreticos facere, ut inde totum everteret quod per nos erexit Dominus in Evangelio ædificium.* Egit instructus suæ farinæ hominibus, quos dissimulatus livor exagitabat adeó, ut parùm curarent Christi causam vastare, modò nos unà perderent. Non puto Satanæ verum organum unquam ita contendisse sic, ut nos opprimeret. Nos, cum præter Christum nihil haberemus, ipso freti stetimus; cecidit hostis in foveam quam fecit ¹², sed non sine gravi offensione, pro resipiscentia ac jure quo vel quivis alii tenentur ac stant, factus transfuga.

Solodorum properat ¹³, *missam et privatam audit, damnat missam damnantes, ac contumeliis proscindit doctrinam cum ceremoniis.* Inde se recipit *Lugdunum* ex tempore ¹⁴, ac consiliis quæ suggessit in ruinam piorum, notatis singulis ac clàm verbis quibus solent

---

⁹ Ce sont les expressions employées par les Bernois dans leur lettre à *Viret* du 1ᵉʳ novembre 1536.

¹⁰ A *Lausanne,* au mois de février 1537.

¹¹ *Christophe Fabri,* pasteur de l'église de Thonon (IV, 175, 176). Le vieux docteur lui reprochait peut-être la confiance excessive qu'il avait témoignée à *Claude d'Aliod,* l'antitrinitaire (t. IV, p. 178, 196, 197, 200; V, 437).

¹²-¹³ *Caroli* fut destitué par MM. de Berne le 5 juin 1537. Cité à paraître devant eux le lendemain, pour faire réparation à Farel, à Calvin et à Viret, qu'il avait accusés d'arianisme, il sortit secrètement de la ville et se rendit à *Soleure,* où résidait l'ambassadeur français (IV, 238, 242, 243).

¹⁴ Dans l'original, *tonsore.*

pii christianè se convenire [15], laboratum [est] ut manifesti essent pii ac plecterentur. Actum præterea, ut *vincti* à pietate ad Pontificem deficerent [16]. Testes sunt *duo liberati.* Quibus blasphemiis in Christum et Evangelium et imprimis in *ecclesias Helveticas* sit actum, in *libello supplice porrecto Pontifici* [17], nemo satis expresserit. Et, ut plenius intelligas quàm infensum hostem duxerim, *sanè non possum non mihi persuadere* [18] (Christus novit an ita habeat) *per ipsum effectum, ut Philippus* [19] *cum Cardinali* [20] *consuetudinem habuerit, ac illius pecuniis effecerit quæ egit, adeò ut ecclesiæ ruinam ipsi acceptam feram* [21]. Non levem facit me habere

---

[15] Les Évangéliques s'abordaient en disant : « La grâce et la paix soient avec vous! » Cette salutation se trouve ordinairement en tête de leurs lettres.

[16] A la conférence de la Neuveville, *Caroli* affirmait, au contraire, qu'il avait assisté et consolé les prisonniers de *Lyon* (t. V, p. 459).

[17] Voyez la supplique adressée au pape *Paul III* par *Caroli,* vers la fin de juin 1537 (N° 638).

[18] Les nouveaux éditeurs de Calvin ont suivi la ponctuation de l'original, et ils placent un point après *non possum mihi persuadere,* et après *Christus novit an ita habeat.*

[19] *Jean Philippe,* ancien capitaine général, l'un des syndics élus à *Genève* le 3 février 1538 et qui en avaient fait bannir *Farel* et *Calvin.*

[20] Le cardinal *François de Tournon,* gouverneur de Lyon. *Farel* écrivait déjà le 11 avril 1539 : « Hactenus non potui aliter sentire, quàm *Turnonensem* pro viribus laborasse in omnibus evertendis. »

[21] Comme l'indique la suite du discours, *ipsi* doit se rapporter à *Caroli,* et non à *Jean Philippe.* Si nous avons bien compris Farel, il veut dire : Je ne peux m'empêcher de croire que c'est grâce à *Caroli* que des relations se sont formées entre *Jean Philippe* et le cardinal de Tournon, et que c'est avec l'argent du Cardinal que Philippe est parvenu au but de ses intrigues [c'est-à-dire à nous faire bannir]. C'est donc à lui [à *Caroli*] que j'impute la ruine de l'Église de Genève. — Farel semble énoncer des soupçons persistants, plutôt qu'une accusation formelle; aussi dit-il, plus haut : *Christus novit an ita habeat.* Mais ces soupçons mêmes n'étaient pas fondés, du moins pour ce qui concerne l'ancien capitaine général. Il n'existe, en effet, aucune preuve que celui-ci ait accepté le rôle d'agent secret du cardinal de Tournon. Un ancien magistrat, bon patriote, riche et généreux, se serait-il laissé corrompre par l'or de l'étranger? Et dans quel intérêt? Déjà syndic en 1526, assuré de « l'extrême amitié du peuple, » son ambition était satisfaite. Quoiqu'il fût devenu l'adversaire de Farel et de Calvin, il ne se montrait jamais hostile à la Réforme. Supposé qu'il eût consenti, en 1537, à la détruire dans *Genève,* une prompte libération de son fils *André,* détenu à *Paris* comme « luthérien » (février-avril 1538), aurait été le prix naturel de sa trahison. Nous avons vu

conjecturam gratulatio ad *Antonium*[22] quòd aërem Genevensem viderit, ut optabat, tandem; nec minùs certè reputavi *de literis Sadoleti ad Senatum et cives* instigatorem fuisse, idque præcipuè ut ad *Antonium* et *Bernardum* scriberet[23]. Nam uterque probè notus est *Carolo*. Taceo de dialogis quibus me loquentem in suis concionibus facit, coram Deo ac se, juxta argumentum *Sadoleti*[24]. Sed quid possem singula prosequi[25]? ut taceam me *Hæresiarcham* falsò vocari.

Hæc cum animo volverem, et sanè plura, neque me fugeret quid *amici*[26] contenderent, quibus tam grata esset nostri ruina, quàm ingratum est nos vivere, ac aliquid in ecclesia Domini per nos Christum operari, — tamen, *ubi ex horrendis illis, animum*

cependant (t. IV, p. 366, 419, 464) que si *André* obtint justice en 1537 et en 1538, il ne le dut qu'aux démarches pressantes des Bernois et des Genevois auprès de François I (Voyez Bonivard. Anc. et nouv. Police, 1847, p. 37, 39. — A. Roget. Hist. du peuple de Genève, I, 69).

Le 7 juin 1540, alors qu'on instruisait avec la plus grande animosité le procès criminel de *Jean Philippe*, l'un de ses anciens adversaires, Claude Savoye, révéla « que Philippe avait démené pratique à Lyon avec le cardinal de Tournon. » Mais, observe M. Roget, o. c. I, 240, « le Conseil de Genève ne tint aucun compte de cette odieuse insinuation. »

[22] *Antoine Marcourt*, que *Pierre Caroli* aurait félicité de ce qu'il était appelé à *Genève* (N°ˢ 711, 719, 733 *bis*, n. 16), ensuite du bannissement de Farel et de Calvin.

[23] A propos de ce passage, les nouveaux éditeurs de Calvin disent, p. 410, note 7 : « *Meræ calumniæ, scilicet a Guillerminis sparsæ.* » Il est vrai qu'on ne possède aucune lettre de *Sadolet* à *Marcourt* et à *Jacques Bernard*; mais cela ne prouve pas qu'il ne leur ait jamais écrit. Le Cardinal eût certainement été dans son rôle en adressant des exhortations à ces deux pasteurs, en même temps qu'il en adressait au gouvernement de Genève (N° 773). S'il écrivit à *Bernard* et à *Marcourt*, il n'y eut aucun crime, de leur part, à recevoir une lettre qu'ils n'avaient point sollicitée, et *les Guillermins* (t. V, p. 177, n. 16) ont pu en informer *Farel* sans être, pour cela, des « calomniateurs. » On voit, d'ailleurs, que Farel n'incrimine pas les deux ministres sus-mentionnés, mais bien *Caroli*, qui aurait persuadé à *Sadolet* de leur écrire.

[24] Allusion aux passages de l'*Epistola ad Senatum populumque Genevensem* dans lesquels *Sadolet* se représente le jugement dernier, les questions qui seront adressées à chacun devant le tribunal de Dieu, et les réponses d'un catholique et d'un protestant (Voyez la traduction franç., éd. Fick, 1860, p. 34, 36).

[25] Dans l'édition de Brunswick, *persequi*.

[26] Les partisans de *Caroli* qui étaient nombreux dans la Classe d'Yverdon (Voy. la lettre de Viret du 21 mai 1550).

meum ad mortem usque pungentibus, commissa Domino ecclesiarum cura; respiravimus, ut visum fuit paucis fratribus, cum duobus legatis Agathopolin [27] *venimus, Præfectum illic cum civibus aliquot in colloquio præsentes habuimus.* Quod ideo factum fuit, ut si, præter spem, jam hærentem [28], et cui locus non esset, Dominus vellet trahere ad se, nos omni officio prompti occurreremus; sin minus, congestis carbonibus in caput ipsius, functi essemus nostro munere. *Causam tamen ut privati agitavimus* [29], nihil derogantes neque præjudicantes alicui, et multò minùs alicui ecclesiæ, ne dicam ecclesiis, quas omnes offendit et traduxit. *Quæ tractavimus cum eo collecta fuere à fratribus* [30]. Nos cum videremus remisisse aliquid hominem, quamvis desideraremus plurima, siquidem vel apertissima cupiebat dissimulare ac fucis tegere, tamen *cum testaretur velle se ita gerere, ut nemo posthac queri de ipso posset, respondimus, nos nihil posse, præcipuè sine fratrum consilio, sed daturos nos operam, ut intelligat in amicos incidisse, quique velint ipsi in Domino morem gerere.*

Ubi redii ex actione, in qua potes conjicere quantam mihi vim fecerim, dum Christum meum necesse habui intueri, cujus gratia omnia tentanda duxi, non hominem, quem in ruinam tantùm poteram colligere natum, etsi non dubitarem Deo omnia esse possibilia, tamen nihil minùs mihi poteram persuadere, quàm aliquid boni de homine. Dum ergo rediissem tam fatigatus ut destituerer viribus, sub noctem convenit me noster præfectus, *Pringinus* [31]. Indicat quid egerit, nempe, ubi jam concessisse *Landeronum* [32] intellexit *Carolum*, ad cives scripserit, quid hoc sibi vellet non assequi, nisi quòd speraret eos velle ipsum habere pastorem; quod ita si haberet, rem gratam facerent, ac ipsum hæc probare. Sic bonus vir nescio an jurisjurandi satis memor fuerit quo se adstrinxit, neminem excepturum nec admissurum ad ministerium nisi per ministros examinatum et probatum; tamen *nobis insciis* hoc factum erat, cum *locus ille* [33] sit sine pastore, ac *missa*

---

[17] *La Bonneville* ou *la Neuveville*, située sur le lac de Bienne.

[28] Il faut sous-entendre *Carolum*.

[29] Ce qui provoqua le blâme de *Calvin*. Voyez sa lettre du 27 octobre.

[30] Voyez, dans le t. V, p. 457-462, le procès-verbal de cette conférence.

[31] *Georges de Rive*, seigneur de *Prangins* et gouverneur du comté de Neuchâtel.

[32-33] *Le Landeron*, petite ville située entre la Neuveville et Neuchâtel, refusait d'adopter la Réforme (t. IV, p. 200, 201, t. V, p. 94, 95).

illic sit ; cumque nos eò concesserimus, tamen præfectus [34] qui designatus illic est, jussus est a *Bernátibus* non ampliùs nos admittere ad docendum, quòd [35] aliam viam cum præfecto, scilicet *Pringino,* iniissent, unde posset sine motu consuli illi ecclesiæ : quod conjicio à nonnullis ita cum *Prangino* tractatum, ut *Carolus* eò mitteretur [36]. Addit præfectus [37], se literas excepisse a *Bernatibus* quibus arctissimè injungitur ut *Carolum* vinciat, donec legationem mittant agantque jure cum eo [38], quod sibi dolere dicebat. Ego quoque graviter ferebam quòd errata non alia proponerentur via quàm civili. *Cupiebam enim sic agi cum Carolo, ut ecclesiæ quererentur de injuria sibi illata, ac juxta id quod expedit, justa censura sic agerent, ne perderent hominem, nec rursus alii auderent similia patrare, timens ne sic via civili prorsus ita profligaretur, ut meritò sibi denegatam omnem resipiscendi viam et aditum in Ecclesiam diceret.* Ideo ex animo consultum cupiens *Carolo*, ac multò magis Ecclesiæ ac suæ autoritati, conferens cum *socero Caroli* [39] ac paucis fratribus, tandem suasi ut decanus noster [40] *Bernam* peteret ac cum fratribus ageret, ut posset *Carolus* non minùs à nobis excipi quàm à Pontificiis, et resipiscenti pateret aditus in Ecclesiam. Ego sanè graviter affligebar, ut scribere non valuerim. *Capunculus* excepit quæ dicebam [41]. Egit bona fide *Barbarinus* et apud fratres ministros, et apud Senatum, nec tamen unquam fuit animus ut citra disciplinam Ecclesiæ ac solemnem resipiscentiam

---

[34] *Jean Hardi*, châtelain du Landeron. Farel emploie aussi *præfectus* pour désigner un *gouverneur* ou un *maire*. L'expression *jussus est a Bernatibus* ne correspond guère à la réalité des choses, puisque le châtelain du Landeron dépendait du gouverneur et des IV Ministraux de Neuchâtel. Aussi les Bernois écrivaient-ils à ce fonctionnaire, le 24 décembre 1538 : Nous vous *prions* et admonestons vous déporter [de faire prêcher au Landeron].

[35] Dans l'édition de Brunswick, *quum*.

[36] La lettre des Bernois au châtelain du Landeron est du 24 décembre 1538 (N° 761). Pour s'expliquer comment les amis de *Caroli* ont pu, à cette époque, être informés de ses projets de retour et s'intéresser à lui si vivement, il faut admettre qu'il avait continué à leur écrire pendant son séjour en France.

[37] Le châtelain du Landeron.

[38] A comparer avec le N° 804, note 4.

[39] *Louis Maître-Jean* (Voyez N° 651).

[40] *Thomas Barbarin*, pasteur à Boudri.

[41] Voyez la lettre de *Chaponneau* et de *Farel* du 19 juillet 1539 (N° 808).

admitteretur; nec apud Pontificios quoque admissus fuit sine insigni confessione.

Interea cum fratribus hic egimus, exponentes colloquium Agathopoli habitum [42]. Fratribus visum fuit officiis certandum, si qua spes esset *Carolum* lucrifaciendi. Interea expectandum quid aliæ ecclesiæ decernerent, quas non minùs lesit quàm nostras. Erant tamen qui dicerent nullam illius esse habendam rationem, sed ut insanum hæreticum, ut nequam hominem non ferendum, nec levia adducebantur; sed vicit sententia de officiis præstandis, quod et Judæ Dominum præstitisse ostensum fuit. *Interea vinctus detinebatur Carolus Agathopoli, Bernatium nomine, qui erant quàm maximè offensi, ne dicam infensi.* Ex ministris aliqui sic exceperunt unam lineam pro *Carolo* scriptam [43], ut totum ministerium meum et omnes nostras actiones nunquam tanti fecerint. Nam sic in *Carolum* mihi videntur affecti, ut non solùm excipere sint parati cum forma resipiscentiæ, verùm ter sanctissimum sint prædicaturi, et crimina pro insignibus virtutibus commendaturi. Nam bonus ille senex, sanctus ille vir, alter ingens *Athanasius* [44], quid non pertulit? Fuerunt qui affirmarent ipsum plus omnibus laborasse ac ædificasse. Alii contrà, nihil sibi esse cum *Carolo,* ecclesiarum eversore, dissidiorum patre, defectionis autore, qui non solùm defecit, sed et alios secum abduxit, ac conatus est abducere. Utinam tam vera illi dicerent quàm hi non recedunt à re!

Ego, quamvis aliud non egissem, nisi quòd operam obtuli Carolo, ac ut posset conciliari, nonnihil egi, mirè proscindebar, quasi fractus ac ecclesiarum negligens, quod et tu videris taxare [45], *nec ego prorsùs eo inficias. Nam tot et tantas tragœdias ferre non possum, nec domi ita contendere.* Tamen modis omnibus egi, hortatu *Caroli,* quod et ultro destinaram persuadere ut possem : non sic rejiciendum *Carolum,* nec id posse citra culpam ab Ecclesia fieri. Sed postquam a Pontificiis rediit, audiendum esse, ac juxta Ecclesiæ disciplinam excipiendum, nec debere ipsos moveri, si ipse ultro occurrerim ac officiis ipsum coner demereri : me id juxta præceptum Christi facere, cum velit oves errantes à nobis quæri, nos-

---

[42] Vers le 15 juillet précédent (t. V, p. 351, 457).

[43] Allusion à la lettre du 19 juillet, adressée aux ministres de Berne (n. 41).

[44] Selon Calvin (t. IV, p. 242, n. 15), *Caroli,* forcé d'expliquer sa conduite, aurait dit aux ministres bernois : « Ego hic sum ut *Athanasius.* »

[45] Voyez la lettre de Calvin à Farel du 8 octobre.

que bene mereri de hostibus, ac qui de nobis quàm pessimè meriti sunt; nolle me suum jus Ecclesiæ præripere, ne[c] ipsam impedire quò minùs fungatur munere censuris quibus decet, etiam gravibus. Et, ut planè dicam, nescio an reputem tantùm Ecclesiæ consulere, ac sic vera esse ipsius membra qui judicant efferendum ad cœlum *Carolum*, ac tam utilem fuisse tamque ædificasse ecclesias affirmant, — quasi expertes et sine sensu malorum quibus ille Ecclesiam obruit, — quàm hi qui gravissimè ferentes tot et tanta peccata, pati et admittere hominem non possunt. Verùm *utrinque moderandos affectus expedit*. In hoc ergo fui, ut ostenderem me *Carolo* bene velle, sed Ecclesiæ quàm optimè : sicque agendum cum *Carolo*, ut omnia cederent optimè ipsi Ecclesiæ, quod fieri non posse judicabam, si prorsùs aditus Ecclesiæ negaretur *Carolo*, nec resipiscenti [46] locus esset veniæ. Ita rursus non putabam nisi juxta disciplinam debitam recipiendum.

Legati Bernen[*ses*] veniunt, queruntur de eo, quòd ecclesias turbarit, quòd juri non steterit, cum dies ipsi dicta esset, abierit; quòd omnes traduxerit, producto *diplomate Pontificis* ubi nefandè ac indignè cœtus omnes Christiani damnantur, pietas conculcatur, ac impietas Antichristi commendatur [47]. *Carolus*, non sine sano consilio ac amico, fassus est se non parùm offendisse, ac injuriam irrogasse; tamen aliqua elevare contendit. Instabant *legati* ut dignum omnibus esset exemplum. Sed, ut audio, sic pronuntiatum est à judicibus : ut *Carolus* fateretur se in Deum graviùs deliquisse, ac in fratres ministros, quos sanos in doctrina fuisse fateretur et esse, nec non veniam peteret a *Bernatibus* : quod et fecit, tacta dextra *præfecti Agathopolitani*, ut moris illic est [48]. Ita qui aderant fratres eo ordine acta omnia fuisse narrabant. Ego, cum finitum esset judicium, veni totus perfusus pluvia. Rogavi impensiùs *legatos*, efficerent apud Senatum, ut *Carolo* esset veniæ locus. Et postquam Pontificii excipiunt agnoscentes culpam, ubi Christus adnunciatur juxta ipsius præceptum sit resipiscentiæ locus.

Suadebamus Carolo ut Basileam adiret, ac illic ita se gereret, quòd bonis omnibus probaretur, sicque posset in gratiam redire. Quamvis videretur nobis assentiri, tamen cum audiret Evangelium

---

[46] Édition de Brunswick : *resipiscendi*.

[47] Voyez, dans le tome IV, p. 251, n. 9, un extrait de ce bref du pape *Paul III*, daté de Rome le 17 août 1537.

[48] Voyez la sentence prononcée contre Caroli, à la Neuveville, le 23 juillet 1539 (t. V, p. 355-59).

adnunciari ubi pius *Tusanus* agit⁴⁹, spem concepit posse se apud *Georgium comitem* locum habere; eò se contulit, acturus cum *Comite* etiam inconsultis fratribus, ut mihi narravit bonus ille *Nicolaus*⁵⁰, *Tussani* collega. Sed *Tossanus*, non negligens ecclesiæ pastor, cui magis timet quàm propriæ vitæ, statim hominem convenit, et ex justis causis persuasit ut abiret. Intellexit sanè hominem ambitionis plenum, nihil prorsùs immutasse de suis opinionibus et quæ vana sunt perpetuò moliri, ac me arguit ideo quòd commendarim hominem planè indignum ⁵¹. Scripseram enim, non per *Carolum*, nam non priùs noram nisi postquam eò concessisset, verùm per alium, commendans sic ut addecet nos excipere de quibus licet aliquid sperare. Idque ut decebat ad virum non prorsùs stupidum et qui novit quid facto sit opus.

*Rediit Carolus ac e Burgundionibus*⁵² *ad fratres scribit, ut se reducem excipiant.* Veritus ne, priusquam convenirent fratres, frangeretur expectando, *consilium ineo de ipso adeundo, et montes conscendi cum Fatono*⁵³, *et dum per viam compendiosiorem eo, magis duram et asperam, mutarat Carolus locum*. Nam aliquot qui sanè dicuntur ardentiores pro Christo, vix poterant ferre hominem tam vicinum, sed defectorem detestabantur, et quòd, ipsius causa, religio tam malè audisset, sæpiùs defectionem *Caroli* objicientibus adversariis. Quod, etsi nobis molestum est, tamen neque *pastor*⁵⁴,

⁴⁹ Remis en liberté le 23 juillet, *Caroli* n'avait pas perdu son temps. De *la Neuveville* il s'était rendu [par Bienne, le Jura bernois et Delle] à *Montbéliard*, où résidaient *Pierre Toussain* et le comte *Georges de Wurtemberg*. C'était un voyage d'une vingtaine de lieues.

⁵⁰ *Nicolas de la Garenne* (t. V, p. 325).

⁵¹ A comparer avec la lettre de Toussain à Farel du 31 juillet (N° 807).

⁵² L'édition de Brunswick porte en note : « *Id est, ex comitatu Valangin*... » C'est une erreur. La principauté de *Valangin* ne faisait nullement partie de la Franche-Comté, qu'on appelait aussi *la comté de Bourgogne*. Caroli, qui était reparti de *Montbéliard* le 30 ou le 31 juillet (N° 807), avait dû, pour revenir dans le pays de Neuchâtel, passer par Pont-de-Roide, St-Hippolyte et Charquemont. C'est probablement de cette dernière localité, voisine du Doubs et de la frontière neuchâteloise, qu'il écrivit aux ministres de Neuchâtel pour leur annoncer son retour.

⁵³ *Farel* et *Fathon*, étant partis pour *les montagnes*, durent gravir le Chaumont, entre Neuchâtel et le Val de Ruz, puis la montagne qui ferme à l'ouest le Val de Ruz et le sépare de la vallée de la Chaux-de-Fonds. Cette vallée était la première que devait traverser *Caroli* en arrivant de *Montbéliard*.

⁵⁴ Le village de *la Chaux-de-Fonds* n'avait pas encore de pasteur; les

neque aliquis ita potuit compescere, quin gravissimè ipsi minarentur. Nam, ut ingenuè fatear, nomen *Caroli* pessimè audit. Quamvis fratres mitigent ut possunt, tamen fieri non potest, quin horrore missæ ac Pontificis non valde moveantur. *Tandem invenio hominem, causas reddo cur venerim,* nimirum quòd constanter duret, solideque precetur Dominum ac invocet, frustra esse omnia, nisi adsit Dominus. Ubi video utcunque compositum, de iis admoneo quæ facere videntur ad gloriam Christi et plebis ædificationem. Hic nihil frigidius sentio, et prout in aliis colloquiis habitis cum fratribus, semper veteris hominis omnia plena. Sic et seorsim magis sui non potest præcipuam non gerere curam!

Tristior semper redeo. Per alios admoneri curo, nihil minùs sentio quàm hominem immutari. Queritur quòd *acta in judicio Agathopoli* velimus vulgare et per *Gallias*[55] spargere, sicut ipsi omnia agunt quæ possunt. Vultque ut non minùs alii testentur erratum quàm ipse, sicque meritò id poscere debere, cum adhuc non pauci sint *Arriani*[56], et id genus multa; *suæ pro defunctis precis non potest oblivisci.* Nos tamen speramus posse meliora sequi et sapere. Apud unum ex ministris agere sinimus; sed omnes in nos clamant ac tandem efficiunt, ut cogatur iterum illinc solvere. Nam plebi intollerabilis est. Fratres aliquot, cum intelligerent quæ *Capunculo* dixerat, et rursus quæ *Grandissonensis*[57], dum *Carolum* Athanasium, nos Arrium faceret, hortantur ut aliter pergat. Negat partem eorum quæ *collegæ*[58] dixerat, quæ fortè liberiùs protulerat, quòd *Antonio*[59] amicus nobis non indicarat. Recepit se acturum cum *Comite* qui agit *Grandissoni*, super iis quæ in nos est locutus.

ministres du voisinage y prêchaient de temps en temps. Il est peut-être question ici d'*Étienne-Jacot Des Combes*, pasteur du *Locle*, où il avait commencé ses fonctions le dimanche 26 mars 1536, le lendemain même du jour où le curé *Étienne Besencenet* avait dit la dernière messe (Voy. F. Godet. Hist. de la Réf. et du Refuge dans le pays de Neuchâtel, 1859, p. 139). Selon les *Étrennes neuchâteloises*, 1862, p. 126, *Des Combes* avait été le vicaire de *Besencenet*.

[55] C'est-à-dire, dans *la Suisse romande*.

[56] *Caroli* renouvelait ainsi d'une manière détournée ses accusations d'hérésie contre *Farel, Calvin* et *Viret*.

[57] *Jean Lecomte de la Croix*, pasteur à *Grandson* (t. V, p. 81, n. 15; 77, renv. de n. 8).

[58] C'est-à-dire, à *Jean Chaponneau*.

[59] Ce prénom doit désigner *Marcourt* et non *Saunier*. Le mot *amicus*, qui suit, se rapporte probablement à *Chaponneau*.

Cogitur migrare ex ditione Vallangina [60], *indignè ferente populo quòd eum ferrent quem Bernates non paterentur. Omnes quoque ministros damnabant quòd in œdibus ageret ministri.* Abiens secessit in locum in quem convenerunt *Malingrius, Jo. Comes* [61], an alii non satis teneo. Quid egerint, ipsi norunt. Hoc scimus nos nihil sensisse actum fuisse de iis quæ promiserat. Nam de conciliando eo qui nos læsit iniquè [62], nihil intelligimus tractatum fuisse. Novum fortè esset, ut qui turbas semper motas studuerunt, pacificandis rebus incumberent. Hoc scivimus, offensos fuisse aliquot, ædificatum aliquem, nisi fortè ex colloquiis nobiscum publicè habitis, ignoramus. *Interrogabat bonus aliquis in pago ubi missa adhuc habetur, et quem turbavit non parùm Alexander* [63], *an vellet concionari, an prorsùs destiterit? Ibi Carolus artificium vilius esse respondit, nec jam præter ictus baculorum reportari ex eo.* Graviter ille tulit, quòd sic vile duceret, ab aliis concionatoribus adeò commendatum, ministerium.

Mecum conferens, cum indicarem quàm indignè fierent multa, dicebat se angulum aliquem optare, nec magnas cathedras, nisi cogatur rursus venire, satis indicans nullis posse parvis teneri. *Ego monebam, totum sese resignaret Domino, à cujus nutu penderet, ac quicquid etiam durum immitteret Dominus id ferret; semper in hoc esset, ut non sua sed Domini voluntas fieret. Ingrata erat cantio* [64] *: aliò transferri oportebat orationem, nimirum se adjuvarem scriptis ad amicos meos,* quod sanè feci. Cum aliis querebatur se diutius detineri expectatione longa; si non quod optabat fieret, aliud habere se quod sequatur, addebat : « *Quid? si recipiant me Bernates, pago alicui obscuro præficiant, numerabunt ducentos*

---

[60] Voyez, sur la seigneurie de *Valangin*, le t. II, p. 261.

[61] Ce fut sans doute dans l'un des villages situés près de la frontière du comté de Neuchâtel et du bailliage de Grandson (n. 63) que *Jean Lecomte* et *Thomas Malingre*, pasteur à Yverdon, eurent une entrevue avec *Caroli*.

[62] Il s'agit ici d'*Alexandre le Bel*, pasteur à St-Aubin, comté de Neuchâtel.

[63] Farel veut parler du village de *Provence*, situé dans le bailliage de Grandson, et qui faisait partie de la paroisse de *St-Aubin*. Les deux cultes coëxistaient encore à *Provence :* le curé y disait la messe dans la même église où le pasteur de la paroisse venait prêcher l'Évangile. C'est ainsi qu'*Alexandre le Bel* avait pu y exciter des troubles par ses prédications ou par ses relations imprudentes avec le curé (Voyez le renvoi de n. 107, le t. II, p. 380, 407, et la lettre de Farel du 16 mars 1551).

[64] Édition de Brunswick : *cautio.*

*florenos*⁶⁵. *Hoc sanè non est, ut quis manum calamo admoveat.* •
Ubi expectaturus *consulem Wattevillensem* ad *Fatonum* se contulit⁶⁶, bone Deus, quid refert pius frater! Nihil prorsùs Christi, solas glorias ac vanas omninò quæstiones; nec potuit unquam audire aliquid, nisi semel, ubi adegit ipsum, post prolixum colloquium, ad gratias agendas; tunc tantùm sese commendare visus est Domino. Gravissimè ipsum de multis admonuit *Barbarinus,* taxans multa, sed præcipuè quòd usus fuisset *Alexandri* consuetudine, quem fratres meritò anathemate percussissent, quòd sic se hostem fratribus declararet, ac priusquam plenè esset cum fratribus conciliatus, animos omnium abalienaret prorsùs; plebem quoque malè in hoc ædificaret; diligenterque hortaretur [l. hortatus est] ut nihil cum *eo* haberet commune. Cumque indicaret *Carolus* secum ⁶⁷ profecturum *Basileam,* valde id improbavit *decanus,* ac queritur de aperto mendacio : nunquam enim consensit, sed dissuasit quàm maximè, idque semper præsente *Fatone.* Socero *Caroli* dedi ad *Gryneum* literas : ut priùs scripserat curaturum se conditionem *Carolo,* sic curaret, ut contineri posset, nec nisi sua culpa periret ⁶⁸, nobis pro viribus saluti ipsius consulentibus. At non scripsissem, si *Alexandrum* intellexissem cum eo profectum.

Nunc *quod ad actionem attinet istic* ⁶⁹*, quid dicam non satis habeo. Argentorati non est peccatum, licet in istam* ⁷⁰ *sicut in omnes est graviter peccatum. Ego arguor quòd privatus occurri : amicum animum obtuli ac præstiti, sed nullo Ecclesiæ præjudicio, neque volo quicquam per ea quæ per me acta fuerunt, decedere disciplinæ ecclesiasticæ, verùm ita confici omnia ut oportet. Quibus articulis sit conventum, quid statutum, non novi. Ingenuè fateor, velle me totam actionem pleniorem fuisse, ac mendacia cum cavillis discussa fuisse. Mihi nihil quæro, sed Ecclesiæ.* Utinam me solum tam perdidisset, quàm fuit unquam aliquis perditissimus, idque citra Ecclesiæ læsionem ullam, cujus gratia neminem vel pili fecero, neque non maximi duxero! Non pœnitet me officiorum in *Carolum,* nisi quòd non plura præstiterim. Cupio id tantùm prodesse *Carolo,* ut omnes omnia agant quò ipsi succurrant, ac plenè Christo lucrifa-

⁶⁵ Voyez la note 130.
⁶⁶ A *Colombier*, seigneurie de l'avoyer *J.-J. de Watteville.*
⁶⁷ Il faut sous-entendre *Alexandrum.*
⁶⁸ A comparer avec les deux lettres de *Grynæus* à Calvin (Nᵒˢ 820, 831).
⁶⁹ Voyez le Nᵒ 822.
⁷⁰ Ici le mot *ecclesiam* a été omis par le copiste.

ciant, sic ut tantò superet ædificatione omnes, quantò ruina prævaluit. Sed si officia nocent Ecclesiæ, ac inde ansa sumitur agendi præposterè ac evertendæ disciplinæ, pereant sintque anathemata ipsa omnia etiam cogitata in gratiam *Caroli,* ne me, qui ea præstiti aut cogitavi, dicam. Siquidem malo anathema esse, quàm Ecclesiæ Christi incommodare. *Astemus omnes Carolo, adjuremus etiam supra vires, non tantùm pro viribus. Nihil relinquamus intentatum, ut bene mereamur de immeritissimo. Eum intra ipsa gestemus viscera, sitque quàm charissimus; sed fiant omnia sic ut Ecclesiæ nulla ratione obsit. Intret per ostium, ædificet ingressus. Demum accuratè probetur ac diu, nec nisi longissima ac exactissima[71] explorationae provinciam ullam gerat :* qui dum insolentissimè præire voluit, postremos etiam sequatur, discatque ut se debeat in domo Domini gerere. Defleat et plangat dejectus et contemptus sibi quod fastu turgidus, ambitione insanus peccavit; quod tam apertè commisit non sic elevet clanculùm.

Ego Deum testem invoco, me nunquam aliquid officii *Carolo* præstitisse post tot et tanta flagitia, nec unquam cogitasse ut admitteretur ad functionem Verbi inter pios, nisi post absolutam, ne dicam absolutissimam pœnitentiam, ac tam clara voluntatis divinæ testimonia quibus præfici debeat, ut nemo secùs sentiat, nisi qui Domino velit contradicere apertè. Rursus Christum Jesum testor, me nolle ulla ratione aliquid habere partis in consensu quo is priùs admittetur *(sic),* sed quantùm possum reos sanguinis inclamo, et sanguinis Christi, qui perdendam ecclesiam ipsi crediderint, aut consenserint. Hic ingenuè fateor non posse assentiri, nec assensurum, donec longa probatione se sic approbarit, ut dignus habeatur. *Alamus hominem, alamus et solemur modis omnibus citra detrimentum Ecclesiæ. Aliàs si quis intruserit in locum in quo Dominus voluit meo ministerio uti et per me aliquot sibi lucrifacere. apud Deum meum dei njuria mihi illata, quæ Ecclesiæ ipsi, imò ipsi Christo infertur, queror.* Sicut et in aliis factum est indignè, hîc reputo indignissimè. Non est ita nobis prostituenda virgo hæc, sponsa Christi, iis qui se quærunt, donec intelligamus eos Christum verè quærere, non seipsos. Non satis habent ii quos præstitisset non nasci (qualiter sint nati non dico) tot turbas quòd[72] sponte

---

[71] *Exactissima* a remplacé *exploratissima,* qui est biffé.

[72] Dans l'original, *quot,* qui supprime toute liaison entre **non satis habent** et **ecclesias invidentia perdiderint,** etc.

suscitarint, ecclesias invidentia perdiderint, lupos foverint, monstra evexerint, nisi diluvium malorum immittant.

Tu, frater, obsta tam indignis Ecclesiæ malis, quæ vitata volui. *Carolo* nolim vel in minimo obesse, omnem communionem ultro offerre paratus; sed cupio consultum ecclesiis, nec aliquid omitti quod è re sit ecclesiarum. Constantiam ac gravitatem hic exopto, non ita in beneficiis et obsequiis quibus quis tenetur etiam hosti adesse : quamvis ingenuè fatear me plura pro *ipso* egisse ac pertulisse, quàm si pater mihi fuisset. Sicut mortalium unquam nemo ita me læsit, volui contendere juxta sententiam Christi benefaciendo; sed semper cavi ne quid ad ministerii functionem tenderet, vel disciplinam impediret. Tempestivum jam est ut bili frenum injicias, nec te ac alios vexes; præstanda sunt quæ sine jactura Ecclesiæ possunt, nec me opus habes monitore. Ne reputes me unquam aliquid de *Carolo* scripsisse quòd me pœniteret actorum in ipsum ut officii. Nam, ut jam sum testatus, noram hominem, et quæ egit ac procuravit longè plura quàm scripserim reputans acta; sed ea omnia non impedierunt quin ex animo egerim. Cupio et alios, omnibus etiam cognitis, benè ipsi facere, salva semper Ecclesia in omnibus, pro qua suscipienda sunt mala, non in gratiam alicujus. Cedant omnia Ecclesiæ, hoc est ipsi Christo, qui caput est, quique vult suam sponsam nusquam nec unquam negligi.

Non nobis timemus de ecclesiis hujus ditionis ubi adnunciatur Christus, quòd præfici possit sine insigni specimine solidæ pietatis. Imò scimus omnes priùs pellendos à plebe, quàm ut solus possit admitti, nec puto satis tutum ipsi futurum, etiam si privatus hic ageret. Quod *Martinus* vocat ἀρκτόλυκον [73] non tam execrandum habetur animal, ut plebi est huic [74], nec possumus meliùs consulere, quàm si taceamus. Profectò mirum sentimus affectum contra eum. Aliis timemus, quamvis ubicunque egerit, nisi tanta [l. tantùm ?] sanctimonia et insignis pietas hominem commendarit, valde despectum erit suum ministerium, tamque sine fructu, ut etiam aliis incommodet. Nam, ut nosti, *circulatorum* vocant *illam iteratam defectionem,* et id quod dicitur : « *modò ait, modò negat.* » Ideo videant qui hominis magis quàm Ecclesiæ rationem habent, ne sibi judicium, et homini ac Ecclesiæ malum accersant.

[73] Nous ne savons dans lequel des ouvrages de *Martin Luther* ou de *Martin Bucer,* il est parlé du *loup boréal.*

[74] Ici et plus bas, après « ubicunque egerit, » *Carolus* est sous-entendu.

De *Alexandro,* quem ideo puto sic fuisse assumptum, ut eò iret quò concessit [75], ac opinor priusquam hinc soiveret sic conclusum fuisse, tu nosti quos habuerit in synodo [76], et qui possint apud *Rognacum* [77] et filium *Roberti a Marca* [78]. Per hos puto commendari, nec tacebit *Alexander,* tantò propensior in gratiam *Caroli* ad mentiendum, quantò infensior est nobis. Sed postquam is audiri vult [79], fratribus non auditis, ut obtineat quod fit ubi alter tantùm auditur, sic accipe. In montibus egit [80], certè dignus qui feras pascat, non homines, cum literarum sit expers. Agebam *Neocomi* tunc dum venit e *Gallia,* commendatus literis *Robertivallis* [81]. Dixi me non posse ipsi consulere; videret si quam posset conditionem invenire, ac experiretur quid posset. Is puto ad *Glandineum* concessit, egitque cum eo ac tandem locum habuit [82]. Non est quòd

---

[75] C'est-à-dire, chez M*r* de *Rognac,* à *Linchant* dans les Ardennes (N° 823, renvois de note 16-19).

[76] Le synode convoqué à *Lausanne* pour le 31 mars 1538, et qui termina ses travaux le 4 avril.

[77] Voyez note 75.

[78] *Jean de La Marck,* seigneur de Jametz (t. V, p. 233, 218).

[79] A comparer avec le N° 823, renvoi de note 20.

[80] Éd. de Brunswick : « In montibus *is* egit. » Il ne s'agit pas ici des montagnes de la Prévôté (Jura bernois), où *Alexandre le Bel* fut pasteur, mais des montagnes de son pays natal (n. 91).

[81] Le sieur *de Robertval,* qui était en 1534 lieutenant du maréchal de La Marck (Voy. t. III, p. 237. — La lettre de Calvin du 6 févr. 1540). Nous ne savons s'il pourrait être identifié avec ce M. *de Robertval* qui fut chargé en 1537 [au mois d'octobre?] de s'emparer des vallées de St-Martin et de Luzerne, habitées par les Vaudois du Piémont (Voy. Bayle. Dict. hist. art. Guill. du Bellai, note G).

[82] De *Neuchâtel,* où il dut arriver vers la fin de l'an 1530, *Alexandre le Bel* se rendit auprès de *Claude de Glantinis,* alors pasteur à *Tavannes* (II, 251-253, 308), et, dès le mois de mars 1531, il annonça successivement l'Évangile à *Sornetan,* à *Court,* à *Mervelier,* puis à *Moûtier-Grandval,* où il était « agréable » à ses paroissiens (II, 353, 359, 360). Nous avons lieu de croire qu'il dut les quitter vers la fin de septembre 1532, et peut-être à la suite du scandale mentionné plus bas (renv. de n. 84). *Urs Starck,* gouverneur de Moûtier, écrivait en effet à MM. de Berne, le 21 septembre (1532) : « Lorsque je vous ai priés, il y a quelques jours, de favoriser les prédicants de *Moûtier* (zu gunnen den Predicanten zu Münster), de congédier *Alexandre Lebel* et de mettre un autre à sa place, vous avez agréé ma requête. » (Apologia einer Statt Bern, 1615, p. 147.) Le millésime de *1531,* que l'auteur de l'*Apologia* donne à la lettre du gouverneur, est inexact. MM. de Berne n'auraient pu, au milieu de septembre

commemorem qualiter contenderit cum *Glandineo* pro scorto quod uterque ambiebat; sed *Alexandrum* secuta est Helena. Aliam quæsivit *Glandineus*. Sed dum uxor *Glandinæi* proscindit Alexandrinam, ventum est ad arma, gladiis et securibus pugnatum [83] in vico palàm, et nisi diremissent vicini, cecidisset alter, si non uterque [84]. Pacatum fuit utcunque [85] dissidium; egit multa *Alexander* bellicosè, ac sanè digni erant *canonici* qui talem haberent antagonistam. Utinam Christo tam dignus fuisset! Sicut ventrem tantùm illi curant, sic *Alexander* gravis ipsorum ventri imminebat [86], nihil non recipiens cessurum in usum plebis, modò deficerent à *canonicis* [87]; et, quamvis multum pariret sacrificulis per *Alexandrum*, vixit tamen calamitosè valde. Pluries illic locum mutavit, ut liberum erat, nemine prospiciente [88]. Sæpius conatus est locum aptio-

---

1531, consentir si facilement à la destitution du pasteur qu'ils avaient recommandé le 30 août aux chanoines de Moûtier, et que ceux-ci venaient d'accepter le 13 septembre (II, 360, n. 4).

[83] Édition de Brunswick : *est* pugnatum.

[84] Les actes du synode d'Yverdon du 8 juin 1536 (t. IV, p. 64, renv. de n. 21) nous apprennent que *Glantinis* avait été l'agresseur.

[85] Édition de Brunswick : *utrumque* dissidium.

[86] *Les chanoines de Moûtier-Grandval* avaient d'abord promis (avril 1531), puis s'étaient formellement engagés, le 2 août suivant, à faire une pension au ministre de Moûtier et à celui de Sornetan (Ruchat, III, 69, 72). Mais, pendant son séjour dans ces deux paroisses, *le Bel* ne put obtenir que cette chétive pension lui fût régulièrement payée. Il avait à peine de quoi vivre. De là ses plaintes continuelles (t. II, p. 359, 360. — Apologia cit. p. 72, 77, 110).

[87] Il n'était guère besoin de dire au peuple que tout irait bien pour lui, s'il abandonnait le parti des Chanoines. Le schisme était presque entièrement consommé dans la Prévôté de Moûtier-Grandval, à l'époque où *le Bel* vint s'y établir (t. II, p. 300, 301, 308, 320, 353). D'ailleurs, le Prévôt du Chapitre, *Cornelius de Lichtenfels*, et la plupart de ses chanoines continuaient à se déconsidérer par leurs désordres et leur égoïsme. *Wullième*, fils aîné du Prévôt, était redouté pour ses violences. Accompagné de quelques chanoines et d'hommes armés, il assaillit nuitamment la cure du village (janvier 1532) et maltraita « le prédicant et sa femme. » Aussi *le Bel* termine-t-il ainsi l'une de ses requêtes aux Bernois : « Qu'il plaise à Messieurs de me vouloir donner conseyl et ayde de procéder contre ses [l. ces] enforceurs de maisons » (Voy. t. II, p. 252, 320, 351, 360, 361. — Münsterthal-Buch, I, p. 60, 107, 189. Arch. de Berne. — Apologia cit. p. 73, 82-86, 97, 100, 104. — Ruchat, III, 69, 96, 97, 200; V, 301, 302).

[88] *Le Bel* l'avait dit, dans la requête citée : « Nous vivons aux montaingnes ung chacun comme nous voulons et selon la guise qu'il plaist. » Mais, à défaut d'instruction, il avait assez de bon sens pour comprendre les inconvénients de cet état de choses (Voy. t. II, p. 360, n. 4).

rem deligere. A suis *canonicis* venit ad *Bielenses* ⁸⁹, ac illic, nisi habita fuisset ministerii ratio, infamia fuisset notatus. Impinxit enim crimen alteri, quod probare non potuit ⁹⁰. Oportebat igitur eum haberi quem dixerat alterum esse. Scortum quod duxerat non abhorrebat à vetere scortatore, ut sæpius in ædibus *Alexandri* ageret et pernoctaret, adeò ut fratres objecerint lenonem ipsum esse uxoris. Sed quid hæc persequor?

Cum speraret se posse *in ditione nova Bernensium,* quam sæpius inviserat, nec mirum, cum *Gallias* sæpissimè adierit ⁹¹, relicta plebe etiam per menses aliquot, tandem *Bernæ* obtinuit, quamvis non consultis fratribus, neque Classe in quam missus fuit, ut *Tonnoni* doceret ⁹². Verùm locus erat montanus, ac hostibus vicinus, utpote in quo captus fuit pius ille de quo audisti frater ⁹³. Quod cum videret, alias putavit sedes quærendas. Cumque *Neocomenses,* ex quibus assumpti erant selectissimi pro ditione *Bernatium* ⁹⁴, pauci essent,

---

[89-90] S'il faut prendre à la lettre ces paroles, *le Bel* serait venu de *Moûtier* à *Bienne* vers la fin de septembre 1532 (n. 82). En février 1535, il était pasteur dans le territoire de cette république, à *Corgémont*. Bientôt après, il eut une nouvelle affaire avec *Glantinis*, qui se disait calomnié par lui. Mais la Justice prononça que le calomniateur était *Glantinis* lui-même, et il dut faire réparation à son adversaire en présence du Conseil de Bienne et des gens de Corgémont (t. III, p. 276). Farel s'est trompé en attribuant à *le Bel* ce qui n'était imputable qu'à son adversaire.

[91] Pour faire ces fréquents voyages en *France,* A. *le Bel* avait souvent traversé le Pays de Vaud, nouvelle province de Berne. C'est un indice qu'il se dirigeait vers les provinces françaises du midi, où il allait sans doute visiter son pays natal [peut-être l'Auvergne].

[92] Avant le mois de juin 1537, *le Bel* avait changé de paroisse. Un acte daté du 2 juin, même année, le qualifie d' « ancien prédicant de *Corgémont.* » Il est probable que deux mois plus tard, il fut élu pasteur du village de *Lullin,* pour lequel *Fabri* demandait un ministre, le 15 juillet 1537 (IV, 257).

[93] Cette « localité montagneuse et voisine des ennemis, » c'est-à-dire des habitants du Faucigny, doit être cherchée dans le voisinage de *Thonon.* C'est évidemment *Lullin,* dont le pasteur, *Bertrand Gravier,* fut enlevé pendant qu'il se rendait à une paroisse voisine (février 1539, t. V, p. 242, 280, 281). Les nouveaux éditeurs de Calvin supposent qu'il s'agit ici de *Martin Gonin,* ministre des Vaudois du Piémont. Mais il est certain que ce ministre ne fut pas arrêté dans *le Chablais,* mais près de *Grenoble,* dans le petit pays appelé le Chamsaur (t. IV, p. 129).

[94] Le 19 octobre 1536, MM. de Berne avaient élu, pour leur nouveau territoire, et appelé du pays de Neuchâtel les pasteurs suivants : *François Martoret, Jacques le Coq, Eimer Beynon* et *Guillaume Henry. Michel Porret* fut aussi appelé en 1537 (t. IV, p. 92, 93, 197).

ac *Claudius* concessisset *Agathopolin* [95], non tantùm *Alexander,* verùm uxor, ne dicam scortum, diligenter inquirunt locum pinguem et suavem. *Albinensis* [96] igitur visus est insignis. Uxor igitur adit *dominam,* quæ tunc penè omnia agebat, *cœco marito* [97]; dixit se nosse optimum concionatorem, si velit literas dare, perlaturam se. Scribuntur literæ; quas ubi *Alexander* accipit, mox colligit vasa, lætior quòd tandem locum exoptatum sit assecutus. De consensu fratrum *Tonnonensium* et multò minùs *Neocomensium,* nulla mentio : satis sunt unæ literæ.

Habetur interea *synodus Lausannæ* [98]. Hìc queritur *Christophorus* [99] tum de *Alexandro,* quòd locum deseruerit ac insalutatis fratribus abierit, tum de *Neocomensibus,* quòd attraxerint ad se clàm nec aliquid indicarint Classi : perniciosum hoc ecclesiis, si ita alii aliis ministros seducant. *Neocomenses* respondent, indignè factum ab *Alexandro* quòd ipsis inconsultis locum occuparit, sine probatione, nec aliqua disciplina sese intruserit. Respondet *Conzenus* [100]: « Ut se intrusit, sic extrudatur. » Pergunt fratres ac petunt ut fiat sine motu. Rogatur *Alexander* ob Christum pareat, ut videt in synodo conclusum fuisse. *Alexander* modò unum dicit, modò aliud,

---

[95] *Claude Clerc,* natif de Fenin, dans le Val de Ruz, pasteur à *St-Aubin* dès le mois de septembre 1531, était allé s'établir à *la Neuveville,* vers la fin d'août 1537, et probablement pour y remplacer *Vincent Peinant,* qui venait d'être appelé à *Vevey* (Voyez t. IV, p. 287, 452. — Fritz Chabloz. Recherches hist. sur la paroisse de St-Aubin. Neuchâtel, 1867, p. 135, 136).

[96] Le village de *St-Aubin,* dans la seigneurie de *Vauxmarcus* (n. 95).

[97] *Claude I de Neuchâtel,* seigneur de Vauxmarcus. Octogénaire, maladif et privé de la vue depuis quelques années, il ne pouvait plus diriger lui-même ses affaires, et les mauvais procédés de son fils *Lancelot* rendaient encore plus pénible la situation du vieillard. Il mourut au mois d'octobre 1539. Le 2 novembre, *Lancelot* confirmait les franchises de ses nouveaux sujets, et, un mois plus tard, il se faisait admettre à la bourgeoisie de Berne.

Claude de Neuchâtel avait épousé en secondes noces (1510) *Catherine de la Balme,* fille d'Amédée de la Balme, gentilhomme dauphinois. Elle administrait pour son mari ceux de leurs biens que l'avide *Lancelot* ne s'était pas adjugés dans le partage exigé par lui en 1537 (Voyez t. II, p. 341-43, 354, 355; III, 76, 78. — Boyve. Annales, II, 146, 397. — G.-A. Matile. Musée de Neuchâtel, II, 32, 33. — Huguenin. Les châteaux neuchâtelois, 1843, p. 109-115. — Ant. de Tillier. Gesch. des Freistaates Bern, III, 373. — F. Chabloz, o. c. p. 142, 143, 152, 165-171, 206, 207).

[98] Le synode de 1538 (note 76).

[99] *Fabri,* pasteur à *Thonon.*

[100] Le pasteur bernois *Pierre Kuntz,* président du synode de 1538.

sed nihil præstat; tantùm pergit satis odiosè in fratres, quòd se velint extrudere, ut pinguem habeant ecclesiam. Modò *plebem,* modò *dominum* contendit trahere in suam sententiam; plebem, si abierit, per totum triennium non habituram pastorem; dominum, quòd nos pro arbitrio quem vellemus designaremus, et cum se vocarit dominus ex loco cui jam sit consultum, fiet ut qui voluerit ipsi morem gerere, sit sine ulla conditione. Fiunt omnia communia, dissipantur quæ pauperibus erant elargienda in compotationes et munera; offertur *domino,* si velit vel cc florenos dare, cessurum quod superest [101].

Interea *primum divortium* fit in ministro *Gallo* [102], qua ratione omnes mirantur; fitque *Bernæ* [103], ac pro omni ratione tantùm licet respondere sapientes esse qui admiserint divortium. Ridetur ministerium ob tam impudentem nebulonem, qui repudiatam excipit domi ac in gremio dormit, et conquiruntur in capite pediculi ab uxore. Quò plus suis factis infamat ministerium, eò magis suis detractionibus proscindit fratres [104]. Convenimus omnes ac

---

[101] Nous ignorons si *Claude de Neuchâtel* acquit réellement, pour le prix de 200 florins, les biens dont le revenu était destiné aux pauvres; mais il est probable qu'il ne toucha pas aux biens ecclésiastiques. Les paroissiens en firent l'acquisition plus tard, et ils les remirent en entier au successeur d'A. le Bel, *Guillaume Henry* (IV, 93), sous l'obligation d'entretenir un bon régent et de prêcher à *Provence* (Voyez Matile, o. c. I, 135-37. — F. Chabloz, o. c. p. 134-36).

[102] Farel fait allusion à *le Bel*, en disant : Sur ces entrefaites, on autorise pour la première fois un divorce, et c'est celui d'un ministre *français!*

Les nouveaux éditeurs de Calvin ont pris *Gallo* pour un nom d'homme, et ils l'expliquent ainsi : « *Jac. Le Coq, Morgiensium ministro.* » Nos Réformateurs ne disent jamais, en parlant de leurs collègues : *le ministre le Coq, le ministre Masuyer,* etc., mais ils désignent chacun d'eux par son nom de famille, ou par son prénom, suivi quelquefois de l'indication de la localité où il était pasteur : Ainsi *Jacobus Morgiensis, Petrus Cossoniacensis.* Voyez la note 104.

[103] *Le Consistoire de Berne* avait seul le droit de préaviser sur les divorces. Le Petit Conseil prononçait.

[104] D'après l'explication donnée par les éditeurs de Calvin (Voy. n. 102), tous ces détails devraient se rapporter à *Jacques le Coq*, et l'histoire de cet honnête pasteur viendrait s'intercaler dans celle d'*Alexandre le Bel*, sans qu'il soit possible d'en découvrir la raison. On remarquera aussi que Farel, en mentionnant un peu plus loin (renv. de n. 128) la triste position de *Jacobus Gallus* et de sa femme, ne fait aucune allusion au scandale que ce même personnage aurait causé en 1538.

supremus magistratus [105]. Hîc actum est in *Alexandrum;* jussus est loco cedere, nobisque demandatum ut prospiciamus de idoneo. Hic cœpit multó magis instare maledictis, ac plebem in nos concitare, ac cum metueret vim, convenit cum plebe, si veniant aliqui, currat ad campanas et pulset, si concedat nostrûm aliquis. Sic offendit plebem, ut vix sibi temperet à vi, cum nunc eam experiamur valde benignam. Cum igitur neque magistratui pareret, ac plebem concitaret maleque intrasset et semper in deterius proficeret, essetque maximo offendiculo Verbo, *tum ipsum, tum Glandineum tradidimus Satanæ* [106]. Riserunt uterque, sed *Glandineus* tandem fratribus fuit reconciliatus. *Alexander* neque veniam unquam petiit, neque reconciliari. Imò semper egit quicquid potuit in Verbi et ministerii detrimentum. Pluries concessit ad *Bernates* ac retulit literas, quibus [petebant] ut ad aliquod tempus hæreret, quæ etsi erant magis indicantes indignum esse qui ferretur, quàm quæ facerent pro ipso, tamen non veritus fuit minari iram vel gravissimam *Bernatium,* plebem admonens ne paterentur ipsum pelli.

Vix speraret aliquis in tam indocto asino, tam inepto ad omnia quæ sunt pietatis, tantum astus et calliditatis in malo, ut firmarit Pontificios, ac interfuerit *rasi* intinctionibus [107], ac hospitem habuerit *rasum,* ac traducens ministerium affirmarit omnes ventris esse servos, cujus gratia doceamus quæ novimus falsa esse, ut et ipse aliàs docuit tantùm ut aleretur, etsi sciebat se falsa loqui; non est quod referam. *Zebedæus* in classe *Ivverdunensi* [108] de eo est questus, sed amici *Caroli* fortiter pro *Alexandro* steterunt, adeò ut passi sint et agere et loqui quæ volebat. Nam boni illi viri nos mallent omnes periisse, quàm vel leviculum officium præstare. Non possumus probare tam multa quæ perperam fiunt, quæ potes ex *Zebedæo* rescire. Cui quantùm fuerit laborandum [109] ne nebulo qui cum *Carolo* venit [110] in ministerium admitteretur, et quibus mendaciis fratres circumvenirent, poterit explicare, ne solus omnia feram.

Tuas literas *Lausannam* misi [111]; ideo ad singula non possum

[105-106] A comparer avec les lettres de Farel du 14 octobre et du 27 décembre 1538, et avec celle de Calvin du 29 décembre, même année (t. V, p. 156, 160, 206, 447).

[107] Dans l'église de *Provence* (note 63).

[108] Édition de Brunswick, *Inverdunensi,* forme inconnue. Sous les Romains, *Yverdon* s'appelait *Eburodunum, Ebrodunum, Castrum Ebredunense;* dans le moyen âge, *Iverdunum* (Dict. hist. du canton de Vaud, p. 951).

[109] Éd. de Brunswick : *Qui* quantum fuerit laborandum, etc.

[110] C'était *Martin,* le valet de *Caroli* (Gallasii Defensio p. 14, 84).

[111] La lettre de Calvin à Viret du 8 octobre.

respondere. Hoc tamen habe : *post colloquium quod habuimus cùm Carolo, in quo nihil prorsùs conclusum fuit cum eo* [112], sicut nunquam, nisi quòd ipsi ex animo vellemus adesse, — *non impulsu aliquo, sed semper sponte cucurri, ac alii ut agerent idem contendi.* At nunc nihil possum; *nam et mendaciis et aliis penè innumeris omnes delusos mirè offendit, ut vel audire de eo non sustineant.* Si quis cupit pacem habere ac motus vitare, ob Christum Jesum, ecclesiis non obtrudat donec prorsùs alius fuerit, ac si sic omnibus sit persuasissimum. Non sine causa cupio esse omnes admonitos, et accuratè. Nam si non prospiciatur, sicut in tempore deserta fuit ecclesia, ubi astandum et succurrendum erat, sic intempestivè præcipitando magis quàm promovendo, *Carolum* ipsum ac ecclesiam perdent qui hoc facient.

Missus a *Rognacensi* [113] *Genevam* petiit, nam hîc nulla inveniri potuit conditio. *Antonius* [114] *hic fuit, qui non dissimulat, ut priùs, omnia pessimè habere Genevæ, adeò ut suæ timeat vitæ, seraque tenetur pœnitentia.* Qui nobis parùm fuere amici [115], pessimè apud eos audiunt quos impulerunt in provinciam tam duram [116]. *Versionem tuæ responsionis* [117] dederam *Genevati* qui ad te perferret, ac se ait pertulisse ac tibi reddidisse, sed *Basileæ,* exceptam abs te reliquisse [118]. Claves huic [119] dedit, ut accipiat, quod spero faciet; quid facto sit opus indicabis. Si fratri quem *Metin* volebamus mittere [120] illic possit esse locus, nobis subindicabis. Nam enitendum

---

[112] A comparer avec la note 11 du N° 823.

[113] Voyez le N° 823, renvoi de note 22.

[114] *Antoine Marcourt,* pasteur à *Genève.*

[115] Les Bernois.

[116] Ici commence l'écriture gothique et élégante du second copiste, *Nicolas Parent.* Depuis quelques mois ce jeune Français se préparait au ministère de l'Évangile. La première mention qui soit faite de lui, à notre connaissance, se trouve dans cet article du Manuel de Berne du 22 juillet 1539 : « On laisse à *Parent* les livres de *Coraulx.* Mais il doit s'engager par écrit à en rendre compte, si quelqu'un venait les réclamer » (Trad. de l'allemand). *Élie Corauld* était mort à Orbe le 4 oct. 1538 (V, 150, 159).

[117] La *Réponse de Calvin à l'Épître de Sadolet,* traduite du latin par *Antoine **** (N° 832, note 36).

[118] Le Genevois qui avait porté à *Strasbourg* le manuscrit renfermant la traduction française de la *Responsio,* fut chargé par *Calvin* de le déposer à *Bâle.* Le Réformateur se proposait sans doute de le faire imprimer dans cette ville; mais, pour des raisons à nous inconnues, la traduction française parut à *Genève* chez *Michel du Bois.* (N°ˢ 814; 821, n. 7).

[119] C'est-à-dire, au porteur de la présente épître.

[120] Le nom du prédicateur que Farel et Calvin destinaient à la ville de

est ut quàm latissimè floreat Evangelium. Jam *Solodorum* usque pervenit fama *de edicto regis in pios* ac principibus porrecto qui in gratiam piorum legationem ad regem decernunt [121]. Utinam priusquam scivissent hæc hostes, peractum fuisset negocium! *Rotomagensis* [122] obiit. *Lotoringus* [123] superaddidit suis aliis archiepiscopatum Rotomagensem. *Parisinus* [124], Narbonensem. *Cancellarius* obiit quoque [125]; nescio an deterior sufficietur. *Taurini Montilian[us]* non præest ampliùs: cum vita potestatem exuit [126]. *Annebaut* [127] successit ac eò concessit.

Jacobus Gallus Morgiis [128] miserè laborat morbo cum uxore, puero et ancilla. *Non pauci inedia conficiuntur; parùm numeratur*

Metz est inconnu, les lettres qui le concernaient n'ayant pas été conservées.

[121] Voyez les Nos 818, n. 27; 824, renv. de n. 3 et notes 8, 10.

[122-123-124] *Rotomagensis* désigne l'archevêque de *Rouen*, et *Lotoringus*, le cardinal *Jean de Lorraine*. Les nouvelles que Farel donne ici sont contredites par tous les documents que nous avons consultés. Le cardinal *Georges II d'Amboise* occupa le siège de *Rouen* de 1511 à 1550. Le cardinal *Jean de Lorraine*, qui était en 1539 évêque de Metz, de Verdun, d'Agen, d'Alby, et archevêque de Lyon, posséda l'*archevêché de Narbonne* de 1524 à 1550. *Jean du Bellai*, évêque de *Paris*, n'occupa le siège de *Narbonne* ni en 1539, ni plus tard.

[125] Les nouveaux éditeurs de Calvin disent ici en note : « *Ant. Du Prat.* » Ils ont oublié que le fameux chancelier était mort le 9 juillet 1535 (t. III, p. 322). *Antoine du Bourg*, qui lui succéda, mourut vers la fin de novembre 1538. « Et après sa mort, fut pourveu de l'office de chancellier par le Roy, monsieur maistre *Guillaume Poyet*, lors second président en sa court de Parlement. » — « *Poyet* était un homme de haute capacité : il n'avait pas plus de moralité, mais il n'avait pas moins de talents que son devancier *Duprat* » (Voyez la Chronique de François I, publ. par G. Guiffrey, 1860, p. 258. — Moréry. Dict. hist. art. du Bourg. — Journal d'un bourgeois de Paris sous François I, publ. par Ludovic Lalanne, 1854, p. 461, 462. — Henri Martin. Histoire de France, 4e éd. t. VIII, p. 269-273).

[126] *René* seigneur *de Montejean*, de Silli et de Beaupréau, fut créé, en décembre 1537, gouverneur de *Turin* et lieutenant général du Roi en Piémont, maréchal de France, en février 1539. Il mourut à Turin vers la fin de septembre, même année (Voy. la Chronique de François I, p. 183, 271. — Les Mémoires de Martin du Bellai. — Brantôme. Hommes illustres. — Ribier. Lettres et Mémoires d'Estat... Paris, 1666, t. I, p. 137, 191. — Moréry, o. c. — Gaillard. Hist. de François I).

[127] *Claude d'Annebaut*, baron de Rets et de la Hunaudaie, créé en septembre 1539 maréchal de France et lieutenant général du Roi en Piémont. Il devint amiral quatre ans plus tard (Voy. les ouvrages cités dans la note précédente, et H. Martin, o. c. VIII, 268).

[128] *Jacques le Coq*, élu pasteur de *Morges* le 19 octobre 1536 (V, 278).

nonnullis, ut Francisco, viro sancto, pro familia; et tamen multis cogitur ecclesiis servire [129]. *Aliis, tam malignè, ut pars anni sit absoluta priusquam accipiant aliquid, et quod accipiunt precibus redimunt, ut taceam sumptus non exiguos faciendos in adeundis et adorandis præfectis* [130]; *tam populus quàm magistratus videntur in perdendis ac conficiendis ministris laborare! Pauci sunt nec sufficiunt ecclesiis : vix unus est ubi tres aut quatuor esse debent, ac quò magis premuntur onere laborum, eò minor ipsorum habetur*

---

[129] Ruchat se trompe en appelant ce personnage *François du Gué*. Il s'agit ici de *François Martoret du Rivier*, élu pasteur de *Moudon* le 19 octobre 1536 (Voy. t. IV, p. 92, 93). Sa paroisse comprenait, outre la ville, une dizaine de villages et hameaux. Comme il devait prêcher tous les jours et assister aux consistoires, il représenta au synode (1538) qu'il avait absolument besoin d'un collègue. MM. de Berne, en janvier 1539, chargèrent leurs députés d'établir à *Moudon* un second ministre, qui remplirait aussi les fonctions de maître d'école; mais cet ordre fut tardivement exécuté (Voy. Ruchat, IV, 454, 472).

[130] Les ministres du gouvernement d'Aigle recueillaient eux-mêmes, ou faisaient recueillir les revenus de leur cure, lesquels consistaient en dîmes, censes et produits des champs, vignes et prairies alloués aux anciens curés. Les pasteurs du Pays de Vaud avaient l'usufruit d'une partie seulement des biens appartenant à la cure, et le reste de leur pension leur était délivré par *les baillis*, en denrées et en argent. Mais tout avait été calculé de manière à composer, pour chaque pasteur, un traitement de 210, ou de 220, ou de 230 florins de Savoie petit poids. Il faut en ajouter 25, pour tenir compte du logement (Voy. t. II, p. 130, n. 6; IV, 214; V, 241, n. 3).

Les recherches les plus récentes nous apprennent que la valeur du florin, exprimée en monnaie moderne, oscilla, de l'an 1537 à l'an 1542, entre 4 fr. 20 et 4 fr. 29 centimes (Voyez, dans le Dict. hist. du canton de Vaud, le Mém. de M. Ernest Chavannes sur les monnaies). Pour plus de sûreté, nous élevons cette valeur à 4 fr. 50, et, partant de là, nous affirmons que *la pension des pasteurs du Pays de Vaud* ne dépassait pas, en moyenne, 1102 fr. 50*. Aussi les délégués des Classes, réunis à Morges le 10 mars 1539, furent-ils unanimes pour représenter à MM. de Berne qu'elle était *insuffisante* (Manuel du 29 mars). Les magistrats bernois entendaient bien « que les ministres de la sainte Parole fussent honnêtement entretenus » (IV, 279). Mais ils ne répondirent pas à la requête du 10 mars 1539 par des mesures générales et réparatrices. Ils se contentèrent, l'année suivante, d'accorder un supplément de paie (environ 135 fr.) à ceux des pasteurs dont la tâche était particulièrement laborieuse.

---

* Les 60 florins que les magistrats lausannois payaient à leur diacre, en 1537, valaient, non pas 419 fr. 4 c. (comme il est dit, t. IV, p. 279, n. 3), mais seulement 270 fr.

ratio [131]. *Benedictus,* non indoctus, qui diu egit cum *Corderio* [132], mittebatur cum literis *classis Terniacensis,* quibus et præfectus se subsignarat [133]. Verùm seorsim dabat literas ipsi *Benedicto* perferendas, quibus scribebat non opus esse ministro : sic eodem nuncio contraria mittebat. Nolunt enim nisi vel paucos ministros ac malignè exceptos habere, ut possint sua meliùs curare [134]. Videat *Jacobus* [135], ne rursus audeat vel hiscere, nisi fortè, dum absumus,

---

[131] L'ardente sympathie de *Farel* pour les petits et les faibles l'entraîne à des jugements peu équitables. MM. de Berne étaient trop bons politiques pour rester indifférents à la triste situation d'une partie du clergé; mais ils avaient beaucoup d'affaires sur les bras et ne pouvaient pas tout améliorer à la fois (Voyez n. 130). Au reste, *Farel* savait mieux que personne, que l'étendue démesurée de certaines paroisses ne devait pas être attribuée à l'arbitraire ou à la parcimonie des Bernois, mais uniquement à la rareté des pasteurs ; que le nombre de ceux-ci s'était considérablement augmenté depuis trois ans, et qu'il s'augmenterait encore à l'avenir. Il écrivait lui-même, le 21 novembre 1536 : « J'ai reçu [de Berne] l'ordre de faire venir des ministres de tous côtés ; mais je ne sais où les prendre » (Voy. t. IV, p. 90, 109, à comparer avec J.-J. Hottinger, o. c. IV, 186). Il en vint cependant. Aux trente pasteurs qui prêchaient, à la fin de décembre 1536, dans la partie du Pays de Vaud récemment conquise par les Bernois, s'adjoignirent beaucoup de Français réfugiés et quelques-uns de ces prêtres et de ces moines qui avaient accepté la Réforme en 1537 (IV, 303). C'est ainsi que toutes les paroisses des bailliages de Lausanne et de Vevey se trouvèrent pourvues en 1540. Quatre ans plus tard, de jeunes ministres, enfants du pays, soulageront, en qualité de *diacres*, leurs vieux collègues trop chargés, et, vers 1550, *l'académie de Lausanne* deviendra une pépinière de prédicateurs pour la Suisse romande, la France et les Vallées du Piémont.

[132] Ce personnage, recommandé par les ministres de la Classe de *Ternier,* était probablement resté dans les environs de *Genève,* après le départ de *Mathurin Cordier* pour *Neuchâtel* (V, 205, 216, 221). Nous ne savons si *Benedictus* est ici un nom de famille ou un prénom, s'il désigne *Pierre Benoît* ou *Benoît de la Coste,* qui fut comme lui, un peu plus tard, pasteur dans le Pays de Vaud, — ou bien encore ce *Benoît Cosme* (*Cômes*) qui se présenta aux magistrats de *Nîmes* en 1535, pour régir les écoles publiques avec *Imbert Paccolet* (Voy. Ménard. Hist. de Nismes, IV, 133).

[133] On lit dans le Manuel de Berne du 7 mai 1539 : « *Omnibus decanis novæ terræ [scribatur],* qu'ils ne présentent ici personne *absque consensu et authoritate prefectorum,* sous lequel un chacun se trouve : *ut cognoscatur dignusne sit qui presit alieni ministerio...* »

[134] Certains baillis ne tenaient guère à augmenter le nombre des pasteurs, parce que ceux-ci devaient s'engager par serment « à déclarer comment les baillis et leurs officiers ….s'acquittaient de leur emploi » (Voy. t. IV, p. 411, renv. de n. 6, 7, et Ruchat, IV, 417, 469, 470).

[135] *Farel* ne fait pas allusion au ministre *Jacques Bernard,* de Genève

non tam sensurus sit hostes quos pii omnes deberent experiri charissimos fratres. Coacti sunt nonnulli sedes suas deserere, ut *is qui Coppeti egit*[136]. Sed sunt qui malint decem abire quàm unum venire. Quid facient Domini? audeant, etc.

Vale ac omnes saluta officiosissimè, *Capitonem, Bucerum, Sturmium, Pedrotum,* quibus Christi causam[137] cupio quàm maximè commendatam et multa cum edificatione perfectam iri (sic). Saluta G[allos] omnes, *Claudium, Gasparem, Jacobum* cum comite[138]. Omnes te salutant. Neocomi, 21 octob. 1539.

FARELLUS tuus.

Usus sum amanuensibus præter morem, quòd quæ priùs [ad te festinanter scrip]seram legi [non] poss[e intelligerem, et à] *comite* aliquid esset efficiendum[139]. Sed aliàs. Vale.

(*Inscriptio :*) Christum adnuncianti purè Joanni Calvino quàm chariss. Argentorati[140].

(comme le supposent les nouveaux éditeurs de Calvin), mais à *Jacques Camerle,* pasteur de la ville de *Gex,* lequel avait été en butte, vers la fin de l'année 1537, à l'hostilité de deux baillis bernois et de quelques ministres des environs de Genève (IV, 220, n. 5, 345, 346, 349-352, 462).

[136] *Pierre Foret,* dont il s'agit ici, élu pasteur à *Coppet,* le 19 octobre 1536, quitta cette paroisse dans l'automne de 1539, sans avoir demandé son congé, et il se rendit à *Montbéliard.* A la première nouvelle de son passage par le comté de Neuchâtel, *Farel* put croire que ce pasteur avait eu à endurer la misère : on n'ignorait pas que le baron de Coppet, *Michel de Viri,* était zélé catholique et lui payait sa pension très irrégulièrement. Les Bernois, en écrivant au baron, le 18 octobre 1539, lui rappelaient les nombreuses plaintes qu'il avait déjà reçues d'eux à ce sujet, et ils le menaçaient de reprendre les biens ecclésiastiques dont ils l'avaient mis en possession sous certaines réserves. *M. de Viri* se défendit très bien : il envoya à *Berne* son intendant, le capitaine *Veret,* qui présenta triomphalement aux magistrats bernois les quittances du ministre fugitif (ejusdem *Petri acceptilationes*... ex quibus constabat, illum plus etiam accepisse quàm debebat). Voyez le Manuel de Berne du 17 mai 1538 et du 18 octobre 1539. — Les lettres du 15 et du 22 mai 1541. — Ruchat, IV, 456.

[137] Édition de Brunswick : *ecclesiam.*

[138] C'est-à-dire, *Claude de Fer* ou *Féray, Gaspard Carmel, Jacques Sorel* et *Robert le Louvat* (N° 823, n. 13, 23, 25).

[139] Ceux des mots du *post-scriptum* qui se trouvaient sur un pli du papier ont disparu ou sont à moitié détruits. Nous les avons suppléés selon la vraisemblance. — Le « *compagnon* auquel il fallait laisser quelque chose à faire » pourrait bien être *Nicolas Parent* (n. 116). Le P.-S. est autographe.

[140] La date « 21 Octob. 1539 » écrite au dos du manuscrit n'est pas de la main de *Farel,* mais de celle d'*Olivier Perrot,* son biographe.

831

SIMON GRYNÆUS à Jean Calvin, à Strasbourg.
De Bâle (25 octobre 1539 [1]).

Autographe. Bibl. publ. de Genève. Vol. n° 109. Calvini Opera.
Brunsvigæ, X, P. II, p. 427.

S. *En tibi sollicitudinem nostri Farelli* [2]. *Scio, non est hoc* [3] *exemplum tractandum temerè : magnum fuit hoc Caroli admissum.* Itaque cum omni ope et fide conamini Ecclesiæ et Christo restituere hominem. Quæ cum eo acta sunt [4] ad ecclesias eas mittatis [5] quæ hujus sunt peccato maximè offensæ. *Vides ut boni fratres sibi ab hoc metuant, cujus fraudem semel sunt tam graviter experti* [6]. De *Antonio* et *ecclesia Gebennate* [7], obsecro, quid facietis? Domine Christe, quid est rei et quid est hoc seculum! Vereor valde ne *hæc urbs* aliquid nobis monstri alat. Vellem *Bucerum* cum *Bernatibus* aliquam viam cogitare [8]; quanquam valde vereor, ne eam sit

---

[1] Dans l'édition de Brunswick, la présente lettre est placée après le 27 octobre. Nous sommes convaincu qu'elle a été écrite le 24, ou le 25 au plus tard (Voy. notes 2, 6, 7, 13-14).

[2] Allusion évidente à l'épître de Farel du 21 octobre (N° 830), dont Grynæus venait de prendre connaissance et qu'il transmettait à Calvin. La ville de *Bâle* étant le terme du voyage pour la plupart des messagers qui venaient de Neuchâtel ou de Strasbourg, *Grynæus* servait d'intermédiaire entre *Farel* et *Calvin*, et, autorisé par l'amitié qui les unissait à lui, il lisait leur correspondance.

[3] Les nouveaux éditeurs de Calvin ont supprimé ce mot, qui est à demi effacé.

[4] Voyez le N° 822.

[5] Édition de Brunswick : *mittetis*.

[6] Encore une allusion à la lettre du 21 octobre, où Farel parle longuement de la défiance qu'inspirait *Caroli* aux ministres et au peuple du comté de Neuchâtel (N° 830, renvois de n. 54, 60, 71, 74).

[7] A comparer avec le passage du N° 830 (renv. de n. 114) où il est question d'*Antoine Marcourt* et de *Genève*.

[8] Dans l'original, *cogitaret*.

frustra tentaturus⁹. Ad *Farellum acta cum Carolo* ante omnia mitti diligenter oportet (et per eum ad alios) quem illa cura maximè tangit¹⁰. Dominus vos dirigat spiritu suo!

*De epistola qua mihi dicas labores tuos præclaros*¹¹, *tantum abest ut excusare,* mi Calvine, *oporteat, ut ego id beneficii sempiterni loco sim accepturus.* Non solùm enim me tui tuique nominis non pudet, sed etiam ornamento mihi vestram amicitiam esse maximo judicavi. Salutaris certè mihi fuit hactenus consuetudo vestra. De te ac charissimis mihi fratribus *istic* omnibus loquor. Itaque gratias tibi pro amicitia et fide erga me tua habeo, quantas haberi ab eo oportet cui nihil in vita est sancta omnium bonorum amicitia potius. Valete in Domino omnes. Christus Dominus vos servet!

S. GRYNÆUS tuus.

Bucerum hortare, ut si nondum istinc *Anglus*¹² abiit, ut ipse quoque ad *Cantuariensem* scribat¹³, totius *ecclesiæ Argenti.*[*nensis*] nomine, scilicet *aliter quàm ego*¹⁴, ut civiliùs et humaniùs valeat.

(Inscriptio :) D. Joh. Calvino, suo fratri chariss.

⁹ Grynæus oubliait que les lettres de *Bucer* aux ministres bernois avaient déjà obtenu quelques bons résultats (Voy. t. V, Nᵒˢ 743, n. 3, 4, 8, 9 ; 744, renv. de n. 6 ; 766, renv. de n. 6 ; 768, n. 14).

¹⁰ Voyez la note 6.

¹¹ Voyez le Nᵒ 828.

¹² Probablement, l'ambassadeur *Christophe Mount*, qui était arrivé depuis peu de *Wittemberg* à Strasbourg, et qui retournait en Angleterre (Nᵒ 827, n. 3, 4).

¹³⁻¹⁴ Dans l'édition de Brunswick, le post-scriptum se termine par les cinq mots suivants : « *scribat...... ecclesiæ...... nomine. Si abiit......* » Les éditeurs disent, en note, qu'il existe une épître de *Bucer* « ad *Cantuariensem* » [*Thomas Cranmer*, archevêque de Cantorbéri] datée du 29 octobre 1539, et qui transmet à ce prélat une lettre de *Grynæus*. — C'est donc à cette dernière lettre que fait allusion *Grynæus*, quand il dit : « Exhortez Bucer à écrire *aussi* à l'archevêque, mais *autrement que moi*, c'est-à-dire, avec plus de politesse et d'obligeance ; » et, puisque la lettre en question se trouvait dans les mains de Bucer le 29 octobre, il faut bien en conclure qu'elle avait été écrite par son collègue de Bâle *avant* le 27. Voyez, sur les rapports de *Grynæus* avec l'Angleterre, le t. III, p. 8, n. 16. — G.-T. Streuber. Sim. Grynæi Epistolæ. Basileæ, 1847, p. 21, 59, 60, 61. — Merle d'Aubigné, o. c. VIII, 183.

832

JEAN CALVIN à Guillaume Farel, à Neuchâtel.
De Strasbourg, 27 octobre 1539.

Autographe. Bibl. Publ. de Genève. Vol. n° 106. Calvini Opp.
Brunsvigæ, t. X, P. II, p. 423.

Ignosces, frater suavissime, quòd nihil ad te scripserim post turbulentas illas literas, quas recens adhuc à primo fervore bilis mihi expresserat [1]. Non satis teneo quid scripserim. Scio tamen non bene mihi temperasse : quia hoc restabat unicum doloris solatium, tecum expostulare, quòd nimia tua facilitate tales molestias mihi creasses. Nunc longa deprecatione [2] excusas quod in te reprehendebam. Quamvis enim defendere studeas quod egisti, summa tamen defensionis in deprecando posita est. Postac ergo vide, ut modum clementiæ adhibeas, ne quid afferat aliis præjudicii.

Nihil eorum quæ in tua epistola recenses prætermisi, cum dicere jussus essem [3]. Quin omnia ejus facinora diligenter persecutus sum quæ et *Genevæ* et *Lausannæ* et in *Gallia* quoque post suum abitum designavit. Sed postea introducebatur, ac pro arbitrio alia diluebat, alia elevabat, alia recriminando in nos transferebat. *Me illi committere non audebant, ne ultra modum exacerbarer ; responsiones quoque ejus vel mitigabant, vel subticebant in totum. Sic elusus tota actione fui. Id cum initio providerem, testatus eram me nihil habere velle loci, neque in repudiando neque in approbando. Non enim aliud agebatur, quàm ne abjiceretur à nobis, qui abs te jam receptus erat.*

Negas te ecclesiam esse. Verùm quis suspicetur te secùs quàm

---

[1] La lettre du 8 octobre (N° 823).

[2] Allusion à la longue épître de Farel du 21.

[3] C'est-à-dire, lors des conférences qui avaient eu lieu à Strasbourg pendant les premiers jours d'octobre (N° 822).

ex ecclesiæ sententia eum commendare? Hoc nega, si potes, te literis *reconciliationem* testatum esse⁴. Porrò quod de te scribebas, id de tota ecclesia meritò acceptum est, cujus ab authoritate nequaquam te discessisse omnes judicabant. Sic destitutus fui solus qui me opponerem. *Id quoque mihi authoritatem ademit, quòd obtinuerat apud nostros, ut videretur nonnihil causæ habuisse controversiam illam de trinitate exagitandi. Qua in re non parùm adjuvit eum Capito, qui literas olim se abs te accepisse Bucero indicavit, ubi te in ea quæstione ab aliis dissentire fatebaris*⁵. Aut nescio quid tale. Nam *Bucerus* non ad liquidum mihi exposuit⁶. Mirè etiam de

---

⁴ Voyez les notes 12 et 14 du N° 823.

⁵⁻⁶ En 1537 ou 1538, *Farel*, voulant se justifier de ce qu'il n'avait pas enseigné *la doctrine de la Trinité*, dans les précédentes éditions du *Sommaire*, faisait réimprimer cet ouvrage, et il s'exprimait ainsi dans l'Épître aux Lecteurs* : « Le plus brièvement que pour lors me fust possible, je mis en avant ce petit Livret, taschant de retirer les gens des abuz du Pape.... laissant le labeur de plus exactement traiter ce que je touchoye à gens plus suffisans que moy.... Mais aucuns... ont tasché de diffamer bons et sainctz personnages, comme n'estant sains en Foy et ne sentant droitement de Dieu : et leur couverture a esté, pour tant qu'en la brièveté de ce Livret, tout n'est touché plus à plein et si exactement que l'on pourroit.... combien que telz sachent, qu'il y a différence entre une petite entrée et introduction et une entière et exquise déclaration.... En touchant *l'Essence de Dieu* et la divinité, je n'ay voulu en parler que le plus simplement qu'il m'a esté possible, sans mener les lecteurs à considérer Dieu en son essence nue, qui est à tous incompréhensible. Mais... afin que l'esprit des simples ne fust trop chargé, en touchant le très haut mystère de *la Trinité* et la distinction des trois *Personnes*, me suis arresté à parler de Dieu et le proposer ainsi qu'il s'est déclaré ès choses que il a faites, et en la grande charité que le Père nous a monstré en donnant son Filz pour nous, et en ce que le Filz éternel s'est fait homme et a tant enduré pour nous, et en l'effect... du Sainct Esprit en nos cœurs » (Sommaire, réimpress. de 1552, p. 220, 221, 227, 228). — *Calvin* affirmait, de son côté, en 1545 (et non en 1537, comme nous l'avons dit, IV, 254), que *Farel* n'avait jamais eu de répugnance à se servir des appellations *la Trinité* et *les personnes*.

Ces déclarations ne sont-elles pas contredites par la lettre que *Farel* avait adressée à *Capiton*, quelques années auparavant, et dans laquelle il avouait « qu'il était en dissentiment avec ses collègues sur le dogme de la Trinité ? » — La contradiction nous semble plus apparente que réelle.

---

* Cette Épître est intitulée : « La Raison pourquoy ceste œuvre a esté faite et tant différée d'estre reveue et pourquoy a esté augmentée, par Guillaume Farel. » Nous en avons cité quelques passages, t. I, p. 247, n. 4. Elle renferme plus d'une allusion aux attaques récentes de *P. Caroli*.

symbolis me omnes vexabant. Hæc et similia fecerunt ut non prorsùs indignum misericordia ipsum judicarent. Quibus autem

Farel ne refusait pas, dans les débats théologiques, d'employer les expressions dès longtemps usitées; mais dans l'enseignement populaire il laissait de côté les formules des conciles et des théologiens. Le 18 novembre 1532, il écrivait à Guérin Muète, évangéliste à Genève : « Je vous prie que tâchez tellement enseigner comme si à tout le monde deviez rendre raison jusques à une petite létre, — usant tout proprement des voix de la Sainte Escripture, fuyant non-seulement les sentences et façons de parler qui ne sont en l'Escripture et de l'Escripture, mais aussy les motz desquelz l'Escripture n'use, ne regardant si ung tel ou ung tel en use » (II, 461, à comp. avec la p. 50). Ces paroles nous autorisent à croire que Farel, dans ses prédications, s'abstenait de parler de la doctrine de la Trinité, parce qu'elle ne lui paraissait pas clairement, formellement exprimée dans la Bible, et que ce fut l'une des raisons qui l'engagèrent à passer cette doctrine sous silence dans le *Sommaire* qu'il publia vers la fin de l'année 1524 et le 23 décembre 1534 (I, 306, n. 13; III, 225, n. 4; IV, 159, n. 11).

Une pareille omission donnait beau jeu à la malignité. L'ex-pasteur de Neuchâtel, *Claude d'Aliod*, bien connu comme *arien* et *antitrinitaire*, se plut à répéter en Suisse et à Strasbourg (1534) que *Farel* partageait ses idées (III, 172-174, 308, n. 4, 5). Et ce fut probablement à cette occasion que le Réformateur, invité par Capiton à s'expliquer, lui écrivit la lettre sus-mentionnée. Il dut y maintenir son point de vue pratique et scripturaire, qui était, croyons-nous, la cause unique du « dissentiment. »

En mentionnant le fait allégué par Capiton, *Calvin* n'a pas l'air d'être surpris ou affligé. Cela se comprend. Dès les premiers mois de son séjour à Genève, il avait adopté, sur la question trinitaire, le même principe que *Farel*. Aussi les expressions *la Trinité* et *les personnes* (qu'il avait employées plusieurs fois dans son *Institution chrétienne* de 1536) ne figurent-elles ni dans le *Catéchisme* qu'il publia, vers la fin de janvier 1537, à Genève, ni dans *la Confession de foi* qu'il présenta trois mois plus tard au synode de Lausanne. Le préambule de ce dernier document renferme ces passages significatifs : « Cum in Dei majestate consideranda mens humana per se omnino cæcutiat.... si juxta captus sui tenuitatem Deum imaginari conetur, — istud bonorum omnium pace ac venia facturos nos confidimus, si non alibi quæramus ipsum quàm in ejus verbo, nihil de ipso cogitemus, nisi cum ejus verbo : de ipso nihil loquamur, nisi per ejus verbum. » N'est-ce pas la formule savante des idées que *Farel* professait depuis longtemps? Toutefois, par amour de la paix, ils firent, un peu plus tard, aux pasteurs de la Suisse allemande et à ceux de Strasbourg les concessions que nous avons rappelées, t. IV, p. 264, n. 4; 301, n. 3-4. (Voyez Calvini Opp. éd. cit. I, 58, 59, 60, 62, 64, 67, 71. — Le Catéchisme français de Calvin, Genève, 1878, p. 48. — Defensio N. Gallasii, 1545, p. 39. — Notre t. IV, p. 185, renv. de n. 8-10; 240, renv. de n. 4. — Les lettres de Farel du 21 mai et du 25 juin 1543. — Henri Heyer. Guill. Farel. Essai sur le développement de ses idées théologiques. Genève, 1872, p. 44-47, 75, 84-88, 114-117.)

legibus receptus sit, intelliges ex *actis*. Ego quod illic pollicitus sum constanter præstabo, si fidem *ipse* servaverit. Quod si fallere contingat, jam sum liberatus. Fidem enim meam non nisi sub conditione *illi* obligavi.

In Alexandrum jam sum egregiè instructus, ut possim eum, quoties venerit, pro suis meritis excipere [7]. Et plus ponderis habebo in illa causa, quia non videbor meum negocium agere. Audi insigne impudentiæ exemplum. Ausus est domum nostram semel ingredi, quò se mihi utcunque obtruderet. Cum fortè descendissem in hypocaustum [8], illic eum deprehendi cum domesticis. Salutavit ambitiosè et se ad sermonem gestu offerebat. Ego neque salute neque aspectu sum dignatus. Tantùm vocavi ad me unum, cui mandavi ut juberet excedere. Edes enim nostras non patere iis qui abs ecclesia Dei essent exterminati. Ex eo non ausus est se mihi ostendere. Nunc veniat, non reperiet me imparatum.

Ridebis etiam si audieris qualiter una lectione Buceri acceptus sit Carolus. Tractabat locum de pseudopropheta lapidando [9]. Cum definiendus esset pseudopropheta, dixit eum esse, non qui aliquid præter verbum Dei doceret, sed qui dogmata excitaret cum verbo Dei pugnantia. Exemplum addidit, de iis qui locum aliquem comminiscuntur in quo purgentur animæ; ac futilem quidem esse illam doctrinam pronunciavit : sed cujus causa non debeamus aliquem damnare, modò sic eam profiteatur, ut in medio relinquat; at eum qui adjuvari precibus nostris mortuos dicat [10], non vanitatis modò, sed impietatis damnandum esse. Cum hæc diceret, nunc me intuebatur, nunc in *Carolum* oculos dirigebat. Nunc quia cum ipso transegimus, danda est opera, ne de nostra aut constantia aut sinceritate queri jure possit. Sciam aliquando tamen qua dexteritate se apud *Rognacum* gesserit [11].

---

[7] Il s'agit ici d'*Alexandre le Bel* (Nos 823, renv. de n. 18; 830, renv. de n. 75-79), qui exerça bientôt après les fonctions de prédicateur chez M. de Rognac.

[8] *Le poêle* ou chambre commune, appelée ainsi à cause du grand poêle qui y était placé.

[9] Deutéronome, chap. XIII, v. 1-10.

[10] C'était l'une des idées favorites de *Caroli*.

[11] Avant de quitter Strasbourg, *Caroli* disait qu'il devait se rendre chez M. *de Rognac*, à *Linchant* (N° 823, n. 16, 17). On apprit plus tard qu'il était devenu aumônier de M. *de Jametz* (Voyez la lettre de Calvin du 6 février 1540).

Præbet autem mihi occasionem ut *de Metensi ecclesia* [12] tibi respondeam quod res est. Transiit *illac* [13], et ansam concionandi captabat. Statim adest *officialis,* qui citari ipsum jubet. Quid actum sit cum eo nescitur, nisi quòd pauló post se subduxit. Quindecim circiter ante diebus *illuc fratrem meum miseram* [14]. Agebat apud virum optimum et cordatissimum. Modestè se continebat. Simul ac resciverunt, edixerunt ejus magistro ut eum ablegaret. Negavit ille se facturum. Tunc rabiem suam in *fratrem* converterunt, ac intra dies septem jusserunt urbe abire. Respondit iniquum esse ac insolens exemplum de homine innoxio causa inaudita statui. Magistratum ergo adiit, petiit audientiam. Negata est. Provocavit ad *supremum pretorem* et *concilium ejus* [15], quod ex nobilitate constat. Porrexit ex more supplicem libellum. Sed nihil profecit. Neque eum solum ita tractarunt. Sed *censuerunt neminem postac extraneum ferendum esse in quem aliqua suspitio caderet. Breviter scito viam illic in præsentia clausam esse Evangelio. Proinde expectanda nobis est occasio melior, cui semper imminebo* [16].

Bestiolas illas *Malingrium* et *Cruciatum* [17] non meliùs conterere possis quàm contemptu. Quod facere licet sine periculo. Non enim efflant nisi emortuum venenum. *Quod legatus Regius de edicto* [18] *rescivit, factum est opera Buceri, qui Doctorem Chelium* [19] *subornavit, ut scriberet ei nostros omnes valde alienari a Rege ob istam*

---

[12] Farel avait parlé de *Metz* dans sa lettre du 21 (renv. de n. 120).

[13] *Carolus* est sous-entendu.

[14] C'est-à-dire, à la fin de septembre (N° 818, renv. de n. 33).

[15] Le Conseil des XIII jurés ou juges, lequel était présidé par *le maître échevin* (*Martin de Heu*, en 1539). Les ordonnances se publiaient au nom « de Messeigneurs les Maistre Eschevin, Trèzes et Conseil de la noble cité de Metz » (Voy. t. I, p. 472, renv. de n. 5; V, 385, n. 1. — Les Chroniques messines, pub. par J.-F. Huguenin, 1838, p. 839. — Coutumes générales de Metz, 1732, p. 51. — Essai sur la Typographie à Metz, 1828, p. 31).

[16] A la fin de l'année précédente *Calvin* avait déjà montré sa sollicitude pour les Évangéliques messins (t. IV, p. 452, renv. de n. 21).

[17] *Thomas Malingre* et *Jean Lecomte de la Croix* (N° 830, renv. de n. 61). Le traducteur anglais des Lettres de Calvin (n° 41) les nomme *Malixi* et *Crociati*.

[18] Il s'agit de *Louis Dangerant*, seigneur de Boisrigaud, ambassadeur français en Suisse, et de l'édit du 24 juin 1539 (N°ˢ 811, n. 7; 824, n. 8, 10; 830, renv. de n. 121).

[19] *Ulric Chelius*, qui était, depuis plusieurs années, en relation avec l'ambassadeur français résidant à *Soleure* (t. V, p. 231, 248).

sævitiam. De *legatione*[20] verbum nullum. Ipse enim *Bucerus* literas dictavit. Et sané jam feré cœpimus de ea desperare. *Landgravius*[21] concesserat, et jam confecta erat res, nisi stetisset per *Saxonem*[22] : qui se officio suo pulchre satisfacere putat, dum ab omnibus adversariis se quàm alienissimum esse ostendit. *Interim pii in periculo deseruntur.*

Nuper *Anglus* legationem ad eum miserat, per quam excusabat, quòd *legatos ipsius et Landgravii* re infecta dimisisset[23]. Causabatur enim sibi non visos esse instructos satis plenis mandatis. Respondit[24], « verum esse quod proverbio dicitur, semper inveniri
« effugia ab iis qui tergiversantur. *Legatos* enim habuisse plenam
« potestatem sanciendi fœderis, quod sibi ac sociis inire cum eo
« placeret. Ipsum falli si putaret nostros adduci posse, ut se omni-
« bus ejus controversiis implicarent. Non aliam quàm evangelicæ
« causæ societatem suscepturos. Deinde illum satis præ se tulisse
« quid haberet animi, cum *impia illa edicta* promulgavit[25]. Se
« enim conscientia adigi ad hanc vocis asperitatem. Neque posse
« se obstare quominus docti homines quos in sua ditione habet,
« tantam impietatem traducerent[26]. » *Landgravius* non minore constantia, sed majore lænitate respondit, ut aditum sibi faceret, si qua spes esset res in melius corrigendi. Nunc indictus est *conventus* ad 19. Novembris, in quo de utraque legatione agetur[27]. Heri primùm appulit nuncius. Quanquam nondum scitur quid sit rei, apparet tamen gravem esse consultationem : ac tu quoque ipse

[20] L'ambassade que les princes protestants d'Allemagne se proposaient d'envoyer à *François I* (N°ˢ 818, n. 27; 824, renv. de n. 3).

[21-22] *Le landgrave de Hesse* et *l'électeur de Saxe.*

[23] *François Burkhard* et *Louis de Baumbach*, députés des Protestants d'Allemagne, avaient été congédiés par *Henri VIII* le 26 mai précédent (t. V, p. 256, n. 54. — Seckendorf, III, 225a).

[24] Les mots suivants ont été biffés par Calvin : « facile esse occasiones invenire iis qui amicitiam fugiunt. »

[25] Allusion à *la loi des six articles* (N° 824, note 6).

[26] Ce résumé de la réponse de *l'électeur de Saxe* à l'ambassadeur d'*Henri VIII* avait sans doute été communiqué aux pasteurs de Strasbourg par *Mélanchthon* ou par *Philippe Mount* (Voyez N°ˢ 827, n. 4; 831, n. 12).

[27] La diète des États protestants était convoquée à *Arnstadt* en Thuringe (Voyez Sleidan, éd. cit. II, 152, 153. — Seckendorf, III, 232, 233. — Th. Pressel. Anecdota Brentiana, 1868, p. 202). On devait y délibérer, entre autres questions, sur l'envoi des deux ambassades mentionnées plus haut (N°ˢ 818, n. 27; 824, n. 4).

conjicere inde potes, quòd [28] tam subitò convocantur. Erit enim *nostris* iter decem dierum, aliis aliquantò longius, quibus nondum renunciatum est.

Scis quid *comiti Guillelmo* [29] acciderit. Dum vult *Alpinas illas valles* [30] tueri adversùs *Montmiani* [31] injurias, inimicitias cum *Connestabili* suscepit, quæ eousque sunt progressæ, ut se *rege insalutato* ex aula proripuerit, sed priùs abdicatis omnibus officiis [32]. Longa est historia. Ideo non possum totam recensere [33].

Versionem epistolæ meæ ad Sadoletum [34] non potui ad finem usque conferre. Integrum enim diem requirebat labor ille. Inspexi tamen ut gustu habito judicium aliquod facere possem. Non displicet. Nolim [35] tamen antè publicari quàm correcta fuerit. Deprehendi enim alicubi erratum esse. Vereor tamen ne si moretur. *Antonius Pignæus* [36] antevertat, qui jam fortè ad umbilicum usque perduxit. Non enim tertiam partem in componendo ejus

---

[28] Édition de Brunswick : *quare*.

[29] C'est-à-dire, au comte *Guillaume de Furstemberg*. Le traducteur anglais des Lettres de Calvin affirme, mais à tort, qu'il s'agit ici de *Guillaume du Bellay* (Voy. note 32). Son frère Martin du Bellay et les historiens contemporains le qualifient ainsi : « seigneur de Langey, chevalier de l'ordre du Roy et son lieutenant général en Italie, » et ils ne lui donnent jamais le titre de *comte*. Nous ignorons pourquoi Robert Britannus le lui attribue, dans l'ouvrage intitulé : « De optimo statu Reipublicæ Liber. Huic adjuncta est versibus scripta Gul. Langei Bellaii, Comitis ac Legati regii, Deploratio. Parisiis, 1543, » in-4° (Voy. les Bibliothèques de La Croix du Maine et de Du Verdier. Paris, 1773, t. VI, p. 216).

[30] Celles des vallées du Piémont et du Dauphiné qui étaient habitées par *les Vaudois*, coreligionnaires du comte *G. de Furstemberg.*

[31] L'original porte *Montmiani.* C'est le nom altéré de *René*, seigneur de *Montejean* (N° 830, n. 126).

[32] Ce détail prouverait, à lui seul, qu'il ne s'agit pas ici de *Guillaume du Bellay*. Tous ses biographes attestent que, jusqu'à sa mort (9 janvier 1543) et malgré la maladie, il servit François I avec un entier dévouement (Voyez Gaillard, o. c, III, 139, 143, 144. — Henri Martin, o. c. VIII, 282).

[33] Calvin en donne, dans sa lettre du 20 novembre, un récit assez développé.

[34] Titre abrégé du livre publié par *Calvin* le 1er septembre (N° 814). La traduction française de cet ouvrage avait dû lui parvenir au commencement d'octobre, probablement après le 8, puisque dans sa lettre de ce jour-là (N° 823), il ne dit mot à *Farel* de cette traduction.

[35] Dans l'édition de Brunswick : *nollem*.

[36] Les nouveaux éditeurs de Calvin ont adopté une autre ponctuation. Ils placent une virgule entre *Pignæus* et *Antonius*, et suppriment celle qui se trouve dans l'original après *moretur*, afin que ce verbe ait pour sujet

temporis consumpsi quod præteriit ex quo scripsit se incepisse [37]. Nec dubito quin hortatu *Michaëlis* [38]. *Secretarius Paterniacensis* [39] hic unum ex fratribus habet. Educat apud se vicissim filium ejus cui eum commisit. Est hospes *Gasparis* [40], vir bonus et integer. Mater valde anxia est quòd de filio nihil audit. Tu ergo effice ut brevi scribatur quomodo habeat.

Omnes te amicissimè salutant, *Capito, Bucerus, Sturmius, Pedrottus*. Nostri etiam *Claudius, Gaspar, Brito* [41], *discipuli Claudii* [42], *Jacobus cum sodali suo, Enardus* [43], tota domus nostra ubi nunc est *frater* [44]. Literas istas satius erit apud te contineri quàm longiùs spargi. Argentor. 27 Octob. 1539 [45].

CALVINUS tuus.

Antonius, c'est-à-dire le personnage qui aurait entrepris et terminé avant *Pignæus* la traduction des deux *Epîtres*. Mais le sujet de *moretur* pouvait être sous-entendu. *Farel*, ayant servi d'intermédiaire entre le traducteur et *Calvin* (N° 830, renv. de n. 117-119), savait très bien de quelle personne celui-ci voulait parler en disant : « Je crains que s'il tarde à faire imprimer sa traduction, *Antoine Pignet* ne le devance. » Dans sa lettre du 19 mars (1548), Calvin désigne également ce dernier personnage par son nom de famille, précédé du prénom (Calvini Epp. 1575, p. 87).

Au reste, fût-il prouvé que l'auteur de la première traduction s'appelait *Antonius*, on serait assez embarrassé de dire qui c'était. Après avoir exclu *Marcourt* (N° 830, renv. de n. 114), puis *Froment*, tout occupé alors de ses affaires commerciales, on aurait à choisir entre *Saunier*, pasteur à Rolle, et *Rabier*, pasteur à Hermance.

[37] Depuis le moment où *Antoine Pignet* écrivait à Calvin, qu'il avait commencé à traduire la *Responsio*, il s'était écoulé vingt-trois jours. L'auteur n'en avait mis que six ou sept à la composer (N°ˢ 811, renv. de n. 13; 821, renv. de n. 4).

[38] *Michel du Bois*, imprimeur-libraire à Genève (N° 821, n. 6, 7).

[39] Le secrétaire de la ville de *Payerne*.

[40] *Gaspard Carmel.*

[41] Il existait alors, dans le canton de Fribourg, une famille du nom de *Brithoni*, et un certain *Jean Briton* était châtelain de Morges en 1542. Mais il s'agit probablement ici de ce « *Jean Curie, Breton* » qui étudiait depuis plusieurs mois à Strasbourg, et que nous retrouverons à Lausanne et à Zurich (Voy. la lettre de Calvin du 6 février 1540, et celle de Jean Ribit du 22 avril 1543).

[42] Les deux frères *Louis* et *Charles de Richebourg* et le jeune *Malherbe* étaient les élèves de *Claude de Fer* ou *Féray* (Voy. les lettres de Calvin à Farel, 29 mars 1541, et à M. de Richebourg, avril 1541. Calvini Epp. 1575, p. 27, 280-282).

[43] *Jacques Sorel, Robert le Louvat* (N° 823, n. 25) et *Eynard Pichon*.

[44] *Antoine Calvin.*

[45] Ce millésime est d'une autre main.

Saluta mihi diligenter omnes fratres, *collegam tuum, Thomam* [46] et alios. *Non potui nunc ad Michaëlem* [47] *scribere. Velim tamen illi injungas, primo nuncio scribat de psalmis quid actum sit. Mandaveram ut centum exemplaria Genevam mitterentur* [48]. *Nunc primùm intellexi non fuisse id curatum.* Certè nimis negligenter tamdiu distulit mihi significare.

Non potui *acta* nunc habere; propediem recipies [49].

Vous m'aviez mandé par *Alexandre* [50] que vous aviez à moy *pias precationes Lutheri,* desquelles vous ne faictes nulle mention. Je vous prye aussi me mander comment il en va.

(*Inscriptio:*) Optimo fratri meo Farello, Neocomensis ecclesiæ ministro fidelissimo [51].

---

[46] *Jean Chaponneau* et *Thomas Barbarin.*

[47] *Michel du Bois* ou *Jean Michel?* ou encore *Michel Mulot? Calvin* avait déjà des relations d'affaires avec *Michel du Bois;* mais il faut noter que, dans sa lettre du 31 décembre, au lieu de le désigner simplement par son prénom, il l'appelle *Michaël, Genevensis Bibliopola.*

[48] Cent exemplaires de ce *Psautier* dont Calvin disait, le 29 décembre 1538 : « Statuimus brevi publicare, » et qu'il publia, en effet, avant le mois de mai 1539 (N° 823, n. 29; t. V, p. 452, n. 21). Les récents éditeurs des *Calvini Opera* (t. VI, Prolegomena, p. xxi) ont expliqué ce passage au moyen d'une conjecture : Cent exemplaires *manuscrits* du Psautier (le texte et la musique copiés à *Neuchâtel* sur l'exemplaire de Calvin) auraient été envoyés à *Genève,* pour qu'on en fît l'essai. Cette hypothèse, qui avait contre elle la vraisemblance, a été contredite par les faits.

[49] Les actes de la conférence de Strasbourg (N° 822).

[50] *Alexandre le Bel,* qui était arrivé avec P. Caroli à *Strasbourg* vers la fin de septembre (N° 830, renvois de n. 67, 75).

[51] Ce dernier *post-scriptum,* biffé par Calvin lui-même, a pour nous une certaine valeur : c'est l'unique post-scriptum français adressé par *Calvin* à *Farel,* et il prouve que les deux Réformateurs ne se tutoyaient pas. Le *tu* est commode pour la traduction de leurs lettres : il permet d'éviter la fatigante rime de la seconde personne du pluriel; mais il n'est pas *historique.* Théodore de Bèze a été plus exact, quand il a traduit en français des lettres latines de *Calvin* adressées à *Farel* et à Viret. « Bien vous soit! Venez, je vous prie, » c'est ainsi qu'il le fait parler à son cadet et à son aîné (Préface des commentaires de Calvin sur Josué. Genève, 1565, in-8°, f. i 1, 17, 18).

[52] On lit au-dessous cette note de la main de Farel : « 27 octobris 1539. »

855

JEAN CALVIN à Jean Sturm[1] à Strasbourg.
(Strasbourg, 1ers jours de novembre 1539[2].)

Copie contemporaine[3]. Bibliothèque des pasteurs de Neuchâtel.
Calvini Opera. Brunsvigæ, t. X, P. II, p. 428.

Pro afflictis in Gallia[4].

Ne videantur *principes nostri*[5] plus sibi velle sumere quàm *Regi*[6] concedant, videtur optima fore hæc ratio, si principio testentur nihil se magis optare, quàm aliquando sibi opportunitatem dari approbandæ illi suæ doctrinæ. Quòd scilicet et bona causæ suæ conscientia, et æquitatis illius fiducia freti, non dubitent se habere rationes quibus illi satisfaciant, si quando ad *amicam commentationem* ventum esset[7]. Deinde, quòd multa benevolentiæ ipsius erga

---

[1] Les instructions contenues dans cette pièce furent rédigées par *Calvin*, à la demande de l'un des députés qui allaient représenter la ville de Strasbourg à la diète d'Arnstadt (N° 832, n. 27). Le Réformateur, dans sa lettre du 20 novembre (renv. de n. 40-41) appelle ce député « *Sturmius noster.* » C'était probablement *Jean Sturm*, son ami intime, qui s'intéressait vivement aux Évangéliques français, et qui était bien qualifié pour recommander leur cause aux princes protestants. Les nouveaux éditeurs de Calvin disent, au contraire (tome cité, p. 440, note 5), que « *Sturmius noster* » désigne le magistrat strasbourgeois *Jacques Sturm*. Nous doutons fort que *Farel* et *Calvin* fussent intimement liés avec ce personnage, au point de lui donner, à l'exclusion de *Jean Sturm*, l'épithète de *noster*.

[2] A comparer avec le N° 835, renvois de note 40-41.

[3] Voyez la note 14.

[4] Nous empruntons ce titre à la note suivante, écrite par *Farel* au dos du manuscrit : « *Pro afflictis in Gallia et præfationi addenda Institutioni*. 1539. »

[5] Les princes protestants d'Allemagne.

[6] C'est-à-dire, à *François I*.

[7] On ne pouvait guère espérer que le Roi accepterait une *conférence amicale* sur la religion. Il l'avait demandée, il est vrai, en 1535, mais en

se testimonia habent, unde spem concipiunt, illum propensum fore ad audiendas quas habent rationes. *Nec vero dubitant, quin ipse pro sua sapientia videat, quantopere corruptus sit ordo ecclesiasticus : quanta sit in plebe ignorantia et superstitio, quot vitiis laboret Ecclesia*[8]. *Quæ omnia reformationem exigunt, quam nos expetimus, hostes vero nostri refugiunt.* Cum enim sint omnia sic collapsa omni ex parte et dissipata, ostendant ipsius quoque referre, si velit regno suo bene consultum, ad eam reformationem animum adjicere.

Deinde, si in præsentia illud, quod maxime esset optandum, impetrari non potest, se tamen cupere illum interim esse causæ propitium. Idque ut declaret in suo regno, clementer tractando eos qui cum ipsis in religione consentiunt. Atque hic *significent, se arbitrari multos illic esse bonos viros qui propius attendant ad lucem verbi Dei, et qui conscientia urgeantur ad improbandos abusus quos Deo adversari vident. Cum ergo tantum ipsis detulerit, ut pollicitus sit se non passurum eorum causam vi et armis opprimi*[9], *ut eam clementiam et benignitatem erga subditos suos declaret, qui cum*

---

approuvant certaines exigences de ses théologiens qui la rendaient impossible (t. III, N°ˢ 512, 525, 530). Et cependant, le 20 décembre, même année, *Guillaume du Bellay* était venu déclarer à l'assemblée de Smalkalden, que le Roi, sur plusieurs questions importantes, s'éloignait de ses théologiens et se rapprochait des idées de Mélanchthon (Voy. t. III, p. 363, n. 6, 7; 365, n. 19. — Sleidan, éd. cit, I, 541-544, 550-553. — Seckendorf, o. c. III, 104-106, 108, 110).

[8] On pouvait l'induire des aveux faits par *G. du Bellay* à Smalkalden (Voyez les auteurs indiqués dans la note 7).

[9] Les princes de la Ligue de Smalkalden, ayant député *Guillaume de Furstemberg* (17 nov. 1531) vers *François I*, pour lui recommander leur cause, — « fut dépesché par le Roy (11 mars 1531, v. st.) messire *Guillaume du Bellay*, seigneur de Langey... pour les asseurer en parole de prince, que... ils le trouveroient prest à leur secours, quand ores il adviendroit qu'il se trouvast seul à leur donner ayde » (Voy. les Mémoires de Martin du Bellay, livre IV. Collection Petitot, t. XVIII, p. 122-127. — C. von Rommel. Philipp der Grossmüthige. Giessen, 1830, I, 288-291, II, 259-262). Ces assurances furent plus d'une fois renouvelées par divers intermédiaires, entre autres par Guillaume de Furstemberg. *Martin Frecht* écrivait d'Ulm à Vadian le 28 janvier 1539 : « Generosus ille *Wilhelmus Comes a Furstenberg* Evangelicis bonam spem facit fore, ut si etiam illi coëuntes Christianæ religionis coryphæi aliquid contra *Lutheranos* tentare vellent, in tempore eis neque consilium neque auxilium defuturum » (Autogr. Bibl. de St.-Gall. — Voyez aussi Neudecker. Urkunden aus der Reformationszeit. Cassel, 1836, p. 323, 324. — Læmmer, o. c. p. 220).

habeant communem causam, damnari nequeunt, quin causa nostra simul damnetur.

Sit autem hoc primum postulatum, ut populo permittatur *Sacram Scripturam* habere ac legere lingua vulgari : quod est hodie periculosum in sola *Gallia* [10], cum ubique liceat.

Alterum, ne propter suspitiones, nullo certo crimine, vexentur ac trahantur in judicium capitale quieti ac modesti homines, qui nihil aliud quærunt quàm, post Deum, principem suum revereri ac legibus obtemperare.

Tertium, ut hanc cognitionem bonis et æquis judicibus demandet, qui non agant hic privatum negocium : qualiter faciunt ecclesiastici et qui illis sunt authoritati, quos certum est hic nihil aliud quærere, quàm ut vitia quibus Ecclesiam perdiderunt, retineant, et si quis contrà mutire ausit, cæca rabie ulciscantur.

Quartum, ut qui accusati posthac fuerint, iis liceat fidei suæ rationem reddere, et si justam satisfactionem obtulerint, audiantur.

Quintum, ut qui nunc in carcere sunt, citra abjurationem liberentur [11].

Si *reginam Navarræ* conveniant [12], erunt admonendi, ne ejus consiliis auscultent [13]. Quanquam expediet, illi Evangelii causam in genere commendari, ac indicari sic de ejus pietate persuasos esse *nostros principes*, ut certò sperent sibi in hac legatione suffragaturam, utpote quæ pro Christo et regno ipsius suscepta sit. Sic

---

[10] A comparer avec le t. II, p. 179, note 19.

[11] Allusion à l'édit de Coucy du 16 juillet 1535 et à celui de Lyon du 31 mai 1536, par lesquels *François I* pardonnait « à tous hérétiques, accusés, emprisonnés ou condamnés par contumace, pourvu qu'ils vinssent abjurer dedans six mois » (Voyez t. III, p. 322, n. 32, et les N°s 566, 577, 612).

[12] Il faut sous-entendre *Principum legati*.

[13] A comparer avec le t. V, p. 38-42, 439-441, renvois de note 30-34, et avec la lettre de Calvin à Marguerite de Navarre du 28 avril 1545 (trad. en latin et publiée dans les *Calvini Epp.*, 1575, p. 53). Bèze dit qu'à la suite de l'affaire des *placards* (1534), « la plus part des grans commença... de s'accommoder à l'humeur du Roy.... Voire mesme *la Royne de Navarre* commença de se porter tout autrement, se plongeant aux idolâtries comme les autres ; non pas qu'elle approuvast telles superstitions en son cœur, mais d'autant que *Ruffi* [c'est-à-dire *Gérard Roussel*] et autres semblables luy persuadoyent que c'estoient choses indifférentes » (Hist. Eccl. 1580, I, 22).

fortasse movebitur, quia spem de se conceptam fallere ipsam pudebit [14].

834

PIERRE TOUSSAIN à ses parents et amis.
De Montbéliard, 18 novembre 1539.

MANQUE.

Voyez la lettre de Toussain à Calvin du 28 juin 1539 (N° 799, note 11) et Duvernoy. Éphémérides du comté de Montbéliard. Besançon, 1832, p. 442.

835

JEAN CALVIN à Guillaume Farel, à Neuchâtel.
De Strasbourg, 20 novembre (1539).

Autographe. Bibl. Publ. de Genève. Vol. n° 106. Calvini Opp. Brunsvigæ, t. X, P. II, p. 429.

Salve, amicissime frater !

Judicium tuum de actis reconciliationis cum Carolo factæ[1] jamdudum avidè expecto. Ille non redit, nec dubito quin *illic* nidum quærat[2]. Et certè constat ei non mala consilii sui ratio : meliùs fumant aulicæ culinæ, quarum odore scis illum aliquantulùm affici. Vereor tamen ne hærere diu possit apud eos, qui malam gratiam

---

[14] On lit au-dessous cette note, qui est de la main de Calvin : « *Sequitur exemplar excusationis quæ præfationi inseretur* » (Voyez N° 835, renv. de n. 54).

[1] Voyez le N° 832, note 9.
[2] A comparer avec le N° 832, note 11.

nolunt inire apud *Regem* ³. Quidquid erit, si fidem præstiterit, illum omnibus officiis demereri oportebit.

⁴ *De comite Guillelmo sic habet res.* Quoniam *Montijanus* ⁵ violenter irruperat in *Alpinas valles* multisque injuriis vexaverat bonos fratres⁶, *Comes* ea de re questus est graviter apud *Connestabilem* ⁷ nec à minis abstinuit. Ille initio mollire animum *Comitis* velle, ac blanditiis reconciliare *cognato suo*⁸. *Comes* animosiùs subinde loqui, donec ille etiam ferocire cœpit. Hinc non dubia inter eos simultas⁹. *Comes exemplo per literas, quas mihi legendas præbuit,*

---

³ Allusion à M. *de Rognac* et à M. *de Jametz*. Ces personnages étaient au service de François I, et ils pouvaient encourir sa disgrâce en donnant un asile à *Caroli*, « banni du royaume de France. »

⁴ Le morceau qui suit, jusqu'au renvoi de note 43, a été biffé et placé entre parenthèses. C'est ainsi que *Théodore de Bèze* signalait les paragraphes qu'il voulait supprimer. Heureusement, il a renoncé à publier la présente lettre, ce qui nous a peut-être valu la conservation du manuscrit original, tandis qu'on ne retrouve plus les originaux de maintes pièces qu'il a éditées dans les *Calvini Epistolæ et Responsa*, 1575-1576.

⁵ *René de Montejean* (Voy. n. 13, et plus haut, p. 104, n. 126).

⁶ *Les Vaudois du Piémont*. La persécution de 1535 (N° 528) avait pris fin dans les Vallées vaudoises par la volonté du duc de Savoie. A l'approche de l'armée française (1536), il avait défendu « de molester *les Vaudois* ou *povres de Lyon* et leurs adhérens... sous prétexte quelconque qu'on peust proposer » (P. Gilles. Hist. eccl. des églises réf. de Piedmont. Genève, 1665, p. 41). Nous avons vu, t. V, p. 149, 169-71, que sous l'administration française la persécution avait recommencé (août-septembre ? 1538). Mais on ignore si ce fut alors que les Vaudois subirent les vexations reprochées à Montejean.

⁷ *Anne de Montmorenci*, créé connétable le 10 février 1538.

⁸ Autant qu'on peut l'inférer de généalogies incomplètes, *Montejean* et *Montmorenci* étaient cousins au troisième degré par les alliances de leurs maisons avec la maison de *Laval* (Voy. Moréry, art. Laval).

⁹ C'est à l'occasion du pillage des Vallées vaudoises que la haine réciproque de *Montmorenci* et de *Furstemberg* venait d'éclater ; mais elle avait des causes plus anciennes. Comte de l'Empire, *Guillaume de Furstemberg* (1492-1549) n'était pas un vulgaire chef de bandes. Il servait déjà en 1515 sous l'empereur Maximilien, en 1521 sous François I. Il avait commandé les troupes de la ligue de Souabe pendant la guerre des paysans (1525) et contribué puissamment à la victoire d'Ulric de Wurtemberg sur l'armée de Ferdinand (1534). Vers la fin de l'année 1535, il était rentré au service de la France, comme général en chef des mercenaires allemands, et, par son ascendant extraordinaire sur cette turbulente milice, non moins que par sa bravoure personnelle, qui se signala au pas de Suze (octobre 1537), il avait mérité l'estime très marquée de François I. Le roi

Montijano societatem quam priùs coierant, renunciavit[10]. « Improbum ac sceleratum sibi haberi dixit, si in *valles suas*[11], ut ferebatur, invasisset, gentemque innoxiam expilasset. » Rescribuntur literæ ejus nomine, quibus dicit *Comitem* turpiter mentiri. Addit *illos nihil [pa]ssos quod non sint meriti sua in Deum et Regem rebellione*[12]. *Comes* hominem expeditè mittit, per quem ad duellum provocat. Ille in itinere de morte[13] intelligit. Interim *Connestabilis*

aimait à s'entretenir avec lui et le retenait souvent à la cour, où le comte Guillaume faisait très grande figure et n'usait de la faveur du maître que pour plaider la cause des Évangéliques français.

L'orgueilleux *Montmorenci*, qui « forçait prélats, capitaines et magistrats à se courber devant lui comme devant le souverain même, » pouvait-il observer avec indifférence le crédit croissant d'un protecteur des hérétiques? Était-il homme à ménager le fier Allemand qui, invité par lui à baiser les pieds du pape, lors de la conférence de Nice, refusa nettement d'obéir (2 juin 1538)? Ce jour-là, nous en sommes convaincu, la ruine de *Furstemberg* fut jurée. Il nous est du moins impossible d'admettre que le Connétable soit resté étranger au complot ourdi par le capitaine *Vogelsberg* (n. 14). Jamais celui-ci n'aurait eu l'audace de se révolter contre son général et de lui adresser, même de loin, des outrages publics, s'il n'avait pas été assuré de l'impunité et soutenu en secret par un homme tout-puissant à la cour (Voyez t. III, p. 102, 388, 389, IV, 97-99, 202, 203, 293, 317, V, 444-46. — Ernst von Münch. Gesch. des Hauses und Landes Fürstemberg, t. II, p. 1-63. — Chronique de François I, publiée par G. Guiffrey, p. 229, 241. — Sleidan, o. c. II, 121, 123, III, 100. — Henri Martin, o. c. VIII, 157, 254, 265, 278).

[10] Il s'agit simplement des relations d'amitié qui s'étaient formées entre Furstemberg et Montejean.

[11] François I avait permis que *Furstemberg* prît les *Vaudois du Piémont* sous sa protection spéciale : ce que Farel exprimera en disant : « *Pedemontani quos Rex dederat comiti Guillelmo* » (Lettre du 31 oct. 1540).

[12] A cette réplique brutale de *Montejean* il suffit d'opposer le jugement que *Louis XII*, *Guillaume du Bellay* et le cardinal *Sadolet* ont porté sur les Vaudois (Voyez, t. III, p. 329, n. 4. — De Thou, o. c. Basle, 1740, I, 539, 540. — Henri Martin, o. c. VII, 326-27, VIII, 326-33. — L. Frossard. Les Vaudois de Provence, 1848, p. 13, 15, 19-21. — Les luttes religieuses en France au seizième siècle, par le vicomte de Meaux. Paris, 1879, p. 31).

[13] On lit dans les Mémoires de Martin du Bellay, liv. VIII (Collection Petitot, t. XIX, p. 293, 294) : « L'an 1538, *le Roy* estant à *Compiègne*, tomba malade d'une apostume... dont il fut en grand danger de mort. Au mesme temps, vindrent nouvelles au Roy que le maréchal *de Montejean*, son lieutenant général en Piémont, estoit en extrémité de maladie... ; parquoy il dépescha, pour tenir son lieu, le mareschal *d'Annebault*, et avec luy le seigneur *de Langey*, pour tenir son lieu en son absence...

suscipit *Comitis adversarium,* et totum favore suo [compl]ectitur; subornat qui variis illum contumeliis lacessant¹⁴. Sic tractatus *Regi*

Lequel *d'Annebault,* ayant nouvelles par les chemins, du trespas... de *Montejean,* print la poste, etc. »

Plusieurs historiens ont suivi du Bellay, et ils placent en *1538* la maladie de François I et la mort de Montejean. Mais ces événements appartiennent à l'année *1539.* Du Bellay lui-même en fournit la preuve, quand il dit, p. 296, que le Roi, « encores qu'il ne fust bien sain de sa maladie, » s'avança à la rencontre de l'Empereur. La Chronique de François I, p. 271, 272, 275, nous apprend aussi que le Roi tomba malade en septembre, qu'il recouvra la santé « peu de tems après, » et que « environ la fin du dict moys de septembre, le Roy fut adverty que l'Empereur voloit passer en France pour aller en Flandres. » Or il est avéré que *Charles-Quint* fit ce voyage en novembre et décembre 1539.

¹⁴ Le plus dangereux de ces insulteurs, « subornés par Montmorenci, » était le capitaine *Sébastien Vogelsberg.* Dans un mémoire adressé le 15 septembre 1539 aux Princes et aux Villes de l'Empire, *Furstemberg* nous apprend que le susdit capitaine, son subordonné, séjournait en Allemagne, vers la fin de 1537, lorsqu'il reçut du Connétable et de lui, Furstemberg, l'ordre d'enrôler dix-sept enseignes de lansquenets; que ces enseignes se réunirent à Langres, le 15 mai 1538, et furent acheminées sur Marseille, où elles devaient prêter serment. Il reproduit en entier les lettres que *Vogelsberg* lui écrivit du 11 avril au 8 mai, lettres pleines de témoignages de dévouement et signées : « L'humble serviteur de vostre Seigneurie. »

« Néantmoins depuis (ajoute Furstemberg), luy, ayant faict venir les gensdarmes de *Langres* à *Marseilles,* au terme assigné pour faire la monstre [c. à d. la revue], oultre les commissaires du Roy, je luy envoyay quelques personnages de par moy, avec lettres, ausquelles estoient contenuz articles pour l'instruire comment il debvoit faire jurer les gensdarmes, premièrement à la Majesté Royalle, puis après à moy, comme son couronnel sur les landzquenetz. Lesquelz vinsrent à luy, et en mon absence (d'aultant que pour lors il me falloit estre, avec mes dix premières enseignes, auprès de la Majesté Royalle pour la garde de sa personne *), luy proposèrent... ce qu'ilz avoient en charge et commandement de moy. Mais il leur respondit fièrement et oultrageusement... *qu'il pourroit bien faire je ne sçay quoy de mes articles,*... et que tant s'en failloit qu'il peult endurer d'estre soubz ma charge, *qu'il seroit plustost possible que moy avec mes dix enseignes me soubmisse à luy.* Ces paroles feusrent de luy respon-

* *G. de Furstemberg* escortait avec six mille hommes *François I,* qui se rendait à la conférence de *Nice.* Le roi séjourna près de cette ville, à Villeneuve, du 2 au 18 juin 1538, et il n'arriva à *Marseille* que le 30 du même mois (Voyez t. V, p. 45, 444. — Seckendorf, o. c. III, 178). Pendant ce temps-là, *Vogelsberg* menait ses enseignes « au long du Rosne, jusques aux mons, où il tint son camp. Et depuis (fait observer le comte Guillaume) jamais n'approcha de moy jusques à quarante lieues. »

[suum] famulitium renunciavit [15]. Nuper literas a *Rege* accepit, cum libello v[alde] probroso sui adversarii [16]. Respondit *Regi* sibi esse paratam defensi[onem ad] omnia objecta, modò sine ejus offensione verum dicere liceret; se enim in[tellige]re adversus *Connestabilem*, à quo prodiissent illa omnia, esse agendum [17]. Et sanè totam

dues avec plusieurs aultres semblables, pleines de contumélies, injures et menasses... » (Voyez le folio C de l'opuscule intitulé : « Declaration faicte par Monsieur Guillaulme, Conte de Fürstenberg, touchant la querele quil a avec Sebastien Vogelspergern... » (Strasbourg, 1539) 21 feuillets in-4°, caract. gothiques.)

[15] Selon Münch, o. c. II, 49, 50, *Furstemberg* donna sa démission après avoir, en juillet 1538, accompagné *François I* jusqu'à Aigues-Mortes. Le récit de Calvin annonce, au contraire, que cette démission remontait, tout au plus, au mois de mai ou de juin 1539 (N°s 824, renv. de n. 9; 832, renv. de n. 29-32). Il est vrai que Furstemberg se trouvait déjà à *Strasbourg* en novembre 1538, et qu'en janvier et février 1539 il y enrôlait des soldats avec l'argent du duc de Wurtemberg et du landgrave de Hesse. Aussi Jacques Bédrot pouvait-il écrire à Rod. Gualther, le 3 mars suivant : « Abiit pridie *Francofordiam* comes *Guilielmus* cum suis aliquot capitaneis, declaraturus se nostrarum partium esse » (Calv. Opp. Brunsvigæ, t. X, P. II, p. 321). Mais cela ne prouve pas que le comte Guillaume eût changé de maitre. Rassembler une armée pour les Protestants d'Allemagne, c'était encore servir la politique de François I (Voyez N° 833, fin de la n. 9. — Neudecker, o. c. 1836, p. 323, 362. — Læmmer, o. c. p. 220).

La démission de Furstemberg est expliquée d'une tout autre manière dans la XVII° Nouvelle de la reine de Navarre. On y voit parler et agir *Louise de Savoie*, morte en 1531, et le secrétaire des finances *Florimond Robertet*, décédé en 1529. Mais il s'y trouve un mot qui pourrait bien être authentique. *François I* aurait dit aux officiers de sa cour : « Vous avez envie de chasser le comte Guillaume, et vous voyez qu'il se chasse de lui-même. »

[16] Cette réplique de *Vogelsberg* à la *Déclaration* du 15 septembre 1539 (n. 14) diffamait non-seulement *le comte Guillaume*, mais encore l'un de ses anciens serviteurs : *Gauchier Farel* (renv. de n. 19).

[17] Après *se enim*, il y a une petite lacune dans l'original, entre *in* et *re*. Les nouveaux éditeurs de Calvin la suppléent par le mot *hac*. Il en résulterait cette phrase incorrecte : *se enim in hac re.... esse agendum*. Calvin l'aurait certainement corrigée en remplaçant *se* par *sibi*.

Au sujet de ce passage : *à quo prodiissent illa omnia*, — où Montmorenci est ouvertement accusé d'être l'instigateur de toutes ces intrigues, — nous devons dire que le comte Guillaume, dans sa *Déclaration* du 15 septembre, dénonce uniquement la perfidie de Vogelsberg. Lorsque le Connétable y est mentionné, c'est toujours de la façon la plus naturelle, comme s'il était en dehors du débat.

acerbitatem in eum effundit. Ac ne videretur clàm agere, misit circiter quinque exemplaria, quæ *Delphino, Regi Navarræ,* aliisque offerrentur[18].

Inter alia quæ audire coactus est, exprobratus illi fuit *frater tuus*[19], quem aiebant in calicem cacasse. Respondit esse falsum, ac seipsum vindicaturum, si ita esset. Neque illi aut *Basileæ* aut *hic* aut *Genevæ* impuné fore tale facinus. Verùm *hostes Evangelii solere comminisci multa quibus nos gravent :* quo loco illud haberet. *Fratrem tuum utrumque*[20] *diligit.* Cum nuper apud eum cœnarem, adessetque unus ex Comitibus summi templi, quem sperant fore episcopum[21], amicam de utroque mentionem fecit. *Biduum cum eo ferè transegi, quia literas illi suas scribebam*[22].

Conventus indictus est ad 19. hujus mensis[23], quemadmodum tibi scripsi. Summum deliberationis caput erit, qua ratione consulere sibi debeant, quando a *Cæsare* elusi sunt[24]. Magnæ sunt et plurimæ belli suspitiones. *Marchio Brandeburgensis Elector*[25] *Philippum* accersivit; ad *Landgravium* scripsit, sibi in animo esse Evangelium reccipere (*sic*), exterminare papismum[26]. Ita non parva

---

[18] Ce mémoire contre *Montmorenci* est à rechercher. Il a dû être rédigé par Calvin d'après les notes que Furstemberg lui fournissait.

[19-20] En 1535 et 1536 *Gauchier Farel* était secrétaire ou homme d'affaires du comte Guillaume (III, 388-90, IV, 99, 100). Celui-ci avait peut-être fait connaissance avec *Claude Farel* en août ou septembre 1536 (IV, 85, 453).

[21] Il s'agit probablement ici d'*Érasme de Limbourg*, qui succéda, le 8 décembre 1541, à l'évêque de Strasbourg Guillaume de Hohenstein, mort à Zabern le 29 juin précédent (Voyez Rœhrich, o. c. II, 28).

[22] En toute occasion, *G. de Furstemberg* avait plaidé la cause des Évangéliques persécutés. *Calvin* paya, pour sa part, la dette de la reconnaissance en rédigeant, soit en français, soit en latin, les lettres politiques et militaires de ce généreux ami des huguenots (Voyez les Nos 658, 845).

[23] Voyez le N° 832, note 27.

[24] Les promesses faites au nom de *Charles-Quint* à la diète de Francfort (avril 1539) n'avaient pas été tenues. Il ne s'était pas même encore prononcé au sujet des décisions de la diète précitée, quoiqu'il eût pris l'engagement de les confirmer ou de les rejeter au bout de six mois (Voyez N° 821, n. 14-15, et t. V, p. 254, 255, 267, 293-94. — La lettre de Philippe de Hesse à l'archevêque de Lunden datée de Cassel le 16 oct. 1539. Neudecker. Merkw. Aktenstücke, 1838, p. 171-73, 218. — Les plaintes des députés protestants à l'Empereur, 24 févr. et 11 avril 1540. — Sleidan, o. c. II, 141, 142, 155-57, 163. Mel. Epp. III, 1023-26. Les lettres de Calvin du 29 mars et du milieu de mai 1540. — Seckendorf, o. c. III, 231-33, 256, 257).

[25-26] *Joachim II*, électeur de Brandebourg, dès 1534. Voyez t. V,

accessio nobis facta est inter istas inducias[27]. De *Geldrio*[28] dubium quid futurum sit. *Sororem suam Anglo despondit* et propediem mittet[29]. *Anglus* comiter legatos principum nostrorum accepit[30]. Quid plura ? Nunquam paratior ad recipiendum Evangelium fuit[31]. *Cæsar* cum audisset de illa affinitate, solicitavit eum per *Federicum ducem, Palatini electoris fratrem*[32], ut *Mediolanensem ducissam*

p. 253, 254. — Seckendorf, III, 234-36. — Leopold Ranke. Deutsche Gesch. im Zeitalter der Ref. Berlin, 1843, IV, 148-61, 154-67. Phil. Mélanchthon écrivait à Vitus Theodorus, le 26 oct. 1539 : « Fui his diebus in *Marchia*, accersitus a *Ioachimo* Electore... Deliberatur de tollendis abusibus ecclesiarum.... Cal. Novemb. inchoabitur res. Abolentur privatæ liturgiæ, conceditur sacerdotibus conjugium... Jubetur pura doctrina tradi... » (Mel. Epp. III, 803. — Aug. Neander. Commentatio de Georgio Vicelio, ejusque in Ecclesiam evangelicam animo. Berolini, 1839).

[27] C'est-à-dire, pendant la *trêve* conclue à la diète de Francfort. Avant la clôture de cette assemblée, le duché de Saxe était échu, par la mort du duc *Georges* (17 avril 1539), à son frère *Henri*, qui appela *Luther* pour y prêcher la Réforme (Voy. t. V, p. 259, 260. — Sleidan, II, 146, 147. — Seckendorf, III, 212-20).

[28] *Guillaume de Clèves*, maître de la Gueldre depuis une année (V, 255, 256).

[29] Voyez, sur *Anne de Clèves*, le N° 824, note 4.

[30] Il ne s'agit pas ici des ambassadeurs qui avaient été envoyés par les Protestants d'Allemagne à *Henri VIII*, en avril 1539 (Voy. Merle d'Aubigné, o. c. VIII, 196-99), mais de ceux qui s'étaient rendus à Londres, au mois de septembre suivant, pour traiter du mariage de la duchesse de Clèves avec le Roi. Le contrat fut signé le 4 octobre. « Maximus honor habitus fuit *Legatis* (dit Seckendorf, 227 b), nec humaniores possunt esse literæ, quàm quas *Rex* die 7. Octob. dimissis Legatis dedit. Laudat Legatos... Pollicetur in summa omnia quæ, ut scribit, affinis affini et amicus amico præstare possit. Aderat in aula Regis *Fridericus Palatinus*, pro *Christierno*, captivo Daniæ rege, socero suo, auxilia dicis gratià petens, revera, ut matrimonium cum uxoris suæ sorore, *Mediolanensis ducis vidua*, offerret; sed frustra erat, et ab *Henrico* jubebatur cum fratre *Electore Palatino* Pontificium jugum excutere, et fœderi Smalcaldico accedere. »

[31] Apparence trompeuse. Voyez la lettre de Calvin du 21 juin 1540, et Seckendorf, l. c. et p. 228, 230.

[32] Le comte palatin *Frédéric II*, frère de l'électeur palatin *Louis V* (Voyez les Papiers d'État de Granvelle, II, 241, III, 93). C'est par erreur que, dans notre t. V, p. 53, n. 2, nous avons appelé celui-ci *Louis III*, en suivant la Biographie Universelle et Moréri, article Bavière. Plus loin, p. 254, notre note 40 renferme une autre inexactitude : le *comes Palatinus* du texte ne désignant pas *Frédéric II*, qui était alors en Espagne, mais son frère *Louis V*, comte palatin et électeur de l'Empire.

acciperet³³, quò conjunctis viribus recuperarent *Daniæ regnum* ³⁴. Respondit breviter *Anglus,* se non modò nihil tentaturum adversùs *regem Daniæ,* quamdiu religionem illam teneret³⁵, sed illi sociisque ejus ex officio adfuturum. Hortatus est deinde *Federicum* ut se nobis adjungeret, fratremque adduceret³⁶. Ac quò meliùs animaret, promisit se effecturum, ut ratio aliqua ejus a *Rege Daniæ* haberetur³⁷. Nostri procul dubio nunc seriò instabunt.

Bucerus accersitus est a *Landgravio;* dubium an ea causa ut cum legatis eò concedat³⁸. *Sturmius noster*³⁹ habet mandatum a *Senatu* de curando fratrum negocio⁴⁰. Ego, ut eram ab eo jussus,

---

³³ *Christine,* fille de Christiern II et nièce de Charles-Quint, était veuve de *François Sforza.* duc de Milan, mort en octobre 1535 (Voy. Sleidan. I, 518, 534. — Merle d'Aubigné, VIII, 220-22)

³⁴⁻³⁵ A *Christiern II*, déposé par les Danois en 1523, avaient succédé, d'abord son oncle *Frédéric I*, duc de Holstein, puis *Christiern III* (1534), qui acheva d'établir la Réforme dans le Danemark (1536-1537). Le roi déchu avait épousé *Isabelle,* sœur de Charles-Quint. Celui-ci aurait bien voulu recouvrer le Danemark « pour et au profit du duc *Frédéric Palatin* et de la duchesse, sa compagne, conformément à leur traité de mariage. » C'est pour cela qu'il réclamait contre *Christiern III* l'alliance d'Henri VIII (Voy. les n. 30, 36. — Sleidan, I, 204, 319, 485, II, 217. — Papiers de Granvelle, II, 403, III, 93-95. — Seckendorf, III, 242, 243).

³⁶ L'électeur palatin *Louis V* était mieux disposé pour la Réforme que son frère *Frédéric II* (t. V, p. 53, n. 2), et depuis plus longtemps. Le 28 octobre 1525, Capiton écrivait à Zwingli : « *Palatinus Elector* cum tota ditionis suæ nobilitate pro Verbo decreverunt, libertatemque dederunt et loquendi et agendi juxta Scripturam... In *Palatinatu* sunt qui subscribunt sententiæ tuæ, qui purissimè sentiunt de Cœna Domini » (Zuinglii Opp. VII, 427, 492). Voyez aussi les lettres écrites par Calvin vers le milieu de mai et le 28 juillet 1540.

Frédéric II avait épousé, en septembre 1535, *Dorothée,* fille aînée de Christiern II.

³⁷ C'est-à-dire que, grâce aux sollicitations d'Henri VIII, *Christiern III* accorderait un dédommagement à *Frédéric II*, frustré de tout espoir d'héritage en Danemark (n. 34-36).

³⁸ *Le landgrave de Hesse* avait appelé *Bucer,* non pour l'adjoindre aux députés qui se rendaient à la diète d'Arnstadt, mais pour lui révéler, sous le sceau de la confession, son projet de contracter un second mariage, du vivant de son épouse, Christine de Saxe (Voyez, dans les Melanchthonis Epp., III, 849-865, trois pièces datées du 30 novembre, 10, 11 décembre 1539, et qui ont pour titre général : *De bigamia Philippi Landgravii.* — H.-E. Bindseil. Phil. Mel. Epistolæ, Judicia... quæ in Corpore Reformatorum desiderantur, 1874, p. 135. — Seckendorf, III, 277 et suiv.).

³⁹⁻⁴⁰ Voyez le N° 833, notes 1.

breviter indicavi quis videretur mihi optimus agendi modus. Ejus brevis exemplar tibi mitto⁴¹. Quanquam *Buceri* animum nonnihil refrigeravit quod intellexit postea, vanum esse quod ex literis tuis acceptum temerè vulgaveramus. Scripseras enim *exustum fuisse Luteciæ unum* ⁴². Venerunt huc duo, qui constanter id negarunt. Vide igitur ne quid postac scribas nisi certò compertum. Eò autem id magis displicuit *Bucero,* quòd *Landgravio* jam scripserat⁴³.

De diplomate regio quid sentirem, jam indicavi⁴⁴. Si illud supposititium esset, quod magnopere vereor, quantopere labefactaret fidem nostram! Certè pœnituit me postea, quòd ita facilè protulissem. *Simus ergo postac cautiores, quò plus valeamus authoritate ad fratres in tempore juvandos. Non cesso, crede mihi, ubicunque occasio est. Quod ideo moneo, quia multi dormire me putant quamdiu nihil jacto* ⁴⁵.

Crato ⁴⁶, unus ex calcographis nostris *Witemberga* nuper rediit, qui literas attulit a *Luthero* ad *Bucerum,* in quibus ita scriptum erat : « *Saluta mihi Sturmium et Calvinum reverenter, quorum libellos singulari cum voluptate legi* ⁴⁷. Jam reputa quid illic de *eucharistia dicam*⁴⁸*!* Cogita *Lutheri* ingenuitatem. Facile erit sta-

---

⁴¹ C'est la copie du projet d'instructions adressé à *Jean Sturm* (N° 833).

⁴² Allusion à une lettre de Farel qui est perdue.

⁴³ Ici se termine le morceau que *Bèze* voulait supprimer (n. 4).

⁴⁴ Calvin parle de cet *édit* dans sa lettre à Viret du 8 octobre, qui fut communiquée à Farel (N° 824, renv. de n. 8, 10).

⁴⁵ A comparer avec le N° 824, renvoi de note 7.

⁴⁶ L'imprimeur *Craton Mylius* (t. V, p. 247). — Tout ce qui suit, jusqu'à la fin de l'épître, a été reproduit en *fac-simile* par le Dr Paul Henry. Calvin's Leben, I, 267.

⁴⁷ Voyez la lettre de *Luther* à Bucer du 14 octobre (N° 827, renv. de n. 6).

Les nouveaux éditeurs de *Calvin,* t. X, P. II, p. 402, 432, semblent dire qu'il s'agit uniquement ici de sa *Réponse à Sadolet.* Nous sommes d'un autre avis. Voyez la note 48.

⁴⁸ De ce passage et de celui qu'on trouve plus bas (renv. de n. 51), nous concluons que *Luther,* en disant : [*Calvini*] *libellos singulari cum voluptate legi,* ne pensait pas seulement à la *Réponse de Calvin à Sadolet,* mais aussi à l'*Institution chrétienne*. Le premier de ces écrits ne renferme, en effet, aucune allusion à la doctrine luthérienne de l'*Eucharistie,* tandis que le chapitre de l'Institution intitulé *de Cœna Domini* critique assez vivement le dogme de la présence réelle. C'est donc à bon droit que *Luther,* après avoir lu ce chapitre, put se dire « atteint » (Voyez n. 54, et N° 829, r. de n. 8.—Ép. de Sadolet.... avec la Resp. 1860, p. 100-103).

tuere quid causœ habeant qui tam pertinaciter ab eo dissident [49]. *Philippus* autem ita scribebat : « *Lutherus et Pomeranus Calvinum et Sturmium jusserunt salutari. Calvinus magnam gratiam iniit* [50]. » Hoc verò per nuncium jussit *Philippus* narrari, quosdam, ut *Martinum* exasperarent, illi indicasse quàm odiosè à me unà cum suis notaretur. Locum ergo inspexisse, et sensisse sine dubio *illic se attingi* [51]. Tandem ita fuisse locutum : « *Spero quidem ipsum olim de nobis meliùs sensurum. Sed œquum est à bono* [52] *ingenio nos aliquid ferre.* »

Tanta moderatione si non frangimur, sumus planè saxei [53]. *Ego verò fractus sum. Itaque satisfactionem scripsi, quœ prœfationi in epistolam ad Romanos inseretur* [54]. Si nondum legisti *Philippum de authoritate Ecclesiœ* [55], cupio ut legas. Videbis multò cordatiorem

---

[49] Ce reproche est à l'adresse du parti qui n'avait accepté qu'à regret la formule de *Concorde* du 29 mai 1536 (Voyez la note 63, le t. V, p. 141, n. 6, et, à la p. 315, la lettre de Calvin à Zébédée du 19 mai 1539). — *Théodore de Bèze* voulait supprimer cette phrase et les deux précédentes. Elles sont biffées depuis *Jam reputa* jusqu'à *dissident*.

[50] La lettre de *Mélanchthon* citée par Calvin est perdue.

[51] Voyez la note 48.

[52] *Calvin* avait d'abord écrit *sano*. Il a biffé ce mot et l'a fait suivre de *bono*. — Quelques semaines plus tard, il recevait avec joie un nouveau témoignage de la bienveillance de *Luther* (N° 845, renv. de n. 32).

[53] Rendre public cet *éloge de la modération de Luther* eût été compromettant pour les Calvinistes, au milieu des disputes qui éclatèrent à la fin du siècle. Aussi *Bèze* a-t-il biffé tout ce paragraphe jusqu'aux mots *in aliis scriptis*.

[54] La copie de cette pièce porte le titre suivant, écrit de la main de Calvin : *Exemplar excusationis quœ prœfationi inseretur*, et elle commence sur la page où finit le sommaire d'instructions, « brevis exemplar, » communiqué à Farel (renv. de n. 41). Elle était donc incluse dans la présente lettre. Nous l'y joignons pour lui laisser sa place naturelle.

Selon les nouveaux éditeurs de Calvin (t. X, P. II, p. 432, n. 20), la *Satisfactio* composée par le Réformateur se trouve « vers la fin » de la dédicace qu'il adressa à Simon Grynæus le 18 octobre 1539 (N° 828). Nous n'avons su l'y reconnaître. Une justification de ce genre ne pouvait pas figurer dans la dédicace du 18 octobre, qui était déjà entre les mains de Grynæus le 25 (N° 831), c'est-à-dire, avant que les compliments de Luther fussent parvenus à *Calvin*. Et d'ailleurs, si celui-ci, touché de la modération de *Luther* et désireux de lui donner un témoignage public de son respect, voulait s'excuser ou se justifier de quelque chose, c'était évidemment du chapitre de l'*Institution* de 1539 consacré à la sainte Cène. Or il n'y a rien de pareil dans la susdite dédicace.

[55] Voici le titre exact de cet ouvrage : « De Ecclesiæ autoritate et de veterum scriptis libellus. Autore Philip. Melanch. Vitebergæ. Anno

quàm apparebat in aliis scriptis. Salutant te amantissimè *Capito, Bucerus, Sturmius, Hedio, Bedrottus* et alii. Tu etiam velim salutes non vulgariter omnes fratres [56]. Vale, frater optatissime. Argent. 12 calend. Decembr. (1539) [57].

CALVINUS tuus [58].

EXEMPLAR EXCUSATIONIS QUÆ PRÆFATIONI [59] INSERETUR.

Copie corrigée par Calvin. Bibl. des pasteurs de Neuchâtel. Calvini Opera. Brunsvigæ, IX, 841.

Certè si laborem hunc meum bonis esse non ingratum audiero [60],

M.D.XXXIX. » A la fin : « Impressum Vitebergæ per Iosepham Clug, » 71 feuillets petit in-8°.

[56] On lit ensuite : « Literas meas divulgari... » Calvin a biffé ces mots, jugeant, mais à tort, qu'une recommandation de ne pas divulguer ses lettres était superflue. Voyez, au 21 juin 1540, les reproches qu'il adresse à *Farel*.

[57] Le millésime est de la main de Farel.

[58] Le feuillet qui portait la suscription a disparu.

[59] On lit, au dos du manuscrit, la note suivante de Farel : « *Pro afflictis in Gallia et præfationi addendu Institutioni 1539.* » Le Réformateur, en écrivant ces derniers mots, oubliait ce que *Calvin* lui dit plus haut (renv. de n. 54) : « Satisfactionem scripsi quæ *præfationi commentarii in Epistolam ad Romanos* inseretur, » et il ne faisait pas cette réflexion, que la susdite *apologie* arriverait trop tard, si elle devait attendre le moment encore éloigné où paraîtrait une troisième édition de l'*Institution chrétienne*. Enfin, le début de la présente *Excusatio* aurait dû l'avertir qu'elle accompagnait un ouvrage qui allait affronter, pour la première fois, le jugement du public, ce qui ne pouvait se dire de l'*Institution chrétienne* (Voy. le commencement du N° 809).

Trompés par cette note de Farel, les nouveaux éditeurs des *Calvini Opera* attribuent à Calvin deux Apologies différentes : une *Satisfactio* insérée dans la dédicace du 18 octobre (Voyez note 54) et la présente *Excusatio*, composée, disent-ils, en 1544 ou plutôt en novembre 1539, et dont ils indiquent ainsi la destination : « *Fragmentum præfationis novæ alicui Institutionis editioni destinatæ* » (Calv. Opp. t. IX, Proleg. p. LXVII ; t. X, Pars II, p. 429, 432).

Pour nous, ces deux apologies se réduisent à une seule, qui devait paraître au mois de mars 1540, dans le volume contenant le Commentaire sur l'épître aux Romains. Mais bientôt, sur l'avis de *Mélanchthon, Calvin* modifia son projet. « *Excusatione illa mea* (écrivait-il, le 10 janvier 1540) *Philippus* supersedendum censuit. » Il publia d'abord son *Traité de la sainte Cène* (1540), et il se contenta plus tard d'insérer quelques fragments de la susdite *Excusatio* dans son *Institution* de 1543 (Voy. n. 64, 66, 69, 70).

[60] On voit bien qu'il s'agit ici d'un nouvel ouvrage de Calvin, c'est-à-

non modò me optimè operam putabo collocasse, sed summam quoque voti mei fuero consecutus. Quid enim tota vita contendere nos magis decet, quàm ut omnia nostra officia Christi membris, adeoque ipsi Christo in suis membris approbemus? Itaque *cum mihi nuper nunciatum esset, quosdam, qui haberi eo loco merentur, ex proxima Institutionis meœ editione nonnihil concepisse offensionis* [61], *quòd in eucharistiæ tractatione visus fuerim, et contentiones quæ de præsentia corporis et sanguinis Domini in Cœna hoc tempore extiterunt,* jam magna ex parte sopitas, *rursum excitare, et fideles Domini servos obliquè perstringere* [62], *ac si localem illic Christoque indignam præsentiam statuerent,* — *non leviter me ejusmodi nuncius affecit.* Atque eò quidem mihi magis doluit, quòd his nominibus offenderentur. Nam cum ipsum per se offensionis malum grave est, tum verò nihil est à quo magis alienus videri cupiam, quàm ab omni rixandi ac tumultuandi cupiditate. Nec sanè ullum est contentionis genus quod magis horream, quàm illud ipsum quod me renovasse putant, cum sciam tanto pietatis damno exagitatum nimis diu fuisse. Atqui habere me non dubito, quo illorum animos placare queam, si modò æquam satisfactionem (quod facturos spero) accipere sustineant.

Primùm id deprecabor, ne initam inter Germanicas ecclesias concordiam [63] *interpellare me voluisse credant, quam mihi decretum est non minùs constanter ad extremum tueri, quàm libenter amplexus sum :* quod satis luculento testimonio declarasse in illo opere mihi videor. Quæ enim ad *veram corporis et sanguinis Domini communicationem,* quam in Cœna percipiunt fideles, asserendam pertinebant, ea breviter quidem, sed tamen non obscurè illic sunt explicata. Fateor enim [64], quod et semper in Ecclesia receptum fuit et

---

dire, de celui qu'il dédiait à Grynæus le 18 octobre 1539 (N° 828). L'auteur se serait exprimé différemment, s'il avait voulu parler d'une troisième édition de son *Institution chrétienne* (Voyez, t. V, p. 366, l'Épître au lecteur qu'il a placée en tête de la deuxième édition).

[61]-[62] Allusions à *Luther* et à quelques-uns de ses collègues (Renvois de note 47-54. — Mel. Epp., III, 81, 89, 97).

[63] Sur la *formule de concorde* signée à Wittemberg, le 29 mai 1536, par les principaux pasteurs luthériens et par les théologiens de la haute Allemagne, on peut consulter les ouvrages suivants : Melanthonis Epistolæ, ed. Bretschneider, III, 75-81. — Hospinianus. Hist. sacramentaria, 1602, II, f. 144b-145a, 150a-154a. — Seckendorf, III, 129-132. — Ruchat, I., 85-87; V, 42-45. — L. Ranke, o. c. 1843, IV, 82-86.

[64] Ce qui suit, jusqu'à la fin du paragraphe, a été publié presque tex-

hodie docent quicunque rectè sentiunt, *duabus rebus constare sacrum Cœnæ mysterium : corporeis signis,* quæ, ob oculos proposita, res invisibiles, secundùm imbecilitatis nostræ captum, nobis repræsentant, *et spirituali veritate,* quæ per symbola ipsa figuratur simul ac exhibetur. Ea qualis sit, dum familiariter demonstrare volo, tria soleo proponere : significationem, materiam, quæ ex ea dependet, virtutem seu effectum, qui ex utraque consequitur. *Significatio* in promissionibus est sita. *Materiam* voco Christum cum sua morte et resurrectione. Per *effectum* autem redemptionem, justitiam, sanctificationem, vitamque æternam et quæcunque alia nobis beneficia affert Christus, intelligo. Porrò tametsi fidem hæc omnia respiciunt, nullum tamen locum relinquo eorum cavillis, qui dum fide percipi Christum dicunt, intelligentia duntaxat ac imaginatione volunt concipi. Offerunt enim Illum promissiones, non ut in aspectu modò nudaque notitia hæreamus, sed ut vera ejus communicatione fruamur. Et sanè non video, quomodo in cruce Christi redemptionem ac justitiam, in ejus morte vitam habere se quis confidat, nisi vera Christi ipsius communione imprimis fretus. Non enim ad nos bona illa pervenirent, nisi se priùs nostrum Christus faceret. Dico igitur, in Cœnæ mysterio, per symbola panis et vini, Christum verè nobis exhiberi adeoque corpus et sanguinem ejus, in quibus omnem obedientiam pro comparanda nobis justitia adimplevit, quò scilicet primùm in unum corpus cum ipso coalescamus, deinde, participes substantiæ ejus facti, in bonorum omnium communicatione virtutem quoque sentiamus.

Si hoc præcipuum est *Concordiæ* caput, ut certè est, non figurari modò in cœna Christi corpus et sanguinem, sed per Ecclesiæ ministerium verè exhiberi, et veluti coràm repræsentari, — non tantùm volui *Concordiam* salvam esse, sed, quantùm in me erat, confirmare etiam studui. Neque vero quempiam malè habere debet ea locutio qua sum illic usus, cum dixi « cœnam Domini esse panem in ejus corpore, vinumque in ejus sanguine sanctificatum [65]. » Quæ cum esset ex Chrysostomo sumpta, quem constat nulli veterum cedere in dignitate Cœnæ prædicanda, non sum veritus, ne ita loquendo extenuare aut obscurare ullo modo viderer quam sub pane et vino percipiunt fideles corporis et sanguinis

---

tuellement par *Calvin* en 1543, dans la troisième édition de l'*Institution*, p. 436 (Calv. Opp. Brunsv., I, 1003).

[65] On trouve ces paroles à la p. 327 de l'*Institution* de 1539.

communionem. Et sanè qui in veterum lectione sunt exercitati, non ignorant quantùm habeat momenti illa, quæ toties apud eos occurrit, mystica εὐλογία. Quòd si de Cœna nihil locutus essem, præter unicum illud verbulum, jure, fateor, boni omnes mecum expostularent. Verùm tot splendida elogia, quibus fructum excellentiamque hujus sacramenti continuò sum prosecutus, omni me suspitione satis superque liberant.

Jam verò *quòd suggillari à me putant nonnullos ex iis quibuscum in gratiam rediimus, hic velim cogitent, quo primùm tempore illa scripsi, me stylum in eos strinxisse qui nihil ferè in sacramento quærunt, quàm crassam Christi præsentiam, quæ sensu corporis percipi et propemodum manibus attrectari queat.* Qua stupida superstitione [66] videmus in papisticis ecclesiis non tantùm hominum vulgus, sed primores etiam ipsos detineri. Nam de vera fide parùm soliciti, qua sola et in Christi pervenimus societatem, et cum ipso cohæremus, modò carnalem ejus præsentiam habeant, quam ultra Verbum somniarunt, satis illum præsentem habere se putant. *In illos, inquam, tota disputatio dirigitur, qui corpore Christum, non animo, et oculis potiùs quàm fide, in symbolis requirunt. Videre enim est, ut toto orationis contextu nihil aliud contendam, quàm ut talem corporis Christi in Cœna præsentiam cogitemus, quæ nec panis elemento ipsum affigat, nec in panem includat, nec ullo seculi hujus modo circumscribat : quæ omnia derogare cœlesti ejus gloriæ palàm est; deinde quæ nec mensuram illi suam auferat, vel pluribus simul locis distrahat, vel immensam illi magnitudinem affingat, quæ per cœlum et terram diffundatur : quæ naturæ veritati non obscurè repugnant.*

Ejusmodi erroribus si negari non potest, passim imbutas fuisse hominum mentes sub tyrannide Romani illius antichristi, cur, amabo, quæ in hostes propriè competunt, in fratres amicosque nostros, ac si destinatò in eos dicta forent, conferantur? Atque hæc quidem, cum ante annos aliquot edita essent [67], in recognitione operis [68] expungere visum non est, ne consentire iis quodammodo viderer, in quibus repudiandis constanter etiamnum persevero. *Neque enim, sublatis talibus absurdis, imminuta est virtus*

---

[66] Ce passage, jusqu'à *præsentem habere se putant*, est reproduit avec quelques modifications, à la p. 437 de l'*Institution* de 1543 (Calv. Opp. I, 1004). Plus bas, dès *ut talem corporis à repugnant*, il y a presque identité.

[67] C'est-à-dire. au mois de mars 1536.

[68] Révision publiée au mois d'août 1539.

Christi, quominus se nobis præsentissimum exhibeat, ac quod de eroganda in cibum sua carne promisit, reipsa adimpleat. De ratione [69] si quis me roget, *fateri non pudebit, sublimius esse arcanum, quàm ut vel ingenio meo comprehendi, vel enarrari verbis queat. Atque, ut verum fatear, experior magis, quàm intelligam.* Itaque veritatem Dei, in qua acquiescere tutò possum, hìc sine controversia amplector. Pronunciat ille, carnem suam esse animæ meæ cibum, sanguinem esse potum. Talibus alimentis animam illam [l. illi] meam pascendan. offero. In sacra sua cœna jubet me sub symbolis panis et vini corpus et sanguinem suum sumere ac manducare. Nihil dubito, quin et ipse verè porrigat et ego recipiam, ac vera substantialique manducatione fruar. Tantùm absurda rejicio, quæ autem [l. aut] cœlesti Christi majestate indigna, aut humanæ ejus naturæ veritate aliena esse apparet: quando et cum Dei verbo pugnare necesse est, quod et sic in gloriam regni cœlestis receptum fuisse Christum docet, ut supra omnem mundi conditionem evehat, nec minùs diligenter in humana ejus natura commendat quæ propria sunt veræ humanitatis.

Hæc, quæ à me antehac verè scripta fuerant, si nunc penitùs silentio transmisissem, non dubitabam fore, quin multi suspicarentur, ita veritatis patrocinium adversùs Papistas à me deseri ac prodi, eorumque deliramenta connivendo veluti comprobari. Accessit huc quòd videbam nonnullos alieniores fieri à *Concordia* quæ magno publico bono inter *ecclesias Germanicas* constituta est, quòd putent non posse constare substantialem corporis Christi manducationem in Cœna, qualem *Lutherus* statuit, nisi locali præsentia et veluti circumscriptione implicitam. Hæc suspitio quàm vana sit ac frivola, putavi expedire ut cognoscerent : simul *ut injuriam facere desinant insigni Christi apostolo, per cujus ministerium hoc tempore illis Evangelii lux affulsit* : simul ut falso periculi metu liberati, Concordiam nobiscum ex animo amplexentur.

Hunc mihi animum fuisse cum multis argumentis testari liceat, id primum rogatos esse velim pios omnes, ne mihi in animo esse putent, contentionem illam, quæ nimis diu ecclesias exercuit, renovare : quam ut inauspicatam prorsùs horreo, repressam aliquando fuisse et sedatam vehementer gaudeo, ut par est; quò penitùs tandem extinguatur, daturum me pro virili operam profiteor. Deinde *ne aliter me sentire suspicentur, quàm veram substantia-*

---

[69] Ce passage et les suivants, jusqu'à la fin du paragraphe, se retrouvent à la p. 440 de l'*Institution* de 1543 (Calv. Opp. I, 1010).

lemque corporis ac sanguinis Domini communicationem sub sacris Cœnæ symbolis exhiberi fidelibus : non ut imaginatione duntaxat aut mentis intelligentia percipiant, sed ut reipsa fruantur in alimentum æternæ vitæ. Postremò *ne me voluisse existiment, aut perstringere eos qui in Germanicis ecclesiis adversùs Romanum antichristum Christo Domino nobiscum militant, aut ex eorum doctrina aliquid convellere.* Neque enim mihi persuadeo, sic delirare eos quibus Dominus per evangelium suum illuxit, ut in ipsos [l. ipsas?] cadant, quas illic redarguo, superstitiones. *Quin potiùs hoc apud se statuant, nihil mihi aut in majori esse voto, aut majori curæ futurum, quàm ut cum ecclesiis omnibus Germanicis quæ Christo sanctoque ejus evangelio nomen dederunt, summam consensionem modis omnibus colam*[70]. Cum plus satis sit nobis certaminum cum Diabolo et impiis omnibus qui illi stipendiantur, non tantum ocii debemus nobis sumere, ut inter nos conflictando, Christum ipsum, cujus censeri volumus membra, quodammodo discerpamus.

856

PIERRE TOUSSAIN à l'Église de Metz.
(De Montbéliard) 28 novembre 1539.

MANQUE.

Sa lettre du 27 août 1540 à la même église commence par ces mots : » Mes chers frères, je vous avois escript l'an passé, du 28 de Novembre.... »

---

[70] A la fin de son *Traité de la sainte Cène* (1540), Calvin, après avoir montré « en quoi *Luther* a failli de son côté, et en quoi *Œcolampade* et *Zuingle* ont failli du leur, » s'exprime comme il suit : « L'une partie et l'autre a failli en n'ayant point la patience de s'entr'écouter, afin de suivre la vérité sans affection, là où elle seroit trouvée. Néanmoins, si ne devons-nous pas laisser de penser quel est notre devoir : c'est de n'oublier les grâces que notre Seigneur leur a faites, et les biens qu'il nous a distribués par leurs mains... Car si nous ne sommes pas ingrats..., nous leur pourrons bien pardonner cela et davantage, sans les blâmer ni diffamer. Bref... nous en devons toujours juger et parler avec modestie et révérence ; mêmement, puisqu'il a plu... à notre bon Dieu... de mettre fin à cette malheureuse disceptation, ou, pour le moins, de l'apaiser, en attendant qu'elle soit du tout décidée... Cependant il nous doit suffire qu'il y a fraternité et communion entre les Églises... »

857

THÉODORE DE BÈZE [1] à Maclou Pompon [2], à Orléans.
(De Paris, en novembre 1539 [3].)

Autographe. Bibl. de Genève. J.-W. Baum. Theodor Beza. Leipzig, 1843, I. Theil, S. 82.

S. Scripsi ad te nuper [4], mi Pomponi, idque raptim. Scribo verò nunc denuò, idque non minùs occupatus. *Cras in Picardiam cogito,*

---

[1] *Théodore de Bèze*, né le 24 juin 1519 à Vézelay en Bourgogne, appartenait à une famille noble et considérée. Il fut conduit en 1522 à *Paris* chez son oncle Nicolas de Bèze, homme d'Église et conseiller au parlement, qui voulait se charger de son éducation. Mais pendant les six années suivantes l'enfant, toujours malade et tourmenté par les médecins, ne fit, pour ainsi dire, que languir. Aussi appelait-il plus tard « alterum diem natalem » le jour de son entrée dans le pensionnat de *Melchior Wolmar* à *Orléans* (5 décembre 1528), et il écrivait à ce vénéré précepteur : « Quem laborem non ultro in me formando subiisti! Quas molestias in me docendo non pertulisti, *Aureliæ* primùm, deinde *Biturigibus*...! Denique quid non tentasti, ne mihi ulla in parte viderere defuisse! Hoc enim verè possum affirmare, nullum esse nobilem vel Græcum vel Latinum scriptorem quem ego, intra septennium quo apud te vixi, non degustarim : nullam ex liberalioribus illis disciplinis, ne Jurisprudentia quidem excepta, cujus saltem elementa te præceptore non didicerim... Sed hoc est omnium beneficiorum quæ à te accepi longè maximum, quòd *veræ pietatis cognitione*, ex Dei verbo tanquam limpidissimo fonte petita, tu me ita imbuisti, ut nisi te, non dico pro præceptore, sed pro parente colam..., omnium hominum sim maximè ingratus... »

Il ne parait pas que l'écolier de Vézelay, pendant son séjour à *Bourges*, ait remarqué les visites que *Jean Calvin* faisait à *Wolmar* (t. II, p. 333). Mais il n'oublia point les deux Suisses, *Pierre Choli* de Zug et *Conrad Gesner* de Zurich, sous-maîtres dans la maison de son précepteur (Voy. Icones virorum doctrina et pietate illustrium, 1580, ff. Q iij, R j).

Bèze approchait de sa seizième année et il cultivait déjà avec succès la poésie latine, lorsqu'il dut se séparer de Wolmar, qui était appelé à Tubingue. Il lui fit ses adieux le 1er mai 1535, et, trois jours après, il arrivait à *Orléans*, où son père l'envoyait étudier le droit civil. Dégoûté bientôt de l'enseignement « barbare et sans méthode » qu'on subissait

*cum Patruo acturus de certo vitæ genere instituendo*⁵. Quidquid constitutum fuerit in ea re, id faciam ut intelligas; nam cui hæc

---

dans cette université, il s'adonna d'autant plus à l'étude des lettres et se lia avec quelques savants, qui encouragèrent ses premiers essais poétiques. Cette heureuse diversion ne l'empêcha point d'obtenir le grade de licencié en droit (22 juillet 1539). Peu après il alla se fixer à *Paris* (Voyez t. II, p. 280, 281. — La dédicace de l'ouvrage intitulé : Confessio christianæ fidei... per Th. Bezam Vezelium, 1560, 1570, et celle des *Poëmata*, éd. de 1569 et de 1576. — La *France protestante*).

² *Maclou Popon* ou *Pompon*, issu d'une famille très obscure, naquit en 1514 dans un village de la Bourgogne. Après avoir reçu sa première éducation à Dijon, il fit ses études de jurisprudence à Orléans et les perfectionna en Italie (1540-41 ?). Puis il devint avocat du Roi (1542) et conseiller au parlement de Bourgogne (1554). Il joignait aux qualités du cœur la maturité de l'esprit et des goûts distingués, ce qui lui gagna l'amitié du jeune étudiant de Vézelay. Aussi *Bèze* mentionne-t-il *Maculus Pomponius* parmi ces « eruditos homines..., sed judicio jam confirmatos et eruditione præstantes » qu'il avait fréquentés à Orléans : C'étaient le poète latin *Jean Dampierre*, ancien conseiller du Roi et religieux franciscain, *Antoine de St. Flour*, plus tard premier président à Rouen, le professeur *Jean Truchon* et *Louis Vaillant* (Voyez la dédicace des *Poëmata* de 1569. — Palliot. Le parlement de Bourgongne. Dijon, 1649, p. 207. — Papillon. Biblioth. des auteurs de Bourgogne, 1745, P. II, p. 164).

³ La date est déterminée par les rapports de la présente pièce avec les deux suivantes.

⁴ Cette lettre, dont nous ignorons le lieu de dépôt actuel, se trouvait probablement parmi ces « quatorze lettres de Bèze à Maclou Pompon » que l'abbé Papillon, o. c., dit avoir « lues en manuscrit chez M. le conseiller de la Mare. » On n'en connaît que huit, qui sont celles que Baum a publiées.

⁵ *Nicolas de Bèze*, jadis prieur de Longjumeau (n. 1, 8), était mort à Paris le 29 novembre 1532. Son épitaphe le qualifie comme il suit : « seigneur de Celle et Chalonne en Donzyois [près Nevers], archidiacre d'Étampes en l'église de Sens, conseiller du Roy... en sa cour de Parlement *) » (Voyez la Gallia christiana, VII, 863). *L'oncle* que Th. de Bèze allait visiter en Picardie était *Claude de Bèze*, qui possédait depuis 1531

---

* Il fut enseveli dans l'église de St.-Côme, à Paris. *Théodore de Bèze* fit placer, en 1543, près du tombeau de son oncle *Nicolas* trois autres épitaphes : en latin, en grec et en vers français. Ménage, qui les a publiées, donne les détails suivants : « Elles sont dans un petit quadre de bois fort simple... attaché au mur, à main gauche du Crucifix en entrant. La feuille de parchemin enfumée qui les contient, est fendue... de vieillesse par le milieu... La peinture où se voient les cierges allumez, et *Bèze* à genoux, priant sur la représentation de son Oncle, est toute effacée. Les caractères, autrefois enluminez, ne se lisent aujourd'hui qu'avec peine » (Voy. le Menagiana. Paris, 1729, IV, 227-233).

committere debeam habeo præter te neminem. Miror quid remoretur *librorum meorum vecturam*⁶. Quæso ut a *Francisco Aurelio*⁷ recipias apocham, nam ei literis *fratris* satisfeci⁸, simulque convenias cum fideli aliquo auriga de vecturæ pretio; quidquid conveneris cum eo id ratum à me habebitur. Sed rogo ut hoc mea caussa primo quoque tempore effectum reddas; quòd si quid esse putes, in quo opera mea uti posses, habes tibi amicissimum *Bezæum*.

*Hic sunt Druydæ*⁹. Δε ης quæ κομμισι τιβι καβε νε ουλλαμ μεντιονεμ φαξιας ιν τουις αδ με λιττερις. ναμ κουμ τεμπους εριτ τουνκ αδ τε ρεσκριβαμ ουτ μιττας ¹⁰. Si quid *Biturigas* scripseris, rogo ut salutationem meam inseras. Rursus si quid litterarum ad *Alexin*¹¹ de-

---

l'abbaye de *Froidmont* (Ordre de Citeaux), située à 2 ½ lieues S. E. de la ville de Beauvais.

⁶ Bèze avait déjà une jolie collection de classiques. Voyez, dans ses *Poëmata*, les deux morceaux intitulés : « Ad Bibliothecam, » et « Ad Musas. »

⁷ Pendant une partie de son séjour à *Orléans*, Bèze avait logé chez son frère ainé *Audebert*, et plus tard, sans doute, chez *Franciscus Aurelius* (*François Daniel?*).

⁸ *Aubert* ou *Audebert de Bèze*, chanoine [de Ste Croix] à Orléans, avait, à une date que nous ignorons, succédé à son oncle *Nicolas* dans le prieuré de *St. Éloi* ou de *Longjumeau*, près de Paris (Prioratus Sti Eligii in valle media inter Longum-gemellum et Challiacum (Chilly). Gallia christiana, VII, 869).

⁹ Ce pourrait être une nouvelle, car il existait en France une famille portant le nom de *Druide* (Voy. Maittaire, o. c. III, 364, et la première satire de Marc-Antoine Muret). Mais la phrase suivante donne à penser qu'il y a plutôt ici un sérieux avertissement : N'oubliez pas que nous avons *les Druides à Paris*, c'est-à-dire, les docteurs de la Sorbonne, dont la censure peut conduire au bûcher.

¹⁰ « De iis quæ commisi tibi, cave ne ullam mentionem facias in tuis ad me litteris; nam cum tempus erit, tunc ad te rescribam *ut mittas*. » On ne peut s'expliquer cette recommandation qu'en supposant qu'il s'agissait de *livres luthériens*, laissés en dépôt chez Maclou Pompon. Bèze en avait lu à *Bourges*. C'est lui-même qui nous l'apprend dans sa lettre à Bullinger du 18 août 1568 : « Quòd... hodie Christum agnosco... id ego, non minima ex parte, debere me *tuo illi libro* [*de Origine erroris*] liberè profiteor. Quem cum olim, id est anno Domini 1535, *Biturigibus* apud... D. *Melchiorem Volmarium*... legerem, aperuit tum mihi Dominus oculos, ea præsertim parte qua Hieronymi commenta confutas, ut in lucem veritatis intuerer. »

¹¹ *Alexis Gaudinæus* (Godineau?), l'un des correspondants de Maclou Pompon. On le retrouve à Paris en 1542.

deris, dices illi, meo nomine, plurimam salutem. *Aquilio, Alberto, Magdunæo, Brassicano, Dionysio* [12] nostris cupio esse commendatissimus.

Tuus BEZEUS.

D. *Melchior* nuper huc iter fecit, nomine *Ducis Virtembergensis* legatus ad *Regem Galliæ* [13]. Hoc volui ne nescires.

(*Inscriptio :*) Maculo Pomponio, viro mihi amicissimo. Aureliæ.

858

THÉODORE DE BÈZE à Maclou Pompon, à Orléans.

De Paris (1ers jours de décembre 1539 [1]).

Copie moderne. Bibl. de Zurich. J.-W. Baum. op. cit. I. Theil, S. 83.

DEODATUS BEZEUS [2] Pomponio suo.

Nuper ex *Picardia* reversus [3] literas tuas accepi, ex quibus perspexi facilè quanta tui in me amoris esset magnitudo, ut qui tanta diligentia negotium meum perfeceris. Erat verò mihi per-

---

[12] Deux de ces noms de famille nous paraissent tirés d'un nom de ville. *Aquilius* peut signifier *de l'Aigle* (Aquila, *l'Aigle* ou *Lesque*, petite ville de Normandie); *Magdunæus, de Mehun*. Mehun-sur-Loire, patrie de Jean de Meung, Mehun-sur-Nièvre et un village du Berry s'appelaient en latin *Magdunum*. Il est probable que *Brassicanus* désigne *Guillaume du Choul*, plus tard archéologue. Il latinisait aussi son nom en *Caulius* (du Chou). *Dionysius* pourrait être *Denis Sauvage* l'historiographe, ami de Bèze et de Jacques Pelletier du Mans (Voy. Baum, o. c. I, 57). *Albertus* nous est inconnu. L'absence du nom de *Germain Audebert*, d'Orléans, grand ami de Bèze, ne doit pas étonner : il étudiait en Italie (Nicéron, XXIV, 84).

[13] Sur l'ambassade de *Wolmar à Paris*, on peut consulter Sattler. Gesch. des Herzogthums Württemberg, P. III, p. 127.

[1] Il est facile de s'assurer que cette lettre a dû précéder de peu de jours celle du 7 décembre.

[2] *Deodatus* ou *Adeodatus* était probablement le prénom primitif de Bèze. *Theodorus* en est la forme grecque latinisée. Son nom de famille doit provenir de la petite ville de *Baise* ou *Bèze*, située à 5 ½ lieues de Dijon.

[3] Voyez le N° 837, note 5.

specta pridem benevolentia tua; verùm fuit tamen perjucundum id ipsum intelligere, eundem te animum erga me absentem gerere quem in præsentem habuisti. Fuerim ingratissimus nisi vicissim huic tuo in me amori respondere coner; quare hoc tibi persuadeas velim, te amiciorem quàm ego sim habere neminem. Sed tempus est ut ad ea veniam quæ tibi minùs nota esse puto.

Rerum itaque mearum is est status: Luteliis decretum est ut munerem iis in œdibus unde frater [4] *migrarit. Decretum illud quoque, ut circa fori ecclesiastici praxin annum unum versare* [5]. *Is quum exactus erit, biennium impendam perspiciendis Palatinis technis; deinde in aulam cum quodam ex purpuratis illis cardinalibus concedam* [6]. Amate mi Pomponi, *nonne totus perii? Ferendum est tamen quidquid illud est, sed fortassis ad tempus. Nam futurum spero ut me tandem Dominus benigniùs respiciat, cujus clementiam projicere ut est dementis, sic confidenti animo expectare christiani.* Interim omnia non admodum iniquè perferam, nam longè priùs et hanc tempestatem prævidi et adversùs eam animum ipse meum præparavi. Sic habes consilii mei rationem, quam si probari tibi intellexero, eò confirmatiore animo in ea sum permansurus.

Quod ad res attinet quas fidei tuæ commisi, velim, mi Pomponi, ut ad me perferendas cures, si quæ sunt quæ tutó cuivis committi possint. De reliquis quidquid statueris, id à me ratum habebitur. Doctori *Mesland*o [7] discedens *epigrammata græca* commodato dedi. quæ rogo ut repetas, simulque quidquid habes ex *Dampetri* versibus peto mittas [8]. Ut autem intelligas, *ne in summis quidem molestiis musas nostras obmutuisse,* ecce tibi aliquot Phaleucos quibus D. *Melchioris adventum* celebravi [9]. Porrò *quendam ad te poëtam*

---

[4] *Audebert* (N° 837, n. 7, 8). *Nicolas*, second frère de Théodore, habitait Vézelay.

[5] Ce détail annonce clairement que la famille de Th. de Bèze le destinait à l'état ecclésiastique, et qu'il devait succéder un jour à son frère, prieur de Longjumeau, et à son oncle, abbé de Froidmont.

[6] Ce projet reçut un commencement d'exécution en 1542, lorsque Th. de Bèze fut présenté à l'évêque de Coutances, *Philippe de Cossé-Brissac.*

[7] *Mesland,* professeur de droit (Voyez Jules Doinel. Listes des étudians de l'université d'Orléans en 1529. Orléans, 1876, p. 7).

[8] Le poëte latin *Jean Dampierre* (N° 837, n. 2. — Sammarthani Elogia).

[9] Cette pièce de vers, intitulée : « Ad Sodales, de *Melchioris Volmarii,* præceptoris charissimi, adventu in Galliam, » est dans toutes les éditions des *Poëmata.* J. W. Baum l'a reproduite, o. c. I, 97.

mitto, novum illum quidem, sed nulla re alia quàm ridicula stupiditate insignem [10]. Si quid hîc interim prodeat novi, faciam ut scias.

Vigilatio quò minùs scribere potui, fecit commune malum. *Aquilios, Albertum, Dionysium, Guillelmum* [11] nostros velim ut meo nomine plurimùm salutes. Nam *Alexin* opinor nobis ereptum esse. *Caroli imperatoris adventus quotidie hîc expectatur* [12]: itaque matura profectionem. Vale, mi Pomponi. Ex ædibus D. *Boucherii,* positis in vico Divi Joannis Bellovaci [13].

(Inscriptio:) Maclovio Pomponio, amicorum amicissimo. Aureliæ.

839

THÉODORE DE BÈZE à Maclou Pompon, à Orléans.

De Paris, 7 décembre (1539).

Copie. Bibl. de Zurich. J.-W. Baum, o. c. I, 86.

Pomponio meo S.

Binas à te literas accepi, mi Pomponi, utrasque gratissimas: nam quid à te proficisci possit quod incredibilem mihi voluptatem non sit allaturum? Gratæ, per inquam gratæ fuerunt literæ tuæ, in quibus scilicet, ut lux in speculo, tuam in me benevolentiam aspexi, maximam quidem illam, sed ejusmodi tamen quæ superari possit. Nam ita te amo, mi Pomponi, ut existimem te, qui longè

---

[10] Nous supposons qu'il s'agit ici de l'ouvrage suivant de *Martinus Theodoricus,* de Beauvais : « Epigrammata ad R. Odonem Collignium, Cardinalem Castilioneum. Item Sylvæ quatuor : *Leander, Busiris, Policrates, Lays.* Parisiis, apud Hieron. Gormontium, 1539, » in-8° (La Croix du Maine et du Verdier, éd. cit. VI, 169).

[11] Voyez le N° 837, note 12.

[12] Ce détail fixe l'année (Voyez le N° 835, note 13). En Allemagne et en Suisse on parlait aussi de l'arrivée de *Charles-Quint* en France (N° 840, à la fin. — Lettre de Mélanchthon du 12 nov. 1539. Mel. Epp. III, 824).

[13] *La rue de St. Jean de Beauvais,* où Henri Estienne naquit en 1528, est située dans le quartier de l'Université.

me in cæteris rebus præcedis, in amando aliquid mihi concessurum. Bellum profectò certamen, et quod verè bellum dici debet. Amemus igitur et pacificum hoc bellum geramus, in quo nulli gladiorum strepitus, nulli armorum tumultus audiantur, sed hinc inde, amoris testes, literæ legantur. Ita fiet ut invitis dialecticis et hostes simus et amici. Quòd si testimonium hujus meæ benevolentiæ petis, en tibi :

> Defessus medio in thoro jacebam,
> Et somno grave jam caput cadebat,
> Quum sese meus obtulit Macutus,
> Meæ delitiæ Macutus; atque
> Hac visus mihi voce gratulari :
> Ni te plus oculis amo, Besæe,
> Dissolvi cupio emorique totus.
> Contra sic ego somnians loquebar :
> Ni te plus oculis amo, Macute,
> Ni me sis mihi charior, Macute,
> Fatum nil moror ut libet molestum.
> Vix hæc edideram, repentè nostrum
> Quum lux invida somnium diremit
> Et meum mihi sustulit Macutum,
> Meas delitias, meos amores.
> At tu, quisquis es, o tenebricosæ
> Præses optime cogitationis,
> Seu te Morphea, seu vocare Somnum
> Fas est, fac vigil ut queam videre
> Quod somno potui videre captus,
> Aut si non aliter potes mederi
> Huic desiderio meo, perennem
> Inducas mihi somniationem.

Rides? atqui verum narro somnium, ne nescias; itaque si ridere vis, poëtam ride, non somnium. *Si quid agam quæris, nihil prorsùs, nisi quòd aliquoties nugor cum Musis meis, deinde animi gratia in Palatium ventito. Ibi omnium hominum mores velut in amplissimo theatro intueor. Nonnunquam hebraicis literis aliquot horas incumbo*[1]. *Denique nihil minùs ago quàm quod suspicantur meæ furiæ. Tu*

---

[1] *Agathio Guidacerio* et *François Vatable* enseignaient l'hébreu au Collège royal. En attendant l'érection d'un monument, les lecteurs royaux donnaient leurs leçons dans les salles des collèges de l'Université (Voy. Goujet. Mémoire hist. et litt. sur le Collège Royal de France. Paris, 1758. — Lebeuf. Hist. de Paris, édit. H. Cocheris, 1865, II, 714. — Maittaire, II, 762, 813; III, 321).

verà, ut scribis, conflictaris cum *Accursio,* egregio scilicet antagonista, sed postquam ita ut te geras necesse est, quæso ut ineptum illum ita ut dignus est accipias². Mihi quidem certè nunquam libebit βαρτολοβαλδιζειν³, licet assiduis conviciis urgear. De *Bigotii Epigrammatis* nihil est quòd te torqueas, nam ne de nomine quidem hîc sunt nota⁴. Habes autem eorum loco *ineptissimum illum poëtam de quo ad te prioribus literis meis* scripseram. *Truchii* literas non accepi⁵. *Claudius* autem *noster*⁶ præ nimiis, ut aiebat,

---

²⁻³ *Accursius,* jurisconsulte de Florence, et son fils *François,* professeur de droit à Bologne, au XIIIme siècle, ont laissé des gloses sur le droit romain et des traités de jurisprudence. — Le mot *bartolobaldizer,* inventé par Bèze, fait allusion à deux jurisconsultes du XIIIme et du XIVme siècle : *Bartholus,* natif de Sassoferrato, et son disciple *Petrus Baldus de Ubaldis,* natif de Pérouse (Voy. Moréri. — H. Martin, o. c. VIII, 141). Ils ont composé sur presque toutes les parties du droit romain des commentaires qui, avant les travaux de Jacques Cujas, jouissaient d'une grande réputation. Preuve en soit la lettre que *Pierre Loriot* ou *Loriol,* professeur de droit à Bourges, écrivait à Maclou Pompon, à Orléans, le 6 août (1537?), et dans laquelle il lui recommande expressément d'étudier *Barthole,* les *Glossemata* et les *Similia d'Accursius,* les ouvrages de *Jason de Mayno,* de *Philippus Decius* et d'*André Alciat* (Bibl. Nationale. Mscr., anc. fonds latin, n° 8585, f. 64).

⁴ Au lieu d'*Epigrammatis,* Bèze aurait dû écrire *Carminibus.* Les poésies de *Guillaume Bigot* (IV, 267), publiées à Bâle, au mois de mars 1536, avaient été réimprimées à Paris par Pierre Roffet, en 1537, in-12 d'une centaine de pages (Voyez M.-J. Gaufrès. Claude Baduel et la Réforme des études au XVIme siècle. Paris, 1880, p. 304). Elles se composent du *Somnium,* du *Catoptron,* d'un *Epithalamium,* de quatre ou cinq épîtres en prose et de quelques menues pièces, adressées à Jean Oporin, Ambroise Blaarer, Melchior Wolmar, etc. L'ouvrage ne manque pas d'originalité, mais le style en est souvent obscur, sans grâce et sans naturel. L'auteur lui-même fut si peu apprécié, à son retour en France (1537), qu'il dut songer à revenir en Suisse. *Grynæus* écrivait, en effet, à Capiton, vers ce temps-là : « Rogat me per literas *Bigotius,* ut alicubi in Germania conditionem ei *rursum* inveniamus. Ages de ea re cum *Calvino,* si vel *Genevæ* vel *Lausannæ* possit philosophicæ professioni præfici. » Le professeur errant fut mal accueilli à Berne, et l'Académie de Lausanne perdit ainsi l'occasion de s'adjoindre un Aristotélicien des plus distingués. Voici le paragraphe du Manuel bernois qui nous a révélé ce fait, jusqu'ici inconnu : « 9 maii 1537. *Bigotium* phm [l. *philosophum*] abgewysen gan *Losen* gstellt, » c'est-à-dire : [On a] éconduit *Bigot* le philosophe [qui demandait à être] placé à *Lausanne.*

⁵ Selon Baum, ce serait le fils de *Jean Truchon* (N°⁸ 814, n. 9; 837, n. 2).

⁶ Personnage inconnu, que Bèze, dans ses vers *ad Sodales* (N° 838, n. 9), invite à assister au banquet qu'il veut donner à *Wolmar.*

occupationibus, vix tandem domum nostram à limine salutavit;
itaque præstare id re ipsa non potui quod, etsi non petiisses, tum
t o, tum ipsius nomine, libenter facturus eram. Vale et me cura.
Lutetiæ, postridie Nicolai⁷.

Tuus ille quem tibi amicissimum
esse nosti.

*Galba noster*⁸ propediem istuc profecturum se sperat, cui tutò
omnia commiseris. *Lex Salica* intra paucos menses *mittetur ex
officina Neobarii* ⁹ *typographi eruditissimi, idque meis auspiciis* ¹⁰.
Ride græculum vestratem.

(*Inscriptio :*) Pomponio meo, Aureliæ.

840

RODOLPHE GUALTHER à Henri Bullinger, à Zurich.
De Lausanne, 12 décembre 1539.

Inédite. Autographe. Arch. de Zurich. Copie moderne dans la
Collection Simler à Zurich.

Gratiam et pacem a Domino! Literas tuas secundo Novembris
scriptas, Pater colendissime, decimo Decembris *Lausannensium*

---

⁷ La fête de St. Nicolas tombe sur le 6 décembre.

⁸ Surnom donné, par réminiscence classique, à un camarade dont l'embonpoint était très prononcé (Voyez Suétone. Galba, ch. III). Ce pourrait être aussi la traduction libre de *Gros*, nom d'une famille de la Bourgogne (Palliot, o. c. p. 21, 353, 354).

⁹ Et non *Neobanii*, faute qui se trouve deux fois dans Baum, o. c. *Conrad Néobar*, qui avait le titre de « Regius in Græcis Typographus, » a imprimé plusieurs ouvrages en 1540. Il mourut la même année. Les livres qui sortirent ensuite de ses presses portent cette indication : « Sumptibus Emondæ Tusanæ, viduæ Conradi Neobarii » (Maitt. III, 311, 313, 314, 318, 324, 329. — F.-A. Dupont. Précis hist. sur l'Imprimerie Nationale. Paris, 1848, p. 6, 75).

¹⁰ Il ne paraît pas que *la Loi salique* ait été imprimée par *C. Néobar* ou par l'un de ses collègues, avec un commentaire de *Bèze* (Voy. Brunet, éd. cit. t. III, p. 1191 ; V, p. 330; VI, 1311, 1312. — Le Long. Bibl.

Præfectus a *Berna* ad me attulit². Moram tantam intercessisse miror, nec dubito quin vehementer meum admireris silentium......

Rerum mearum conditio semper sibi similis existit, nec infeliciter, quantùm ego conjicere possum. Studia succedunt : ea enim mutuò *Conradus noster*³ et ego communicamus. Quòd tam fido animo meam apud Collegii præsides⁴ caussam tutatus sis, dignas gratias agere non potero; curabo autem ne quid simile committatur. Verebar, hercle, hoc plurimùm; tuo tamen patrocinio confisus aliquid mihi, etiam *Othonis*⁵ consilio, hac in re audendum duxi. Est *Genevæ Germanus quidam mercator*⁶ mediocriter doctus, qui sæpius jam literis suis me *Genevam* allicere conatus est; Mathematicæ enim studiosus existens, opera mea uti expetit. Indicarunt me homini *concionator Morgiensis et Diaconus*⁷. Hic aut suas mihi ædes offert, aut *Genevensis typographi*⁸. Labores meos justa mer-

---

hist. de la France, 1719, p. 584, 585. — H. Martin, o. c. II, 18, 37, 104, 344). Mais le licencié ès lois se montra avantageusement dans cet ouvrage de sa vieillesse: « *Theodori Bezæ* Mosaicarum et Romanarum legum collatio ex integris Papiniani, Pauli, Ulpiani, etc., responsis desumpta. Cui accessit lex Dei moralis, ceremonialis et politica, 1603, ap. Commelin, » in-folio (Draudii Biblioth. classica, p. 544).

[1] Voyez, sur *Rodolphe Gualther* de Zurich, le t. V, p. 333-335, 365.

[2] Le bailli de Lausanne, *Sébastien Nægueli.* Il avait reçu à Berne, des mains d'*Éberard de Rumlangen* (p. 79), la lettre adressée par Bullinger à Gualther, son fils adoptif.

[3] *Conrad Gesner*, professeur de grec à Lausanne, était de trois ans seulement plus âgé que son compatriote Gualther.

[4] Le Conseil de l'école du Fraumünster, à Zurich, réglait le chiffre des subsides accordés aux jeunes Zuricois qui étudiaient hors du canton.

[5] *Othon Werdmüller* (Note de Simler. Voyez V, 50).

[6] Plusieurs marchands, natifs de l'Allemagne ou de la Suisse allemande, étaient domiciliés à *Genève* et bourgeois de cette ville. Ainsi *Théobald Tocker* ou *Tucher*, de Nuremberg, l'un des compagnons de captivité de Bonivard à Chillon, *Boniface Hoffischer, Matthieu Mannlich, Georges des Clefz,* etc. (II, 424; III, 371; IV, 340; V, 15, n. 7.) Nous ne savons s'il s'agit ici de l'un d'eux, ou de *Jean Cléberguer*, riche marchand de Nuremberg, surnommé *le bon Allemand*. Ce personnage, instruit, considéré et (quoiqu'il fût catholique) grand ami de la ville de *Genève*, y faisait des séjours dans ses propriétés, et l'on a quelques raisons de supposer qu'il y passa une partie de l'année 1539 et les premiers mois de la suivante (Voy. Mém. de la Soc. d'Hist. de Genève, t. IX, p. 430, 445, 446).

[7] Le prédicateur de *Morges* était *Jacques le Coq*. Son *diacre* remplissait, au Collége de la ville, les fonctions de principal.

[8] *Wigand Köln* ou *Jehan Girard?* Voyez Théophile Dufour. Notice citée, p. 77, 85.

cede se compensaturum promittit. Ego quid agam incertus sum. Tuum, quid mihi agendum sit, consilium expecto....

Constans apud nos fama est, *Cæsarem Lutetiam adventurum,* quo loci nonnulli quoque *Papam* adfuturum [9] pollicentur. Quidnam hi consultaturi sint, nemo est qui non indicare possit. *Angliæ Regem* filiam suam *Clivensi Duci* elocasse multi affirmant [10]. Ex *Anglia* hisce nundinis nihil novi accepimus. Te rogo ut scribas, num literas a *Nicolao nostro* [11] acceperis numque valeat. Est *Orbæ* vir doctus, natione Geldrus [12], *Andreas Zebedeus* nomine, qui nunc Verbi ministrum agit. Qui cum hisce diebus in carmina quædam germana incidisset, quibus *Capnionis* [13], *OEcolampadii, Erasmi, Lutheri Zuingliique* laudes continebantur, eadem latinis hisce versibus expressit, quos cum mirè elegantes cernerem, etiam illo non invito ad te mittendos existimavi. Salutat te *poëta ipse* quàm officiosissimè, brevique, ut arbitror, ad te scripturus est, fortassis et æstate futura vos invisurus; est enim *Tigurinæ ecclesiæ* amantissimus [14]. Carmina ipsa hæc sunt :

> Non caruit Naso, dum Naso poëta canebat :
>   Conveniunt rebus nomina sæpe suis.
> Sic natura trahit, sic nos devolvit in illa
>   Quæ signant certis nomina nostra notis.
> Plurima cujus eunt exempla per omnia fusa
>   Sæcula, quæ longum est hoc memorare loco.
> Si tamen in dubium quis adhuc vocet improbus istud,
>   Ante oculos cursum temporis hujus habet.
> Capnio sic καπνον Suevas diffudit in oras,
>   Et fumo ad flammam non malè stravit iter,
> Dum linguas genus omne sacro de vertice profert
>   Et puram ex ipsis fontibus haurit aquam.
> Altera nulla parem viderunt sæcula, per quem
>   Scripturæ cœpit planior esse via.

[9] Fausse nouvelle. Le pape *Paul III* ne devait pas assister à l'entrevue de François I et de Charles-Quint.

[10] Le fiancé était Henri VIII, et Anne de Clèves, la fiancée (p. 59, 73).

[11] *Nicolas Partridge,* jeune Anglais, qui avait séjourné à Zurich et à Genève (1536-1538). Voyez t. IV, p. 310, 311.

[12] *André Zébédée,* pasteur à *Orbe,* se disait natif du Brabant, et non de la Gueldre. — Ce passage et les quatre vers relatifs à *Zwingli* (renv. de n. 15) sont imprimés dans les *Calvini Opera,* XI, 24.

[13] Forme grecque du nom de *Jean Reuchlin.*

[14] *Zébédée* avait embrassé avec ardeur les idées de *Zwingli* sur la sainte Cène (V, 318).

Pòst Œcolampadius feliciter excitat ignem,
  In Domo Domini ceu nova flamma micat,
Cujus ad effusos radios per opaca viarum
  Multa retecta probè, quæ malè tecta priùs.
Tertius accedens pòst Rotterodamus Erasmus,
  Mollit amabiliter quæ priùs aspra nimis.
Interea toto fit caussa celebrior orbe
  Et patet ad magnum jam via plana decus.
Lutherusque potens in arenam prodit et alta
  Voce tonat mundi qua stat uterque polus.
Ad tonitru hoc summa, media atque etiam infima, quæque
  Et dextra et læva sunt sita parte tremunt.
Tum veri privata priùs via publica facta est,
  Qua magnam ad Cœnam quilibet ire queat.
Cui neque tam serò poterit quis adesse vel isto
  Tempore, quin aliquem possit habere locum.
Proinde nihil damni quod tantus sentiat hospes,
  Quoque queat numerum mensa tenere suum,
Omne hominum genus huc arcessitur undique, non est
  Personæ acceptor qui bona tanta parat.
Cuncti invitantur, vir, fœmina, sanus et æger,
  Omnis et hic ætas quo requiescat habet.
Duri homines, sylvestre genus, turba impia perstant
  Et spernunt amplas hospitis hujus opes.
Cogendi veniant adhibendaque verbera verbis,
  Ne miserè miseri tanta perire sinant.
Hoc ad opus pretii vir summi Zuinglius unus
  E paucis certo mittitur ore Dei.
Qui nihil ostendens animo subit omnia prompto
  Quæ Christi servos et pia corda decent.
Instat verbi armis et sancta voce Senatus,
  Ænea contra acres induit arma lupos,
Pro Christi caussa quidvis tentare paratus
  Et promptus Christi nomine cuncta pati.
Qui dum munus obit summa pietate fideque
  Hic obit imò abit hinc, et meliora tenet.

De Zuinglio Zebedeus.

Majorem sperare nefas, fortasse petendum
  Ut dent vel unum sæcula nostra parem [15].
Os doctum, pectus sincerum, spiritus acer
  Unius in laudes incubuere Dei.

Acclamatio.

O Evangelici vindex fortissime Verbi,
  Pro Christo et patria fortiter ause mori!

---

[15] Exagération relevée par *Calvin*, dans sa lettre à Farel du 27 février 1540.

Lusi et ego nuper, dum succisivis horis Poësi operam do, Epitaphia quædam, quæ huc adscribo, non ut inter docta illa locum aliquem tenere digna sint, sed quia etiam nugacissima mea, quæ saltem literas sapiunt, ad te mittere non erubesco, qui mihi et Pater et Præceptor semper fueris [16].....

Dabimus fortassis brevi etiam alia [17], si hæc tibi non ingrata fuisse comperimus. Plurima salute te familiamque universam impertit *Conradus* et *ejus uxor*. Salutabis et tu nomine meo uxorem matremque tuam cum omni liberorum cœtu reliquaque familia. Lausannæ, xii Decembris 1539.

Tui observantissimus Rodolphus Gualtherus.

(Inscriptio :) Verè docto et pio viro D. Heinrycho Bullingero, Tigurinæ Ecclesiæ Episcopo vigilantissimo, Patri suo plurimum colendo.

841

THÉODORE DE BÈZE à Maclou Pompon [à Orléans].

De Paris (vers le milieu de décembre 1539).

Copie moderne. Bibl. de Zurich. J.-W. Baum, op. cit., I, p. 85.

S. Quas ad te literas *Stephano librario* [1] commisi, mi Pomponi, eas vereor ne non acceperis, nam et temporis et otii tibi satis ad

---

[16] Suivent trois épitaphes, composées par Gualther, et que nous supprimons. Les deux premières sont consacrées à Zwingli, la troisième au pape Clément VII.

[17] *Gualther* a publié, sous le pseudonyme de *Philopater Eustorgus*, un opuscule intitulé : « Ad D. Heinr. Bullingerum gratulatio, » in-8°, sans date ni lieu d'impression. Ses autres ouvrages sont énumérés par Conrad Gesner, qui loue ainsi l'auteur : « Juvenis adhuc ætate, sed ingenio doctrinaque maturus, ... eloquentia nativa et linguarum cognitione non parum ornatus » (Bibl. univ. 1545).

[1] L'un des quatre personnages suivants : *Étienne Dolet*, imprimeur à Lyon, *Robert Estienne*, *Étienne Groulleau*, tous deux imprimeurs à Paris, et *Étienne Roffet*, dit *le Faulcheur*, relieur du Roi et libraire.

scribendum fuit. Nisi fortè *Cæsaris* adventus tabellarios istic omnes remoratur ². Sed ut ut sit, mi homo, cave quæso existimes, offensum ob id esse animum in te meum; tantùm moneo, ut si nullas à me literas accepisti, id potiùs *librarii* perfidiæ quàm negligentiæ meæ imputes. Porrò incredibilis est meus in te amor, adeò ut tui desiderium ferre ampliùs non possim. Meministine verò, quum istic essem, inter nos sæpiùs de amoris vehementia habitos sermones. Memini quidem certè nunquam tum mihi eloquentia persuaderi tua potuisse, ut intelligere illud quid esset possem quod amorem vocant. Verùm plus absens potuisti in ea re quàm præsens. Fateor nunc demum et agnosco amoris vires, experior amoris imperium, cui profectò, ni medearis, futurum est ut succumbam. Sanè violenta res est amor; itaque aut veni aut moriar.

Porrò nihil hic novi, nisi quòd *summa est omnium contentio in apparando Cæsaris triumpho* ³. Pleni sunt vici ingentibus theatrorum molibus; est ubi fictilias arces videas; arcis porrò regiæ quam *Louvræum* ⁴ vocant, dii boni, quantus apparatus! Inductum est aurum parietibus, invectæ columnæ marmoreæ et quid non ? Vincitur ipsa rerum natura et in *Sequanæ* alveo cogitur terra vinum parere. Ædificata est ab ipsis fundamentis domus vitrea in qua *Cæsar* ante ingressum pransu[ru]s est. Ingredienti offeretur totus argenteus Hercules, octo pedes longus; offerentur variæ animalium species. Nam et hic leones videas et ursos, tigres postea et lynces; sunt et struthiocameli et pantheræ; non desunt quoque lupi marini, quorum forma hæc est : capite et corpore conveniunt cum terrestribus, nisi quòd auribus carent, pedes breviores et reflexi, cauda verò in piscem desinit et pisce vescuntur et carne.

---

² Le Dauphin, le duc d'Orléans et le Connétable s'étaient rendus à la frontière, pour recevoir l'Empereur. François I s'avançait aussi à sa rencontre. Théodore de Bèze pouvait donc supposer que, dans de pareilles circonstances, tous les courriers de la poste s'occupaient uniquement du service du Roi et négligeaient les lettres des particuliers.

³ *L'Empereur* avait passé la Bidassoa vers le 20 novembre. Il rencontra le Roi à Loches, au milieu de décembre, et entra à Paris le jeudi 1er janvier 1540. Voyez, sur son entrée et sur les fêtes qu'on lui donna les jours suivants, G. Guiffrey, Chronique citée, p. 291-318. — Bulæus. o. c. VI, 343.

⁴ Le vieux *Louvre*, dont *François I* avait fait démolir la grande tour en 1528. « Et en ce temps fist fort réparer *le chasteau du Louvre*, pour soy y loger, et y fist faire de grandz bastimens... » (Journal d'un bourgeois de Paris, p. 329, 330. — H. Martin, o. c. VIII, 138; IX, 16). En 1539 le nouveau Louvre était à peine commencé.

Hæc sunt quæ apud *Lutetiam* aguntur; tu vicissim ad me de *Aurelia* tua. Porrò quod ad res meas privatas attinet ita habeto. *Nihil minus ago quàm quod volunt meæ furiæ*[5], à quibus tamen impetravi quadringentas libras in singulos annos; curabo verò ut simul atque pecuniam accepero, *Beraldo nostro*[6] rescribam. *Stephanus* mecum agit, sed capite minutus. Gaudeo te nobis redditum esse, mi Pomponi, atque ita gaudeo ut accedere nihil posse putem ad hanc voluptatem nostram. Plura quidem scribere volui, sed non potuit animus lætitia occupatus officio fungi suo. Hoc unum duntaxat velim existimes, me mihi tunc demum esse redditum, quum te salvum esse intellexi. Vale, mi Pomponi, cum tuis omnibus aut nostris potiùs, si modò sunt κοινα τα των φιλων παντα.

Tuus, si suus THEODORUS BEZA.

(Inscriptio :) Pomponio meo.

842

LE CONSEIL DE BERNE au Conseil de Genève.
De Berne, 18 décembre 1539.

Inédite. Manuscrit orig. Arch. de Genève.

Nobles, magnificques Seigneurs, singuliers amys, très chiers et féaulx combourgeoys!

Nous avons, sus vostre requeste[1], escript à nostre chastellain de *Nyon*, de disre az Maistre *Agnet*[2], que nous avons consenty de

---

[5] Il veut parler de son père et de son oncle.
[6] Le professeur *Nicolas Bérauld* ou son fils *François* (Voy. l'Index du t. III) ?
[1] Voyez la note 3.
[2] Maître *Agnet* ou *Annet Bussier* (et non *Aguet*, comme il est appelé par deux historiens genevois) était depuis un an et demi pasteur à *Prangins*, près de Nyon. Ses antécédents nous sont inconnus. A peine pourrait-on sûrement l'identifier avec cet *Agnet*, ami de Calvin, qui enseignait à *Bourges* en 1532 (II, 419). Il paraît pour la première fois, sous son vrai nom de famille, dans ce paragraphe du Manuel de Berne : « 19 Julii 1538:

vous servir en maistre d'escoles³. Pour autant le pouvés desmander, vous priant l'entretenir comme s'appertient. Datum xviii Decembris, anno, etc., xxxix.

L'ADVOYER ET CONSEILL DE BERNE.

(Suscription :) Aux nobles, magnificques seigneurs Sindicques et Conseill de Genève, nous singuliers amys, très chiers et féaulx combourgeoys⁴.

La lettre de Calvin à Farel datée du *19 Décembre 1539* qui a été publiée par Théodore de Bèze, dans ses *Calvini Epistolæ et Responsa,* 1576, p. 411 (Calv. Opp. Brunsv., t. X, P. II, p. 435), doit porter la date du *29 Décembre 1539,* c'est-à-dire qu'elle appartient en réalité à l'année *1538.* Elle est imprimée dans notre t. V, p. 446-454.

Présenter le Welche au seigneur de *Praingin* et [lui écrire] de le pourvoir de sa prébende. » On lit au-dessous : « *Agnet Busier.* » Nous croyons que la décision suivante du 29 juin 1538 se rapporte au même personnage : « [Écrire] au receveur du péage de Nyon, de placer N. à *Prainjin* ou ailleurs et de lui faire donner sa prébende, dès qu'il aura été examiné. S'en remettre pour cela (pour l'examen) à *Jacobus Gallus,* doyen à *Morges ;* [le charger aussi] de le pourvoir [d'une cure]. »

³ Nous avons vu, t. V, p. 285, 286, qu'à la fin d'avril 1539 le *Collège de Genève* était dirigé par le vieux prêtre *Jean Chrestin.* Trois mois plus tard, le Conseil résolut de le remplacer et fit écrire à Lyon, mais en vain. Les pasteurs de Genève, chargés le 8 septembre de « envoyé querre ung maystre d'eschole, » informèrent enfin leurs supérieurs, le 5 décembre, des démarches qu'ils avaient faites auprès des ministres de Berne et de la Classe de Morges, pour obtenir « le prédicant de *Prengin.* » (Voy. le Registre du Conseil au 30 mai, au 21 juillet et au 5 décembre.) A la suite de ce rapport, les Genevois demandèrent à MM. de Berne de leur céder le susdit pasteur.

⁴ On lit, sous l'adresse, cette note du secrétaire genevois : « Berne. Pour avoyer maystre *Agnet* pour régenter en nous escholes. Recyeuz le 22 décembre 1539. »

843

JEAN CALVIN à Guillaume Farel, à Neuchâtel.
De Strasbourg, 31 décembre (1539).

Autographe. Bibl. Publ. de Genève. Vol. n° 106. Calvini Opp.
Brunsvigæ, t. X, P. II, p. 439.

Hodie à concione *Fatinus*¹ se abiturum denunciavit, cum ego ad cœnam vocatus essem ab amico, unde redii multò post octavam bene refectus. Habebis ergo literas ut ab homine ad scribendum non satis soluto et vacuo. *Sanctum illum fratrem esse extinctum*² *mihi perinde dolet ut par est.* Quoniam tamen ita contigit, gaudeo nuncium de ejus morte tuis literis mihi esse confirmatum, quô possim certiùs asserere. De *Michelio*³ nondum fuerat sumtum supplicium circiter finem Novembris, quo tempore per literas mihi commendata est ejus salus.

*Sturmius noster à conventu rediit*⁴. Quid actum sit nescitur. Conjicimus tamen aliquid magni portendere hoc silentium. *De fratribus fuisse propositum retulit, sed nullis fuisse visum hoc tempore tam alieno legationem mittere, quæ nihil quàm Regis animum exacerbaret*⁵. Videntur *isti duo Principes*⁶ seriò conspirasse ad res magnas moliendas. Cæsar exercitum non procul hinc scribit. Præ-

---

¹ *Claude Fatin*, messager neuchâtelois.

² Le *martyr* dont parle Calvin était vraisemblablement cet *Antoine Barbat* ou *Barbut* qui avait été pris à *Lyon*, au mois d'août 1539, et, bientôt après, condamné et emmené à *Paris* (p. 26, 33). Le bruit de sa mort s'était déjà répandu en Suisse vers la fin de septembre; mais alors Calvin n'y croyait pas (N° 835, renv. de n. 42).

³ Voyez, sur *Michaëlius* ou *Michelius*, le t. V, p. 235, 236, 274.

⁴ *Jean Sturm*, député à la diète d'Arnstadt (N° 833, n. 1).

⁵ MM. de Berne avaient été du même avis en juillet 1539 (V, 371, n. 4).

⁶ *François I* et *Charles-Quint* s'étaient réconciliés à Aigues-Mortes, en juillet 1538 (V, 45, 54). Le voyage de l'Empereur à travers la France semblait prouver que ces deux princes étaient en parfaite harmonie.

texuntur urbes quæ desciverunt [7], sed apparet totam belli molem in *Gueldrium* [8] destinari. Ille verò neque ab *Anglo* deseretur, neque a *Saxone*. Quid societatis habeat cum *nostris* [9] et an omnino habeat, incertum est. Apud *Venetos* duo fuerunt legati missi, *Marchio Guastensis* et *Marescallus Annebaut* ad repetenda oppida quæ ex *ducatu Mediolanensi* direpta illi occupant [10]. Videntur feciales magis missi esse quàm legati. Aut omnes conjecturæ fallent aut videbimus brevi totam *Europam* bello conflagrare; nam et *septem Pagi* [11] fremere jam dicuntur; *nostris* nulla est spes pacis, nisi quæ bello parta fuerit.

De disciplina bene facis quod urges, sed cum omnia diligenter expendo, nescio an constitui queat nisi consentientibus ecclesiis. Optandum ergo imprimis est ut aliquando ea de re in deliberationem conveniant ecclesiæ. Atqui videmus quàm bene id procedat. Erat tenuis disciplinæ forma *Basileæ* [12]. Ea jam dimidia ex parte pessumdata est inter istas contentiones. Sic profecerunt *Myconius* et *Grynæus* illa sua quam imaginantur Christianæ libertatis propugnatione [13]. Si tamen erit ocium et opportunitas, hoc vere ego

---

[7] Les villes de *Gand*, *Courtray* et *Oudenarde*. L'Empereur se rendait en Flandre pour réprimer leur révolte (Voy. H. Martin, o. c. VIII, 254, 257, 262).

[8] *Guillaume*, duc de Clèves et nouveau souverain de *la Gueldre*. Il pouvait compter sur l'appui de ses deux beaux-frères : Henri VIII et l'électeur de Saxe (V, 146, 255, 256, 268).

[9] C'est-à-dire, avec les membres de la Ligue de Smalkalden.

[10] En novembre 1539, François I avait ordonné au maréchal *d'Annebaut* d'accompagner à *Venise* le marquis *du Guast*, non pour réclamer certaines villes aux Vénitiens (comme on le disait à Strasbourg), mais afin de les assurer de « la grande fraternité qui estoit entre leurs deux maistres. » Du Guast devait faire parade de cette intime union dans le but de détourner Venise de traiter avec les Turcs. Elle n'en conclut pas moins la paix avec eux au mois de mai 1540 (Voy. les Mém. de du Bellai. Collect. cit. XIX, 296. — Sleidan, II, 154. — Gaillard. Hist. de François I, 1819, III, 82-84).

[11] Les VII Cantons catholiques de la Suisse.

[12] Les efforts d'*Œcolampade* pour établir à Bâle la discipline ecclésiastique ne furent pas appuyés par *Zwingli*. Celui-ci « voulait bien pour l'Église une certaine indépendance vis-à-vis de l'État; mais il pensait que les lois de police pouvaient tenir lieu de la discipline qui s'exerçait dans la primitive Église par l'organe des apôtres » (Voyez J.-J. Herzog. Das Leben Joh. Œkolampads, II, 192-214, et la trad. franç. de cet ouvrage par A. de Mestral, p. 301-316).

[13] *Oswald Myconius* était un disciple de Zwingli; *Simon Grynæus*, un esprit très modéré.

istuc me conferam, ut simul deliberemus, an aliquid tentando possimus assequi [14]. *Capito* ad *Bernates,* ut jussisti, scribet. Ego ad *fratres nostros.*

De *Carolo* videor satis prolixè nuper scripsisse vobis [15]. Tametsi nihil de homine boni spero, impedior tamen consensu Ecclesiæ, quominus habeam pro desperato. Expectabimus quomodo se geret ubi nunc est. *Rognacus* mihi per literas est pollicitus huc se propediem venturum. Tunc omnia resciscam [16]. Si poterimus illum arguere malæ fidei, non est quòd speret sibi posthac inter nos locum. *Gaspar* [17] supra modum est anxius animi, quia cum fecerit æris alieni aliquantum, quo studii tempus prorogaret, nunc nummum nullum habet, quo se ad duos tantùm menses sustinere queat; nam id tempus sibi statuerat. Si posset alicunde tantum pecuniæ illi conflari, consultum bene illi esset.

Michaël, Genevensis bibliopola, mihi indicavit se quod reliquum erat ex meis libris istuc misisse cum vestibus *fratris mei* [18]. Si ad te pervenerint, aperies dolium, et si qui libri vendi poterunt, vendes; reliquos curabis quàm primùm *Basileam* perferendos. Deinde quoniam conqueritur *librum meum non esse vendibilem* [19] et se pluribus exemplaribus onerari quàm sibi expediat, rescripsi ut centum ad te transmitteret exemplaria, quæ ego in fidem meam recipio. Si fecerit, protinus mihi indicabis. Hac difficultate me implicare malui quàm ut fides mea periclitetur. Posthac verò alium quærat oportet qui sua causa tantum suscipiat negocii [20].

---

[14] Ce voyage de Calvin à Neuchâtel n'eut pas lieu.

[15] Voyez ses lettres du 27 octobre et du 20 novembre.

[16] Plus facilement que Jean Calvin, M. *de Rognac,* seigneur de Linchant, pouvait savoir ce qui se passait chez son coreligionnaire M. *de Jametz,* dont *Caroli* était l'aumônier (V, 233, 248, 463).

[17] *Gaspard Carmel* (p. 25, 26, 30). Voyez aussi la lettre du 10 janvier 1540, au commencement.

[18] Le libraire *Michel du Bois* avait eu en dépôt ceux des livres d'Olivétan qui étaient échus à *Jean Calvin* (p. 14, 16), et il les avait expédiés à Neuchâtel avec les vêtements laissés à Genève par *Antoine Calvin.*

[19] C'était sans doute sur les instances de Calvin, que Wendelin Rihel, éditeur de la deuxième édition de *l'Institution chrétienne,* avait consenti à placer en commission chez *Michel du Bois* plus d'une centaine d'exemplaires de cet ouvrage. Et, pour récompense de sa peine, l'auteur recevait ce cruel compliment du libraire genevois : « Vos volumes sont un embarras pour moi : J'en ai plus qu'il ne m'en faut, et ils ne se vendent pas. »

[20] La mauvaise humeur que le procédé de M. du Bois causait à Calvin

Ego eandem hîc petulantiam experior quam apud vos in plærisque esse quereris. *Latæ sunt nuper leges quædam scholasticæ* [21], *quibus disciplina coërcentur qui studendi causa hîc sunt. Ex nostris Gallis adeoque ex iis qui mecum habitant, nonnulli prorsùs insaniunt.* Cras denunciabitur ut abeant nisi parere velint; neque dubito facturos, unde intelligis quàm bene affecti huc venerint: hoc est scilicet licentiam omnes captant. Quò magis advigilandum est nobis, ne desit Ecclesiæ reverentia et authoritas ad improbas cupiditates subigendas. *Quanquam certè video aliquid indulgendum esse hominum stultitiæ, neque sic intendendum rigorem ut non aliqua in re ineptire illis liceat.* Saluta mihi plurimùm fratres omnes. *Corderio* etiam me excusa, quòd in præsentia nihil ei respondeam [22]. Argentorati, pridie Calendas Januar. (1540) [23].

CALVINUS tuus.

Quod primo loco faciendum erat, tametsi præterii, ut *te nobis restitutum* gratularer [24], non ideo factum est quòd minùs gaudeam. Nam *dum cogito quantum in uno homuncione positum sit momenti, non possum de vita tua non esse mirum in modum solicitus.* Itaque ex quo *morbi tui rumor* huc perlatus erat, nullum mihi momentum jucundum fuit, donec te revaluisse intellexi. Itaque tale gaudium ex tuæ sanitatis nuncio percepi, quale is potest qui ex diuturna ægritudine liberatur.

(Inscriptio:) Fratri meo charissimo Guillelmo Farello, Neocomensis Ecclesiæ fido pastori.

---

n'empêcha pas celui-ci de lui confier, en 1541, l'impression de son Institution chrétienne, traduite en français pour la première fois.

[21] Les règlements faits en 1538 et 1539 pour *l'École de Strasbourg* astreignaient les élèves « à parler toujours la langue latine entre eux, à se vêtir décemment, à éviter les rixes et les lieux publics » (C. Schmidt. Vie de Jean Sturm, p. 39). Voyez le n° 857, renvoi de note 10.

[22] Les lettres écrites par *Mathurin Cordier* à Calvin en 1538 et 1539 n'existent plus. On verra par un seul détail consigné plus loin (N° 845, renv. de n. 25-27), combien leur perte est regrettable.

[23] Le millésime de *1540* a été ajouté par Farel. L'année commençait alors au 25 décembre. D'après notre style, la présente lettre appartient donc à l'an 1539.

[24] Pendant sa maladie, *Farel* avait été soigné avec sollicitude par *Nicolas Parent.* C'est ce qu'il annonçait à Calvin, le 6 février suivant.

844

LE CONSEIL DE BERNE à ses députés à Genève.
De Berne, 3 janvier 1540.

Minute orig. Arch. de Berne. Calvini Opera. Brunsvigæ, XI. 1.
(TRADUIT DE L'ALLEMAND.)

Instructions pour Jean-Rodolphe de Diesbach et Jean-Rodolphe Nægueli.

. . . .

Mes gracieux Seigneurs ayant appris que *les affaires de la Religion à Genève ne sont pas dans le meilleur état, et, en particulier, qu'on y a imprimé et qu'on y vend publiquement un petit livre dont on se sert pour l'instruction de la jeunesse, et dans lequel le papisme se trouve tout entier* [1], — ils vous ordonnent de vous informer

---

[1] Entre 1532 et 1534, l'ancien recteur *Christin* faisait apprendre aux écoliers de Genève les *Rudimenta Ioannis Despauterii* (Voy. le Mémorial du notaire Messiez. Mém. de la Soc. d'Hist. de Genève, XIX, 23). A la fin de la susdite grammaire, on trouve, sous le titre de *Questiuncule de penitentia puerulis non inutiles*, un petit catéchisme purement catholique. Mais on ne connaît aucun exemplaire de cet ouvrage qui soit sorti d'une imprimerie genevoise.
Voici un autre petit livre, que M. Théophile Dufour a eu l'obligeance de nous signaler, et qui pourrait bien être celui dont parlent les Bernois (fin de la n. 6). C'est un volume de 24 et 8 feuillets in-12, imprimé en caractères gothiques et intitulé : « La doctrine et instruction des Chrestiens et chrestiennes. Sept pseaulmes et Syllabes. (Au-dessous, la marque de l'imprimeur.) Wygand Köln. » La plupart des pièces de ce recueil sont très catholiques. Il suffit d'indiquer la *Salutatio angelica*, qui se termine par ces mots : « Sancta Maria, mater dei, ora pro nobis peccatoribus, » — l'*Introitus ad Altare*, et les *Litanies*. A la fin on trouve *Precepta morum puerilium*. — Les *Syllabes* annoncées sur le titre forment un tout à part, intitulé : « Petit traictie, Pour paruenir a la vraye congnoissance des Lettres et Syllabes, fort bon et prouffitable aux enfans. Imprime a Geneue, par Wygand Köln. Lan 1532. » (Cet opuscule rarissime nous a été généreusement communiqué par M. Henri Bordier.)

très particulièrement de ce qui en est, et, si cela est nécessaire, d'appeler devant vous quelques écoliers et de les questionner au sujet de ce petit livre, ou de faire cette enquête à l'école même ². Dans le cas où la chose serait ainsi, vous devez en informer le Conseil [de Genève]³ et leur déclarer expressément que mes Seigneurs en éprouvent le plus grand déplaisir et en particulier de ce qu'ils ont aboli *le Collège* ⁴.

Vous direz aussi que mes Seigneurs ont été informés par le bruit public que *l'hôpital* est en décadence. Et là-dessus vous leur ferez des remontrances pressantes, en leur rappelant que mes Seigneurs leur ont laissé les biens d'église pour l'entretien des pauvres et du Collège : et vous leur direz qu'ils aient à relever ces deux établissements et à les remettre dans l'état où ils étaient précédemment. Et, en outre, comme ils ont maintefois promis et qu'ils se sont vantés de vivre comme mes Seigneurs dans les choses de la Religion et d'observer leur Réformation⁵, *vous les*

Depuis que la direction du Collège de Genève avait passé de nouveau à *Jean Christin* (N° 842, n. 3), certains livres d'école, abandonnés sous le rectorat d'*Antoine Saunier*, avaient pu facilement reparaître. On sait d'ailleurs que plus tard *Gabriel Köln*, fils de Wigand, fut à plusieurs reprises réprimandé pour avoir publié « des *almanachs* et *pallettes* (alphabets) selon la papisterie » (Voy. Dufour. Notice citée, p. 76. — E. Gaullieur. Études sur la Typographie genevoise. Bulletin de l'Institut Nat. Genevois, t. II, p. 131).

² Les députés bernois se renseignèrent d'abord auprès des pasteurs. On lit dans le Registre de Genève du lundi 12 janvier 1540 : « Vendredy dernier, les ambassadeurs de Berne fire assavoyer az *Ja[cques] Bernard*, sçavoyer que il vollyen parler aux prédicans. Et allyre vers eulx aux logis, et quan il furent laz-dedan, fyren sorty tous synon eulx. [Ils dirent :] Le bruyt co[u]rt que en ceste ville l'on volloyer avoyer laz messe. Du Collège, qu'il estoy mal pourvie[u]z et que il n'y avoyt nul ordre. L'hospital n'est entretenuz coment appartien, et qu'il il [l. qu'ils y] ayen layssé beaucopt biens. Que l'on n'az poien de consistoyre autquelt les matières spirituelles doybvent estre décidée. »

³ Le 8 janvier, les ambassadeurs avaient entretenu le Conseil des affaires de Claude Savoye, devenu citoyen de Berne. Le 13, ils exposèrent les plaintes des Bernois, conformément aux présentes Instructions.

⁴ A comparer avec les t. IV, p. 455-460; V, 116, 156, 157, 160, 205, 215, 216, 245, 246, 285.

⁵ Voyez les t. III, p. 339, 340; IV, 60, 414, 415, 416; V, 135-139. Le Manuel de Berne du 3 janvier 1540 rend la même idée par les termes suivants : « Les exhorter [ceux de Genève] à considérer ici l'honneur de Dieu et ce à quoi, *in casibus fidei religionisque*, ils se sont engagés par écrit envers mes Seigneurs. » (Trad. de l'all.)

exhorterez à se tenir à leurs engagements, et à supprimer dorénavant les vices publics, à savoir, les dissolutions, les insolences et les actes scandaleux qui se produisent par des paroles, des faits et des gestes, — afin d'éviter tout scandale et de ne pas fournir aux papistes une raison de blâmer et de diffamer la religion évangélique.

En tout cela vous avez plein pouvoir d'agir, de prendre les mesures nécessaires et de faire tout ce qui peut servir l'honneur de Dieu et favoriser l'avancement de sa sainte Parole. Vous exigerez et vous rapporterez une réponse des dits Seigneurs de Genève sur ce sujet⁶. Fait le 3 janvier, l'an, etc., XL.

Le Secrétaire de Berne.

845

JEAN CALVIN à Guillaume Farel, à Neuchâtel.

De Strasbourg, 10 janvier (1540).

Inédite. Copie moderne. Bibl. Nationale. Collection du Puy, t. 102.

Gaspar, post longam ac variam consultationem, tandem se ad

---

⁶ On lit, soit dans le projet de réponse aux ambassadeurs, soit dans le texte définitif de la réponse : « De laz remuée de *laz messe*, que c'estoyen mauvays gens, semeurs de noyses, et que il ne cryussent à tielt faulx rapporteurs. Touchant *le consistoyre*,... pour ce que n'avons pas grans pays ny terres, — des choses spirituelles laz cognoyssance s'en fayct en Conseil estroyct, ayant évoquées, avecque eulx, les Sʳˢ prédicans. De *l'eschole*, fère responce coment aut Colliège nous avyons pour régent Maystre *Anthoine Saulnyer*; et, pour ce qui ne volly vivre jouxte le synode de Lausanne [Nᵒ 700], le mysmes hors, et à laz requeste de Monsieur le cappitaienne *Nayguely*, déchassâmes tous les Fransoës qu'estyen en icelluy; et dempuys avons fayct toute diligence de trouvé home propice : ce que n'avons peult trouvé jusque az présent... Toutesfoys, que le dictz Colliège est proviheuz d'ung home bien propice [Nᵒ 842]... De *l'hospital*, que sans nulle faulte l'on fayct tout son povoyer de l'entretenyr, combien que *le Roy* nous az hostée *Thiez* [t. V, p. 331] et d'aultres biens, — nous confiant que, pour l'advenyr, Leurs Excellences nous ayderont en cella ; et que le dictz hospital est fort chargée, et dépend plus [l. cause plus de dépense] que nous murallies.... » « Et mostryz [l. montra] le dictz ambassadeurs *ung petit lyvre des alphabetz ancien*, disant que l'on apprenoyt les enfans ainsy, lequelt l'on avoyt pourté az *Berne*. » — A ce dernier reproche, nulle réponse, dans le Registre du Conseil. (Communication obligeante de M. Théophile Dufour.)

abitum comparavit¹. Veritus enim est ne si diutius maneret, sese obrueret ære alieno², et quia jam aliquantum contraxit, habet in animo conditionem *Basileæ* suscipere, si quam reperiat unde aliquid conficiat pecuniæ, quò se apud creditores liberet. Consului tamen omnino ne ultra duos menses se obstringeret, ut integrum sit *fratribus* de ipso statuere quod visum fuerit³.

Omnia hic adhuc sunt in suspenso. *Cæsar magnum exercitum conscribit*⁴. *Nostri*⁵ *silent proinde ac si nihil res ad se pertineret. Nolunt enim videri se illi opponere, cum fingat*⁶ *nihil aliud sibi esse in animo quàm recuperare duas illas urbes quæ defecerunt*⁷. *Sciunt tamen se non procul abesse à periculo; itaque se parant, sed frigidiùs quàm multi optarent. Hoc boni dedit nobis Dominus quòd se Papistæ plurimi nobis adjungerent, ad patriam defendendam; nunc enim seriò cogitant actum de libertate Germaniæ esse, si opprimamur*⁸.

Postquam rediit *Bucerus*⁹, recitatæ sunt ei literæ quas fratres

---

¹ Voyez sur *Gaspard Carmel* les pages 25, 26, 30.

² A comparer avec le N° 843, renvoi de note 17.

³ Les pasteurs du Chablais attendaient impatiemment l'arrivée de *Carmel*.

⁴ Dans la copie, *conscrivit*.

⁵ Les confédérés de Smalkalden.

⁶ Dans la copie : *victori* se illi opponere, cum *fingatur*, etc.

⁷ Trois villes de la Flandre, *Gand*, *Courtrai*, *Oudenarde*, s'étaien révoltées contre Charles-Quint, à cause des contributions extraordinaires qu'il prétendait leur imposer, malgré ses engagements antérieurs (Voy. H. Martin, o. c. VIII, 254, 257, 262).

⁸ L'archevêque de Trèves, *Jean de Metzenhausen*, déclarait en 1539 au chancelier de Hesse, qu'il était persuadé « *Cæsarem* et *Pontificem* junctis consiliis id agere, ut sub religionis prætextu Principes *Germaniæ* universos opprimerent; *consulendum ergo in commune*, et concordiam in religione procurandam, vel si hæc obtineri nequeat, *pacem civilem* constituendam esse. » Seckendorf mentionne, en citant leurs paroles, d'autres princes catholiques dont les sentiments étaient tout pareils (Op. cit. III, 232 b. — Rommel. Philipp der Grossmüthige, II, 398). Voyez aussi les lettres de Calvin à Farel du 27 février et du milieu de mai 1540, et celle qu'il adressa à du Taillis le 28 juillet, même année.

⁹ La copie porte *Toncetus*, nom imaginaire. Il s'agit évidemment ici de *Bucerus*, qui était de retour de *Wittemberg*, où Philippe de Hesse l'avait envoyé pour consulter Luther et Mélanchthon sur son projet de mariage (N° 835, n. 38). *Bucer*, en revenant sur ses pas, s'était arrêté à Weimar, chez l'électeur de Saxe (13 décembre), puis à Cassel, pour faire son rapport au landgrave de Hesse. Ce fut sans doute peu après son arrivée à

istinc [10] ad *Grynæum* de *Caroli* negocio scripserant [11]. Cùm *illud eum* [12] *malè habuit quòd actionem totam nostram* [13] *videret adeò fratribus displicere,* quos toto animo cupit habere amicos ; tum verò hæc res vehementer eum anxium reddidit, cum legeret in *Zebedæi* literis : « nos agere aliud nihil quàm ut papismum veteri speciosiorem reveheremus [14]. » *Utinam talem papismum reciperet orbis universus !* Non equidem nego quin suam nequitiam *ille* prodiderit, cum de nugis illis controversiam moveret [15] ; sed cur non perpenditis [16] quid sit illi responsum ? Sed quid tandem recesserit *nostris ?* Optat initio confessionem auricularem, sed postea fatetur ritè à nobis abrogatam ; invocationem Sanctorum, preces pro mortuis et alia ejus generis conatur probare : sed protinus desistit, ubi contrariis rationibus victus est ; atque ut tibi [17] concedam nonnihil in nostro scripto [18] posse desiderari, velim tamen reputes apud te quàm aspera sit vox illa « *novum papismum à nobis erigi !* » *Bucerus* [19], nisi obstitissemus, propriis literis se purgasset ; verùm cum audiret me diligenter scripsisse, acquievit.

De Carolo ipso, non multùm à vobis dissentimus : nemo enim est nostrùm cui planè probetur. In recipiendo autem fuimus faciliores, quia putavimus antè à vobis receptum [20]. Fefellit nos ea opinio, sed tunc demum sensimus cum corrigere non liceret. Non video tamen in ea re tantùm periculi quantùm vos putatis : constringitur enim

---

Strasbourg, qu'il écrivit la lettre indiquée dans la Collection Simler sous le titre suivant : « *Bucerus*, nomine Principum Germaniæ, ad Galliæ Regem, de pace Ecclesiæ. Mense Ianuario, 1540. »

[10] Dans la copie, *istius*.

[11] On n'a pas conservé cette lettre des ministres du comté de Neuchâtel. On voit seulement qu'elle blâmait la procédure des Strasbourgeois dans l'affaire *Caroli*.

[12] Le copiste a pris pour *enim* l'abréviation de *eum*.

[13] C'est-à-dire, les Actes de la réconciliation de Pierre Caroli avec les pasteurs de Strasbourg (N° 822).

[14] *André Zébédée* avait joint à l'épître des pasteurs neuchâtelois (n. 11) une lettre où il communiquait à *Grynæus* ses réflexions personnelles.

[15] Calvin fait allusion aux Actes précités (n. 13), où sont mentionnées les objections futiles de Caroli et sa promptitude à rendre les armes, après chaque réplique des Strasbourgeois.

[16] Dans la copie, *propenditis*, et, un peu plus haut, *perdiderit*.

[17] Ibidem, *sibi*.

[18] Encore les Actes de la réconciliation.

[19] Ici le copiste a lu *Toncerus*.

[20] A comparer avec le N° 823, note 14.

multis vinculis, quæ si abripuerit, secura [21] est omnis concordia; si pertulerit, nihil poterit nocere. Deinde *nihil statuimus nisi hac lege, ut reconciliatio Agathopoli facta rata maneat, imò confirmetur* [22]. Nunc dicitis illum à pacto discessisse; ergo nihil cum eo actum est; quia indicate nostris, sine contentione *illum* non stetisse datæ fidei, omnia quæ petere potestis facturos polliceor.

Cœperam *hodie mane* literas scribere quibus consilium meum in ea re de qua jusseras [23], fratribus exponerem. Sed priusquam ad decimum versum pervenissem, *Comete* [24] *me accersivit ac totum diem detinuit secum*, tametsi absolvere una hora poterat quod mecum erat agendum. Mihi nihil est molestius quàm sic tempus frustra perdere; sed difficile est ab eo extricari. *Prudenter*, fateor, *nuper me admonebat Corderius* [25], *ne mihi negocia ordine meo aliena accerserem* [26]; *sed utinam sic possem me liberare, ut abhor-*

[21] Dans la copie, *secuta*.

[22] Voyez le N° 822, renvoi de note 15.

[23] Calvin répond à une lettre de Farel qui est perdue et dans laquelle il demandait peut-être à son correspondant de dissiper les malentendus existants entre les ministres de Zurich et ceux de Strasbourg (N° 847, renv. de n. 2. 9). Voyez aussi N° 863, renvoi de note 36.

[24] Le copiste a lu *Comele*, qui ne signifie rien. Il doit y avoir dans l'original *Comete* (*Comète*, en suppléant l'accent) ou *Cometa*. Par ce qui suit on voit que le personnage en question avait du respect pour la parole de Dieu, et qu'il recevait très convenablement les exhortations et les censures des ministres. Ses relations avec *Calvin* n'étaient pas récentes; il recourait fréquemment à ses conseils et il abusait même quelquefois de son obligeance; mais le Réformateur se contentait de gémir intérieurement des longues heures perdues au milieu des officiers du capitaine *Comète*. Tout ce qu'il dit de lui correspond exactement à ce que l'histoire nous apprend de *Guillaume de Furstemberg*.

Nous avons vu quelque part une lithographie où le comte Guillaume est représenté de profil : c'est un grand et bel homme, avec une longue chevelure flottante. Ce dernier détail peut expliquer le surnom que lui donne ici Calvin, et qui ne se retrouve pas ailleurs.

[25] C'est-à-dire dans une lettre dont on ne possède que le passage cité par Calvin.

[26] De quelles « *occupations étrangères à son office de pasteur* » Calvin veut-il parler ? Est-ce d'un travail autre que la correspondance qu'il rédigeait pour le comte Guillaume (N° 835, n. 22) ? Nous pouvons répondre à cette question en annonçant une découverte intéressante : Nous croyons avoir constaté que le mémoire intitulé « *Déclaration faicte par Monsieur Guillaulme, Conte de Fürstenberg* » (N° 835, n. 14), est en réalité l'œuvre du Réformateur. Ce serait donc, en rang de date, le troisième de ses écrits

reo ex animo. Abstineo certè quoad licet, sed in totum non concedit [27]. *Atque ut scias quàm libenter adeam, mihi sedendum est cum natione militari qua domus ejus referta nunc est; cogit enim fœderis nomine militem* [28], *tametsi non palàm neque professò. Multis vitiis laborat* [29], *de quibus tamen patitur se admoneri ac etiam reprehendi: hanc enim reverentiam defert verbo Dei, ut libenter audiat quidquid illic docetur, nec ministros contemnit, quod in me ipso experior.*

Gandenses [30] feruntur auxilium *Angli* implorasse et impetrasse [31].

français, et il faudrait le placer entre son *Psautier* de 1539 et son *Traité de la Cène*, de 1540.

Le susdit mémoire, qu'on pourrait aussi appeler un *factum*, porte la vive empreinte de l'esprit de *Calvin*, et l'on peut se dire, en le lisant : c'est ainsi qu'il aurait plaidé, si, déférant au vœu de son père, il avait suivi la carrière du barreau. Simple, précis et assez calme dans l'exposé des faits, l'avocat de Furstemberg s'anime à mesure qu'il en apprécie la signification et la portée. Bientôt l'indignation le saisit ; sa parole devient rapide et acerbe ; il accable *Vogelsberg* de ses apostrophes ironiques, réduit à néant les excuses dont il pourrait chercher à « se couvrir, » et ne l'abandonne qu'après l'avoir convaincu de trahison et d'infamie.

Tout ce réquisitoire est plein de verve et de vigueur. Impossible de n'y pas reconnaître à chaque instant les tournures, les expressions favorites et les mots incisifs de *Calvin*. Si ce n'est pas *lui*, qui serait-ce ? Quel autre Français, à Strasbourg, aurait manié cette maîtresse-plume qui trahit un humaniste, doublé d'un jurisconsulte et d'un théologien? Quel autre enfin eût été mieux informé des affaires du comte Guillaume, ou plus avant dans sa confiance ? Mais nos affirmations ne suffisent pas ; il faut que le lecteur puisse juger par lui-même. C'est pourquoi nous ferons réimprimer l'opuscule que nous appellerions volontiers le *Plaidoyer de Jean Calvin.*

[27] Il faut lire *conceditur* ou bien sous-entendre *Cometa.*

[28] Soldats levés en secret pour la Ligue de Smalkalden (N° 835, n. 15).

[29] Les mœurs de *Furstemberg* étaient celles des militaires de ce temps-là. Selon Bonivard, « chascun sçait quel homme c'estoit, yvroigne comme un landsknecht, larron comme un guascon, qui aussy estoit la plus part du temps enragé » (Advis et devis de la source de l'idolâtrie. Genève, 1856, p. 158). Brantôme dit que là où le comte avait passé, il ne restait rien. Voyez aussi Gaillard, o. c. IV, 321. Ces jugements absolus doivent être tempérés par le présent témoignage de Calvin, par celui des Genevois (IV, 294), et par le fait que la considération du comte n'avait pas trop souffert à Strasbourg, où il résidait souvent. Cette ville lui confia plus tard le commandement de ses milices (Voy. Münch, o. c. t. II, *passim*. — Rœhrich, o. c. II, 5, 113, 114, 170, 182).

[30] *Les Gantois.* En latin ils sont ordinairement appelés *Gandavenses.*

[31] Ils avaient requis l'aide de leur suzerain, le roi de France, qui se hâta d'en prévenir l'Empereur. (Voy. H. Martin, l. c.)

Lutherus amicissimè de me sciscitatus est ex Bucero [32]. *Excusatione illa mea Philippus supersedendum censuit* [33]. Vides ut omnia simul nullo ordine permisceam; finem igitur facio. Vale, frater suavissime. Dominus te aliosque omnes conservet, quos mihi diligenter singulos salutabis, *præceptorem meum* [34] imprimis. Argentorati [35], 10 Januarii (1540).

(*Inscriptio :*) Optimo fratri meo Guillelmo Farello, Neocomensis Ecclesiæ pastori [36]. Neocomi.

846

JEAN CALVIN à Guillaume Farel, à Neuchâtel.
De Strasbourg, 6 février 1540.

Autographe. Bibl. Publ. de Genève. Vol. n° 106. Calvini Opera.
Brunsvigæ, XI, 10.

Obsecro, mi frater, quòd tecum expostulo, te objurgo, tibi succenseo, te accuso, id perinde accipias ac si hæc tecum ipse faceres. *De Carolo Dominus dabit consilium, quo si quid peccatum est corrigatur. Nostri quoque se læniores fuisse fatentur quàm oportuerit.* Sed quia non ea est severitas disciplinæ apud nos quæ esse deberet, coacti sunt indulgentiùs eum tractare quàm optassent. *Imprimis verò fefellit nos omnes error ille quòd putavimus vobis reconciliatum* [1]. *Nam hac eum lege recepimus, ut ratæ manerent omnes*

---

[32] Le copiste a lu *cætero.* C'est encore un nom propre estropié. Il ne peut être ici question de *Géryon Seiler,* médecin de la ville d'Augsbourg. Il ne connut *Calvin* que plus tard. C'est donc auprès de *Bucer,* arrivant de Strasbourg, que *Luther* s'était informé très amicalement de *Jean Calvin.*

[33] Il s'agit de l'*Excusatio* composée par *Calvin* au mois de novembre 1539, et que nous avons placée à la fin du N° 835.

[34] *Mathurin Cordier,* principal du collège de Neuchâtel.

[35] Dans la copie, *Argentorii.*

[36] La lettre n'est pas signée, mais au-dessous de l'adresse on lit : « *Calvinus.* » Ce nom, ainsi que le millésime de 1540, aura été écrit sur l'original par *Farel.*

[1] Voyez les N°ˢ 823, note 14; 845, renvoi de note 20.

pactiones quibus Agathopoli vobiscum rediisset in gratiam. Si redierit, cavebimus ne quid nostra facilitas detrimenti vobis afferat. *Illic*² nescio an poterit nocere, etiam si velit. Si de nobis obloquatur, vix, ut spero, audietur. Scio enim *Jamesium*³ de nobis meliùs sentire quàm ut temerè admittat ullam criminationem. Ego quoque, ut verum fatear, illum *Rognaco* commendavi⁴, sed in hanc formam : « Quòd resipuisset, quòd se ad nos recepisset, quòd agnita culpa veniam impetrasset. Nos sperare illum ex animo ad nos reversum. Itaque rogabam, si se non aliter gereret quàm decet Christi servum, ne quid illa alienatio ei obesset. »

Non venit ad *Rognacum*. Ideo non usus est ea commendatione. Illic tamen *Alexander*⁵ receptus est in gratiam *Roberti Vallis*, cujus fuisse olim in familia nosti⁶. Cum huc postea missus esset, scripsi *Rognaco* me conscientia fuisse impeditum, quominus domi reciperem aut cum eo verba facerem. Ipse humaniter excusavit se ignorantia peccasse, quòd excommunicatum esse⁷ nesciebat. Venturus autem huc est cum uxore⁸ hac quadragesima. Tum de *Carolo* diligenter percontabor.

Quod quereris sacrum ministerium tam miserè istic collapsum, sic res habet. Quocunque vertas hodie oculos, ubique innumera reperias quæ deplores. Ego certè dum finem nullum video, animum prorsùs desponderem, nisi me hæc una cogitatio sustineret : quòd opus Domini, quidquid accidat, nunquam est deserendum. Tamen inter tot mala interdum aliquid dat Dominus quod nos recreet. *Hermannus*, qui adversùm nos *Genevæ* disputavit⁹, diem à me petiit ad colloquendum. In pædobaptismo, in humanitate Christi, in aliis quibusdam se graviter lapsum esse jam fatetur. Sunt alia quædam in quibus nonnihil hæret. Sed bona spes est tot difficultatibus perruptis. *Comes Joannis*¹⁰ tandem puerum quem habet natu satis grandem obtulit ad baptismum. Ignovi aliquamdiu ejus infir-

---

² C'est-à-dire, à *Jametz*, département de la Meuse.

³ *Jean de La Marck*, seigneur de Jametz (V, 233, 248).

⁴ A l'époque où *Caroli*, quittant Strasbourg, prétendait se rendre chez M. de *Rognac*, à Linchant (p. 56).

⁵ *Alexandre le Bel*, qui était parti de Strasbourg avec Caroli (p. 57).

⁶ Voyez, sur M. *de Robertval*, la p. 97, note 81.

⁷ Il avait été excommunié par l'église de Neuchâtel (p. 102, renv. de n. 106; p. 113; V, 160, 206, 447).

⁸ Sous-entendu *Rognacus*.

⁹ L'anabaptiste *Hermann*, de Gerbihan (IV, 272, n. 7; V, 113).

¹⁰ Le compagnon de l'imprimeur *Jean Bomeromenus*, ou de *Jean Tordeur* [l. *Stordeur*] de Liège (IV, 272. — Kampschulte, o. c. p. 325)?

mitati, cum diceret sibi constare optimam rationem differendi. Tandem dixit, se non morari eos quorum pervicacia nullo modo frangi queat.

Quod de ingressu *Caesaris* istic fertur est fabulosum [11]. Hominem illic habebant nostri qui omnia perspiceret. Certum est de rebus seriis nullum sermonem fuisse habitum. Verùm dictus est dies ad Calendas Martias, quo simul *Caesar* et *rex Samarobricae* conveniant [12]. Si poterit inter eos convenire, meritò timendum est ne ad nos perdendos conspirent [13]. Aderit *Ferdinandus* [14], qui jam itineris magnam partem progressus est. Rumor est *Sabaudum* [15] quoque per *Italiam* iter facere, ut Alpibus Tridentinis in *Germaniam* veniat. Et sanè nihil ei spei restabit ad sua recuperanda, si eo absente *duo illi* transegerint. *Nostri Caesarem de sua pollicitatione appellant* [16]. Interim tamen non secùs tumultuantur ac si bellum esset jam indictum. Superiori mense visi sunt nimis esse resides; nunc mirum est quantùm sint excitati.

Atqui inter tantos motus mihi tantum est otii, ut de uxore ducenda cogitare audeam [17]. Oblata mihi erat puella quaedam, nobilis genere et supra conditionem meam dotata. Ab eo conjugio duae rationes me absterrebant : quòd linguam nostram non tenebat, et quòd verebar ne sui generis ac educationis nimis memor esset. Frater ejus, vir pientissimus, instabat, nec alia causa nisi quòd ita erat amore mei excaecatus, ut se ipsum negligeret. Uxor etiam studio simili cum eo certabat, ut dare manus propemodum cogerer, nisi me Dominus liberasset. Cum enim respondissem

---

[11] Calvin fait allusion à une lettre de Farel qui répondait à celle du 10 janvier, et qui lui communiquait les bruits publics sur l'entrée de l'Empereur à Paris.

[12] Ce n'est pas à *Amiens*, mais à *Bruxelles*, que François I désirait avoir une seconde entrevue avec Charles-Quint.

[13] L'accord entre les deux monarques était de nouveau gravement compromis, depuis que l'Empereur avait quitté la France. Déjà à Valenciennes, il avait répondu en termes évasifs aux ambassadeurs du Roi, qui lui demandaient l'accomplissement de ses promesses, c'est-à-dire la restitution du Milanais. Après la soumission de Gand (6 février 1540), il leur déclara n'avoir rien promis (Voy. H. Martin, o. c. VIII, 258, 261, 263).

[14] *Ferdinand*, roi des Romains et frère de Charles-Quint.

[15] *Charles III*, duc de Savoie, que son neveu François I avait dépouillé de la plus grande partie de ses états.

[16] La promesse d'un *synode* composé de Catholiques et de Protestants (p. 38, 39, 127).

[17] Au mois de mai 1539, *Calvin* songeait déjà à se marier (V, 314, renv. de n. 11-14).

nihil me facturum, nisi puella reciperet se linguæ nostræ discendæ animum adjecturam, illa tempus ad deliberandum petiit. Statim igitur *fratrem meum* cum bono quodam viro misi, qui mihi alteram adduceret : quæ si famæ suæ respondeat, satis magnam dotem sine ulla pecunia secum adferet. Mirificè enim commendatur ab iis qui norunt. Si veniet, quod certò speramus, nuptiæ non ultra decimum diem Martii proferentur [18]. Utinam tunc adesses, ut benediceres nostro conjugio. Sed quia te anno præterito plus satis fatigavi, non audeo rogare [19]. Si quis tamen ex fratribus in animo haberet nos invisere, optarim ut eo tempore quo vices tuas sufficeret [20]. Quanquam ridiculum me facio, si contigerit me ista spe decidere. Sed quia Dominum mihi adfuturum confido, perinde ac de re certa delibero.

Redeo ad publicum statum. Quoniam *Cæsar* per *Londensem* [21] indicavit nostris principibus se *de conventu habendo* consilium non abjecisse, ne imparati deprehendantur, jusserunt *Schmalcaldiæ* adesse aliquot eruditos viros, qui de ordine actionis dispiciant [22]. *Bucerus* ante vicesimum hujus mensis eò profecturus est.

Vale, frater optatissime. Dominus te aliosque omnes tuos collegas conservet, quos meo nomine amantissimè salutabis, nominatim *Capunculum, Corderium*, præceptorem meum, *Thomam, Cunierum* et *Nicolaum* [23]. Nostri te diligenter jusserunt salutari. Has literas scribo per *Britonem* [24], quem hic optassem anno uno diutius retinere, nisi cogerer rationes ejus comprobare. Argentor. 6 februar. [25] (1540.)

CALVINUS tuus.

(*Inscriptio :*) Fratri meo integerrimo G. Farello, Neocomensis ecclesiæ fidelissimo pastori.

---

[18] Ce troisième projet fut abandonné, et *Calvin* épousa, au mois d'août 1540, *Idelette de Bure*, veuve de Jean Stordeur, natif de Liège (Voy. les lettres du 29 mars, du 21 juin et du 17 août).

[19] *Farel* était donc venu à *Strasbourg* en juin 1539, pour assister aux noces de *Jean Calvin* (V, 314, 341). Mais le mariage que celui-ci projetait alors ayant été rompu, il n'osait pas inviter *Farel* une seconde fois.

[20] La Classe de Neuchâtel députa à la cérémonie des noces de Calvin *Guillaume Farel* et *Jean de Bély*.

[21] *Johann von Veeze*, archevêque de *Lunden* (V, 254, n. 41).

[22] Cette conférence s'ouvrit à *Smalkalden* le 1er mars suivant.

[23] Les pasteurs *Jean Chaponneau, Thomas Barbarin, Cunier*, et *Nicolas Parent*, candidat au ministère évangélique.

[24] Voyez, sur *Brito*, le N° 832, note 41.

[25] Farel a écrit au-dessous de l'adresse : « 6 febr. 1540. »

847

GUILLAUME FAREL à Jean Calvin, à Strasbourg.
De Neuchâtel, 6 février 1540.

Autographe. Bibliothèque des pasteurs de Neuchâtel.
Calvini Opera. Brunsvigæ, XI, 13.

S. Gratiam et pacem a Deo! *Et omnes fratres et ego vel maximè lassi sumus, toties causa Caroli fatigati. Tractabatur in cœtu nostro, ob Grynæi amicas literas ad omnes scriptas*[1], *ac propter ea quæ tu scribis de aperienda omnium mente in fratres quos in Domino colimus*[2], quos et optamus semper magis ac magis in ecclesia Christi proficere, non solùm sibi, verùm etiam aliis. Dolet non parùm tam multos bonis fratribus abuti; sed plus affert consolationis magisque recreat, quòd boni quoque non inutilem experiuntur tam piorum fratrum operam. Quare discupientes, ut unum sint ac verè habeantur cum omnibus qui *istic* Christo militant, ut omnium nomine scriberem[3], quamvis — mihi conscius quàm sim ineptus ad hoc præstandum, ac quàm posset commodiùs ab alio fieri cui nihil intercessisset cum *Carolo,* quique et bona valetudine ac vi dicendi potentior esset, cum utrisque destituerer, — conarer à me onus rejicere; verùm pergentibus, cum in hoc sim ut fratribus bonà suadentibus nemo reluctetur, fuit mos gerendus. Hoc impetravi ut tantùm per te indicarem aliis, sic tamen ut nihil proponas nisi quod ad perfectam charitatem conservandam et Ecclesiæ commoda fecerit; nam eò tendit omnium affectus.

Primùm igitur hoc exoptant fratres, ut dona Dei tam insignia tantorum Christi ministrorum, sicut integerrimè ipsis utuntur multa fide ac diligentia boni viri, ita cautè multa circumspectione idque

---

[1] Cette lettre de *Grynæus* est perdue. Elle répondait, sans doute, à celle des pasteurs neuchâtelois mentionnée plus haut par Calvin (N° 845, renv. de n. 10-11).

[2] Édition de Brunswick : *colamus*. Il y a ici une allusion aux pasteurs de Strasbourg.

[3] C'est-à-dire, au nom de la Classe de Neuchâtel.

ubi Ecclesiæ causa agitur. Nam in propriis, ut suspicax non est charitas, sic in iis quæ totum respiciunt corpus Christi, nihil deferendum huic aut illi; sed vel cum jactura membri, si res poscat, corpori est consulendum. Quod experti in nobis dolemus, dum aliquando cupientes adesse alicui, vel ab aliis persuasi, quantùm nonnullis indulsimus, tantùm Ecclesiæ parùm prospeximus[4]. Hic te appello si non et contigerit, dum admiramur titulos[5], ac audimus affectibus propriis inflammatos, qui etiamnum sic ardent ut sibi excidant. Siquidem ita ferri quosdam video ut quicquid probent aliqui illis improbetur: sufficiens est causa ut respuant, non ingratum aliis esse; ut amplexentur, ab aliis non probari, ac si Marius omnes reputaret amicos qui Scyllæ non placerent. Hic flagitant diligentem rerum examinationem, non personarum affectum. Sanè qui vel ut viscera in Domino mihi chari et intimi fuerunt, hac ratione tam graviter me offenderunt ut tantùm memoria me cruciet. Si factiones in omni republica sunt perniciosæ, in Ecclesia mihi sunt ipsa pernicies. *Ego cum fratribus causam Domini volo tantùm curari, et non alicujus. Omnes dejiciantur et nihil sint in seipsis, ut Christus exaltetur et omnia sit.* Cui quàm miserrimè servitur jam, tam sunt plerique omnes ambitiosi seque quærentes ac sua, ut Christi nullam habeant rationem! Et quò plus pergo, plus experior in iis quos ardere oportet pro Christi gloria. Hic, frater, labora[6] ne quibusvis fucis sub Christi nomine fides habeatur, ac *tanti fratres*[7] illorum non serviant affectibus. Quàm vellem hic possem fratribus satisfacere, ac quod expertus sum eloqui! Sed te puto capere quid velim.

Alterum est, quòd currentes ut alios Domino lucrifaciant, ac satagentes ut concilient omnes, si potest fieri, sic agant ut multo parta labore non pereant, ac conjuncta non desiliant; neve fiat ut quæ stabant cadant, quæ surgebant suffocentur, et quæ prodire poterant impediantur, et desperata firmentur. Nam quæ à nostris prodeunt, si non rectè fiant, quantam putas ruinam cient? *Ab Altomonte* nobis est testis infelix[8], sicut et opera quibus potest *papismus*

---

[4] Aveu relatif à l'accueil indulgent que les ministres neuchâtelois avaient fait à *Caroli,* en juillet 1539.

[5] Allusion à ceux des ministres qui étaient pleins de déférence pour les deux docteurs de Sorbonne *P. Caroli* et *Jean Morand*.

[6] Édition de Brunswick : *laboro.*

[7] Les frères de Strasbourg.

[8] *Louis du Tillet,* seigneur de *Haulmont* (Voy. les Indices des t. IV, V, et le N° 825).

vel in parte firmari. *Hoc jubebar attingere, sed peculiariter de fovenda vel potiùs resarcienda concordia cum Tigurinis* [9], quorum ecclesia non potest contemni; siquidem à nonnullis subindicabatur parùm convenire. Hic valde laborandum, bene ut conveniat [10]. Vereor ne per eos qui fratribus se fingunt qui *istic* sunt amicos, et aliis quoque, semina odii, imò incendium alatur, ut in aliis etiam est videre, dum interdum liberiùs scripta, non ut scribuntur, aut non à quibus oportet accipiuntur; suppressa expediret magis aliqua, et nescire multos. At Satan illud urget ut quærant non pauci quod ad dissidia facit, magis quàm paci servientia. *Intelligo istinc scriptum fuisse, huc missa fratrum acta* [11], *sicque per nos celata ut ad alios non pervenerint. Si missa fuerunt, mihi sanè non fuerunt missa.* Nam ex fructu actionis *illius de quo agitur,* uvam [12] acerbissimam cogebar tunc devorare, cum nihil magis ad mortem raperet me, quàm ecclesiarum per *illum* facta ruina, ut taceam de viri commilitonibus. Et, ut aliquid inter ea quæ fratrum sunt, de meis immisceam, judicor solus [13] effecisse ne triumpharet actor. Quis speret, aliud cogitare in hac causa eos qui audent affirmare quicquid ab aliis fit aut curatur, quamvis nemo minùs resciat quàm ego, autorem me esse.

Cum hac transiret *Viretus Berna rediens* [14], contuli nonnulla

[9] Voyez, sur l'état des relations entre l'église de *Zurich* et celle de *Strasbourg*, le t. V, p. 141, n. 6, et la lettre de Calvin à Bullinger du 12 mars 1540.

[10] Ces trois derniers mots sont écrits à la marge.

[11] Les *Actes* de la réconciliation opérée à Strasbourg (N° 822), au sujet desquels *Grynæus* écrivait à Calvin, le 25 octobre 1539 : « Ad *Farellum* acta cum Carolo ante omnia mitti diligenter oportet, et per eum ad alios » (p. 109). Les nouveaux éditeurs de Calvin disent au contraire (o. c. XI, 15), que ces *Acta* sont ceux de la conférence tenue à la Neuveville en juillet 1539, lesquels avaient été légalisés du 29 au 31 janvier 1540 (t. V, p. 457-462). Il serait singulier que l'envoi de ces Actes à Neuchâtel eût été ignoré de *Farel* jusqu'à ce moment-là, et qu'il l'eût appris par une lettre de Strasbourg. En outre, ne connaissait-il pas la teneur générale du susdit document, pour avoir assisté en personne à la conférence de la Neuveville (p. 87, premier paragraphe)?

[12] Dans l'édition de Brunswick, *unam.*

[13] Ibidem, *iudices solos.*

[14] Le lundi 2 février, *Pierre Viret* avait paru devant le Conseil de Berne, avec *Matthieu* [*de la Croix*], pasteur à Lutry, et ils avaient, à eux deux, présenté un rapport qui concluait à l'érection d'un collège à *Lausanne*, et de plusieurs écoles dans les villes du Pays de Vaud (Manuel de Berne du dit jour).

quæ scribis ad me [15]. Miratur prætexere *Carolum* quód desideret aliquid in doctrina, et quòd abrogata à nobis non sic essent abroganda, cum secùs locutus fuisset *Agathopoli* [16] *:* quod *Viretus* tum tibi tum aliis indicasse affirmabat dum essetis *Basileæ* [17], adeó ut tam possetis omnia tenere quàm qui aderant. Per ea quæ varia occurrunt, ac literas *Grynæi*, quibus puto fratres admonitos ut de omnibus tractarent cum homine [18], judico non venisse in mentem audita de *actione Agatho[politana]* [19]*;* cumque [20] ipse vellem tantùm efficere ut fratres incumberent lucrifaciendo *Carolo*, ut victus officiis fratrum se ac s[ua detestare]tur (nam sic volebam, ut toties indicavi, officiosè præstari omnia quæ possunt sine jactura Ecclesiæ fie[ri et d]isciplinæ eversione), *non attigi acta inter nos, in quibus nihil concludebatur* [21], sed spes affulgebat omnia rectè componenda tandem. Satis fuit intelligere per alium vos accepisse quæ oportebat, ne quid fieret nisi ut decet.

Non intellectam dicis nostram commendationem tantùm civilem fuisse, sicut nec civiliter unquam proposuimus commendare, sed ex animo et in Domino, nec aliter quàm vellemus nobiscum agi. Tamen de ministerio neque cum illo nec cum aliquo mentionem unquam fecimus [22]. Reputo posse aliquem nobis commendatum censeri valde, cui nos studentes officiis adesse, non præficimus [23] eum nec præfi-

[15] Allusion à une lettre de Calvin que nous n'avons pas et qui dut être écrite dans la seconde moitié de janvier.

[16] A la conférence de *la Neuveville*, où *Viret* avait été présent (t. V, p. 351, 355, 371).

[17] *Viret* était-il allé jusqu'à *Bâle?* Dans ce cas, il aurait pu renseigner *Calvin* sur les résultats réels du *colloque de la Neuveville*, et de manière à ne lui laisser aucune illusion (t. V, p. 371, renv. de n. 3-6). Mais il est plus vraisemblable que les mots *tibi.... indicasse affirmabat* se rapportent uniquement à la lettre écrite à *Grynæus* par Viret et Zébédée, après l'assemblée de la Neuveville. Grynæus aurait communiqué cette lettre à *Calvin*, qui se trouvait à *Bâle* en juillet 1539, on ne sait à quelle occasion.

[18] Farel veut parler d'une épître de *Grynæus* adressée aux pasteurs de Strasbourg, après la réception de la lettre de *Viret* (n. 17).

[19] Ici et un peu plus loin le manuscrit est entièrement rougé.

[20] Édition de Brunswick : *quæcunque ipse*.

[21] C'est ce qui nous a autorisé à dire (p. 56, n. 14) que *P. Caroli* n'avait pris aucun engagement formel envers les pasteurs neuchâtelois.
— Le texte de Brunswick porte un point après *eversione*, et la phrase suivante y commence par ces mots : *Non attigeram*, etc.

[22] A comparer avec la page 95, lignes 6-32.

[23] Édition de Brunswick : *præfecimus*.

ciendum judicamus ministerio. Cumque queraris *de solemni illa pœnitentia*, qua nunc vix emergentes carent ecclesiæ, quòd uti non licuit, — non te fugit plerisque conclusum fuisse pœnitentem in numerum ministrorum non admittendum, et eos qui defecerunt à clero tardè admissos in communionem plebis, sed tardissimè restitutos in numerum ministrorum. Cum ea quæ dificilè introduci nunc possunt, ob malè cohærentes ac sic variè in hac re affectos fratres symmystas, fieri non potuerint [24], prætermissa sunt quæ fieri convenientissimè poterant. Quid enim aliud subsecutum fuisset quàm omnium ædificatio, si frater, admonitus quàm graviter peccasset quàmque omnes ægrè tulissent, audiret omnes plurimùm in Domino gaudere quòd rediisset, ac hujus gratia charissimum esse, quòd perditus cum esset, a Domino sit inventus, mortuus revixerit? quare omnes precibus ad Dominum adjuturi sint ipsum ac omnia acturi quæ Dominus dederit in grat'am ipsius : tantùm contendat ita ædificare quantum destruxit, ut omnes meritò adigantur rationem ipsius habere in ecclesia Domini.

Hoc sanè non parùm afficit, quòd concessa et affirmata negat ut dubia. Magis cum fratribus expostulare videtur quàm reconciliationem cupere. Sic aiunt qui *acta* viderunt in ipsis haberi [25], quod non putatur evenisse nisi (quod et tu indicasti aliàs [26]) ex iis qui non tantùm Dei et æquitatis, imó et sui immemores fiunt, dum affectus urgent ipsos. Non inexperto loquor, vidisti; nihil decessit, si non accreverit, maximo ecclesiarum malo. Hoc enim pessimum est, timorem Domini ac omnem quo rapi in Christum debemus nobis excuti affectum, nec ecclesiarum nullam [l. ullam] habere rationem, modò nobis indulgeamus. *Quàm sunt ii vitandi vastatores ecclesiarum! Si scires*, frater integerrime, *quibus artibus impetantur optimi fratres, ut purioris vitæ ita sanioris doctrinæ, ab iis qui præter nugas indoctas nihil didicerunt, et quantò mens fuit indoctior, tantò vita impurior, non posses non stupescere* [27]. Triticeus noster primus *domi post uxorem in lolium degeneravit* [28], et de quibus nihil minùs

---

[24] Ibidem, *potuerunt*.

[25] Farel n'avait donc pas encore vu les *Actes* envoyés de Strasbourg (n. 11).

[26] Édition de Brunswick : *alios*.

[27] Allusion aux intrigues d'*Antoine Froment* contre son collègue *Christophe Fabri* (Voy. le N° 848).

[28] Voyez, sur *Marie d'Entière*, femme de Froment (*Triticeus*), le t. V, p. 151, 296, 304, 456, 457. On sait maintenant, grâce à M. Théophile

speravissemus, cum tam malè [27] audirent apud sectarum amatores, quibus infensi erant, videntur hostium more agere, non ut Christi milites, ut causam Evangelii toto pectore tueantur, sed veluti conjurati sese tueantur, ut possint alios in ordinem cogere [30].

Hic res pergit non tam malè ut olim; laborandum nobis est in fovendis iis qui nobis pro fratribus erant hostes [31]. *Capunculus* jam olfacit quid olim tentatum fuerit in nos, ac quorsum rogatus sit sæpius [32], ac miratur tales esse. Nonnulli, cum sibi ac Ecclesiæ perniciem conciverint, alios impellentes, impulsi rursus, nescio an à *pontificiis* aliquid capiant, pergunt semper nec culpam agnoscunt. Dominus ex alto succurrat, et quæ instant mala avertat! Nam indicibilis apparet tolerantia Dei, quem flagitamus omnibus propitium miseris nobis succurrere, cor novum omnibus largiri, fugatis vitiis, veras indat [33] omnibus virtutes.

Nicolaus tui amantissimus miro discendi studio captus, idque ex te ac aliis qui *istic* agunt, voluit *istuc* descendere [34], cui non potui reluctari, etsi opera multorum hic valde necessaria esset; imo

---

Dufour (Notice citée, p. 158), qu'elle avait épousé en premières noces *Simon Robert*, ancien curé de Tournay, qui se réfugia avec elle à Strasbourg et qui fut, dès 1528, pasteur dans le pays de Berne (Index du t. III). Il mourut à *Aigle*, en mars ou avril 1533, laissant sa famille dans la pauvreté.

Peu de temps après, *Marie d'Entière* se remaria avec *Antoine Froment*, et elle le rejoignit à *Genève* au mois de mars 1535 (III, 280). Cette femme orgueilleuse et vindicative fut, malgré tout son esprit, une mauvaise conseillère pour son nouvel époux, qu'elle dominait absolument. Elle prépara sa ruine morale, en permettant qu'il cherchât dans le négoce une aisance que la carrière pastorale ne pouvait pas lui donner. Et ainsi, pendant toute la semaine, il tenait une boutique d'épicerie, et le dimanche il montait en chaire. Quand il fut transféré à *Thonon* (1537), *Froment* spécula en grand sur les vins, sur les huiles, et, toujours plus âpre au gain, il cumula avec ses fonctions de diacre celles de péager. Choses dignes *d'un vrai Démas*, disaient les pasteurs du Chablais dans une lettre que nous donnerons plus loin.

[29] Édition de Brunswick : *mala*.

[30] C'est probablement une allusion à quelques pasteurs de la Classe d'Yverdon.

[31] Farel a surtout en vue son collègue *Jean Chaponneau* (t. V, p. 249, n. 15; 448, renv. de note 5).

[32] A comparer avec la p. 92, renvois de note 58, 59.

[33] Dans l'édition de Brunswick : *indet*.

[34] *Nicolas Parent* (p. 103, n. 116). Il acheva ses études à *Strasbourg*, où il fut consacré au saint ministère par Jean Calvin.

currentem hortatus sum. Ex eo potes omnia intelligere quæ me fovent et quæ angunt. Si commendatione apud te esset opus, commendarem studiosiùs; siquidem et ægro et utcunque restituto mihi ministravit non improbè, potissimùm si affectum quis intueatur.

Omnes salutabis quàm officiosissimè, *Capitonem* imprimis, *Bucerum*, *Hedionem*, *Bedrotum*, et nunquam prætereundum *Sturmium* [35]. *Gallos* omnes saluta plurimùm, quos in Domino sic cupio [36] pergere ut per eos Christi gloria illustretur. Quàm te cupiant omnes fratres salvere [37], malo te, ut potes, apud te reputare quàm possim frigidè indicare, *Thomas* præcipuè, *Capunculus*, *Michaël uterque* [38], et totis votis *Capitonem* et *Bucerum* cum aliis symmystis, quibus optant arctissimo nexu perpetuò junctos [39] se perdurare. Non possum non addere *Fatonum* cum *Cunero* [40]. Utinam sic possem ipsorum affectum exprimere ut ardenter optant vobis omnia in Domino felicia. Vale, nec patere aliquid de pio fratrum affectu labefactari in te et fratres, ob scriptionem hanc tam miseram. Omnia eram laceraturus, nisi apud te reputarem tantùm mihi licere, ac sperarem te miserè ac improvidè scripta feliciter ac prudenter redditurum, additis quæ desunt, suppressis quæ item oportet. Præterea *cum istis agitur quos satis novi plus in me intueri quid velim, quàm quid dicam* [41]. Vale iterum, ac omnes tecum. Neocomi, 6 februarii 1540.

Tuus totus FARELLUS.

(*Inscriptio :*) Quàm charissimo fratri Jo. Calvino, Gallorum pastori. Argentorati.

[35] *Jean Sturm*, ami intime de Calvin (V, 321, renv. de n. 5).
[36] Éd. de Brunswick : *quos in Domino cupio pergere.*
[37] Ibidem, *salvum.*
[38] *Thomas* désigne *Barbarin.* Quant aux deux *Michel*, il ne s'agit pas ici de deux frères, mais de *Michel Mulot* et de *Michel Dobt*, lequel avait quitté le pays d'Aigle pour servir l'église de Neuchâtel (Voy. l'Index du t. III et la lettre de Farel du 31 mai 1543).
[39] Édition de Brunswick : *iniunctos.*
[40] *Jean Faton* et *Thomas Cunier*, que le traducteur anglais des Lettres de Calvin appelle ailleurs *Onerus.*
[41] *Farel* avait passé un an et demi à *Strasbourg* (1525-1526) et formé les plus douces relations avec *Bucer*, *Capiton* et d'autres pasteurs de cette ville (I, 455-457; V, 407, 408).

848

GUILLAUME FAREL à Christophe Fabri, à Thonon.
De Neuchâtel, 8 février 1540.

Inédite. Autographe. Bibliothèque des pasteurs de Neuchâtel.

S. Gratiam et pacem a Deo! *Non est quòd frangaris,* charissime frater, *istis quæ sic te ac pios tecum turbant et afflictant*[1]. Prædicta sunt a Domino, et sicut verè sentimus juxta verbum Christi afflictiones, sicut [l. sic] verè credamus, consolationes et perpetuas nos recepturos, tristitiamque omnem in gaudium vertendam, quod nemo poterit in minimo labefactare, quin perpetuum sit et quàm maximum, sine doloris mixtura. Durandum igitur ac perseverandum, quoniam non datur corona nisi legitimè certanti.

Ex iis quæ *Turterus*[2] ex *Frumento* retulit sub nundinas[3], cum post ægritudinem[4] neque ipsum neque alium hìc viderim, ac rursus quæ *Bursarium*[5] audio de te dixisse, *satis patet te iniquissimè traductum, non solùm apud symmystas, verùm etiam apud senatum*[6].

---

[1] Allusion au chagrin que les intrigues de *Froment* causaient à Fabri et à ses collègues (n. 6, 9).

[2,3] *Hugues Turtaz,* pasteur à Morat, était venu à *Neuchâtel* pour la foire dite de la Chandeleur, qui se tenait toujours un mercredi. Ce fut donc le 4 février qu'il informa *Farel* de l'entretien qu'il avait eu avec *Froment,* à Morat, trois ou quatre semaines auparavant.

[4] C'est-à-dire, après la maladie dont il relevait en décembre 1539 (N° 843, renv. de n. 24).

[5] *Michel Augsburger,* trésorier du Pays romand, ou peut-être *Éberard de Rumlang,* secrétaire des Comptes de MM. de Berne.

[6] *Froment,* toujours rebelle aux admonitions de la Classe de Thonon, s'était rendu à *Berne,* au mois de janvier, pour accuser, devant le Consistoire et devant le Petit Conseil, *Christophe Fabri,* qui était doyen de la susdite Classe. Ce voyage faillit lui coûter cher. Au lieu de prendre, pour son retour, la route de Payerne, Moudon et Lausanne, il suivit celle de *Fribourg.* Arrivé dans cette ville, le samedi soir 10 janvier, il logea avec ses deux compagnons à l'hôtel de *la Couronne,* où se trouvaient *Hugonin du Jordil,* de Corseaux, et son valet *Pierre Coctet.* Après le souper, ces

Quàm acerbè tulerim actionem Frumenti, vix expressero. Priùs reputabam incogitantia, ne dicam indocta et ignara simplicitate peccare, ac rursus sic raptum affectibus ferri, ut non satis sciret quid ageret, multa perturbans, ne dicam dissipans, ut laborandum fuerit non parùm in sarciendis quæ laceraverat : parùm institutus in Scripturis et minùs providus in actionibus. *Tamen nunquam potuissem id credere, tanta iniquitate ac tam malignè in fratrem charissimum insurrecturum,* et sine Dei timore ruinam confusione plenam ecclesiis procuraturum. O miserum hominem et certé dignum qui *uxori* nupserit, cumque affectibus plus satis inservierit, quid mirum sic addictus servituti serviat miserè⁷ ? Tuum erit videre, si sanitatis spes ulla sit, ut in hoc labores, teipsum subdens Christo, cujus gratia prospiciens ecclesiis, non quid *homo* meritus sit intueberis, sed quid te velit Christus. Scribo paucis⁸ quæ te volo videre, ac ut judicaris facito : vel redde aut supprime, nam hoc cupio ædificare nec secùs aliquid agere.

Fratres priùs viderunt *Catechismum*⁹ quàm ego, sed nihil ab eis accepi. Visum est mihi quædam meritò addenda, ne facilè errent postac qui sequentur, ac rursus ne quid meritò calumniari quis possit. *Gaucherio*¹⁰ omnia tradidi. Vale ac dura, semper Dominum invocans. *Vide quòd calumnias à capite tuo depellas, satagens ut veritas pateat.* Saluta omnes pios in Domino, quibus opto Dominum semper adjutorem, qui et impiis sit propitius, corda immutans, sed imprimis *Alexandrum, Antonium* et *Joannem, Petrum* cum Porreo¹¹

deux derniers personnages, qui avaient sans doute reconnu *le prédicant* à son costume ou à ses discours, entrèrent brusquement dans la chambre où il était couché, et *Pierre Coctet* tira son épée et s'avança en disant : « Où sont ces méchantes gens qui disent que *la messe* n'est pas bonne ? » Le coup qu'il allait porter à *Froment* fut détourné par Noble *Claude Charvin,* de la Tour de Peilz, qui était accouru à son secours. Il expulsa les agresseurs, et, le lendemain, il escorta « le prédicant » hors de la ville (Enquête faite à Vevey, le 29 janvier 1540, par Augustin de Lutternow, bailli de Chillon. Arch. du C. de Vaud).

⁷ Voyez la note 28 du N° précédent.

⁸ Il faut sous-entendre : *ad Frumentum.*

⁹ C'est le *Catéchisme* que *Fabri* avait composé pour l'instruction de la jeunesse, et qu'il fit imprimer en 1551 sous le titre suivant : « *Familière Instruction pour l'Église de Neuchâtel.* » La suite du discours donne à entendre que *Froment* avait trouvé quelque chose à dénoncer dans cet opuscule.

¹⁰ *Gauchier Farel,* frère du Réformateur.

¹¹ *Alexandre Sedeille* ou *Sedille, Antoine Rabier, Jean Papillon, Pierre*

et quos nosti pios. Videte ut ruinis occurratis idque diligenter, invocato Domino ne ruinam superaddatis ruinæ. Nam vos non præteriit Satanam sic agere quosdam, ut putent se regnare ac se puros ac ter sanctos, si alii miserè perdantur ac errasse convincantur. Vobis hoc maximè fugiendum. Omnium quærenda est salus et perditissimorum etiam hominum, Ecclesiæ utilitas et ædificatio ac gloriæ Christi et Evangelii illustratio, ferendo etiam indignissimos. Dominus Jesus te ac omnes tecum servet! Vale bene ac fortis esto. Neocomi, 8 februarii 1540.

Tuus FARELLUS.

(Inscriptio:) Suo Christophoro fratri chariss. Tononii.

849

[PHILIPPE MÉLANCHTHON] à Jean Calvin, à Strasbourg.
(De Wittemberg) 11 février 1540.

Autographe. Bibl. Nationale. Coll. du Puy, t. 268. Calvini Opera. Brunsvigæ, XI, 17.

S. D. Hic tabellarius *Senensem* se esse ait et fuisse sacrificulum, ac venisse in periculum, propterea quòd quædam liberiùs dixerit adversùs pontificum et sacerdotum luxum [1]. Apud nos sanè modestè vixit. Nunc cupit proficisci in *Sabaudiam* [2], ubi sperat se plus posse proficere, aut fortassis etiam servire ecclesiis. Rogo igitur te ut eum *Sabaudiensibus* commendes. Degustavi multa Italica ingenia, sed si possumus, benefaciamus aliquibus.

Te ex animo amo et precor Christum ut te gubernet. Spero *Bucerum* et nos brevi in *conventu Smalcaldensi* unà futuros esse. *Habeo apud me hospitem Gallum, Johannem Fraxineum* [3], *eruditum*

---

de la *Fontaine* et *Michel Porret*, tous mentionnés plus haut (p. 27, n. 95, 97).

[1] Le nom de ce réfugié, natif de *Sienne*, nous est inconnu.

[2] Voyez, sur ce qu'on entendait par « le pays de *Savoie*, » le t. V, p. 64, n. 20, p. 335, n. 8.

[3] Ce *Joannes Fraxineus* pourrait être identifié avec *Jean de Monstiers,*

et probum hominem, qui de te amanter et sæpe loquitur. Bene et fœliciter vale. xi die Februarii 1540*.

(*Inscriptio :*) Egregia doctrina et pietate prædito D. Calvino, Argentinæ, amico suo cariss.

850

ROBERT ESTIENNE à [Jean Ribit, à Vevey?[1]]
De Paris, 16 février 1540.

Autographe. Bibl. de Gotha. Calvini Opp. Brunsv. XI, 18.

Recepi literas tuas 16ᵃ Februarii, ad quas pluribus respondere non possum propter occupationes. *Perge, obsecro, in emendando nostro thesauro, et colligendis quæ ex probatis illis authoribus*

seigneur de Fresse ou de Fresne, qui a publié plusieurs ouvrages, et qui fut évêque de Bayonne de 1550 à 1565. On lit dans Sleidan, à l'année 1551 : « [Galliæ rex] Baionensem episcopum, *Joannem Fraxineum*, ei [scil. Mauricio] miserat occultè, hominem jam antea diu versatum in *Germania*, nec imperitum linguæ » (Éd. cit. III, 286). Voyez aussi Moréri, art. Fresse. — Le P. le Long. Bibl. hist. de la France, 1719, nᵒˢ 7590, 16230. — La Croix du Maine et du Verdier. — Maittaire, III, 588.

C'est par *Fraxineus* que Mélanchthon dut recevoir les nouvelles suivantes, qu'il communiquait à Vitus Theodorus, le 15 février : « In *Galliis* recens (*sic*) tres combusti sunt, propter doctrinæ veræ confessionem, *Lugduni*. Audio et fugisse *duos Episcopos* et Comitem; quosdam magnos viros antea rectè sapientes, nunc alienatos esse. Verè vides Machabaicorum similitudinem. Deus gubernet nos! » (Mel. Epp. III, 958).

* La présente lettre ne porte aucune signature, mais elle est incontestablement de la main de Philippe Mélanchthon.

[1] On lit, au dos du manuscrit, cette note de la fin du seizième siècle : « *Robertus Calvino.* » Tout annonce, en effet, que nous avons ici une lettre de *Robert Estienne,* le célèbre imprimeur ; mais comment croire qu'elle ait été écrite à *Jean Calvin?* Était-il l'homme qu'il fallait pour la revision minutieuse du *Thesaurus* d'Estienne? Avait-il assez de loisir pour se charger de ce travail, lui qui se reprochait d'avoir accepté d'autres occupations étrangères à son ministère (Nᵒ 845, renv. de n. 26)? Et ce pasteur qui vivait dans la gêne (p. 32, renv. de n. 32; t. V, p. 290, 291,

deerunt[2] *: eousque ut ne graviora postponas. Feci partim quod volebas de libris. Non soleo à nostris bibliopolis quicquam accipere nisi præsenti pecunia*[3]*. Præsentem non habeo propter æs alienum multum quo laboro*[4]*, ad quod etiam dissolvendum totis viribus nitor. Magnam enim ea res molestiam affert mihi. Rem totam narravi amico tuo* qui mihi tuas literas reddidit. *Minoris multò emissem nomine meo præsenti pecunia, quàm fide mea interposita*[5]. Libri

307) pouvait-il acheter des livres pour une somme supérieure à 200 fr. de notre monnaie, juste au moment où il songeait à se marier (N° 846, renv. de n. 17)?

[2] *Robert Estienne* avait publié en 1532 et en 1536 son *Thesaurus Linguæ Latinæ*, et il préparait, au prix d'immenses labeurs, un *Thesaurus Græcæ Linguæ*, qui n'a vu le jour qu'en 1572, par les soins de son fils *Henri*. Duquel de ces Lexiques est-il ici question? Il semble d'abord que ce soit du premier, et que l'auteur s'adresse à l'un de ses huit collaborateurs (Guillaume *Budé*, Lazare *de Baïf*, André *Tiraqueau*, Adrien *Turnèbe*, Jacques *Tusan*, Jacques *Goupil*, Gilles *Perrin* et Jean *Thierry*. Voir les préfaces de 1532, 1536, 1546, 1740), — ou à quelque professeur de latin, vivant loin de Paris (Claude *Baduel* ou Mathurin *Cordier*, par exemple).

Mais il est facile de démontrer que le correspondant inconnu était un *helléniste* de profession. Si c'eût été seulement un *latiniste*, Rob. Estienne aurait pu lui fournir immédiatement, de son propre fonds de librairie, tous les grands classiques latins, toutes les grammaires latines, toutes les rhétoriques en honneur dans les collèges (Voy. Maittaire, II, 442, 446-453, 463 et suiv. — Renouard. Annales de l'Imprim. des Estienne, 1837, 1843. — Firmin Didot. Nouv. Biographie générale, art. Estienne). C'est pourtant chez les autres libraires de Paris qu'on va querir les livres demandés (Renvois de n. 3, 5). Nous en concluons que c'étaient *des livres grecs* : Rob. Estienne n'en ayant imprimé aucun avant 1540. Pour en fournir lui-même à son correspondant, il aurait dû les acheter et les payer comptant.

Mais le problème serait en vain simplifié, si l'on oubliait que la présente lettre s'est trouvée parmi les papiers de *Calvin*, et que le personnage auquel elle était adressée a dû, par conséquent, séjourner dans la Suisse romande. Le seul *helléniste* qu'elle possédât en 1540, le seul, du moins, qui fût connu par des travaux de quelque valeur, était *Jean Ribit*, principal du collège de Vevey (t. IV, p. 288, n. 9). Il avait étudié à *Paris* et montrait un goût prononcé pour la lexicographie, témoin son *Index Aristotelicus*, auquel il travailla pendant plusieurs années. Il était donc très compétent pour reviser les parties les plus achevées du *Thesaurus Græcæ Linguæ* d'Estienne, et, comme il espérait succéder à son ami *Conrad Gesner* (N° 797), qui voulait quitter Lausanne, l'acquisition d'un certain nombre d'auteurs grecs devait lui être indispensable (Voy. C. Gesneri. Bibl. Univ. 1545, f. 450b; 1555, f. 108a. Art. Ribittus).

[3] et [5] De ces deux passages nous inférons, que Rob. Estienne ne possédait dans sa librairie aucun des livres demandés.

[4] On sait avec quelle noble ardeur *Robert Estienne* favorisait l'étude

omnes quos petis emuntur quinquaginta tribus francicis præsentibus, compacti; fortasse aliàs vix emas 58. Non potui ampliùs tua causa, quàm summam tibi scribere. Præstiterit fortasse totum negotium *Freslonio* committere⁶, sunt enim vecturæ molestæ⁷ : ille veró novit quibus daturus esset. Hoc mihi crede : nisi quod dixi æs alienum meum obstitisset, ea ipsa hora tibi emissem. Utinam nomine tua [l. tuo] majora præstare queam! Dominus aliquando liberabit me hujusmodi curis gravissimis. DOMINUS JESUS⁸ cum spiritu tuo! Amen. Parisiis. 1540, 16 Februarii.

Tuus quem nosti.

851

PIERRE VIRET à Henri Bullinger, à Zurich.
De Lausanne, 20 février 1540.

Autographe. Archives de Zurich. Calvini Opera. Brunsvigæ, XI, 19.

S. gratia et pax! *Gaudebam mihi, superiore æstate, occasionem in Germaniam peregrinandi fuisse oblatam*¹, *sperans fore ut ad vos quoque, quò institueramus iter, tandem perveniremus,* ac tua doc-

---

des belles-lettres et de l'Écriture Sainte. Les nombreux livres de classes qu'il publiait « étaient vendus à un prix dont la modicité les mettait à la portée des plus pauvres écoliers. » Ses deux éditions in-folio de *la Bible Latine* (1528, 1532) lui avaient imposé des dépenses extraordinaires. « Son fils nous apprend que tant la composition que l'impression du *Thesaurus Linguæ Latinæ* coûta à son père trente mille francs » (Firmin Didot, o. c.).

⁶ Ce passage prouve avec évidence que le libraire *Jean Frellon*, frère de *François*, était fixé à *Paris* (t. V, p. 7, n. 2). Ils avaient de fréquents rapports de commerce avec *Bâle* et les autres cantons de la Suisse protestante.

⁷ C'est un indice que le correspondant d'Estienne vivait assez loin de Paris.

⁸ Le nom de *Jésus-Christ*, tracé en lettres capitales, était presque toujours, ainsi que la salutation *grâce et paix* (Voy. p. 85, n. 15), un signe de reconnaissance entre les Évangéliques.

¹ Au mois de juillet 1539 (t. V, p. 371).

tissimorumque virorum, quorum magnus est isthic apud vos proventus, præsentia et suavissimis colloquiis frui et oblectari contingeret. *Sed nescio quo casu è medio cursu revocati hac spe nostra et desiderio frustrati sumus*², *quo fit ut in præsentia,* postquam te coram videre et alloqui negatum est, *cogar saltem utcunque literis sarcire quod tunc præstare non licuit.* Scribo itaque, non quód mihi pollicear ullam te voluptatem ex tam ineptis scriptis percepturum, aut inde aliquid ad te rediturum utilitatis, sed quòd ea spe ducar ut mihi persuadeam aliquid mea me importunitate abs te literarum extorsurum, quibus mihi recreetur animus, et quarum lectione doctior evadam, sicque afficiar ut redeam ad pietatis studia alacrior et ardentior. Puderet procul dubio tam impudenter te, virum undequaque doctissimum, gravissimis ac maximè seriis studiis occupatum, interpellare et remorari meis nugis et ineptiis, nisi et ipsæ alicujus essent momenti et quædam secum seria ducerent. Tua ergo fretus humanitate, quam mihi tot encomiis Do. *Gryneus, communis amicus noster* ³, commendavit, ac cujus impulsu priùs jam apud te aliquid audere cœpi ⁴, accingar iis exponendis de quibus magnopere cupio tuam audire sententiam.

Qualis sit *rerum nostrarum conditio* non putavi prolixiùs prosequendum, quum id abunde narraturus sit *tabellarius,* quem nihil latere arbitror, ut pote qui non tantùm mihi arctissima necessitudine conjunctus est, sed omnium etiam consiliorum et cogitationum conscius et particeps ⁵. Unum est quod imprimis tecum optarim conferre, qua de re nonnihil attigi in meis ad D. *Casparem Megandrum* literis ⁶. Sumus plerique, et penè quotquot penitiùs introspiciunt expenduntque diligentiùs quàm arduum hoc sit munus quo vilissimi homunciones fungimur, quos magnæ ac graves curæ teneant sollicitos et valde perturbent, quód tam rarus appareat Evangelii fructus, tantus sit Verbi et sacramentorum contemptus, tanta fidei et charitatis inopia, tanta peccandi securitas, nullus Dei metus, nulla prorsùm religio, adeó ut vereamur ne paulatim labamur in atheismum quendam, semel deleta ex animis

---

² Voyez le t. V, p. 374.

³ Viret avait formé des relations personnelles avec *Simon Grynæus* à Bâle, au mois de novembre 1535 (III, 372).

⁴ Voyez la lettre de Viret à Bullinger du 15 mai 1539 (N° 788).

⁵ Probablement *Jean Curie, Briton* (Nos 832, n. 41; 8·6, n. 24).

⁶ Cette lettre de Viret à *Megander,* pasteur à Zurich (IV, 343, 352, 412), ne paraît pas avoir été conservée.

religione et omni Dei timore excusso. Nam *quid nobis accesserit ex profligato papismo, non sentimus aliud quàm quòd,* vice abominandæ illius sacrificulorum lanienæ et sacrorum execrandorum, *sacras habemus conciones, ingentem quidem et preciosissimum thesaurum, felicem commutationem, nisi quem ex ea decerpere fructum debueramus defloraret præriperetque nostrorum hominum ignavia, et religionis neglectus tam impius et pertinax, ut sæpe soleam cogitare, hanc nobis lucem adfulsisse quò graviores irato Domino pœnas nostræ impietatis et perfidiæ luamus.*

Optamus omnes quidem profectum uberiorem, majores pietatis auctus et incrementa : sed nihil aliud quàm optamus. Deploramus istam temporum iniquitatem, at interea nemo est nostrùm qui mederi tantis malis valeat. Incertus sum planè idne nostro contingat vitio, an populi, an utriusque, quod probabilius esse conjicio. *Meditabamur disciplinam aliquam in Ecclesiam, quæ sic dissoluta est, revocare. id enim necessitas nos cogit facere : qualem verò, nobis non satis constat.* Cujus ecclesiæ exemplum nobis proponamus imitandum, non satis novimus ; tum quòd quibus vivatur alibi institutis, et qua disciplina contineatur quisque in officio, haud satis liquet, tum quòd rarissimæ sunt eæ ecclesiæ in quibus non iisdem laboretur morbis et iisdem sit opus remediis [7]. *Porrò veterem disciplinam restituere haud est in promptu nec expedit,* partim quòd non suis careat vitiis, et plurima contineat quæ, ut nonnihil discedunt ab Apostolorum puritate, ita reduci citra conscientiarum periculum et papismi speciem atque suspicionem non facilè possunt

Cupimus disciplinam, sed quoad ejus fieri poterit simplicissimam, purissimam et nihil ab apostolica variantem et viris verè apostolicis. Qua verò via aggrediamur hoc negocium, unde incipiamus, quorum labore, industria, fide, diligentia et favore ad hanc rem utamur, quid proponamus et deliberemus, in tanto affectuum æstu, sinistris suspicionibus, religionis neglectu, haud nobis satis compertum est. *Morbos sentimus et cognoscimus, sed plus valet arte malum et in dies magis ac magis invalescit, dum nemo manum medicam admovet, nemo occupatur inquirendis antidotis, aut si qui id dent operam, aut cunctantur nimiùm aut non videntur agere ea fide et diligentia quam res ipsa postulat*[8]*,* atque ita semper in eodem

---

[7] A comparer avec le commencement du troisième paragraphe des N°⁸ 843, 846.

[8] Viret fait allusion aux autorités civiles et au Consistoire de Berne.

hæremus luto et consenescimus, nihil veriti ne posteris ecclesiam relinquamus omni solutam disciplina, mirè turbatam et dissipatam, quæ priùs penè interit quàm nata sit.

Tu igitur, obsecro, aliquo consilio et admonitione hac nos leves molestia, et hanc sedes perturbationem. Minimè enim dubium est quin vos quoque hujusmodi exerceant et exagitent cogitationes : quo fit ut sperem me vestris consiliis et monitis non parum adjumenti percepturum [9]. Saluta quæso meo nomine collegas et symmystas tuos, fratres in Domino nobis omnibus observandissimos. Salutant te *collegæ mei* et fratres qui apud nos sunt. Vale optimè et meam loquacitatem boni consule. Lausannæ, 20. Februarii. 1540.

Tuus Petrus Viretus.

(*Inscriptio :*) Pietate et literis ornatissimo D. Henricho Bullingero, Tigurinæ ecclesiæ pastori vigilantissimo. Tiguri.

852

CHRISTOPHE FABRI à Jean Calvin, à Strasbourg.
De Thonon, 21 février 1540.

Autographe. Bibl. Pub. de Genève. Vol. n° 109. Calvini Opera.
Brunsvigæ, XI, 21.

S. *De negocio Caroli* nihil nunc scribo, quòd omnia superiore hebdomade viderim apud *Comitem* et *Viretum* [1], et quæ scripsistis et quæ *ipsi* ac *Zebedæus* respondent [2]. Unum tantùm dixerim,

---

[9] Nous ne connaissons pas la réponse de Bullinger; mais nous sommes autorisé à croire qu'elle ne dut pas encourager les ministres de Lausanne à réclamer l'établissement de la discipline ecclésiastique (Voy. N° 843, n. 12, 13).

[1] Les actes de la conférence de Strasbourg (N° 822) avaient été communiqués, par *Viret* et par *Béat Comte*, à *Christophe Fabri*, lors de son passage à Lausanne, entre le 8 et le 15 février.

[2] La lettre des pasteurs de Strasbourg qui était jointe à la copie des *Actes* relatifs à *Caroli*, n'a pas été conservée, non plus que la réponse des ministres lausannois et celle d'*André Zébédée*. — Il paraît que le pasteur

mutuas hasce demonstrationes ad seriò quærendam Ecclesiasticam disciplinam plurimùm conducere, citra quam nescio qua possimus conscientia diutius hic ministrare, quum hac in parte sic ab hujusmodi miseris hominibus miserè prostituamur quotidie, dum simplicitati nostræ fucum facere noverint egregiè [3]. Quo fit ut bonum nostrum maledicentiæ sit obnoxium.

De negocio tuo ac fratris mihi commisso [4] breviter accipe. Habetis *rationem divisionis et appreciationis librorum qui in sortem vestram inciderunt* [5]. Ex quibus nonnullos mihi indicto servavi præcio usque ad summam 42 fl. 5 s. Alios partim vendidi, partim *bibliopolæ Lausannensi* [6] venales tradidi. Quòd bonam partem mihi retinuerim, hac ratione factum existimetis, ne *fratris Annotationes* [7], mihi quidem perutiles, aliis in vanum committerentur, ne dicam calumniatoribus, qui, Aranearum natura prædili, flores in venenum et retiam convertunt. Sed et multos libellos prophanos parumque pudicos [8] hac ratione dicto retinui præcio, ex quibus (ut didici ab *ipso*) aliquid fructus decerpere potero. Nunc supputemus: Recepistis 14 ▽, quibus addantur 2 ▽, quos *Michaël* pro *Bibliis latinis* se vobis soluturum recepit [9]. Item præcium *Bibliorum* ac *Psal.[terii] heb.[ræi]* [10], 6 fl. 10 s., cum tribus libellis gall[i]cis quos pro laboribus ipsi *Michaëli* ac *Guliel[mo]* [11] dederam, 10 s. Summa omnium quæ pro receptis sunt habenda : 82 fl. 4 s. Supersunt, ex 106 fl. 6 s., 24 fl. 2 s. Ex quibus detrahe 2 ▽ solares quos nunc

---

d'Orbe écrivit deux lettres au sujet de l'affaire de *Caroli* : l'une à Grynæus, vers la fin de 1539 (N° 845, renv. de n. 14), et l'autre aux pasteurs de Strasbourg, en février 1540.

[3] N'y a-t-il pas là une allusion aux récentes intrigues d'*Antoine Froment* (N° 848) ? Quand ses collègues lui adressaient des réprimandes, il les menaçait d'un procès.

[4-5] Il s'agit de l'héritage d'Olivétan, échu, pour une moitié, aux deux frères Calvin (N° 816, n. 25).

[6] *Jehan Jaquemet* était libraire à *Lausanne* en 1538. Il eut un peu plus tard pour collègue *Gottfried Dieherr* (IV, 463).

[7] Les annotations d'*Olivétan*, écrites sur les marges des traductions de la Bible et des nombreux commentaires qu'il avait réunis (Voyez dans le N° 816, le Catalogue d'une partie de sa bibliothèque).

[8] Entre autres, le Gargantua (N° 816, n. 79).

[9] La Bible latine publiée par Robert Estienne (N° 816, n. 23).

[10] La Bible hébraïque de Venise et le Psautier qu'Olivétan en avait détaché et fait relier séparément (N°s 816, n. 29 ; 818, n. 20-22).

[11] Le libraire *Michel du Bois* et *Guillaume du Taillis*, réfugié français (N° 816, renv. de n. 24, 25, 27).

mitto : unde remanent 14 fl. 10 s. Sed vereor ne ultra medium horum ex indictis præciis decidendum postremò veniat.

De *exemplari Novi Test.[amenti]* [12], *Joannes Girardus* et *Antonius Vellensis* [13] dixerunt pauca esse in eo præter *Joannis Michaëlis* æditionem [14], cujus prototypum esse asserunt. Ego tamen exactiùs id expendam. *Exemplar* verò *Bibliorum fratri Armentiano* [15] *tradideram,* qui præter ea quæ ad calchographiam conferunt, nulla ferè annotamenta reperisse se asserit. Sed et ipse delusus est. Ubi enim *Pentateuchum* ab eo [16] correctum extorserunt *Antonio Marc.[urtio]* et *Morando,* huic muneri incumbentibus [17], illum præterierunt [18]. Nec defuerunt qui dicerent : « *Olivetanum quiescentem suis non indigere laboribus.* Sed iis respondeo, Anabaptisticam esse satisfactionem, quæ non satis, imò nihil, mihi ac piis omnibus faciat.

De *Petri nostri* procrastinatione ac negligentia [19], si nunc enarrare liceret incommoda quæ pauperculo fratri, omnia sua piis usibus exponenti, contigerunt, abunde excusandum censeretis. Quod autem in postremis meis literis excidit, meo vertendum vitio. Quàm primùm licuerit persoluturus est omnia fideliter, et jam ipse mecum in hoc laboramus. Vale, amicorum decus. Saluta, si placet, nomine nostro, *Alexandri* [20] ac piorum fratrum : Do. *Capi[tonem], Buc[erum], Sturm[ium], Hæd[ionem]* et curatum cujus nomen excidit [21]. Ipse

---

[12] C'était probablement un exemplaire de l'édition in-8° du Nouveau Testament publiée à Genève en 1536. Il portait des notes manuscrites d'*Olivétan*, qui furent utilisées en 1538 et peut-être aussi en 1539 par l'éditeur *Jean Michel* (n. 14. Voy. aussi p. 24, n. 81; 31, n. 23).

[13] *Jean Girard*, l'imprimeur, et *Antoine Pignet*, pasteur à Ville-la-Grand (N° 821).

[14] Voyez t. III, p. 348, note 6. Cette édition de *Jean Michel* (1538) est décrite dans la Notice bibliographique de Théophile Dufour, p. 149-152.

[15] *Antoine Rabier*, pasteur à Hermance, près de Genève (IV, 364).

[16] Scil. *Olivetano.*

[17] Le dit exemplaire des cinq livres de Moïse, enrichis des notes d'Olivétan, avait été emprunté par *Jean Morand* et *Antoine Marcourt*, qui préparaient, semble-t-il, une nouvelle édition de la Bible (Voyez p. 31, n. 23).

[18] Ils mirent à profit les notes d'*Olivétan*, mais ils ne firent pas mention de lui.

[19] *Pierre de la Fontaine* était le débiteur de Calvin (N° 818, renv. de n. 30-32).

[20] *Alexandre Sedeille*, professeur d'hébreu à l'école de Thonon.

[21] *Matthias Zell* peut-être. Les nouveaux éditeurs de Calvin croient qu'il s'agit ici d'*Antoine Firn*.

est qui olim isthic parochum agebat, bonus vir. *Fratrem tuum* et *Enardum* [22] mihi charissimos non præteribis. Commendatissimam habete hanc ecclesiam et me potissimùm ac omnes in præcibus vestris. Quandoquidem *Sathan iisdem initiis ac per eosdem ruinam mihi minatur ut vobis Genevæ* [25], nisi Dominus averterit. Ton.[onii] 21. feb. 1540.

Tuus quantus quantus est
CHRISTOPH. LIBERTINUS.

Quum *in reditu ex Berna*, harum turbarum gratiâ [24], *Gaucherius* [25] mihi occurrisset, rogatus à me, tres coronatos *Petri* [26] nomine tradidit, quos cum nostris duobus, pro *Petro,* tibi mittimus. Dixit enim se non pluribus teneri vobis. Quid autem *Bernæ* egerim, quo vultu, quave congratulatione exceptus fuerim, nil aliud tam bre[vi] licet scribere, quàm me fortè *Urium* esse.

(*Inscriptio :*) Suo Joanni Calvino, fratri et amico integerrimo. Argentinæ.

855

BÉAT COMTE [1] à Henri Bullinger, à Zurich.

De Lausanne, 22 février 1540.

Inédite. Autographe. Arch. de Zurich.

Etsi antehac semper vehementer videre te cupivi, et præsens de multis coràm tecum agere, quæ ad religionis christianæ purita-

---

[22] *Eynard Pichon* (p. 27, 29).

[23] Ce n'est pas une allusion à *Froment.* Il dut blâmer, en avril 1538, la sentence qui exilait *Farel, Calvin* et *Corauld.* Nous en avons, du moins, un indice très significatif dans le livre que *Marie Dentière,* sa femme, publia en mai 1539 (t. V, p. 301, renvois de n. 13-16). C'est à des pasteurs tels que *Jean Gastius* et *Adam de Retours* qu'il faut appliquer les paroles de Fabri (Voyez t. V, le commencement du N° 728 et les p. 233, 235).

[24] Nous avons peu de détails sur ces *troubles de Thonon.*

[25] *Gauchier Farel.*

[26] Voyez la note 19.

[1] Voyez, sur *Béat Comte,* collègue de P. Viret à Lausanne, les N.ᵒˢ 812, 817.

tem magnopere pertinere videntur, — hoc tamen desiderium mirabiliter ferèque supra fidem adauxerunt mihi *Libri illi duo*, quos tu *de erroris origine* singulari industria, mirabili eruditione, acerrimo judicio, anno superiore, scripsisti ². Ingenuè dicam, testante mihi Domino : nihil unquam, in ea quæ de Optimo Maximoque Deo est disciplina, quicquam in manus hominum exiisse agnosco unde ego tantùm fuerim confirmatus, tantum solidæ hauserim eruditionis, quantum ex illis tuis errorum inventis expurgatisque fontibus, quantumque ex *Amica exegesi* doctissimi atque adeò purissimi viri *Huldrychi Zuinglii* ³ *:* quem librum doctor ille verè christianus velut olorinam cantionem fato proximus cecinit.

Macte igitur virtute tua, Bulingere doctissime : sic itur ad astra, sic sanctis in harena christiana certantibus tryumphales coronæ recipiuntur. Jam verò quis non videt quàm acriter totus in eam sustinendam personam incumbere debes : quam jampridem magna doctorum ferè omnium expectatione, indoctorum admiratione, bonorum et in Jesu Domino piè vivere volentium gaudio suscepisti ? Quòd si porrò pergis, et sic diu sedulò cœlestis Domini talentum multiplicas (id quod maximè persuasum habeo), non equidem video quid adhuc garrire queant *Carnivori* isti et *sanguinisugi* homines ⁴, quos ego dignos — sed me reprimam, quando præsertim sine aliqua furoris specie de furiosis hujusmodi ingeniis vix mentio fieri potest.

Porrò jacet adhuc *disciplina Ecclesiastica,* neque prodeunt ii quorum partes sunt eam pro viribus erigere. De qua etiam pluribus forte tecum acturus eram, nisi intellexissem copiosissimè id à dilectissimo mihi *P. Vireto* factum esse ⁵. Hoc tantùm addam, cum confirmandæ ipsius querelæ gratia, tum quia nos ab ea parte maximè urit calceus, nihil nos hoc tempore æquè vehementer expetere, atque quid vos hac tota de re sentiatis. Hoc si impretamus [l. impetramus], et nos perpetuò vobis obligaveritis, et rem

---

²⁻³ Le traité de *Bullinger* intitulé *De erroris origine* parut pour la première fois en 1528 (N° 837, n. 10). L'auteur l'avait fait réimprimer en 1539. L'« *Amica Exegesis*, id est expositio Eucharistiæ negocii, ad Lutherum, » avait vu le jour en mars 1527 (II, 18), c'est-à-dire, quatre ans et demi avant la mort d'*Ulric Zwingli* (11 octobre 1531).

⁴ Il appelle ainsi les adhérents de la doctrine luthérienne sur l'Eucharistie (Voy. le commencement du N° 829).

⁵ Voyez le N° 851.

vestra tum eruditione, tum professione, dignam feceritis. Vale. Laus.[annæ] 9. cal. mart. M.D.XXXX.

Tuus ex asse
BEATUS COMES donzarensis.

Symmistas tuos omnes vehementer salvere jubeo.

(Inscriptio :) Vigilantissimo Ecclesiæ Tigurinensis [pastori] D. Heynricho Bulingero, viro mihi observando[6].

854

JEAN CALVIN à Guillaume Farel, à Neuchâtel.
De Strasbourg, 27 février (1540).

Autographe. Bibl. Publ. de Genève. Vol. n° 106. Calvini Opera. Brunsvigæ, XI, 23.

Exposui diligenter fratribus nostris quæ tu collegii vestri nomine mihi mandaveras[1]. *Exceperunt æquissimis et animis et auribus vestras monitiones.* Nam et à quibus animis proficiscantur optimè norunt, et vident non esse vana pericula quæ timetis. Dabunt igitur operam, quantùm licebit in his turbulentis temporibus, ne frustra moniti videantur. *Extremum illud « de sarcienda cum Tigurinis concordia*[2], *» magno argumento est, vos non satis intelligere, quanta fide sit in eo à nostris laboratum. Nullum non moverunt lapidem ex quo habitus est postremus ille conventus*[3], *quò eorum animos aliquantulùm saltem mitigarent.* Nam ad solidam benevolentiam tam citò reducere, ne sperare quidem audebant. Meminerant enim et quomodo accepti illic essent, et quomodo dimissi[4],

---

[6] Le sceau porte une main, dont l'index montre cette devise : CRVX PIETATI COMES.

[1] Voyez les cinq premiers paragraphes de la lettre de Farel du 6 février.

[2] N° 847, renvois de note 9-10.

[3] Le synode assemblé à Zurich du 29 avril au 4 mai 1538 (t. V, p. 3, 14. — Ruchat, V, 71-84).

[4] Voyez le t. V, p. 141, note 6.

et quæ deinde sparsæ de sua actione voces, et quæ literæ scriptæ. Quoniam verò per se parùm proficere poterant, adhibuerunt bonos omnes quibus erat aliquid authoritatis vel gratiæ apud illos, ut aliqua tandem pacificatio inveniretur, vel certè moderatio. *Interea Bullingerus epistolam illam divulgat, in qua versipelles ac vertumnos numerat inter Evangelii obstacula* [5] : *quibus nominibus nostros velut digito designari, nemo est qui non videat.* Nostri tamen tacere et supprimere tantam indignitatem, donec huc vènisset *Erasmus* [6], unus ex ministris Tigurinis. Apud eum placidè et comiter expostulavimus. Illi ne verbo quidem satisfacere curarunt. Sed aliquanto post, non sine ipsorum conscientia, *Bibliander scripsit ad Sturmium* [7], *falsa suspitione nos torqueri. Bullingeri enim consilium fuisse, non Bucerum perstringere, sed eos qui ex agro Wirtembergensi Concordiæ accessissent* [8] : quia professi essent, sibi non sem-

---

[5] Cette Épitre de *Bullinger*, adressée : « Ad Io. Traversum Rhetiæ Senatorem, » est placée en tête du livre intitulé : « Orthodoxa et erudita D. *Ioachimi Vadiani Epistola*, qua hanc explicat quæstionem : An corpus Christi propter coniunctionem cum verbo inseparabilem, alienas à corpore conditiones sibi sumat ?... Accesserunt huic D. Vigilii martyris et episcopi Tridentini libri V. pii et elegantes, quos ille ante mille annos contra Eutychen et alios hæreticos parum piè de naturarum Christi proprietate et personæ unitate sentientes conscripsit. Tiguri, Froschover, 1539, » in-8° (Gesneri Bibl. univ., fol. 379). Voyez aussi la note 8. — J.-H. Hottinger. Schola Tigurinorum Carolina, 1664, p. 77.

[6] *Erasmus Fabricius* (Schmid), d'abord chanoine à Zurich, puis pasteur à Stein sur le Rhin, était bien connu des ministres de Strasbourg, parce qu'il avait diligemment évangélisé, de 1535 à 1538, les seigneuries que le comte Georges de Wurtemberg possédait en Alsace (Voyez les *Zuinglii Opp.* VII, 42, 167. — Les lettres de Fabricius aux pasteurs zuricois datées : Richevillæ, 15 Nov. 1535, postridie Epiphaniæ 1536. Arch. de Zurich. — Hospinianus, o. c. II, 141 a).

[7] *Jean Sturm* (Voy. la lettre de Bullinger à Grynæus du 12 déc. 1539. Calv. Opp. Brunsvigæ, X, P. II, 434).

[8] Dans sa lettre du 30 août 1539 à Myconius, que nous avons citée plus haut (p. 39, n. 15), *Bullinger* s'exprimait déjà comme il suit : « *Epistolam Vadiani* curavi prælo excudi. Adjunxi ejusdem argumenti 5 Lib. Vigilii... Ulmense illud ulcus videbatur tale emplastrum requirere. » C'est une allusion à *Schwenckfeld* et à ses disciples de la ville d'Ulm. Leurs idées sont réfutées dans un nouvel ouvrage de *Vadian* dont voici le titre : « Ad D. Ioannem Zuiccium... Epistola : in qua, post explicatas in Christo naturas diversas, et personam ex diversis naturis unam, Iesum servatorem nostrum, *vel in gloria veram esse creaturam*... docetur et demonstratur. Accessit huic... Antilogia, ad D. *Gasparis Schvenckfeldii* argumenta, in

per rectam Cœnæ intelligentiam constitissæ. *Bucero autem ipsi in faciem Tiguri esse dicta quæ dicenda videbantur.*

Itaque non est quòd nobiscum agatur, perinde ac si per nos steterit quominus optimè conveniret, vel stet etiam hodie quominus optima fide reconciliemur. Atque, ut veriùs loquar, nos illis amici esse non desinimus utcunque, illi hostiliter nos tractent. *Si scias qua moderatione se gerant nostri, pudeat te plus aliquid ab ipsis petere.* Uruntur boni viri si quis Lutherum audet præferre Zuinglio. Quasi Evangelium nobis pereat, si quid Zuinglio decedit. Neque tamen in eo fit ulla Zuinglio injuria. Nam si inter se comparantur, scis ipse quanto intervallo Lutherus excellat. Itaque mihi minimè placuit Zebedæi carmen, in quo non putabat se pro dignitate laudare Zuinglium, nisi diceret : « Maiorem sperare nefas [9]. » Cum cineribus et umbris maledicere inhumanum habetur : tum verò de tanto viro non honorificè sentire impium certè esset. Verùm *est aliquis modus in laudando,* à quo ille procul decessit. Ego certè tantùm abest quin illi assentiar, ut majores multos nunc videam, aliquos sperem, omnes cupiam. Quæso, mi Farelle, *si quis ita Lutherum extulisset, nonne Tigurini quiritarentur prostratum esse Zuinglium ?* Stultè, inquies. Quasi verò qui *Luthero* favent, omnes sapiant. Sed hæc tibi in aurem sint dicta.

Caroli negocio toties retractando ego quoque fatigatus sum vehementer, vel potiùs fractus. Itaque patiar te libenter in posterum quiescere, nisi novi quid acciderit. Utinam semel mihi liceret in sinum tuum familiariter deponere quid sentiam, ac vicissim tuum consilium audire, quo meliùs essemus præparati. *Optima tibi occasio erit huc concedendi, si fiet quod de conjugio speramus* [10]. Expec-

---

Libellum qui ab eo *Summarium* inscriptus est, collecta : quibus Christum Dominum in gloria receptum, *amplius Creaturam nullo modo esse,* contendit. Tiguri, 1540, » in-8° (Voy. C. Gesner, l. c. — C. Th. Keim. Die Reformation der Reichsstadt Ulm, 1851, p. 301-304).

Au reste, *Bullinger* écrivait à Grynæus, le 12 décembre 1539 : « Epistolam præfixi, à libello... non alienam, et quam maximè in *Schwenkfeldianos* et sui similes turgentes spiritus strinxi... Præterea in papistas, pseudoevangelicos et in vertumnos quosdam etiam scripsi... Et quum illa scriberem in Iulio, erant quidam in *Suevia* concionatores quibus egregium videbatur nunc in hanc, mox in aliam partem declinare... Amo et veneror *fratres Argentoratenses* et ecclesiam illam sanctissimam. » (Lettre du 12 décembre 1539 à Grynæus, l. c.)

[9] Voyez le N° 840, renvoi de note 15.

[10] A comparer avec le N° 846, renvois de n. 17-20.

tamus enim puellam paulò post pascha [11]; *sed si mihi receperis certò te venturum, nuptiæ in tuum adventum differentur.* Satis enim habebimus temporis ad diem tibi indicandum. Hoc ergo primùm abs te summi beneficii loco postulo, ut venias; deinde ut venturum te confirmes. Omnino enim aliquem oportet istinc venire qui matrimonium sanctificet. Ego verò neminem malim quàm te. Ergo delibera an dignus tibi videar, cujus causa profectionem hanc suscipias.

Expecto quid nobis parient *tumultus illi quibus nunc Geneva exagitatur* [12]. Res, ut spero, aliquò inclinaverit, priusquam huc venias. *Germania,* ut solet, suspensa est magnarum rerum expectatione. Nemo enim est qui non suspicetur Cæsarem plura moliri, quàm præ se ferat. *Nostri nunc conventum agunt Smalcaldiæ* [13], in quo consultabunt in utramque partem : ut, sive pugnandum sit rationibus [14], sive bello decernendum, non deprehendantur imparati. Hoc boni dedit nobis Deus, quòd *tres episcopi electores potiùs se nostris adiungent ad tuendam patriæ libertatem, quàm ut cum Cæsare ullo modo conspirent* [15].

Ecclesiola nostra pro more suo se sustinet. *Hermannus ad Ecclesiæ societatem rediit optima, nisi fallor, fide* [16]. Confessus est extra Ecclesiam non esse spem salutis : apud nos veram esse Ecclesiam. Ideo defectionem fuisse quòd sectam ab ea separatam habuit. Hujus criminis cujus se reum fatebatur, veniam petiit. De libero arbitrio, de divinitate et humanitate Christi, de regeneratione, de pædobaptismo et aliis passus est se doceri ac *nostram doctrinam amplexus est. Tantùm in prædestinatione hæsitabat, in qua tamen mihi propemodum subscripsit, nisi quòd se explicare non poterat à*

---

[11] Pâques fut le 28 mars en 1540.

[12] Les troubles qui étaient la suite de l'affaire dite des *articulants*. *Genève* persistait à désavouer le traité en 21 articles conclu avec les Bernois, le 30 mars 1539, par ses députés (V, 372, n. 10). *Berne* s'irritant de ces retards, il régnait une grande animosité à Genève entre le parti des articulants et leurs adversaires (Voy. Ruchat, V, 136-139. — A. Roget, o. c. I, 201-210. — F. Turrettini. Les Archives de Genève, 1878, p. 214-222).

[13] La diète des Protestants à Smalkalden ne devait s'ouvrir que le 1er mars.

[14] Allusion au *colloque* promis par l'Empereur (p. 38, n. 14-15 ; p. 127, n. 24).

[15] Voyez le N° 845, note 8.

[16] N° 846, note 9.

differentia præscientiæ et providentiæ. Deprecatus tamen est, ne ea res impediret, quominus ipse cum liberis in ecclesiæ communionem reciperetur. Ego ea qua decuit comitate illum excepi, petentique veniam manum ecclesiæ nomine porrexi. Postea baptisavi ejus filiolam, quæ biennium excesserat. Nisi me supra modum fallit opinio, est homo religiosus. Cum ipsum hortarer ad alios in viam reducendos, « minimum, inquit, est ut non minùs laborem in ædificando, quàm feci in destruendo. » *Joannes* etiam qui *Ulmæ* habitat dicitur resipiscere [17].

At verò, ne in hac re gloriemur, Dominus nos mille modis humiliat. Nihilo enim meliùs apud nos res habent quàm istic, ubi dicis pessimè habere. Sed in rebus aliàs deploratis hoc semper solatii nobis superest, quòd non frustra Domino servimus, etiam dum in speciem videmur ludere operam. Literas ad *fratres* scriptas [18] dabis, si videbitur, sin minus, remittes aut apud te servabis. Eos singulatim nostro omnium nomine salutabis quàm amicissimè, quanquam velim et meo seorsum. Vale, optime et integerrime frater. Salutant te peramanter omnes, præsertim *Capito, Sturmius* et *Claudius* [19]. Nunc *Bucerus* abest [20]. Sed omnes simul mihi provinciam rescribendi mandaverant, cum vestras monitiones [21] ad eos detulissem : quibus tantùm abest ut fuerint offensi, ut potiùs confirmata fuerit eorum erga vos benevolentia, quæ tamen alioqui summa est. Vale iterum, anime mi. Ego tametsi dormiturio, abstrahi tamen à scriptione non possum. Argentor. 4. calend. Mart. (1540) [22].

CALVINUS tuus.

(Inscriptio :) Farello [23].

[17] *Joannes Bomeromenus* ou *Jehan Stordeur* (t. V, p. 438, n. 27) ?
[18] Cette réponse des pasteurs de Strasbourg à la lettre des ministres neuchâtelois (renv. de n. 1, 21) avait été composée par *Calvin*.
[19] *Claude de Fer* ou *Féray.*
[20] *Bucer* devait assister à la diète de Smalkalden.
[21] Voyez le N° 847.
[22] Le millésime est déterminé par le contenu de la lettre.
[23] Cette adresse n'est pas de la main de Calvin.

855

LÉON JUDE[1] à Jean Calvin, à Strasbourg.
De Zurich, 29 février 1540.

Calvini Epistolæ et Responsa. Genevæ, 1575, p. 22. Calvini Opera.
Brunsvigæ, XI, 26.

Gratiam et vitæ innocentiam a Deo Patre per Christum !
Superioribus annis, vir doctissime, *Epistolas duas dedisti, non tantùm doctas, sed etiam valde utiles et necessarias, maximè præsenti rerum statu*[2]. *Has ego ambas verti Germanicè, ut et ii fructum harum perciperent qui Latinè ignorant. Altera quam ad Episcopum*[3] *scripsisti, Basileæ excusa est mea opera : alteram noluerunt excudere typographi,* metu periculi fortasse deterriti. Nam in hac liberrimè et pro Christiana παρρησία loqueris quo pacto se gerant qui sub Papæ tyrannide vivere ac degere coguntur, damnans interim eos qui utroque genu claudicant, et non tam Deo quàm Papæ servire volunt, putantes satis esse si Fidem corde veram et inconcussam servent : etiamsi corpus sanguine Christi consecratum foris idolis prosternant et inclinent, consortes simul Satanæ et Christi, si fieri posset.

Hanc ergo receptam Zuikio[4] *misi Constantiensi, qui eam non sine gratulatione legit, rogans ut sibi per me liceret ut Augustam eam epistolam mittat excudendam :* se scire quendam qui eam typis mandare velit, *modò auctoris nomen* (quod ego tuo bono in versione suppresseram) *permittatur præfigi.* Hic ego pro te nihil dicere potui vel asserens vel negans : *statui ergo expiscari literis tuam voluntatem, eamque à te receptam Zuikio rescribere.* Tu ergo, fra-

---

[1] Voyez, sur *Léon Jude*, pasteur et professeur à Zurich, la p. 81 et les Indices dest. III, IV, V.
[2] Voyez, sur ces deux *Épitres*, le t. V, p. 163, n. 3.
[3] *Gérard Roussel,* évêque d'Oléron.
[4] *Jean Zwick,* pasteur à Constance.

ter, si consultum reipublicæ Christianæ velis, et succursum multorum conscientiis, non negabis ut præfigatur nomen tuum, quum alea semel jacta sit. Non enim te eum puto qui ob declinandam invidiam aut periculum, tantum fructum impedire velis. Non dubito, si liber hic evulgetur, multos fore qui abjecto jugo pontificio et excusso metu in castra Christi libero spiritu sint advolaturi. Tu vale, doctissime vir, et mentem tuam hac in re mihi literis significa primo quoque tempore [5]. Tiguri, ultima Februarii M.D.XL.

LEO JUDÆ tuus.

856

JEAN CALVIN à Henri Bullinger, à Zurich.

De Strasbourg, 12 mars (1540).

Minute autographe. Copie avec signature autogr. Bibl. Publ. de Genève. Vol. n° 106. Calvini Opera. Brunsvigæ, XI, 27.

Gratia tibi a Deo patre nostro et Domino Jesu Christo, frater mihi observande!

Nescio qui factum sit ut totum ferè sesquiannum ex quo huc concessi, nihil ad te literarum prorsus dederim [1], cum et sæpe habuerim in animo id facere, nec deesset argumentum et oblata fuerit non semel occasio. Sed cum primis mensibus non venisset in mentem et jam aliquantum temporis præterisset, quasi amissa opportunitate, factus sum in posterum negligentior. Nuper verò cum *Erasmus* vester [2], dum hic apud nos erat, operam mihi suam obtulisset ad ferendas literas, si quas vellem scribere, avidè arripui quod maximè expetebam. Promisi ergo me scripturum. Quia tamen

---

[5] On ne possède pas la réponse de Calvin, mais on sait qu'elle fut très amicale (Voy. sa lettre à Farel du 29 mars).

[1] La précédente lettre de *Calvin* à Bullinger fut écrite entre le 6 et le 10 juin 1538 (V, 21). Le traducteur anglais interprète exactement le mot *sesquiannum*; et cependant, contre toute vraisemblance, il place la présente lettre en *1539* (Voy. Letters of John Calvin. Philadelphia, t. I, n° XXXI, p. 112).

[2] *Erasmus Fabricius* (N° 854, note 6).

serò domum è diversorio ejus redieram et ipse postridie manè abire statuerat, profectionem ejus nolui morari, quanquam pro sua humanitate paratus erat expectare, si tantùm mihi placere indicassem. Sed quò erat ad obsequendum propensior, eò magis puduit ipsum rogare, præsertim cum possem triduo pòst literas submittere *Basileam,* unde facilè ad te perferri poterant. Tametsi autem illa quoque opportunitas mihi elapsa erat, putavi tamen mihi aliquando agendum esse quod nimis diu distuleram.

Quid autem potiùs, mi Bullingere, *hoc tempore agamus scribendo, quàm ut fraternam inter nos amicitiam et conservemus quibuscumque possumus modis et confirmemus?* Videmus enim quanti intersit, non nostra modò sed totius Christiani nominis, eos omnes quibus aliquam in ecclesia sua personam imposuit Dominus, vera inter se consensione conspirare. Id quoque videt Satan ipse, qui dum exitium regno Christi modis omnibus machinatur, nullam in rem magis incumbit, quàm ut dissidia inter nos serat, vel certè alios ab aliis utcunque alienet. Proinde officii nostri est ejusmodi artibus obviàm ire, et quò magis nititur hostis ille noster conjunctionem nostram distrahere, eò constantiore animo ac intentiore cura eniti ad eam fovendam. *Cum autem sedulò nobis id curandum est, ut cum omnibus Christi ministris societatem amicitiamque colamus, tum verò imprimis contendere in hoc nervos omnes necesse est, ut ecclesiæ quibus verbum Domini administramus, fideliter inter se consentiant.* Ego amicitiam nostram, quibus auspiciis inita est³ et quibus nunc fulturis sustinetur, salvam atque integram ad extremum fore confido. Ego certè quantùm in me erit daturum me operam recipio ut firma perseveret. Nam quia semper tibi plurimùm detuli, singulari etiam dilectione, ut par erat, complexus sum, nec isto in te animo unquam esse desinam.

Inter hanc ecclesiam ac vestram, tametsi video nihil esse dissidii aut simultatis, plus tamen conjunctionis vel potius necessitudinis, esse cuperem. Unde autem id fiat, quominus sic inter se cohæreant ut desidero, non audeo statuere, nisi quòd animadverto infaustæ

---

³ *Calvin* avait fait la connaissance personnelle de *Bullinger* à Bâle, au moment où les églises réformées de la Suisse signaient leur confession de foi (février 1536, t. IV, p. 4; 255, n. 5; 283, lign. 17-21).

Peu de temps après il offrit au pasteur de Zurich, avec un *ex-dono authoris,* un exemplaire de l'*Institution chrétienne,* qui sortait des presses de Thomas Platter et Cie (Communication obligeante de M. le ministre Félix Bovet).

illius contentionis reliquias nimiùm animis nostris adhærescere [4]. Hinc sinistræ multæ suspiciones, quæ ubi nos semel occuparunt, nulla inter nos solida amicitia aut esse aut diu stare potest. De *nostris* hoc certè polliceri atque etiam spondere ausim, nihil eos magis cupere quàm ut, depositis omnibus discordiis, fraternam amicitiam sincerè vobiscum colant. Deinde non aliud quærere concordiæ vinculum quàm puram Dei veritatem. De *Capitonis* sinceritate, quia satis perspectam vobis esse puto, non multùm loquar; pro *Bucero* respondebo non esse causam cur ulla in re debeat vobis esse suspectus [5]. Tametsi enim singulari perspicientia judiciique acumine præditus est, nemo tamen est qui religiosiùs studeat in simplicitate verbi Dei se continere, ac alienas ab ea argutias non dico minùs captet, sed magis oderit [6]. Jam si quid in eo desideratis, qua est modestia et facilitate, non modò admoneri à vobis sed etiam objurgari, si opus est, sustinebit. Tantùm ostendite, eam vos nobiscum expetere communicationem quæ servis Christi inter se esse debet.

De controversia ipsa [7] *non est quòd tecum agam. Res enim est quæ vix per literas possit expediri. Et ego fortassis temerè arroganterque facere videar, si quid in eo genere tentare ausim* [8]. *Temperare tamen mihi sæpe nequeo, quin cupiam mihi occasionem aliquam dari hujus quæstionis coràm tecum familiariter tractandæ ac disceptandæ. Scis enim me nunquam tecum sic verbis de ea contulisse, ut scire possim quid plenam inter nos consensionem impediat* [9]. Quia autem, quidquid illud est, indignum esse sentio quod dissidii causam nobis præbeat, peto abs te, mi Bullingere, vel potiùs te etiam atque etiam obtestor, ut non modò ab omni odio et contentione, sed ab omni etiam offensionis specie simus alienissimi. Ignosce meæ solicitudini. Neque enim hæc dico, quòd vel de prudentia tua, vel de

---

[4-5] A comparer avec les Nos 835, note 70; 854, renvois de note 2-9.

[6] Ce jugement ne s'accorde guère avec celui de Bullinger (p. 77, en note).

[7] Scil. *de Cœna Domini.*

[8] *Calvin* avait cependant exposé ce sujet en vrai théologien, dans les deux premières éditions de l'*Institution chrétienne* (Voyez aussi la seconde partie du N° 835), et il allait publier prochainement son traité populaire, intitulé : *De la saincte Cène de nostre Seigneur Jésus-Christ.*

[9] Lorsque *Jean Calvin* avait revu *Bullinger*, à la fin d'avril 1538, à Zurich, les délibérations du synode ne leur avaient pas laissé le loisir de s'entretenir familièrement (N° 854, n. 3). Mais plus tard ils s'expliquèrent et se trouvèrent d'accord sur la doctrine de la sainte Cène.

voluntate, vel de animi firmitudine constantiaque dubitem. Sed *habet hoc proprium charitas, ut dum nihil non sperat, sit tamen interim solicita. Deinde si consideras quot undique pericula, præsertim hoc infelici nostro sæculo, nos circumstent atque obsideant, locum, ut spero, meæ huic simplicitati, nedum veniam, concedes.*

Vale, eruditissime vir atque integerrime. Saluta quæso mihi reverenter fratres omnes, *Pellicanum, Leonem, Theodorum* [10], *Megandrum* et alios, quos ego in Domino bona fide veneror. Utinam me quoque liberè admonere ne graveris! Argentorati, 12 Martii (1540) [11].

Calvinus tuus.

Isti boni viri Galli sunt honestis familiis nati, quos ad hanc profectionem suscipiendam curiositas non improba vos regionemque istam visendi impulit. Eos igitur qua soles humanitate quæso excipias [12].

857

JEAN CALVIN à Guillaume Farel, à Neuchâtel.

(De Strasbourg) 29 mars 1540.

Calvini Epistolæ et Responsa. Genevæ, 1576, p. 413. Calvini Opera. Brunsvigæ, XI, 30.

Calvinus Farello.

Jam frustra tam diu literas tuas expectavi, ut dubitem an debeam ampliùs expectare [1]. Sustinet tamen adhuc spem meam illarum desiderium, ac paucos etiamnum dies sustinebit. Verùm si quando sperare desiero, senties quàm indignè tulerim hanc frustrationem. Ac eò minùs ferenda est tua negligentia, quòd tam copiosum

---

[10] *Léon Jude* et *Théodore Bibliander* (Buchmann).

[11] Voyez la lettre de Calvin du 29 mars 1540, où celle-ci est mentionnée.

[12] Ces Français furent probablement les compagnons de voyage des deux étudiants recommandés par Calvin à Viret (Voyez le N° 858).

[1] Il attendait de *Farel* une lettre annonçant son prochain voyage à Strasbourg (N° 854, renv. de n. 10-12).

scribendi argumentum præbet tibi *Geneva* hoc tempore[2]. Tametsi enim mihi scripsit *Talearis*, non tamen assequor ad liquidum ex ejus verbis qualem habuerit catastrophen illa fabula [3]. *Michaël* etiam *typographus*[4] mihi, *Blechèreti*[5] *verbis, indicavit, reditum illuc mihi posse confici. Sed centum potiùs aliæ mortes quàm illa crux : in qua millies quotidie pereundum esset* [6]. Tecum hoc obiter communicare volui, ut pro virili occurras eorum consiliis qui me illuc retrahere tentabunt. Atque ut ne contra rationem tendere videar, consilium meum tibi exponam, si quando petieris.

De conjugio adhuc suspensi sumus : quod ideo me malè habet, quia instant propinqui nobilis illius *puellæ* [7], ut eam mihi sumam. Quod nunquam facturus sum, nisi Dominus mentem penitùs mihi

---

[2] Voyez la note 3 et le N° 854, note 12.

[3] La lettre de *Guillaume du Taillis* à Calvin ne pouvait pas annoncer le dénoûment des difficultés politiques où se trouvait *Genève*. On sait que les trois députés *articulants* (Jean Lullin, Ami de Chapeaurouge, Jean-Gabriel Monathon, t. V, p. 372, n. 10) étaient, avec Claude Richardet et Jean Philippe, les chefs du parti qui avait provoqué le bannissement des Réformateurs, en exploitant contre eux l'affaire de la Confession de foi et celle des cérémonies (IV, 331, 340, 341, 403, 404, 428). Le parti opposé, celui des *Guillermins*, exploitait, à son tour, le traité impopulaire conclu avec les Bernois par les députés *articulants*. Ceux-ci avaient été mis aux arrêts le 27 janvier 1540. Mais, déjà le dimanche 1er février, ils étaient libérés sous caution, par l'ordre du Conseil général, qui décidait aussi qu'une réconciliation publique aurait lieu immédiatement entre tous les citoyens divisés. Ce même jour, le peuple confiait la charge de capitaine général à Jean Philippe, et, le 8 février, dans l'élection des syndics et du Petit Conseil, il tenait la balance égale entre les deux partis (Voyez A. Roget, o. c. I, 204-208. — Kampschulte, o. c. 358-368).

Il n'y avait pas là de quoi autoriser *les Guillermins* à dire (comme on le voit plus bas) que le retour de *Calvin* était, dès lors, devenu possible. Mais ils comptaient, sans doute, sur les fautes de leurs adversaires, et ils savaient que *les Bernois* ne réussiraient pas à protéger ceux-ci contre le mécontentement du peuple. *Genève* n'avait-elle pas écrit à Berne, le 25 janvier : « Avant que de consentir au dit traité, [nous] mettrons plustôt le feu à nostre ville? » Et, le même jour, ou peu après, quelques citoyens ne craignaient pas de dire en Conseil général : Nous sommes plus opprimés par les Bernois, et plus tourmentés par leurs officiers que nous ne l'étions *sous un duc de Savoie* (Manuel de Berne du 31 mars 1540).

[4] *Michel du Bois.*

[5] *Jean-Louis Blescheret*, « Jurium Doctor. » Les magistrats genevois le consultaient fréquemment.

[6] *Calvin* s'exprimait moins énergiquement en 1539, quand on lui parlait de son retour à *Genève* (V, 252, 253, 290, 291).

[7] Voyez p. 167, 168, renvois de note 17-20.

abstulerit. Quia tamen molestum est recusare, præsertim talibus, qui sua benevolentia me obruunt, cupio vehementer me hac difficultate liberatum. Brevi tamen hoc futurum speramus.

His diebus quatuor aut quinque, totam de ea re solicitudinem adimet mihi alia occupatio, quæ me aliquantulùm exercebit. *Quoniam temerè ad Cœnam irrumpebant multi, cum die Paschatis edicerem futuram nobis Cœnam proximo die Dominico* [8], *simul denuntiavi, neminem admissum iri à me qui non priùs se ad probationem obtulisset* [9]. *Præcipua autem difficultas erit in corrigenda stolida cupiditate, quæ Gallos quosdam sic occupavit, ut vix revelli ex eorum animis queat.* Scis leges illas esse latas, ut scholastico habitu contenti gladios deponant, ut nomina edant apud rectorem et similes [10]. Eas ut eludant, ejurant professionem literarum. Sed *quia apparet manifesta contumacia, eam statui nullo modo ferre. Malo enim abeant omnes, quàm ut hic maneant cum disciplinæ jactura.*

Rogavit me nuper *Leo Judas,* ut sibi *Epistolam meam, ex duabus illis quas ante annos quatuor scripsi* [11] *priorem,* edere Germanicè liceret addito nomine. Alteram enim sine nomine his nundinis publicavit, qua scilicet papisticos episcopos demulceo et adulor [12]. Responsio quam dedi fuit perfrmica, sed tamen simul acres monitiones continebat. Paulò ante simili ferè argumento scripseram ad *Bullingerum* [13]. Si bene succedet, scies quid consilii capiam.

---

[8] C'est-à-dire, le dimanche 4 avril, Pâques tombant cette année-là sur le 28 mars.

[9] C'était précisément ce « *examen* » *des communiants* qui devait occuper Calvin pendant quatre ou cinq jours.

[10] A comparer avec la p. 157, note 21.

[11] Voyez le N° 855. Nicolas des Gallars (Préf. des *Calvini opuscula omnia,* 1552) et Bèze (Vie franç. de Calvin, 1565) affirment que ces deux épîtres furent « écrites d'Italie. » Elles avaient donc été composées pendant le séjour de l'auteur à *Ferrare,* c'est-à-dire en 1536, et M. Douen s'est trop avancé quand il a dit, o. c. I, 210, que « le véritable lieu d'origine » de la seconde épître, adressée à Gérard Roussel, « est Genève et non Ferrare. »

[12] La seconde épître s'adresse, en réalité, à tous les évêques de l'église romaine. L'auteur en avertit Roussel dans les termes suivants : « Hanc epistolam sic tibi destinavi, ut qui in eadem (ut dicitur) tecum navi vehuntur, omnes sibi scriptam intelligant. Nam neque in uno sacerdotii genere tractando (quod tibi satis erat) eam consumere, sed per universam vestrarum opum colluviem deducere in animo est : et stylum ita studebo temperare, ut non cum uno duntaxat homine, sed toto simul ordine mihi esse negotium appareat. »

[13] Voyez le N° 856.

Nostri adhuc in consultatione desident. Tempus autem ideo sic proferunt, quia nondum certum responsum habent a *Cæsare* [14]: qui tamen multó mitiorem se ostendere incipit. Ferociam ejus nonnihil domuit congressus *Angli* cum *rege nostro* [15]: qui multum momenti habere poterit ad commutandas omnes ejus rationes. Hoc sophismate usus fuerat [16], ut *regi* nulla in re fidem suam obstringeret : multis autem ac liberalissimis spebus ipsum inflaret. Jam ergo *rex* sibi *Mediolani* esse videbatur. Nuper autem cum animum ejus tentaret per legatum, comperit non facilè eó adduci posse. Dicitur enim rerum omnium optionem detulisse *regi :* modo ne *Mediolanum* peteret. Ea igitur de causa profectus est ad illum *Connestabilis* [17], qui si non impetraverit, paratiores fore ad bellum

---

[14] Les ambassadeurs des États protestants n'avaient pu aborder l'Empereur à Bruxelles. Il les reçut à Gand le 24 février ; mais il ne leur donna une réponse que le 14 mars, et encore était-elle peu explicite. « Pridie idus Martii, *Cæsar* protestantium legatis per *Cornelium Scepperum* [I, 205] respondet, benignè quidem sic satis, verùm ita tamen, ut, an pacem præstare vellet, intelligi non posset » (Voy. Sleidan, II, 155-158, 161. — Les lettres de Georges de Boineburg et de Sibert de Leuenburg au landgrave de Hesse des 16, 25, 29 février, 9 mars, et celle des ambassadeurs à Jean-Frédéric de Saxe du 14 mars 1540. Neudecker. Merkw. Aktenstücke, p. 193-229).

[15] *Henri VIII* ayant inutilement recherché en mariage (1537-1538) Marie de Lorraine, qui était fiancée à Jacques V, roi d'Ecosse, sollicita *François I* en 1539, sous prétexte d'affaires, de lui accorder une entrevue qui aurait lieu à *Calais*, et dans laquelle il choisirait pour épouse l'une des sœurs de la reine d'Écosse. François I refusa l'entrevue (Voyez Hume. Hist. d'Angleterre. Yverdon, 1781, VIII, 377, 378. — Lingard, o. c. VI, 445). Les relations entre ces deux monarques s'étaient considérablement refroidies, à cause des nouveaux rapports de la France avec l'Empereur (Voyez H. Martin, o. c. VIII, 255).

[16] Sous-entendu *Cæsar*.

[17] Au mois de janvier, *le Connétable* avait accompagné jusqu'à Valenciennes *Charles-Quint*, auprès duquel il avait laissé Georges de Selve, évêque de Lavaur, pour lui rappeler ses engagements au sujet du Milanais (Voy. N° 846, n. 13. — Gaillard, o. c. III, 79, 80). L'Empereur, qui destinait à son fils la domination exclusive de ce duché, espérait éblouir *François I* par un vaste projet de transaction. « Il lui proposa (fin mars 1540) de renoncer à *Milan*, de rendre les États de Savoie..., de renouveler sa renonciation à tous droits de suzeraineté sur la Flandre ; à ce prix, l'empereur offrait de renoncer à toutes prétentions sur le duché de Bourgogne et de marier sa fille aînée au duc d'Orléans, avec les Pays-Bas, la Franche-Comté et le Charolais pour dot. Les Pays-Bas et la Comté pourraient être érigés en royaume... C'était la reconstitution de la maison de Bourgogne sous la protection de l'Espagne et et de l'Empire...

quàm unquam fuerint suspicamur. Neque verò in tanto rerum cardine cessabit *Anglus* : multó etiam minùs *Admiraldus* [18], qui in pristinum honoris ac gratiæ locum restitutus est. Ante paucos menses videbimus, nisi fallor, miram scenæ conversionem. Sed interim ardenter rogandus est Dominus, ut in hac *nostris* et consilium expediat, et animum confirmet.

Dominus vos omnes diu sibi incolumes servet! Imprimis vale, integerrime frater. Salutant te *Capito, Sturmius, Bedrottus, Claudius*, frater meus. *Nicolaus* [19] et alii nesciverunt me scribere. 4. Calen. April. 1540.

858

JEAN CALVIN à Pierre Viret, à Lausanne.

(De Strasbourg, en mars ou en avril 1540 [1].)

Autographe. Bibl. Publ. de Genève. Vol. n° 106. Calvini Opera. Brunsvigæ, XI, 34.

Gratia Domini tecum!

Quia *hi duo juvenes* valde familiariter et amicè vixerunt me-

---

François ne s'y laissa pas prendre : il montra une irritation profonde, et ne voulut plus aller visiter l'empereur à Bruxelles, ainsi qu'il l'avait annoncé » (H. Martin, VIII, 263, 264).

[18] Il nous paraît invraisemblable que ce soit *l'amiral d'Angleterre*, William Fitz-Williams, comte de Southampton, ainsi que l'affirment le traducteur des Lettres de Calvin et les éditeurs des *Calvini Opera*. Sa prétendue disgrâce est ignorée de Burnet, Thoyras, Hume et Lingard. « Ce n'était pas l'usage d'Henri VIII de perdre à demi ses favoris et ses ministres. » A supposer que Fitz-Williams fût l'homme d'état anglais le plus puissant, Calvin n'aurait pas eu l'idée de dire : Il sera encore pius hostile à l'Empereur que son maître Henri VIII. Mais, en énumérant les ennemis de Charles, il était naturellement conduit à mentionner, après le roi d'Angleterre, *l'amiral de France*, Philippe Chabot de Brion (III, 365) qui avait toujours désapprouvé l'alliance impériale et qu'on disait, mais à tort, placé à la tête du ministère français. Cet ancien favori de François I avait été renversé par Montmorenci et emprisonné sur l'ordre du Roi (16 février 1539). Son procès durait encore (Voy. H. Martin, VIII, 250, 265-267).

[19] *Nicolas Parent*.

[1] Voyez les notes 3, 4.

cum², *major* etiam, qui notam gerit in oculo, conjunctissimè, nolui permittere ut *urbem vestram* præterirent te insalutato. Partim ut te viderent, ac si ita ferat opportunitas, tædium fatigationemque ex itinere contractam colloquio tuo levarent : partim ut eos de statu nostro posses interrogare, ac rebus omnibus quæ hic aguntur. Nam nihil est quod non teneant, et non detrectabunt tibi referre, siquidem per occasionem itineris licebit. Id excipio, quia non libenter *quos nacti sunt comites*³ deserent, propter viarum difficultatem.

Cæterùm quòd nihil abs te literarum recipio, et mihi permolestum est, et nostra amicitia valde alienum. Proinde vide ut postac sis hac in parte officiosior solito, nisi vis mihi expostulandi causam dare⁴. Saluta mihi amantissimè collegas tuos *Comitem* et *Jacobum*⁵, *Cornelium, Conradum*⁶, *uxorem* et *materteram*⁷. Dominus vos omnes conservet!

CALVINUS tuus.

(*Inscriptio :*) Optimo fratri meo Petro Vireto, Lausannensis ecclesiæ ministro fideli⁸.

---

² Nous conjecturons qu'il s'agit ici des frères *de la Fontaine* (Voy. la lettre de Calvin à Viret du 19 mai, où il mentionne *Fontaninos fratres*).

³ Probablement les mêmes Français que Calvin recommandait à *Bullinger* le 12 mars (N° 856, post-scriptum), et qui visitèrent *Farel* dans la première quinzaine d'avril (N° 860, au commencement).

⁴ Dans sa lettre du 19 mai, Calvin se félicite d'avoir forcé Viret à rompre enfin un silence de plusieurs mois.

⁵ *Béat Comte*, collègue de Viret, et *Jacques le Coq*, pasteur à Morges : *Jacques Foles*, diacre à Lausanne, ne figurant plus dans les comptes du boursier lausannois, à partir du 10 juillet 1538.

⁶ *Érasme Corneille*, principal de l'École de Lausanne, et *Conrad Gesner*, professeur de grec à l'Académie. *Corneille* était natif de la Bourgogne. Nous sommes disposé à croire qu'on peut l'identifier avec cet *Érasme Cornier* qu'on trouve plus tard au Collège de Genève. Dans cette dernière ville, on persistait à l'appeler *Corneille* ou *Cornille*.

Le Conseil de Berne avait adjoint à *Corneille* un *provisor* (bachelier) le 24 novembre 1539 (Protocole du dit jour).

⁷ La tante maternelle de Viret (III, 325, n. 12).

⁸ Au dos, cette note de Viret : πολλὰς φιλίας ἀπροσηγορία διέλυσεν.

859

PIERRE TOUSSAIN à Guillaume Farel, à Neuchâtel.
De Montbéliard, 4 avril 1540.

Inédite. Autographe. Bibliothèque des pasteurs de Neuchâtel.

S. Colendissime frater, gratissimum nobis fecistis quòd *pium hunc fratrem* ad nos miseritis, per quem intelliges quo in loco sint res nostræ, quid hic effecerit Dominus [1], et quid à vobis efflagitemus. *Gaspar* præfectus est *Ludo litterario nostro* [2], quem te simul et charissimum meum in Domino fratrem *Barbarinum* literis admonere velim, ut provinciam susceptam diligenter administret, in eaque duret. *Carolum* habet hypodidascalum [3], juvenem summa pietate præditum, dignissimumque quem *Gaspar* non solùm bene tractet, sed amore quoque summo complectatur.

Scribis ut valetudinis rationem habeam, sed libenter dicerem tibi : *Medice, cura teipsum, cum non modò valetudinis, sed vitæ etiam sis negligentissimus* [4]. Vale in Domino Jesu, et saluta mihi

---

[1] Le jeudi 1er avril 1540 (selon Duvernoy, o. c. p. 110) avait eu lieu l'installation des treize premiers *prédicants* dans les paroisses rurales du comté de Montbéliard et dans la seigneurie de Blamont. « Ils étaient, les uns Français ou originaires du duché de Savoie, les autres Suisses. *Firmin Dominique* avait été nommé à Abévillers; *Jean de Béthoncourt*, à Allanjoie; *Michel Doubté* (sic), à Exincourt; *Thomas Cucuel*, à Bavans ; *Pierre Forêt*, à Blamont ; *Vincent Ortin*, à Clairegoute et Étobon; *Girard Guillemin*, à Désendans ; *Pierre Duncey*, à Dampierre et Étupes ; *Jean Courtois*, à Glay ; *Jacques Gette*, à Roches ; *Raimond de Louvre*, à Seloncourt ; *Étienne Noël*, à Saint-Julien ; *Léonard Camuset*, à Valentigney. »

[2] Ce nouveau principal de l'École de Montbéliard (IV, 334, 364) était *Gaspard Carmel*, que nous avons laissé à Strasbourg, le 10 janvier (N° 845, renv. de n. 1).

[3] Nous ignorons le nom de famille du sous-maître de Carmel.

[4] De son côté, *Farel* écrivait au sujet de *Toussain*, le 22 mars 1555 : « Vix scio cum alio præsentiora fuisse mihi pericula. Nullus unquam ita me permovit ad extrema subeunda. »

diligenter *collegam tuum, Barbarinum, Mulotium* [5] et cæteros. Monbelgardi, 4 Aprilis 1540.

Tuus Tossanus.

(Inscriptio:) Colendissimo fratri suo Guilielmo Farello.

860

GUILLAUME FAREL à Jean Calvin, à Strasbourg.
De Neuchâtel, 16 avril 1540.

Autographe. Bibliothèque des pasteurs de Neuchâtel. Calvini Opera. Brunsvigæ, XI, 32.

S. Quod cupis præstem *his* [1], tam mihi fuit ad manum quàm stellas, ut dicitur, proponere. Non puto, quamvis locu[s] sæpiùs hic destituatur omnibus quibus velis, ut amicis te pauiò apertiorem facere excipiendo non prorsùs sordidè careas [2], ita destitutum esse ut fuit mihi. Nam *neque domi neque foris potui invenire quod fratribus offerrem.* Ideo si minùs præstiti quod vel tua causa cupiebam, non contigit sine animi mœrore. *Sæpiùs scripsi quando velis me istuc venire,* si confecta sint omnia in Christi gloriam, tuo commodo ac ecclesiæ ædificatione : cupio ut in tempore mihi significes. Nam sum jam tardum mobile, nec habeo ad manum quæ statim sunt necessaria; nisi priùs prospiciam, vix possum aliquid. *Si me præteris, non potes graviùs in me peccare. Non igitur sine me fiat tua benedictio.*

Postquam *Anglus* spem facit majorem [3], videndum esset ut suæ

---

[5] *Thomas Barbarin,* pasteur à Boudri, et *Michel Mulot,* pasteur à St.-Blaise.

[1] Les porteurs de la présente lettre, c'est-à-dire, trois jeunes gens qui étaient arrivés de *Strasbourg* à Neuchâtel avec une lettre de recommandation écrite par Calvin (Voyez le N° 863, vers la fin).

[2] Dans l'édition de Brunswick : « excipiendo non prorsus sordide, carne ita destitutum esse ut fuit mihi. »

[3] Calvin ne disait pas cela dans sa dernière lettre (N° 857). Mais il est vrai que, le 20 novembre 1539, il avait écrit à Farel . « *Anglus...* nunquam paratior ad recipiendum Evangelium fuit » (p. 128).

ditioni consulens *Galliæ*⁴ quoque prospiceret. Si pii præficerentur ministri in ea parte regni quæ gallicè loquitur et *Galliæ* est conjuncta⁵, hoc fieret quàm commodissimè. Vereor ne *Borbonius,* et si qui sint hujus farinæ homines, non multùm profecerint apud *regem,* vel potiùs rex cum talibus⁶. Quo fit [ut] verear ne per ejusmodi alios judicet. Si per pios *Germanos* tandem possit effici in *Galliæ* ædificationem, bene erit : tu insta pro Christi gloria.

*Hieronymus apud Agenenses non procul a Burdegala igni extinctus fuit*⁷. *Tolosa furit ; capti non pauci in diversis locis in quibus*

⁴ Édition de Brunswick : *Gallis.*

⁵ C'est-à-dire, dans la ville de *Calais,* qui appartenait encore à l'Angleterre, et dans les îles voisines de la Normandie.

⁶ Il s'agit du poëte *Nicolas Bourbon,* né en 1503 à Vandeuvre en Champagne. Pendant son séjour à *Londres,* il avait reçu des marques de la bienveillance d'*Henri VIII*, et il n'avait eu qu'à se louer de l'hospitalité anglaise, comme il nous l'apprend lui-même dans ces passages d'une lettre datée de Lyon, le 27 septembre 1536 : « Thomæ Solimano Regio apud Britannos scribæ S. — Inhærent huic animo fixa penitùs beneficia, quæ serenissimi Regis *Henrici octavi* benignitas in me contulit immerentem. *Gallia mea,* quamvis me reducem amanter acceperit,... non potest tamen unquam mihi dulcissimam *Britanniæ* memoriam excutere. Quare etiam atque etiam te oro, ut... meo nomine salutes omneis quos convictu et necessitudine mihi coniunctos nosti. D. *Thomæ Crammaro* τῷ ἀρχιερεῖ Cantuariensi, et D. *Gulielmo Bostono,* præsuli Vuestmonasteriensi..., D. *Th. Cramoëllo,* Deum immortalem, quali viro, qui est regi à secretis : D. *Henrico Cneueto,*... regio cubiculario : D. *Io. Dudlæo* et *D. Briantio*..., D. *Gulielmo Butto,* alteri Hippocrati, uxorique eius et liberis : D. *Cornelio Heysso,* hospiti meo, aurifici regio... fausta ac felicia omnia... ex animo precor... Cæterum *de cœtu quorundam,* quibus de sæpe colloquuti sumus, nihil habeo in præsentia quod scribam. Quid optimum factu sit, tu me nosti melius... » (Nicolai Borbonii Vandoperani opusculum puerile ad pueros de moribus. Lugduni, apud Seb. Gryphium, 1536, in-4° de 48 pp.) Les vers adressés par *Nicolus Bourbon* à ses élèves d'Angleterre, et surtout le poëme *de Moribus,* témoignent des sentiments élevés de l'auteur et de sa piété éclairée et indépendante des formes ecclésiastiques. Comme *Jean Voulté* et *Pellisson* (t. V, p. 98, 282), il ne parle que de Jésus-Christ, et non de la sainte mère Église. Aussi avons-nous peine à comprendre les paroles méprisantes de *Farel.*

⁷ *Jérôme Vindocin,* d'abord Jacobin, puis bachelier au Collège de Genève (V, 205, n. 9), était retourné en Gascogne (1539), « où il fut appréhendé par le commandement d'un inquisiteur nommé *Rochet,* et conduit à *Agen* ès prisons de l'Évesque. » Là il fut interrogé par l'Official *Arnaud de la Combe,* condamné à être dégradé, puis livré au bras séculier. Il périt sur le bûcher le 4 février 1539 [1540, nouv. style]. Voyez Crespin, o. c. 1582, f. 117 b, et Florimond de Ræmond, o. c. 1648,

præest senatus ille [8] *; adjudicati et extincti aliquot igni.* Senatus etiam Gratianopolitanus plures vinctos habet, ac præcipuè Chiranum [9], priùs absolutum, rursus [captum], nescio an apud Regem procurante raso, fratre illius per quem priùs fuerat captus. Audisti, ut opinor, quo modo tandem Michaëlius fuerit suffocatus [10]. *Luteciæ detinentur aliquot Sedanenses, unde est Jacobus* [11]*, qui damnati sunt igni.* Pridem miser Sedanæ [12] exustus fuit. Hæc omnia

p. 866, qui s'exprime comme il suit : « J'ai souvent ouy faire le récit à un bon père que j'avois, bon s'il en fut jamais, et homme fort Catholique et craignant Dieu, qui ayant veu brusler en sa jeunesse un Régent sur le bord de la rivière d'Agen, nommé *Vindocin*, et luy et plusieurs autres restèrent tous esperdus d'un tel spectacle, non jamais veu en cette ville-là : ne pouvant croire que celuy qui mourant ne parloit que de Jésus-Christ, n'invoquoit que Jésus-Christ, ne fust condamné à tort. »

[8] Éd. de Brunswick : « in quibus *pius* senatus ille. » Les éditeurs proposent de sous-entendre *jurisdictionem exercet*. Ce n'est pas nécessaire : l'original portant, au lieu de *pius*, le mot *pre*, accompagné d'une abréviation.

Le parlement de Toulouse s'était déjà signalé en condamnant à mort le professeur *Jean de Caturce* (1532), deux évangéliques de Nîmes (1537), l'inquisiteur *Louis de Rochette* (10 septembre 1538 ou 1539 ?), convaincu « d'hérésie, » et en faisant jeter en prison le professeur *Jean de Boyssonne* et une foule d'autres « hérétiques » (Voy. t. II, p. 436; IV, 317, 318. — La Faille. Annales de Toulouse, II, 108,109. — Le Bulletin du Protestantisme, IX, 108. — Biographie Toulousaine, et Haag. France Prot., art. Rochette. — Boulmier. Estienne Dolet, p. 72) Le 12 avril 1540, il défendait « à tous maîtres d'école et autres de lire et interpréter publiquement les épîtres de saint Paul et autres livres de la sainte Escriture » (Extr. des Reg. du parlement. Bulletin cité, XIII, 202).

[9] Voyez, sur le *châtelain de Chirens*, la p. 26, note 89.

[10] On ne connaît ni le lieu ni la date de son martyre.

[11]-[12] *Jacques Sorel*, mentionné plus haut en ces termes : *Jacobus cum suo comite — Jacobus cum sodali suo* (p. 57, 117). Nous avons dit qu'il était natif de Sézanne-en-Brie (à 12 l. N.-O. de Troyes), ainsi que son compagnon *Robert le Louvat*.

La qualification de « chanoine d'*Assedeyne*, près de Troyes » donnée à Louvat par Pierrefleur (Mémoires, p. 348) est inexacte. Il n'existe en France aucune localité de ce nom. Mais l'erreur se comprend. *Sézanne* s'appelait alors *Sédane*. Ainsi Th. de Bèze (Hist. eccl. I, 766, à comp. avec les Errata du t. III) dit que *Jacques Soret* était originaire de *Sedane* en Brye. Calvin appelle également cette ville *Sedana* (N° 863). Pierrefleur aura écrit ce nom comme il l'entendait prononcer, et Robert le Louvat, chanoine *à Sedane*, aura été transformé en chanoine d'*Assedeyne*. A ceux qui seraient tentés de croire que *Sedanenses* désigne les habitants de *Sédan* (Sedanum), il suffirait de rappeler que la principauté de Sédan apparte-

Domino committenda sunt, quem debemus precari ne patiatur *Galliam* sanguine innocentium conspurcari, sed propitius det ut agnita veritate foveat quæ sunt fovenda.

Dudum misissem literas *Christophori* cum iis quæ unà misit [13], sed verebar ne non redderentur; præterea ipse ferre decreveram. Verùm *hos* [14] nactus, ipsis credidi. Tu si exceperis significa. Plures dedi ad te literas, sed in tuis non indicas an exceperis [15]. *Viretus* quoque rescire cuperet, ut suæ fuerint exceptæ a *Capitone* [16]. *Jacobum* cupiebamus huc evocatum; at postquam occasio sese isti offert diutius *istic* agendi [17], vereor ne nostrum audiat cousilium. Invocet Dominum ut quod optimum est peragat. *Caspar* [18], ut jam subindicavi [19], ad *Tussanum* est impulsus *per nos* concedere. Præfectus est *ludo litterario* [20]. Non prorsùs malè consultum est ipsi. *Comes* non infeliciter pergit jam [21]. Esset admonendus *Comes Gulielmus* [22], ut in ditione quam vicinam habet Monbelgardensi, curaret adnunciatum Evangelium. Hac via Burgundiones possent lucrifieri. Laborabis in hoc opere: nam audio nullis rasorum minis et fulminibus abarceri posse ab auditu Evangelii, quin confluant audituri ubi adnunciatur per ditionem Comitis Georgii. Quò minùs fructificat Evangelium, eò magis contendendum est ut latiùs propagetur, ut tandem terram bonam fructum afferentem alicubi esse

nait aux *La Marck*, qui étaient maîtres chez eux et très favorables à l'Évangile (I, 459, n. 7. Voyez aussi les passages relatifs à M. *de Jametz*).

[13] Farel fait allusion à la lettre de *Christophe Fabri* à Calvin du 21 février (N° 852), qu'il n'avait pu expédier, faute d'un messager sûr.

[14] Voyez la note 1.

[15] A comparer avec le commencement du N° 857.

[16] Cette lettre de *Viret* à Capiton était, sans doute, relative à l'affaire *Caroli*.

[17] *Jacques Sorel* ne partit qu'à la fin de mai pour le comté de Neuchâtel, où la Classe des pasteurs lui réservait une place.

[18] *Gaspard Carmel*.

[19] Allusion à une lettre perdue.

[20] C'est-à-dire, à l'École de Montbéliard (N° 859, n. 2).

[21] Sur l'ordre du comte *Georges de Wurtemberg*, plusieurs paroisses rurales du Montbéliard venaient d'être pourvues de pasteurs (N° 859, n. 1).

[22] En 1524 et 1525, le comte *Guillaume de Furstemberg* avait vendu à l'archiduc Ferdinand tous les droits qu'il possédait, du fait de sa femme, Bonne de Neuchâtel, sur les seigneuries d'Héricourt, Clémont, Châtelot, et sur la terre de Granges, dans le pays de Montbéliard. L'archiduc les revendit bientôt après au comte d'Ortembourg (Voyez Duvernoy, o. c. p. 39, 64, 67, 78, 91, 204, 314. — Münch, o. c. II, 30; IV, 408, 409).

audiamus. Tam plena sunt spinis omnia ut semen passim suffocetur, sicque sine fructu cadat.

Capunculus [23] laboravit defluxu in spinam dorsi; nondum sanitati plenè est restitutus. Alii omnes satis rectè valent. *Michaël, novus paterfamilias* [24]*, non parùm gravatur domestico onere : sic excercet* [l. exercet] *eum Dominus. Corderius optimus est domus curator* [25]*, ut nosti. Valet et pergit suo more. Sunt qui cupiunt, Burdegalam repetat* [26]*, spem facientes regni Christi illic erigendi. Floret collegium in literis* [27]*, mussitatur aliquid de pietate : hoc putant grande aliquid. Rufus, præceptor meus, fertur intentus esse Verbo adnunciando, eleemosynis, ac educandis aliquot in literis* [28]*. Faxit Christus ut sanctè pergat! Vauriensis mirè commendatur ob interpretationem Pauli jugem ac juges conciones* [29]*. Tu et alii, quos*

---

[23] *Jean Chaponneau*, second pasteur de la ville de Neuchâtel.

[24] *Michel Mulot*, pasteur à St.-Blaise. Il avait épousé la fille de *Godefroy Dieherr*, d'abord relieur à Dôle et à Bâle, puis libraire à Lausanne.

[25] *Mathurin Cordier* parvint plus tard à une modeste aisance. A l'époque où il enseignait à Lausanne, il acheta un petit vignoble près de Cossonay.

[26] *Cordier* avait passé près de deux années à *Bordeaux* (V, 98, n. 8).

[27] Voyez Ernest Gaullieur. Histoire du Collège de Guyenne. Paris, 1874, p. 152, 154, 157, 158, 265, et notre t. V, p. 99, 100.

[28] Ce témoignage donné de si bon cœur à *Gérard Roussel* par son ancien élève, et le vœu qui le suit, font penser involontairement aux paroles si dures qui terminent l'épître de *Calvin* à l'évêque d'Oléron (N° 857, n. 12) : « Quandiu in eo eris hominum grege, quos latrones et sanguinarios Ecclesiæ suæ prædones Christus appellat, — de te ut voles æstimabis — mihi certè nec vir bonus eris, nec Christianus. »

Voici le jugement de Florimond de Ræmond, o. c. 850-851, sur le même évêque : « Si sa doctrine n'eust esté corrompue, sa vie estoit sans reproche. Car... il preschoit souvent deux et trois fois le jour.... Or parce que *Roussel*, considéré par l'extérieur, sembloit estre de bonne vie, que sa mute de chiens et lévriers estoit un grand nombre de pauvres, ses chevaux et son train, une troupe de jeunes enfans eslevéz aux lettres, il avoit beaucoup de créance parmi le peuple. » Selon M. C. Schmidt, o. c. p. 153, la *Familière exposition du symbole, de la loi et de l'oraison dominicale*, dédiée par *Roussel* au roi de Navarre (Mscrit. Bibl. Nat.), est, « sauf quelques légères concessions faites aux formes extérieures du catholicisme,... un livre qui aurait pu sortir de la plume d'un Réformateur. »

[29] *Georges de Selve*, évêque de Lavaur dès 1526 à 1541, année de sa mort, fut l'un des prélats les plus savants et les plus respectables de son temps (Voy. la lettre de Pierre Bunel à Pierre Danès, datée : Tholosæ, 14 Calend. Sextil. 1541. Epistolæ P. Bunelli, P. Manutii, etc. Bernæ, 1837, p. 83-88). Les œuvres de *G. de Selve* ont été imprimées à Paris,

potestis nosse in opere Domini pergere, literis eos debetis solicitare ut diligentiùs et puriùs pergant [30]. Christus Jesus omnes suæ gloriæ ut ex animo serviamus faciat!

De *Geneva* nihil certi audio [31]. Cuperem admonitos omnes peccata sua agnoscerent, Dominum icto pectore invocarent, et in Domino convenirent. At *scis quàm parùm pia sit Luteciæ unio Rubeæ ac Viridis factionis* [32], *in hoc sese ut tueantur*, rursus inter se conflicturæ. Tamen id Pauli : « sive per occasionem [33], » modò pax constaret inter *eos* [34], mihi esset solatio. Sed cum peccata nec agnoscuntur neque displicent, Deus non invocatur, nescio quid sperare debeam. Propitius sit omnibus cœlestis pater! Vale ac Dominum pro nobis precare. Saluta omnes, *Capitonem, Bucerum*,

chez Galiot du Pré, 1559, in-fol., et contiennent « un Sermon, quelques Exhortations, Oraisons, Contemplations » et un « Sommaire de l'Écriture Sainte, » etc. (La Croix du Maine, éd. cit. I, 265.)

Il convient de rappeler que dans le même temps où le parlement de Toulouse interdisait aux maîtres d'école l'interprétation des épîtres de saint Paul (n. 8), *François I*, « ayant esgard aux proufitz des non létrez, et nommément des religieuses, » ordonnait à son aumônier, *Jean de Gaigni*, de traduire en français et de publier le Commentaire de Primasius, disciple de St. Augustin, sur les épîtres de saint Paul aux Romains et aux Hébreux (p. 19, n. 53). Il parut chez Estienne Roffet dit le Faulcheur. Paris, 1540, petit in-8°. Le privilège du Roi est daté de Noyon, le 25 mars 1539 « avant Pasques. »

[30] Calvin refusa d'écrire à ces évêques (N° 863).

[31] A *Genève*, les choses en étaient au même point qu'au mois de février (N° 857, n. 3). Mais l'ambassade bernoise qui se présenta devant le Conseil des Deux Cents, le 16 avril, allait provoquer une nouvelle irritation contre les *Articulants* (Voy. A. Roget, o. c. I, 210-214).

[32] Réminiscence imparfaite des *bleus* et des *verts* de la cour de Byzance. Farel veut désigner ainsi la faction du Roi et de la duchesse d'Étampes, et celle du dauphin Henri et de Diane de Poitiers. « La rivalité de ces deux femmes partageait toute la cour » (Voy. H. Martin, o. c. 4ᵉ éd. VIII, 250, 267, 268). — A *Paris* (semble dire Farel) les deux factions, divisées d'intérêts, s'entendent parfaitement pour repousser l'Évangile. Il y a quelque chose de pareil à *Genève*, où les deux partis, pleins d'animosité, ne veulent ni l'un ni l'autre se convertir au Seigneur. Si du moins la paix civile se rétablissait entre eux !

[33] Philipp. I, 16-18. « Alii quidem ex contentione Christum annunciant, non sincerè, existimantes sese afflictionem addere vinculis meis. Alii rursus ex charitate, scientes quòd in defensionem Evangelii constitutus sim. Quid enim? Attamen quovis modo, *sive per occasionem*, sive per veritatem, Christus annunciatur. »

[34] Scil. *Genevenses*.

si redierit ³⁵, *Sturmium, Bedrotum, Claudium, Jacobum* ³⁶, ne *fratrem tuum* præteream. Valde placet quòd *Tigurinos* literis convenis ³⁷ : perge, quæso. Omnes salvum te esse cupiunt. Neocomi, 16. Aprilis 1540. *Viridis* ³⁸, nebulo perditissimus, mirè offendit ecclesiam et ministerium pessumdat ; tamen ita novit sese insinuare ut *Conzenum* et *Richardum* ³⁹ regat pro nutu. Hæc *Codrefinius* ⁴⁰ *Capunculo.* Quàm sunt plerique amantes palponum! Dominus prospiciat! Certè indignus est ⁴¹ qui usquam agat. Pii negliguntur. Sed quid tam multa, quibus obruti ⁴², ne sic quidem Deum invocamus ut adsit suæ ecclesiæ. Quod faxit sua ingenti bonitate, ut et faciet.

FARELLUS tuus.

(Inscriptio :) Quàm charissimo Joanni Calvino.

861

PIERRE TOUSSAIN à Guillaume Farel, à Neuchâtel.
(De Montbéliard) 17 avril 1540.

Inédite. Autographe. Bibliothèque des pasteurs de Neuchâtel.

S. Commiseramus *Johanni Betencourt* ¹, ut si fieri posset ulla

---

³⁵ Sous-entendu : *Smalkaldia.*

³⁶ Encore *Jacques Sorel* (n. 11-12).

³⁷ Allusion aux lettres de Calvin à *Léon Jude* et à *Bullinger* (N° 857, renv. de n. 13).

³⁸ *Étienne le Vert*, pasteur dans le bailliage de Grandson jusqu'en 1537, et, dès lors, à *Môtier* dans le Vully. Boyve (Annales, II, 411) s'est mépris au sujet de ce mot *viridis.* Il y a vu « un certain de la *faction des Bouquets verds* à Genève. »

³⁹ *Richard du Bois*, doyen de la Classe de Payerne; avait sous sa surveillance le pasteur de *Môtier. Pierre Kuntz* était encore l'un des juges du Consistoire de Berne.

⁴⁰ Éd. de Brunswick : *Codrefinus.* Ce n'est pas un nom de famille, mais l'adjectif désignant *le pasteur de Cudrefin*, c'est-à-dire, *Gabriel de Sénarpont*, qui avait remplacé *Claude de Glantinis*, destitué en 1538 (p. 53, n. 6-7).

⁴¹ Scil. *Stephanus Viridis* (note 38).

⁴² Édition de Brunswick : Sed quid tam multa quibus *obrui te?* Ne sic quidem, etc.

¹ *Jean de Bétencourt* (en latin *Betencurtius*), précédemment pasteur à

ratione, huc secum adduceret unum aut alterum bonum fratrem, quòd adhuc duobus aut tribus opus habeamus, præsertim in *ditione Blamontana, ubi nondum abrogata est Missa*², *defectu Verbi ministrorum.* Frater qui apud *Blamontem* concionatur³ faciebat nobis spem de *Michaële Dubitato*⁴, quem alicubi locassemus in finibus *Burgundiæ.* Et idem *Betencourt* nobiscum loquutus est de *Jacobo Chirurgo*⁵, et alio quopiam tibi (ut arbitror) consanguineo⁶, quorum tu donum et ingenium nosti, scisque quibus nobis opus sit rebus. Nam fratrem illum, *Gulielmum* puto nomine, qui aliquando præfuit scholæ⁷, qui hominem videre judicant parùm esse idoneum ad Verbi ministerium. Quare obsecro te per D. Jesum, ut quibus possis modis rebus nostris consulas, idque primo quoque tempore, hoc est quàm primùm poteris. Et *quoniam te tam multa à falsis fratribus passum esse puto, quàm ullus alius sit hoc nostro tempore,* non dubito quin res nostras fideliter ac diligenter scis [l. sis] curaturus, cum sæpe non sine magno animi

---

Boudevilliers, dans le Val de Ruz (II, 456), servait depuis peu de temps l'église d'Allanjoie. Nous supposons qu'il était originaire de la Normandie. *Jacques de Béthencourt*, « médecin à Rouen, où il professait la Religion Réformée, » est connu par un ouvrage latin, publié à Paris en 1527 (Voy. Édouard Frère. Manuel du bibliographe normand. Rouen, 1858, I, 101, 102).

² La seigneurie de *Blamont*, située à 2 ½ lieues au sud de Montbéliard. *La messe* n'y fut abolie que vers la fin de l'année (Voy. les lettres de Toussain du 7 août et du 14 novembre). En attendant qu'il y eût assez de pasteurs, on se contentait de faire prêcher l'Évangile au chef-lieu de la dite seigneurie.

³ *Pierre Foret* (p. 107, note 136).

⁴ De ces paroles nous concluons que *Michel Dobt* était encore pasteur dans le comté de Neuchâtel. Il ne prêcha donc pas à Exincourt dès le 1ᵉʳ avril 1540, comme l'affirme Duvernoy (Voyez Nº 859, note 1), mais un peu plus tard, lorsque la Classe de Neuchâtel eut pourvu à son remplacement.

⁵ Il est peu probable que *Chirurgus* soit un nom de famille. Quant au chirurgien portant le prénom de *Jacques* et qui habitait le pays de Neuchâtel, nous n'avons aucun renseignement sur sa personne.

⁶ *Pierre Trymund*, surnommé *Ozias*, cousin des frères *Farel*. Ce personnage peu instruit, mais très bien doué, prétendait au ministère évangélique. Il se posait en martyr (Nº 867) et il affichait des convictions religieuses que sa conduite, quelques années plus tard, démentit complètement.

⁷ *Guillaume Zell* ou *Zelles*, ancien principal de l'École de Montbéliard (IV, 313, 333, 334).

mœrore expertus sis quàm perniciosum sit quoslibet huic muneri præficere. Nos hîc, gratia Christo, *quanquam multa desideremus, alium habemus Principem quàm olim*³. *Et spes est proventus alicujus in hoc agro,* modò fideliter à nobis excolatur, aut ne saltem ipsi incrementum Verbi impediamus.

Triennium est ex quo judicarunt chirurgi et medici me laborare calculo, quem lapidem vocant, quos tum putabam falsos esse judicio, præsertim quòd ab aliquot mensibus remiserat dolor; sed nunc sic recruduit morbus, ut et dolor sit continuus, et solito longè acerbior. Vale in Domino Jesu, frater mi colendissime, et *Tossani tui* memor esto in precibus tuis sanctis. Salutemque dicito fratribus omnibus meo nomine. 17 Aprilis 1540.

Tuus TOSSANUS.

(Inscriptio :) Colendissimo fratri meo Guilielmo Farello.

862

LE PRÉVOT DE LAUSANNE¹ au Gouverneur de Verceil².

D'Évian, 20 avril 1540.

Inédite. Autographe. Archives de Berne.

Monsieur,
Pource que l'home n'a riens plus chier que sa bonne fame et

---

³ Ce fut seulement le 22 juillet 1542 que le gouverneur de Montbéliard fut remplacé par son neveu le duc *Christophe.* Par conséquent, ces mots : *alium habemus Principem quàm olim,* signifient que le comte *Georges de Wurtemberg* se conduisait enfin comme il sied à un prince chrétien. On lit, en effet, dans le plan de réformation rédigé par *Toussain* en 1536 : « Il est aussi nécessaire que Monseigneur [*le comte Georges*] ne monstre point de mauvais exemple aux aultres » (Voyez G. Goguel. Hist. de Guill. Farel. Montbéliard, 1873, p. 75).

¹ « Messire *François de Lustry,* aliàs *Mayor,* docteur ès droits, » ancien curé de Ste.-Croix et de Crissier, ancien Vicaire général du diocèse de Lausanne, se croyait toujours prévôt du Chapitre, parce qu'il s'était retiré à *Évian* (1537) avec la plupart des chanoines. Voyez le t. IV, p. 27, 28.

² Depuis le mois d'avril 1536, le duc de Savoie ne possédait plus que la

renommée, qu'est l'honneur qu'ung chascun cherchet de préserver, — qu'est la rayson seule qu'a insté *ce sieur Curé,* présent pourteur, d'entreprandre ce loiengtain voyage, et *en son décrépit et viel eage, spolié de tous biens pour estre persévérant et constant en sa vocation ecclésiasticque*³. Aulchuns ces maulveullians, après plussieurs fâcheries, ont évantez quelques paroulles et maulveys propos à l'Excellence de *nostre très redoubté Seigneur et Prince*⁴ du dit présent pourteur, par le moyen desquieulx maulveys rapport l'excellence de nostre dit Seigneur pourroiet avoier quelque sinistre impression contre le dit Curé : ce que luy seroiet le plus groz mal et grand malheur qui luy pourroiet advenir; car par plussieurs foies mon dit Seigneur et Prince luy a fait tousjours bon accueil et du bien largemant, et *ma Dame,* que Dieu perdoient⁵. Pourquoy ne moy seroies [l. saurois] persuader que jameis [il] husset le voulloier faire chouse contre Dieu et que vint à déplaizir de l'Excellence de nostre dit Seigneur, — entendant que je suys que deziret perpétuellemant estre en vostre bonne grâce, à laquelle bien humblemant moy recommande, pource que l'ays trové, de toute ma sovenance, estre homme de bien et de service autant que ceulx qui le blasment, auquel je vouldroies faire plaizir d'aultre que de paroulles. J'ays prins audasse vous

---

ville de Nice, le Val d'Aoste et la ville de *Verceil,* située à l'extrême frontière du Piémont et du Milanais. Le gouverneur de Verceil était alors, selon toutes les vraisemblances, *Georges de Genève,* qui porte ce titre dans un acte du 28 avril 1541. Son père, *Aymon de Genève,* baron de Lullin, seigneur de Cursinge, de Vulliens, etc., avait été « gouverneur de Vercel et du Vercellois » avant d'être bailli du Pays de Vaud, de 1527 à 1536 (Communication obligeante de M. Charles du Mont).

³ Le personnage qui est ici recommandé comme *curé* avait été, en effet, pourvu d'une cure dans le comté de Neuchâtel Dépossédé par suite de la Réformation, ce prêtre cupide et hypocrite n'avait pas eu honte d'offrir ses services aux Bernois, en qualité d'espion. Il recevait un salaire fixe de 200 florins, sans compter le casuel. Sous prétexte d'accomplir tel ou tel pèlerinage, il parcourait le Valais, la France méridionale et l'Italie. On le recevait sans défiance, on lui donnait des certificats honorables, des aumônes, et, de retour à *Berne,* il racontait à l'Avoyer en charge tout ce qu'il avait vu et entendu. Parfois même, il lui remettait les lettres qu'il avait extorquées, comme ce fut le cas de celle-ci.

Son nom étant sans importance pour le moment, il nous suffira de l'appeler *le curé-espion.*

⁴ *Charles III,* duc de Savoie.

⁵ *Béatrice* de Portugal, que Charles III avait épousée en 1521. Elle mourut à Nice le 8 janvier 1538 (Voy. Moréri, art. Béatrice).

prier luy donner adit⁶ et vostre bonne ayde et faveur vers l'Excellence de nostre Prince et Seigneur, pour luy faire apparoiestre de son innocence et contraire du bruyt qu'à tort [on] luy a imposé, commant par luy plus amplemant entendrés.

Après la lettre que le seigneur *Bastien* d'Aulbonne⁷ de ma part vous doiebt présenter, par vostre serviteur le Secrétaire *Testuz*⁸ vous en ays envoyé ugne lettre de mesmes teneur, vous suppliant vous souvenir d'ayder à la restauration et redressemant de *nostre tant désolée église,* ce que de présent bien humblemant vous supplie faire.

Ces jours, j'ays receu ugne lettre de Monsieur *vostre fils le prothenotaire,* mon nepveur⁹, datée à *Bologne* des premiers de mars, avec *ung bien beau livre noveau contre ceste faction novelle*¹⁰, de quoy ays esté fort joyeux, entendant qui proufitet très bien, commant par la facture de son épistre très élégante ilz s'apert : que sera occasion de non jameis moy retirer de mon voulloier¹¹, duquel vous en ays fait certain : que [l. ce qui] sera de mon escrit la fin. D'Éviain, ce xx d'april 1540.

Par vostre serviteur et couzin
Le Prévoust de Lozanne.

(*Suscription :*) A Monsieur le governeur de Verceil, mon honoré Seignieur et couzin.

865

JEAN CALVIN à Guillaume Farel, à Neuchâtel.

(De Strasbourg, vers le 13 mai 1540.¹)

Autographe. Bibl. Publ. de Genève. Vol. n° 106. Calvini Opera. Brunsvigæ, XI, 37.

Quod tibi nuper fueram pollicitus, me de rebus omnibus prolixè

---

⁶ Mot inusité depuis longtemps et qui signifiait *accès* (aditus).

⁷⁻⁸ Le premier de ces deux personnages était un agent secret du duc de Savoie, qui avait encore quelques partisans dans le Pays de Vaud. Ceux du Chablais envoyaient leurs lettres en Italie par l'intermédiaire de M. de Cursinge.

tibi scripturum, in eo ut fidem meam aliqua saltem ex parte liberem, totum hunc diem tibi destinavi. Habebis igitur plenas atque ponderosas literas, nisi qua fortè negotia ex insperato me interpellabunt. *De statu ecclesiæ Genevensis fusiùs coràm disseremus, ubi huc veneris. Mihi sanè perjucundus fuit ille nuncius, cum audirem qualemcunque finem discordiis ac contentionibus esse impositum*[2]. Nihil enim boni de misera illa urbe sperari posse semper putavi, quamdiu illo fatali malo laboraret. Tantùm optarem in Domino ipsos coaluisse. Nam, quemadmodum tu quoque dicis, nisi vinculum nostræ consensionis sit Christus, maledicta erit. Quorsum enim proficiet extra Christum conspirare, cum audiamus dissipatum iri a Domino omnes ejusmodi syncretismos? *Ego verò nondum video illos in Dominum respicere ut oportuerat, siquidem nec quid egerint satis cogitant, nec ad corrigendum id ipsum quod peccarunt animos applicant. Periculum ergo est ne hac sua inter se inita reconciliatione nimis securi, de facienda autem cum Domino pace parùm soliciti, luant tandem graves pœnas hujus securitatis.* Proinde, tametsi nonnihil resipuerunt, cum ex tantis simultatibus redierunt simul in gratiam, non tamen adhuc eam mentem induerunt quæ optanda illis esset. Verùm est id aliquid quod cœperunt esse aliquantulùm sanabiles, etiamsi nondum sanitati sint restituti.

De concionatoribus[3] *nondum audeo pronunciare, nisi quod semper multa in illis desidero; nam quòd meam ad Sadoletum responsionem, quæ illic est edita*[4], *pro argumento accipis animi non malevoli, in eo falleris, si mihi verum scripserunt alii.* Indicarunt enim restitisse quoad in se fuit, senatum verò invitis illis concessisse[5].

[9] Neveu à la mode de Bretagne.

[10] C'est-à-dire, la faction luthérienne.

[11] Il avait sans doute promis de léguer une partie de ses biens au protonotaire susmentionné.

[1] Voyez les notes 14, 24, 25.

[2] Calvin veut parler de la réconciliation publique du 1er février (N° 857, n. 3. — Roget, o. c. I, 207, 208).

[3] Les pasteurs de Genève : *Antoine Marcourt, Jean Morand, Henri de la Mare* et *Jacques Bernard.*

[4] Le 6 mars 1540 (N° 814).

[5] Le 6 janvier 1540, Étienne de Chapeaurouge, P. Ameaux et Michel du Bois demandèrent au Conseil de Genève la permission de faire imprimer « l'Espitre du cardinal *Sadolet* » avec la Réponse faite par « *Iohan Caulvin*, prédicant. » Cette demande rappela aux conseillers genevois qu'ils avaient promis à Sadolet, en mars 1539, « de luy fère responce en

Quanquam illud parùm me afficit : modò se in officio suo ita gerant ut mihi et aliis possent occasionem omnem agendi præripere. Quemadmodum enim mea nihil refert, ita *minimè curo per quem agatur negotium Domini, modò bene agatur. Sed in hoc scilicet falluntur, quòd sine alieno auxilio sufficere se posse existimant, cum vix ad dimidium spatium perventuri sint, etiam si à multis adjuventur* ⁶. Quod semper dico, me ad solum *revocationis* auditum exhorrere, in eo plus satis causæ me habere nosti. Neque verò illud me solum terret quòd te pertinaciter recusant ⁷, quanquam fateor mihi summum esse; sed multa quoque alia sunt, quæ nec commemorare necesse est, et meliùs in tuum adventum differentur. Quò longiùs progredior, eò clariùs conspicio è quo gurgite me Dominus liberarit.

Hunc exitum habuit *Principum et Civitatum conventus* ⁸. Cum se ad omnes æquas conditiones obtulissent, modò *Cæsar* totius Imperii synodum convocaret, ambiguum responsum acceperunt⁹. Interim *Cæsar* ab adversariis intelligit eos ne pilo quidem cessuros sententia, sed tentare vias omnes quibus alios in partes suas pertrahant. Ergo rationem excogitat qua utrisque satisfaciat, Papistis scilicet ac nostris. Subornat *Granvillanum* ¹⁰ cancellarium

---

brief, » ce qui n'avait pas été exécuté. Aussi, le 12, chargèrent-ils *Morand* de composer la dite réponse. Mais ils n'en donnèrent pas moins à *Michel du Bois*, le 30 janvier, et probablement sur le préavis des ministres, l'autorisation d'imprimer celle de *Calvin* (Voy. le Reg. du Conseil, et Th. Dufour. Notice, p. 96).

⁶ Ainsi, dans l'opinion de Calvin, les pasteurs de Genève restaient au-dessous de leur tâche, bien qu'ils fussent aidés par « beaucoup de gens. » Ces derniers mots font sans doute allusion à leurs collègues du territoire bernois; mais nous ne savons rien des services qu'ils furent appelés à rendre aux ministres de Genève. *Henri de la Mare* et *Jacques Bernard* étaient peu instruits et prédicateurs médiocres. *Marcourt* avait fait ses preuves comme écrivain (III, 225); mais *Morand*, docteur de Sorbonne, n'a laissé aucun spécimen de son savoir-faire. Nous supposons que la *Réponse* dont il avait été chargé (n. 5) était au-dessus de ses forces, et qu'il n'avait pu s'en tirer qu'en recourant à l'aide de *Viret* (Voyez t. V, p. 266, le commencement de la n. 24).

⁷ A comparer avec le t. V, p. 252, renvoi de note 30; p. 277, renvoi de note 7.

⁸ La diète des Protestants à Smalkalden, terminée le 13 avril (Sleidan, II, 176).

⁹ Voyez le Nº 857, note 14.

¹⁰ *Nicolas Perrenot* (1486-1550), seigneur de *Granvelle*, près de Vesoul

et *duos Comites*[11] qui sese tanquam intercessores ingerunt ac nostrorum animos pertentent, quò possint meliùs *Cæsari* explicare et impetrare quod æquum erit. Si artem nondum intelligis, *nostri* conventum sibi promissum[12] summa contentione urgebant. *Papistæ* altera ex parte classicum canebant, rem indignam esse clamitantes, ut *Cæsar* diutius nostrorum tergiversationes ferret. Ille, ut nunc res ejus impeditæ sunt, quia neque arma movere audet, nec synodum haberi posse existimat sine concussione totius *Germaniæ*, Papistarum furorem retardat, cum dicit se velle dispicere, ne quid temerè ac intempestivè agendo, eum quoque secum bello implicent, et nostris nihil concedit. Quanquam autem videbant se hac simulatione ludi, nihil tamen quod ad pacem tranquillitatemque Ecclesiæ facere videretur recusandum censuerunt. *Responsionem* ergo conscripserunt *Granvellano*, ex qua intelliges quid habeant animi[13]. Quoniam *Cæsar* nec Latinam linguam nec

(Haute-Saône), était petit-fils d'un forgeron d'Ornans. Après avoir terminé ses études, il devint successivement avocat, conseiller au parlement de Dôle (1518) et maître des requêtes de l'hôtel de l'Empereur. « Il fut mis à la tête des affaires pendant la dernière maladie de *Mercure de Gattinara* (mort à Inspruck, 4 juin 1530), et lui succéda, non dans la charge de *Chancelier*, qui fut supprimée, mais dans la confiance de son maître, qui le nomma son premier conseiller et garde des sceaux des royaumes de Naples et de Sicile » (Voy. Papiers d'État de Granvelle, t. I, p. II-IV. — Sleidan, II, 161. — G. Monod et G. Fagniez. Revue hist. I, 81). Gattinara s'était montré tolérant envers les Luthériens. Granvelle leur fut toujours hostile.

[11] *Dietrich de Manderscheid et Guillaume de Neuenar.*

[12] Le *colloque* promis à la diète de Francfort, en avril 1539.

[13] *La Réponse des princes protestants « à Granvelle »* fut composée à *Smalkalden* et remise à ses envoyés le 11 avril 1540. Elle est intitulée : « Responsio quam nos Dei gratia *Iohannnes Fridericus*, Duc Saxoniæ Elector, et *Philippus*, Landgravius Hassiæ, re deliberata cum reliquis nobiscum in causa religionis, dedimus ad Instructionem huc allatam nomine Generosorum Comitum, Domini Theodorici, Comitis de Manderscheit, et Domini Guilelmi, Comitis Novæ Aquilæ. » (Voyez Mel. Epp. III, 990-1003. — Seckendorf, III, 258 a, 262-266, 277 a, 282 b. — Sleidan, II, 163-177).

Les nouveaux éditeurs de Calvin (XI, 42, n. 15) affirment, au contraire, qu'il s'agit ici de la réponse donnée par les Protestants le 9 mai (Mel. Epp. III, 1023-1026. — Sleidan, II, 179-181). C'est une erreur. Que voit-on, en effet, dans cette pièce du 9 mai? Nous ne sommes plus à *Smalkalden* en Franconie, mais à *Torgau* sur l'Elbe, à 10 l. N.-E. de Leipsic. Les princes ne s'adressent plus à Granvelle, mais directement à

Germanicam tenet, visum est illis Gallicè scriptam mittere. Mitto autem ea lege ne palàm abs te evulgetur. Duo tantùm exemplaria præter hoc quod accipies descripta sunt, quorum alterum ad *Cæsarem* perferetur, alterum Doctor *Ulrichus* [14] *Solodurum* tulit, ut per Legati manus ad *Regem* perveniat. Velim igitur ut cum paucis communices : describi verò ne ullo modo sinas te summopere obtestor [15]. Hic porrò omnium animus est, si lacessantur,

l'Empereur. Après s'être justifiés du reproche qu'on leur fait de n'avoir pas cherché à rétablir la concorde en Allemagne, ils remercient Charles de ce qu'il a bien voulu, par sa missive du 18 avril, écrite de Gand, les assurer de ses dispositions conciliantes. Mais si le *colloque* promis à Francfort ne doit pas être réalisé dans la diète qu'il vient de convoquer à *Spire* pour le 6 juin, ils n'attendent rien de bon de cette nouvelle assemblée. Toutefois ils y enverront leurs théologiens. (Voyez N° 868, n. 6-7.)

La Réponse du 11 avril a un tout autre caractère. Elle est très développée et très intéressante, parce qu'elle traite de toutes les questions qui passionnaient les esprits. On n'en peut pas dire autant de celle du 9 mai. Aussi n'a-t-elle pas été traduite en français. Si l'on eût jugé convenable d'en expédier deux copies à *Calvin*, il est bien évident qu'elles n'auraient pu, entre le 9 et le 14 mai, franchir les cent cinquante lieues qui séparent *Torgau* de *Strasbourg* (Voyez notes 14 et 25).

[14] *Ulric Geiger* (en latin *Chelius*), précédemment médecin de la ville à *Soleure*. Ce personnage était déjà en route pour la Suisse, au moment où *Calvin*, avant la fête de Pentecôte (16 mai), écrivait la présente lettre. A supposer que le Réformateur ait consacré à ce travail « toute la journée » du 15, au lieu de se préparer pour l'office du lendemain, il faudrait admettre, avec les éditeurs des *Calvini Opera* (Voy. n. 13, 45) que la réponse des Protestants datée du 9 mai était arrivée à Strasbourg *le 14*, et que le Dr *Chelius* en était parti sur-le-champ pour Soleure. La conséquence est inadmissible.

[15] Cette traduction, qu'on pourrait attribuer à *Joannes Fraxineus* (N° 849, n. 3), porte le titre suivant : « La Response que nous, par la grâce de Dieu, Jean Frédéric, duc de Saxe Électeur, et Philippe, Landgrave de Hesse, avons donné à l'avertissement ici envoyé au nom de noble Seigneur le Seigneur Thurry Conte de Manderschect et le Seigneur Guillaume Conte de la Nouvelle Aigle, après en avoir communiqué et prins bonne délibération avec les aultres qui sont conjoinctz avec nous en matière de laz religion. » Une autre copie manuscrite se trouve à Weimar. C'est probablement au moyen de celle qui fut envoyée à *Farel* qu'on a publié l'opuscule intitulé : « La Responce donnée par les Princes d'Allemaigne, et autres conioinctz avec eux, en matière de la Religion Chrestienne : sur l'aduertissement a eux enuoyé à Smalcalt. Translaté de latin en Francoys. Imprime a Geneue par Michel du Bois. M.D.XLI. » In-8° de 28 feuillets (Voyez Théophile Dufour. Notice, p. 97). Déjà en 1540 les Princes protestants avaient permis qu'on imprimât le texte latin, puis

statim obviàm eundum esse, nec expectarent nisi conscientia sua impedirentur. Nemo enim est qui non sit paratissimus ad omnia pericula subeunda, potiùs quàm ut via Christo præcludatur : tantùm abest ut ferre velint quidquam ei adimi. Senatus hic misso legato repudiavit judicium *Cameræ* [16]. Si pergant cum suis illis inanibus terriculamentis, magnos motus excitabunt.

Adhuc pendent controversiæ inter *Cæsarem* et *Regem* [17]. Ea est causa quæ *Cæsarem* moratur, ne protinus in nos impressionem faciat. *Papistæ* sanè strenuè moliuntur eum aliis omnibus negociis explicare, quò se ad nos impetendos accingat. Præcipuè autem *Brunsvicensis*, qui *Gueldrum* nuper ad eum perduxit, quò de illo ducatu paciscantur [18]. *Nostros* autem adeò virium suarum non pœnitet, ut minimè istis machinamentis terreantur. Tres *electores* medii erunt, *Palatinus, Coloniensis, Trevirensis* [19], ac potiùs se nobis adjungent quàm passuri sint nos opprimi. Duos habemus ex professo nostros. *Federicus* optabat per nostros aliquid a *Dano* obtinere [20]: non potuit quod æquum esse *Landgravius* quoque judicabat. Sic cogitur *Cæsaris* fovere amicitiam [21]. Vides quanti sit Christus, ubi animum hominis mundus hic occupavit. In *Anglia* nunc comitia habentur. Nunciatur nobis piorum omnium animos optima spe erectos esse. Si Dominus *Regi* nunc adspiret, stabilie-

le texte allemand de la susdite Réponse (Voyez Mel. Epp. III, 989, note de Bretschneider. — Seckendorf, III, 257 b, 282 b).

[16] La chambre impériale de Spire (t. V, p. 167, 168, 288).

[17] A la suite des passages de l'Histoire de France de M. Henri Martin que nous avons cités plus haut (N° 857, n. 17), nous lisons, p. 264 : « On s'éloigna chaque jour davantage : bientôt les négociations furent rompues par le roi, et *François I*, comme pour s'ôter la possibilité de les renouer, maria sa nièce *Jeanne d'Albret*, le 15 juillet 1540, à *Guillaume de La Mark*, duc de Clèves, de Berg et de Juliers, ennemi de l'empereur, à qui il avait enlevé l'héritage de Gueldre. »

[18] *Henri de Brunswick* était arrivé à Gand le 8 mars (Neudecker, o. c. 214, 219). Nous ne savons si *le duc de Clèves* l'accompagnait; mais il est certain que celui-ci ne réussit pas à regagner les bonnes grâces de l'Empereur. « *Cliviæ princeps* ad Cæsarem venit, transactionis causa; verùm d frustra fuit, et domum reversus, cum *Galliæ rege* cœpit communicare consilia » (Sleidan, II, 186. — Seckendorf, III, 257 a).

[19] L'électeur palatin *Louis V, Hermann de Wied*, archevêque de Cologne, et *Jean de Metzenhausen*, archevêque de Trèves (Voy. p. 128, 129, 161).

[20] Le comte palatin *Frédéric II* et *Christiern III* (p. 129, notes 34-35, 37).

[21] Il avait épousé une nièce de Charles-Quint.

tur illic Evangelium. Donec aliquam inclinationem audierimus, frustra agitaremus de *Caleto* [22].

Res meæ eodem loco sunt quo priùs. Nuncius noster [23] hìc ante septem dies adfuturus est, nisi fefellerit. Ergo *Jacobum* [24] retinui, ut si quid erit, possit in tempore tibi nunciare. Quanquam, ut jam apud se statuerat, non diu morabor ejus profectionem : paulò enim post festum Pentecostes eum dimittam [25]. Ipse triduo antè viam corripere in animo habebat. Quod de literis *Vireti* rogas [26],

[22] Peu de temps après le mariage d'*Henri VIII* avec *Anne de Clèves*, on pouvait encore penser à l'évangélisation de *Calais*. Bullinger écrivait à Vadian le 5 mars 1540 : « Scribunt ex *Londino* Angliæ D. *Richardus Hilleus* et *Guilhelmus Peterson* in hanc sententiam : Sanior et integrior est Regni status a Reginæ nuptiis quàm fuerit hactenus. *Regina* pia et timens Deum, et quam credunt Evangelii doctrinam promoturam plurimùm. Persecutio in illos versa est qui hactenus cecinerunt classicum in Evangelicos... *Barnus*... cum symmistis strenuè prædicat Evangelium. Præterea omnium *Germanorum libri*, *Tigurinorum* præsertim, publicè veneunt... Datæ sunt literæ ad Idus Januarias » (Autogr. Arch. de Zurich).

Mais les choses avaient bien changé dès lors. Henri VIII avait pris la reine en aversion. Le docteur *Barnes*, pour avoir prêché la justification par la foi, sans les œuvres, était prisonnier à la Tour depuis le 4 avril. Une grande partie du public croyait que l'audace du prédicateur luthérien amènerait la chute du premier ministre, *Thomas Cromwell*, qui l'avait constamment protégé. Dès l'ouverture du Parlement (12 avril), le Roi avait requis de nouvelles pénalités contre ceux qui traiteraient les saintes Écritures avec irrévérence, ou qui les expliqueraient témérairement et faussement (Voyez Lingard, o. c. VI, 448-452).

[23] Le messager qui était allé, nous ne savons dans quelle localité de France ou d'Allemagne, pour faire une demande en mariage, de la part de *Calvin*.

[24] *Jacques Sorel* (Nº 860, n. 11-12, 17). Calvin le retient auprès de lui, en attendant la réponse que son messager (n. 23) doit lui apporter « dans six ou sept jours. » Mais le voyage de *Sorel* n'en sera pas trop retardé : il pourra partir pour Neuchâtel « un peu après la Pentecôte. »

[25] Pâques fut, cette année-là, le 28 mars ; la fête de *Pentecôte*, le 16 mai. Calvin ayant dit à Farel en prenant la plume : *Totum hunc diem tibi destinavi*, on peut affirmer avec certitude que la présente lettre n'a pas été écrite en plusieurs fois, à quelques jours de distance, mais en un seul jour, et dans la semaine qui précéda le dimanche 16 mai (n. 24). La date approximative est donc vers le 13, et plutôt avant qu'après, parce que le pasteur de l'église française devait recevoir les visites de ceux qui se proposaient de communier à Pentecôte.

[26] Allusion à une lettre de Viret à Capiton qui n'est pas parvenue à notre connaissance.

non aliud possum tibi respondere quàm *Capitoni* semper videri, et *Viretum* et vos omnes morosiùs quàm par sit, vel certè scrupulosiùs, hanc causam persequi, quoniam semper polliciti sunt se non commissuros ut aditum istuc *illi* [27] patefaciant, quin potiùs impedimenta omnia objecturos quibus viam præcludant. Minimè tamen offensus fuit; si tamen consilium meum audietis, utrinque de ea re disceptare desinemus. Itaque literas *Comitis* [28] quas tu nuper miseras suppressi, ne quid offensionis parerent. Erant enim ita compositæ ut gratæ esse non possent, ac quò ansam omnem præcidam contentionibus, à responsione quoque abstinebo.

Horreo cum ita crudeliter pios audio vexari in Gallia, hoc præsertim tempore quo nihil opis afferre possumus. Nec dubito quin optimi quique ut plurimùm periclitentur. Quò enim quisque cordatior est ac constantiore animo Christum prædicat, eò minùs a Sathana ferri potest, quanquam fit interdum ut optimos etiam Dominus in tuto servet, dum alii ad supplicium rapiuntur [29]. *Conterraneus Jacobi qui Sedanæ exustus est aut Melduni* [30], superiore anno hic fuerat, et exhortatoriam epistolam ad ejus regionis fratres à me petierat: postea certò intellexi fuisse infectum erroribus Anabaptisticis, ac maximè omnium insaniisse. Pœnituit me igitur quod aditum meis literis ad multos bonos patefecissem. Vereor ne morte sua Evangelium magis infamarit quàm promoverit. Quod dico non habeo ex incertis rumoribus, sed ex ejus propinquis. Is cujus sororem in matrimonio habuit non dissimulat qualis fuerit. De morte *Michelii* non satis cum tua epistola congruebant ejus sermones qui spectaculo interfuerat. Verùm hanc regulam nobis tenendam puto, ut de iis qui pro Evangelii testimonio passi sunt, quàm possumus optimè et sentiamus et loquamur; modò ne quid nimiùm, ubi non liquidò constat qualiter se cum in vita, tum verò præsertim in morte gesserint.

Gaspari [31] prospectum esse gaudeo, est enim dignus et profuturum scholæ spero. *Tossanus* tres aut quatuor à me petierat, si tot haberem hic quos judicarem regendis ecclesiis idoneos; nomina-

---

[27] C'est-à-dire, à *Caroli*.

[28] *Béat Comte*, second pasteur à Lausanne.

[29] Ici commence un morceau placé entre crochets et qui devait être supprimé en cas d'impression. Il se termine à *ea res differatur*, à la fin du paragraphe suivant.

[30] Ce compatriote de *Jacques Sorel* avait péri sur le bûcher, à *Sézanne-en-Brie* (anciennement *Sédane*) ou à *Melun*.

[31] *Gaspard Carmel*, principal de l'École de Montbéliard.

tim *Jacobum* flagitabat. Sed ille se vobis servare maluit[32]. Quæ illa sit ditio *Comitis Guillelmi*[33], nondum potui diligenter sciscitando scire. Tu cum hîc eris, fortè meliùs nobis indicabis. Simul de iis omnibus commentabimur quibus remedium afferendum putas. Si putarem *Corderium* deliberare an *Burdegalam* redire expediat[34], libenter proferrem quod sentio. Verùm non opinor tam cæcum esse ut consultationem de ea re instituat. *Gallis illis episcopis*[35] cur scribendum non putem, coràm tibi indicabo. Magnam gratiam habeo fratribus quòd meum consilium adeò æquis animis acceperunt[36]. Quoniam tamen periculum est ne alii indignè ferant vos incepisse, non displiceret ut aliquantulùm adhuc ea res differatur.

Quòd *examen illud nostrum* de quo scripsi[37], bono fratri[38] scrupulum injecit, nihil miror. Neque enim novum est bonos animos formidare ne quam in superstitionem relabamur, quoties audiunt nos aliquid statuere quod ullam vel affinitatem, vel similitudinem habet cum Papisticis figmentis. Verùm ut illam solicitudinem excutere illis nolim (non enim possumus hac parte justo esse intentiores), ita optarim illos in seligendo à paleis et quisquiliis tritico paulò esse diligentiores. *Sæpe id tibi testatus sum, non videri mihi utile esse ecclesiis abrogari confessionem*[39], *nisi id quod nuper institui in ejus locum subrogetur. Quò rationem meam tibi*

---

[32] C'est, à notre avis, un indice du séjour que *Jacques Sorel* aurait fait en 1539 dans le pays de Neuchâtel (N° 823, n. 25).

[33] Il s'agit ici du comte *Guillaume de Furstemberg*, mentionné par Farel dans sa lettre du 16 avril, renvoi de note 22.

[34] Voyez le N° 860, note 26.

[35] *Gérard Roussel* et *Georges de Selve* (N° 860, n. 28, 29).

[36] Il n'est pas facile de dire sur quel sujet les pasteurs neuchâtelois avaient demandé l'opinion de *Calvin*. Le *vos incepisse*, qu'on trouve un peu plus loin, semblerait indiquer *la censure fraternelle*, qui se pratiquait au moins une fois par an dans la Classe de Neuchâtel (Voyez les lettres d'oct. et nov. 1544). Elle existait aussi à Montbéliard et dans le Chablais (IV, 64, 307). *Farel* l'avait introduite dès 1531 dans la congrégation du jeudi, qui réunissait à *Neuchâtel* tous les ministres du voisinage. Mais elle était peut-être tombée en désuétude pendant les quatre ans qu'il avait passés à Genève.

[37] L'examen de conscience des communiants (N° 857, renv. de n. 9).

[38] *Le bon frère* qui voyait, dans l'examen des communiants, un retour à la superstition, pourrait bien être *Pierre Viret*. Sa lettre à Bullinger du 20 février (p. 183, fin du deuxième paragraphe) suggère, du moins, cette conjecture.

[39] A comparer avec le N° 822, article 7, page 45.

meliùs exponam, priùs obiter demonstrandum est quale illud sit. Cum instat dies Cœnæ, edico ut qui communicare cupiunt, priùs se mihi repræsentent. Simul adjungo in quem finem; ut qui rudes sunt adhuc et religionis imperiti meliùs formentur; deinde ut qui opus habent speciali monitione eam audiant; postremò ut si qui aliqua conscientiæ inquietudine torqueantur, consolationem accipiant. Quoniam autem periculum est ne plebs, quæ non satis discernit inter Christi jugum et Antichristi tyrannidem, se in novam servitutem redigi putet, huic dubitationi etiam occurro. *Confessionem Papisticam* non tantùm mihi improbari testor, sed rationes palàm ostendo cur displiceat; deinde in genere pronuncio, non tantùm à superstitionibus illis abhorrendum esse quibus implicita fuit. sed *nullam omnino ferendam esse legem quæ conscientias laqueis adstringat. Christum enim unicum esse nostrum legislatorem cui simus debitores.* Postea doceo, *nihil hic derogari libertati nostræ, quoniam nihil penitùs injungo quod non Christus ipse præscripserit.* Quantæ enim impudentiæ esset non dignari fidem tuam ecclesiæ approbare cujus communicationem petis, et quàm misera erit ecclesiæ conditio, si in tanti mysterii participationem recipere cogatur quos vel penitùs ignorat vel fortè suspectos habet! Atque ut de ecclesia taceam, minister ipse cui hac lege demandata est hujus gratiæ dispensatio, ne eam canibus ac porcis prostituat, ne temerè dignis simul ac indignis nullo delectu profundat, quomodo hoc onere defungetur, nisi certam aliquam dignos ab indignis discernendi rationem ineat? Sed ego ineptus sum qui hæc apud te longiùs prosequor. Præterea tempus quoque me deficeret. Accidit enim quod verebar, me non semel à scriptione avocari. Postremo loco necessitatem hujus ordinis utilitatemque declaro, quam tu velut à me explicatam bono viro [40] referes.

Tres illi nobiles adulescentes quos hospitio excepisti, eò magis comitatem liberalitatemque tuam commendant, quò diligentiùs excusas te minùs quod volebas præstitisse [41]. Quin etiam rideri se putant, quòd ita tuam erga se beneficentiam extenuas. *Capito, Bucerus, Sturmius, Bredrottus (sic), Claudius, omnes Galli* te amicissimè salutant : quorum nemo est qui non adventum tuum avidissimè expectet, non minùs mea causa quàm ut aspectu tuo fruantur. Quia enim *utrumque* amant, cogitant de utroque. *Nico-*

---

[40] Voyez la note 38.
[41] Voyez le commencement du N° 860.

laus et *Heinrichus*⁴² strenuè nunc student. *Nicolaus* præsertim totus ardet. *Jacobum* his diebus ad me recipiam, donec abeat⁴³. Omnes quoque isti reverenter te salutant, unà cum *fratre meo*. Omnes fratres vicissim mihi non vulgariter salutabis, meisque verbis nunciabis eos animo meo verè insidere. *Corderius* præceptor meus et *Michaël*⁴⁴ excusabunt vel saltem ignoscent quòd nullas à me literas recipiunt. Vale, frater suavissime. *Familiam tuam* ne prætermittas⁴⁵.)

CALVINUS tuus totus.

Hic nuncius est vir sinceri animi : ideo jussi ut rectà ad te diverteret⁴⁶.

864

PIERRE TRIMUND ¹ à Gaucher et à Claude Farel, à La Chaux.

De Neuchâtel, 14 mai 1540.

Inédite. Autographe. Bibliothèque des pasteurs de Neuchâtel.

Salut et miséricorde par Jésu-Christ !

Très chers et honnorés cousins, *mon cousin M. G.*² m'a donné

---

⁴² *Nicolas Parent* et le jeune Neuchâtelois *Henri*, lequel étudiait à Strasbourg depuis 1538 (t. V, p. 167, 283, 453).

⁴³ Nous croyons qu'au lieu de partir « un peu après Pentecôte, » *Jacques Sorel* ne se mit en route que le 30 ou le 31 mai (N° 866).

⁴⁴ *Michel Mulot*.

⁴⁵ On lit ensuite cette date, écrite par Farel : « mense maio 1540. » — « Et quidem medio (ajoutent, en note, les nouveaux éditeurs de Calvin), si quid videmus, scil. *post d. 9 quo conscripta fuit responsio ad Cæsarem* supra memorata, *et probabiliter ipso die 19 statim post epistolam ad Viretum.* » Nous croyons avoir rectifié (notes 13, 14, 25) ce qu'il y a d'inexact dans ces deux dernières assertions.

⁴⁶ Ce n'était pas *Jacques Sorel*. S'il eût été le porteur de la présente lettre, Calvin l'aurait recommandé moins sobrement. — Le manuscrit ne porte aucune suscription.

¹ Voyez les N°ˢ 787 ; 861, note 6.

² Monsieur *Guillaume Farel*.

charge vous escrivre, qu'il prindret plaisir [que vous] vous transportissiés jusques icy tout deux, par quelque afère. Par quoy, ayant loisir, au plus tost, me semble, seret le migleur. Non aultre. Tout se porte bien, Dieu grâce. Mon cousin, cousine ³, le meinage et ma famme vous saluent. Salués tous qui désirent salut en Jésus-Christ, lequel prie par sa grâce vous conserver, et garder par sa miséricorde. *Imprimis* vous prie saluer *ma cousine Loïse* ⁴ et toute la maison, etc. Si fère se peut, me feriés plaisir m'envoyer unes chaus[s]es blanches, aut et bas, qui sont dens l'arche, le feustène et ung prepoint ⁵. De Neufchastel, le 14 de may du 40ᵐᵉ.

Anthoine est icy ⁶.

Vostre entier Cousin
O. TRIMUND.

(*Suscription :*) A Messieurz les admodieurz de la Chaux, mes entiers cousins, le Seigneur Gauchier et Claude Farelx,
Al la Chaux ⁷.

865

JEAN CALVIN à Pierre Viret, à Lausanne.
De Strasbourg, 19 mai (1540).

Autographe. Bibl. Publ. de Genève. Vol. n° 106. Calvini Opera. Brunsvigæ, XI, 35.

Jam aliquid saltem mea expostulatione ¹ profectum est, quòd *ingratum istud tot mensium silentium* aliquando rupi. Verùm istud

---

³ *Françoise Farel* (t. V, p. 309, note 6; p. 370).
⁴ Femme de *Claude Farel?*
⁵ C'est-à-dire, le vêtement de futaine et un pourpoint. C'est vers ce temps-là que *Trimund* dut se rendre à *Berne* (N° 867). Il voulait y faire bonne figure.
⁶ Peut-être *Antoine Aloaty*, notaire à Manosque, neveu des frères Farel (III, 83).
⁷ *La Chaux*, village situé près de Cossonay, dans le Pays de Vaud (V, 369).
¹ Voyez la fin du N° 858.

me malè habet, quòd cum deprecari simpliciter culpam deberes, ἀντικατηγορίᾳ expedire te maluisti. Pares enim nos facis, hoc uno excepto, quòd *cum cessatum ab officio utrinque fuerit*, ego scribere tandem prior occupavi. Ita scilicet evadere te posse sperasti. Quasi verò non centies interim ad *Farellum* scripserim ea lege, ut mihi esset apud te internuncius : quo tempore nec literam abs te accepi, nec fuit qui vel salutem nunciaret, nisi quam in tuis ad *Bucerum* literis² semel adscripsisti. Quamobrem non te priùs reis eximam, quàm mihi tuam in posterum diligentiam comprobaris : ut si tuo more pigrescere pergas, duplicem mul[c]tam petere adversùm te mihi liceat. Ne tamen acriùs instare videar, jam tibi quidquid peccati est libenter remitto : modò postac et sedulò ipse officium facias, et mihi ignoscas si remissior fortè fuero.

*Epistola tua*³ *mihi majore ex parte luctuosa fuit, eòque magis, quòd satis conjicio carnificum sævitiam supra modum fervere, ut solet quoties semel ebulliit. Et occurrendi nulla se offert ratio. Scripsi enim ad Farellum*⁴*, ea spe* .*quæ diu suspensos tenuit, jam nos excidisse*⁵. *Quare, nisi quam novam rimam Dominus aperiat, miseris fratribus aliter opitulari non licet, quàm precibus atque exhortationibus, quæ tamen ipsæ adeò periculosæ sunt eorum capitibus, ut sit consultius abstinere*⁶. *Quod ergo unum ferè restat, Domino eorum salutem commendemus.*

²⁻³ Nous ignorons si la lettre de Viret à *Bucer* a été conservée. Celle qu'il écrivit à *Calvin* vers la fin d'avril est décidément perdue. Elle contenait les détails les plus douloureux sur la situation des *Vaudois de la Provence* (note 6).

⁴ Vers le 13 mai, avant la Pentecôte, et non le 19 (N° 863, n. 14, 25, 45).

⁵ Calvin avait d'abord écrit : « eam spem, quæ diu suspensos tenuit, jam *nobis* excidisse. » Il a remplacé *nobis* par *nos*, mais il a oublié de corriger les deux premiers mots. L'édition de Brunswick rétablit la forme la plus naturelle : « ea spe..... jam nos excidisse. »

⁶ Quatre prosélytes des *Vaudois* de Provence (*Antoine Garbille*, ancien prêtre, *Jean Serre* dit *Bérard*, *François Rousset*, natif du diocèse de Turin, et *Jean Balles Gomati*, ancien prêtre) ayant été emprisonnés, les trois premiers pendant l'automne de 1539, le quatrième en janvier 1540, ils avaient révélé aux juges instructeurs et à l'official de l'évêque d'Apt les noms des localités habitées par les Vaudois, et ils avaient donné, sur les familles qu'on disait affiliées à « la secte, » des renseignements pour la plupart absurdes ou très vagues, mais qui suffirent à exciter le zèle des persécuteurs. Voici un spécimen des ouï-dire ramassés ici et là par les quatre détenus : « Les Luthériens de *Mérindol*, *Cabrières* et *Lur-*

Eam verò epistolæ partem non sine risu legi, ubi *tam bene valetudini meæ prospicis. Genevamne, ut meliùs habeam? Cur non potiùs rectà ad crucem? Satius enim fuerit semel perire quàm in illa carnificina iterum torqueri.* Ergo, mi *Virete*, si salvum me

marin..... faisoient amas d'armes et de poudre..... Ils espèrent la venue du comte *Guillaume* [de *Furstemberg*], pour se mettre tous en sa compagnie..... Qu'il y avoit eu Provence et au Comté Venaissin dix mille maisons de Vaudois et Luthériens..... Qu'à *Genève* il y a plus de quinze mille hommes de Provence, et dedans *Paris* plus de cinquante mille Hérétiques, et que si tout cela s'eslevoit, ils chasseroient le demeurant. »

Sur les seuls interrogatoires de *Garbille* et de *Bérard*, et à la demande de *Guillaume Garsonnet*, avocat du Roi, le parlement d'Aix requit prise de corps contre cent cinquante-quatre personnes, entre autres le ministre *Hélion Barbaroux, Claude Favery, André, François, Martin, Jacques, Michel* et *Philippe Mainard, Jean Pons, Bertin Viam, Jean Pellène, Hugues Pellène, Peyron Rey* (le grand Sathan) et *Jacques*, maître d'école, tous les quatorze habitant Mérindol ou y séjournant (Voyez t. III, p. 327-332, t. V, p. 118, 119, 361, 362. — Bèze. Hist. eccl., I, 37. — Hist. de l'exécution de Cabrières et de Mérindol. Paris, 1645, p. 15-17, 22-26). Ceux qui ne purent gagner à temps les bois et les *baumes* des montagnes étaient dans les prisons, au mois d'avril 1540. Voilà, sans doute, les tristes nouvelles que *Viret* annonçait à Calvin. Il lui parlait peut-être aussi du nouvel édit envoyé par *François I* au parlement de Provence.

« L'an 1540, au mois de May, le Roy décerne Lettres patentes, disant, qu'en *Provence* croist et se multiplie *la secte des Vaudois et Luthériens*..... Et pource que les Juges inférieurs n'y ont fait leur entier devoir..... mande et donne puissance à la Cour de Parlement d'en prendre connaissance en première instance, leur permet d'envoyer tels contre eux qu'ils verront bon estre, pour aller sur les lieux instruire les procez, et les mettre en estat de juger nonobstant appel, encore qu'il fust question de la torture..... Et, ce fait, rapporteront les procès au Parlement pour estre jugez. Outre ce, leur permet bailler commission aux Juges du pays pour faire semblables diligences, etc. » (Hist. de *l'exécution*, etc., p. 26, 27).

Le prince qui disait à tout propos : *Foi de gentilhomme*, et que Luther appelait *Monsieur par ma foy*, avait complètement oublié les susdites Lettres patentes, lorsqu'il faisait écrire (4 oct. 1540) en Allemagne, par *Jean Sleidan*, « que le Roi était dans de bonnes dispositions ; que bien loin d'approuver la persécution des Évangéliques, il n'en savait rien ; que la rage du Chancelier [*Poyet*] était la cause unique de ces rigueurs, etc. » Et, le 28 novembre, son ambassadeur *Jean du Fossé*, introduit en présence du landgrave de Hesse, « negavit..... suppliciis in *Gallia* affici Evangelicos ; decerni enim saltem contra *Valdenses*, hominum genus indomitum in Alpibus, qui contra magistratum non saltem docerent, sed et tumultuarentur et majestatis læsæ rei essent » (Voy. p. 124, n. 12. — Seckendorf, III, 259).

esse cupis, consilium istud omittas. Gratissimum tamen fuit quod intellexi *Fontaninos fratres* ita fuisse de incolumitate mea sollicitos [7], et te quoque animum eò intendisse. Vix equidem dignum me esse puto, cujus causa tantopere laboretur. Non possum tamen non lætari isto erga me bonorum studio.

Capito in suis prælectionibus quædam habet quæ tibi ad *enarrationem Iesaiæ*[8] conducere plurimùm possint. Sed quia auditoribus nihil dictat, et nondum ultra decimum quartum caput progressus est, tibi ad præsens adjumento esse non potest ejus opera. *Zuinglius,* tametsi dexteritate non caret, quia tamen nimiam libertatem usurpat, sæpe à mente prophetæ longè evagatur. *Lutherus,* non adeò anxius de verborum proprietate aut historiæ circumstantia, satis habet fructiferam aliquam doctrinam elicere. Nemo ergo adhuc diligentiùs *OEcolampadio* in hoc opere versatus est [9], qui tamen etiam scopum non semper attingit. Verùm, ut te interdum deficiant adminicula, Dominus tamen, ut spero, non te destituit.

Nihil *de rebus nostris* scribo, quò amplior supersit *Farello* scribendi materia. Omnes te amicissimè resalutant : *Capito, Bucerus, Matthias* [10]*, Sturmius, Pedrottus. Hedionem* nondum vidi ex quo literæ tuæ mihi redditæ sunt. Mihi vicissim saluta *Conradum, Cornelium, Jacobum, Isnardum* [11] et alios. *Materteram* quoque tuam matrem meam [12], et *uxorem,* quam semel videre cupio. *Conradi* mentio mihi quod exciderat suggessit. *Gaspar* ille qui apud eum aliquamdiu vixit, nuper hìc fuit, ac *Sturmio* conquestus est graviter, quòd se mandato *Grynæi* apud bonos viros inhumaniter tra-

---

[7] *Antoine* et [*Estienne?*] *de la Fontaine,* dont Viret avait reçu la visite dans le courant du mois d'avril (N° 858, renv. de n. 2). *Antoine* était l'un des amis intimes de Calvin, comme nous l'apprenons par la lettre qu'il lui écrivit de Bourges, le 13 janvier 1541.

[8] Le mot *enarrationem* annonce déjà qu'il s'agit ici des leçons que *Viret* donnait, à l'académie de Lausanne, sur Ésaïe. Il avait commencé l'interprétation de ce prophète en juillet 1539 (IV, 167, 168 ; V, 335).

[9] Son commentaire est intitulé : « In Iesaiam Prophetam Hypomnematon, hoc est, Commentariorum, *Ioannis Oecolampadii* Libri VI. Basileæ, M.D.XXV » (Apud Andream Cratandrum, mense Martio, in-4°).

[10] *Matthias Zell,* l'un des pasteurs de Strasbourg.

[11] *Conrad Gesner, Érasme Corneille* ou *Cornier, Jacques le Coq* et [*Cyprien?*] *Isnard.* Celui-ci était peut-être le *provisor* adjoint à *Corneille* en novembre 1539 (p. 203, n. 6).

[12] C'est par un mouvement de respectueuse affection qu'il dit « ma mère, » en parlant de la tante de Viret.

duxissem¹³. Apud me subticuit, nec aliud qu^am salutavit, cum à lectione mea egrederetur. Hoc te scire volui, ut postac sitis cautiores. Vale, optime et suavissime frater. Dominus te nobis conservet! Argentorati, 19 Maii.

CALVINUS tuus.

(Inscriptio :) Integerrimo fratri meo Petro Vireto fido Lausannensis Ecclesiæ pastori.

866

JEAN CALVIN à Guillaume Farel, à Neuchâtel[1].
De Strasbourg, 30 mai 1540.

Commentaires de M. Jean Calvin sur le livre de Josué. Avec une Preface de Theodore de Besze, contenant en brief l'histoire de la vie et mort d'iceluy... Geneve, M.D.LXV, in-8°, f. 17.

A mon très cher frère et singulier ami M. Guillaume Farel, fidèle Ministre de Jésus-Christ, Pasteur de l'Église de Neufchastel.

Combien que N.[2] s'est tellement gouverné par deça, et aussi a acquis si bonne réputation envers moy particulièrement, qu'il mériteroit que je luy donnasse un bon tesmoignage tout au long : toutesfois pource que je voy que ce seroit chose superflue en

---

[13] Voyez, sur ce *Gaspard*, la lettre de Farel et de Calvin du 14 juin 1538 (t. V, p. 31, renv. de n. 8-9).

[1] La présente lettre a été traduite du latin par *Théodore de Bèze*. Nous la reproduisons en suivant la ponctuation du texte original imprimé. Nul doute que le traducteur, qui avait assisté maintes fois aux entretiens de *Calvin* et de *Farel*, n'ait fidèlement rendu le ton du discours. C'était (comme on le voit ici et p. 118) celui d'une amitié sérieuse et cordiale, mais qui ne comportait pas le tutoyement familier. Les historiens et les biographes qui l'introduisent dans la correspondance de ces deux Réformateurs oublient, sans doute, que Farel avait vingt ans de plus que Jean Calvin.

[2] Il n'est pas difficile de reconnaître, sous cette majuscule banale, le futur ministre *Jacques Sorel* (n. 3-4).

vostre endroit³, je m'en déporteray. *Je n'ay pas peu encore bien entendre à quelle charge vous l'avez destiné⁴.* Mais cependant je desire qu'elle soit telle, que ce soit pour l'avancer plustost que le retarder. Car si nous voulons bien pourvoir aux profits de l'Église, il nous faut appeler à l'office de Pasteurs tels gens, qu'ils puissent quelque jour soustenir la charge après nous⁵. *Combien que je soye jeune, toutesfois quand je voy ma débilité et indisposition de mon corps, j'ay soin de ceux qui seront après nous, comme si j'estoye desjà vieil.* Je ne vous escriray du tout rien ne du publiq, ne de nos affaires particulières : pource que je luy ay déclaré tout au long les choses que je vous vouloye faire savoir : et il vous racontera beaucoup mieux de bouche tout le discours, que je ne sauroye faire par lettres. Saluez je vous prie, en mon nom bien affectueusement la compagnie. De Strasbourg le 30. de May, 1540.

867

[LE CONSEIL DE NEUCHATEL¹ au Conseil de Berne.]
(De Neuchâtel, au mois de mai 1540.)

Inédite. Minute originale. Bibl. des pasteurs de Neuchâtel.

Très redoubtés, magnifiques, puissans Seigneurz et bourgeois, noz nous recommandons tousjour humblement à vostre bonne grâce.

Nous sommes advertis par *Pierre Trimund* dit *Ozias,* de *Digne*

---

³⁻⁴ Le personnage recommandé était donc très connu de Farel, et les pasteurs neuchâtelois n'attendaient que son arrivée pour lui confier des fonctions scolaires ou ecclésiastiques. Tout cela s'accorde bien avec certains traits de deux lettres récentes qui sont relatifs à *Jacques Sorel* (Nᵒˢ 860, renv. de n. 11, 17 ; 863, renv. de n. 24, 32, 43). *Calvin* croyait, il est vrai, que *Sorel* pourrait partir pour *Neuchâtel* « un peu après le 16 mai. » Toutefois, dans les circonstances où ils se trouvaient l'un et l'autre, le départ du second a bien pu être retardé d'une dizaine de jours.

⁵ Quand nous retrouverons *Sorel,* il sera pasteur à *Valangin.*

¹ Voyez la note 10.

en Provence, comme il a demouré environ deux ans à *Ripallie* en vostre bailliage de *Tonon*, avec ses cousins *Gauchier* et *Claude Farelx*², et delà c'est retiré icy avec sa femme et ung filz³, où il a habité avec nous dix moys⁴. Et environ sinc moys passés qu'il advisa de s'en aller au *Dauphiné* et dellà les montz, tant pour recouvrer le revenu des biens des dictz *Farelx*, vous serviteurs (ce que a pleu au Roy acourder par vous lettres⁵), quand aussi quelques deniers que luy estoient deuz : ce qu'il fist. Et comme il s'en retournast, en passant par *Morienne*, les lieutenans du prévost des marreschaux en *Savoye* le prindrent, sans toutesfois en avoir occasion, or mis qu'il feust accusé estre de la religion de l'Évangille. Et sus ce les dictz prévostz luy oustèrent cent et quarante escus d'or, couseuz dedans ung haut de chaus[s]es. Item, deux escus et vint et six soux de Roy dedans sa bourse. Item, une médalle d'or, vagllant vuyt escus, et ung cachet. Item, une haquenée. Item, unes bougettes pleines et plusieurs aultres choses. Davantage, feust près de mort par le mauvais tractement alla [l. à la] prison de *Morienne*, sept semaines⁶. Et de là feust mené à *Chambéry* et congneu par

---

² Au commencement de septembre 1537 nous trouvons *Pierre Trimund* établi chez ses cousins *Claude* et *Gauchier Farel*, dont le premier était administrateur des biens du prieuré de Ripaille (IV, 219, 297, n. 11). Ce fut en juillet 1539 que les deux frères sus-mentionnés quittèrent le Chablais, pour se fixer dans le Pays de Vaud (V, 369).

³ *Jérémie*, qui étudiait à Genève en 1561. *P. Trimund* eut un autre fils, qu'on appelait *Jouanas*.

⁴ Ce calcul était vrai, quant à la famille de P. Trimund.

⁵ *Guillaume Farel* étant bourgeois de Bienne, avait écrit, le 12 mai 1535, aux magistrats de cette ville, pour leur demander s'ils pourraient lui faire restituer son patrimoine, afin d'en aider ses quatre frères (IV, 453). C'est par MM. de Bienne que sa requête dut être transmise aux Bernois. Nous ignorons le moment précis où *François I* leur accorda ce qu'ils avaient demandé en faveur de Guillaume Farel.

⁶ La date de l'emprisonnement de *Trimund* nous est fournie par l'article suivant du Manuel de Berne : « 3 Mars 1540. [Écrire] au président et au parlement, à *Chambéri*, de libérer *le cousin de Farel* qui est en prison, et de le laisser aller, pour l'amour de mes Seigneurs. Demander *ob quam causam captivus* » (Trad. de l'allemand). *Trimund* serait donc parti pour le Dauphiné vers la fin de décembre 1539, et, à son retour, au commencement de février, il aurait été saisi en Savoie et conduit dans les prisons de *St.-Jean-de-Maurienne*. Berne aurait obtenu sa libération dans la seconde moitié de mars. On retrouve ainsi les « cinq mois » et les « sept semaines » mentionnés dans la présente lettre, si l'on admet qu'elle ait

monseigneur *le président*⁷ qu'il n'avoit offancé, or mis qu'il avoit parlé de l'Évangille. A cause de quoy le dict président ordonna que tout son bien luy feust rendu, proveu qu'il amenast sa femme et enfant à *Chambéry*, pour demourer et vivre comme eulx. Ce que n'a pas intention de faire, mais plustost mourir. Dont le dict supliant nous a fort humblement prié de luy favoriser par ces présentes, requérant que vostre bon plaisir soit luy ayder envers monseigneur *l'ambassadeur du Roy aux Ligues*⁸, que il veuglle escrire à monseigneur le président qu'il n'a mérité qu'on luy face perdre sa substance et de sa famille, et par ainsi luy faire rendre ses biens dessudictz et de vous serviteurs *les Farelx*, veu que tel est le vouloir du Roy quy joïsse[n]t de leurs biens.

Très redoubtés, magnifiques et puissans Seigneurs et bourgeois, considérant sa prière estre de honeste apparrance, soit vostre bon plaisir et advis (vous supplions) favoriser et avoir pour recommandé *le dict pourteur* en ce dict affaire. Car certes congnoissans sa honeste conversation et l'indigence qu'il a nous esmeut, avec le devoir que nous avons à luy, le vous escrire. Sachant bien aussi que vostre saincte dévotion est tousjour de assister à toutes matières directes. A quoy vous plaira adviser, et estimer de nous que, selon nostre petitesse, le vouldrions [aider à recongnoistre]⁹ envers vous la faveur qu'il vous plaira luy bailler.

Très redoubtés, magnifiques, puissans Seigneurs et bourgeois, nous prions le seul Saulveur, nostre Seigneur Jésus-Christ, vous donner bonne prospérité en vous affaires. Escrite à Neuf-Chastel¹⁰.

été écrite au mois de mai 1540, et peu de jours après le conseil de famille tenu par les frères *Farel* (Nº 864).

⁷ *Reymond Pellisson* (t. V, p. 201).

⁸ M. *de Boisrigault*, ambassadeur de France auprès des Ligues ou cantons suisses.

⁹ Nous suppléons par ces trois mots un blanc laissé dans la minute.

¹⁰ La note suivante, tracée au XVIIIᵐᵉ siècle sur le manuscrit, n'est qu'à moitié exacte : « Lettre écrite par MM. de la Classe à LL. EE. de Berne en faveur d'Ozias al.[iàs] Pierre Trimund. 1541. » MM. de la Classe savaient un peu mieux tourner une lettre. Ils n'auraient pas donné le titre de « bourgeois » aux seigneurs de Berne. Ce mot annonce à lui seul, que la présente pièce émane ou, plutôt, qu'elle est censée émaner des conseillers de la ville de Neuchâtel, s'adressant à leurs « combourgeois » de Berne. Nous avons ici, en réalité, un projet de requête composé par *Trimund* lui-même, et qui devait servir de *memorandum* au secrétaire neuchâtelois.

868

JEAN CALVIN à Guillaume Farel, à Neuchâtel.
De Strasbourg, 21 juin (1540[1]).

Autographe. Bibl. Publ. de Genève. Vol. n° 106. Calvini Opera.
Brunsvigæ, XI, 50.

Postquam *Ferdinandus* duodecim circiter dies *Haganoæ* Principes expectavit[2], venerunt pauci, quibus aut in animo est res novare aut *Cæsari* approbare suam obedientiam. De *Electoribus* nullum adhuc pertrahere potuit, præter unum *Palatinum*[3]. *Moguntinus*[4], sæpiùs vocatus, semper excusavit, quantùm audio. *Coloniensis* et *Treverensis* spem dubiam fecerunt. *Saxo* nominatim caveri sibi voluit ne adventus suus fraudi suæ intercessioni foret, quam in electione *regis* interposuit[5]. Ad *Cæsarem* verò communes

---

[1] L'année est déterminée par ce qui est dit de la conférence d'Haguenau.

[2] La peste régnant à *Spire*, on avait dû transférer dans la ville d'*Haguenau*, à six lieues N. de Strasbourg, la diète convoquée pour le 6 juin. Les conciliabules des Catholiques y furent ouverts dès le 23 mai, sous la direction de l'archiduc *Ferdinand* (Voy. Sleidan, II, 188. — Seckendorf, III, 270).

[3] L'électeur palatin *Louis V* (p. 128, 129).

[4] *Albert de Brandebourg*, archevêque de Mayence. — Les électeurs de *Cologne* et de *Trèves* sont mentionnés à la p. 220, n. 19.

[5] On sait que le successeur présomptif de l'empereur portait le titre de *roi des Romains*. Lorsque Charles-Quint avait fait convoquer les Électeurs, en les invitant (29 déc. 1530) à conférer cette dignité à son frère l'archiduc *Ferdinand*, déjà roi de Bohême et de Hongrie, l'électeur de Saxe *Jean le Constant* avait protesté, en vertu de *la bulle d'or* de Charles IV (1356), qui défendait d'élire un roi des Romains du vivant de l'empereur (Voyez Sleidan, I, 439-447). C'est pour cela que *Jean-Frédéric* déclarait que son arrivée à la diète d'Haguenau, présidée par le roi des Romains, n'invaliderait en rien « la protestation » qu'il avait faite, au nom de son père, dix ans auparavant.

cum *Landgravio* literas⁶ misit, quibus uterque simul significat se non aliam pacificationis viam aut cernere aut ingredi posse, quàm quæ *Francfordiæ* proposita fuerat. Itaque, si in eam rem justa Imperii comitia *Cæsar* indicat, libenter se adfuturos : nunc minus sibi datum esse temporis quàm ut sociis suis denunciare possint : nihil ergo aliud sibi restare quàm ut legatos suos mittant cum paucis theologis, ne quid videantur detrectare : se tamen et theologis et legatis et nunciis quibuslibet fidem publicam petere, ne violentur⁷. Hodie profecti sunt legati⁸. Ubi venerit *Philippus*⁹, proficiscentur theologi. Jam venit *Blaurerus*¹⁰; alii propediem expectantur. Rogati fuerant à nostris *Tigurini* et *Bernates*, sed renunciarunt se non venturos¹¹ : hoc ideo dico ne quid officii putes esse prætermissum. Nominatim etiam *Basiliensibus* scriptum ne *Carolstadium* mitterent¹².

⁶,⁷ On lit dans cette lettre, écrite de Torgau, le 9 mai : « Etsi in tanta temporis brevitate subitò vocari omnes nobis conjuncti non possunt, nos tamen mittere nostros legatos ad *conventum Spirensem* decrevimus, ut Cæsareæ Majestatis Vestræ mentem audiamus..... In *conventu Francofordiensi* spes facta est collocutionis, in qua delectis piis et eruditis controversiæ verè explicarentur, et, patefacta veritate, juxta verbum Dei ecclesiarum concordia constitueretur. Nunc autem, cum *Spiram* vocamur, non fit mentio aut colloquii aut modi, quo de conciliandis ecclesiis agendum est. Quare si aliter res suscipietur quàm *Francofordiæ* deliberatum est, nec perfici concordia poterit, nec quicquam profuerit convenire..... Nos igitur testatum volumus, nos non discedere à promissis Francofordiani conventus, ac reverenter petimus. ut C. M. V. talem conciliationem institui curet... Quæ si fuerit instituta, mittemus nostros legatos, et ipsi in vicinis locis erimus, ac dabimus operam... ut pia et durabilis concordia ecclesiarum constituatur. Hanc ad rem etiam opus erit fide publica nostris legatis et theologis quos mittemus » (Mel. Epp. III, 1025, 1026).

⁸ Des visiteurs sans titre officiel les avaient précédés. *Rodolphe Gualther* écrivait de Strasbourg à Myconius, le samedi 29 mai : « [*Joannes*] *Sturmius, Sapidus, Latomus* et alii quidam, die Jovis præterito, *Haganoam* profecti sunt, qui mira de *Ferdinandi* et principum qui cum eo sunt superstitione narrant » (Mscr. autogr. Bibl. de St.-Gall).

⁹ *Philippe Mélanchthon* ne put se rendre à la diète d'Haguenau. Il était tombé très gravement malade à Weimar, vers le milieu de juin, par suite du chagrin que lui causait la bigamie du landgrave de Hesse (Voy. Mel. Epp. III, 1040, 1045-1052. — Luthers Briefe, éd. de Wette, V, 292-294, 297 ; VI, 270).

¹⁰ *Ambroise Blaarer*, pasteur à Constance.

¹¹ A comparer avec le N° 869, renvoi de note 10.

¹² *André Carlstadt* s'était sensiblement modéré pendant son séjour à Bâle ; mais à la diète d'Haguenau on n'aurait vu en lui que l'ancien représentant du radicalisme religieux.

Nunc consultat *adversa factio* quo genere certaminis aut qua parte nos adoriatur. *Nostri* se ad amicam compositionem paratos esse ostendent, modò ne quid veritati decedat. *Cæsari* non tantum ocii erit a *Rege nostro* ut possit vires suas in nostros conferre. Nondum inter eos quidem est bellum, sed emergunt semina, et ea præsidia *noster ille*[13] sibi conciliat quæ, dum amicitia illi cum *fratre* erat, contemsit[14] et hodie contemneret, si eadem maneret. *Baifius*[15], qui legatione in conventu fungitur, huc venturus est ad tentandum vadum, ut multi conjectant[16]. Fieri vix potest quin magni motus ante paucos menses excitentur. Nostri aliquid se con-

---

[13] Le roi de France.

[14] A l'époque de sa réconciliation avec son beau-frère *Charles-Quint*, le roi *François I* s'était joué des Protestants allemands. Il avait fait cheminer leurs ambassadeurs d'Avignon à Cavaillon, de Cavaillon à Marseille, où il leur donna une courte audience le 1er juillet 1538, de Marseille à Tarascon, Lyon et Moulins, où il les congédia sans vouloir rien conclure avec eux. Voyez Seckendorf, III, 178-179, qui s'exprime ainsi : « Hæc paulò prolixiùs recensenda fuerunt, cum insigne versutiæ *Gallorum* specimen præbeant, qua Legatos luserunt, eosque data opera detinuerunt, ut ex illorum præsentia *Cæsari* suspicio incuteretur, et *Regis* cum illo negotiationi pondus inde accederet..... *Momorancius* sanè, cum Legati oblata a *Langæo* urgerent, respondere non est veritus, *alia nunc tempora esse.* » Voyez aussi C. von Rommel, o. c. II, 392-394.

[15] Le traducteur anglais des Lettres de Calvin a lu *Baisius*, nom imaginaire. *Lazare de Baïf*, né vers 1486 près de la Flesche en Anjou, acquit une assez grande célébrité par ses ouvrages d'érudition (Voy. p. 22, n. 75). Ambassadeur de France à Venise (1527-1532), il fut, pour *Pierre Bunel*, le plus aimable des Mécènes, et il encouragea par ses éloges les études d'*Émile Perrot* (II, 164). En 1533 François I le créa conseiller au parlement de Paris, et, plus tard, maître des requêtes de l'Hôtel. Nous ne savons à quelle époque il obtint les abbayes de Charroux et de la Grenetière (Ordre de St. Benoît). Les livres qu'il a composés sont énumérés dans les ouvrages suivants : Gesneri Bibliotheca univ. 1545. — Sammarthani Elogia. — La Croix du Maine et du Verdier, éd. cit. II, 34, 35 ; IV, 580. — Freytag. Adparatus litter. II, 1037-40 ; III, 311-313. — Moréri. Dict. hist.

Selon Sleidan, *François I* avait envoyé *de Baïf* à Haguenau « monitu *Cæsaris* : nam offensionem dissimulabat uterque, et blandis adhuc verbis res agebatur. et *calendis Junii* Rex edictum proposuit admodum grave contra disseminatores hæresis et falsæ doctrinæ *Lutheri* atque sociorum. » C'était le trop fameux *édit de Fontainebleau* (Voy. la France Prot. 1re éd. Pièces justificatives).

[16] « A sonder le terrain, » *Lazare de Baïf* perdit son temps. « Il n'entend rien en nostre cause, » disait Calvin, le 28 juillet.

secutos esse sperant, cum tam procul abesse *Regem nostrum* vident a *Cæsare* adjuvando.

Anglus hic silet. Non tamen dubito quin alibi aliquid moliatur [17]. *In negocio Domini parùm dextrè se gerit. Nuper exusti sunt tres plebeii homines, quòd aliter de Eucharistia loqui ausi fuissent quàm ferat edictum regium* [18]. *Id omnino pessimum habet quòd, dum omnia sibi arrogare et quovis modo ad se trahere studet, non sustinet quidquam nisi authoritate sua suffultum. Ita fit ut Christus nihil illis nisi ex Regis nutu valeat.* Dominus hanc arrogantiam insigni aliqua pœna vindicabit. *Scriptum Principum* [19] non sine causa cupio adhuc abs te supprimi. Veniet brevi tempus magis opportunum quo in lucem prodeat [20], vel certè iis communicetur quorum interest. *Nuper,* in simili genere, *multùm mihi obfuisti. Non enim credas quantum invidiæ Erasmus* [21] *mihi conflaverit illo suo nimis futili scripto* [22], *ubi dixit « fuisse Argentinæ excusum librum* [23] *in quo et Lutherus et Argentinenses egregiè tractentur, et tamen Lutherum salutem ei mandasse* [24], *etc. »* Dum vult undique aliquid mendicare quod suæ causæ suffragetur, immerentes ita secum implicat. Et sanè habeo hic cur tecum expostulem, qui *familiarem epistolam quæ in sinu tuo latere debuerat* [25], *ita vagari passus es ut Bernam usque convolarit.*

---

[17] *Henri VIII* était tout occupé de ses propres affaires. Le 10 juin, il avait fait arrêter *Thomas Cromwell,* sur la prévention de haute trahison ; neuf jours après, le puissant ministre était condamné par la chambre des lords. Le divorce du Roi avec *Anne de Clèves* suivit bientôt la chute de Cromwell (Voyez Lingard, o. c. VI, 452-459. — Merle d'Aubigné, o. c. VIII, 264-280).

[18] Le fait est douteux. Les historiens de la Réforme ne mentionnent pas ces « trois martyrs. » Burnet affirme, o. c. I, 365, que le Roi fit grâce aux cinq cents personnes qui avaient été emprisonnées en 1539, pour désobéissance à *la loi des six articles* (p. 59, n. 6), et il ajoute : « je ne remarque point que l'exécution de l'ordonnance ait été pressée depuis ce temps-là jusqu'à la mort de Cromwell » (18 juillet 1540).

[19] Ce n'est pas l'épître du 9 mai, résumée plus haut (renv. de n. 6-7), mais bien le mémoire du 11 avril (N° 863, n. 13).

[20] Voyez le N° 863, note 15.

[21-22] *Érasme Ritter,* l'un des pasteurs de la ville de Berne (IV, 256, n. 7; V, 10). Nous ne savons rien de « l'écrit » qu'il aurait composé.

[23] *L'Institution chrétienne* publiée à Strasbourg au mois d'août 1539.

[24] Ces paroles s'expliquent parfaitement, quand on les rapproche de la lettre de *Calvin* du 20 novembre 1539 (N° 835, p. 130, 131), où il mentionne avec un visible plaisir les salutations que *Luther* vient de lui adresser.

[25] Les éditeurs des *Calvini Opera* disent, à ce propos, p. 52, note 8 :

Nunc ad tuas literas [26] venio. Non indignè tuleram quòd tabellarius meus sine literis abs te dimissus foret, cum indicaret te in re adeò necessaria fuisse occupatum [27]. Bene tamen facis quòd excusas : modò intelligas ita mihi satisfieri ut in posterum sis diligentior. Nequę enim facilis ero ad ignoscendum si quando cessaveris. *Franciscum* ignominiæ causa dimitti non intellexeram ex superioribus tuis literis [28]. Magis opinabar honestum aliquem prætextum quæri. Nunc, quantùm ex verbis tuis suspicari licet, insimulatum esse video ejus criminis à quo certè persuasus sum illum toto pectore semper abhorruisse. Utinam aliquando tandem hîc te habere possimus, quò hæc omnia ex ore tuo *Capito* et *Bucerus* audiant [29]! Minùs enim æquis auribus videtur *Bucerus* accipere quæ dico. Sed vereor ne, si expectare velis *meas nuptias,* serò venturus sis. *Nondum inventa est uxor et dubito an quærere ampliùs debeam.* Nuper mihi puellam desponsaverant *Claudius* et *frater meus*. Triduo postquam redierant, delata sunt ad me nonnulla quæ me coegerunt *fratrem* remittere, quò à conventione illa nos expediret [30].

Nondum satis compertum habeo qua de re *Genevenses* aut tumultuentur inter se aut inquietentur a *Bernatibus* [31]. Prospicio

« Epistola hæc, sicut alia Farelli ad Calvinum de qua mox, desiderantur. »
Ils ont oublié que la première de ces épîtres est imprimée dans leur tome X, Pars II, p. 429-432. Elle est adressée à Farel et datée du 20 novembre 1539 (Voyez notre N° 835, p. 132, n. 56).

[26] Voyez la note 28.

[27] Ce doit être l'affaire dont Calvin parle plus loin (renv. de n. 43).

[28] Le 16 avril, Farel ne disait rien de *Franciscus*. Mais on voit ici qu'il avait parlé à Calvin de ce personnage dans deux lettres postérieures, qui n'ont pas été conservées. Le *Franciscus* dont il s'agit est *François Martoret du Rivier*, pasteur à Moudon dès 1536. Aucun document contemporain ne constate qu'il ait été « congédié » de cette ville, pour une faute emportant le déshonneur. S'il en eût été ainsi, MM. de Berne l'auraient relégué dans une paroisse de second ordre, et ne lui auraient pas confié celle de *Vevey*, le 28 avril 1540 (Manuel de Berne, au dit jour). Son successeur à Moudon fut *Franciscus Pontanus*, ancien élève de Christophe Fabri.

[29] L'arrivée de *Farel* à *Strasbourg* eut lieu beaucoup plus tôt que son correspondant ne l'espérait (N° 869).

[30] C'était le troisième ou le quatrième projet de mariage qu'il abandonnait (p. 167, 168, 191, 192, 199, 200, 221).

[31] Voyez les pages 192, 199, 210, et le t. V, p. 148. — La curiosité de Calvin allait être satisfaite. Farel put lui dire, quelques jours plus tard, tout ce qui s'était passé à *Genève* depuis le 16 avril : les efforts infructueux

tamen pessimum exitum illis imminere, nisi Dominus mira aliqua ratione succurrat. Scis, opinor, quid scripserit *Marcurtius* in iis literis quæ unà cum tuis mihi redditæ fuerunt. Dejerat fortiter sibi nunquam in mentem venisse ut diceret, corruptam fuisse *epistolam Sadoleti*[32], ideoque vehementer rogat ne hanc suspicionem diutius insidere animo meo patiar. Ita respondebo ut videat me simultatum causas minimè quærere, ac nulla re minùs delectari quàm discordiis.

An eas ditiones in *Burgundia* teneat *Comes*[33] quas nominasti, per occasionem inquiram. In *Gallia* certè nihil illi relictum. Itaque frustra de *Ponte Veliensi*[34] et aliis laboras. Si bellum erit, nescio an restituetur. Mirari satis non possum ubi somniaverit *Cressonerius*[35] quod de mea recantatione *Gurino*[36] retulit. Nec habeo quod

---

de l'ambassade bernoise pour faire accepter aux Genevois le traité du 30 mars 1539 ; la fuite des trois députés articulants, le 22 avril ; leur condamnation à mort, prononcée le 5 juin ; l'échauffourée sanglante du lendemain, que *Jean Philippe* paya de sa tête et qui causa la ruine du parti des *articulants* (N° 869, n. 3. — A. Roget, o. c. I, 210-252).

[32] Le propos qu'on attribuait à *Marcourt* peut s'expliquer par l'observation que nous avons faite, t. V, p. 262, 263, sur *l'Épître de Sadolet*. Le texte manuscrit de cet opuscule n'est pas identique au texte publié plus tard à Lyon par l'auteur.

[33] *Guillaume de Furstemberg* (p. 208, renv. de n. 22 ; 223, renv. de n. 33).

[34] *Pont-de-Veyle*, petite ville de France située sur la Veyle, à six lieues O. de Bourg-en-Bresse. « François I ayant conquis la Bresse et le Bugey sur Charles, duc de Savoye, en l'an 1535 [1536, nouv. style], engagea la seigneurie du Pont de Veyle à *Guillaume comte de Furstemberg*, en payement de notables sommes que Sa Majesté luy devoit pour diverses levées d'Allemans et de Lansquenets qu'il avait amené en France. Ce seigneur en jouyt encore sous le roy Henri II et mesmes après la restitution des Estats faicte au duc Emmanuel Philibert par la paix de l'an 1559 » (Guichenon. Hist. de Bresse et de Bugey. Lyon, 1650, Partie II, p. 93).

On sait que G. de Furstemberg mourut en 1549. Comme il était créancier de François I pour une somme assez considérable (Münch, o. c. II, 50), ses droits sur *Pont-de-Veyle* ne furent probablement pas contestés jusqu'en 1542, époque où il rentra au service de Charles-Quint et prit part à la guerre contre la France. Au reste, nous ne savons rien de ce qu'il a pu tenter pour l'évangélisation de *la Bresse*. Seulement nous nous souvenons avoir relevé quelque part la mention, vers 1537, d'un « prédicant » établi à *Pont-de-Vaux* (Pons Vallensis), petite ville située à sept lieues N.-O. de Bourg et qui appartenait alors à un gentilhomme bourguignon (Voir les Recès des Diètes suisses, IV, 853, 894).

[35] *La Cressonnière* était, à ce que nous croyons, originaire de France

dicam, nisi aut ebrium fuisse aut insaniisse cum illa effutiret. Ipsi tamen *Gurino,* quem video nonnihil turbatum [37], primo quoque nuncio satisfaciam. *Nicolaus* et *Henrichus* valde esuriunt [38]; proinde, nisi maturè veneris, ineunda est ratio qua pecunia illis mittatur.

Miseret me supra modum optimi *Zebedœi* [39], vel potiùs conditionis nostræ, quòd nulla hodie disciplina est, qua *furias istas* à tanta intemperie cohibeamus [40]. Quoniam tamen nihil in præsentia melius habemus, consulo ut *quod de ignorantia Christi docuit* [41],

(Voyez Victor Bujeaud. Chronique prot. de l'Angoumois, 1860, p. 157). Il tenait une librairie à Neuchâtel (N° 873).

[36] *Pierre Gurin*, natif d'Annonay, reçu bourgeois de Genève le 29 janvier 1538, « advisé sur le bon cœur et les servisses [que] il a faict à la ville » (Reg. du Conseil). Il avait épousé une Genevoise, Ayma, fille de feu Dominique *Waremberg* (Galiffe. Notices généalogiques, II, 318, III, 476, IV, 32). En 1539 les magistrats lui ordonnèrent « de sortir hors Genève, » pour avoir injurié la Justice, à la suite d'un procès, et il se retira sur le territoire bernois (Voyez la n. 37. — Le Reg. du Conseil, 29 janv. 1538, 19 juillet 1539, 16, 19 janvier, 29 juin 1540, 28 févr. 1543).

[37] Ce détail annonce qu'il s'agit de *Pierre Gurin*, et non de *Guérin Muète*, pasteur dans le comté de Neuchâtel, bien que celui-ci soit ordinairement appelé *Gurinus* ou *Garinus* dans les lettres de Calvin. Indépendamment de l'esprit de corps, *Guérin Muète* était trop bien renseigné pour croire à la « rétractation » du Réformateur. Les catholiques allemands venaient d'annoncer au Pape une nouvelle non moins absurde : « *quòd Lutherus, Philippus, et alii, errores aliquos proprios retractaverint* » (Seckendorf, III, 276 b).

[38] *Nicolas Parent* et le jeune Neuchâtelois *Henri* (V, 167, 453). Ils étaient sans ressources et ne pouvaient payer leur pension.

[39]-[40]-[41] Ces « *furies*, dont la violence devrait être réprimée, » faut-il les chercher au milieu des paroissiens d'*André Zébédée*, ou parmi les pasteurs des localités voisines d'*Orbe*? Ni les uns, ni les autres, si l'on en juge d'après la vraisemblance, n'auraient été assez imprudents pour faire ainsi le jeu des Catholiques, dans une ville où la Réforme luttait péniblement contre l'ancienne Église. Le pasteur d'Orbe était d'ailleurs de force à rembarrer des objections et très peu endurant envers ses adversaires.

Nous sommes plutôt disposé à croire que le mot *furies* désigne *les prêtres d'Orbe*. « L'excellent *Zébédée* » eut plus d'une affaire avec eux. Il venait de prêter le flanc à leurs attaques, en soutenant que le Christ, pendant sa carrière terrestre, n'avait pas possédé la plénitude de la science divine. Le texte du sermon incriminé était sans doute celui-ci : « Quant à ce jour et à cette heure, personne ne le sait, non pas même les anges qui sont au ciel, *ni même le Fils*, mais mon Père seul » (Matthieu, XXIV, 36. Marc, XIII, 32). On peut consulter sur cette question dogmatique l'ouvrage de *Calvin* intitulé : « Harmonia ex tribus Evangelistis composita. (Genevæ) 1555, » in-folio, p. 54, 363.

eorum testimoniis confirmet quorum authoritas *Bernæ* pondus habebit. Habet ex veteribus multos suffragatores; verùm non poterit majore invidia adversarios gravare quàm si *Lutherum, Bucerum, Brentium* et alios in medium proferat. Verùm operæ precium erit hæc vehementer exagitari : *quantæ impudentiæ sit à pauculis hominibus indoctis et imperitis, in tenebricoso angulo*[42], *hæreseos damnari qui principatum hodie in Ecclesia tenent.* Hæc ipsa *Bernam* ad *Conzenum* scribere et commonefacere quàm odiosum ei futurum sit, si resciscant *tales viri* sua scripta ita impune lacerari, etc. Crede mihi, incendium istis nebulonibus excitabit quod non facilè restinguent, modò dexteritatem quam potest adhibeat.

Vale, frater mi integerrime. Cogor enim hic abrumpere sermonem, quia nimis serò exorsus sum. Salutabis mihi omnes fratres amicissimè, *Capunculum, Corderium, Thomam, Michaëlem, Futonum* et alios. Benedictus Dominus qui virtute sua vobis adfuit in subigenda illa bestia quæ adversùs gloriam ipsius cornua extulerat[43]. Saluta etiam mihi diligenter fratrem *Gaucherium* cum uxore. Dominus vos incolumes servet! Nostri omnes te salutant. Argentorati, 21 Junii.

CALVINUS tuus.

(Inscriptio :) Optimo fratri meo G. Farello, Neocomensis ecclesiæ pastori integerrimo et fidelissimo.

---

[42] A *Orbe*, la cour de seconde instance, composée de douze jurés en majeure partie catholiques, « ignorants et inexpérimentés » (c'est Calvin qui le dit), avait pour président le bailli fribourgeois *Hans Frytag*, qui fut en charge dès le 8 octobre 1535 au 13 octobre 1540. Devant un pareil tribunal, le ministre *Zébédée* devait être « condamné, pour hérésie, » à crier merci à Dieu et à la Justice. Mais *Berne*, dont c'était le tour de juger en appel, pouvait casser la sentence (Voyez t. II, p. 327, n. 1; 374. — Pierrefleur, o. c. p. 3, 137, 190, 201, 209-211). Aussi *Calvin* traçait-il ainsi la marche à suivre : Pousser vivement l'affaire, écrire à *Pierre Kuntz*, le plus influent des ministres bernois, lui représenter que les jurés d'Orbe, en condamnant *Zébédée* « pour hérésie, » ont du même coup condamné *Luther, Bucer* et *Jean Brentz*, qui ont soutenu la même doctrine que lui. Quel outrage pour ces chefs de l'Église, s'ils apprenaient que, dans une obscure petite ville du Pays de Vaud, on déchire impunément leurs écrits !

[43] Il s'agit peut-être d'une polémique vigoureusement menée, par *Farel*, contre un *curé* ou un *anabaptiste* des environs de Neuchâtel (Voyez la lettre de Calvin du 1er juin 1544 aux ministres neuchâtelois).

869

MARTIN BUCER aux Pasteurs de Berne.
De Strasbourg, entre le 22 et le 28 juin 1540 [1].

Copie contemporaine [2]. Bibl. Publ. de Genève. Vol. n° 196. Calvini Opera. Brunsvigæ, XI, 54.

Gratia et pax, viri optimi, fratres carissimi! *Venit huc Pharellus noster, ferens multorum fratrum et mandata et literas ad carissimum fratrem nostrum Calvinum et nos, quibus à nobis contendunt, ne quid obstare patiamur quominus obsequatur Calvinus vocationi Genevatium, qua hi illum pastorem suum repetunt* [3]. Gaudendum, fateor, nobis est quòd illi ad se redeunt et se Christum in ministris ejus expulisse agnoscunt. At nihilominus id etiam videndum, ne inde ubi Domino hic plus quàm *Genevæ* fructus adferre potest avocetur. Extra *Witembergam* haud ita multæ ecclesiæ sunt, præter nostram, ubi et ministri et magistratus curam suam longè ultra et

---

[1] La date est facile à fixer. Calvin ignorait entièrement, le 21 juin, les événements de Genève (N° 868, renv. de n. 31) et la prochaine arrivée de Farel, qui eut lieu peu de jours avant le 28 (n. 2, 3, et renvoi de n. 9).

[2] On lit au dos l'annotation suivante, écrite par Farel : « Ad pastores Bernenses Buc[erus] mense Iun. 1540. »

[3] *Farel* n'apportait pas à *Calvin* un appel officiel des *Genevois*. Il venait lui transmettre les vœux d'une notable partie de son ancien troupeau, et l'informer des événements qui rendaient son retour à *Genève* possible et désirable (Voyez N° 868, n. 31). Des quatre syndics de 1538, l'un avait péri sur l'échafaud ; les trois autres (Jean Lullin, Ami de Chapeaurouge, Claude Richardet) s'étaient enfuis. Dix-huit des partisans de Jean Philippe étaient en prison depuis le 7 juin. Trois hommes de la faction opposée avaient pris place, le 22 mai, dans le Petit-Conseil, et déterminé ainsi une nouvelle majorité : celle qui décida quatre mois plus tard le rappel de *Jean Calvin*. On peut supposer aussi que Farel ne lui laissa pas ignorer le découragement qui s'était emparé des pasteurs de Genève (Voyez le Reg. du Conseil du 30 avril. — Les lettres de Morand, de Viret et de Fabri des 9 et 14 août et du 25 septembre. — A. Roget, o. c. I, 215, 222, 248, 255).

suos et quos nunc habent extendant, si cuique ecclesiæ res sua salva esse videatur. De aliis ecclesiis, aut etiam posteritate, non valdè sollicitas videas. *Nostrum itaque esse meritò arbitramur ut demus operam, ne id studii pro aliis et futuris ecclesiis quod Dominus nostris dedit, exstinguatur, et hoc qualecunque instituimus seminarium sacri ministerii dilabatur* [1].

Ad eam autem rem valde necessaria nobis est opera *Calvini* nostri. *Prælegit in theologia admodum feliciter,* et ad defendendum contra sophistas impios evangelium Christi plurimùm institutus est, non tantùm eruditione rara, sed etiam eloquentia insigni. Virtute quidem sua Christus nobis omnia aptè conficere dignatur, sed requirit jure tamen ut ipsi ad salutem nostram ipsorum summo studio cooperemur, et quos cooperarios ac ministros ipse nobis fingit et donat, toto pectore colamus. Cum itaque tantis hunc dotibus ornatum Christus nobis dederit, et videamus quantùm hic ad regnum ejus conservandum atque proferendum conferat (incertum est autem quid ad id collaturus *Genevæ* sit), anxiè dubitamus quid hac in re faciendum nobis sit. Utcunque res nostræ habeant, et quantis *Capito* et ego laboribus nostræ et scholæ et ecclesiæ indies minùs sufficimus, tamen *si constet, Calvinum plus Christo fructus facturum Genevæ quàm hic, absit ut non totis viribus eum illò etiam extrudamus.* At id dum non constat, manifestò autem quotidie cernimus quanta ecclesiæ Christi hic commoda adferat, nec id solùm scholam nostram, sed etiam gallicam ecclesiam ædificando, dimittere eum non sine magna animi molestia possumus : præsertim cum et non contemnenda spes sit de ecclesia Metensi per eum Christo lucrifacienda [2].

Sic itaque dum hæremus, vestram per Christum caritatem obtestamur, ut nobis, quàm primùm possitis, *quid de Geneva sperandum sit* scribere dignemini, ne vel profectui regni Dei illic obstemus, neve etiam temerè hunc servum Christi statione sua, qua Christo servit sanè magno cum ecclesiarum fructu, quod in nobis esse poterit, dimittamus. *Magnum quidem est quòd eum Genevates expetunt; nam argumento est, illos ita per eum Christi apud se disciplinam velle restitui, ut odio tantùm disciplinæ inde ejectus fuit* [3]. At

[1] La Haute-École de Strasbourg.

[2] On a pu déjà remarquer deux témoignages de la sollicitude de *Calvin* pour *l'église de Metz* (p. 114, et t. V, p. 452).

[3] A comparer avec le commencement du N° 728, t. V, p. 59, et p. 60, env. de note 2.

sunt etiam subiti sæpe nec firmi istius modi motus in vulgo quolibet. Non dubito quin clarissimus Senatus vester optet restitutum hunc illi ministerio quo, cum improborum molitione deturbaretur, retinere eu a laborarunt [7].

Adferuntur subinde satis gravia *de indignatione vestræ Reipublicæ erga Genevates* [8]. Sed spero, ut antehac, paterno animo, si quid peccarunt illi, curaturum id potiùs quàm severiter vindicaturum esse clarissimum Senatum vestrum. Nolet destruere opus suum, et maximè in quo tantum et gloria et utilitas vestra sibi paravit. Quibus etiam Dominus plus dedit sapientiæ et felicitatis, ab his poscit ut aliorum et stultitiam et miseriam et ferant et sanent. Sed hæc vos indubiè quotidie docetis et monetis, ut dociles.

Hîc novi nunc nihil quàm quòd *ad 28. colloquium de religione, quod Haganoæ constitutum est, auspicandum expectamus, quò forsan et Calvinus ibit* [9]. Quare, etiamsi non possit averti propitio Christo quominus redeat *Genevam*, differendum tamen existimamus ad colloquium. Quantæ esset sanctis consolationi, quantæ hostibus Christi consternationi, si et ex vestris ecclesiis aliqui adessent [10]. Sed *Tigurinos*, dum nemini cedere videantur, ista parùm movent. Dominus doceat eos quid sit esse membra invicem, Christo verè credentes vivere in ipso Domino et capite suo!

---

[7] Voyez le t. IV, p. 428, et le t. V, p. 13-16.
Tout ce qui suit a été biffé, Théodore de Bèze ne voulant pas, en cas d'impression, reproduire le paragraphe relatif au différend de Berne et de Genève.

[8] Encore l'affaire du malheureux traité, désavoué par les Genevois (V, 372).

[9] *Calvin* se rendit plusieurs fois à la diète d'*Haguenau*, mais « par manière d'esbat, » sans caractère officiel (Voyez sa lettre du 28 juillet). Les théologiens protestants lui firent un très bon accueil, comme nous l'apprenons par ce fragment de la lettre de *Gaspard Cruciger*, adressée le 22 juillet à son collègue de Wittemberg, Juste Jonas : « Hic fruimur suavissima consuetudine optimorum virorum, *Urbani* [*Rhegii*], *Brentii*, *Osiandri*, *Venceslai* [*Link*] ac reliquorum, qui omnes summa cum benevolentia, candore, consensu consiliorum et voluntatum, se nobis totos adjungunt. Gratissimus nobis etiam fuit congressus cum doctissimis et eloquentibus junioribus *Johanne Sturmio, Calvino, Bartholomeo Latomo* (nam et is jam *Argentinæ* est), *Claudio* [*Feræo*?], qui aliquoties huc excurrerunt, sed nihil æquè optantes quàm vos etiam videre..... Haganoæ, die Magdalenæ 1540 » (Mel. Epp. III, 1068).

[10] Le 21, Calvin annonçait à Farel que les ministres de Berne avaient refusé d'assister à la diète d'Haguenau.

Valete et Dominum orate ut adsit pusillo gregi suo. *Imperator persecutionem innovavit in Brabantia* [11]. *Anglus totus furit* [12]. *Galliam petit, valde sollicitat* [13]. Sed bene est Christo omnem potestatem datam in cœlo et terra. Tantùm det ut huic suæ nos potestati ritè accommodemus!

[11] Gérard Brandt, dans son Histoire de la Réformation des Païs-Bas (traduct. abrégée, La Haye, 1726, I, 74) énonce le fait en ces termes : « L'an 1540, l'Empereur étant venu dans les Païs-Bas, pour y supprimer la sédition de Gand, publia *un Édit violent* contre les Luthériens et les Anabaptistes, à la sollicitation des moines et du clergé. Cet Édit fut suivi d'une grande persécution. »
Seckendorf, III, 299 a, de Wette et Seidemann (Luthers Briefe, V, XIII, VI, 230), Neudecker, o. c. 1838, p. 259, 260, mentionnent un édit publié dans le Brabant, daté de Bruxelles le 1ᵉʳ septembre 1540, et qui interdisait la lecture des écrits de *Luther* et de sa traduction du Nouveau Testament. Am Ende, l'annotateur de Sleidan, éd. cit. II, 197, en indique un autre, daté de Bruxelles, 20 septembre. Celui qui fut adressé au gouverneur de Lille, Douay et Orchies, est daté du 22. C.-L. Frossard en a donné le texte complet (L'Église sous la croix, 1857, p. 163-171). Mais le témoignage de *Bucer* permet de croire qu'il y eut un édit antérieur, publié au printemps à Louvain et dans les autres villes du Brabant. Le récit de Crespin sur les quatre martyrs de Louvain (année 1540, o. c. fol. 116 a-117 a) doit être rectifié par les Mémoires de Francisco Enzinas (Voyez Merle d'Aubigné, VII, 697, 704-731).

[12] *Henri VIII* avait fait jeter en prison le docteur *Barnes* et deux prédicateurs qui enseignaient les mêmes doctrines que lui : c'étaient *Thomas Garret* et *Guillaume Jérôme*. Ils furent tous trois exécutés le 30 juillet 1540 (Voyez Crespin, o. c. fol. 117. — Lingard, VI, 449, 462. — Merle d'Aubigné, VIII, 254, 285, 286).

[13] Cette phrase assez obscure nous est expliquée par le fragment suivant de la lettre de *Jean Brentz* au chancelier Georges Vogler, datée de Halle, 4 août 1540 : « Le duc *Christophe de Wurtemberg* est venu de France à la diète d'Haguenau..... *Le roi d'Angleterre* se montre aussi mauvais chrétien que mauvais époux. Car le duc *Christophe* a raconté aux députés des villes d'Esslingen, de Halle, d'Heilbronn, de Memmingen et de Reutlingen, qu'il avait invités à sa table, — que *le roi de France* lui a écrit, pour lui demander conseil sur la question que voici : Le roi d'Angleterre a épousé *la princesse de Clèves*, qu'il aime, et par cette alliance il s'est acquis [en Allemagne] de grandes amitiés, qu'il entend bien maintenir. Mais, avant ce mariage, il s'était engagé envers une demoiselle de son royaume [*Catherine Howard*], et il ne sait maintenant ce qu'il doit faire. Sans doute, il aime la princesse de Clèves; mais il ne pourrait en bonne conscience abandonner la dite demoiselle. Et sur ce il demande conseil au roi de France. Ce que cette affaire lui donne d'embarras, quiconque connaît les façons du roi d'Angleterre peut en juger » (Trad. de l'allemand. Voyez Th. Pressel. Anecdota Brentiana. Tübingen, 1868, p. 207).

870

PIERRE DE LA PLACE [1] à Jean Calvin [à Strasbourg].
(De Poitiers, vers le milieu de l'année 1540 [2].)

Autographe. Bibl. Publ. de Genève. Vol. n° 109. Calvini Opera.
Brunsvigæ, XIII, 680.

Petrus Plateanus Charollo Passellio [3] S.
Hodie cum in pallatio nostro [4] *M. de Normandie* [5] mecum nescio

---

[1] *Pierre de la Place* était né en 1520 à Angoulême. Son père, ancien magistrat de cette ville, y remplit avec zèle les fonctions d'élu de la guerre pour la province d'Angoumois. François I l'en remercia par une lettre où il lui promettait, « en toutes affaires, plaisir, faveur et gratitude » (5 déc. 1530). Il pouvait donc espérer pour ses deux fils un brillant avenir. *Bertrand*, l'aîné, sieur de Torsac, eut plus tard beaucoup de crédit auprès des Huguenots de sa province. *Pierre* fit ses premières études à *Angoulême* (n. 12). Il les poursuivit à l'université de *Poitiers* (1534-1541). Il débuta au barreau de *Paris* en 1542 et fut élu, bientôt après, avocat du Roi à la Cour des Aides, « cour récemment instituée dans l'intérêt d'une meilleure répartition des impôts, et d'une plus sévère surveillance à l'égard des gens du fisc. » Nommé premier président de la même cour (1553), il exerça pendant près de vingt ans cette charge, avec une intégrité et une vigilance qui lui méritèrent l'estime universelle.

Dès sa jeunesse, *Pierre de la Place* s'attacha fortement aux vérités évangéliques. Elles devinrent la règle absolue de ses actions : elles lui inspirèrent le calme, la modération, l'esprit de justice et de tolérance dont il ne se départit jamais, au milieu des passions les plus déchaînées. Ses ouvrages d'histoire et de morale en font foi. Aussi l'un de ses biographes a-t-il pu dire avec raison qu'il fut le Michel Hospital des Protestants. Son dernier écrit, intitulé « De l'excellence de l'homme chrétien, » porte cette épigraphe : « Bienheureux sont ceux qui sont persécutés pour justice. » Il le dédia le 20 mai 1572 à la reine de Navarre, et le 25 août suivant il périt sous le fer des assassins (Voy. Mém. de l'Estat de France sous Charles IX, 1577, I, 406-411. — Disc. de M. Bartholmèss sur P. de la Place. Bulletin du Prot. I, 511-521. — France Protestante, 1re éd. VI, 312. — Victor Bujeaud. Chronique prot. de l'Angoumois, 1860, p. 31, 50-66).

[2] Voyez, pour la fixation de la date, les notes 4, 6, 7, 10, 14-16.

quid colloqueretur *de commentariis tuis in Epistolam Pauli ad Romanos* ⁶, allatus est ad eum literarum tuarum fasciculus. Quem cum protinus explicuisset, sese obtulit in ea superiore charta quæ fasciculum tegeret, scriptura quedam quæ *de cognato Johannis Tillii* mentionem faceret, qua *Normanum rogabas, ut dilligenter cognosceret, verumne esset quod ad te Johannes Tillius*⁷ *scripserat : scilicet cognatum ejus quendam in versionem Alcuini*⁸ *laborare?*

³ L'un des pseudonymes de Jean Calvin.

⁴ « Notre palais, » c'est-à-dire « le fâcheux Palais de *Poitiers* » dont parle souvent Jean Bouchet. S'il eût été fixé à *Paris*, P. de la Place aurait dit : *in Palatio*, tout court. Ainsi Théodore de Bèze disait simplement : « In Palatium ventito » (p. 144, au bas).

⁵ Dans l'édition de Brunswick : (*n*.) *de Normandie*. Cette prétendue *n* est une *m*, abréviation de *Maître* ou de *Monsieur*. Laurent de Normandie était originaire de *Noyon* et ami d'enfance d'*Antoine Calvin*, qu'il appelle dans son testament « son plus ancien et esprouvé amy. » En 1533 il étudiait la jurisprudence à Orléans, au même temps que *Jean Calvin*. Nous croyons qu'avant d'être lieutenant du Roi et maire à Noyon, il plaida quelque temps au palais de Poitiers (Voyez la Notice sur L. de Normandie par Théophile Heyer. Mém. et Doc. de la Soc. d'Hist. de Genève, XVI, 399 et suiv. — Article de M. Doinel dans le Bulletin du Prot. t. XXVI, p. 179, 180, 182).

⁶ Grâce aux relations que Jean Calvin entretenait avec ses amis de France, ceux-ci pouvaient facilement être renseignés sur ses travaux, et même recevoir ses livres quelques mois après leur publication. Le nom de l'auteur de l'*Institution chrétienne* était peu connu dans sa patrie : cet ouvrage n'y fut même interdit qu'en 1543 (V, 273, n. 9). Jusqu'en 1550 on ne le voit pas figurer dans les listes de livres défendus qu'on affichait en Flandre et dans les Pays-Bas, par l'ordre de Charles-Quint.

⁷ Deux des frères *du Tillet* portaient le prénom de *Jean* (t. V, p. 107, 108). *Calvin* les avait sans doute connus personnellement à Angoulême ou à Paris. Mais nous ignorons si c'était *Jean* l'ecclésiastique, ou *Jean* le greffier du parlement de Paris qui continuait à correspondre avec lui. Recevoir des lettres de Calvin n'était pas compromettant pour eux en 1540. L'obligation de justifier la rentrée de leur frère *Louis* dans le giron de l'Église catholique, et l'espoir de persuader à leur ancien hôte de suivre son exemple, les autorisaient à lui répondre. Ils n'auraient pu, dix ans plus tard, invoquer la même excuse.

⁸ *Alcuinus* est l'anagramme de *Caluinus*. Nous avons sous les yeux un exemplaire de l'*Institution chrétienne* de 1539, lequel porte ce titre : INSTITVTIO CHRI | stianae religionis nvnc | uerè demum suo titulo respondens. | *Autore Alcuino*. |

Jean du Tillet, sans s'informer exactement des projets de son jeune cousin, avait écrit à Calvin : Pierre de la Place traduit votre ouvrage. — En réalité, il s'agissait seulement du dernier chapitre de l'*Institution* (Voy. n. 10).

Ego verò (lupus, quod aiunt, in fabula) cum facilè perspicerem, me cognatum illum esse de quo scriberes, nolui committere, ut alius de ea re ad te scriberet, quàm is cui ea omnino perspecta esset. Scito itaque, ùt rem ipsam intelligas, quòd cum inter cetera opera tua[9], sepiùs lectitassem opusculum quoddam, cui titulus *Vita hominis christiana*[10], in quo tam diligenter Christum edoces, me nondum ea lectione (licet frequenti) michi satisfactum putasse, nisi et rationem aliam mihi preponerem, qua diutius huic opusculo immorari et insistere possem. Atque ea sanè potissimùm ratione *me opusculi hujus traductionem suscepisse. Cui tandem à biduo aut triduo finem imposui*[11]. *Tantumdem facturus in opusculum*

---

[9] Aux ouvrages de Calvin énumérés à la p. 3, note 2, il faut ajouter le commentaire sur l'Épître aux Romains, et peut-être le traité de la sainte Cène.

[10] L'opuscule intitulé *De Vita hominis christiani* occupe les pages 414-434 de l'*Institution chrétienne* de 1539, dont il forme le chapitre XVII et dernier. Il n'existe pas dans l'édition princeps de 1536. Cet opuscule étant l'un des meilleurs de Calvin, on a pu songer de bonne heure à le réimprimer séparément. On n'en connaît toutefois qu'une réimpression isolée, celle qui se termine par la date suivante : « Genevæ, apud Io. Crispinum, Conradi Badii opera, VIII Calend. Iulii. Anno M.D.L, » 67 pp. petit in-8°. Mais cela ne prouve pas qu'elle soit la plus ancienne. La solution que voici est peut-être la plus simple. *Pierre de la Place*, en répétant le mot de Jean du Tillet sur une « traduction d'*Alcuin*, » ne demande pas ce que cela veut dire; il sait très bien de quel auteur il s'agit. Il connaissait, par conséquent, l'*Institution chrétienne* de 1539, la seule dont le titre porte *Autore Alcuino*. C'est dans cette édition qu'il avait lu et relu tant de fois « certain opuscule intitulé *Vita hominis christiana.* » Son entretien avec M. de Normandie touchant le Commentaire de Calvin *in Epistolam ad Romanos*, indique, pour la présente lettre, une date non moins sûre, ce commentaire ayant paru en mars *1540*.

Serait-il plus naturel de croire que les amis de Calvin, à Poitiers et à Paris, apprirent seulement en *1550* qu'il avait publié tel ou tel ouvrage dix années auparavant ? P. de la Place aurait-il ignoré jusqu'en 1550 la palinodie de Louis du Tillet (n. 14-15)? Laurent de Normandie aurait-il été si imprudent que de se montrer en public à *Paris*, deux ans après sa fuite ? Il s'était retiré à *Genève*, avec sa famille, au mois d'octobre 1548, et déjà le 9 novembre suivant, le Chapitre de *Noyon* décidait, « qu'à l'occasion du scandale causé par le départ du lieutenant du Roi et d'autres, qui sentent mal de la foi catholique, » il serait fait le dimanche prochain une procession générale, pour apaiser l'ire de Dieu (Voyez Le Vasseur. Annales de l'église cathédrale de Noyon. Paris, 1633, p. 1177).

La date de 1550, que les nouveaux éditeurs de Calvin donnent, « ex conjectura, » à la présente lettre, nous paraît donc très invraisemblable.

[11] La traduction de Pierre de la Place existe encore. On nous assure

illud tuum ad Romanos, nisi me onus viribus impar ab instituto revocet. Habes itaque, doctissime *Passelli*, quod a *Normano* petebas.

Verùm addam et illud unum : *neminem mihi mortalium occurrere, cui plus debeam quàm tibi. Neque etenim sum immemor quantùm me consuetudine tua atque eruditione, cum Engolisme essemus*[12]*, meliorem reddideris, quantumque in dies singulos magis ac magis tibi debeam. Nec satis video quid in hac mortali vita pro immortalitate reddam. Atque utinam fieri posset ut tecum vel una diecula sermonem miscere possem. Vix enim credas quanta habeam que* [l. *quae*] *in sinum tuum effunderem. Quid ita?* inquies : *Lodovicus Tillius*[13], *cognatus meus, quem semper pro preceptore mihi assumpseram, cujusque et eruditione et exemplo pulrimum* [l. plurimum] *imbecillitati mee adferebatur, verè hodie in Galliam reversus est*[14]*. (OEdipum non Davum alloquor*[15]*.) Vix enim (michi credas) meipsum contineo, quin defleam, quotiens* (sic) *horrendum illud cogito. Presertim cum hominem video, qui tantum luminis agnove-*

qu'elle est conservée à la Bibliothèque de Poitiers. C'est un beau manuscrit sur vélin, intitulé : *La Vie de l'Homme Chrestien*. Il est dédié : A très dévote et religieuse personne *François de la Place*, aulxmonier de Saint Jehan d'Angely et prieur de Marestay * (Voyez A. Crottet. Petite chronique protestante de France. Paris, Genève, 1846, p. 106). La qualité du destinataire n'était pas pour embarrasser l'auteur de la Dédicace. *Calvin* a traité son sujet dans un esprit profondément chrétien et sans aucune préoccupation polémique. Aussi un prêtre éclairé pouvait-il admirer sans réserve la *Vita hominis christiani*.

[11] *Calvin* ayant trouvé un asile dans la maison des frères du Tillet, à Angoulême, y passa l'hiver de 1533 à 1534. Il s'intéressa à leur cousin *Pierre de la Place*, et il eut avec lui des entretiens qui laissèrent de profondes traces dans l'âme de cet adolescent (Voyez le t. III, p. 156-158, et Pierre de Farnace. Brief recueil des principaux points de la Vie de messire P. de la Place, cité par Crottet, o. c. p. 105).

[12] Voyez, sur *Louis du Tillet*, les Indices des t. IV et V.

[14-15] *Louis du Tillet* était retourné en France au mois d'août 1537 (IV, 230, 234, 281). Les lettres que lui écrivit *Calvin* le 31 janvier et le 20 octobre 1538 (IV, 354-359 ; V, 161-165) montrent que le Réformateur était parfaitement au clair sur les véritables sentiments de son ancien ami.

* *Marétay* est une petite commune près de *Matha*, ville située à 4 1/4 l. de St.-Jean-d'Angely (Charente-Inférieure). L'histoire du prieuré de Marestay est absente de la *Gallia Christiana*, et Mabillon ne parle que des tractations qui eurent lieu en 1098 et 1104 relativement à l'église de St.-Pierre de Marestais, près de Mastais, diocèse de Saintes (Voyez Annales Ordinis Sti Benedicti. Lutetiæ, 1703-1739, t. V, p. 399, 469).

rat, *in tenebras palpabiles cecis occulis prolabi*[16]. Finem itaque faciam. Vale.

Tuus PETRUS PLATEANUS junior fratrum.

Litteris meis deinceps subscribam *Petrus a Prato*[17].

(Inscriptio :) A Monsieur de Passel.

871

LE CONSEIL DE BERNE à la Dame de Valangin[1].

De Berne, 15 juillet 1540.

Inédit. Minute originale. Arch. de Berne.

Madame, ilz nous az esté faicte requeste, que feust de nostre plaisir *vous prier et requester que au prédicant du bourg de Vallangin feust ouverte l'esglise du dit lieu*[2], pour y annuncer la Parolle

---

Bucer ne céda que plus tard à l'évidence (Voyez, p. 61-70, son épître du 8 octobre 1539). Pendant les deux années que *Louis du Tillet* avait passées à *Paris*, il s'était toujours plus éloigné des croyances de la Réforme (p. 170, renv. de n. 8). Son abjuration publique eut lieu, selon Florimond de Ræmond, o. c. p. 890, à *Angoulême*. Alors Pierre de la Place put écrire à Calvin : « C'est bien d'aujourd'hui qu'il est réellement rentré en France ; et ce que je dis là n'est pas une énigme pour vous. »

Nous ne savons sur quelles autorités M. Ludovic Lalanne (Dictionnaire hist. de France, col. 1716) affirme ce qui suit : « L. du Tillet était curé en Poitou quand il se fit huguenot ; il revint à la foi catholique (vers 1540) et *mourut calviniste.* »

[16] On reconnaît ici l'indignation d'un jeune homme et l'amertume d'un chagrin tout récent.

[17] A notre connaissance, il n'existe pas de lettres ultérieures de Pierre de la Place qui soient signées *Petrus a Prato*.

[1] *Guillemette de Vergy.* Voyez les Indices des t. III et IV.

[2] L'église de St.-Pierre, inaugurée en 1506 et longtemps desservie par six chanoines et un prévôt. A *Valangin*, ainsi que dans presque toutes les paroisses du comté de Neuchâtel, la Réformation s'était établie « sans le souverain, sans les seigneurs, sous leurs yeux et malgré eux » (F. de Chambrier. Hist. de Neuchâtel, p. 299). Depuis 1536 le culte catholique n'était plus célébré dans l'église de St.-Pierre ; mais elle n'en était pas

de Dieuz. Sur quoy vous prions, pour l'amour de nous, icelle esglise ou temple oultroyer, ou, pour le moins, le temple dessus à ce ordonnez³.

Davantaige, avons entenduz que *les prestres* au dit bourg n'asistent à la prédication, et chantent leur messe tant en leur maisons que dans le chasteau⁴. Sur quoy vous prions y mettre ordre, suivant ce que Monsieur *vostre filz*⁵ nous a en ce endroit promis. Nous avons aussy, avoir entenduz que *ceulx de Brunes*⁶ n'ont point de prédicant, donné charge à *nostre ancien advoyer*⁷, le seigneur de Wattenwyl et Columbier, d'y pourvoir comme de raison et selonn la promesse du dit Monsieur vostre filz. En ce nous ferés plaisir. Datum xv Julii, anno, etc., xl.

L'Advoyer et Conseil de Berne.

moins interdite aux Réformés. Enfin, selon Matile (Musée hist. II, 280), ils obtinrent en 1540 de pouvoir entendre la Parole de Dieu dans la nef, qui fut séparée du chœur et des transepts par une cloison. Jusqu'alors ils allaient faire leur culte dans les églises voisines. Boyve (Annales, II, 413) dit que leur premier ministre, *Jacques Véluzat*, natif de Troyes en Champagne, fut installé la même année.

³ Par *le temple dessus*, les Bernois entendaient-ils une partie seulement du temple de St.-Pierre, ou l'une des deux chapelles que Guillemette de Vergy avait fait ériger sur les hauteurs qui dominent Valangin (Voyez G.-A. Matile. Hist. de la seigneurie de Valangin, 1852, p. 224, 225)?

⁴ Valangin était encore la résidence de cinq chanoines et de leur dernier prévôt, Claude Collier. C'est sans doute auprès d'eux que les anciens vicaires des églises du Val de Ruz avaient cherché un asile (Voyez Matile, o. c. p. 239-242).

⁵ Son petit-fils *René, comte de Challant* (II, 262).

⁶ *Les Brenets*, village paroissial, situé près du Doubs, à une lieue N.-O. du Locle, s'appelait au Moyen Age *la ville de chez les Brunetz* ou *de chez les Bernets*, du nom des premiers défricheurs de son territoire (Voy. Matile. Musée, I, 309-313). En 1511 Claude d'Arberg y avait fait bâtir une église. La Réforme y fut acceptée en 1534. Le 2 août 1536, Berne exhortait la dame de Valangin, dans l'intérêt de la paix, à faire cesser la messe *ès Brenets* et à constituer une pension de 200 florins au *prédicant*. Ce fut probablement le même personnage qu'ils élurent pasteur à Rolle en 1537 (IV, 263, n. 8).

⁷ *Jean-Jaques de Watteville* avait donné sa démission de la charge d'avoyer, le 6 novembre 1539 (Manuel de Berne du dit jour).

872

WOLFGANG MUSCULUS [1] à Jean Calvin, à Strasbourg.
D'Augsbourg, 23 juillet 1540.

Autographe. Bibl. Publ. de Genève. Vol. n° 110. Calvini Opera.
Brunsvigæ, XI, 60.

S. D. Quod ad ignotum scribo, Calvine, frater in Domino dilecte, non est quod temeritati meæ deputes, sed cum εὐνοίᾳ meæ, quam

---

[1] *Wolfgang Meüsslin* (en latin *Musculus*), fils d'un pauvre et honnête artisan, était né à Dieuze en Lorraine, le 8 septembre 1497. Après avoir fréquenté les principales écoles de l'Alsace, il entra en 1511 au couvent des Bénédictins de *Lixheim*. Il y compléta par lui-même ses connaissances classiques, étudia sérieusement l'Écriture Sainte et devint en peu de temps le prédicateur le plus goûté de la contrée. Mais depuis que le jeune moine eut embrassé et répandu autour de lui la doctrine de Luther (1518), il eut affaire à de puissants ennemis. Cependant il ne quitta le couvent qu'au mois de décembre 1527, et après avoir annoncé sa résolution. Ne trouvant à *Strasbourg* aucun emploi rétribué, cet homme doux et modeste subit courageusement un long stage, dans une position voisine de la misère. Enfin on reconnut son mérite, et les magistrats lui conférèrent en 1529 les fonctions de diacre, qu'il remplit à la satisfaction de tous. Dans le même temps, il assistait aux leçons de Capiton et de Bucer et apprenait à fond la langue hébraïque.

Appelé comme pasteur à *Augsbourg* (déc. 1530), il déploya dans ce nouveau champ d'action des talents supérieurs et une puissance de travail dont ses ouvrages peuvent seuls donner l'idée. Ses nombreux commentaires sur l'Écriture Sainte se composent, en effet, pour la plupart, des notes qu'il préparait en vue de ses sermons. Au mois de mai 1536, il représenta la ville d'Augsbourg aux conférences de Wittemberg, et il fut élu à Francfort (avril 1539) pour assister au colloque de Nuremberg (p. 38, 39). Nous le retrouverons aux diètes de Worms et de Ratisbonne.

Nous devons ajouter que ses traductions de nombreux traités des Pères grecs, qu'il publia en 1540, ont été sévèrement critiquées par les traducteurs subséquents, et que son collègue Capiton le juge comme il suit, dans sa lettre du 10 mars 1538 à Jodocus Neobolus : « Plurimum in doctrina tribuimus *Musculo*, etsi in agendis rebus videtur esse negligentior. » Ce dernier reproche est moins sérieux qu'il ne semble au premier abord.

ex scriptis tuis erga te concepi, tum *amico isti communi, harum latori,* qui, et gallicæ linguæ pariter et latinæ gnarus, conciones tuas et lectiones satis commendare nequit. Meritò fœlix prædicanda est urbs vestra, cui hoc datum est a Domino, ut[2] non solùm germanica, sed et gallica lingua, ut scripta latina taceam, caussam veritatis tueatur et promoveat. Frater hic, magister *Laurentius*[3], mihi jam olim summa conjunctus amicitia, syncerus est veritatis amator, et hoc, ut intelligo, studii habet, ut *auditorium tuum apud Dominicastros*[4] dominicis diebus reddat quàm poterit frequentissimum. Ad quam rem et appositus est, hoc maximè nomine, quòd cum in *Lothoringia*, communi nostra patria, tum in *Gallia* plurimum familiaritatis habet, cum his præsertim qui rerum potiuntur, et quorum mentes, si bene instituerentur, apud eam gentem haud parùm efficere possent. Hunc tu, quæso per Christum, viri animum pro tua diligentia piis adhortationibus fove et provehe.

Epistolam ad Romanos, commentariis tuis tum eruditis quàm piis illustratam, vidi et probavi. Addat Dominus isti tuæ menti et doctrinæ incrementum[5] virtutis suæ! De *Gebennensis ecclesiæ* calamitate audimus hîc satis periculosa. Obsecro, si quid certi de illius statu admodum exulcerato habes, cum opportunum fuerit, ad me scribas. *Jam dudum* enim *multum mihi ea ecclesia sollicitudinis in Domino peperit, propter singularem dilectionem, quam erga illam ab eo tempore concepi, quo primùm Christi Evangelion amplexa est.* Maximè vel hoc scire cupio, quomodo se illius ministri in Domino gerant, et quid in istis tumultibus possint vel non possint, et quis

---

(Voyez Zuinglii Opp. VIII, 578. — W. Musculus. Synopsis festalium concionum. Eiusdem Vita, obitus, erudita carmina. Basileæ, 1595. — Sculteti Annales Evangelii, II, 408-414. — J.-J. Herzog. Real-Encyklopädie, art. *Musculus* par M. le pasteur Güder. — W.-Th. Streuber. Wolfg. Musculus. Berner Taschenbuch, 1860. — Hundeshagen. Die Conflikte, p. 378.)

[2] Dans l'édition de Brunswick : « hoc datum est ut non solum, etc. »

[3] Nous ne savons si ce personnage pourrait être identifié avec *Laurentius Maioraius*, qui fut pasteur à *Augsbourg* avant la guerre de Smalkalden, et dont Jean Wolf plaignait les malheurs, en 1556 (Lettre du 20 décembre à Jean Haller. Coll. Hottinger. Bibl. de Zurich).

[4] Sur l'autorité de M. Ch. Schmidt, nous avons dit, t. V, p. 111, que le culte français avait lieu, à Strasbourg, dans l'église de St.-Nicolas-aux-Ondes. Mais selon T.-W. Rœbrich, o. c. II, 67, il aurait été installé, dès 1538, dans le chœur du couvent des Dominicains.

[5] Édit. de Brunswick : « isti tuæ menti incrementum virtutis suæ. »

sit illorum numerus, et quæ nomina. Tibi credo hæc omnia nota esse, ut qui olim isti ecclesiæ præfueris. Si quando ad me scripturus es, id quod facies, per Christum te oro, potes uti opera amici hujus, qui tuas mihi et meas tibi fideliter redditurus est, ut interea dum hic hærere cogor, mutuo literario colloquio fruamur, donec coràm apud vos (nam ad ecclesiam vestram jam secundò revocatus sum⁶) amicitiam in Domino provehamus. Commendo me et ecclesiam nostram precibus tuis, frater charissime. Bene vale. Augustæ Vindelicorum, 1540. Julii 23.

WOLFGANGUS MUSCULUS.
tuus in Domino totus.

(*Inscriptio :*) Singulari pietate et doctrina D. Johanni Calvino, Christi veritatem Argentorati profitenti, fratri in Domino charissimo.

873

JEAN CALVIN à Guillaume Farel, à Neuchâtel.
De Strasbourg, 27 juillet (1540 ¹.)

Autographe. Bibl. Publ. de Genève. Vol. n° 106. Calvini Opera.
Brunsvigæ, XI, 63.

Nihil novi accidit ex quo hinc te recepisti², nisi quòd, eo ipso

---

⁶ Les deux lettres de rappel que le Conseil de Strasbourg adressa, en 1540, à W. Musculus sont datées du 10 janvier et du 13 avril. La ville d'Augsbourg ne consentit pas à rendre le pasteur qui lui avait été « prêté » (Voyez Strouber, o. c., p. 42 du tirage à part).

¹ Le millésime est déterminé par la mention du voyage de *Farel* à *Haguenau* (n. 5). On ne voit pas ce qui aurait pu l'y attirer en 1539 ou en 1541. Le traducteur anglais des Lettres de Calvin date celle-ci de 1539, bien qu'elle porte une apostille où figure un commentaire du Réformateur publié en mars 1540.

² Arrivé à *Strasbourg* vers le 24 juin, *Farel* avait immédiatement commencé, auprès des pasteurs de cette ville, les démarches qui aboutirent, avant le 28, à la lettre de *Bucer* aux ministres bernois (N° 869). Sa mission était donc terminée ; mais le désir de voir ce qui se passait à la diète

die, tribus circiter horis post tuum abitum, *scholarchœ stipendium mihi augere voluerunt. Contulerunt enim sacerdotium centum florenorum, ea lege, ut quæ antea dederant* ³ *resignarem.* Sed cum in collegium canonicorum ventum esset, *preces regias* nobis objecerunt ⁴, hoc est, frustrationem qua nos excluderent. Ita nihilo factus sum locupletior. Mitto tibi capitatum, pro sumptibus quos meo nomine fecistis *Haganoœ* ⁵. Quanquam indigni eratis quibus nummus unus rependeretur. Debuistis enim me admonere. Ego justam excusationem habeo, quòd mihi nunquam in mentem venit, nisi post tempus.

Quod scripseram ut si dolium aliquod *istuc* mitteret Michaël *Genevensis,* reciperes ⁶, eam rem *Wendelini* ⁷ causa tibi curæ esse velim. Si quis erit qui *libros* velit emere ⁸, vendes. Sed *meos* non

---

d'*Haguenau* le retint encore quelques jours. De plus, il est possible qu'il ait voulu assister aux conférences que *Matthias Czerwenka*, député des Vaudois de Bohème, eut en juin et juillet avec *Calvin* et ses collègues (Voyez les Calv. Opp. éd. cit. XXI, 258. 260-262). Mais nous croyons que *Farel* ne resta pas à Strasbourg au delà d'une semaine et demie.

³ C'est-à-dire, le traitement de 52 florins que les Scholarques lui avaient alloué, dès le 1ᵉʳ mai 1539 (t. V, p. 230, 231).

⁴ Après son couronnement, l'Empereur jouissait du droit de conférer la première prébende qui devenait vacante dans une église collégiale ou dans un couvent. On appelait ce droit *jus primariarum precum.* Charles-Quint l'avait sans doute cédé à son frère, le roi des Romains : d'où l'expression *preces regiæ* (Voyez Du Cange. Glossarium mediæ et infimæ Latinitatis. Parisiis, 1840-1850, V, 427).

⁵ Le *teston* valait environ 4 fr. 50 de notre monnaie. — Il ne semble pas que, dans son excursion à *Haguenau, Farel* ait fait la connaissance des théologiens saxons qui y étaient arrivés le 28 juin. *Gaspard Cruciger,* comme on l'a vu (N° 869, n. 9), ne parle point de *Farel.* Il est vrai qu'il ne dit rien non plus du voyage qu'il fit lui-même à *Strasbourg,* avec *Justus Menius* et *Frédéric Myconius,* précisément à l'époque où notre Réformateur s'y trouvait aussi (Voyez les lettres de l'électeur Jean-Frédéric à ses conseillers datées d'*Eisenach* le 19 juin et le 2 juillet 1540 (Mel. Epp. III, 1050, 1052) et celle que Luther écrivit le 16 juillet à Catherine de Bora. Luthers Briefe, éd. de Wette, V, 298).

⁶⁻⁷ Le 31 décembre 1539, Calvin parlait déjà des exemplaires non-vendus de l'*Institution* que *Michel du Bois* devait renvoyer à Farel (p. 156, n. 19). Ils furent expédiés à Neuchâtel, en août 1540, avec plusieurs ouvrages que *Wendelin Rihel,* imprimeur-libraire à Strasbourg, avait mis en dépôt chez son collègue de Genève (Voyez la n. 10 et la lettre de Farel du 6 septembre 1540).

⁸ Cette observation concerne les livres de Capiton, Bucer et Œcolampade, édités par *Wendelin Rihel* (Renvoi de n. 10).

minoris quàm decem batziis, aut novem, ut minimum, nisi forté magnam copiam quis accipiat, ut *Cressonerius*[9]. Tunc enim posses octo addicere. Magno enim constitit vectura et adhuc constabit, priusquam ad te perveniant. Vale, optime et suavissime frater. Saluta plusquam diligenter et amanter omnes nostros fratres. Dominus vos omnes conservet! Argentorati, **27 Jul. (1540)**.

CALVINUS tuus.

(Inscriptio:) Farello fratri mihi imprimis observando.

Libri in vase[10].

Calvini institutiones......	67.	Scribebat Mich.[aël]........	69.
Ad Romanos ejusdem......	182.		
Hexemeron Capitonis......	23.		
Ad Romanos Buceri.......	12.		
Ad Hebræos Œcolam.....	20.		
In Hiere. ejusdem........	10.		
In Ezechiel.............	12.		

Institutiones et Capito in Hiere. mittantur, alia non.

874

JEAN CALVIN à Guillaume du Taillis[1], à Genève.

De Strasbourg, 28 juillet 1540.

Copie contemporaine. Arch. de Genève. J. Bonnet. Lettres françaises de Calvin, I, 24. Calvini Opera. Brunsvigæ, XI, 64.

Monsieur du Taillis, pource que je vous avois remis par mes

---

[9] *La Cressonnière*, libraire à Neuchâtel (p. 239). — Chaque exemplaire des deux ouvrages de Calvin expédiés par Michel du Bois coûtait dix *batz* de Berne, c'est-à-dire environ 9 fr. de notre monnaie.

[10] C'est le catalogue des ouvrages contenus dans le ballot de M. du Bois, avec l'indication du nombre des exemplaires. Nous avons donné, pp. 21, 25, les titres des commentaires d'*Œcolampade* sur l'épître aux Hébreux et sur Jérémie. Ses leçons sur Ézéchiel parurent à Strasbourg en 1534. Le livre de *Capiton* est intitulé : « Hexemeron Dei opus explicatum a Vuolphgango Fa. Capitone..... Argentcrati per Vuendelinum Richelium mense Septembri Anno MDXXXIX, » in-8°. La dédicace à Guillaume, duc de Clèves, est datée du 31 août 1539 (Voyez Baum. Capito und Butzer, p. 584). — Une partie du susdit catalogue est de la main de Farel.

[1] *Guillaume du Taillis*, réfugié français, mentionné déjà dans le t. V.

dernières lettres ² jusques à ce que nous aurions plus certaines nouvelles de *l'assemblée de Haguenau*, pour vous en mander, je n'ay voulu laisser aller ce pourteur sans mes lettres, combien que nous n'en ayons encores la fin. Je vous réciteray donc en brief ce qui en est jusques à ce jour. Vous sçavez que *le roy Ferdinan* avoit appellé les princes de sa part, quelque temps devant les nostres, à fin de consulter avec eux par quel costé il nous fauldroit assaillir. Après avoir tenu leur conseil, ilz ont advisé d'eslire quatre arbitres à leur poste ³ pour ouyr les controversies d'une part et d'aultre, à fin de venir à quelque bon appoinctement. Les arbitres estoient *le Conte Palatin, l'évesque de Trèves,* électeurs, *le duc de Bavières et l'évesque de Strasbourg* ⁴. Il n'y a eu nul de noz princes qui soit comparu, pour ce qu'on les avoit appellez à trop brief terme, comme ilz ont faict leur excuse à *l'Empereur* ⁵. Mais ilz ont envoyé avec sauf-conduyt leurs ambassadeurs et conseilliers avec gens de lettres, pour faire tout ce qui seroit de mestier⁶. Iceux combien que à bon droit peussent récuser les arbitres qu'on leur présentoit, ou pour le moins une partie, toutesfois les ont bien voulu accepter, à fin de donner à congnoistre qu'ilz ne vouloient nullement reculer.

Mais il en est advenu comme nous avions bien tousjours pensé. Quand il a esté question de commencer à procéder, messieurs les arbitres ne sçachans par quel bout commencer, ont demandé à noz gens [ce] qu'ilz vouloient dire. A quoy ilz ont respondu qu'ilz desiroient que, selon la Confession présentée à *Ausbourg*, les églises feussent réformées, se offrans de satisfaire à toutes les difficultez qu'on y trouveroit, et expliquer plus amplement ce qui ne

---

² Cette lettre n'existe plus.

³ « J'en ferai *à ma poste* » signifiait : à ma guise, à ma fantaisie, comme il me plaira.

⁴ Le comte palatin *Louis V, Jean de Metzenhausen*, le duc *Louis de Bavière* et *Guillaume de Hohenstein* (Sleidan, II, 190. — Mel. Epp. III, 1061). Le second mourut le 22 juillet 1540 (Voy. dom Calmet. Hist. de Lorraine, Nancy, 1728, t. II, p. 1221).

⁵ Voyez le N° 868, notes 6-7.

⁶ Les principaux théologiens protestants étaient : *Bucer, Ambroise Blaarer, Erhard Schnepf, Urbanus Rhegius, Gaspard Cruciger, André Osiander, Justus Menius, Joannes Pistorius, Fredericus Myconius* et *Jean Brentz*, qui, dans sa lettre du 12 août 1540 à Joachim Camerarius, donne une intéressante relation de la diète d'Haguenau (Voy. Sleidan, l. c. — Pressel. Analecta Brentiana, p. 208-210).

seroit assez cler. Sus cela *Nausea*⁷ baille son conseil à *Ferdinand* de nous concéder le mariage et la communion soubz les deux espèces; du reste qu'il n'est licite d'entrer en dispute sans le congé de nostre sainct Père. Cela est aussi bien approuvé de *Faber*, *Cochleus* et leurs compaignons⁸. Ainsi en la fin response est rendue par *Ferdinand* et les siens⁹, qu'il ne tient que à noz princes qu'on ne cerche quelque bon moyen de s'accorder, car de sa part il estoit venu délibérer [l. délibéré?] de faire une bonne et amiable conférence, mais qu'ilz n'ont daigné comparoistre. Néantmoins que *l'Empereur* est encores content de tenir une aultre journée en laquelle les matières soient disputées d'une part et d'aultre, mais à telle condition que, après toute dispute, la sentence définitive soit réservée à Sa Majesté et à la saincteté du Pape. Cependant qu'il ne seroit loysible à noz gens de se fortifier par nouvelles alliances, ne attirer personne à recevoir leur religion, mesmes que les alliances faictes depuis l'assemblée de *Nuremberg*¹⁰ seroient cassées.

Quant à ceste objection que noz princes ont empesché qu'on ne traictast, elle a esté bien aisée à souldre, car il suffisoit bien d'avoir

---

⁷ Le docteur *Frédéric Grauw* (en latin *Nausea*), né à la fin du XVᵐᵉ siècle à Weissenfeld, diocèse de Bamberg, était l'un des principaux défenseurs du catholicisme en Allemagne. Il fit une partie de ses études à Padoue, et dès 1521 il publia une foule d'ouvrages : homélies, commentaires sur l'Écriture Sainte, traités de théologie, de jurisprudence, de rhétorique, etc. D'abord secrétaire du cardinal Campège, puis prédicateur à Francfort, à Mayence, et chapelain à la cour du roi Ferdinand, il fut nommé évêque de Vienne en 1541. C'était, au dire des Catholiques, un orateur très éloquent (Voy. les lettres d'Érasme et de Sadolet à Nausea. — Georgii Wicelii Epistolarum..... Libri quatuor. Lipsiæ, 1537, *passim*. — Gesneri Bibl. Epitome. — Gul. Budæi Thanatologia. Francof. 1707, p. 225. — Herzog, o. c., 1ʳᵉ éd., IV, 458).

⁸ *Jean Dobeneck*, plus connu sous le nom de *Cochleus* (1479-1552), était natif de Windelstein, près de Nuremberg. Il étudia en Italie, où il reçut les insignes du doctorat, et devint successivement recteur de l'école de St.-Laurent à Nuremberg, chanoine de Mayence et de Worms, doyen de l'église Notre-Dame à Francfort et chancelier du duc Georges de Saxe. Il fut l'un des plus ardents adversaires de Luther, contre lequel il écrivit de nombreux ouvrages (Voy. Seckendorf, I, 283, etc. — Freytag. Anal. litter. p. 257. — Herzog, o. c. II, 768).

⁹ Le 16 juillet. La réponse des Protestants est du 21. Voyez Sleidan, II, 191-193, et l'ouvrage intitulé : « Per quos steterit, quo minus *Haganoæ* proximis comitiis initum colloquium sit..... Per Varemundum Luitholdum [l. Martinum Bucerum] 1540, » in-8° (Voy. Baum, o. c. p. 601).

¹⁰ En 1532.

envoyé leurs docteurs et conseillers avec pleine puissance. Davantage ilz avoient promis de venir, s'ilz voyoient qu'on procédast à bon escient [11]. De la conférence, ilz la reçoivent très volontiers; mais toutes les conditions ilz les rejettent comme intolérables, voire mesme ridicules. Car est tout le contraire de ce que *l'Empereur* avoit promis à *Frankford* [12].

L'intention de noz adversaires estoit d'augmenter leur ligue et diminuer la nostre; mais on espère que Dieu tournera ceste chance. Quoy qu'il en soit, les nostres cherchent de multiplier le règne de Christ tant qu'il leur est possible, et n'ont point délibéré de fleschir aucunement. Nous ne sçavons maintenant ce qu'il plaira au Seigneur de nous envoyer. *Une partie de noz adversaires ne demande que la guerre. L'Empereur est tant enveloppé qu'il ne l'ose plus entreprendre. Le pape, de sa part, ne se feindroit pas à se y employer,* car il a faict offrir par son ambassadeur trois centz mil ducatz pour commencer. Si tous ceux qui n'ont encores receu nostre religion se vouloient accorder à nous assaillir, *l'Empereur ne feroit pas difficulté de prester son nom, et ne fust-ce que pour briser les forces de l'Allemaigne, à fin de la dompter plus aisément. Mais il y a un grand empeschement, c'est que tous les Électeurs d'un commun accord sont à cela, d'appaiser toutes dissentions amiablement, sans venir aux armes. Le duc de Saxe et le marquis de Brandebourg* [13] *sont nostres. Ainsi ilz ne peuvent faire aultre chose que poursuyvre leur cause. L'archevesque de Colongne n'est pas des pires, car il entend jusques-là que l'Église a mestier d'estre réformée, et voit bien que nous sommes supérieurs en vérité* [14].

[11] Voyez le N° 868, notes 6-7.

[12] Voyez, sur le *colloque* promis par l'Empereur, les pp. 38, 39, notes 14-15, et, dans le t. V, la p. 255, lig. 11-17.

[13] *Henri* duc de Saxe (p. 128, n. 27) et *Jean*, margrave de Brandebourg (V, 253, 254. Seckendorf, III, 234), frère de l'électeur de Brandebourg Joachim II (p. 127, 128, n. 25-26, 27).

[14] *Hermann de Wied*, né le 14 janvier 1477, était dès 1515 archevêque de Cologne et l'un des grands dignitaires de l'Empire. Esprit indépendant, mais plein de respect pour la légalité, convaincu de la nécessité d'une réforme de l'Église, mais voulant qu'elle fût l'œuvre exclusive des prélats, il fit exécuter toutes les mesures prises à la diète de Worms contre la doctrine de Luther, et il confirma même, à ce qu'il paraît, la sentence prononcée contre *Adolphe Clarenbach* et *Pierre Fliestedt*, qui périrent sur le bûcher à Cologne, le 28 septembre 1529 (Crespin, o. c. f. 94, 95). Toutefois, depuis 1535 il s'opéra un changement dans ses idées. Il réunit dans sa capitale en 1536 un synode provincial, auquel il fit adopter des décrets

Le Conte Palatin desire aussi quelque réformation, laquelle il ne peut espérer que par moyens pacifiques. *Mayence* et *Trèves*[15] ayment la paix et liberté du pays, desquelles ilz pensent que c'est faict, si *l'Empereur* nous avoit subjuguez. Ces causes les meuvent à résister, qu'on ne procède contre nous que en conférence paisible, telle que nous la demandons. *Le roy de France* ne présente ayde sinon pour y procéder en façon chrestienne[16]. Son ambassadeur est *Bayfius*[17], lequel n'entend rien en nostre cause. Néantmoins il nous reçoit assez humainement, quand nous l'allons voir, et a délibéré de cy venir, devant que retourner à la maison.

Tous les gens sçavans qui sont venuz de nostre part sont bien unis ensemble[18]. Pour ce qu'on a veu que les adversaires ne se faisoient que jouer, on a trouvé bon de faire quelque consultation à part comment on pourroit dresser quelque discipline en l'Église. Mais pour ce que cela ne se pouvoit conclurre, sans en communiquer avec les absens, comme avec *Luther, Philippe* et aultres, et tant moins exécuter sans le consentement des Princes, on est seu-

---

pour la réforme des principaux abus (Voy. Herzog, o. c. V, 763, 764. — C. Varrentrapp. H. von Weid. Leipzig, 1878). Ces décrets, qui furent publiés, lui valurent les éloges du cardinal *Sadolet*, éloges qui se terminent par la réflexion suivante : « Venio nunc ad *sacramentorum librum* quod tu *Enchiridion* appellas, cujus sum lectione incredibiliter delectatus..... Unum tantùm in tuo libro est quod ego desiderarim..... Sum enim..... nonnihil admiratus, quòd tu capite eo libri tui, in quo de sacramento pœuitentiæ verba facis,..... nullam prorsùs in eo mentionem *purgatorii* facias » (Lettre datée du 29 novembre 1541. Sadoleti Epp. Coloniæ, 1554, p. 681, 682). En 1537 Hermann de Wied entra en relation avec *Mélanchthon*, et, deux ans plus tard, il chargea Pierre Mettmann d'aller conférer avec lui sur la réforme de l'Église. En 1540 il était encore mieux disposé. Nous lisons dans la lettre de Jean Oporin à Vadian écrite de Bâle le 3 août, même année : « Fui ante mensem *Hagenoæ*, ut quid illic gereretur viderem..... Bellum non valde metuimus. Principes enim Rhenani imprimis pacis consilia sequuntur..... « *Palatinum* verè esse πρόνομον aiunt. *Coloniensis* vir bonus est. Cum *Hedione* solus nuper collocutus est circiter duas horas ; nudius tertius etiam cum *Capitone* et *Bucero*. Hæc ad me *Bedrotus* ex Argentina scribebat 19 Iulii » (Mscrit autogr. Bibl. de St.-Gall. Coll. cit. IV, 361. Calvini Opp. Brunsv. XI, 68, 69).

[15] C'est-à-dire, les archevêques de Mayence et de Trèves.

[16] Cette « façon chrestienne » de procéder en Allemagne convenait aux plans politiques de *François I*. Nous avons vu, p. 228, comment le Roi Très-Chrétien entendait procéder avec ses propres sujets.

[17] *Lazare de Baïf* (p. 236, note 15).

[18] A comparer avec le N° 869, note 9.

lement venu jusques-là que un chascun a promis à son endroit de s'employer vers les Princes et Villes, qu'on tienne un Concil de nostre part pour regarder à cela. Ce sera la chose de plus grande importance que nous ayons pour le jourd'huy. *Mélanchthon n'y est pas venu,* à cause de quelque maladie subite [19], et aussi qu'on présumoit bien qu'il n'estoit jà besoing de se haster avec danger. *Je n'y ay esté de ma part que par manière d'esbat,* ny mesme *Capito* [20]. De Strasbourg, ce xxviii de Juillet [21] 1540.

Vostre frère et bon amy

JEHAN CALVIN.

875

SIMON GRYNÆUS à Jean Calvin, à Strasbourg.
(De Bâle) 31 juillet 1540.

Autographe. Bibl. Publ. de Genève. Vol. n° 113. Imprimé en partie, Calvini Epp. et Resp. 1575, p. 365. Calvini Opp. Brunsv. XI, 67.

Juvenis hic apud nos dies aliquot fuit. Discere istic religionem cupit. Est *Nicæus* [1] : videtur esse simplex. Si qua istic est tibi hunc juvandi spes, oro ut des operam. Diu non scripsi ad te : oro ut ne interpreteris secùs quàm est factum. Nam in istis occupationibus vestris, notebam cuiquam esse molestus [2]. Spero amicitiam nostram esse in Christo-Jesu indissolubilem.

Amicos omnes salutabis. *Farellus hic præteriens* [3] videbatur

---

[19] Voyez p. 235, note 9.

[20] *Cruciger* termine ainsi sa lettre du 22 juillet, où il parle des visites de Jean Sturm et de Calvin (N° 869, n. 9) : « Salutant te..... *Bucerus, Capito* et omnes qui hic sunt docti. »

[21] Ce fut le jour où *Ferdinand* prononça la clôture de la Diète.

[1] Le nom de ce personnage, originaire de *Nice,* nous est inconnu.

[2] Grynæus croyait, mais à tort, que la diète d'Haguenau avait donné un surcroît d'occupations à *Calvin* et à ses collègues (Voy. la fin du N° 874).

[3-4] *Farel* avait sans doute repassé à Bâle au commencement de juillet, alors qu'on ne prévoyait pas encore la tournure que prendraient les affaires à la diète d'Haguenau.

literas à vobis expectare de eventu *comitiorum*⁴. Oro ne negligas amicum⁵, sed ad eos fratres scribas quæ et vera scias esse, et illis aliquo solatio futura. Oro etiam te et *Sturmium* ut, cum primùm aliqua saltem scribendi *Tygurum* occasio est, velitis eò scribere. Valde *Theodorum Sturmii* epistola⁶ oblectatum fuisse intelligo. Has literas oro te ut *Bedroto* des illico, si quo modo potest, *Augustam* mittendas. Vale. Pridie Augusti M.D.XL.

SIMON GRYNÆUS tuus.

Saluta omnes amicos. Subitò scripsi hæc.

(*Inscriptio :*) D. Joanni Calvino, amico suo et fratri dilectiss. Argentinæ.

876

PIERRE TOUSSAIN à Guillaume Farel, à Neuchâtel.
De Montbéliard, 7 août (1540).

Inédite. Autographe. Bibliothèque des pasteurs de Neuchâtel.

S. Literæ quas tu apud *Conradum*¹ reliquisti nondum mihi sunt redditæ, sed eas recepi quas nuper ad me misisti per *Stephani nostri*² consanguineum. De *Conventu*³ scripserant ad me satis copiosè *Grynæus* et *Calvinus*⁴. De Metensibus, ut gaudeo illos nobis facere spem aliquam bonam⁵, ita vereor non mediocriter, ne errones illi et fucati Verbi Dei ministri⁶ illic nobis interturbent omnia. De

⁵ Allusion à Farel.
⁶ C'était peut-être la réponse de *Jean Sturm* à la lettre où *Théodore Bibliander* l'avait assuré qu'on ne suspectait nullement, à Zurich, la sincérité des pasteurs strasbourgeois (p. 190, renv. de n. 7).

¹ Nous supposons qu'à son retour de Strasbourg, Farel avait déposé à *Bâle*, chez le libraire *Conrad Resch*, les lettres qui étaient adressées à *Toussain*.
² Un parent d'*Étienne Noël*, pasteur à St.-Julien, comté de Montbéliard.
³ La diète d'*Haguenau*.
⁴ Ces lettres de Grynæus et de Calvin sont perdues.
⁵ Voyez la lettre de Toussain du 27 août à l'Église de *Metz*.
⁶ Les ministres *coureurs*, comme on les appelait alors. *Caroli* était de

*Thoma*⁷ contuli cum fratribus. Si commodiorem ad nos mittere posses, gratissimum nobis faceres. Sin minùs, quum *Michaël*⁸ de homine non malum reddit *(sic)* testimonium, curabis ut à vobis diligenter admonitus huc veniat primo quoque tempore; nam et ætas et forma et *industria hominis in re medica*⁹, si pius sit, non ingrata sunt futura nostris hominibus.

Vale in Domino, et quando non uno solùm Verbi ministro opus habemus, vide, obsecro, cum fratribus, ne huc *Thomas* solus veniat ¹⁰; nam *in dies Principem expectamus, et abrogationem Missæ in ditione Blamontana* ¹¹. Iterum vale. Saluta fratres omnes in Domino, nostro omnium nomine. Monbelgardi, 7 Augusti (1540 ¹²).

(Inscriptio :) Colendissimo fratri suo Guilielmo Farello.

877

JEAN MORAND au Conseil de Genève.

(Du Pays de Vaud), 9 août 1540.

Autographe. Arch. de Genève. Calvini Opera. Brunsv. XI, 71.

Magnifiques Seigneurs,

Depuis deux ans passés que vostre Seigneurie impétra de mes magnifiques Seigneurs de Berne que, de leurs seigneuries où, par leur ordonnance, je preschenie¹ l'évangile de Jésus-Christ, je veinse

---

ce nombre (Voyez la lettre de Calvin du 10 août, et celle de Farel du 6 septembre).

⁷ *Thomas Cucuel*, probablement. Nous ignorons s'il avait été employé jusqu'alors dans le Pays de Vaud ou dans le comté de Neuchâtel.

⁸ *Michel Dobt* (Dubitatus), depuis peu de temps collègue de Toussain (N° 861, n. 4).

⁹ Nous ne connaissons pas d'autre passage d'où l'on puisse inférer que *Thomas Cucuel* était médecin.

¹⁰ Il partit quelques jours plus tard, mais il fut arrêté en chemin et emprisonné à St.-Hippolyte (Lettres du 22 et du 27 août).

¹¹ Voyez le N° 861, note 2.

¹² L'année est déterminée par ce qui est dit de *Blamont*.

¹ Édition de Brunswick : *je prescheroie*. — *Morand* était pasteur à

en la vostre, pour la prescher pareillement, — je l'ay annoncé à vous et vostre peuple en telle purité [2] et syncérité, que je n'en crains reproche, mesme des malings calumniateurs, là où je seroie en lieu auquel la cause pouroit estre menée et conclue par bonne justice. Par faulte de quoy, *calumnies se sont démenées en telle sorte contre vérité et contre nostre prédication véritable, que je n'eusse jamais pensé estre souffert,* beaucoup moins dict ne pensé, entre gens qui auroient nom de chrestien[s].

Ce donc considéré, *et que gens plainement oysifz, soy disans de l'Évangile, se sont retiré et retirent chascun jour de nostre prédication,* sans avoir cause laquelle ilz sceussent ou pœussent, ne osassent entreprendre défendre devant gens de bien et de sçavoir, — *je me suis retiré vers mes magnifiques Seigneurs de Berne,* par lesquelz je vous avoye esté premièrement donné, leur suppliant vouloir avoir pour aggréable mon partement de vous et vostre pœuple, faict pour certaines causes, lesquelles par moy déclairées ilz ont trouvé aggréables, me reprenant en leur service, pour en leurs terres annoncer Jésus-Christ de telle purité que je le vous ay annoncé et à vostre pœuple, l'espace de plus de deux ans [3].

Je vous supplie très humblement, magnifiques Seigneurs, vouloir pareillement *avoir mon dict département aggréable, et ne l'imputer à aultre cause que aux calumnies importables et blasphèmes exécrables contre vérité et liberté chrestiène, laquelle nous avons tousjours défendu en noz prédications,* malgré tous malings mensongers et calumniateurs [4]. Desquelz je vous supplie vouloir faire

---

Cully, dans le bailliage de Lausanne, quand il fut appelé par les Genevois, le 24 avril 1533. MM. de Berne lui accordèrent un congé le 6 juillet suivant, et quelques jours après il était installé à *Genève* (IV, 420-422; V, 29, 79, 80).

[2] Édition de Brunswick : en *toute* pureté.

[3] Nous craignons d'avoir été trop affirmatif en disant (t. V, p. 79-80, note 5) qu'après son départ de Genève, *Morand* devint pasteur à *Nyon.* Le fait est seulement probable. Le ministre qui prêchait dans cette ville ayant mécontenté son troupeau par quelques assertions imprudentes, les Bernois décidèrent, le 30 juin, de le transférer à la fin d'août dans une autre paroisse (Manuel de Berne des 11, 12 mai, 30 juin, 1er juillet 1540). *Morand* ne dut pas négliger cette occasion de ressaisir le poste qu'il avait momentanément occupé en 1538. Mais s'il l'obtint, ce ne fut pas pour longtemps. La lettre où les Bernois donnent leurs ordres « à maistre *Anthoine Marcourt,* » le 30 octobre 1540, est en effet adressée *à Nyon.*

[4] Voyez les plaintes de *Morand* et de ses collègues au Conseil de

telle justice avec bonne prudence, que mes bons frères, voz ministres qui vous demourent, ayent meilleure occasion et plus grande cause de demourer avec vous en leur accoustumée fidélité, que eux ne moy n'avons eu jusque à présent. Aultrement, n'attendez aultre chose que ruine, et famine telle que le Seigneur promet envoier à ung pœuple ainsi ingrat et mescognoissant les bénéfices du Seigneur.

Or pource, magnifiques Seigneurs, que par l'ordonnance de vostre noble Seigneurie, j'avoye receu quelque maignage [l. ménage] pour mon usage, et que je ne vœux emporter aulcune chose qui ne soit mienne, j'ay mis le tout en inventaire, à celle fin que ce qui n'a esté consummé par usage, vous soit fidèlement rendu par le porteur. Vous suppliant donner congé, que le résidu qui sera trouvé estre à moy, soit délivré à mon proufict, ainsi que la raison le vœult et que je me confie bien en vostre bonne équité et justice. Quant aux *gaiges qu'il vous avoit pleu me ordonner par an*, j'ay esté payé, par Monsieur vostre thrésaurier, jusques au vinctdeuxiesme jour du mois de Juillet, après lequel jour, je me suis parti de vostre ville.

A tant, magnifiques Seigneurs, je prie nostre bon Dieu vous donner grâce de gouverner tousjours vostre pœuple en bonne paix et union par bonne justice et équité, et prospérité à vostre noble Seigneurie, de laquelle je vœux tousjours demourer, et de toutes gens de bien, très humble et fidèle serviteur. Ce IXe jour d'Aoust mil cinq cens quarante.

JEHAN MORAND, tel comme dessus.

(*Suscription :*) A Magnifiques seigneurs mes Seigneurs les Sindiques et Conseil de Genève [5].

Genève, 31 décembre 1538 (V, 208-210). Elles se renouvelèrent plus d'une fois. On lit dans le Registre du Conseil, au 16 juillet 1540 : « Les prédicans ont fayct plusieurs plaintifz des insolences que journellement ce font, tant contre laz parolle de Dieu, la Justice, que à leur personne, priant, pour l'honneur de Dieu, que l'on il aye advys. Résoluz que l'on prègne bonnes informacions des insolences, et puys que l'on face justice, et puys, quant aux prédicans, que l'on leur fasse les remonstrances et qu'il fassent leur debvoyër jouxte leur ministère » (Voyez aussi le t. V, p. 301-303, 456).

[5] Note du secrétaire P. Ruffi : « Département du prédicant *Morand*. Recyeuz ce 10 Augusti 1540. » On lit dans le procès-verbal du dit jour : « Az esté advisé de trouvé ung aultre ydoienne en son lieuz..... et que ses meubles luy soyent relâchés. »

878

JEAN CALVIN à Pierre Caroli, à Metz?
De Strasbourg, 10 août 1540.

Calvini Epist. et Resp. 1575, p. 50. Calvini Opera.
Brunsvigæ, XI, 72.

CALVINUS P. CAROLI.

Gratia tibi et pax a Domino, qui tibi ac nobis sanum consilium et rectam voluntatem inspiret!

Mallem huc te ad nos contulisses, de reconciliatione coràm nobiscum acturus, quàm literis id expertus esses, præsertim quales tuæ sunt[1]. Vehementer ideo *laboras ne videaris absque justa causa in Ecclesia turbas excitare* : quasi ulla turbandæ Ecclesiæ honesta causa obtendi possit! Demus, *non habitam fuisse tui rationem à fratribus quam oportuerat* : an ideo tamen protinus ita tumultuari fas fuit? Dicesne fuisse spiritum Dei qui te impulerit ad denunciandum omnibus certamen? Neque hæc dico exprobrandi causa : utinam passus fuisses me prorsùs tacere. Verùm dum omnes eos qui, tua saltem opinione, non satis æquos tibi se præbuerunt cum Satana conjungis, nimis certè stupidos arbitraris, si posse hoc silentio transmittere existimas.

Dicis te indignatione fuisse percitum, ut Farellum et me traduceres, quoniam literis nostris effeceramus ne tibi fratres Neocomenses locum darent[2]. Primùm id vel abs te confictum est, vel falsò ad te delatum : nihil enim unquam mihi in mentem venit tale scribere

---

[1] Cette lettre de *Caroli* est perdue.

[2-3] *Les ministres neuchâtelois* étant très mal disposés envers *Caroli* (N°⁸ 820, renv. de n. 2; 830, p. 91-93, 96; 831, renv. de n. 6), personne n'aurait eu l'idée de leur écrire : Gardez-vous de lui confier une paroisse. Mais *les pasteurs de Strasbourg* s'étant montrés très indulgents à son égard et l'ayant enfin accueilli « ut fratrem et symmystam » (p. 50, 51), la Classe de Neuchâtel, Viret et Zébédée avaient vivement blâmé leur faiblesse (p. 162, 165, 184, et N° 863, renv. de n. 26-28).

*Neocomensibus*³. In literis *Farelli*, quantùm audio (nihil enim habeo præter auditum), longè duriùs tractatus fuerat *Michaël* quàm tu⁴. Cum ergo neque verbo neque facto unquam te læsissem, imò cum ne minima unquam offensiuncula te pupugissem⁵, cujus humanitatis fuit, me usqueadeo atrociter lacerare? Quòd si qua in re privato tuo commodo obstitissem, quàm aliena tamen homine Christiano illa ratio fuit, ut vindictæ cupiditate inflammatus in illud turbulentum consilium prorumperes! *Cum tibi semper antehac sine dubitatione fuissem frater, qui fieri potuit ut momento uno fierem hæreticus, à cujus communione abhorreres?* Scilicet hoc non est sacrosancto Dei nomine abuti?

Negas aliud tibi superfuisse, nisi ut nos irreconciliabiles proclamares (hoc enim est tuum verbum). Sed paulisper, quæso, tecum reputa, quàm te ridiculum facias, quem constat in media pace classicum cecinisse⁶. Verùm fac tibi datam à nobis aliquam occasionem: quid tamen sibi vult verbum illud quo uteris? Certè *irreconciliabilis* dicitur is quem cum modis omnibus placare studueris, non potueris tamen ad ullam partem æquitatis inflectere. Quando tam præfractam ac pertinacem duritiem in nobis unquam expertus es? De me quòd conqueraris non habes: ego verò justissimam rationem habeo, cur tecum expostulem, ut nihil dicam graviùs. Neque tamen de ultione cogitavi: tantùm abest ut facinus ullum hostile in te designaverim. *De Farello velim scire quam injuriam tibi fecerit.* Scripsit ne admitterentur ad ministerium qui ecclesias sibi commissas deseruissent⁷: an non debuit? Neque enim minor est perfidia, si quis ecclesiam relinquat quam semel susceperat in suam fidem. quàm si pater filios suos abjiciat. At te comprehende-

---

⁴ La lettre où *Farel* aurait traité si sévèrement *Michaël* nous est inconnue. Quant au personnage lui-même, nous avons lieu de croire qu'il s'agit ici de ce *Michaëlius* ou *Michelius* qui, après avoir renié en France la foi évangélique, était rentré dans le comté de Neuchâtel avec des lettres de recommandation écrites par Grynæus et Carlstadt. Le susdit apostat entretenait alors des relations avec *Maître-Jean*, beau-père de *Caroli* (V, 235, 236).

⁵ A Bâle, à Genève, à Lausanne et à Berne, *Calvin* avait parlé de *Caroli* en termes très durs et même injurieux (t. IV, *passim*). Mais il croyait sans doute que la réconciliation de Strasbourg avait tout effacé.

⁶ C'est-à-dire, huit ou neuf mois après *la paix* conclue à Strasbourg (N° 822).

⁷,⁸ Allusion aux lettres de Farel du 21 octobre 1539 et du 6 février 1540 (N°ˢ 830, p. 94, 95, renv. de n. 69-71; 847, renv. de n. 22-24).

bat in eo numero, cum tamen ab ea culpa esses alienus : si literas legeris, aliud comperies. Nihil enim postulabat à fratribus [8], quàm ut diligenter inquirerent : si cognitio tuæ causæ te purgabat, nonne idipsum optare debuisti ?

Metim venisti deinde [9] : *quanta intemperies fuit apud Christi adversarios jactare, te venisse instructum ut nos hæreseos convinceres!* Et tamen retines interea illam gloriam quòd nihil contra Evangelium moliaris. Sed quo exemplo hoc nobis probabis? Si quis ex professo bellum cum servo Christi gerat, eumque impediat quibus possit modis, quominus Christi regnum promoveat, mirum si talem hominem dicas ab Evangelii partibus stare. Vide iterum, frater, atque iterum quò progrediare. Ministerium habemus a Christo minimè disjunctum : si dubitas, habemus satis certum et fidele conscientiæ testimonium. Blandiaris tibi ut voles, senties demum in impetendo contra stimulum te calcitrare. Interea *quid nobis nocere potes? Hæreticos vocabis. Ubi? Nempe inter eos qui te pro hæretico habebunt, etiamsi tua maledicentia ad tempus abutantur.* Apud pios et coctos minimè vereor, ne quid mihi obtrectando proficias.

Hæc omnia in eam partem spectant ac ita accipi abs te volo, ut coram Deo recognoscas, quam viam sis ingressus, neque alios damnando immeritos, defensionem mediteris quæ non modò omni fundamento, sed etiam prætextu careat. Hoc si fuero consequutus, satis mihi est. *Nolo tamen te propterea animum spemque abjicere.*

---

[9] *Caroli* avait passé l'hiver de 1539-1540 dans la maison de *Jean de La Marck*, seigneur de *Jametz*. Calvin écrivait, le 6 février, à propos de *Caroli* : « Si de nobis obloquatur, vix, ut spero, audietur. Scio enim *Jamesium* de nobis meliùs sentire, etc. » (p. 166.) Et dans l'opuscule qu'il publia en 1545 contre l'ex-docteur de Sorbonne, il dit, p. 7 : « Primò quidem hoc risu dignum est, quòd a Molendino Sadoleti *Jametium* usque uno saltu transvolat. » Un peu plus loin (p. 17) il explique ainsi pour quelles raisons *Caroli* avait quitté *Jean de La Marck* et s'était retiré à *Metz* : « Cum *Metim* venit, eò redactus erat, ut fames propemodum ad rabiem eum accenderet. Nam suis flagitiis hoc profecerat, ut non tantùm summo odio, sed etiam execrationi esset *in ea domo in quam*, cum alius putaretur, *nimis benignè receptus fuerat.* Ipse quid dicam intelligit. Intelligunt et alii permulti. »

Les nouveaux éditeurs des *Calvini Opera* disent (t. XI, p. 72, n. 1), qu'avant de se rendre à Metz, *Caroli* avait séjourné quelque temps chez Mr *de Rognac*. Calvin disait au contraire, le 6 février 1540 : « Ut verum fatear, illum *Rognaco* commendavi.... *Non venit ad Rognacum.* Ideo non usus est ea commendatione » (p. 166).

Nam si nobis vera et solida recti animi indicia ostenderis, parati sumus tecum mox in gratiam optima fide redire, omnia oblivisci, ignoscere et prorsus ex memoria delere. Utinam pectus meum intueri posses : nihil enim magis cupio, quàm Deo te reconciliare primùm, ut inter nos fiat firma conjunctio. Sed, crede mihi, nunquam utiliter Domino servies, nisi istud supercilium deposueris, et linguæ amarulentiam. Ergo si in gratiam nobiscum redire animus est, parati sumus ad te amplexandum, neque deerimus ullis officiis, quoad dabitur facultas. *Verùm in illam quam à nobis exigis pactionem, qui possimus descendere? ut tibi scilicet ecclesiam jam despondeamus?* Primùm ecclesiæ non sunt nobis ad manum, sicut nosti; deinde qua conscientia id tibi polliceremur, antequam de consensione doctrinæ constet? Non dissimulas te à nobis adhuc dissidere : et tamen vis locum tibi destinari ad docendum. Tu ipse perpende quantopere istud deceat. Nos verò plusquam stipites meritò judicares, si tibi obsequeremur.

Ut finem aliquando faciam, peto abs te, ut animo composito ac sedato tecum dispicias totam causam, ut has etiam literas non alia trutina, quàm judicii ab iracundia penitùs vacui, examines. Agnosces certè nihil esse melius, quàm cursum malè inchoatum reflectere. Si voles nos experiri, nullum amicitiæ officium tibi à me defuturum recipio : hoc etiam *Farellus* seriò pro se promittit. Sed *memineris ejus charitatis quam tanta severitate ab aliis exigis, partem aliquam erga alios exhibere. Si tibi paulò asperior visus sum, quid literæ tuæ mereantur cogita : quanquam id quidem nequaquam respexi, sed tantùm ut tibi prodessem : quod facturus mihi non videbar, nisi ad peccati tui recognitionem te adducerem.* Vale, frater mihi in Domino charissime : si modò diligi te et fratris loco haberi pateris. Dominus Christus te spiritu consilii et prudentiæ gubernet, ut ex istis periculosis scopulis ad quos impegisti, et tempestuosa jactatione, in portum te citò recipias! Argentorati, x. Augusti, M.D.XL.

JOANNES CALVINUS ex animo tibi amicus.

Farellus salvere te jubet [10], optatque ut seriò ad Dominum convertaris, et tam sis paratus in amicitiam et fraternam conjunctionem nobiscum redire, quàm ipse te amplecti paratus est.

---

[10] Cette salutation permet de croire que *Farel* était présent à *Strasbourg*. Il y vint trois fois en 1540 : à la fin de juin (N° 869), au commencement du mois d'août, pour bénir le mariage de *Calvin*, et vers le milieu de décembre, en se rendant à Worms (Voy. la lettre de Nic. Parent du 16 novembre).

879

LE CONSEIL DE BERNE au Conseil de Besançon.
De Berne, 10 août 1540.

Inédite. Minute originale. Archives de Berne.

Nobles, magnificques, prudans, singuliers amys et très
chiers voysins!

L'amour, bone affection, anciène amitié et féale voisinance que
envers vous tousjours avons pourté et ancore pourtons, nous
donne occasion et hardiesse de vous faire très affectueuse remons-
trance, de ce que *avons entenduz que en vostre ville soit quelque
trouble, esmotion et fâcherie à cause de la Religion Chrestiène, en
tant que, ces jours passés, avés mis en prison aulcuns des plus appa-
rants*, et qu'estes après de faire plus grosse suite et prochas
[l. pourchas] pour emprisoner pluseurs aultres, et le[s] mal
traicter à cause de cella[1] : chose certes de laquelle avons grosse
doléance et non sans cause très grand regraict, veuz et entenduz
que *és aultres franches villes de l'Empire, l'on ne procède, en tieulle
matière, sy rigoreusement* comme vous avés faict et de présent
avés délibéré (comme entendons) de faire. Par quoy pouvons facilement entendre de quelle estimation nous summes.

A ceste cause, en contemplation des plaisir, gratuités et services
que vous avons faicts et à l'advenir summes prests de faire, vous
prions, suplions et très acertes admonestons, le cas bien vouloir
considérer, et bien adviser la conséquence, et par ainsy la persé-
quution présente admodérer, et en ce endroit vous conduisre
comme les aultres villes Impériales, esquelles tieulles perséq[u]u-
tions n'ont lieuz, — asseurés (comme croyons) que ce faisant ne
ferés contre la voulenté et bénignité de la Césarée Magesté, et à
nous aussy, à tous aultres bons Chrestiens, grands plaisirs, lesquels

[1] Voyez les lettres écrites de 1536 à 1537 par les magistrats de Berne
et de Neuchâtel, sur la persécution des Évangéliques à Besançon (Appendice. Lettre du 30 déc. 1536, et t. IV, p. 173, 181, 194).

nous ouffrons à récompenser, aydant Dieuz, auquel prions vous donner prospérité. Sur ce vostre amiable response desirrants. Datum x augusti, anno, etc., xl.

L'Advoyer et Conseil de Berne.

(*Suscription :*) Aux nobles, magniffiques, prudans Gouverneurs et Conseil de Besanson, nous singuliers amys et très chiers voysins.

880

Pierre Viret au Conseil de Genève.
De Lausanne, 14 août 1540.

Autographe. Arch. de Genève. F. Turrettini et A.-C. Grivel.
Les Archives de Genève, 1878, p. 147.

S. Grâce et paix! Très honnoréz Seigneurs, j'ay receu la lettre qu'i[l] vous a pleut me fayre escripre[1], par laquelle m'avez donné entendre le bon vouloir que vous et vostre peuple avez envers moy, et comme desirez que je me transporte par devers vous pour vous servir au ministère[2]. Sur quoy *je suys bien marry que je n'ay l'occasion de vous monstrer la bonne affection que j'ay envers vous, ausquelz je vouldroye fayre playsir et service, si je le pouvoye ou sçavoye faire, en toutes choses qui pourroient servir à la gloire de Dieu, voyre jusques à employer ma vie et mon sang*[3]. Mais d'acquiescer à vostre demande je ne puys, tant à cause que je ne me sens pas les espaules assez fortes pour porter une telle charge, et

---

[1] Lettre perdue.
[2] On lit dans le Registre de Genève, au 10 août 1540 : « Maistre *Antoine Marcourt*..... az exposé, ... si l'on veult permestre les insolences que journellement ce font, qu'il ayme mieulx absenter *Genève*; en oultre, que eulx troys prédicans, d'autant qui n'ont nul *diacre*, ne sçaroient supporter laz poienne, et qu'il est convenable havoyer encore ung prédicant. Et ont mys en avant qu'il seroy bien propice, si l'on le povoyt avoyer, M* *P. Vyret*, prédicant à *Lausanne*. Parquoy az esté résoluz luy envoyer le dit M* *Antoine* avecque lètre de requeste qu'il viengne. »
[3] A comparer avec la lettre de Viret du 18 février 1536 (III, 391).

pour pouvoir satisfaire à ce qui seroit requis en une telle œuvre, tant pour ce que je suys lié à ceste église en laquelle le Seigneur m'a appellé et constitué : laquelle je ne puys facilement abandonner sans scandale et sans offenser mes princes et mes frères ministres, si ainsin la délaissoye sans garder l'ordre qui est requis aux élections ecclésiastiques, ce que vous ne ignorés pas [4].

Pourquoy, si vous plait, m'aurez pour excuser, me tenant tousjours pour ung de voz amys et petitz serviteurs en toutes choses auxquelles je vous pourroye fayre playsir ne service, pour l'honneur du Seigneur auquel je sers. La grâce du Seigneur soit tousjours avec vous, qui vous adresse et conduyse par son sainct esprit à fayre sa saincte volunté!

De Lausanne, ce 14. de Aoust. 1540.

Vostre petit serviteur
PIERRE VIRET.

(*Suscription :*) A mes très honnorés Seigneurs Messieurs les Syndiques et Conseil de Genève, à Genève [5].

881

CHRISTOPHE FABRI à Jean Calvin, à Strasbourg.
De Thonon, 17 août 1540.

Autographe. Bibl. de Gotha. Calvini Opera. Brunsvigæ, XI, 75.

S. Inter *hasce novissimas tragœdias*, Calvine amicissime, non modò te ac longè dissitos fratres, verùm et vicinos quoque ingrato

---

[4] Lorsque *Morand* et *Marcourt* avaient reçu, en 1538, l'appel des Genevois, ils les avaient engagés à s'adresser à MM. de Berne et au gouverneur de Neuchâtel (V, 10, 11, 78. 79).

[5] Note du secrétaire de Genève : « De maystre Pierre Vyret prédicant. Recyeuz ce 15 Augusti 1540. » Le Registre du même jour mentionne la présente lettre et contient ce qui suit : « Az esté résolus de induyre nos prédicans restant qu'il fasse aut mein [l. moins] mal que az eulx seraz possible pour az présent, et qu'il tiengne leur congrégation, et cependant Dieu nous pourroyt pourvoystre de quelque bon ministrez [*]. »

[*] Communication de notre regretté ami Théophile Heyer.

præterii silentio, mei pœnè oblitus, et more meo (quem probè nosti) ad eas mordicus persequendas omnino raptus, tuo sanè ac piorum fratrum consilio mirè adjutus [1]. Ac *sic tandem durare fecit me Dominus et omnia in fœlicem catastrophen deduxit, Sathanæ quidem moliminibus ita dissolutis, ut hac parte posthac minùs nocere valeat, quin fortius propugnaculum ab iis sit experturus quos semel tanta cribravit violentia* [2], *qua demum per potentiorem ipso fortiores atque cautiores evaserunt.* Hæc autem sic expedita supervacuum esset scribere. Multa sunt alia longè majoris ponderis ac periculosiorem portendentia exitum, nisi Dominus populi sui misertus ea averterit, quæ intempestivum sanè scribere videtur [3].

Peculiaria verò et quæ tibi communicata esse cupiam, Farello nostro literis aut ipse coràm libenter indicavissem, si istuc profecturum præscivissem [4]. Atque utinam id saltem remissionis aliquando nobis concedat Dominus, ut te et strenuos verbi Dei ministros qui *isthic* sunt, invisere liceat, cum quibus unum, quod Domino *Capitoni* semel exerui [5], rursus conferrem. *De praxi Medica* loquor, *quæ à sacrorum studio* (quibus lubentissimè totus incumberem) *mirè me avertit,* animum angit et mentem atque memoriam ita retundit ut hebetiorem reddat : nimirum omnibus perpetuò expositus [6]. Quumque imperitiam meam per tam varias distractiones resarcire non licet assiduis rerum medicarum revolutionibus, eò majore animi anxietate velut in pistrinum dedor, empiricum agere coactus magis quàm rationalem medicum. Et quia (nescio quo,

---

[1] Par ces « récentes tragédies, » *Fabri* veut parler de divers procès que lui intentèrent les adversaires de la Réformation dans le Chablais.

[2] Ces derniers mots désignent-ils *Farel* et *Calvin*, bannis de Genève en 1538, ou bien *Fabri* et d'autres pasteurs du Chablais?

[3] Les pressentiments de Fabri auraient pu être expliqués par le triste état des affaires publiques. *Berne*, lassée de l'opiniâtreté de ses voisins, avait déclaré, le 7 juillet, que le traité du 30 mars 1539 serait nul et non avenu, si les députés genevois qui l'avaient signé obtenaient leur grâce (Voy. p. 192, 199, 238, 239). *Genève* accepta l'abolition du traité, mais refusa la grâce demandée. Aussitôt les procédés du gouvernement bernois et de ses baillis manifestèrent un tel désir de vengeance, que les amis de Genève pouvaient craindre pour elle les plus grands malheurs (Voyez A. Roget, o. c. I, 259, 260, 262-266).

[4] Il s'agit ici du deuxième voyage de *Farel* (N° 878, n. 10).

[5] *Fabri* doit avoir fait un voyage à *Strasbourg*, nous ne savons à quelle époque (N° 852, renv. de n. 21).

[6] A comparer avec le N° 780, à la fin.

nisi Domini consilio) satis fœliciter succedit, eò plures confluunt quotidie. Corporis quidem molestias et labores alioqui devorare non renuo, quum ad tuendam valetudinem mihi necessaria sit vel violenta exercitatio; verùm *potiora sectari dona cupio, totumque Verbi ministerio me committere, derelictis mensis*[7]. *Utrique verò satisfacere, tantùm abest ut in me situm agnoscam, ut unum alteri nunquam non detrahat et pœnè obsistat.* De me loquor, cui quàm curta sit suppellex, et in sacris, et in re medica, non solùm nosco, sed et erubesco, malens uni diligentiùs incumbere quàm sic invitum ad duo mihi impossibilia adigi. Nolim tamen[8] quicquam meo marte aggredi, sed id exequar[9] quod tuo ac piorum fratrum consilio probatum fuerit, licet in hac manens ecclesia, id præstare esset difficile. Migrare autem aliò nunquam velim citra legitimam vocationem, quamvis id multùm cupiam.

De mutuo nostro negocio nihil aliud scribere valeo quàm quod nuper scripsi. *Non solùm venalium librorum reliquias distrahere non possumus*[10], *sed et fratres aliquot multos reddiderunt, quos non indicato præcio sibi sœlegerant, neque præcio a Michaële*[11] *præscripto, vel paulò viliùs emere volunt.* Ego verò mea pecunia, juxta indictum ab eo præcium, jam ferme exolutos [l. exsolutos] retinere malui quàm sic necessarios ac utiles libros ferè pro nihilo tradere. Cum autem dederit Dominus, quod justum fuerit adhuc mittam. Antapocham 10. ▽. quos primùm miseram, detrivi, ea contentus quam universalem postremò misistis[12]. Nec existimate eam alia ratione à vobis petitam, nisi ut totius hujus expeditionis absolutionem et testimoniales literas, vel in juditio, mihi atque meis exorem. *Nosti* enim *testamentum propria manu scriptum in posterum infirmari posse atque rejici, cum à nemine caracteres agnosci ac comprobari valuerint*[13]. Plura non scribo, quòd *Farellum* tibi omnia abundè narrasse arbitror.

[7] Expression qui se trouve dans les Actes des Apôtres, chap. VI, v. 2.
[8] Dans l'édition de Brunswick : *tum*.
[9] Ibidem, *exsequor*.
[10] Ceux des livres d'*Olivétan* qui étaient échus aux frères *Calvin* (Voyez, dans le N° 816, le catalogue de ces livres).
[11] Le libraire *Michel du Bois* (p. 16).
[12] La quittance des deux sommes envoyées par Fabri, le 5 septembre 1539 et le 21 février 1540, à *Jean* et à *Antoine Calvin* (p. 24, 185, 186).
[13] Le second testament d'*Olivétan*, rédigé à Thonon, avant son départ pour l'Italie, était *olographe*. Comme il n'avait pas été certifié authenti-

Memineris tuum mihi revelare consilium super *hoc dificili nodo*[14], nec id minoris apud me erit præcii quàm si à patre proficisceretur. Sic sanè *Calvinum meum* ut patrem usque complectar, et unicè exosculabor. Vale, salutata *conjuge tua, quam te nuper duxisse audivimus*[15]: utinam tam fœliciter quàm desideramus. Do. *Capitonem, Buc[erum], Strum[ium], Hœdionem, Isnardum*[16] ac fratrem tuum nostro accuratè salutabis nomine, si placet. *Alexander, Frum[entus], Antonius Armentianus*[17] (cui decanatum resignavimus) et nostri omnes vos impensissimè salutant, maximè *Petrus à Fonte*[18], qui omnia boni consuluit. Tononi, 17 Aug. 1540.

Tuus et fratris CHRISTOPHORUS LIBERTINUS.

(*Inscriptio:*) Suo Joanni Calvino, fratri et amico integerrimo. Argentinæ.

que par la signature d'un notaire, il courait le risque d'être cassé (V, p. 306, renvoi de n. 8).

[14] Le scrupule qu'il éprouvait à pratiquer simultanément la médecine et le ministère pastoral.

[15] Selon toutes les vraisemblances, *le mariage de Calvin* avait été célébré au commencement du mois d'août. Dans sa Vie française du Réformateur (1565), Théodore de Bèze s'exprime comme il suit : « Il eut..... cest heur, qu'il ramena à la foy un fort grand nombre d'Anabaptistes..... entre autres..... un nommé *Jean Stordeur* natif du *Liège*, lequel estant décédé de peste à *Strasbourg*, quelque temps après il print sa vefve à femme, nommée *Odilette*, ou bien *Idellette de Bure*, femme grave et honneste (ce que il fit par le moyen et conseil de M. Bucer) et avec icelle a tousjours vescu paisiblement. »

D'après F. Hénaux (Hist. du pays de Liège, II, 110, cité par Éd. Gérimont, Hist. populaire des Liégeois, 1859, p. 215), la violente persécution suscitée par l'évêque de Liège, Érard de la Marck, avait forcé beaucoup de personnes à émigrer dans les pays voisins. « De tous ceux qui se sauvèrent à l'étranger, l'histoire mentionne particulièrement *Jean Destordeur*, dont *Calvin* épousa la veuve, *Idelette Debœur*. »

[16] *Eynard Pichon* (p. 27, 29).

[17] *Alexandre Sedille, Antoine Froment* et *Antoine Rabier*, pasteur à Hermance près de Genève, et depuis peu doyen de la Classe de Thonon et de Ternier.

[18] *Pierre de la Fontaine*, qui avait remboursé un peu tard l'argent qu'il devait à *Jean Calvin* (p. 32, renv. de n. 30-32; p. 186, renv. de n. 19).

882

LES PASTEURS DE MONTBÉLIARD à la Classe de Neuchâtel.
De Montbéliard, 22 août 1540.

Inédite. Manuscrit orig. Bibl. des pasteurs de Neuchâtel.
(Composée par Pierre Toussain.)

Gratia vobis et pax a Deo Patre et Domino nostro Jesu Christo! *Fratres illi duo quos huc ad nos mittebatis*[1]*, resignatis vestris literis, apud Sanctum Hypolitum*[2] *intercepti sunt, ac Visuntium* (quod *Vesou*[3] vocatur) *capti ducti.* Quare mittimus ad vos hunc nuntium, oramusque per Dominum, ut Magistratui vestro supplicetis, quò mox bonis fratribus illis succurrat, ac eos, misso *Visuntium* nuntio, repetat, simulque ab *Hypolitanis* sciat quo jure vel audacia vestros et à vobis missos capere, violatoque omnium gentium jure, literas vestras resignare sint ansi[4]? Et putamus esse consultum, plurimùmque multis de causis ad gloriam Dei perinere, ut *Bernates* quoque illis ipsis scribant, causamque hanc suscipiant adversùs istorum petulantiam, qui nihil non sibi permittunt, quosque in dies videmus sic insolescere adversùs Dominum et Electos ejus. Nec potest pius Magistratus rem se magis dignam facere, quàm ut piis et innocentibus succurrat. Cœterùm, *quoniam adversarii festinant ad effundendum sanguinem, et de vita inter illos periclitantur boni fratres illi,* ubi consulueritis, *maturè facto opus erit.* Valete. Monbelgardi, 22 Augusti 1540.

---

[1] *Thomas Cucuel* et *Robert le Louvat* (Nos 876, n. 7, 10; 887, renv. de n. 6, 7).

[2] *St.-Hippolyte*, situé sur la route de Neuchâtel à Montbéliard, à six lieues environ de cette dernière ville.

[3] *Vesoul*, ville qui faisait partie du bailliage d'Amont, en Franche-Comté (aujourd'hui chef-lieu du dép. de Haute-Saône).

[4] C'était, sans doute, sur des ordres venus de *Besançon*, que les magistrats de St.-Hippolyte avaient emprisonné ces deux ministres et intercepté les lettres dont ils étaient porteurs (N° 887, renvoi de n. 7).

Expectamus in dies fratres à vobis, qui nobis adsint ad propagandum Christi gloriam.

MINISTRI ECCLESIÆ MONBELGARDENSIS,
fratres vestri.

(*Inscriptio :*) Ministris verbi Congregationis Neocomensis, fratribus nostris plurimùm observandis.

883

LE CONSEIL DE BERNE aux magistrats de St.-Hippolyte.

De Berne, 27 août 1540.

Inédite. Minute originale. Arch. de Berne.

Nostre amiable salutation devant mise. Nobles, prudans, singuliers amys et très chiers bourgeoys, nous summes advertis comme *deux ministres de la Parolle de Dieu, envoyés à Montbelliart,* passant par la ville de Sainct-Hypolyte soyent *retenus par vous et mis en estroicte et dure prison*[1] : chose que prennons à très grand regraict et desplaisir. A ceste cause, vous admonestons, en vigeur de la bourgeoysie héréditaire par laquelle nous estes obligés, les dits prêcheurs incontinant mettre en liberté, et cy-après *ceulx que sont de la religion de Jésuz-Christ*[2], nostre seul Saulveur, non ainsy perséquter, affin que puissons cognoistre que desirrés entretenir et observer le debvoir qu'avés à nous à cause de la dite bourgeoysie, et aussy *le droict commun*, contenant que chescung homme de bien peult hanter par tous pays seurement et sans molestement. Car faisant aultrement pouvés penser que conséquence suivroit, sy nous deussients les vostres que hantent en nous pays, à cause de la foy, ainsi comme avés faict ès dits deux prédicants, traictéz. Et

---

[1] La lettre de Toussain du 22 août ne donne pas ce détail. Les Bernois ou les Neuchâtelois le tenaient, sans doute, du porteur de la susdite lettre, lequel avait dû traverser la ville de St.-Hippolyte en se rendant à Neuchâtel.

[2] On sait que les premiers Évangéliques français reçurent le surnom de *Christaudins*, parce qu'ils ne parlaient que de Jésus-Christ.

affin que puissons sur cella pourvoir comme de raison et nécessité, desmandons sur ce, par présent pourteur, vostre response et résolution. Datum xxvii Augusti, anno, etc., xl.

L'Advoyer et Conseil de Berne.

(Suscription :) Aux nobles, prudans Chastellain, Gouverneurs, Bourgeoys et Communaulté de Sainct-Hipolite, nous singuliers amys et très chiers bourgeoys³.

884

PIERRE TOUSSAIN à l'Église de Metz.

De Montbéliard, 27 août 1540.

Inédite. Autographe. Communiquée par M. Henri Lutteroth.

Très chers frères, grâce et paix vous soit donnée de par Dieu et nostre Saulveur Jésus-Christ, son filz!

Mes chers frères, je vous avoye escript l'an passé, du 28 de

---

³ On lit dans la lettre que les Bernois adressèrent, le 4 septembre suivant, aux officiers du bailliage d'Amont, à *Vesoul* :

« Ce[s] jours passés, nous avons escript aux officiers et bourgeoys de *S.-Ypolite*, à cause de la *captivité de deux prédicants* envoyés à *Montbelliart* par nous très chiers combourgecys de *Neuffchastel*, tout au contenuz d'icelles lectres doubles desquelles, aussy des responses sur cella à nous faictes, vous envoyons céans enclus. Et, à cause que à nostre contentement ne nous est, en ce endroit, satisfaict, et qu'avons entenduz les dits deux prédicants estre mis en vostres mains, vous avons bien vousluz escripre ces présentes, par lesquelles vous prions et très acertes admonestens..... les dits prisonniers mettre en liberté, et les laisser aller là ont (sic) y sont envoyé, sans ennuys ne molestement de leurs personnes et biens, — considérant que, combien [que] ilz nous ayent désadvoyer [l. désavoués] et que soyent *françoys*, ce non obstant, les tenons pour bons fidèles et confessants la foy de Jésu-Christ, et tenir la loy chrestiène et évangélique et estre de nostre religion. Dont, comme frères chrestiens, summes occasionnés et par devoir entenus de les pourter et favoriser : bien asseurés le vouloir de la Césarée Magesté, *quels édict et mandement [que] soyent publiés*, non estre sy rigoreux, que les passants et repassants par ses pays en tieulle sorte doijent estre oultragés et molestés. Car sy cella deust avoir lieuz, pouvés considéré la conséquence..... » (Inédite. Minute orig. Arch. de Berne.)

Novembre. Mais j'ay depuis entendu, par l'advertissement de l'ung de vous, que n'avez receu mes lètres, avec lesquelles j'avoie envoyé quelque escript du mariage des pasteurs[1] : duquel j'envoye maintenant le double que pourez veoir. Et avoie pieça[2] commancé à vous escripre quelque autre matière, touchant la vraye intelligence des sainctz sacrementz que Jésu-Christ, nostre Saulveur, nous a institué, déclairant ceste matière non-seulement par l'Escripture Saincte, mais aussy par les anciens docteurs de l'Esglise. Mais, oultre beaucop d'occupations qui me sont tousjours depuis sourvenues, à cause de ma charge et de mon office, j'ay si fort esté affligé de maladie[3] (ainsi voulant Dieu), que jusques présent n'ay heu le temps ne l'oportunité de me remectre à ce qu'avoie commancé : ce que touteffois, aydant le Seigneur, j'espère de faire quelque jour.

Après, mes chers frères, *je suis grandement joyeux et rend grâce à Dieu de ce que l'ung de vous mon cher frère m'a advisé : que le nombre des fidèles croit journellement entre vous, et que non-seulement la Parolle de Dieu a cours*[4], *mais que aussy pseaulmes et cantiques de louange se disent et chantent haultement par la ville au Seigneur*[5]. Lequel par sa puissance et bonté infinie veuille tousjours

---

[1] Écrit qu'il avait composé à l'occasion de son propre mariage (V, 345).

[2] C'est-à-dire, il y a déjà quelque temps.

[3] Voyez sa lettre du 17 avril, p. 213, dernier paragraphe.

[4] Toussain écrivait déjà le 13 mai 1538 : « *Metenses mei* incipiunt magno studio veritatem amplecti, audireque et legere Verbum Domini, » — fait d'autant plus réjouissant que l'opposition du parti catholique était très violente (V, 12, 54).

[5] Les Évangéliques de Metz chantaient chez eux et dans les rues *les psaumes et cantiques publiés par Calvin* au commencement de l'année 1539 (p. 58, n. 29, à comparer avec le t. V, p. 452, 453).

Les magistrats messins ne semblent pas avoir considéré ce chant des psaumes comme une manifestation luthérienne et anticatholique. Le bruit de la prochaine venue de *l'Empereur* à *Metz* s'étant répandu au mois d'août 1540, ils commencèrent aussitôt à délibérer sur les mesures qu'il conviendrait de prendre pour le recevoir dignement. Mais les ordonnances de police qu'ils firent à cette occasion ne renferment pas un mot qui soit directement applicable aux *Luthériens* (Voy. Huguenin. Chroniques messines, p. 840-860). On dira peut-être que c'était de la tolérance. Nous n'en croyons rien. Ils avaient le plus grand intérêt à montrer du zèle pour l'ancienne Église. Nous lisons dans le discours que leurs députés adressèrent à *Charles-Quint*, à Luxembourg, le 4 janvier 1541 : « Il a plu à notre Rédempteur, en temps le plus difficile que oncques fut depuis

pousser plus avant son œuvre, achevant à vous ce qu'il a commancé et vous donnant de vrays pasteurs, qui vrayement cerchent l'honneur et la gloire de Dieu et le salut des âmes, et qui vrayement et purement vous preschent le sainct Évangile⁶, non-seulement pour vostre consolation et confirmation en la foy du Saulveur, mais aussy affin que tous autres soient retirez de ces grandes et damnables ténèbres et erreurs esquelles, par faulte de bonne doctrine, sommes tous esté, et que tous habitans de ceste noble Cité pervyennent à la vraye congnoissance de la vérité et des choses qui concernent l'honneur et la gloire de Dieu et le salut de leurs âmes.

Et ne suis point esbahis de ce que du commancement, nous estans encore en ténèbres et ignorance, beaucop de gens par cydevant ont différé de recepvoir le sainct Évangile. Mais maintenant, nous estans grâce à Dieu à si grande clarté, et que ung ches-

---

sa résurrection, vous susciter... pour consoler sa chrestienté, la réunir et conserver en sa sainte foi catholique et la préserver de tous ses ennemis. » Après la visite de l'Empereur (10-13 janvier 1541), ils rejetèrent absolument les requêtes des Évangéliques exilés (n. 9).

⁶ Toussain détestait les ministres qui prêchaient çà et là, sans avoir été appelés par les églises (p. 262, n. 6, à comparer avec le t. III, p. 10, 11, 292). Celle de *Metz* avait-elle jamais eu un pasteur régulier ? Nous en doutons fort. On lit bien dans la lettre de Farel à Calvin, du 21 octobre 1539 : « Si *fratri* quem *Metin* volebamus mittere illic possit esse locus, nobis subindicabis » (p. 103). Mais ce projet fut si peu exécutable que son correspondant lui écrivait le 27 : « Breviter scito viam *illic* in præsentia clausam esse Evangelio » (p. 114, renv. de n. 12-16) *Caroli*, repoussé une première fois en 1539, à la demande de l'Officiel de Metz, obtint, il est vrai, en 1540 la permission d'y prêcher, mais contre les Réformateurs (p. 268, renv. de n. 9). Les Évangéliques messins étaient donc réduits, comme ils le furent souvent plus tard, à s'édifier les uns les autres dans « leurs assemblées secrètes, esquelles après la lecture de quelques chapitres de la Bible, les prières se faisoient hautement par quelqu'un député à cela » (Bèze. Hist. eccl. III, 433, 436, 439).

M. Rodolphe Reuss ne s'est-il pas trompé en disant : « *Guillaume Farel*... envoya vers l'automne 1539 des prédicateurs aux fidèles de *Metz*? Une partie du Magistrat s'était prononcée pour la tolérance ; quelques-uns même, et surtout le maître échevin, *Gaspard de Heu*, inclinaient ouvertement vers les idées nouvelles. L'autorité n'osa pas dès lors s'opposer par la force aux tentatives de prédication faites, avec une mesure relative, dans le sens d'une réaction contre les abus du culte et du clergé » (Voy. les notes 7, 9. — Pierre Brully, ancien dominicain de Metz. Étude biographique par Rodolphe Reuss. Strasbourg, 1879, p. 15, 35).

cun par l'Escripture Saincte clèrement voit et congnoit la vérité de Dieu et la mauvaise vie et doctrine des prebstres, *je me donne grandement merveille de ce que mes chers et redoubtés seigneurs Messieurs de la Cité mectent tant à faire prescher purement en leur ville et pays le sainct Évangile, comme font les seigneurs et gouverneurs des autres villes et cités principalles de l'Empire,* et me faict mal en mon cueur de ce que je voys que une si noble cité que *Metz* demeure ainsi en derrier [7]. Car s'il est question de la Parolle de Dieu, de l'évangile de Jésu-Christ, nostre Saulveur, qui est l'homme de bien au monde qui poura dire qu'elle ne doibt estre preschée, veu que c'est la seulle charge que le Saulveur a donné à ses apostres, et conséquemment à tous vrays pasteurs, qu'ilz la preschent et annoncent par toute terre à toutes créatures, et que ceulx qui croiront seront saulvez ? Mais, comme dit l'Apostre, comment y croirons-nous, si nous ne sçavons que c'est, si personne ne la presche ?

Et *quant aux prebstres,* desquelz l'office et le debvoir seroit, s'ilz estoient vrays pasteurs, que vivantz sainctement ilz preschessent l'Évangile, chescun voit et congnoit en son cueur, que outre ce que leur vie ne vault rien, que *tant s'en fault qu'ilz preschent l'Évangile, qu'ilz ne hayent tant chose que l'Évangile et persécutent et mectent à mort, s'ilz peuvent, ceulx qui la preschent ou la suyvent.* Et s'ilz disent qu'ilz la hullent [8] ou barbotent en leurs messes pour attrapper quelque denier, le Saulveur ne veult point qu'on abusent ainsi de sa saincte Parolle, ne qu'elle servent (*sic*) à telles marchandises. Mais il veult et ordonne qu'elle soit preschée et déclairée au paovre peuple, à toutes créatures, affin que par la vraye prédication et intelligence d'icelle toutes gens congnoissent ce que leur est nécessaire à salut. *Et si les Jacopins, Cordeliers ou Observantins disent qu'ilz preschent le sainct Évangile, la Parolle de Dieu, pleut au Seigneur Dieu que ainsi feut! Mais preschier l'Évangille, la Parolle de Dieu, n'est point prandre en ung sermon quelque*

---

[7] C'est-à-dire, *en arrière*. — Toussain ne tenait pas compte de l'esprit qui animait la bourgeoisie et les magistrats de Metz, esprit bien différent de celui des cités impériales d'Allemagne. Lorsqu'en 1542 *Gaspard de Heu,* seigneur de Buy, fut élu maître-échevin, les Évangéliques de Metz se crurent assurés de la victoire. *Farel* accourut et prêcha publiquement en présence de trois mille personnes ; mais il dut bientôt se retirer devant l'opposition du clergé et du magistrat.

[8] *Hurlent. Huller,* qui venait de *ululare,* est un archaïsme.

thême de louange, et puis prescher sainct Dominicque ou sainct Françoys, enseigner le peuple à recourir et mectre sa confiance à des mor[t]s, à des messes ou pardons de prebstres, à des véages, à des confrairies, à faire des images, etc. Mais prescher l'Évangile, la Parolle de Dieu, est prescher et enseigner seulement ce que le Seigneur Dieu nous commande et ordonne en son Évangile, en sa saincte Parolle, sans y rien adjouster ne dimin[u]er, rapeller toutes créatures à la congnoissance et au service et adoration d'ung seul Dieu vivant, et que toutes gens mectent la seulle confiance de leur salut au seul mérite de la mort et passion du benoist Jhésus, et que congnoissant les grandes grâces et bénéfices de Dieu envers nous, qu'il nous a faict par Jésu-Christ son filz, le donnant à la mort pour nous, — nous venyons à louer et glorifier le nom de Dieu et à conformer nostre vie à sa saincte Parolle et volunté, vivantz ensemble en vraye crainte de Dieu, charité et dilection fraternelle, comme tous enfans d'ung mesme père céleste, racheptez d'ung mesme sang de Jésu-Christ, nostre Saulveur, héritiers d'ung mesme héritage, du royaulme des cieulx.

Et tant s'en fault que *les moynes d'aujourd'huy* preschent et annoncent aux gens, comme ilz disent, le sainct Évangile, que tous leurs sermons, tout ce qu'ilz font et proposent aux gens, tant prebstres comme moynes, sont toutes choses contraires et diverses à la Parolle de Dieu et au sainct Évangile[9] : ce que facilement

---

[9] Le « cher frère » mentionné au commencement de l'épître avait sans doute écrit à Toussain : Il y a ici des moines qui se glorifient de prêcher le saint Évangile. — Notre supposition expliquerait l'insistance de Toussain à prémunir les fidèles de Metz contre de prétendus évangélistes. Peut-être lui avait-on signalé les deux Dominicains dont Bèze parle en ces termes (o. c. III, 433) : « L'an mille cinq cens quarante un, *deux Jacopins*, l'un nommé *Pierre Brasli* [l. *Brusli*], et l'autre *Watrain du Bois*, commencèrent à prescher clairement et hautement l'Évangile : ce qui donna tel courage à un bon nombre de citoyens [de *Metz*], qu'ayans entendu au mesme temps les articles conclus et passés ceste mesme année en la Diette Impériale à Ratisbonne, ils présentèrent requeste aux maistres-Eschevins et treize de la ville, en laquelle... ils les supplioient instamment leur accorder libre exercice de la religion, suivant la résolution de la Diette : ce que toutesfois ne leur fut accordé. »

Dom Calmet (Hist. de Lorraine, II, 1241) ne s'est pas contenté de paraphraser le récit de Bèze. Il y ajoute une assertion absolument inexacte : « Les protestants d'Allemagne... ne perdoient aucune occasion de faire entrer leur fausse doctrine dans Metz... *Ils y firent glisser* en 1541 deux nouveaux docteurs apostats, dont l'un se nommoit *Pierre*

vous pouroie monstrer par l'Escripture Saincte, n'estoit que je congnois que entendez assez ces choses et que par la grâce de Dieu estez assez confermèz en la voye de salut. Mais j'ay ainsi d'avanture en escripvant tombé à ceste matière, me donnant merveille comment ceulx-là vouldront respondre, au Jugement de Dieu, qui encore aujourd'huy, en si grand clarté et congnoissance de la vérité, maintiennent les prestres en leurs faultes et erreurs et rejectent l'évangile du Filz de Dieu, Jésu-Christ, leur Saulveur.

Mes chers frères, *je vous ay desjà par cy-devant admonèté et prié*, et de rechiefz vous prie et admonète à l'honneur de Dieu, *que n'ayez point seulement l'Évangile en la bouche, ne à des livres, mais au cueur, et que par vostre vie la Parolle de Dieu ne soit point blasmée ne rejectée des autres;* mais que ceulx qui encore contredisent, voyantz vostre bonne conversation et amandement de vie, ilz louent et glorifient le nom de Dieu et se convertissent en la voie de salut [10]. De quoy je prie le tout puissant Seigneur Dieu, et aussy de susciter les cueurs de voz bons seigneurs et les myens, Messieurs de la Cité, à vous faire bien tost purement prescher le sainct Évangile, et ce, comme dit est, par gens bien fondèz et instruictz et qui ne cerchent point leur gloire [11], mais l'honneur et la gloire d'ung seul Dieu et le salut des âmes.

Mes chers frères, après m'avoir recommandé à voz bonnes prières, priray le Seigneur Dieu qu'il augmente toujours à vous la grâce de son sainct Esperit et vous multiplie par sa bonté, et à tous donne grâce de tousjours p[lus seure]ment persévérer en la foy de Jésu-Christ, nostre Saulveur. De Montbéliard, ce xxviie d'Aoust 1540.

Par vostre humble frère P. Toussain.

Maistre *Girard*, jadit prebstre demourant à *Metz* [12], et *Léonard*

Bassy, et l'autre *Vautrin du Bois*... » Il est bien avéré, au contraire, que ces deux personnages appartenaient au couvent des Dominicains de Metz, situé dans la rue des Prêcheurs ou des Ouies (Voyez Charles Paillard. Le procès de Pierre Brully. Paris, La Haye, 1878, p. 5, 6, 38, 69, 91. — Rodolphe Reuss, o. c. p. 14, 16, 18).

[10] A comparer avec les conseils donnés par *Farel* aux Évangéliques messins, t. V, p. 406, 407, 409.

[11] C'est probablement une allusion à *Caroli*, dont Toussain ne devait pas ignorer la présence à *Metz*.

[12] *Girard Guillemin*, pour lors pasteur à Désendans.

et *Firmin* [13], du passé caffars Augustins et maintenant serviteurs de Jésu-Christ et prescheurs de son évangile en ceste Contée, se recommandent à vous tous [14].

885

GUILLAUME FAREL à Christophe Fabri, à Thonon.
De Neuchâtel, 28 août 1540.

Autographe. Bibliothèque des pasteurs de Neuchâtel. Calvini Opera. Brunsvigæ, XI, 77.

S. Gratiam et pacem! *Facis ut decet Christi ministrum, intentus non solùm commodis ecclesiarum istarum, sed et aliarum,* cum omnium s[it] unum corpus [1], et prosit omnibus quod uni est utile, prout nocet universis quod cuivis officit. Cupimus et omnes hîc paria facere, *tibique gratias agimus quòd, ubi morbus est difficilis, medicum offers ægrotis appositum, virum pro Christo passum* [2] ac *qui potiùs omnia deseruerit quàm Christum,* non cursorem, non ambitiosum, et alia quæ tuis indicasti literis amicissimis [3]. *Jusserunt* [4] *ergo fratres ut istum* [5] *horteris ut huc se conferat, nimirum*

---

[13] *Léonard Camuset* et *Firmin Dominique,* pasteurs, le premier à Valentigney, le second à Abévillers (p. 204).

[14] Le manuscrit porte les incisions que l'on remarque presque toujours dans les lettres de ce temps-là qui ont été cachetées. Mais la feuille volante sur laquelle devait se trouver la suscription a disparu.

[1] Dans l'édition de Brunswick : cum omnes *sint* unum corpus.

[2] Ibidem : virum pro Christo *pastorem*.

Farel use d'un langage figuré, en disant : *medicum offers ægrotis appositum.* Il remercie *Fabri,* non pas de ce qu'il remplissait avec zèle, depuis plus de quatre ans, les fonctions de pasteur et de médecin, mais de ce qu'il venait de signaler aux ministres neuchâtelois un personnage tout à fait qualifié pour servir leur église (n. 9).

[3] Lettre perdue.

[4] Édition de Brunswick : *Iusserim,* qui n'offre aucun sens logique.

[5] Le personnage recommandé par Fabri aux pasteurs neuchâtelois (renvois de n. 2-3, 9).

*visurus principem suam*⁶, *ac illam salutaturus in Domino, si quid possit effici per eum*⁷, et fratre accuratiùs inspecto et donis Dei quibus valet, si visus fuerit aptior quàm is quem jam [l. non?] pauci reputant non ineptum, poterit provinciam suscipere. Sed nihil *fratri* pollicearis; tantùm persuade⁸ quod et certè debet facere, ut *Dominam* invisat et fratres qui hìc sunt⁹ : laborem non detrectandum unde fructus speratur. Pro tua prudentia ages, ut non tardet ante dies octo huc venire, ut ecclesiæ prospici meliùs possit.

Literæ tuæ ad *Calvinum, probæ et honestæ uxoris, adde etiam formosæ*¹⁰, *maritum*, tardiùs fuerunt redditæ. Tamen curabo fratri

---

⁶ Les éditeurs des *Calvini Opera* disent qu'il s'agit ici de la comtesse de Neuchâtel, *Jeanne de Hochberg*, veuve de Louis d'Orléans, duc de Longueville. Un historien mieux renseigné dit, au contraire, que cette princesse, après la restitution du Comté, qui lui fut faite à *Neuchâtel* par les cantons suisses, le 30 juin 1529, « repartit aussitôt avec son fils *Louis*; - que *François*, frère cadet de Louis, prêta le serment aux bourgeois, au nom de *Jeanne* le 6 avril 1531; qu'il repartit à la fin de mai et « *ne revint plus à Neuchâtel, non plus que sa mère*, qui passa le reste de ses jours dans ses terres du duché de Bourgogne » (Voyez Samuel de Chambrier. Description de la mairie de Neuchâtel, 1840, p. 188, 189, 285).

La princesse que le futur ministre devait visiter, et qui est appelée plus loin *domina* (renv. de n. 9), était donc la dame de Valangin, *Mencie* de Portugal, femme de René, comte de Challant, ou bien l'aïeule de celui-ci, *Guillemette de Vergy*. Les Bernois lui donnent habituellement le titre de *Domina*, une seule fois, croyons-nous, celui de *comtesse* (II, 260, 261, 314). Il y avait alors dans sa seigneurie deux cures à repourvoir : celle de *Boudevilliers* (ou de *Fenin?*) laissée vacante par *Jean de Bétencourt*, et celle des *Brenets* (p. 211, 212, 251). Pour y installer des pasteurs, il fallait obtenir le consentement du seigneur de Valangin ou de Guillemette de Vergy, qui gouvernait en son absence. — *Suam* est mis là par anticipation. Il ne signifie point que le candidat recommandé fût déjà sujet de la dame de Valangin, mais qu'il le serait prochainement, dès qu'il prêcherait l'Évangile à Boudevilliers ou aux Brenets.

⁷ Édition de Brunswick : *eam*.

⁸ Ibidem, *persuadebis*.

⁹ Fabri examinera le candidat en question, et, sans lui rien promettre, il l'engagera à visiter « la Dame » sus-mentionnée et les pasteurs de Neuchâtel. — Ces détails annoncent qu'il s'agissait d'un étranger récemment arrivé à Thonon. C'était probablement *Jean l'Archer* (en latin *Arcuarius, Archesius, Arquerius* ou *Sagittarius*), originaire de Bordeaux, et dont nous constaterons la présence à *Neuchâtel* en 1541.

¹⁰ *Idelette de Bure* était belle, au jugement de *Farel*. On peut en inférer qu'il n'en parlait pas par ouï-dire, et qu'il s'était rendu à Strasbourg

redditas. Mirum est, quod et queritur valde *Viretus*[11], nos ita agere, qui in Domino unum sumus, perinde ac si toto cœlo totaque terra sejuncti essemus. *Nos invises, ubi respirare dabitur à tot negociis quæ fœliciter et sanctè per te Dominus absolvat*[12]. Interea non prætereas fratrem de quo scripsisti (ut [13] jam admonui) huc mittere, quod te rogant omnes. Vale bene ac semper cura oves quas tibi Christus concredidit. Salutant te pii omnes. Saluta omnes pios istic, ut *præfectum*[14] non prætereum. Neocomi, 28 Augusti 1540.

FARELLUS tuus.

(*Inscriptio :*) Suo Christophoro, Tononii.

886

EUSTORG DE BEAULIEU à Pierre Giron? à Berne.

(De Thierrens, à la fin d'août 1540.)

Inédite. Autographe. Archives de Berne.

(INCOMPLÈTE)

Il vous plaira dire aus dicts ministres de Berne, que fassent métre au dict mandement mon nom, qui est : *Eustorgius vel Hector De belloloco*[1]. Et le nom de ma dicte femme est *Rolléta ;* mais elle n'a-

---

pour bénir le mariage de *Calvin.* — La lettre de Fabri non expédiée est celle du 17 août (N° 881).

[11] Allusion à une lettre de Viret dont nous n'avons pas connaissance.

[12] Parmi ces nombreuses occupations de *Fabri*, il faut compter les démarches qu'il faisait à *Genève* pour encourager les Genevois à rappeler *Calvin*, sans attendre qu'on eût pressenti ses dispositions (N° 891, renv. de n. 10).

[13] Dans l'édition de Brunswick, *et,* qui semble peu naturel.

[14] *Nicolas de Diesbach*, bailli de Thonon.

[1] *Eustorg* ou *Hector de Beaulieu*, fils cadet du seigneur de Beaulieu-sur-Ménoire, près de Cahors, naquit vers le commencement du seizième siècle. Poète et musicien, joyeux compagnon des bazochiens de l'université de Tulle (1523) et très bien accueilli, à cause de ses talents, par la haute société, il se fit recevoir prêtre, on ne sait trop pourquoi; car les volumes de poésie qu'il publia entre 1529 et 1537 renferment des pièces plus que légères. Il dut se trouver mieux à sa place, quand il devint maî-

point de surnom, pour ce que c'est une champisse² qui fut trouvée à *Genève,* qui ne sçait qui fut son père ne sa mère.

Vous plaise aussi, Monsieur, me recommander très humblement

---

tre de musique chez Godefroi et François de la Tour, puis dans la famille de Tournon, et plus tard, en 1536, dans celle d'Antoine de Gondi, riche banquier de *Lyon.* C'est ici qu'il rencontra *Clément Marot* et qu'il semble « avoir enfin compris les sévères instructions de la Réforme. En 1536 et 1537, il y fit des vers en l'honneur d'Érasme, il traduisait un opuscule de Mélanchthon, et il attaqua les Jacobins dans une satire irrévérencieuse à l'égard du dogme. » Après cette dernière témérité, il n'avait plus qu'à s'enfuir. Il arriva à *Genève* le 1ᵉʳ mai 1537 (Voyez Henri Bordier. La France protestante, 2ᵉ éd. II, 31-39). D'après certains indices que nous mentionnerons plus tard, il y serait resté une année, et il aurait passé la suivante à *Lausanne* pour étudier la théologie réformée. Le 10 mai 1540, il se présenta devant le consistoire de Berne (II, 245), et, sur le préavis favorable de ce corps, il fut élu, le 12, pasteur de *Thierrens*, village situé dans le Pays de Vaud, à 1 ½ lieue N.-O. de Moudon.

² Féminin de *champi*, enfant trouvé. — Eustorg de Beaulieu, qui montra plus tard une disposition très prononcée à l'avarice, avait fait preuve de désintéressement en épousant *Rolette,* et, après deux ou trois ans de mariage, il avait pu enfin lui offrir une position modeste, mais sûre. Ils habitaient une maison en assez bon état et pourvue d'un jardin. *Eustorg* se plaisait à *Thierrens*. Il écrivait, en octobre 1542, ou au printemps de l'année 1543, à *Clément Marot*, réfugié à Genève :

« Vien-t'en vers moy, car suis en un village
Tout circundé d'arbres, fueille et ramage,
Là où je n'oy que cors de pastoureaulx,
Voix de brebis, vaches, bœufs et taureaulx.
. . . .
Brief, le village abject, ce semble, et vile
M'est un Paris ou aultre grosse ville,
Et n'ay regret aux grands palays et courtz,
Mais que soubz Christ je parface mon cours. »

Madame Rolette de Beaulieu ne partageait point les goûts et les sentiments de son mari. On peut en juger par ce laconique paragraphe du Registre du Consistoire : « 3 septembre 1540. *Eustorgius de Belloloco* fait citer sa femme, *Roletta*, parce qu'elle l'a quitté, il y a six semaines. » Il obtint probablement son divorce. On lit, en effet, dans l'épître sus-mentionnée :

« Une chambrette en mon logis auras,
Pour ta famille et toy quand tu voudras ;
Car je suis seul (quant à l'heure présente),
Je n'ay chez moy qu'une vieille servante,
Pour prendre soing de mes bestes à laict,
Et, pour panser mon cheval, ung vallet. »

Voyez Douen. Clément Marot, I, 401.

à la bonne grâce de Monsieur *Nichollas Wattenvil,* auquel je suis beaucop tenu ³.

S'il vous plaisoit aussi me faire ce bien de sçavoir avec *Mathias Appiarius* ⁴ s'il yra à ceste prochayne foire de *Francfort,* et quand il sera de retour à *Berne,* — il me seroit bien utile de sçavoir son dict retour, ou s'il n'y yra point. Car je délibère, à l'aide de Dieu, de luy apporter *des psalmes à imprimer, tous corrigés* ⁵, et ce devant l'yver, si je puis. Vous plaise donq de m'en escripre ung mot, pour Dieu.

³ *Nicolas de Watteville* (t. V, p. 9), frère de *Jean-Jacques,* l'ancien avoyer, avait sans doute recommandé *Beaulieu* aux membres les plus influents du Petit Conseil et du Consistoire. A cette occasion (mai 1540) Eustorg dut faire la connaissance du chancelier *Giron* et de *Martin Krumm* (II, 63), l'un des sous-secrétaires bernois. Deux petites pièces de vers qu'il composa en leur honneur figurent dans sa *Chrestienne Resjouyssance* (Basle 1546). D'autres sont relatives aux personnages suivants : *Claudi Fivva* [commissaire à Payerne], *Richard du Bois, Françoys de Bonivard, Niclaus de Wattenwill, Hans Rodolf de Diesbach, Hans Cotter, Wolffgang de Erlach, A. Zébédée, T. Malingre, J. Yvoyre, G. Calesi* [ou *Georges Grivat*], *A. Froment* et *Légier Du Four* (Communication obligeante de M. Henri Bordier). Le même recueil contient l' « Épistre de l'autheur à noble et chrestienne damoyselle *Marguerite de S. Symon* en Xainctonge, jadis son escollière. » Elle porte cette date : « Donné au lieu de *Thierrin[s]* en Savoye, » c'est-à-dire, de *Thierrens,* au Pays de Vaud (V, 385, n. 8).

⁴ *Matthias Apiarius,* imprimeur à *Strasbourg* de 1533 à 1535, avait transporté son imprimerie à *Berne* en 1538 ou 1539. Il venait d'y publier un ouvrage du chroniqueur *Valerius Anselm Ryd,* intitulé : « Catalogus annorum et principum geminus ab homine condito usque in praesentem... annum deductus. Ex magnifica Helvetiorum urbe Berna. M.D.XL, » 6 et 68 ff. in-folio, figures. La dédicace à MM. de Berne est datée du 2 août, même année; la préface d'*Éberard de Rumlang,* du 31 juillet. Il y en a une autre de *Joannes Telorus Abusiacus.* Voy. aussi J. de Muller, XI, 205.

⁵ Selon M. Bordier et M. Douen, il faudrait attribuer à *Eustorg de Beaulieu* un opuscule *en prose* intitulé : « *Les Psalmes de David translatez d'ebrieu en langue francoyse. 1539,* » in-8°, sans indication de lieu ni d'auteur, et sans marque d'imprimeur. Il est en caractères ronds. Au verso du folio 5, se trouve une courte préface latine d'*Olivétan* sur la manière de traduire le prétérit et le futur des verbes hébreux, et, à la fin du volume, une « Exhortation au lecteur fidèle » qui se compose de onze vers signés : H. D. B. (Hector de Beaulieu.) Voyez la France protestante, éd. cit. II, 43. — Clément Marot et le Psautier huguenot, II, 646, 647.

L'assertion de MM. Bordier et Douen serait plausible, s'il était prouvé, 1° que *Beaulieu* avait sérieusement étudié la langue hébraïque, soit à Genève, soit à Lausanne, sous le professeur Imbert Paccolet; 2° que la traduction anonyme de 1539 diffère notablement de celle d'Olivétan inti-

887

GUILLAUME FAREL à Jean Calvin, à Strasbourg.
De Neuchâtel, 6 septembre 1540.

Autographe. Bibliothèque des pasteurs de Neuchâtel. Calvini
Opera. Brunsvigæ, XI, 79.

S. *Gratulantur et tibi et uxori fratres omnes,* quòd clementia divina tam benignè alterum alteri junxerit, optantque vobis omnia fausta, et juxta spem quam conceperunt ex iis quæ narrabamus [1], omnia succedant et plus quàm possint sperare ac petant, efficiat in

---

tulée : « *Les Psalmes de David. Translatez d'Ebrieu en Francoys... M.D.XXXVII* » (Voyez Th. Dufour. Notice, p. 142-144). Il est bien possible, au contraire, que la première soit une pure et simple réimpression, à laquelle un éditeur malavisé aurait joint, pour « Exhortation » finale, quelques vers de Beaulieu qui n'ont pas été faits pour un psautier en prose, ainsi que l'a remarqué M. Douen.

Nous croyons qu'un poète à la veine facile, un poète doublé d'un musicien, devait tout naturellement s'essayer à traduire quelques psaumes *en vers,* et adapter ses rhythmes à des mélodies populaires ou de sa composition. *Beaulieu* n'écrit pas à son correspondant de Berne : J'ai corrigé *les Psalmes* jadis publiés, mais : J'ai *des psalmes à imprimer,* tous corrigés. Introduire le chant des Psaumes dans le culte public était la préoccupation du moment. Dès le mois de juin 1538, MM. de Berne en faisaient enseigner la musique à la jeunesse bernoise (t. V, p. 6, n. 16). A la fin de la même année, Calvin faisait essayer par les Neuchâtelois son recueil de *Pseaulmes et Cantiques mys en chant* (p. 58 ; t. V, p. 452, renv. de n. 20). On les chantait à *Metz* (N° 884), et, dans la petite ville d'*Orbe,* en *1540,* — ce qu'on n'a pas suffisamment signalé — « les Luthériens » ouvraient leur culte par le chant des « psaumes de Clément Marot » (Voyez Pierrefleur. Mém., p. 199). Il y avait donc là, pour *E. de Beaulieu,* une indication qu'il ne dut pas négliger. Aussi Viret, écrivant à Calvin, le 11 mars 1545, lui disait-il : *Hector* a travaillé plusieurs années à traduire quelques psaumes en vers français, et il veut « faire aussi imprimer chez *Girard* [à Genève] les notes musicales qu'il a jointes au texte. »

[1] Il est question des récits que Farel avait faits à ses collègues de Neuchâtel, au retour de son deuxième voyage à Strasbourg (N° 885, n. 10).

vobis Dominus. *Non erit vobis molestum, si videamur ex vobis petere quod non facilè in suis Moses ferret, nempe ut tu, ante annum absolutum* [2], *peregrinationem suscipias ad nos usque veniens,* ac tuam liberes fidem dudum datam, quòd nos inviseres. Sed ut non censeas nos rigidiores in exigendo, quod in te queri possemus, cum citò et ad condictam diem juberes *nos* adesse, locum, diem, personas ac omnia perscribens [3], nos omnia in tuo volumus esse arbitrio, quandocunque voles, modò citò, hoc est non tardiùs quàm ad septimanas tres [4]. *Adjunge tibi comites, imò duces, quos noveris facere ad illustrandam profectionem istam, siquidem te regiè sumus excepturi pro more nostro.* Sed vide ut dies aliquis dominicus contingat, vel ubi veneris, vel priusquam solvas, ut non tantùm nos, verùm etiam et plebs consolationem excipiat de tuo adventu, sicut vellem quoque de omnibus qui tecum venient. Vide [ne] nostram fallas spem, omnes ne prives expectata ædificatione, quantùm nos amas, imò Christum in nobis.

Bernates valde piè se gesserunt pro vinctis *Vesuntione* [5]. *Frater ille qui istic egit, conterraneus Jacobi* [6], *cum literas ex me accepisset ad Tossanum, in Sancto Hippolypto* (sic vocant locum), *non procul a Monbelgardo, captus fuit cum commilitone* [7], *nostræque literæ Vesuntionem missæ. Cumque tribus verbis vinctorum meminissem, sanguinarii illi per quos pius ille Lambelinus* [8], Dei amans et reipublicæ commodis studens (adeò ut à ducentis annis *Vesuntione* non fuerit fidus magis illi urbi neque de ea tam bene meritus, ut ipsi hostes etiam norunt), *traductus fuit apud plebem perduellionis* [9],

---

[2] Allusion au Deutéronome, XXIV, 5 : « Lorsqu'un homme sera nouvellement marié, il n'ira point à la guerre, et on ne lui imposera aucune charge ; il sera exempté par raison de famille *pendant un an*, et il réjouira la femme qu'il a prise. »

[3] Vers la fin de juillet, *Calvin* avait sommé Farel de revenir bien vite à Strasbourg pour bénir son mariage.

[4] Si *Calvin* fût arrivé à *Neuchâtel* vers le 28 septembre, il se serait vu entouré de tous les pasteurs du pays, qui devaient se réunir en synode, les premiers jours d'octobre. Farel espérait, sans doute, que leurs instances décideraient *Calvin* à répondre favorablement au vœu des Genevois (p. 242, n. 3).

[5] et [10] Voyez la lettre de Berne du 10 août aux gouverneurs de Besançon (N° 879).

[6] *Robert le Louvat*, natif de Sézanne-en-Brie, comme *Jacques Sorel* (p. 207. n. 11-12).

[7] *Thomas Cucüel* (N° 882, n. 1).

[8]-[9] *Jean Lambelin*, notaire et secrétaire d'État de Besançon, fut envoyé

quò possent odium pietatis morte pii viri ex[s]aturare, — acceptis Bernatium literis [10], et ea quæ in meis putant se divinare, cum (ut ex exemplari quod inde exceperunt apparet) non possent assequi meas literas, vinctos proditionis accusant [11], quòd urbem velint Ber-

à la diète de Worms (1521), pour y défendre les intérêts de la ville contre son archevêque (IV, 229, n. 3). Ce voyage dut avoir quelque influence sur ses opinions. Mais il serait difficile de constater s'il mérita réellement plus tard d'être appelé un « luthérien. » Son véritable crime, aux yeux de ses adversaires, fut d'avoir servi avec zèle la commune de Besançon, surtout à l'époque où elle combattait les prétentions du clergé et flétrissait ses désordres. *Lambelin* eut aussi l'imprudence d'appuyer trop vivement (1527-1537) le plus populaire des XIV gouverneurs de la ville, *Simon Gauthiot d'Ancier*, personnage ambitieux, versatile, soi-disant ami de la Réforme, et qui se posait en rival de *Granvelle*, le directeur autorisé de la politique impériale à Besançon (p. 217, 218). Vint le moment, préparé par l'habile ministre, où la multitude brisa son idole : les élections du 24 juin 1537 éliminèrent du Conseil les partisans de Gauthiot d'Ancier, surnommé *le petit empereur de Besançon*. Celui-ci prit la fuite. Son ami, le secrétaire, fut suspendu de ses fonctions le 26 octobre.

Comme il fallait une victime, pour réconcilier le clergé avec la commune, *Charles-Quint* écrivit au maréchal de Bourgogne, le 12 février 1538 : Quant à *Lambelin* « personne de basse qualité, de longtemps très suspect contre nostre saincte foy et d'intelligence avec les dévoyez, il fauldra le chastier extraordinairement et exemplairement. » — Mais « *faictes courir le bruict que c'est tant seulement pour sa malversation en son office, durant qu'il a esté secrétaire en la dicte cité, et aultres cas que de nostre dicte foy par luy commis, affin que les dévoyés n'ayent occasion de fonder querelle pour luy.* »

Nous devons citer encore les paroles suivantes du biographe de Lambelin : « Le pauvre diable fut donc empoigné [mai 1538], et on l'enferma sous la chapelle de l'hôtel de ville, dans une salle basse qui conserva longtemps le nom de *chambre Lambelin*. Il venait, le malheureux, d'inventer des mitaines de bois pour faire craquer méthodiquement les os de ceux à qui l'on donnait la question, et ses ennemis regardèrent comme une punition du ciel qu'il éprouvât le premier les effets de cet instrument de torture. Son procès... ne dura pas moins de six semaines. Reconnu complice de tous les gaspillages de d'Ancier, il fut condamné à mort et décapité le 12 juin 1538.... On déclara Gauthiot et Lambelin pécuniairement responsables des grands frais que le clergé et l'hôtel de ville avaient faits pour se quereller. » L'ex-petit empereur passa tranquillement les sept dernières années de sa vie en Franche-Comté, à Gray, où il mourut en 1556, âgé de soixante-sept ans (Voyez la lettre de Toussain à Farel du 16 juillet 1538, t. V, p. 54-55. — Granvelle et le petit empereur de Besançon, par Auguste Castan. Revue hist. cit. I, 78-139).

[11] M. Castan affirme qu'en 1537 *Gauthiot* avait formé le projet de

natibus tradere, meque solicitarint et Bernates magis, cum ego nihil priùs sciverim neque qui essent, neque quot; tantùm audieram vinctos esse propter Evangelium. Sic terram cœlo miscent scelerati pietatis hostes [12], cumque proditores ipsi sint, si vera narrant qui dicunt jam subesse urbem *Dolano Senatui* per astum illorum

livrer la ville de Besançon aux Bernois ou aux Neuchâtelois, et il donne à entendre, dans les passages suivants, que *Jean Lambelin* ne resta pas étranger à cette entreprise : « Lambelin, ce dévoué satellite de Gauthiot, ne cessait de suivre, avec un intérêt passionné, les progrès que la réforme faisait en Suisse. Malgré la rupture du pacte de combourgeoisie entre Besançon et les villes suisses [1533], il demeurait en relation intime avec l'aristocratie bernoise. Or, pour les Bernois comme pour beaucoup de feudataires allemands, la réforme religieuse était devenue un prétexte d'affranchissement politique et d'agrandissement territorial.... Une conspiration ne pouvait déplaire à Gauthiot, surtout si l'amoindrissement de Granvelle était compris dans l'enjeu. » La libération de l'orfèvre *Pierre du Chemin* et de sa mère ayant été sollicitée par les Suisses [de Berne et de Neuchâtel, t. IV, p. 181, 182, 194, 229] et opérée par le crédit de Gauthiot, « malgré les instructions du monarque et de son premier ministre, il n'en fallut pas davantage pour convaincre Granvelle que *le petit empereur de Besançon* entretenait des intelligences politiques et religieuses avec les réformés.... On apprit en effet plus tard [9 juin 1539] que, dans le moment dont nous parlons, *d'Ancier* avait envoyé à *Neuchâtel* un messager chargé de dire : « Il n'y a pas grandement à faire à prendre *Besançon* : les *Leuther* sont jà à Neufchastel, et s'ilz peuvent venir jusques à *Vercel*, nous sumes tous riches ; car il ne fauldroit que, pour ung soir de nuyt seullement, prandre tous les navois qui sont dez Baulme à Besançon, que sont à mon commandement,... pour passer grant nombre de gens et arriver au port dessoubz le Sainct-Esperit, pour facillement entrer dans la cité ; les plus gros de Besançon sont de nostre ligue et leuthériens » (Mémoire cité. Revue hist. I, 109, 110, 112).

Quand un traître en est là, les futurs occupants se sont déjà concertés avec lui. Les négociations, les préparatifs laissent des traces. Ici rien de pareil. Ceux qui connaissent la prudence proverbiale de la République de Berne et les nécessités de sa politique depuis la conquête du Pays de Vaud, penseront sans doute que les Bernois étaient absolument incapables d'accueillir un projet aussi insensé, projet dont la réalité paraît d'ailleurs fort douteuse, puisqu'elle n'est attestée que par une dénonciation anonyme faite deux ans après. Tout au plus pourrait-on conjecturer qu'un certain nombre de Neuchâtelois auraient eu en 1537 l'idée de s'introduire de nuit à Besançon, pour délivrer à main armée les prisonniers.

[12] L'immoralité des chanoines de Besançon égalait presque leur égoïsme (Voy. le mém. de M. Castan. Revue hist. I, 84, 86-91, 100, 106, 107, 126-130).

qui timebant Verbi adventum [13], omnes pios insimulant proditionis. Nam hic passim dicitur, tam per rasos [14] quàm per eos qui eorum factioni favent factum ut *urbs illa, hactenus libera et non postrema inter imperiales,* jam *Dolanos* exceperit judices, præcipuè in iniquissima morte *Lambelini,* quem innocentissimum [15] virum tam

---

[13] Le Conseil des Gouverneurs de Besançon, assisté parfois des vingt-huit Notables, administrait la commune et jugeait les causes criminelles et civiles (Voyez Louis Gollut. Mémoires hist. de la républ. séquanoise. Dijon, 1647, p. 45, 46. — Dunod de Charnage. Hist. de l'église, ville et diocèse de Besançon, 1750, I, 170). A l'égard de « l'hérésie » il ne resta pas inactif, car il publia, le 17 février 1529, un édit qui interdisait de favoriser la secte luthérienne et enjoignait à chacun de dénoncer les tentatives contre l'ancienne foi (Voyez t. IV, p. 173, 174. — Matile. Musée de Neuchâtel, I, 257). Mais son zèle avait des intermittences. Aussi *Claude de la Baume,* maréchal de Bourgogne, et *Hugues Marmier,* président du parlement de Dole, arrivèrent-ils à Besançon, le 14 janvier 1537, en qualité de commissaires impériaux, pour punir les luthériens, qui, disait-on, pullulaient dans la ville ; et, l'année suivante, le procès de *Lambelin* fut dirigé extraordinairement par un avocat impérial (Voy. la Revue hist. I, 99, 112, 115). De là ces réflexions de *Farel :* S'il est vrai, comme on le dit, que *le parlement de Dole* ait arbitrairement adjoint quelques-uns de ses juges à ceux de la ville de Besançon, on le doit à une trahison des prêtres, qui voulaient ainsi repousser l'Évangile et en même temps être assurés de la condamnation de Lambelin.

[14] *Les tonsurés.* Ce mot désigne ici les prêtres de Besançon.

[15] Dans l'édition de Brunswick, *immerentissimum.* — Selon M. Castan, *Lambelin* était « un homme passionné et haineux, pétri d'ambition et d'orgueil, » qui fut « séduit par la perspective de jouer aussi son rôle de réformateur. » *L'acte d'accusation* dressé contre Gauthiot et l'ex-secrétaire (mai 1538) les inculpe d'avoir conclu, au nom de la commune, une alliance de quinze ans avec « aucuns cantons des Suysses ; » d'avoir gaspillé l'argent de la ville pour soutenir des procès contre les ecclésiastiques et faire des présents dont Gauthiot « avoit le bon gré. » Ils ont gouverné par intrigues, menaces, tyrannies et « grandes vindications, soubz umbre de justice, » répandu avec joie « toutes maulvaises nouvelles, tant de la foy que de l'Empereur et du roy des Romains, » et caché les bonnes et prospères. « Item que, pour l'intelligence que *d'Ancier* a eu avec *Jehan Lambelin...,* homme vicieux, sédicieux et diffamé tant de la secte luthérienne que plusieurs aultres crismes et délictz, ilz ont voulu.... séduire le peuple du dict *Besançon* et l'induire à tenir et adhérer à *la secte luthérienne ;* ont assisté, favorisé et maintenu en icelle aucuns notez et adhérans à la dicte secte.

« Item que, puis deux ans en ça, plusieurs advertissemens sont estez faictz au dict Besançon et de divers coustelz, tant des païs des canthons catholicques que aultres, qu'il y avoit aucuns du dict Besançon, de grande

scelesto judicio damnarunt. Rependat Deus, judex justus, perditissimis hostibus et suis etiam posteris, qui scientes [16] ac volentes tam bonum virum hinc [17] sustulerunt, quod dignè meriti sunt! Cupio te ac pios omnes *vinctorum* causam apud Dominum agere et apud omnes qui sunt Christi. Quid prætexent scelesti qui neque sua tueri audent, neque ferunt audire causam piorum, cumque toties petitum sit ut conveniatur [18] idque sæpiùs promissum, sed non præstitum, interea pios sacrilegè trucident? Dominus prospiciat et omnia tangat corda, ut tot succurratur malis!

Luteciæ detinetur pessimus anabaptista quem vocant *du Val* [19],

---

auctorité, qui entreprenoit et avoit intelligence avec aucuns tenans la secte luthérienne, *faire venir des prédicans* en icelle pour y prescher... et aussi en faire venir nombre de gens, pour y maintenir les dictz prédicans » (Voyez la Revue hist. I, 86, 113, 116, 134, 135).

Ces inculpations, rapprochées du témoignage de *Toussain* (V, 54, 55) et de celui de *Farel*, donnent lieu aux remarques suivantes : Farel n'exprime pas seulement son opinion personnelle en disant que *Lambelin* était un zélé patriote : c'est, à ses yeux, un fait avéré, indéniable, reconnu de tous (*ut ipsi hostes etiam norunt*). Le secrétaire de Besançon avait des idées hétérodoxes sur le purgatoire, la confession auriculaire, l'invocation des Saints et les prières pour les morts. Mais sa probité et son dévouement au bien public semblent devoir être mis hors de cause. Après sa destitution, il ne prit point la fuite : c'est une présomption en faveur de son innocence. Cependant les règles les plus élémentaires de la justice furent violées envers lui. Le 12 février 1538, avant toute enquête judiciaire, *Charles-Quint* ordonnait de le châtier extraordinairement (n. 8-9). L'acte d'accusation fut rédigé en conséquence, et il donna libre cours à toutes les haines conjurées. Plusieurs de ses vingt-trois *Item* sont évidemment excessifs. Qui croira, par exemple, que le peuple de Besançon, qui élisait annuellement les autorités municipales, aurait toléré, pendant dix années consécutives, deux magistrats gouvernant par menaces, « tyrannies et vindications, » entamant des procès sans y être autorisés, et tout cela sous les yeux de *Granvelle* ou de ses lieutenants?

En somme, le procès de *Lambelin* a été jugé plutôt qu'instruit. Il réclame une revision, et nous avons le ferme espoir qu'elle sera entreprise tôt ou tard.

[16] Dans l'édition de Brunswick, *sanctos*.
[17] Ibidem, *hunc*.
[18] Ibidem, *ut conveniebat*. Notre variante se justifie par une allusion au *concile général*, dont la convocation était réclamée depuis si longtemps.
[19] Les auteurs contemporains se taisent complètement sur l'anabaptiste *Du Val*. On manque des données essentielles pour l'identifier, soit avec *Pierre Du Val* (III, 287), soit avec l'un des deux *Jehan Duval* qui vivaient en 1534 (Voy. G. Guiffrey, o. c. p. 131). On pourrait encore citer

appositissimus ad imposturas, scortator turpissimus. Audio nebulonem perditissimum damnare *matrimonium* et abvocare quas potest puellas, suadere conjugibus sejunctionem vel ad tempus, ut mariti vices suppleat, quemadmodum ille ad *Sanctum Albanum* faciebat [20]. Quàm contemptim loquantur omnes penè *de sacramentis* quos flagitiosus nebulo [21] afflavit suo veneno, horrendum est. Tuum erit ac *Claudii* [22] scribere fusiùs ad fratres in *Normania* [23] et alios, ut rectiùs sentiant ac meliora sectentur, vitentque tales pestes. Fertur *nebulo ille* reservari colloquio *Regis,* qui audire hominem vult. Vides judicia Dei.

Hic commendatus a *Vireto,* cum hîc hæsisset ac optimam spem fecisset de se, memor *Claudium* [24] poscere aliquem appositum famulum, visus est [25] dignus qui mitteretur. Si bene conjecerimus, lætabimur; sin minùs, fraudi non sit *Claudio.* Alia essent scribenda, sed *Viretus* id præstabit, cujus ad te literas [26] mitto priusquam responderim ad omnia. Si potes remittere vel tu referre, facito. Vas [*Vende*]*lini* de quo aliàs scripseras [27], advectum huc tandem fuit, nec decreveram illud aperire nisi, postquam cum *Corderio* contuli, [ille con]sensit [28] aperiendum, quòd *bibliopola Lausannensis* [29] aliquot vellet habere, quos suasu *Corderii* tradidimus. Is tantùm [num]eravit decem capitatos [30], reliquum persoluturus ubi

---

un troisième *Jehan du Val*, qui était en 1526 « notaire et secrétaire du roy et greffier des Estats de Normandie » (Voyez A. Champollion-Figeac. Captivité de François I, p. 490).

[20] Il doit être question ici d'*Alexandre le Bel*, précédemment pasteur à *Saint-Aubin* (p. 100).

[21] La suite du discours annonce que Farel a en vue l'anabaptiste *Du Val*, qui avait répandu ses erreurs en Normandie.

[22] *Claude Féray (Feræus)?*

[23] *Bucer* écrivait à Luther, le 25 août 1530 : « In quadam *Normandiæ* regione adeò multi jam Evangelium profitentur, ut hostes cœperint eam vocare *parvam Alemaniam* » (II, 271).

[24] Cette fois c'est positivement *Claude Féray*, qui demandait un domestique pour ses élèves.

[25] Éd. de Brunswick : *visusque*.

[26] Lettre perdue.

[27] Voyez la page 255, notes 6-7.

[28] Édition de Brunswick : [*Qui?*] *sensit*.

[29] *Amédée* ou *Amé Jaquemet* (et non *Jehan*, comme nous l'avons dit, p. 185, n. 6) était libraire à Lausanne en 1540.

[30] *Le teston de Savoie* valait le quart de l'écu d'or au soleil (Communication obligeante de M. Ernest Chavannes).

requiretur. *Michaëlis* literas ad te mitto [31]. Inventus est librorum [num]erus, præter duas *Institutiones*, nam tantùm 67 sunt inventæ [32], et 23 *Capitonis* in Hexemeron. Quod superest, nescio qua ratione istuc mittam, neque navigio neque curru, cum omnes in vindemiis occupentur [33]. Qui advexit huc vas petit libras quinque : sunt capitati quinque Sabaudici. Nondum persolvi.

Quæso te ac Claudium diligenter omnes admoneatis ne perditissimis nebulonibus fidem habeant, siquidem, ut hodie intellexi, *quamplurimi se venditant passim quòd hinc per nos ad Gallos sint missi, diuque nobiscum egerint, nosque idem sentire audent affirmare* [43] : quibus obviandum est, nam plurimos perdunt. *Tossanus* queritur de ministris quòd pauci sint et nulli mittantur [35]. Receperas te missurum pium fratrem ; mirum quòd non feceris. Cura quæso diligenter ut habeat istum, si plures jam non possit. *Scribit et fratres valde periclitari qui capti fuere* [36]. *Nescio an,* præter alias causas, *Senatus iste posset interdecere* [l. *intercedere*] *detentioni ipsorum, quòd istic dederint operam literis, præcipuè is qui egit cum Jacobo* [37]. Vide quæso qua via succurri possit, et omnia tentato.

Heri *Michaëlem* [38] invisi. Valet jam meliùs, sed non potest adhuc suo fungi munere. Tamen cogitur supra vires in vindemiis his œconomum agere [39]. Is te salutat. Salutant et omnes fratres, ac tecum salvos cupimus omnes, *Capitonem, Bucerum, Bedrotum,*

---

[31] C'était une lettre de *Michel du Bois*, libraire à Genève.

[32] Voyez la note de Farel, à la fin du N° 873.

[33] Ces vendanges hâtives s'expliquent par la chaleur exceptionnelle de l'année 1540. Dans le Pays de Vaud on l'appela *l'année de la fornace* (fournaise), ailleurs, *l'année des vins rôtis* (Voyez Sleidan, II, 196. — Mel. Epp. III, 1071, 1077. — Jean de Serres. Inventaire de l'Hist. de France. — Plantin. Chronique mscr. de Lausanne. — Boyve. Annales, II, 414).

[34] Toussain se plaignait aussi de ces ministres errants (p. 262, renv. de n. 6). Deux lettres écrites par *Richard du Bois*, mais dépourvues de millésime, concernent la mission qu'on voulait donner à deux pasteurs de visiter *les Évangéliques de France*, au nom de leurs frères de la Suisse.

[35] A comparer avec les N°˙ 859, 861, 876, 882.

[36] Les ministres arrêtés à St.-Hippolyte (N°˙ 882, 883).

[37] Voyez les notes 6, 7.

[38] *Michel Mulot*, pasteur à St.-Blaise, près de Neuchâtel.

[39] *Mulot*, ayant de la peine à entretenir sa famille (p. 209), était forcé de remplir les fonctions de *partisseur*. On appelle ainsi, dans la Suisse romande, celui qui stationne constamment au pressoir, pour tenir le compte exact de la vendange, compte d'après lequel on *partit* (c'est-à-dire on partage) le vin entre le propriétaire du sol et le vigneron.

Claudium. Nolo præterire *conjugem tuam* insalutatam cum fratre ac *Philippo*⁴⁰, ne fas putarim⁴¹ non salutasse *domicellam Catharinam*⁴² et filium istius. Vale bene. Neocomi, 6 Septembris 1540.

FARELLUS tuus totus.

Mutilata fuit epistola ad nescio quid obsignandum⁴³, ut temerè fit, cumque non vacaret iterum scribere, sic fuit missa. Malo chartam quàm cor non integrum.

(*Inscriptio :*) Quàm chariss. Jo. Calvino, fratri et symmystæ. Argentorati.

888

JEAN CALVIN à [Laurent de Normandie? à Poitiers¹.]
De Strasbourg, 12 septembre 1540.

Petit traicté, monstrant que c'est que doit faire un homme fidele congnoissant la verité de l'evangile : quand il est entre les papistes, Avec une Épistre du mesme argument. Composé par M. I. Calvin. (Genève) 1543, in-8°, p. 105-125.

Monsieur et bien-aymé frère,

Sur le poinct duquel m'avez requis de vous escrire, ce m'est une chose difficile, de donner conseil à une personne chrestienne,

---

⁴⁰ Nous ne connaissons pas le nom de famille de ce personnage.

⁴¹ Édition de Brunswick : *Nefas putarem.*

⁴² Le mot *damoiselle* était d'usage en parlant d'une dame noble. Il s'agissait peut-être de *Madame du Vergier* et de son fils, tous deux pensionnaires chez Calvin en 1541.

⁴³ Un petit carré de papier, coupé au bas du feuillet, a emporté les premières syllabes de quatre lignes (Renvois de note 27-32).

¹ Cette conjecture s'autorise des circonstances où se trouvait *Laurent de Normandie*, et de l'étroite amitié qui l'unissait à Calvin (Voyez le commencement du N° 870). Mais nous reconnaissons qu'on pourrait aussi, avec quelque raison, supposer que le destinataire de la présente lettre était l'un des trois personnages suivants : *Antoine de Dommartin*, seigneur de *Saussure* en Lorraine, *Benoit Textor*, médecin à Mâcon, et *Philibert Sarrasin*, qui exerçait la médecine dans le Dauphiné ou à Lyon.

comme elle se doit gouverner en un lieu où on est détenu en captivité et servitude, tellement qu'on ne puisse donner gloire à Dieu et vivre selon la reigle de sa Parolle. Car ce n'est pas chose aisée de trouver quelle voye on doit tenir en un abisme. Néantmoins puis que les mariniers, combien qu'ilz n'ayent point de voye marquée pour conduire leurs navires, peuvent congnoistre où ilz doivent dresser leurs cours, pour venir à bon port, en prenant leur enseigne des estoilles du ciel, il est à espérer que si nous regardons l'adresse que Nostre Seigneur nous baille, que nous pourrons tendre au but auquel il nous appelle [1].

Pourtant si une personne demande mon conseil en cest affaire, je l'exhorteray premièrement de regarder en Dieu, et craindre sur toutes choses de luy desplaire. Car sans ce fondement toutes les raisons qu'on pourra alléguer ne vaudront guère. Il faut donc que la crainte de Dieu possède et occupe tellement nostre cueur, que nous contemnions tout ce monde, et toutes créatures, pour luy obéir et suivre sa volunté. Je dis cela pource que, quand nous prisons tant l'amitié des hommes et les honneurs et richesses terriennes, ou bien nostre propre vie, que ceste affection nous destourne de suivre ce que Dieu nous commande : nous aurons quant et quant force belles couvertures, pour nous défendre et excuser en noz fautes. Car nostre nature non-seulement est pleine de perversité, mais aussi d'aveuglement. Pourtant si quelqu'un veut estre capable de recevoir bon conseil en ceste matière, il faut devant toutes choses, qu'il apprenne de plus priser Dieu et sa vérité que soy-mesme et toutes choses mondaines.

Maintenant, pour venir au propos dont il est question, c'est une chose résolue entre tous que l'homme Chrestien doit honorer Dieu, non-seulement dedans son cueur et en affection spirituelle, mais aussi par tesmoignage extérieur. Or puis que le Seigneur a racheplé de mort nostre corps et nostre âme, il a acquis l'un et l'autre, pour en estre maistre et gouverneur. Puis donc que tant le corps de l'homme comme l'âme est consacré et dédié à Dieu, il faut que sa gloire reluise tant en l'un comme en l'autre, comme dit sainct Paul. C'est donc une moquerie, de dire qu'il suffise que l'homme glorifie Dieu au dedans du cueur, sans se soucier des choses externes, esquelles Dieu n'a nul regard. Car si le cueur est bon, il produira son fruict au dehors. La vraye amour produira

---

[1] Ces neuf derniers mots n'existent pas dans l'édition de 1544.

tousjours louange externe de son Nom. Ce que sainct Paul démonstre, quand il conjoinct la foy du cueur avec la confession de bouche.

Toutesfois, *je ne requiers pas d'un chascun une confession publique, comme si tous Chrestiens estoyent tenuz de monter en chayère, ou assembler le peuple, pour divulguer tout ce que le Seigneur leur a donné à congnoistre de sa Parolle. Mais je désire que l'homme fidèle s'efforce de protester, qu'il est serviteur de Dieu, et ce par les enseignes qui nous en sont baillées en son Escriture.* Au reste, on ne peut pas déterminer par certaines reigles, combien un chascun se doit advancer à manifester sa foy, sinon que nous devons tous considérer quelle congnoissance Dieu nous a donné, quel moyen il nous ouvre, quelle opportunité il nous présente, et, selon que nous avons espérance de profiter, nous employer fidèlement à sanctifier son Nom. Et d'autant que le courage nous défaut en cest endroict, nous avons mestier de nous inciter, stimuler, rédarguer nostre nonchalance, et en toutes manières nous enflamber à faire nostre devoir. En somme, nous avons plus grand mestier de exhortations que de reigles. Car combien qu'en général Dieu nous monstre par sa doctrine ce qui est de faire, toutesfois il nous est facile, quand nous venons au faict, de nous esgarer, si nous ne veillons diligemment et en grande sollicitude nous poulsions, et quasi contraingnons à faire nostre devoir. Il ne faut donc jamais cesser, jusques à ce que nous soyons venuz à ce poinct et à ceste raison, de *ne laisser nulle occasion de glorifier nostre Dieu. A quoy doit tendre la principalle estude de nostre vie.*

Si est-ce néantmoins, que nous pouvons bien résoudre quelque chose de ce que doit éviter celuy qui veut rendre tesmoignage de sa chrestienté, telle qu'il est requis de tous enfans de Dieu. C'est assavoir, qu'il ne se doit entremettre en aucune cérémonie où il y ait impiété manifeste. Car comme ainsi soit, que les cérémonies que Dieu a institué, soyent exercices pour nous entretenir en son service et en l'honneur de son Nom : comme en les observans nous testifions que nous sommes ses serviteurs, ainsi quiconque en observe de contraires à sa gloire (comme celles où il y a idolâtries et meschantes superstitions), il pollue le Nom de Dieu, et se contamine soy-mesmes. Ce que le Seigneur monstre, disant, que ses serviteurs luy chanteront louange, fleschiront le genouil devant sa Majesté, adoreront en son Temple, et luy rendront hommage à luy seul; au contraire, qu'ilz ne fleschiront point le genouil devant

Baal, et ne baiseront point les idoles pour adorer, ne jureront point au nom d'aucun dieu estrange. En toutes ces locutions il signifie, que ses serviteurs, non-seulement se contiendront en pureté de conscience, mais se garderont de faire extérieurement chose aucune qui contrevienne à son honneur. De cest article nul ne peut faire doubte.

Quand on vient à discerner, *quelles sont les cérémonies dont l'homme chrestien se peut maculer, et celles qu'il peut observer sans offence*, en cela il y a quelque difficulté. Combien que nous pouvons avoir pour entrée une différence certaine : c'est qu'il y a aucunes cérémonies procédées de légière erreur, ou bien qui sont venues de bonne origine, et après ont esté aucunement dépravées; les autres ont esté du tout introduictes par le Diable, pour destourner les hommes de Dieu, ou ont esté si fort corrompues qu'elles sont venues jusques en idolâtrie notoire. Nous pouvons avoir exemple de la première espèce aux cierges et chandelles, qu'on a mis sur l'autel anciennement, quand on faisoit la Cène de Nostre Seigneur. Ceux qui ont premièrement commencé à ce faire n'ont pas fait possible de tout sagement, d'autant que c'estoit réduire quelque judaïsme en l'Église chrestienne. Néantmoins, puis qu'ilz n'avoyent point opinion pernicieuse, et que cela ne venoit sinon d'une affection frivole et inconsidérée, afin d'esmouvoir le peuple à dévotion, en cela il ne faut point juger qu'il y ait idolâtrie. Bien est vray, qu'il ne faut point nourrir ceste folie-là en tant que en nous est; mais en attendant qu'elle soit corrigée, nous la pouvons bien tolérer sans blesser nostre conscience. L'homme fidèle donc communiquera à telles cérémonies, en tant que la nécessité portera. Quand il s'en pourra abstenir sans offenser personne, il les laissera, déclarant par ceste liberté qu'elles ne luy sont point trop aggréables.

Mais ceste distinction n'est pas si clère, que nous puissions encores bien discerner nostre office en cest endroict. Car les païs qui sont détenuz soubz la tyrannie du Pape ont beaucoup de cérémonies qui pourroyent avoir aparence d'avoir esté du commencement bien instituées, et néantmoins sont perverses et meschantes du tout. En cela il faut que nous soyons vigilans, pour nous donner garde de ce qui est répugnant à Dieu, et sur toutes choses de n'entretenir les ignorans en ce que Dieu nous monstre estre mauvais. Car jà soit que ce soyent choses indifférentes en leur substance, si est-ce, que nous n'en devons point abuser, ny faire déshonneur à Dieu, ny pour donner mauvais exemple à nostre prochain.

Le principal poinct de ceste matière est de sçavoir si l'homme fidèle, quand ce vient au dimanche que le peuple s'assemble, *peut venir en l'assemblée et assister à la messe, pour protester qu'il se veut entretenir en la communion de l'église.* Plusieurs bons personnages de saincte vie et de saine doctrine en pensent, que non-seulement il peut, mais doit ainsi faire, et ont quelque raison ou pour le moins couleur pour confermer leur sentence. Ilz allèguent qu'en une telle assemblée de peuple il y a église, de laquelle l'homme Chrestien ne se doit séparer de son authorité privée. Mais à cela on peut respondre que l'église se peut diversement considérer. Certes, *je ne doute pas que l'Église catholique ne soit espandue par tous les païs où domine la tyrannie du Pape.* Car comme sainct Paul conclud que la grâce de Dieu ne se despartira jamais des Juifz, pource qu'il les a une fois receu en son Alliance inviolable, ainsi *nous pouvons dire, qu'en tous les peuples que Dieu a une fois illuminé de son Évangile, la vertu de sa grâce y demeurera éternellement. D'advantage, ilz ont le Baptesme, qui est un signe de l'Alliance de Dieu, lequel ne peut estre vain.* Et combien que la plus-part des hommes, et quasi tous, soyent déclinez à idolâtrie, néantmoins la grâce de Dieu ne peut estre empeschée par leur ingratitude, qu'elle n'ait tousjours son cours. Parquoy nous concluons, que Dieu a tousjours eu et a encore de présent ses esleuz, desquelz le salut est séellé et confermé par le Baptesme en vérité et en efficace. Et d'autant que le Baptesme est Sacrement de l'Église, le Seigneur a voulu qu'il y demourast là quelque invocation de son Nom, et quelque forme de ministère ecclésiastique, afin que l'Église n'y fust point du tout abolie.

Au reste, *qu'il y ait là telle forme d'église que Nostre Seigneur requiert en son Escriture, je ne le confesse pas. Le Seigneur Jésus commande bien d'obtempérer à son Église, mais c'est d'autant qu'elle est la coulomne et firmament de vérité.* Or les églises Papistiques sont réceptacles d'erreurs et hérésies et s'efforcent de renverser la Parolle de Dieu, et, en lieu de garder ses sainctes Ordonnances, sont pleines d'abominations. Pourtant *j'estime qu'il y a icy une telle forme d'Église qu'il y avoit anciennement entre les Israélites, depuis que ilz se furent corrompuz. Ainsi, je ne approuverois pas celuy qui du tout rejecteroit un tel peuple, ou l'excommunieroit, en se retirant de la compagnie d'iceluy ;* mais de communiquer entièrement avec les chefz, qui sont loups ravissans et dissipateurs de l'Église, item, avec les membres vitieux, en ce qui est pleinement mauvais, je n'y treuve pas grand propoz.

L'autre raison que allèguent ceux qui permettent à l'homme fidèle d'assister à *la messe paroichialle* entre les papistes, est, que celle messe est procédée de la Cène de Nostre Seigneur : combien qu'elle soit grandement contaminée et corrompue. Cependant ilz ne nient pas, qu'il n'y ait beaucoup de sacrilèges et abominations qui s'y commettent, lesquelles tous bons cueurs doyvent détester. Mais ilz excusent un homme privé, en ce que ne pouvant avoir la Cène de Nostre Seigneur purement administrée, il ne rejecte point les reliques qu'il en peut avoir : combien qu'il y ait beaucoup à redire. Quant à moy, je y vois bien une perplexité. Car j'estime que *la messe papistique* est une pure abomination, laquelle n'est autrement colorée que de tiltre de la Cène, sinon comme le Diable se transfigure en Ange de lumière. Puis que ainsi est donc, que le mystère de la Cène y est prophané et anéanty, je ne sçay comme nous la pourrions avoir au lieu de la Cène. Ce qu'on allègue, que l'homme craingnant Dieu n'y vient sinon pour communiquer avec les Chrestiens en prières et oraisons, et pour honnorer Dieu en la mémoire de son Sacrement, et que cependant il déteste en son cueur tous les blasphèmes qui s'y font, pource qu'il ne peut pas appertement les condamner, — cela ne me semble point advis aucunement ferme. Car, comme dit le Prophète : « Celuy se garde d'idolâtrie qui ne participe point aux sacrifices des idoles. » Or on ne peut nier que la messe ne soit un idole dressé au Temple de Dieu. Celuy donc qui y assiste, monstre exemple aux simples et aux ignorans de l'avoir en révérence comme bonne, et ainsi il est coulpable devant Dieu de la ruine d'iceluy qu'il trompe en ceste manière. Mais, *pource qu'il pourroit sembler advis à aucuns que je tienne trop grand rigueur, j'admonneste tout homme fidèle de bien considérer la chose. Quant est du jugement de ma conscience, je ne vois point que cela se puisse excuser. Et ma raison qui m'induit à ainsi juger, me semble trop péremptoire pour la pouvoir réfuter ou rejecter.*

Maintenant, afin qu'on voye plus facilement ce que j'en puis conseiller, je réduiray le tout en briefve somme. Premièrement, tous serviteurs de Dieu sans difficulté requerront cela de l'homme fidèle, que non-seulement il ayme et honnore Dieu en pureté et innocence de cueur, mais que aussi il testifie l'amour et honneur qu'il luy porte au dedans par exercices extérieurs. Ceste testification est constituée en deux poinctz, assavoir: en *confession de bouche* et en *adoration extérieure,* ou en cérémonies. Quant est de déclarer nostre foy de bouche, on n'y peut imposer certaine loy, sinon comme nostre vocation porte, et tant que l'occasion nous en est donnée, chascun de nous en son endroict s'employe et face son devoir, que le Nom de Dieu soit sanctifié en toutes ses parolles. Item, qu'il ne feigne ne face semblant de consentir aux meschantes doctrines ny à tout ce qui répugne à l'honneur de Dieu. Singulièrement que nous ayons en recommandation de bien instruire et endoctriner nostre famille en la crainte de Dieu et en la vérité de sa Parolle. Car quand Nostre Seigneur nous constitue supérieurs sur aucuns, c'est afin que nous les gouvernions en telle sorte qu'il soit recongneu comme souverain maistre.

Quand est du second poinct, il ne faut doubter que toutes cérémonies qui emportent idolâtrie manifeste, sont contraires à la confession d'un Chrestien. Pourtant, se prosterner devant les images, adorer les reliques des Sainctz, aller en pellerinages, porter chandelles devant les ydoles, achepter des messes ou des indulgences, ce sont toutes choses meschantes et desplaisantes à Dieu. Pareillement nous faut abstenir de toutes cérémonies conjoinctes avec superstition et erreur, comme d'assister aux services qui se font pour les mortz, de fréquenter messes, processions et autres services qui se font en l'honneur des Sainctz, comme on les faict aujourd'huy. Car il n'y a là rien que prophané et impur. La Parolle de Dieu y est dépravée, oraisons y sont faictes non-seulement folles et ineptes, mais pleines de blasphèmes, et n'y a rien qui se puisse défendre par l'authorité de l'Église ancienne. Car ilz ont tout renversé et dissipé ce que les Pères ont sainctement institué et observé le temps passé. Il faut aussi comprendre en ce nombre les confréries, l'eaue bénite et, en somme, toutes messes privées.

Il ne reste plus que *la messe paroichialle et les oraisons qui s'y font au dimanche,* esquelles il faut participer, si on se veut entretenir en communion avec une église papistique. Aucuns, comme j'ay dict, permettent et mesmes consentent à un chascun, quand il luy est nécessaire d'habiter en un tel lieu, de venir le dimanche aux assemblées et prières avec les autres, veu que le peuple s'assemble ce jour-là pour invoquer Dieu, et que la plus-part des oraisons sont meilleures et plus sainctes que des autres jours : en tant qu'elles sont prinses de l'Église ancienne. Et, pource qu'on n'y peut avoir la Cène de Nostre Seigneur entière et deuement observée, ilz luy consèdent d'estre à sa messe paroichialle. Néantmoins, ilz luy enjoingnent cependant deux choses : c'est que toutesfois qu'il entre en la messe, puis qu'il ne peut corriger les abuz et abominations qui s'y font, qu'il prie ordinairement le Seigneur d'y vouloir donner ordre. Item, que de tout son pouvoir, en tant que l'opportunité s'adonnera, il s'esforce de monstrer qu'il ne favorise nullement à l'idolâtrie et superstition qui est là, et qu'il ne veut point consentir à choses qui sont répugnantes à l'Escriture, mais qu'il demande de servir Dieu purement en gardant ses sainctes ordonnances.

Quant à ma part, premièrement je desirerois que l'homme fidèle ne contemnast rien de ce qui est à l'honneur de son Dieu. Et pourtant s'il y a là quelques observations bonnes et sainctes, je seroye bien content qu'il les observast, sans se contaminer toutesfois d'aucune chose meschante. Mais pource que je ne vois pas moyen, comme les abominations du Diable en la messe se puissent séparer de ce peu qu'il y a de Dieu et de Jésus-Christ, je ne sçay qu'en dire, sinon qu'il ne faut nullement que le temple dédié à Dieu soit prophané d'aucune chose immunde.

Et néantmoins, *je ne suis pas d'une si extrême sévérité, de condamner tous Chrestiens qui n'abandonnent leur païs, quand ilz sont détenuz en ceste servitude, comme si totalement je désespéroye de leur salut;* mais, pour le moins, je les admoneste et exhorte, au nom de Dieu, de venir souvent à compte, en examinant droictement leurs consciences, et recongnoissant à la vérité, combien il s'en faut qu'ilz ne facent leur devoir de servir à Dieu comme ilz devroyent. Et ainsi, que voyant quelle misère c'est d'estre en une telle captivité, ilz gémissent et souspirent, requérant Dieu de les en rachapter, puis que luy seul y peut donner remède. D'advantage, que ceste congnoissance les incite et enflambe aussi de prier Dieu, qu'il vueille remettre sus sa paovre Église, afin que, selon l'ordre qu'il a constitué, ilz luy puissent rendre au milieu de son peuple sacrifices de louanges impolluz. Pareillement aussi, les poulse et esmeuve de penser comment ilz se pourront retirer de telle ordure, afin de ne point tenter la patience de Dieu, en demeurant voluntairement là où il ne leur est licite de l'honorer entièrement.

Ce n'est pas une légière verge de Dieu que d'estre contrainct de servir à dieux estranges. Pourtant, ceux qui le font ne doyvent point exténuer leurs fautes, ne prendre vaine couverture, et se consoler et flatter leur infirmité; mais plustost doyvent souvent réduire en mémoire la paovreté et l'offense qu'ilz commettent, afin de desirer plus ardemment le remède et chercher les moyens pour y pervenir. Quand il y aura telle affection de humilité en un homme, Dieu ne l'abandonnera point; mais, ou il luy donnera quelque bonne issue, ou bien luy subviendra par sa grâce et miséricorde.

Je le prie donc, qu'il nous vueille despouiller de nostre prudence charnelle et de tous noz desirs, afin qu'en simplicité et droicte obéissance, nous puissions suyvre sa doctrine pour le glorifier en toutes noz parolles et noz euvres, et luy rendre son honneur légitime, non-seulement en nostre âme, mais en nostre corps. Je le prie aussi vous avoir en sa saincte protection.

De Strasbourg, ce 12 de Septembre 1540.

889

MARTIN BÉSARD[1] à Éberard de Rumlang[2], à Berne.

De Paris, 21 septembre 1540.

Inédite. Autographe. Archives de Berne.

Salus in Christo Jesu! Recepi literas tuas, vir humanissime simul atque eruditissime, quibus mihi filium quàm potes diligentissimè

---

[1] *Martin Bésard* fit ses études à *Paris* et enseigna quelque temps dans l'un des collèges de l'Université. Les régents de la Faculté des Arts s'étant assemblés le 18 novembre 1529, « *Martinus Besardus*, natione *Suicus*, » fut élu procureur de la Nation des Hauts-Allemands, charge qu'avaient remplie récemment le poète écossais *Georges Buchanan* et deux Suisses : *Claudius Pollattus* et *Joannes Ubelius*, de Bâle (Reg. de l'Université. — Ægassius Bulæus. Hist. Universitatis Paris. VI, 230).

Besardus appartenait-il à cette famille *Bésard* ou *Bessard* qu'on trouve établie, dès le commencement du XVme siècle, à Bellerive, près d'Avenches, au Pays de Vaud (Communication obligeante de M. Auguste Bessard de Bellerive)? Nous le croirions volontiers, à cause de son écriture toute française et de ses anciennes relations d'amitié avec les Bernois (notes 3,

commendas, meæque tradis fidei tutelæque³. Proinde ego cupidus de omnibus quàm optimè merendi, mox mecum quàm diutissimè deliberans, tandem reperi hominem cui præ cæteris filium tradere placeret, viro omnibus numeris (ut hîc *Lutetiæ* inveniri queunt) absolutissimo. *Neque* enim *est quòd arbitreris hîc syncerè* εὐαγγελικῶς *filium institui posse. Quamvis multi rectè sapiant,* sed εἰσὶ κεκρυμμένοι διὰ τὸν φόβον τῶν Ἰουδαίων, καὶ ἵνα μὴ ἀποσυνάγωγοι γίνωνται⁴, etc.

*Collocavi eum in collegio quodam*⁵ *ubi sanè stipendium*⁶ *impensis*

7, 8). Mais ce qui nous arrête, c'est qu'au lieu de dire qu'il est *Bernensis* ou *Friburgensis* ou *Helvetius*, — en ajoutant, comme *Pollat*, « Lausannensis diœcesis, » — il se déclare « natione *Suicus*, » ce qui doit signifier *Schwytzois de nation*. Dès le XIIme siècle, et jusque dans les traités conclus au XVIme, les habitants du canton de Schwytz sont, en effet, appelés *Suites, Suitenses, cives de Suitia, de Suicia*. Les adjectifs *Suitius, Suicus* sont rares, mais on les retrouve dans ces formes françaises : *la Suice, la Suize, les Suices* (Voyez Jean de Muller, les Recès des Diètes et les Lettres de Louis XII, *passim*).

Autre indice. La diète des cantons catholiques ayant décidé, le 17 mars 1540, de rechercher un homme savant pour instruire les futurs prêtres, elle chargea Lucerne de demander le préavis de Ludwig Kiel (*Carinus*, III, 94, 159), et *Schwytz* de se renseigner auprès de son ressortissant « Meister *Martin Betschart* » (Voy. les Recès des Diètes suisses, t. IV, années 1533-40, p. 1074, 1187, 1190). Ce dernier nom pourrait bien avoir été latinisé en *Besardus*.

² Voyez, sur *Éberard de Rumlang*, la page 79, note 1.

³ Voyez la lettre de *Jacob de Rumlang* du 1ᵉʳ novembre 1540. *Bésard* tenait une pension pour les Suisses allemands qui étudiaient à l'université de *Paris*. Il était leur conseiller et leur protecteur.

⁴ A *Paris*, beaucoup de professeurs ont de bons sentiments, « mais en secret, par crainte des Juifs, et afin de n'être pas chassés de la Synagogue. » Ces expressions sont empruntées de l'Évangile selon St. Jean, XIX, 38, IX, 22. — *Bésard* lui-même nous semble avoir été l'un de ces Nicodémites. Il resta bien des années encore à *Paris*. Nous ignorons s'il rentra dans sa patrie.

⁵ Celui de Reims (Lettre du 1ᵉʳ novembre).

⁶ Au commencement de l'année 1517, *François I* avait promis d'accorder un *stipendium* annuel de cent francs à un étudiant de chaque canton suisse (Voyez les Recès des Diètes, t. III, a. 1500-1520, p. 1051. — J. de Muller, IX, 536, 537). La dite pension, réservée aux fils de l'aristocratie ou à ceux des principaux fonctionnaires, se partageait ordinairement entre deux étudiants, bien qu'elle suffit à peine à un seul pour vivre (Recès, t. IV, a. 1521-28, p. 61). Nous lisons, dans la lettre de Conrad Gesner à Bullinger datée de *Bourges* le 14 avril (1533) : « Quam vulgò τράπεζαν vocant non minoris hîc quàm centum Francis comparatur. Itidem *Parisiis*, ubi

omnibus sufficere nequit. Ego verò non semper habeo quod ministrare possim; via itaque invenienda qua commodissimè ipsi reliqua suppeditentur. Numerandi siquidem sunt 47 franci (quos vocant) pro victu et cubiculo annuè (*sic*). Restant 3 franci pro vestitu, libris et præceptoribus. Tecum ergo perpende, quæso, quantùm sit addendum his omnibus rebus. Quod ad me attinet, quàm minimo potero his defungi puerum curabo. Æqui bonique consules hæc quantulacunque, neque enim licuit prolixiùs per negotia tecum modò agere, cum eo quòd (verum fatebor enim) ad scribendum sum ineptissimus et proinde negligentissimus.

Bene vale. Salutabis mihi quàm diligentissimè D. *Hieronymum Frickerum, Martinum Krummium*[7], quibus et ipsis quàm libentissimè rescripsissem, sed non licuit per otium. Commendatio tamen eorum, prout debuit, quàm plurimùm apud me momenti habuit. Salutabis præterea *Joannem Steiger, Hieronymum Emanuel*[8], cui

---

tanta hominum turba fuit, ut præter cætera ne locum quidem studiis accommodatum invenire licuerit. »

Le 11 août 1540, MM. de Berne écrivaient au Trésorier du Roi à Paris : « Monsieur, ilz ast déjà ung an passé que au filz de nostre chier et féal bourgeoy *Éberhard de Rumlang*, secrétaire de nostre Boursier, présent pourteur, feust accordée l'une des deux places et estats de pension que az pleust à la Royale Majesté d'ordonner ès Escolliers du pays des Ligues à *Parys*. A ceste cause, vous prions à présent pourteur cy-après faire payement de la dicte pension, assavoir l'une des deux lesquelles le filz de nostre bourgeoy *Hanns Ulrich Zechender* jusque à présent az eues, lequel se contentera de l'aultre. En ce ferés le vouloir de la dicte Majesté, et à nous grand playsir à revoir, aydant Dieuz, auquel prions que vous doint prospérité. Datum, xi Augusti, Anno, etc., xl. » (Inéd. Minute orig. Arch. de Berne.)

[7] Voyez, sur *Martin Krumm*, le N° 886, n. 3. — *Jérôme Fricker*, fils de feu le secrétaire bernois *Thüring* (ou *Ithurm*) *Fricker*, étudiait à Bourges dans la maison de *Melchior Wolmar*, lorsqu'il obtint la pension de 50 fr. précédemment assignée à *Nicolas Frantz* (Lettre de MM. de Berne du 21 oct. 1532 à Lambert Meigret et à M. de Boisrigauld, à Soleure. Minute orig. Arch. bernoises). Le 26 avril 1533, les Bernois informaient le Trésorier du Roi que la « pension annuelle de cent franck, pour entretenir deux escolliers à *Paris*, » était transférée à *Jérôme Fricker* « et à *Jérôme Manuel*, fils de feu *Nicolas Manuel* (V, 410, n. 46), nostre banderet. » En 1536, *Fricker* étudiait la jurisprudence à Tubingue (Voy. Freytag. Adparatus, III, 431).

[8] Deux Bernois, anciens pensionnaires de *Bésard* (III, 239, n. 18). *Jean Steiger* étudiait à *Paris* en 1534, en même temps que son ami intime *Conrad Gesner*. — *Emanuel* est le *Manuel* mentionné dans la note 7.

dices ut me certiorem reddat an acceperit decem solatos⁹ a *Bartolomeo Metzelti* ¹⁰, cui negotium dedi, ut eos ipsi numeret, nam mihi debet. Salutabis etiam *Georgium Wingarterum,* veteres contubernales omnes. Iterum vale, 21 Septembris 1540. Parisiis.

Tuus Martinus Besardus.

(*Inscriptio :*) Eruditissimo simul et humanissimo viro Eberhardo de Rumlang, Secretario bursæ Bernensis Reipublicæ, amico suo charissimo.

890

LE CONSEIL DE BERNE au Conseil de Neuchâtel.
De Berne, 24 septembre 1540.

Inédite. Minute originale. Arch. de Berne.

Nostre amiable salutation devant mise. Nobles, prudans, singuliers amis et très chiers bourgeoys!

Nous avons, pour le bien publique de tous ces pays et avancement de la religion, advisé de dresser *ung Colliège en nostre ville de Lausanne* ¹, et, à ce effect, ordonné lecteurs et maistres, et entre aultres desirré maistre *Maturin Cordier,* à présent vostre maistre d'escole, lequel entendons estre propice à cella ². Dont vous prions et requestons icelluy nous vouloir oultroyer, et concéder que au dit lieuz nous puisse servir. En ce nous ferés très

---

⁹ Les écus au soleil étaient ordinairement appelés *aurei solares* ou *solati*.

¹⁰ Le véritable nom de famille de ce Valaisan était *Metzilten* ou *Mezilten* (IV, 372).

¹ Cette décision, prise le 27 mai (Ruchat, IV, 480), était due, en partie, à la requête des pasteurs du Pays de Vaud, du 12 mars 1539, et au rapport présenté par *Viret* à MM. de Berne le 2 février 1540 (Voyez p. 171, le t. V, p. 244, 289, n. 4, et la lettre des Bernois du 30 octobre 1540).

² Voyez le t. V, p. 98, et, sur la méthode d'enseignement de *Mathurin Cordier,* J. Quicherat. Hist. du Collège de Sainte-Barbe, 1860, I, 152-154. — Les articles de M. J. Bonnet dans le *Bulletin,* t. XVII. — Ern. Gaullieur. Hist. du Collège de Guyenne, 1874, p. 127-130).

grand plaisir à rémunérer, sur ce vostre response attendans. Datum xxiiii Septembris 1540.

      L'Advoyer et Conseil de Berne.

(*Suscription :*) Aux nobles, prudans Gouverneurs, Ministraulx et Conseil de Neuffchastel, nous singuliers amys et très chiers Bourgeoys[3].

891

CHRISTOPHE FABRI à Guillaume Farel, à Neuchâtel.

De Genève, 25 septembre 1540.

Autographe. Bibl. Publ. de Genève. Vol. n° 111 a. Calvini Opera. Brunsvigæ, XI, 82.

S. Duos totos dies in peragendo suscepto negocio insumpsi, atque fœliciter successerunt omnia. Si *Thomas Cortalliensis*[1] proxima hebdomade *Thononium,* ut pollicitus est, trajecerit, ego omnia illi aperiam ex ordine quæ nunc non expedit scribere. *Unum est ferme expeditum ac conclusum de accersendo Calvino, generalis* (ut vocant) *Consilii nomine*[2]*, quò Ministerii honor restituatur ac personæ,* tantumque tollatur offendiculum quod ejus Consilii nomine, ceu potiùs umbra[3], subrep[s]erat. Modus hic est : *Legatus dominos Bernenses primùm conveniet, et quàm gravissimè profligationem piorum ministrorum ab illis donatorum*[4] *hactenus tulerint*[5]*,* expo-

---

 [a] On lit, en-tête de la minute : « Statthallter, ministräl und Rhaten zu Nüwenburg. » La lettre était donc adressée, non-seulement au Conseil de la ville de Neuchâtel, mais aussi au gouverneur du Comté.

 [1] *Thomas Barbarin,* pasteur à Boudri. Nous supposons qu'il est appelé *Cortalliensis* parce qu'il demeurait à *Cortaillod* près de Boudri.

 [2] La votation du Conseil général sur la proposition de rappeler *Calvin* n'eut lieu que le 20 octobre. Mais *Fabri* avait suffisamment observé l'état des esprits à *Genève,* pour qu'il pût dire : L'affaire est à peu près conclue (Voy. la n. 10, la p. 242, n. 3, et le N° 896, renv. de n. 3).

 [3] Allusion au Conseil général du 23 avril 1538 (IV, 426).

 [4] Des trois pasteurs bannis en 1538, *Farel* seul avait été « donné » ou cédé aux Genevois par MM. de Berne.

 [5] Sous-entendu *Genevenses.*

net, cui ruinæ priùs mederi non valuerunt, quum nec illorum quidem sollicitationibus audiri potuerint⁶. *Nunc verò privatos esse duobus Mor. et Antonio*⁷, *qui sua sponte, ipsis quidem insalutatis, eodem vale abiverunt, atque ideo populum palàm Calvinum desiderare et expetere.* Quamobrem rogabit legatus⁸, ut se juvent literis ad *Senatum Argentinensem,* quem posthæc adibit, ac suam implere perget legationem, quam polliciti sumus literis ad *Calvinum* totis viribus juvare, idque vobis indicandi provinciam suscepimus, ut et *Basileæ* quoque aliquid auxilii à vobis, transeundo, inveniat apud *Grynæum* aut alios. *Da igitur operam tu et quotquot fratres in hoc negocio aliquid potestis, ut maturè scribatis* ⁹.

Volebant *Calvini* animum certò rescire, priusquam negocium *Senatui*¹⁰ proponerent. Ego verò asserui bonam spem esse, si hac via id tentaverint; nec *Calvinum* tantam occasionem illustrandi Ministerii, restaurandi tanti ædificii ita ferme collapsi, rejecturum putamus, maximè à fratribus adjuratus et rogatus in nomine Domini, ne hujus ecclesiæ, quam penitissimè gestat in pectore, desolationem patiatur, cui adesse ipse possit per Dominum. Plura scribere non valeo. Salutant vos omnes. Mitto tibi quod *Francisca*¹¹ expetit, lavatorium manuum quod hîc emi duobus capitatis nummis. Poma granata illi per *Thomam*¹² ferenda curabo, si reperientur. Saluta *Thomam, Fatonem, Capunculum* et omnes. Genevæ, dum me itineri accingerem, 25 Sept. 1540.

Tuus Christophorus.

(Inscriptio:) Suo Guillelmo Farello. Neocomi.

⁶ A comparer avec le t. V, p. 26, note 22.

⁷ *Jean Morand* et *Antoine Marcourt* (n. 10, et p. 264, 271).

⁸ Ce fut seulement le 21 et le 22 octobre que les magistrats genevois députèrent *Ami Perrin* et *Louis Dufour à Berne, à Bâle* et à *Strasbourg.* Le 13 octobre, ils avaient décidé que *Michel du Pois* se rendrait auprès de *Calvin* pour l'engager à assister l'église de Genève (Voy. les Nᵒˢ 900, n. 1; 901, n. 1-2).

⁹ On ne possède pas la lettre que *Farel* écrivit, vers la fin de septembre, et de la part des ministres neuchâtelois, à ceux de Bâle et de Strasbourg (renv. de n. 14).

¹⁰ On lit dans le Registre du Conseil de Genève, au 21 septembre 1540 : « Pource que Maistre *Anthoine Marcour* prédicant s'en est allé, Résoluz de donnez charge az Sʳ *Amy Perrin* de trouvé moyɛ̨nt si pourroy fère venyr Maistre *Caulvin.* »

¹¹ Voyez, sur *Francisca,* le t. V, p. 309, note 6.

¹² *Thomas Barbarin* (n. 1).

[Au-dessous, le billet suivant de *Farel*, adressé, croyons-nous, à Jean Fathon, à Colombier :]

Quod injungit frater, piorum nomine, quàm diligentissimè nobis est peragendum ut perficiatur. Quantùm jam vellem *Thomam* rediisse [13]! Dispicies apud te quid facto sit opus. Videbis meas ad fratres literas [14] et obsignabis, si priùs addideris quæ videntur, vel de nuntio [15] citiùs mittendo vel differendo donec venerit [16] *Thomas* cui dentur [17]; nam omnino est animus pro Christo in hac causa me totum impendere. Vale.

892

LE CONSEIL DE BERNE à Béat Comte et à P. Viret,
à Lausanne.

De Berne, 29 septembre 1540.

Inédite. Minute originale. Arch. de Berne.

Nostre amiable salutation. Très docts, très chiers et très aimés!
Estre *le ministre d'Ormont-dessoub* allé de vie en traspas (*sic*), et par le décès d'icelluy icelle esglise dépourveue de pasteur, avons ordonné et enjoinct à nous prédicants d'icy sy tost que possible faire pourvision d'ung aultre pasteur [1]. Lesquels nous ont rapourté que pour le présent ne sçavent trouver persone à ce convenable.

---

[13] *Barbarin* s'était rendu à *Thonon*, avant que la lettre de *Fabri* du samedi 25 septembre fût parvenue à Farel.

[14] Voyez la note 9.

[15] Dans l'édition de Brunswick, *modo*.

[16] Ibidem : *veniet*.

[17] Ibid. *dent*. — Si *Thomas Barbarin* était encore doyen de la Classe de Neuchâtel, on ne pouvait convenablement expédier la lettre de ses collègues (n. 9) sans qu'il l'eût approuvée et signée. C'est sans doute pour cela que *Farel* a écrit, sur la suscription, ces mots adressés, croyons-nous, à Jean Fathon, pasteur à Colombier : « *Thomæ* legenda et omnia pervidenda ac reddenda. »

[1] Le ministre d'Ormont en 1538 était *Jean de Boës* ou *du Bois*. Nous ignorons quel fut son successeur.

Dont avons advisé de vous commettre de vous enchercher d'ung personage à ce idonée[2], et icelluy envoyer par deça pour l'examiner et le ordonner au dit lieuz. En ce employés diligence. Datum penultima Septembris, anno, etc., XL.

L'Advoyer et Conseil de Berne.

(*Suscription :*) A très docts, nous très chiers et très aimés Béat Comes et Pierre Viret, prédicants à Lausanne.

893

Jean Calvin à Guillaume Farel, à Neuchâtel.

(De Strasbourg, vers la fin de septembre 1540.)

Autographe. Bibl. Publ. de Genève. Vol. n° 106. Calvini Opera. Brunsvigæ, XI, 83.

Seriùs tibi respondeo, quia et cum allatæ primùm sunt tuæ literæ [1], vix præ imbecillitate corporis tollere digitum poteram, et ex eo tempore, cum ad hunc usque diem semper animi fuerim dubius, nihil certò scribere tibi potui. Siquidem, *ne conjugium nimis lætum esset, Dominus antevertit, gaudium nostrum temperando, ne modum excederet.*

Die tertia Septembris tenuit me capitis gravedo, malum adeò mihi familiare, ut non magnopere commoverer. Die dominico, qui proximus erat [2], cum in concione pomeridiana aliquantùm incaluissem, sensi liquefieri humores illos qui caput occupaverant. Antequam illinc discederem, catharrus me corripuit, qui continuo fluxu usque ad diem Martis admodum me vexavit. Eo die, cum de more haberem concionem et magna in loquendo difficultate laborarem, quòd et nares fluxione erant impeditæ et fauces raucedine quasi præfocatæ, sensi subitam commotionem fieri. Stitit enim catarrhus, sed intempestivè, cum adhuc caput esset malis humori-

---

[2] C'est-à-dire, *idoine*, capable.

[1] La lettre de *Farel* du 6 septembre (N° 887) dut parvenir à Calvin environ le 12 du même mois.

[2] Le dimanche 5 septembre.

bus refertum. Acciderat autem, die Lunæ, quod mihi bilem provocaret. Nam cum *domicella* ³, ut sæpè liberiùs æquo loquitur, contumeliosum verbum *fratri meo* dixisset, ipse ferre non potuit. Neque tamen tumultuatus est, sed silenter domo excessit juravitque se non rediturum, donec illa mecum maneret. Ipsa quoque, cum videret me *fratris* discessu adeò mœstum, aliò se contulit; filius interim apud me habitavit. Soleo autem, ubi vel bile vel aliqua majori anxietate æstuo, inter edendum mihi excidere, et avidiùs quàm par sit vorare : quod mihi tunc contigit. Cum enim ventriculum in cœna oppressissem et immodico et parùm apposito cibo, manè postridie excruciatus sum ingenti cruditate. Eam corrigere inedia prom[p]tum erat, et id solitus eram facere. Sed ne *filius domicellæ* interpretaretur hanc esse obliquam artem, qua eum ablegare vellem, malui cum valetudinis dispendio offensionem illam vitare. Martis ergo, cum catarrhus, ut jam dixi, desiisset, sub horam nonam à cœna correptus sum animi deliquio. Concessi ad lectum; secutus enim gravis paroxysmus, magnus ardor, mira capitis vertigo. Mercurii, cum surrexi, ita debilitatus eram omnibus membris, ut cogerer fateri me ægrotum esse. Pransus sum frugaliter; à prandio duas syncopas sum passus. Frequentes deinde paroxysmi, sed incertis horis, ita ut certam formam febris animadvertere non posses : tantum sudoris ut culcitram ferè totam madefaceret.

Cum hunc in modum tractarer, venerunt tuæ literæ. Tantùm aberat quin possem exequi quod mandabas ⁴, *ut tres passus ægerrimè conficerem.* Tandem, qualecunque illud genus morbi fuerit, conversum est in febrim tertianam, quæ primùm acres habuit impetus, sed tertio paroxysmo remisit : habuit quidem postea unam vel alteram accessionem, sed quæ non inclementer me vexaret. *Cum revalescere inciperem, jam tempus præterierat, necdum tamen vires recollegeram quæ itineri sufficerent.* Quanquam hoc minimè impedivit, quominus velut integer et adhuc opportuno tempore cum *Capitone* et *Bucero* deliberarem, quid factu opus esset. Et in medio morbo non desieram *Bucerum* obtestari, ut vel solus potiùs proficisceretur, ne spem tibi datam falleremus. Ipse tametsi propensissimus erat ad exequendum quæ receperat, male-

---

³ La personne nommée par Farel *domicella Catharina* (Nº 887, n. 42).
⁴ C'est-à-dire, de faire un voyage à Neuchâtel avec les pasteurs *Capiton* et *Bucer*.

bat tamen me sibi comitem adjunctum esse. Neque ipsum permoverant *Grynæi* literæ, quibus ipsum dehortabatur, utcunque venturum se nobiscum assereret, si pergeremus in diverso consilio. Cum adhuc ea quam dixi debilitate confectus essem, *uxor mea* in febrim incidit, à qua nunc demum incipit sanari, idque altero malo : jam enim octo dies ita crebris vomitionibus et alvi profluvio exhausta est, ut difficulter corpus è lecto attollat.

Quanquam, ut verum fatear, *nihil istorum obstitisset, nisi accessisset majus impedimentum. Sparsus enim rumor fuit ante dies quindecim,* qui etiamnum constanter durat, *Cæsarem Wormaciam adventare, ad habendum Imperii conventum, quem Haganoæ habendum esse decreverunt.* Nullum quidem adhuc Edictum emersit, quo dies constituatur[5]; sed verentur *nostri,* ne eas artes sequi velit quibus usus est in Concilio *Haganoæ* edicendo. Ad eas enim angustias eos redegit, ut convenire inter se ad privatam consultationem antea non possent[6] : sic igitur hodie timent, ne velit deprehendere imparatos. *Hæc necessitas Bucerum hic tenet, nec patitur pedem movere. Rogat igitur te summopere, quoniam vides nulla sua culpa id fieri ut datam fidem non præstet, ut se excusatum habeas.* Ego sanè hoc tibi pro ipso polliceor, nunquam me hominem vidisse ad aliquid agendum paratiorem quàm erat ad hoc iter conficiendum, nisi hoc vinculo constringeretur. Constabit fortè brevi supervacuam fuisse hanc curam. Sed quid facerent *nostri,* ubi audiunt jam hospicia designari *Wormaciæ,* jam *Cæsarem* appropinquare, nisi ut intenti essent? Interim, ut hoc

---

[5] En prononçant la clôture de la diète, le 28 juillet, *Ferdinand* en avait convoqué une nouvelle à *Worms,* pour le 28 octobre, réservé toutefois le bon plaisir de l'Empereur. Sleidan, qui donne ce renseignement, II, 192, 193, ajoute, p. 196 : « *Cæsar,* Ferdinandi fratris et intercessorum literis edoctus de re tota, confirmat decretum Haganoicum, et datis *Utricæ* literis, Idibus Augusti, protestantes hortatur, ut *ad constitutum diem* suos habeant *Vuormaciæ* legatos.... Sub Idus deinde Octobris, aliis literis *Bruxellæ* datis, *Granvellano* potestatem facit agendi, sibi legatum instituit illum ad futurum colloquium. » Il n'est pas étonnant qu'on ignorât encore à Strasbourg la date que l'Empereur fixerait pour la prochaine diète. Mélanchthon écrivait le 19 septembre au prince Georges d'Anhalt : « *De Wormacensi congressu* nihil adhuc certi habemus. » Et, le 29 suivant, il disait : « Editum jam est *Cæsaris Caroli* edictum, quod, etsi nondum vidi exemplum, tamen rursus, opinor, evocabit nos » (Mel. Epp. III, 1093, 1098).

[6] A comparer avec la p. 235, notes 6-7.

quoque scias, *Cæsar* ipse *Flandriam, Hollandiam, Brabantiam, Luxemburgum* inaudita rapacitate expilat, vel potiùs deglubit [7]. *Quòd si nihil fiet, voca nos ubi visum fuerit. Bucerus sanctè promittit, nulla detrectatione statim se venturum.*

Jam in me excusando non est quòd vehementer laborem. Neque enim potui cum Deo pugnare, qui me lecto affixerat quo tempore iter corripiendum fuit. De voluntate nihil te dubitare suspicor. Certè qui adfuerunt sciunt hanc quærimoniam subinde mihi in ore fuisse : « *Ergo Farellus spe suâ frustrabitur !* » Verùm et te et me patienter ferre oportet, quòd ita utriusque et spem et desiderium Dominus vel sustulit vel certè distulit. Credamus Ipsum meliùs providisse quid optimum esset, quàm nos consultando et ratiocinando divinare potuerimus.

Novi hîc nihil audimus, nisi quòd *Rex et Cæsar, certatim in pios sæviendo, idolum illud Romanum sibi demereri student* [8]. *Nuper hîc fuit Vasco quidam,* magnus vir, ut apparebat (quinque enim equos ducebat), *per quem Reginæ* [9] *scripsi, vehementerque obtestatus sum ne in tantâ afflictione cessaret.* Publicè nihil possumus [10], rebus adeò dubiis. *Cæsar,* ut audisti, *Wormaciam* iter intendit, sed non magnâ festinatione [11]. Conventum tamen Principum se velle habere

---

[7] G. Cruciger écrivait de Haguenau, à Justus Jonas, le 22 juillet : « Hodie venit ex *Belgico* Christophorus a Minckwitz, qui... ait *Cæsarem* ingentem vim pecuniæ conflasse » (Mel. Epp. III, 1064). La ville de *Ga*nd avait été condamnée à une amende de 150,000 *karolus* d'or, outre le paiement de l'impôt à l'occasion duquel les Gantois s'étaient révoltés. Oudenarde et Courtrai furent également punies (Voy. H. Martin, o. c. VIII, 262).

[8] Voyez, sur les *édits de l'Empereur,* la p. 245, note 11. Non moins cruel était celui de *François I* daté de Fontainebleau le 1er juin. Ses lettres-patentes du 31 mai, adressées au parlement de Provence, devaient nécessairement activer la persécution. Aussi eurent-elles pour résultat le terrible arrêt du 18 novembre, qui condamnait au bûcher dix-sept habitants de *Mérindol*, confisquait leurs biens et bannissait du royaume leurs femmes et leurs enfants. Toutes les maisons de ce village étaient vouées à la destruction. L'arrêt ne fut exécuté qu'en 1545 (Voy. la p. 228, 236, fin de la n. 15. — Crespin, o. c. 1582, f. 132 b-133 a). Il faut citer encore les noms de trois martyrs de cette même année 1540 : *Étienne Brun*, de Réotier, au diocèse de Gap, *Claude le Peintre*, brûlé à Paris, et *Colin Pallenq*, « du plan d'Apt. » (Voy. Bèze. Hist. eccl. I, 26, 27. — Crespin, l. c.)

[9] C'est-à-dire, à *Marguerite*, reine de Navarre.

[10] A comparer avec la p. 227, renvois de note 3-6.

[11] Ce fut seulement au milieu de janvier 1541 que *Charles-Quint* s'ache-

ostendit, deinde totius Imperii comitia *Ratisponæ,* ubi et de religione quod agitatum fuerit in priori conventu [12] definiatur, et de statu Imperii deliberetur. Est autem urbs illa pessimo loco sita, quòd Principes omnes qui pacis sunt amantiores, propter itineris longitudinem ac difficultatem eò non accedent, et *nostri* minùs tutum sibi accessum credent, quòd est in medio *Bavariæ* umbilico, cujus regionis Principes infensos habent [13] et *Cæsari* in fœdere illo nefario [14] conjunctos. *Tubingæ* exustæ sunt sexaginta septem domus [15]. Ignem ab incendiariis subjectum dicunt, sed nescitur qui sint illi aut à quo subornati [16].

mina vers l'Allemagne, après avoir visité la ville de Metz (p. 279, 280, n. 5. — Sleidan, II, 204).

[12] Allusion à la diète d'Haguenau.

[13] *Guillaume* et *Louis*, ducs de Bavière. On put croire, à la diète de Ratisbonne, que leurs dispositions envers les Protestants s'étaient notablement adoucies (Voy. la lettre du 28 avril 1541).

[14] *La sainte ligue* formée à Nuremberg, le 10 juin 1538, entre l'Empereur et la plupart des princes catholiques de l'Allemagne (Sleidan, II, 133, 134. — Ranke, o. c. 1843, IV, 111).

[15] Selon Joachim Camerarius (De Vita Phil. Melanchthonis. Lipsiæ, 1566, p. 186, 187), « plures quàm LXXII domus celeriter conflagrarunt. » Schnurrer, o. c. p. 433, dit que soixante maisons bourgeoises de *Tubingue* furent détruites par le feu. Les auteurs que nous avons eus à notre disposition n'indiquent ni le mois ni le jour. *Jean Brentz* parle pour la première fois du sinistre, dans la lettre qu'il écrivit de Halle, le 11 octobre 1540, à son ami *Camerarius*, qui demeurait à *Tubingue* (Voy. Pressel. Anal. Brentiana, p. 213). Le 4 octobre, Mélanchthon ne savait rien encore de l'incendie. C'est seulement le 2 novembre qu'il en fait mention, dans sa lettre à Camerarius datée de Worms (Mel. Epp. III, 1102, 1126, 1127).

[16] « Orta sunt variis in locis incendia per Saxoniam et loca finitima, ditionis ferè Protestantium, exustis aliquot oppidis atque vicis. Hoc tantum scelus, authore [*Henrico*] *Brunsvicensi* factum esse ferebatur » (Voy. Sleidan, an. 1540, II, 195, 212. — J. C. Fueslinus. Epp. Reformator. p. 200. — Mel. Epp. III, 1093). Mais Camerarius affirme (l. c.) que l'incendie de *Tubingue* ne doit être imputé qu'à la négligence d'un bourgeois de cette ville.

894

ANTOINE DE MARCOURT à Jean Calvin, à Strasbourg.
De Neuchâtel, 1ᵉʳ octobre 1540.

Autographe. Bibl. de Gotha. Calv. Opp. Brunsv. XI, 86.

S. Consideres oro, Domine mi Calvine, consideres (inquam) et summa diligentia animadvertas divinam illam providentiam qua celestis pater miris modis suos agit. Et, ne latiùs vagari incipiam, *recordare, obsecro, quanta ferocitate, aut si mavis improbitate, cives Genevenses è finibus suis te et reliquos pios et doctos fratres aliquando ejecerint, nunc autem ardenti desiderio te ipsum optant et maximis votis requirunt.* Mira certè rerum vicissitudo! quam non humanam, sed prorsùs celestem et divinam censeo.

Proinde *frater noster Guilielmus, nullis parcens laboribus, ad te se recipit, ut ex eo plenè intelligas rem ut est*[1]. Ipsum igitur audias necesse est, assensum prebendo suis sanctis monitis et consiliis. Divina nempe est hec vocatio; cave igitur ne detrectes; alioqui scito te non hominibus, sed spiritui sancto reluctatum fuisse. Videas obtestor et animo sereno revolvas quantùm fructus, quantùm edificationis per *omnes Gallias* inde orietur. *Ecclesia* (ut scis) *Genevensis* magni momenti est, quam si contingeret ob tuum dissensum labi, durissimum coràm Deo subires judicium. Ergo, mi Calvine, nedum celeriter venias, sed advoles citissimè, non spreta tam insperata occasione. Labores (fateor) sustinebis et sudores, verùm non frustra. Videbis enim fructum hinc promanare uberrimum, quandoquidem omnes quotquot sunt te velint et desiderent, nec immeritò. *Nullus* enim *mortalium tam potenter, tam prudenter et aptè posset huic ecclesiæ consulere atque tu,* sic te Deus suis dila-

---

[1] *Farel* venait d'écrire à Jean Fathon : « Omnino est animus pro Christo *in hac causa* me totum impendere » (Voy. la fin du N° 891). Avec l'assentiment des pasteurs neuchâtelois, assemblés le 1ᵉʳ octobre, il avait pris la résolution de se rendre à *Strasbourg*, pour exhorter *Calvin* à répondre favorablement aux avances des Genevois.

vit et ornavit donis et graciis. Appone idcirco manum huic operi, nacta *(sic)* tam desiderata et utili occasione, et Dominus Jesus, cui vivis et militas, tibi aderit, tuis sanctis conatibus felicem successum prebiturus, in quo bene vale. Neocomi [2], kalendis Octobris 1540.

Tuus dum vivet idque ex animo
ANTHONIUS MARCURTIUS.

(Inscriptio :) Et pietate et eruditione ornatissimo viro Domino Joanni Calvino, fratri suo in Christo charissimo. Argentorati.

895

MATHURIN CORDIER [1] à Jean Calvin, à Strasbourg.

De Neuchâtel (1er octobre 1540 [2]).

Autographe. Bibl. Publ. de Genève. Vol. n° 110. Calvini Opera. Brunsvigæ, XI, 128.

Gratia et pax a Deo Patre nostro et Domino Jesu Christo!

Etsi, frater charissime, *is* ad te *nuncius* [3] proficiscebatur, ut [4] literis nihil opus esse videretur, præsertim cum sola hujus præsentia plus apud te possit quàm omnes omnium epistolæ, tamen hujus rei vel magnitudo vel dignitas effecit, ut mihi in tanto negotio silendum esse hoc tempore non putarem. Itaque *hæc ad te celerrimè scripsi, non tam ut te hortarer* (etenim res ipsa te satis hor-

---

[a] *Marcourt* était-il venu à *Neuchâtel* uniquement pour revoir ses anciens paroissiens, dont le bon accueil ne pouvait lui faire défaut (V, 32-33)? Nous pensons qu'il tenait surtout à s'associer aux démarches que ses anciens collègues voulaient faire auprès de Calvin et des ministres de Strasbourg. La présence du vieux pasteur au synode neuchâtelois dénotait, de sa part, le plus honorable empressement, et elle avait toute la valeur d'une réparation spontanée et publique.

[1] Voyez, sur *Mathurin Cordier*, le t. IV, p. 456; V, 98, 99, 205, 221, 240.

[2] Voyez la note 6.

[3] *Guillaume Farel* (N° 894, note 1).

[4] Dans l'édition de Brunswick, *et*.

tari impellereque debet), *quàm ut tibi et nomine tuo ecclesiæ Christi gratularer. Quæ enim res major, post hanc ipsam ecclesiæ instaurationem, visa est in tota Ecclesia? Quis triumphus huic conferendus?* O admirabilem Dei nostri potentiam, bonitatem, providentiam! Ecquis hoc humanis viribus factum iri sperare potuisset? Cantemus igitur Domino, qui hanc totam causam suo consilio gubernarit⁵ : cantemus, inquam, Domino et laudemus eum cum omni gaudio et alacritate. *Quæ mens, quæ lingua filiorum Dei nunc cessare poterit, ubi primùm facti hujus fama dimanarit*⁶*? Itane Dominum profligasse inimicos suos, ut suis amicis in tempore provideret?* Quæ bonitas nisi a Domino? Quæ potentia nisi a Domino Deo? Ecquis erit tam cæcus (nisi forté publicus hostis Dei et Ecclesiæ) qui tantam gratiam ac beneficium à solo Deo profectum esse non agnoscat, non fateatur ingenuè? Si in duris et adversis rebus summo illi omnium bonorum authori gratias et agimus et debemus, nos in hac tam insigni Ecclesiæ fœlicitate tacebimus, præsertim cum hic agatur de magna et manifesta Dei nostri gloria?

Veni igitur, propera, mi frater, *veni, veni ut exultemus Domino, ut jubilemus Deo servatori nostro. Etiam cessas? Etiam deliberandum censes? Non vides te revocari non ab hominibus, sed omnino a Deo per ipsos homines?* At ego, inquis, non queo sustinere ut hanc *deseram tam honestam ecclesiam,* tantopere mihi a Domino Jesu commendatam. Ergone sanctissimus ille Apostolus idcirco dici potest ecclesiarum desertor, quòd in Evangelii administratione nulli certo loco sese privatim addicebat : sed quasi omnium gentium debitor, tota vita huc et illuc, instinctu spiritus sancti, pere-

---

⁵ Ibidem, *gubernavit.*

⁶ Non seulement les magistrats genevois désirent le retour de *Calvin*, mais ils ont pris, à ce sujet, le 21 septembre, une décision qui les engage pour l'avenir (Nᶜ 891, n. 10). A la réception de cette nouvelle, *Mathurin Cordier* fait éclater ses transports d'allégresse et de reconnaissance : « Qui ne reconnaîtrait ici l'œuvre de Dieu? Chantons un cantique au Seigneur! »

Voilà bien les élans de la première heure. L'ancien précepteur de *Calvin* aurait-il attendu deux mois et demi pour féliciter son élève et lui rappeler quel était son devoir? La question nous paraît si simple, que nous ne comprenons pas pourquoi les éditeurs des *Calvini Opera* ont placé la présente lettre au mois de décembre 1540, c'est-à-dire à l'époque où *Farel* se rendit à *Worms.* La plupart des églises réformées de Suisse et d'Allemagne savaient alors que *Genève* avait rappelé *Calvin,* et ce n'était plus le moment de s'écrier : « Quæ lingua... nunc cessare poterit, *ubi primùm facti hujus fama dimanarit?* »

grinabatur? Nonne illum assiduè sollicitabat omnium ecclesiarum cura? *Quòd si etiam ad comparationem veniendum est, cui quæso ecclesiæ obstrictus es arctiore vinculo, quàm illi tuæ Genevensi, de qua laborasti usque ad exilium?* Si te hujus rei argumentis aut docere aut permovere niterer, næ essem homo ineptissimus, jureque proverbio illo deridendus : sus Minervam. Ergo facessant rhetorica illa, valeat oratorum artificium. Plus enim momenti ac ponderis scio apud te habitura hæc, quæ sunt longè potiora : nempe fratrum omnium hac in re consensum, Satanæ cladem maximam, Ecclesiæ dignitatem (id est pulcherrimam victoriam) et, quod est rei caput, cætera omnia complectens, Domini Dei nostri gloriam ac honorem. Nam quid hic tibi proponam aut famam tuam aut gloriam? Quæ tamen ipsa, si more humano loquendum est, hìc vertitur maximè. Sed nihil equidem dubito, quin summum bonum tibi sit servire gloriæ Domini, in cujus nomine tu verè et piè, vel in mediis malis, gloriari potes.

Si tibi non esset in manu quem istic statim præficeres, et quasi successorem relinqueres[1]*, ncn adeò instaremus.* Verùm non modò in hac parte, sed etiam in toto negotio tantæ occurrunt opportunitates, ut Christus sua ipse manu te deducere videatur. Nam *quòd migrationis difficultatem, aut certè aliquam rei familiaris jacturam causari velis, me profectò pudet cogitare quomodo famulo Dei tam abjecta res hærere possit in animo.*

Denique tibi etiam atque etiam consyderandum relinquimus quot bona, quot commoditates occurrant, si redieris : sin autem recusaris, quanta mala, quanta pernicies ecclesiæ illi miserandæ futura sit. Quid enim, si victa ob auxilii desperationem, relabatur in tenebras et pristinam calamitatem? Nam à quibus tandem propiùs subsidium petat, quàm à suis pastoribus? Ad quos et certiùs et tutiùs confugiat quàm ad progenitores suos? Quòd si ab iis se derelictam viderit à quibus potissimùm tuendam se putat, quæ spes miseræ et afflictæ reliqua est? Unum illud etiam vide, ne (quòd avertat Dominus!) si venire renueris, te ipsum serò pœniteat, neve dicaris spiritui sancto voluisse resistere. O gaudia, o gratulationes, o applausus universæ Ecclesiæ, de hac restitutione tua! Quis igitur relictus est recusandi locus? Quid restat porrò, nisi ut invocato Domini auxilio, adhibitis in consilium fratribus, commendata ecclesia, relicto idoneo successore, quàm primùm venias, aut potiùs advoles? Ac

---

[1] *Nicolas Parent.* Voyez sa lettre à Farel du 16 novembre.

nisi me invaletudo retineret, jam istic essem, ut te[8]*, si tardares, istinc sublimem huc protinus raperem.*

Sed quid opus verbis? Quasi verò aut prudentiæ ac facilitati tuæ, aut etiam divinæ providentiæ diffidamus. Superest igitur ut tibi omnes precemur prosperum et facilem cursum profectionis tuæ. Quam rem tibi Dominus concedat per filium suum, Dominum nostrum Jesum Christum! Amen.

Universis et singulis fratribus ecclesiæ vestræ salutem plurimam : quos omnes obtestor per Dominum Jesum, ne quid impediant hunc reditum et restitutionem tuam. Etiam atque etiam vale, fili charissime. O quando illum diem videbimus quo teipsum corpore præsentem hic salutare et osculari possimus!

Nosti manum tui Corderii.

(*Inscriptio :*) Joanni Calvino, optimo et charissimo fratri. Argentinæ.

896

André Zébédée[1] à Jean Calvin, à Strasbourg.

De Neuchâtel, 1ᵉʳ octobre (1540).

Autographe. Bibl. Publ. de Genève. Vol. n° 109. Calvini Opera. Brunsvigæ, XI, 87.

In tanta tua erga Christi ecclesiam voluntate, summaque *Genevensium tuorum* miseria, et *Farelli,* communis tecum ejus ecclesiæ pastoris, tali apud te gratia et authoritate, fratrum denique omnium, quotquot hic ulla pietatis christianæ et timoris divini habemus semina, incredibili de tuo adventu expectatione, — ut multis hic utamur argumentis, quibus quod tantopere necessarium est ut abs

---

[8] Dans l'édition de Brunswick : *certe,* si tardares, etc.

[1] Voyez, sur *André Zébédée,* pasteur à Orbe, les pages 15, 240, 241, et le t. V, p. 98, 218, 315-319. On possède très peu de lettres de lui, et celle-ci est d'autant plus intéressante qu'il fut, dans la suite, l'un des plus violents adversaires de *Calvin.*

[te] impetretur tibi persuadeamus, nihil necessarium esse sumus arbitrati : præsertim cum *ex Farelli præsentia et per te certissimè ipse conjicies, et ipsius sermone plenissimè et penitissimè perspicies, cum quæ quantaque de te speremus, tum verò quid tibi in ista miserabili populi jam seriò tandem resipiscentis*² *angustia, sit faciendum.*

Video quidem istic, propter certas et graves causas, cum multas tum magnas difficultates quibus ita distineare ut nulla ad nos veniendi facultas posse fieri videatur. Sed tamen nullæ causæ neque possunt neque debent esse tantæ, quin perspecto Genevensis ecclesiæ tam perturbato statu, sola necessitatis consideratione, quicquid erit difficultatis debeas et possis superare, *idque hoc magis quòd nondum omnia sint ita deplorata, quin per tuum ministerium multa, imò verò omnia, illic restitui posse sit nobis exploratissimum. Tam enim fuimus*, propicio Christo, *hac in re exploratores diligentes, ut nihil quod ad ejus rei fidem et tibi et nobis faciendam pertineret, possit quis à nobis quidquam desiderare*³. *Cujus quidem explorationis omnem modum et rationem Farel ipse exponet tibi accuratè.* Quem dum cupidissimè audies fidelissimè omnia recensentem, nihil dubito quin ad tantam summi Numinis benignitatem et clementiam, in tanta populi, ut hactenus fuit, ingratitudine et iniquitate, prorsùs obstupescas, ita tamen ut intelligas his tantis initiis te ad suum tuumque populum velut signis elatis revocari, quò quod à te et *Farel* jactum erat magna fœlicitate fœlicique per initia successu fundamentum, et pòst astu Sathanæ per certa hominum monstra miserè divulsum et pœnè subversum, ad suam integritatem et æquabilitatem per vos componatur et restituatur.

Hæc, o Calvine, tot tantisque signis Domini voluntas esse comprobatur. *Neque enim tèmerè fieri putandum, quòd qui vestræ proscriptionis authores fuerunt*⁴, *ipsi aut hanc vitam cum tanta talis mortis infamia commutarunt*⁵, *aut solum exilii causa verte-*

---

² Édition de Brunswick : *resipiscentiæ.*

³ De ces paroles on doit conclure que *Zébédée* avait fait un voyage à *Genève*, pour sonder les dispositions du public, et qu'il s'était assuré qu'on y désirait vivement le retour de *Calvin.*

⁴ Voyez leurs noms, page 199, note 3.

⁵ Allusion à *Jean Philippe*, décapité le 10 juin, et à *Claude Richardet*, qui s'était blessé mortellement, le même jour, en essayant de s'enfuir. Michel Roset dit, dans sa Chronique : « *Richardet* se dévala par une fenestre qui estoit aux murailles de la ville, et se creva, parce qu'il estoit pesant, et ne vesquit pas longtemps après » (Voy. A. Roget, o. c. I, 255, 256).

runt⁶. *In tanta sanè judiciorum Domini luce aliquid videt et multa sentit miserabilis populus. Palàm idem et apertè sentit quibus artibus ingressi sunt qui tam turpiter exierunt*⁷. *Nam verbis pœnè sunt jam publicè fassi, quod olim post vestrum discessum, suo qualicunque ingressu, re ipsa satis testabantur, se non tam pastores quàm vicarios fuisse*⁸. *Quod ipsum* Mω⁹ *ad Genevensem S.P.Q. scribere nihil dubitavit.*

*Meritò itaque populus vos agnoscit, vos requirit pastores. Fatetur culpam, sentit errorem. Per Christum cupit à vobis agnosci, ignosci et reduci. Agnoscite, ignoscite reditu vestro, conspectu vestro, reducite ministerio vestro*¹⁰. Relinque istic nonaginta novem ecclesias. Video enim quibus exaggerationibus utentur qui te velint retinere. Satis habent aliorum et bonorum pastorum. Offer te huic erranti oviculæ, quæ dum in erroris sui tam periculosi tanto sensu, talique cognitione, tam diligenter te quærit, tam anxiè te expetit, minus erit laboris, nihil molestiæ in ipsa ad caulam dominicam reducenda.

Sed næ ego vanus qui te, jam huc tua sponte summaque celeritate accurrentem, his calcaribus velim vehementiùs urgere. Dominus quo te cepit spiritu ad honestissima quæque, quæque maximè ad suam gloriam suæque ecclesiæ progressum erunt necessaria. pergat illustrare et incitare! *Capi[tonem], Buce[rum], Sturmium* suæ ecclesiæ diu velit¹¹ esse incolumes, meoque nomine salutabis diligenter. Neocomi, Cal. Octob. (1540¹².)

ZEBEDÆUS tuus
et omnium qui istic sunt fratres (*sic*).

(*Inscriptio :*) Joanni Calvino, Ecclesiæ Gallicanæ quæ est Argen-

---

⁶ *Jean Lullin*, Ami de Chapeaurouge *et Jean-Gabriel Monathon*, condamnés à mort par contumace, le 5 juin 1540, et qui étaient en fuite depuis le 22 avril (p. 239, n. 31). Ils n'obtinrent leur grâce qu'en 1544.

⁷ Il veut parler de *Jean Morand* et d'*Antoine Marcourt*.

⁸ Dans quelles circonstances les successeurs de *Farel* et de *Calvin* firent-ils cet aveu? Peut-être à l'assemblée de Morges du 12 mars 1539 (Voy. t. V, p. 244, lignes 1-5).

⁹ *Morand*. Sa lettre d'adieu au Conseil de Genève (p. 263-265) n'est pas aussi explicite que Zébédée veut bien le dire.

¹⁰ Malgré l'enquête approfondie qu'il se vante d'avoir faite (renv. de n. 3), Zébédée semble ignorer que les Genevois ne songeaient nullement à rappeler *Farel*.

¹¹ Édition de Brunswick : *Dm.* (*Dominus*) *volet*.

¹² L'année est fixée par le contenu de la lettre.

torati pastori vigilantissimo et sacrarum literarum professori. Argentinæ.

897

GUILLAUME DU TAILLIS[1] à Guillaume Farel, à Neuchâtel.
De Genève, 3 octobre 1540.

Autographe. Bibliothèque des pasteurs de Neuchâtel. Jules Bonnet. Lettres françaises de Calvin, I, 24. Calvini Opera. Brunsvigæ, XI, 89.

Grâce et paix de par Dieu et nostre Seigneur Jésus-Christ!

Très cher frère, à la suasion des principaulx bons frères de par deça, j'ay rescrit à nostre bon frère *Calvin* qu'il eust au besoin à subvenir à ses frères de *Genève*, sans avoir esgard à l'injure qui avoit esté faicte à Jésus-Christ en le déchassant, mais qu'il aye à considérer la désolation en quoy ilz sont et le debvoir à quoy il est tenu. Par quoy luy ay rescrit qu'il m'en mandast son advis, avan[t] que on envoyast embas[s]ade par devers luy[2]. Pourtant vous supliray que de vostre part ayés à luy mander et persuader se qu'il a à faire. Je ne vous en dy plus.

Vostre lettre a esté fort bien prinse de ceux de par deça[3], et croy qu'elle leur proffitera grandement, et se tiennent grandement tenus à vous qu'avez souvenance d'eux en leur nécessité; et à cela congnoissent qu'estes le vray pasteur, nom pas [l. non pas] ceux qui les lais[s]ent en danger. Au reste, le Seigneur a faict son plaisir du Sr *Michel Baltazar*[4] : c'est un grand domnage pour la ville, à ce que peut considérer l'homme; toutesfois sa voulunté soit faicte

---

[1] Gentilhomme français, réfugié à Genève.
[2] L'envoi de cette ambassade fut décidé le 22 octobre (N° 900).
[3] Allusion à une lettre de *Farel* qui est perdue.
[4] *Balthazar* était le surnom de l'ancien syndic *Michel Sept*. Voyez, sur ce personnage, les Indices des t. III et IV.

et non autre. Que Dieu vous doint persister comme avez commencé! De Genève, le 3ᵉ de Octobre 1540.

Le tout vostre frère et amy
Du Taillis.

(Suscription :) Maistre Guillaume Farel, ministre de la parolle Au Neuf-Châtel.

898

JEAN CALVIN à Guillaume Farel, à Neuchâtel.
De Strasbourg, 21 octobre 1540.

Autographe. Bibl. Publ. de Genève. Vol. n° 106. Calvini Epistolæ et Responsa, 1575, p. 24. Calvini Opera. Brunsvigæ, XI, 90.

Non dubito quin fratribus, quicunque me ad reditum per literas hortati sunt[1], *diligenter excusaris quòd nihil eis responderim. Nosti enim eo biduo*[2] *tanta animi perplexitate me æstuasse, ut vix dimidia ex parte apud me essem.* Postea tamen, ut tibi morem gererem, aliquid ad eos in commune scribere conatus sum; sed postea cum cogitarem quid evenire soleat communibus istis literis, mutavi consilium. Nam quod ad paucos missum est volitat statim per multorum manus, donec passim fuerit evulgatum. Hæc igitur mihi ratio fuit, ut tibi uni scriberem, ne alios adhibeas lectores quàm à quibus videbis nihil esse periculi. Cur autem nolim latiùs dissipari quod in sinum tuum depono, intelliges ubi ad finem perveneris. *Tametsi animi mei sensum penitùs tenere te confido, et aliis etiam bona fide exposuisse, breviter tamen hîc repetam qualiter hodieque sim affectus.*

Quoties memoria repeto quàm miserè illic habuerim, fieri non potest quin toto pectore exhorrescam, ubi agitur de me revocando.

---

[1] Allusion aux lettres de *Marcourt*, de *Mathurin Cordier* et d'*André Zébédée* (Nᵒˢ 894-896). Il dut y en avoir d'autres, qui n'ont pas été conservées.

[2] Vers le 10 octobre. L'appel à ce souvenir est un indice que *Farel* était alors présent à *Strasbourg* (Voy. la n. 13 et le N° 894, n. 1).

Illam inquietudinem omitto qua sursum deorsum jactati perpetuò fuimus³, ex quo tibi adjunctus sum collega : scio enim, quocunque concedam, mihi infinitas molestias esse propositas : si velim Christo vivere, hunc mundum fore mihi semper turbulentum : vitam præsentem certamini esse destinatam. Sed *dum cogito quibus tormentis excruciata tum fuerit conscientia mea, et quibus curis æstuarit, ignosce si locum illum velut mihi fatalem reformido. Tu ipse mihi unà cum Deo optimus es testis, non alio vinculo me illic tamdiu retentum, nisi quòd jugum vocationis, quod mihi a Domino impositum esse noveram, non audebam excutere.* Quamdiu igitur sic eram alligatus, malui extrema quævis perferre, quàm in mentem recipere cogitationes mutandi loci, quæ sæpe alioqui mihi obrepebant. Jam verò ubi Dei beneficio semel sum liberatus, si in gurgitem quem mihi exitialem esse sum expertus, non libenter me immergo, quis non mihi veniam concedat? Imò verò quotusquisque erit qui non me arguat nimiæ facilitatis, si sciens ac volens me præcipitem dedero? Quid autem quòd *etiamsi nullo meo periculo absterrear, ministerium tamen meum illis utile fore vix confido? Nam quo ingenio præditi sunt illic plerique, neque ipsi mihi tolerabiles erunt, nec ego ipsis.*

Est⁴ aliud quod me vehementer perturbat. *Neque enim multum profecturus mihi videor, nisi manum auxiliarem præbeant qui quantùm ad nocendum valeant*⁵*, experimento didicimus.* Atqui videmus quàm procul absint ab omni studio consensionis, ne dicam opis ferendæ, nisi mihi Dominus eos, præter hominum spem, subitò conciliaverit. Quid futurum putas, si ministros suos à communione mea arceant, quod olim fecerunt⁶?

Adde quod mihi majus ac difficilius certamen erit cum collegis quàm cum extraneis. Quid unius hominis opera poterit, tot undique impedimentis fracta? Atque *ut verum fatear, etiamsi omnia valde expedita mihi forent, nescio qua tamen desuetudine oblitus sum artes regendæ multitudinis*⁷. Mihi hic cum paucis negocium

---

³ A comparer avec la lettre de *Simon Grynæus* à Calvin écrite vers le 4 décembre 1537 (t. IV, p. 329, renvois de note 14, 15).

⁴ Ici commence un passage supprimé par Théodore de Bèze, et qui se termine par ces mots : « *quod olim fecerunt.* »

⁵ Allusion aux Bernois.

⁶ Voyez la lettre de Calvin à Bucer du 12 janvier 1538 (IV, 349, 464).

⁷ La petite église française de Strasbourg, composée en majeure partie de réfugiés des Pays-Bas et de la France, devait être beaucoup plus

est, et quorum pars major me non tantùm ut pastorem audit, sed ut præceptorem observat. Dices me nimis esse delicatum, qui his blanditiis delibutus nullam asperiorem vocem nunc audire sustineam. Falleris verò, si hæc putas ; sed cùm paucis atque his nonnihil obsequentibus bene præesse mihi arduum sentiam, ad tantam multitudinem continendam qui sufficerem ? *Quo autem consilio me revocent, vix audeo apud me æstimare :* nam si sincero animo ducuntur, cur me potiùs quàm eum[8] cujus ministerium non minùs necessarium ad instaurandam ipsorum ecclesiam esset, quàm principio ad eam fundandam fuit ? Quid si me ideo vocant ut *vicinis* sint ludibrio[9], quòd sint ab iis destituti, quorum subsidio freti nos ablegare ausi fuerant[10] ?

Neque tumen ista omnia officiunt[11] *ne vocationi obtemperem. Nam quò magis ab illa provincia animus meus abhorret, eò magis mihi sum suspectus.* Itaque nec mihi de ea re[12] deliberare permitto, et à nostris peto ne me in consultationem adhibeant, ac quò liberiùs sinceriusque statuant, magna ex parte istos cordis mei æstus dissimulo. Quid facerem ? Malo enim prorsùs cæcutire, ut me ab aliis regi patiar, quàm lippitudini meæ temerè fidendo aberrare. Porrò si te interrogem, quorum maximè arbitrio permittere me debeam, *respondebis, nisi fallor, non alios esse ad consulendum mihi magis idoneos, quàm Capitonem et Bucerum. Quid autem illi sentiant audisti ex ipsorum ore*[13]. Utinam diligenter fra-

---

facile à gouverner que celle de Genève. *Calvin* disait en avril 1539 : « Habeo, fateor, hic mea certamina, et ea quidem ardua : sed quibus exercear, non adobruar.... Sive hic maneo, sive migro, multæ semper curæ, molestiæ, difficultates mihi instant » (V, 291, à comparer avec les pp. 192, 193 du présent volume).

[8] *Farel* lui-même, que les Genevois ne voulaient pas rappeler (p. 217, renv. de n. 7).

[9] Nouvelle allusion aux Bernois. — Au lieu de *ut vicinis*, le texte publié par Bèze porte *ne illis*. Ailleurs, plusieurs mots ont été transposés, d'autres lus de travers.

[10] En disant cela, *Calvin* ne tenait aucun compte du regret exprimé par MM. de Berne le 27 avril 1538, et des démarches qu'ils avaient faites à *Genève*, un mois plus tard, en faveur des ministres exilés (IV, 428, renv. de n. 6; V, 13-16, 25, 26).

[11] Texte de Bèze : *efficiunt*.

[12] Ibidem, *debere* deliberare.

[13] Calvin ne fait pas allusion à un avis que *Bucer* et *Capiton* auraient exprimé, au mois de juin ou de juillet, en présence de *Farel*. Il s'agit ici, évidemment, de la réponse orale que les ministres strasbourgeois avaient

tribus exponas, ac illi nullo præjudicio occupati serió expendant. Summa hæc sit : *Nihil hic astutè me agere coram Domino testor, nec rimas scrutari quibus effugiam. Siquidem ut Genevensi ecclesiæ prospectum cupio, ita malim vitam centies exponere, quàm eam deserendo prodere.* Sed quoniam ad reditum animus non sponte inclinat, paratus sum eos sequi quos mihi fidos ac tutos duces fore bona spes est.

Cæterùm non est quòd ante finem *conventus Wormaciensis* laborent de me recipiendo [14], quando legatum nondum miserunt [15]. Die Dominico habebitur hìc publica supplicatio per omnia templa. Lunæ solvemus [16]. Vos etiam sanctis precibus nos ad certamen hoc sustinendum adjuvate. Quid moliantur *adversarii nostri* palàm est, nempe, ut omnes Imperii ordines in nostram perniciem arment. Quibus autem artibus nos adoriri instituerint, incertum est. Quidquid tamen habent calliditatis in hac postrema actione explicabunt. Vale, optime et integerrime frater. Saluta omnes amicissimè, *Corderium, Thomam, Fatonum, Clericum* [17] et reliquos. Omnes nostri tibi et illis bene precantur. Argentor. 21 Octobr. 1540 [18].

CALVINUS tuus.

donnée, vers le 10 octobre (n. 2), au réformateur de Neuchâtel. Autrement, ce vœu de Calvin : *Utinam diligenter fratribus exponas* ne se comprendrait plus. Se figure-t-on *Farel* gardant pour lui seul, pendant près de trois mois, des choses qui devaient intéresser si vivement ses collègues ? Son voyage à *Strasbourg* dans la première quinzaine d'octobre nous semble donc un fait constaté. Si nous l'avons omis plus haut (p. 269, n. 10), c'est qu'il nous restait quelque doute.

[14] Les auteurs des lettres adressées de Neuchâtel à Calvin le 1ᵉʳ octobre (Nᵒˢ 894-896) ignoraient la réunion prochaine de la diète impériale à *Worms*, et l'obligation de s'y rendre qui serait imposée à *Calvin*. Bédrot écrivait de Strasbourg le 16 octobre à Oswald Myconius : « Ad 28 Octobris, ut nosti, *Wormaciæ* convenient utriusque partis collocutores. Nostri mittent *Capitonem, Bucerum, Calvinum* et *Sturmium*, cum legatis senatoribus *Jacobo Sturm* et *Matthæo* [l. *Matthia*] *Pfarrer* consule. Mittent et alii confœderati suos doctos » (Mscr. autogr. Arch. de Zurich. Voy. Calv. Opp Brunsvigæ, XI, 90).

[15] Il y eut, en réalité, trois députés du Conseil de Genève, qui partirent successivement : Le libraire *Michel du Bois* (Voyez Nᵒ 901, n. 12), *Ami Perrin* et *Loys Dufour* (Nᵒ 900, n. 1).

[16] Lundi 25 octobre.

[17] *Fratruum*, dans le texte de Bèze. Voyez sur *Claude Clerc*, p. 100, n. 95.

[18] Et non le *27* octobre, comme l'indique la traduction anglaise.

899

PIERRE VIRET à Jean Calvin, à Strasbourg.
De Lausanne, 22 octobre 1540.

Autographe. Bibl. Publ. de Genève. Vol. n° 111 a. Calvini Opera.
Brunsvigæ, XI, 93.

S. Sic novi animum tuum ut non valde necesse esse putem meis te literis hortari ac impellere, id ut facias quod pii omnes non cupiunt solùm, sed votis ardentissimis efflagitant, tibi ut persuaderi sinas, si modò restitui optes pristino statui et aliquando florentem ac incolumem videre miseram illam ecclesiam adeò collapsam, laceram et dissipatam, ut nemo sit bonus quem non angat incredibiliter, in luctu atque mœrore detineat tanta calamitas : *adeò immutata urbis facies, ruina tam desperabilis, nisi tuos supposueris humeros.* Nam nullum potuimus consilium remediumque præsentius excogitare, neque nobis via ulla alia patet commodior et quæ plus faciat spei viris probis, qui aliquo suo studio veteres ruinas conantur erigere et ecclesiis consulere.

Sed quid mei oblitus instituti huc delapsus sum, id agens quod me principio facturum negaveram, quasi te, quem res tanta, tam lugubris et funesta non permoveat, mea oratio accendat? quem non paternus trahat affectus, mea loquacitas impellat? Idcirco *tecum verbosiùs agere non statui, aut de statu rerum nostrarum prolixiorem texere Iliada, nihil addubitans quin facilè vim tuis facias affectibus, te vinci patiaris, obsequaris piis fratrum consiliis, ut tuos revisas filios quos Christo Domino genuisti fovistique, nihil moratus quorundam ingratitudinem, improbitatem barbariemque plus quàm scythicam.* Age igitur, charissime frater, da operam ut brevi meum expleas desiderium quo flagro tui videndi, et tuo adventu in squalore, luctu et mœrore jacentem ecclesiam erigas, exhilares, recrees et reficias.

Saluta, obsecro, fratres omnes, præcipuè Do. *Capitonem, Bucerum, Sturmium* et reliquos tuos symmystas et bonarum literarum professores. Salutant te nostri omnes quàm officiosissimè, qui pari mecum tenentur desiderio. *Diaconus noster*[1] laborat ex morbo periculosissimo, cujus gratia non parùm sum anxius, metuens ne eum nobis Dominus auferat. *Hymbertus*[2] quoque nonnihil afflictatur. Reliqui omnes rectè valent. *Cunradus*[3], *græcus professor, proficiscitur in Montempessulum*[4], quo fit ut simus de alio substituendo soliciti. Tu si quid hac in re habes consilii, et nos juvare queas, negocium habeto commendatum[5]. Vale. Lausannæ, 22. Octob. 1540.

Tuus ex asse P. VIRETUS.

(*Inscriptio :*) Doctissimo ac verè pio Jo. Calvino, fratri et amico singulari. Argentinæ.

---

[1] Les nouveaux éditeurs de Calvin se sont trompés en conjecturant qu'il s'agissait ici de *Jacques Valier*. Il ne devint diacre de Lausanne qu'en 1545. Nous n'avons pu établir avec certitude la série de ses prédécesseurs. Le premier fut *Jacques Foles*, qui disparaît de la scène en 1538 (p. 203, n. 5, et t. IV, p. 279, n. 2). Le nom du deuxième, qui décéda vers la fin d'octobre 1540, nous est inconnu. Le troisième s'appelait *Fontesius*.

[2] *Imbert Paccolet.*

[3] *Conrad Gesner* (V, 333-336). Dans sa *Bibliotheca universalis*, 1545, f. 180 b, il parle en ces termes de son séjour à Lausanne : « Jam annus Basileæ mihi abiverat, et statim obtulit se mihi conditio Græcas literas profitendi *Lausannæ* ad lacum Lemannum, liberale stipendium largiente magnifico senatu Bernensi. Triennium igitur [1537-1540] illic docui, et in familiaribus doctorum piorumque hominum, *Petri Vireti, Beati Comitis, Himberti* professoris Hebraici, *Joannis Ribitti*, qui mihi successit, et aliorum amicitiis jucundissimè vixi. Sed cum à puero ingenium meum in medicinæ studium proclive ferretur.... et semper succisivis horis libenter in medicorum libros divertissem, et patroni studiorum qui stipendiis *Tiguri* præsunt me ultro currentem instigassent, visum est *Montempessulanum*, medicinæ nomine celeberrimum, adire. »

Avant de quitter Lausanne, *Gesner* avait achevé un nouvel ouvrage de botanique, dont la dédicace à son ami Henri Billing est datée : « Lausannæ, IX Augusti » (1540). Voyez l'ouvrage intitulé : « Historia Plantarum et vires ex Dioscoride, Paulo Ægineta, Theophrasto, Plinio et recentioribus Græcis, iuxta elementorum ordinem, Per Conradum Gesnerum Tigurinum. Basileæ, Apud Robertum Wynter, 1541, » VIII et 296 pp. très petit in-8°. — Conrad Gessner von Joh. Hanhart. Winterthur, 1824, p. 67-80.

[4] *Montpellier.*

[5] Viret semble ignorer que *Jean Ribit* aspirait à la chaire de grec. Celui-ci ne l'obtint que le 29 janvier 1541, et *Viret* donna provisoirement les leçons de grec pendant les mois de novembre et décembre 1540.

900

LE CONSEIL DE GENÈVE à Jean Calvin, à Strasbourg.
De Genève, 22 octobre 1540.

Manuscrit original. Bibl. Publ. de Genève. Vol. n° 109. Henry. Calvins Leben, I, Append. p. 77. J. Bonnet, o. c. I, 32. Calvini Opp. Brunsv. XI, 94.

Monsieur nostre bon frère et singulier amy, très affectuosement à vous nous recommandons. Pource que [nous] sumes entièrement informés que vostre desyr n'est aultre synon à l'acroyssement et avancement de la gloyre et honneur de Dieu et de sa saincte parolle, — de la part de nostre Petit, Grand et Général Conseyl, lesqueulx de cecy fère nous hont grandement admonestés [1], — *vous pryons très assertes vous volloyër transporter par devers nous et en vostre prestine plache* [l. place] *et ministère retourner.* Et espérons en l'ayde de Dieu que ce seraz un grand bien et fruyct à l'augmentation de la saincte Évangile. Voyeant que nostre peuple

---

[1] Il y a quelque intérêt à reproduire ici les termes mêmes du Registre de Genève : « Mardi 19 Octobre 1540. (En Conseil des Deux Cens.) Affin que l'honneur et laz gloyre de Dieu soyt avancé, az esté résoluz que l'on cherche tous les moyans qu'il seraz possible pour havoyër pour prédicant Maystre *Caulvin*. — 20 Octobre. (En Conseil Général.) Pour l'augmentation et l'avancement de la Parolle de Dieu, az esté ordonné envoye[r] querre à *Estrabourg* M. *Jehan Calvinus*, lequelt est bien sçavant, pour estre nostre [prédicant] évangélicque en ceste ville. — 21 Octobre. (En Conseil ordinaire.) Icy az esté advisé de envoier querre M. *Caulvin* pour estre prédicant en ceste ville, et az esté députez pour il allez le Sr *Amy Perrin* avecque ung héraud, et que l'on doyge escripre az *Berne*, az *Basle* et *Estrabourg*, pour obtenyr licence des dicts Seigneurs d'Estrabourg d'avoyër le dict prédicant. — 22 Octobre. Az esté advisé de fère requeste [à] *Estrabourg* pour havoyër Maystre *Caulvin* pour prédicant icy, et az *Berne* pour havoyër lectres de recommandation... et az esté député pour il aller fère le message et l'ambassade le Sr *Loys du Four* avecq ung héraud, et az esté député *Baudesard* pour héraud. »

grandement vous desire. Et ferons avecque vous de sorte que aurés occasion vous contenter. Actum 22 Octobre 1540.

Vous bons amys
Les Sindicques et Conseil de Genève.

(*Suscription :*) Au Docteur Caulvin, ministre Evvangélique, nostre bon frère et singulier Amy².

Instructions az nostre très chier et bien-aymé frère consellier, noble Loys Dufour, az luy balliés le 22 octobre 1540 ³.

Luy estant az *Berne,* fère nous humbles recommandations aux Magniffiques, Puyssans et très redoubtés Seygneurs, Messieurs l'Advoyer et Conseyl de Berne, nous grans amys et très chiers combourgeoys, et délyvre[r] laz lectre de nostre part et inster d'havoyër lectres de recommandations adressantes à laz Seygneurie d'Estrabourg, pour induyre Maystre *Caulvin* az retorner en saz prestine plache et ministère en nostre ville.

Plus, estant az *Neufchâtel,* fère nous recommandations az Maystre *Guillaume Farel* et lui deslyvre[r] laz lectre, et, oultre icelle, le prier de volloyër [se] transporter [à] *Estrabourg* avecques luy, pour induyre le dictz *Caulvin* comment dessus.

Et dempuys, estant [à] *Estrabourg,* deslyvrer laz lectre de nostre part aut Conseyl et fère nous très humbles recommandations avecques l'offre des services, etc., et inster le contenus de la dicte lectre avecques puyssance de fère toutes requestes raysonnables pour admonester le dictz *Caulvin* comment dessus.

Et au dictz Docteur *Caulvin* fère nous recommandations, etc., et luy deslyvre[r] laz lectre, et oultre icelle le prier az fère le contenus, avecques remonstrances de l'affection que nostre peuple luy porte et du grand bien que en pourroy procédyr, etc.

---

² Le manuscrit porte le sceau de la République.
³ *Louis Dufour* était membre du Conseil des Deux Cens. — Cette pièce est imprimée à la p. 245 de l'ouvrage intitulé : Les Archives de Genève, par F. Turrettini et A.-C. Grivel, 1877. — Voyez au 2 novembre le rapport de Louis Dufour.

901

JEAN CALVIN au Conseil de Genève.
De Strasbourg, 23 octobre 1540.

Manuscrit original. Signature autographe. Arch. de Genève. Ruchat, o. c. V, 515. J. Bonnet, o. c. I, 29. Calvini Opera. Bruns. XI, 95.

Magnificques, nobles et honnorables Seigneurs,
Combien que oultre les lettres qu'il vous a pleu de m'envoyer[1], vous eussiez donné charge au porteur[2] de me déclairer plus amplement de bouche vostre bon voulloir, et qu'il ne me ait pas trouvé au lieu où il me pensoit trouver pour accomplir son messaige, toutesfois par icelles j'ay suffisamment entendu la somme de vostre intention. *Pour responce, je vous puis testifier devant Dieu que j'ay en telle recommendation vostre egglise que je ne vouldroys jamais défaillir à la nécessité d'icelle, en tout ce que je me pourroys employer.* Or maintenant je ne doubte pas qu'elle ne soit fort désolée, et en danger d'estre encor dissipée d'advantaige, sinon qu'elle soit subvenue. Et, à ceste cause, je suis en merveilleuse perplexité, desirant de satisfaire à vostre demande, et m'efforcer de toute la grâce que Dieu m'a donné de la réduyre en meilleur estat : et,

---

[1,2] Comme l'a remarqué M. Théophile Dufour (Notice bibliogr. 1878, p. 98, 99), Calvin fait ici allusion à une lettre du Conseil datée du 13 octobre, et qui est perdue. Elle avait été apportée à *Strasbourg* par le libraire *Michel du Bois*. On lit, en effet, dans le Registre du Conseil de Genève, à la date susdite : « Quant [est] des ministres, az esté parler et arresté de rescripre à Maystre *Calvin* une lettre le priant de nous voulloir assister, et nous dire le moyans par lequelt nous puysse acssisté, et luy envoier *Michié de Boys*, comme de nostre part envoés, avecq lettres et instructions de luy fère les recommandations et à ses amys, yceulx priant de [le] persuader de venir, et nous mandé les dictz moyans, et aultrement comme est contenus en la lettre et instructions. »
Les éditeurs des *Calvini Opera*, trompés par l'abominable écriture du secrétaire genevois, Pierre Ruffy, ont lu *M. de Loys*, au lieu de *M. de Boys* (Calv. Opp. XXI, 266).

d'aultre part, je ne puis pas légièrement quicter la charge en laquelle le Seigneur m'a icy appellé, sans qu'il m'en délivre par bon et légitime moyen. Car j'ay ainsin tousjours creu et enseigné, et ne me puis encores de présent aultrement persuader, que quand Nostre Seigneur constitue ung homme pasteur en une egglise pour l'enseigner en sa Parolle, qu'il se doibt penser estre comme attaché au gouvernement d'icelle, pour ne s'en point facilement retirer, sans avoir certitude en son cœur et tesmoignage devant les fidèles, que le Seigneur l'en a deschargé. *Oultre plus, il a esté ordonné par Messieurs du Conseil de ceste ville que j'yrois avecques aulcuns de mes frères à l'assemblée de Wourmes, non-seulement pour servir à une egglise, mais à toutes, au nombre desquelles la vostre est comprise. Je ne m'estime pas estre de tel sçavoir ne prudence, ne exercice, que je puisse estre là fort utile; mais puis qu'il est question d'une affaire de si grande conséquence, et qu'il a esté ordonné non-seulement par le Conseil de ceste ville, mais aussy par aultres*[1] *que je viengne là pour me présenter à tout ce où il plairoit à Dieu de m'employer, je suis contrainct de suyvre, et ne puis, en saine conscience, négliger ceste vocation.*

Me voyant doncques en tel trouble et incertitude, j'ay communicqué voz lettres aux principaulx pasteurs de ceste egglise, lesquelz ont tousjours aymé singulièrement vostre bien et œdification, et désireroient de tout leur cœur de vous ayder selon leur pouvoir, tant en cest endroict comme partout. Nous avons advisé ensemble, que puisque il me fault faire ce voyage, *s'il vous plaisoit en attendant appeller nostre frère Maistre Pierre Viret, vostre egglise ne seroit point destituée,* car il ne seroit point nouveau entre vous, et auroit telle affection envers vostre egglise comme celluy qui l'a œdifiée dès le commencement. Ce temps pendant, Nostre Seigneur nous fera ouverture d'une part et d'aultre, comme nous espérons, selon que vostre nécessité requerra lors, et que vous congnoistrés estre expédient. *Je vous promectz de ne rien reffuser de ce qu'il me sera licite, mais de m'employer à vous faire service, tant qu'il me sera permys de Dieu et de ceulx lesquelz il me commande d'escouter.*

A tant, Magnificques, Nobles et honnorables Seigneurs, après m'estre humblement recommandé à voz bonnes grâces, je supplie

---

[1] Allusion aux *Bâlois*, dont les députés à Francfort avaient élu *Calvin* (avril 1539) pour représenter, avec Boniface Amerbach et Simon Grynæus, la ville de *Bâle* au colloque de Nuremberg (p. 38-39, notes 14-15).

le Seigneur Dieu de vous conserver tousjours en sa saincte protection, multipliant de jour en jour ses biens et dons en vous, et faisant que servans à la gloire de son nom, vous puissiez tousjours prospérer. De Strasbourg, ce xxiii d'Octobre 1540.

Vostre humble serviteur

JEHAN CALVIN.

(*Suscription :*) A magnificques et honnorables Seigneurs Messieurs les Syndicques et Conseil de Genève.

902

LES PASTEURS DE STRASBOURG au Conseil de Genève.

De Strasbourg (23 ou 24 octobre 1540).

Minute autogr. de Bucer. Arch. du séminaire prot. de Strasbourg. Missive. Arch. de Genève. Calvini Epp. et Resp. 1575, p. 25. Calvini Opp. Bruns. XI, 97.

Gratiam et pacem a Deo Patre et Domino nostro Jesu Christo precamur vobis in dies magis confirmari et augeri, viri prudentissimi et cordatissimi Dominique observandi.

Exhibuit nobis vestras ad se literas Calvinus[1], *symmysta et frater noster charissimus et colendus, quibus rogatis ut ecclesiæ vestræ desolatæ consilium salutare adferat, quo ritè et ex sententia Christi restitui et confirmari queat.* Gratulamur hunc animum vobis, quòd hunc vestrum olim fidum ministrum respicitis ejusque uti consilio statuistis. Verè enim Christus ipse contemnitur et injuria afficitur, ubi tales Christi ministri rejiciuntur et indignè tractantur. Bene itaque nunc habent res vestræ, dum Christum in hoc præclaro ejus organo rursus agnoscitis. *In eo certè hic animus perpetuò illi perstitit, ut saluti vestræ consulere cuperet, etiam si non labores modò maximi, sed etiam sanguis insumendus esset.*

---

[1] C'est-à-dire la lettre du Conseil de Genève datée du 13 octobre (Voyez N° 901, n. 1-2). *Michel du Bois*, avait dû arriver à *Strasbourg* le 21 ou le 22.

Nunc autem quid faciat non solùm ille, sed nos quoque (quibus in consultis, etiamsi id non oporteret, hactenus nihil magni fecit) non videmus. *Cras aut post biduum abeundum ei nobiscum Wormaciam est*[2] *ad colloquium de religione, quod Imperator et rex Ferdinandus cum Principibus Germanicis instituit*, ad quærendam concordiæ restituendæ inter Ecclesias viam et rationem. Sicque res comparatæ sunt, ut nisi hoc colloquio via ista et ratio inventa fuerit, expectanda sit nobis satis gravis rerum Germanicarum perturbatio. At religione in *Germania* profligata, verendum ut et alibi affligatur. *Non videtur igitur consultum, ut Calvinus rescindat vocationem Domini, qua ad hoc colloquium deputatus est. Id speramus vos ipsos quoque agnituros. Ne autem interim ecclesiæ vestræ aliquid gravius accidat, visum est Calvino et nobis è re vestra fore, si opera Farelli et aliorum impetretis a Vireto, viro verè pio, prudente et cordato, ut Lausanensi ecclesia fideli alicui vicario interim commissa, apud vos ecclesiam Christi sustineret et instauraret, donec institutum illud Wormaciense colloquium finiretur*. Tamen volente Domino, hoc est, si non obstet gravius et quod in aliud tempus rejici nequeat negotium ecclesiarum, aliqui ex nostris ad vos venire ipsi vellemus, et præsentes id consulere cum *Calvino*, et agere quod possemus cognoscere ecclesiæ vestræ profuturum. Hoc est quod nunc dare vobis consilii, et operæ quod offerre vobis in præsenti possumus. Id ut boni consulatis rogamus. Nam *certè ecclesiam vestram maximi facimus : ut quæ rectè constituta lucem Christi in Italiam et Galliam inferre fœliciter possit*.

Id[3] *autem ut consequi liceat, hortamur vos in Domino, ut cum clarissimis Dominis Bernatibus, et inter vos ipsos, restituere et confirmare veram animorum consensionem studeatis*. Utrinque enim Christum profitemini. At in hoc cognoscitur quòd Christi discipuli sumus, si diligamus nos invicem. Quid etiam Dominus per *Bernates* vobis et vestri occasione ipsis præstiterit, memores esse utrinque debetis, et sicut vos Dominus conjunxit, præstando utrisque per utrosque tam grande beneficium, ita studendum etiam utrisque

---

[2] Calvin écrivait à Farel le 21 octobre : Nous partirons *lundi* (25 octobre) pour *Worms* (N° 898, renv. de n. 16). La présente lettre, écrite la veille ou l'avant-veille du départ, doit par conséquent être datée du 23 ou du 24.

[3] Théodore de Bèze a supprimé tout ce paragraphe, jusqu'à *adhibeatis*, parce qu'il ne voulait pas renouveler le souvenir des différends qui avaient existé entre *Berne* et *Genève*.

est, ut se organa hujus divinæ beneficentiæ mutua charitate Domino servent, et istam beatam adeó conjunctionem toto pectore colant. Hoc studii si Dominus vobis dederit, multæ non videbuntur injuriæ quæ nunc habentur gravissimæ. Tum nulla injuria tam gravis erit, nedum videbitur, quam non libeat condonare, modò vera in Christo consensio retineatur. *Hæc det Dominus perpendere vobis, ut qui sic conjuncti divinitus estis, ut si vos mutuò ametis et juvetis* [1], *utrinque florere et augeri modis omnibus possitis, distracti non perire non possitis.* Concordiam verò, et inter vos ipsos et cum clarissimis Dominis *Bernatibus*, restituere et confirmare summo studio operam detis, lucrum putaturi quicquid, ut ista tam necessaria concordia vobis conservetur et perstet, dissimulandum, ferendum, concedendum sit, salvo tamen regno Christi. Quanquam non dubitemus, facilè obtineri posse, ut nihil imponatur iniquum aut noxium, modò animi non exacerbentur et vera remedia quærantur atque adhibeantur.

Bene valete in Christo, qui et ecclesiam et rempublicam vestram tranquillet et beatam reddat! Amen.

Dominationum Vestrarum in Domino addictissimi,

GVOLFGANGUS CAPITO, D.
CASPAR HEDIO, D.
MARTINUS BUCERUS.
IOHANNES STURMIUS.
IACOB. BEDROTUS,

ac cæteri ministri Ecclesiæ Argentoratensis, manu mea M. BUCERI [2] subscripserunt.

(*Inscriptio :*) Clarissimis viris et observandissimis Dominis Syndicis et Senatui Genevensi.

---

[1] La missive conservée à Genève porte *timeatis*.

[2] Il a écrit lui-même tout ce qui suit le mot *Amen* jusqu'à *subscripserunt*. D'après l'édition de Brunswick, les signatures n'existent pas dans la minute de Bucer.

903

JEAN CALVIN à Guillaume Farel, à Neuchâtel.
De Strasbourg (24 octobre 1540).

Calvini Epistolæ et Responsa. Genevæ, 1575, p. 32. Calvini Opera.
Brunsvigæ, XI, 99.

Cum mihi allatæ sunt tuæ literæ [1], jam habebam meas ad te paratas : quæ tametsi non omnino consentiunt cum tuis postulatis, mittendæ tamen fuerunt, ut scias in quo affectu me deprehenderunt. Nunc *postquam vidi te ulterius insistere, et illos etiam veteres nostros hospites* [2] *palàm se adjungere ad causam*, adhibui de integro nostros. Lectis tuis et *Genevatum* literis [3], consului ecquidnam factum opus fore censerent. Responderunt minimè esse disputandum, an omisso conventu deberem *illuc* exemplo concedere. Neque enim aut nunc esse integrum, aut oportuisse illud in dubium vocari, etiamsi nihildum esset decretum. Ergo ad iter [4] nos accingimus. *Ut* autem *præsenti ecclesiæ illius necessitati succurratur, quam nolumus esse desertam, censent modis omnibus eò accersendum Viretum, interim dum alia vocatione distrahor*. Ubi redierimus, non recusant quin *illuc* redeam. Quinetiam *Bucerus* se mecum venturum pollicetur. In eam sententiam visum est ipsis scribere [5],

---

[1] Lettre perdue. *Farel* avait dû l'écrire de *Bâle* à Calvin, vers le milieu d'octobre, lorsqu'il retournait de Strasbourg à Neuchâtel (Voyez la note 2, et le N° 898, notes 2, 13). Elle était parvenue à sa destination, au moment où Calvin avait déjà terminé sa lettre à Farel du 21 octobre (N° 898).

[2] *Les ministres et professeurs de Bâle*, qui avaient accueilli Farel et Calvin au mois de juin 1538 (N°ˢ 716-718, 720), et qui venaient d'écrire à Calvin, sur les instances du réformateur de Neuchâtel, afin d'appuyer les exhortations de celui-ci (Voy. p. 310, lignes 8-11).

[3] Encore la lettre des magistrats genevois du 13 octobre, confiée à Michel du Bois.

[4] Le voyage de *Worms* (N° 902, n. 2).

[5] Il veut parler de sa lettre du 24 octobre au Conseil de Genève (N° 901), que nous avons datée du *23*, par erreur.

quò certior fides fieret; meis literis suas quoque *Bucerus* addidit⁶.

De meo animo sic accipe : mihi si detur optio, quidvis libentius sim facturus, quàm ut tibi hic obtemperem; sed quoniam non esse mei juris memini, cor meum velut mactatum Domino in sacrificium offero. Itaque non est quòd suspiceris tibi verba dari : nostri nihil nisi ex animo promittunt. Et ego nihil aliud obtestor, quàm ut nulla mei ratione habita, dispiciant quid maximè sit ex Dei gloria et Ecclesiæ utilitate. Tametsi non sum valde ingeniosus, non tamen deficiunt me effugia quibus ita clanculùm elabar, ut facilè apud homines excusem per me non stetisse. Verùm scio mihi esse negocium cum Deo, qui hujusmodi astutias deprehendit. Ergo animum meum vinctum et constrictum subigo in obedientiam Dei, et quando proprio consilio destituor, me his regendum trado per quos spero Dominum ipsum mihi locuturum.

Cum *Capito* scripsit⁷, putavit, ut video, me prolixa epistola tibi expositurum totam deliberationis nostræ seriem, sed satis est quòd summam habes. Quanquam eram id quoque facturus, nisi tempus defuisset. Verùm totus dies variis avocamentis mihi consumptus est. Nunc à cœna longiori lucubratione valetudinem alioqui dubiam tentare nolui. Hic se ad natalem Domini rediturum promisit cum carruca, in qua poterit afferre *Vendelino* ex libris suis⁸ decem exemplaria *Institutionis,* sex commentarios in Ieremiam⁹. Ea dabis illi advehenda.

904

LE CONSEIL DE BERNE à Antoine Marcourt, à Nyon.
De Berne, 30 octobre 1540.

Inédite. Minute originale. Arch. de Berne.

Nostre amiable salutation devant mise. Honorable, doct, très

---

⁶ Allusion à l'épître des pasteurs et professeurs de Strasbourg, composée par *Bucer* (N° 902).

⁷ Cette lettre de *Capiton* (à Farel), que Calvin avait sous les yeux, est perdue.

⁸ Ceux des livres de *Wendelin Rihel* qui étaient en dépôt à Neuchâtel (p. 255, n. 6-7).

⁹ Ouvrage d'Œcolampade (p. 256, note 10).

chier, nous avons proposé de dresser *ung Colliège en nostre ville de Lausanne,* et advisé de entretenir à nous coustes XII escolliers, auxquels avons ordonnéz ung recteur¹, et, sur ce, escript à nous très chiers bourgeois de Neuffchastell de nous oultroyer Maistre *Maturin Cordier*² : ce que nous ont reffuséz. A ceste cause, avons considéré de trouver ung aultre, et summes informés, le maistre d'escole que présentement est à *Genève* et par cy-devant a esté à *Prengin*³, à cella estre propice. Dont avons advisé de vous commettre icelluy par lectres praticquer, et sçavoir de luy sy en ce endroit nous vouldroit servir. Et nous l'entretiendrons honestement. En ce employez bone diligence. Datum penultima octobris, anno, etc., XL.

L'Advoyer et Conseil de Berne.

(Suscription :) A honorable, doct, nostre très chier Maistre Anthoine Marcourt, à Nyon.

905

LE CONSEIL DE BERNE au Bailli de Lausanne.
De Berne, 30 octobre 1540.

Manuscrit orig. Arch. du canton de Vaud. Copie communiquée par M. Ernest Chavannes.

(TRADUIT DE L'ALLEMAND¹.)

L'Avoyer et le Conseil de Berne, notre salut à toi, ferme, cher et fidèle bourgeois! Ayant décidé d'établir *un Collège dans notre ville de Lausanne,* et, de plus, de laisser *l'École* existante telle

---

¹ Dans le N° 905 (renv. de n. 12), les Bernois lui donnent le titre de *Vorstander*, qui se traduirait mieux par celui de *directeur*.

² Voyez la lettre du 24 septembre (N° 890).

³ Maître *Agnet Bussier*, ancien pasteur de *Prangins*, près de Nyon (p. 152).

¹ André Gindroz a déjà publié une traduction de cette pièce. Voyez son Histoire de l'Instruction publique dans le Pays de Vaud. Lausanne, Georges Bridel, 1853, p. 275-277.

qu'elle est maintenant ², nous avons fait à ce sujet l'ordonnance que voici :

En premier lieu, *l'ancien principal*³ conservera sa place, et on lui paiera à l'avenir son ancienne pension telle qu'elle a été jusqu'ici, savoir : 110 florins, 2 muids de froment et 2 chars de vin. Il aura son logement dans la maison de M. *Louis Burnet*⁴, où est à présent le châtelain *Barbéri*⁵. On lui adjoindra un bachelier ou suppléant⁶, dont la pension sera de 80 florins, un muids de froment et un char de vin, et son logement pourrait être dans la maison d'un chapelain.

Ensuite, nous avons décidé qu'il y aura, comme précédemment, *un lecteur ou professeur de grec* et *un professeur d'hébreu,* qui rece-

---

² *L'École* où l'on recevait l'instruction élémentaire (lecture, écriture, rudiments du latin et du grec) existait déjà en février 1537, sous la direction d'un *principal* (IV, 166, 167). Il restait à la compléter, en y ajoutant un établissement qui pût attirer « des enfants du pays, » les lier à MM. de Berne par la reconnaissance, et préparer ainsi pour l'avenir, au moyen de *la Haute-École* ou Académie, toute une pépinière de régents et de pasteurs.

Le nouvel établissement, que les Bernois appellent ici *un Collège*, était, en réalité, *un pensionnat* où les écoliers vivaient en famille sous la surveillance d'un régent de l'École ou d'un professeur. Le 11 janvier 1537, les commissaires bernois avaient proposé à leurs supérieurs de fonder quelque chose de pareil : proposition qui fut appuyée, le 12 mars 1539 et le 2 février 1540, par les délégués des Classes du Pays Romand (p. 171, n. 14 ; t. V, p. 289, n. 4). Enfin, le 27 mai 1540, MM. de Berne procédèrent à l'exécution du projet, en donnant les instructions suivantes à leurs députés envoyés à Lausanne : « Il vous est ordonné d'établir *une école pour douze garçons*, que mes Seigneurs entretiendront à leurs frais. Vous ferez pour eux un règlement (*ordnung*) et vous fixerez leurs gages *d'après la forme qui existe ici aux Cordeliers*, ou à Thoune, Zofingue, ou à Brugg » (Instructionen-Buch, vol. C, f. 385. Arch. de Berne. Trad. de l'allemand). Voyez les Additions.

³ *Érasme Cornier* (p. 203, n. 6).

⁴ Messire *Loys Burnet* ou *Bruneti*, ancien chanoine, n'avait pas accepté la Réformation.

⁵ C'était probablement un ancien châtelain de l'une des terres de l'Évêque.

⁶ « Demselbigenn soll ein *provisor* oder *locatt* zugebenn werdenn. » Il paraît que la décision des Bernois du 24 novembre 1539, relative au *provisor* (p. 203, n. 6), n'avait pas été exécutée. Cela permettrait de supposer que le personnage nommé *Isnardus* (p. 229) ne remplissait pas à Lausanne les fonctions de *bachelier*, comme nous l'avons dit, mais celles de *diacre* (p. 229, renv. de n. 11 ; p. 330, n. 1).

vront chacun annuellement 200 florins, 2 muids de froment et 2 chars de vin. Le professeur d'hébreu aura son logement dans la maison de *François Gindron*[7], à côté de l'église[8] et de la maison de *Fabri;* le professeur de grec, dans la maison de *Fabri*[9], qu'il a occupée jusqu'ici, et, comme le lecteur actuel a pris congé[10], les deux prédicants[11] doivent s'entendre avec toi pour en chercher un autre et nous l'envoyer.

De plus, ayant décidé, dès l'origine, d'*entretenir à nos frais 12 garçons et de leur donner un directeur ou précepteur qui soit* [*aussi*] *leur surveillant*[12], nous avons fait écrire à *Neuchâtel* pour demander *Mathurinus Corderius*, qui y est établi; mais nos combourgeois de Neuchâtel ne voulant pas nous le céder, nous avons élu à sa place *le principal de l'École de Genève*, qui était ci-devant à *Prangins*, et nous avons écrit, à cet effet, à Maître *Anthony Marcourt* de traiter l'affaire avec lui par lettre, afin de pressentir s'il veut nous servir à *Lausanne*[13].

Nous avons constitué au dit directeur[14] la même pension qu'au lecteur sus-mentionné, [et choisi] pour son logement la maison de M. *Sapientis*, dans laquelle est à présent *Jacob Dallien*, ou celle de *Brisseti*, où est *Bovard*[15]. Il devra tenir les 12 garçons chez lui, leur fournir la nourriture et les vêtements. Nous lui paierons pour

---

[7] Voyez, sur *François Gindron*, le t. IV, p. 233, 234. Après son acceptation de la Réforme, il était devenu receveur des biens du Chapitre et il avait épousé Hélène Aigroz, jadis nonne de Bellevaux (Ernest Chavannes. Extraits des Manuaux du Conseil de Lausanne, 1882, II, 264). Le 4 septembre 1541, il fut élu banneret de la Cité; mais les magistrats lausannois refusèrent d'abord de l'admettre à cet office, à cause de « sa première conversation de prêtrise. »

[8] La cathédrale, ou église de Notre-Dame.

[9] Le chanoine *Pierre Fabri*, qui vivait à *Évian* (IV, 83, n. 1).

[10] *Conrad Gesner* (p. 330).

[11] *Pierre Viret* et *Béat Comte*.

[12] « Unnd inenn einenn vorstander oder præceptorem zegebenn, der ir ufsächer sye. »

[13] Voyez le N° 904.

[14] Le directeur des XII écoliers pensionnaires, lequel ne doit pas être confondu avec *le principal de l'École* (n. 2, 3).

[15] Il existait dans le Bas-Valais une famille *Devanteri*, qui portait aussi le nom de *Sapientis*. *Jacob Dalliens* était membre du Conseil de Lausanne. *Pierre Brisset* ou *Brisseti*, ancien chanoine, n'avait pas accepté la Réformation. *Antoine Bovard* appartenait à une famille lausannoise (Voy. Ern. Chavannes, o. c. II, 21, 191, 192, 195, 203, 263, 300, 304).

chacun d'eux 12 couronnes d'or par an. Nous voulons aussi que tu choisisses et que tu examines, avec les deux prédicants, les dits garçons, et qu'ensuite ils nous soient présentés [16].

De plus, nous avons décidé que *le local pour le Collège, le Colloque et les leçons publiques* sera à la Clergé [17], dans la salle d'en haut. Et, sur ce, nous t'ordonnons dès ce moment de faire arranger les maisons précitées, d'y faire placer des chaires, des tables, des bancs et autres meubles, et, en particulier, de procurer pour les 12 garçons six lits complets. Nous avons aussi commandé et enjoint aux députés qui se rendront prochainement à Lausanne, de te prêter conseil et appui en cette affaire. Donné l'avant-dernier d'octobre 1540 [18].

[16] D'après le Manuel de Berne du 30 octobre 1540, les aspirants devaient être examinés par les deux pasteurs et le *schulmeister* (principal), en présence du bailli. — On avait déjà choisi deux ou trois des douze écoliers pensionnaires. Nous lisons, en effet, dans le Manuel de cette année-là : « Mardi 2 février. Arrêté d'admettre le jeune homme de Lausanne au nombre des XII écoliers. — 15 mai. A *Michaël Mauritius* une lettre pour le bailli de Lausanne, afin qu'il lui accorde une place d'écolier et lui fournisse de quoi s'entretenir. — 12 août. Écrire au bailli de Lausanne d'inscrire le porteur au nombre des XII qui sont choisis (geordnet) pour l'École. »
Les Bernois pensionnaient aussi à Lausanne plusieurs personnages qui, pour diverses raisons, n'auraient pu être placés au collège des XII. Ainsi le 25 février 1540, ils donnent à Séb. Nægueli l'ordre suivant : « Pourvoir *Claudius Taquerony* d'une pension suffisante, pour qu'il puisse étudier. Avertir les prédicants d'avoir l'œil sur lui, *ne tempus suum malè collocet*, et leur communiquer la recommandation qu'il a de ceux de *Bâle*. » Et, le 23 septembre, même année : « Livrez au porteur 4 muids de métail et 4 florins, comme précédemment, pourvu que ses amis garantissent par écrit, qu'il n'abandonnera pas ses études et qu'il veut entrer au service de mes Seigneurs » (Trad. de l'allemand).

[17] Nous croyons qu'on appelait ainsi *la maison du Chapitre*, située près du château épiscopal, et sur l'emplacement de laquelle on a construit, dans notre siècle, le bâtiment du Grand Conseil. — « La salle d'en-haut à la clergé » devait être bien vaste pour qu'on pût, en la divisant, y établir « le collège » des XII écoliers, une salle pour les réunions du *colloque* de Lausanne (IV, 263, n. 10) et deux auditoires pour les leçons publiques de grec et d'hébreu.

[18] La lettre que voici fut adressée, le même jour, par les Bernois à divers baillis du Pays romand :

L'Avoyer et le Conseil de Berne, notre salut, cher Bailli.

Afin d'élever la jeunesse dans les bonnes mœurs, et de lui enseigner l'Écriture Sainte, nous avons décidé d'ériger une école dans ton bailliage,

906

ÉTIENNE LE VERT [1] au Consistoire de Berne.
De Môtier-en-Vully, 30 octobre (1540).

Inédite. Autographe. Arch. de Berne.

Judex et assessores ecclesiæ *Monasterii Wuliaci*, aliàs *Fihstola* [2], Magnificis atque sapientissimis Dominis nostris Consistorii Bernensis, salutem et pacem in Christo Jesu!

Notum sit vobis quòd *Petrus Chautem* sua auctoritate repudiavit uxorem suam, jam anni transierunt novem, nec habitavit cum ea ab illo tempore. Illa autem vixit semper probè et sine offendiculo,

et fixé la paie annuelle d'un principal comme il suit...... Tu dois en informer nos sujets de ton bailliage, pour qu'ils se conduisent en conséquence. Donné l'avant-dernier d'octobre, l'an, etc., XL.

Gex.) De la caisse de mes Seigneurs à chaque principal 50 florins,
Vevey.) 1 muids de blé.

[De plus, à celui de *Vevey*] 1 char de vin, 4 muids de blé, 15 florins, 2 sacs de blé : ce qui fait 100 florins.

Au principal de *Nyon*, de la caisse de mes Seigneurs, 30 florins. La ville aussi 30 florins.

A *Morges*, idem.

Cossonay, idem.

Au principal de *Lutry*, de la caisse de mes Seigneurs, 30 florins. La ville 20.

Moudon, 50 florins, 1 muids de blé. La ville, 30 florins.

Yverdon, comme *Moudon*.

Payerne, 40 florins, 4 muids de méteil, 1 muids d'avoine, 1 char de vin. En outre, de chaque écolier, 3 gros [c.-à-d. 3 sous] par quartemps.

Le principal de *Thonon* reçoit ses gages de la ville, savoir : 80 florins, 1 muids de blé, 1 char de vin, maison et jardin.

Le principal d'*Avenches* est payé par la ville.

(Inédite. Arch. de Berne. Trad. de l'allemand.)

[1] Voyez la page 211, note 38. Excepté quelques-uns de ses *lapsus calami*, nous reproduisons exactement l'orthographe de l'écrivain.

[2] Il prononçait à la française le nom allemand du Vully (*Wistellach* ou *Wüstelach*), pays situé entre le lac de Morat et le lac de Neuchâtel.

testimonio totius parochie. Que [l. quæ] etiam vellet redire in graciam secum, si fieri posset; sed ille *Petrus* omnino recusat, nec dat rationem cur repudiaverit illam. Cum autem sepius admoneretur à multis et precipuè à *prefectis Muratensibus*³ ut reciperet uxorem, nihil ad propositum respondebat. Videntes autem hec Judex et assessores Consistorii, consilio habito cum *prefecto Muratensi*, tenuerunt consistorium undecima die octobris et tantaverunt reconsiliare eos, quod nulla ratione potuerunt. Quam ob rem sensuerunt, juxta ordinationes vestras, ad consistorium vestrum remittandos, indixeruntque illis diem coram vobis primam novembris⁴, ut auctoritate et prudentia vestra in ordinem reducantur. Et quia illud divorsium fuit factum antequam essem hîc minister constitutus⁵, non satis intelligo causas et rationes cur id evenerit et tamdiu sic separati permanserint, nisi quòd ille *Petrus* non est bene compos mentis.

Ideo rogo vos, ut diligenter disquiratis ex illis qui committantur [l. comitantur] mulierem causam divorsii, et ne à modò talia patiantur fieri, stuedentque [l. studeantque] vivere christianè et secundùm evangelium Christi, servando Reformationem vestram christianam. Interim valete in Christo Jesu. Datum Monasterii, penultima octobris (1540).

Vester STEPHANUS VIRIDIS, Ecclesiastes Monasterii.

(*Inscriptio :*) Sapientissimis atque piissimis principibus⁶ Consistorii Bernansis.

907

GUILLAUME FAREL à Jean Calvin, à Worms.
De Neuchâtel, 31 octobre 1540.

Autographe. Bibl. des pasteurs de Neuchâtel. Calvini Opera.
Brunsvigæ, XI, 101.

S. *Potesne dubitare jam de tua revocatione*¹ *an* [a] *Deo sit? Putas*

---

³ Les assesseurs du consistoire de *Morat*.
⁴ Les deux époux parurent devant le consistoire de Berne, le lundi 1ᵉʳ novembre 1540.

aliam esse certiorem? Fassus est Senatus et populus se meritò passum omnia, majoraque debere ob profligatos pastores, tamque atrocem injuriam in Deum et Verbum suum, et hanc unam superesse viam ut Verbum purè doceatur et excipiatur : quod ut fiat, te evocandum ac nihil non agendum ut venias; idque cum lachrymis decretum, vel potiùs auditum et narratum, sed cum (sic) multa cum lætitia discessum. *Habes igitur bonum senem*[2], qui vel *Lausannam* usque alia causa[3] noluit venire, causatus quædam; sed ubi rogatus fuit pro tui revocatione, statim sese obtulit ultro, *Bernam* concessit, cum Senatu egit, cui fuit quàm gratissimus[4], idque responsi habuit : « Valde placere Senatui affectum tam pium *Genevatium* in te, remque tam sanctam esse, imò quàm sanctissimam, adeò ut non dubitent *Argentoratenses* ultro facturos. Ideo in re tam aperta scripto non esse opus[5]. »

[5] C'est-à-dire, avant la fin de janvier 1537.

[6] Deux seigneurs du Petit Conseil et quatre bourgeois des Deux-Cens faisaient partie du Consistoire de Berne.

[1] Sous-entendu *Genevam*.

[2] *Louis Dufour*, porteur de la présente lettre. Parti de Genève le 23 octobre, il s'était rendu d'abord à *Neuchâtel*, puis à *Berne* (n. 5), et il avait ensuite repris le chemin de *Neuchâtel* (Voy. N° 909).

[3] *Louis Dufour* avait été élu le 30 septembre, pour accompagner, en qualité de conseiller, la députation genevoise qui devait assister à *Lausanne*, le 4 octobre, à une « journée de marche » (III, 21, n. 5). Il s'agissait alors de répondre à de nouvelles accusations des *Bernois*, toujours plus irrités contre *Genève* (Voy. p. 273, n. 3, Ruchat, V, 148, et Roget, o. c. I, 262-269). Louis Dufour avait décliné la mission du 30 septembre, mais il s'était offert spontanément pour remplir celle du 22 octobre (N° 900).

[4] Farel abrège habituellement la finale des superlatifs, et il s'est contenté d'écrire *gratiss*. Les éditeurs de Brunswick ont adopté la forme *gratissimum*.

[5] Malgré les bonnes paroles de l'avoyer *J.-F. Nægueli*, nous croyons que la requête des Genevois fut accueillie avec un sentiment plus voisin de la contrariété que de la satisfaction. *Louis Dufour* s'était présenté devant MM. de Berne le vendredi matin 29 octobre. « Mes Seigneurs (dit le procès-verbal du Conseil) ont décidé d'écrire aux Genevois, qu'une lettre de recommandation adressée pour eux à ceux de *Strasbourg* ou à *Calvin* lui-même, n'est point nécessaire. Car s'il était à leur service, eux (les Genevois) n'éprouveraient aucune difficulté de la part de mes Seigneurs » (Trad. de l'allemand).

Le secrétaire *Giron*, qui avait entendu toute la discussion, n'a pu s'empêcher d'écrire à la suite : « *Vulpinæ astutia !* » ce que nous interprétons ainsi : Des deux côtés on joue au plus fin. Genève serait enchantée de pou-

Illinc me invisit, ac ut secum venirem rogavit, Senatus literas [6] mihi tradens, quibus jubeor omnia agere ut redeas. Ego si sperarem te difficiliorem fore, certè iterum te adirem, sed puto te nolle divexari [à] me magis [7], cum satis te invitet Christi causa. Vide igitur diligentissimè cum fratribus de constituenda ecclesia, et ut non solùm *Bucerus* tecum veniat, verùm unà aliquis pius senator, ut res sic componatur, quò regnum Christi latiùs extendatur et altiores agat radices. Si *Comitia Vormaciens[i]a* te aliquamdiu remorantur (non enim deserendum est tantum opus), tamen cura ut teipsum expedias et ad tantum opus diligentissimè adcurras, neque negligas ut suus Christo honor restituatur in te, ac quæ sunt *vicinæ ecclesiæ* componantur. Si scires ut gestiant omnes pii te videre, ac quàm ringantur lupi, dum audiunt de te verba fieri, totus extra te esses. *Grande est opus Domini hoc, in quo tibi gratulor, teque obtestor per Christum Jesum ut diligentissimè exequaris id ad quod te revocat Dominus. Nam sic te expulit, ut potentiùs in populo Domini ac majori autori[ta]te tuum absolveres munus.* Vale et veni, si Christum non prorsùs aversaris vocantem. Saluta omnes in Domino. Christus omnibus adsit! Neocomi, 31. Octobris 1540.

FARELLUS tuus.

Gravissima persecutio intentata est Provincialibus, imò passim in Galliis [8], *ne[c] sunt expertes Pedemontani* [9], *quos Rex dederat Comiti Gullielmo* [10]. *Si juvari possunt, cura quæso. De his* [11] *tu et alii potestis intelligere.*

(*Inscriptio :*) Quàm optatissimo fratri Jo. Calvino, symmystæ charissimo. Vormaciæ.

---

voir dire que Berne elle-même a contribué au retour de *Calvin*. Par contre, mes Seigneurs, qui ont déjà éprouvé en lui un contradicteur, ne désirent nullement qu'il soit rendu aux Genevois ; mais ils leur font bonne mine.

[6] Nous n'avons pas retrouvé cette lettre du Conseil de Genève à Farel.

[7] Depuis le milieu de juin, il s'était rendu trois fois à Strasbourg.

[8] Voyez les pages 227, 228.

[9-10] *Les Vaudois* du Piémont et leur ancien protecteur, *Guillaume de Furstemberg* (p. 124, n. 11).

[11] Farel veut parler des compagnons de voyage de Louis Dufour. Nous supposons que c'étaient des Français réfugiés.

908

JACOB DE RUMLANG [1] à Éberard de Rumlang, à Berne.
De Paris, 1ᵉʳ novembre 1540.

Inédite. Autographe. Archives de Berne.

Jacobus a Rumlang patri suo charissimo S. D. In prioribus quas ad vos dedi literis non satis me actiones meas patefecisse puto, quia tum temporis ipse adhuc quonam modo *res meæ* se haberent ignorabam, pater charissime; neque etiam si non mè latuissent istæ, ex properatione hujus nostri amici, non potuissem. Pollicitus sum autem me in literis proximis ampliùs tibi declaraturum omnes meas actiones; promissis itaque nunc præstandam fidem puto.

Primò autem valetudinem meam firmam ac stabilem scito. Deinde, *procuratorem nostrum M. Marthinum* [2] me et *Joan. Zœchenderem* [3] conjunxisse, et *nos unà versari in Colegio Remensi* [4], apud D. *Fhinnarium* [5], virum ita eruditum, ut doctiorem hoc tempore non habeant *Galli*, Catonem etiam, ut nonnulli existimant, non esse anteferendum ei. Tertiò, omnes *nostras lectiones et studia nostra* patefaciam tibi. Ergo scias me et *Zachendrem* instituisse nobis unà in Museo nostro, si qua opera possimus, interpretaturos *Testamentum Grecum,* sub auroram hora à quinta usque ad sextam. Hujus autem lectionis non sumus coacti. *A sexta usque ad septimam cele-*

[1, 2, 3] Voyez, sur *Jacob de Rumlang, Martin Bésard* et *Jean Zehender,* les notes du N° 889.

[4] Le collège de Reims, appelé aussi *collège de Bourgogne,* parce qu'il occupait une partie de l'ancien hôtel de ce nom, était situé dans le quartier latin. Voyez, dans J. Quicherat, o. c. t. I, le Plan du collège de Sainte-Barbe et de ses environs vers 1480.

[5] Lisez *Vinarium. Nicolas Vignier,* natif de Sens, enseigna dans le Collège des Bons-Enfants, puis dans celui de Bourgogne (n. 4). Il fut élu recteur de l'Université en 1559 (Bulæus, o. c. t. VI). Il ne faut pas le confondre avec Nicolas Vignier, médecin et historien, né à Bar-sur-Seine en 1530 (Voy. la Croix du Maine et du Verdier, éd. cit. II, 184, 185.— Nicéron, XLII, 21).

*bratur missa*⁶; deinde sumitur jentaculum. Hora autem 8. usque ad undecimam fiunt lectiones a D. *Phin.*, qui his horis legit tertium librum *Quintiliani;* statim hoc finito ag[g]reditur *Philipica Ciceronis.* Posthæc sumitur prandium; à prandio alia fit lectio usque ad primam; hac hora prælegitur *Greca Grammatica Clienardi*⁷. Posthæc usque ad tertiam releguntur omnes istæ auditæ lectiones. A hora 3. usque ad 5. iterum fit lectio ubi legitur *primus liber Eneidos;* hoc finito, statim orditur *libros de Oratore.* Finita hac lectione, his qui in Colegio versantur argumentum proponit, quod aut carmine aut oratione soluta componunt: quæ exercitatio usque ad 6. perdurat⁸. Deinde ad æpulas reditur. His autem transactis, unusquisque in studiolum suum redit, ibique quamdiu voluerit studet. Hac hora nos statuimus invicem interpretaturos *Græcam Procli Spheram,* Latino è regione conferentes. Sic omnes nostras exercitationes habes, meam quoque et consodalis mei *Zœchendris;* nam ambo eidem studio operam damus.

⁶ Un mot de Bésard ne permet pas de douter que les deux Bernois du Collège de Reims ne fussent obligés d'assister chaque jour à *la messe.* Voyez la p. 306, renvoi de n. 4. Nous aurions dû compléter ce qu'il dit là des professeurs de *Paris* par un renseignement relatif aux étudiants. *Mélanchthon* écrivait le 20 septembre 1540 au prince Georges d'Anhalt : « *Parisiis* et in cæteris Academiis Gallicis ardentissimum studium est piæ doctrinæ. Etsi enim *publicè* profiteri eam homines non audent, tamen *studiosi* qui nostros libros legunt, in scholis inde multa proferunt. In *Italiam* ex his nundinis totæ Bibliothecæ invectæ sunt, etsi *Papa* nova edicta contra nos edidit » (Mel. Epp. III, 1096).

⁷ *Nicolaus Clenardus* (vulgò *Cleynarts*), professeur de grec et d'hébreu, né à Diest en Brabant, enseigna successivement à Louvain, à Salamanque et à Évora. Il mourut à Grenade en 1542 âgé de quarante-six ans. Sa *Grammaire grecque,* Louvain, 1531, et ses *Meditationes græcanicæ in artem Grammaticam,* Anvers, 1535, étaient très appréciées. On les réimprimait encore au XVIIᵐᵉ siècle. Ses *Epistolæ de peregrinatione sua et de rebus Machometicis,* Lovanii, 1551, Antverpiæ, 1566, ne sont pas sans mérite (Voyez Maittaire, V, P. I, p. 295, 296. — Valerii Andreæ. Bibl. Belgica. — Freytag. Analecta litt. p. 253).

⁸ Passage à comparer avec le Programme du Collège de Genève, t. IV, p. 457, dernier paragraphe, et p. 458, paragraphe troisième. Il convient également de consulter, dans l'Histoire du Collège de Sainte-Barbe par J. Quicherat, les chapitres intitulés : « Tableau d'un collège vers l'an 1500. Emploi de la journée. Mode d'enseignement et exercices. Nouvel ordre des études » (t. I, p. 73-91, 228-242). L'Histoire du collège de Guyenne par M. Ernest Gaullieur donne lieu aussi à des rapprochements pleins d'intérêt.

Quartò, notum tibi facio, me non ampliùs in hac *portione* [9] versari qua ab initio mei adventus fruebar, quia magis magisque, ita ut pati non potuerim, *cibus* minuebatur. Cum autem hæc procuratori nostro indicabam, mihi majorem portionem dari perfecit, ita ut nunc me *30. coronatos regios* numerare oporteat pro mensa, pro cubiculo, pro lecto et museo; à *stipendio* autem *regali* 23 dantur mihi [10], et quocquod hìc defuerit, necessum est ut tu ea numeres. Præterea pro vestibus et libris oportet ut tu numeres quoque. Te autem, mi pater, summè oro, ne quod tedium te obruat quòd tantam et tam magnam pecuniam consumo; spero enim me posthac diligenter adhibiturum, ne quid inaniter consumatur. Vale, et si me idem facturum scis, mutuò dilige. Datum anno post nativitatem Christi 1540, Calendis Novembris.

JACOBUS A RUMLANG,
filius tuus charissimus.

Meo nomine salutato *matrem meam* charissimam, *sorores, amicos, cognatos omnes,* quibus omnibus, nisi ita valde properasset nuncius, scripsissem. *Præceptori* me veteri [11] literas orditus fueram, at ex vestinatione tabellarii finire non licuit; his etiam literis maximè me properare oportuit. Vale.

Scias quoque, pater charissime, *Budæum* [12] ante aliquod menses fato esse functum, et mortuò eo hæc secuta sunt Epitaphia [13].... Multa etiam græca in laudem *Budæi* ædita sunt carmina, quæ nunc tempus non permittit tibi etiam indicare. In posterum autem, Deo volente, ea tibi mittam. Vale. 1540.

(*Inscriptio :*) Dentur hæ literæ Eberardo a Rumlang, patri suo charissimo, Bernæ degenti. Gän Bärnn.

---

[9] *Portio*, dans le jargon des écoliers, signifiait *la table*, la *nourriture*. Ils disaient couramment : « Pater meus solvit pro *portione mea* viginti aureos *ad solem* » (M. Corderii De corrupti sermonis emendatione. Parisiis, 1531). De là le nom de *portionistes* donné aux élèves qui demeuraient dans le collège.

[10] Voyez les pages 306, 307.

[11] Probablement *Joannes Telorus*, qui enseignait le latin à l'École de Berne.

[12] *Guillaume Budé* (I, 27) était mort le 20 août 1540. Son successeur dans les fonctions de maître des requêtes fut *René Bouvier*, petit-fils du chancelier de France.

[13] Suivent trois épitaphes qui se composent de vingt vers latins. Elles

909

LOUIS DUFOUR au Conseil de Genève.
De Bâle, 2 novembre 1540.

Autographe. Arch. de Genève. F. Turrettini et A.-C. Grivel.
Les Archives de Genève, 1878, p. 246.

Jehsus. Mardi 2 novembre 1540, in Bala.
Magniffiques et mes très honorés Ségniours, je me recommande très humblemant aus bonnes grâces de vous Signiories.

Magniffiques Ségniours, je suis ce matin arivé issy, avec grosse affection et bon volloër de mectre à bon effet le volloër de vous Signiories, coumant j'ay par bonnes instructions[1] : suivant lesquelles j'ai, aut passé[2], esté devant les Écellences des Ségniours magniffiques, puissans et très redotés de *Berne,* ver[s] lesqueus j'ay trouvé grosse modestie, amitié et honnour et de bon volloër. [Ils] ont veu, an Grand et Peti Consel, vostre missive par eux mise an lours lengage, et ausy iceux on[t] agréablement oïes, an Peti Concel, vous hombles recoumandacions et offre que lour ayt fect, aut mieux que j'ay seu, de la part de vous Signiories. Pour la conclusion du dit Consel, *monsieur l'Avoier* m'at refféru fort amiablemant que, veu que la chose demandée est fort honeste, cri[s]tienne et résonable, qui [l. qu'il] n'estoit mestier d'avoër autre adresse de eux, disan qui saivent *ceux de Strabour* sy bons ségniours, qui ne feront nulle difficulté du cast : disant ausy que eux, estant aut lieu de *Strabourc,* qui ne contredirés [l. qu'ils ne contrediroient] nullemant. A la reste, tan d'onnour et bonne compagnie du Petit Concel, avec de bons vin, que seroit fort long à rescrire.

Don[c] sans plus, m'en suis revenu à *Neufchâtel* ver Mestre

---

doivent se trouver parmi les *Doctorum hominum Epigrammata in laudem Budæi,* imprimées dans l'ouvrage intitulé : « G. Budæi... Vita per Ludovicum Regium, Constantinum. Parisiis, 1540. »

[1] Voyez la seconde partie du N° 900.

[2] C'est-à-dire, au passer, lors de mon passage à *Berne.*

Guilliaume Farel, don[t] ne seroit posible à moy de rescripre le bon volloër que j'ai trouvé an lui anvers une Signiorie de *Genesve*, disan, sy voiet mestier et besoin de veni avec moy, qui le feroi jour et nuit; ce néanmoins, causan le bon chemin et moien qui lat [l. qu'il a] fet, tant par escript que verbalement aut sieur *Calvin* et autres aiant puissance an l'affère ³, qui sofirat une missive, qui m'a livrée adressant aut dit *Calvin* ⁴. Don aydan Nostre Seigneur, suis près, avec le sieur *Michiel le libraire* lequel vien avec moy, de parti[r] pour trové le dit sieur *Calvin* de présance, bien que soit luy avec *Grineus* et autres les plus savans à *Ulme* ⁵, quatre journé[es] delà *Strabort*, au [l. où] une journé se tient là par la foy ⁶. Magnifiques Ségniours, croiés fermemant que j'ai bon cueur d'avoër tel personage par une ville de *Genesve*, ce sayt Dieu, auquel je prie vous avoër an sa sainte garde.

Voustre humble servitour et sujet,
Loys Dufourt.

(*Suscription :*) A Magniffiques et très honnorés Ségniours, les Sindiques et Consel de Genesve.

910

JEAN CALVIN au Conseil de Genève.
De Worms, 12 novembre 1540.

Autographe. Arch. de Genève. Henry. Calvins Leben, I, Append., p. 78. Ruchat, V, 517. J. Bonnet, o. c. I, 32. Calvini Opera, Brunsvigæ, XI, 104.

Magnificques, puissantz et honorables Seigneurs,

J'ay receu les lettres qu'il vous a pleu de m'escrire ¹, ensemble

---

³ Allusion aux deux voyages que *Farel* avait entrepris, en juin et en octobre, pour plaider la cause des Genevois auprès de *Calvin* (p. 242, n. 3; 327, n. 13).
⁴ C'est la lettre de Farel du 31 octobre.
⁵ Il aurait dû dire : *à Worms*.
⁶ *Pour* la foi.
¹ La lettre du 22 octobre (N° 900).

entendu le rapport de voz ambassadeurs ² conforme à icelles. *Quant il n'y auroit que l'humanité et gratieuseté dont vous usez envers moy en toutes sortes, je ne me pourrois aultrement acquiter de mon debvoir que en m'efforseant en tant qu'il est en moy de satisfaire à vostre demande.* D'advantaige elle est tant raisonable qu'elle me doibt bien induire de faire ce qu'elle contient. Toutefois il y a encores une raison laquelle me contrainct plus à regarder les moyens de pouvoir obtempérer à vostre vouloir. C'est *le singulier amour que je porte à vostre esglise,* ayant tousjours en mémoire qu'elle m'a une fois esté recommandée de Dieu et commise en charge, et que par cela j'ay esté obligé à jammais de procurer son bien et salut.

Toutefois je pense avoir excuse si juste et suffisante de ce que je n'exécute point si tost mon desir et le vostre, assavoir de vous déclairer par effect l'affection de mon cueur, que vous ne serez pas mal contentz de la response que j'ay faict à voz ambassadeurs. Je vous prye doncq, comme je vous ay naguère escrit ³, de vouloir tousjours considérer que je suis icy pour servir, selon la petite faculté que Dieu m'a donnée, à toutes les esglises Chrestiennes, au nombre desquelles la vostre est comprise, et pourtant que je ne puis pas délaisser une telle vocation, mais suis contrainct d'attendre l'issue qu'il plaira au Seigneur de nous donner. Car combien que je ne sois rien, il me doibt suffire que je suis constitué en ce lieu par la volunté du Seigneur, affin de m'employer à tout ce où il me vouldra applicquer. Et, combien que nous ne voyons pas les choses disposées à procéder fort avant, si nous fault-il mectre toute diligence et nous tenir sus noz guardes, d'aultant que noz ennemis ne demandent qu'à nous surprendre au desproveu. Et qui plus est, comme ilz sont plains de cautèles, nous ne sçavons pas ce qu'ilz machinent ⁴. Parquoy il nous fault préparer d'atten-

---

² *Louis Dufour* et *Michel du Bois.* Ils avaient dû arriver le 5 novembre à *Strasbourg,* et ils étaient parvenus le mercredi 10 à *Worms* (Nᵒˢ 909, renv. de n. 5; 912, n. 1, 2). Nous ne savons si *Ami Perrin* les accompagnait.

³ Le 24 octobre (N° 901).

⁴ *Mélanchthon* écrivait de Worms à Luther et à ses collègues, le 4 novembre : « Nunquam artificiosiùs nobis structæ sunt insidiæ, quàm prætextu hujus congressus, in quo simularunt adversarii agendum esse de concordia, de sanandis ecclesiis. At illud revera actum est, ut præjudicio hujus conventus damnaremur, cum *synodus* non processerit indicta a Rom. Pontifice. Adductæ sunt enim viperæ inimicissimæ huic causæ..... et pro

dre une aultre journée nouvelle, s'ilz obtiennent par leurs practicques qu'il ne se dépesche rien icy. Cela faict que pour le présent je ne puis pas venir pour vous servir en la prédication de l'Évangile et au ministère de vostre esglise. Pareillement, en telle incertitude, je n'oserois vous déterminer aulcun temps certain, à cause, comme j'ay desjà dict, que ceste assemblée nous en produira possible une seconde, à laquelle je pourrois estre envoyé, et ne sçaurois refuser. Tant s'en fault que je doubte que ceste response ne vous soit aggréable, que, si la chose estoit en vostre main, j'attendrois ung mesme conseil de vous.

Au surplus, incontinent que Dieu m'aura donné le loysir et opportunité, c'est-à-dire que je seray délivré de charge extraordinaire, je vous asseure que en toutes sortes qu'il me sera possible de m'employer pour subvenir à vostre esglise, j'en feray mon debvoir, aultant comme si j'avois desjà accepté la charge en laquelle vous m'appellez, voire aultant que si j'estois desjà entre vous, faisant office de pasteur. Ceste solicitude que j'ay que vostre esglise soit bien entretenue et gouvernée ne souffrira point, que je ne tente tous les moyens qu'il me sera possible, pour assister à la nécessité d'icelle.

Bien est vray que je ne puis pas quicter la vocation en laquelle je suis à Strasbourg, sans le conseil et consentement de ceux ausquelz Nostre Seigneur a donné auctorité en cest endroict. Car pour ne point confondre l'ordre de l'esglise, comme nous [ne] debvons pas entreprendre le gouvernement d'une esglise bien riglée, sans qu'on nous le présente, aussi nous ne debvons pas laisser les esglises qui nous sont commises, à nostre phantasie, mais attendre que ceux qui ont la puissance nous en délivrent par bon et légitime moyen. Ainsi, comme n'estant pas libvre [l. libre], je desire tousjours

---

Treviro Moguntinus [p. 161, n. 8 ; 220, renv. de n. 19 ; 257, n. 4] præerit congressui... Et *Granvellum* intelligo advenire, non ut mitiget discordias, sed quia spes ei ostensa est defectionis aliquorum..... Si esset ea magnitudo animorum in nostris heroibus quam causæ bonitas postulat, facilè possemus his difficultatibus mederi. Nam postquam huc advenimus, proscriptio edita est contra *Goslarienses* propter monasterium quoddam. Hæc cum fiant ab adversariis induciarum tempore, nostri interim quid agunt? Audimus advenire ex urbe *Roma* episcopum *Feltrensem*, *Campegii* fratrem, qui secum adducit Magistrum Palatii, Theologum, et alium quendam *Petrum Danesium* [II, 348], qui *Lutetiæ* Demosthenem enarravit, hominem eloquentem... *Granvellanus* recens (sic) curavit interfici *Vesontionem* [l. *Vesontione?*] concionatorem Evangelicorum. Inde scilicet venit ad doctrinam piam ornandam » (Mel. Epp. III, 1129, 1130).

de me gouverner par le conseil de mes frères qui sont au ministère de la Parole avec moy. Mais cela n'empeschera pas que je ne soye prest à vous faire tout service dont le Seigneur nous vouldra faire la grâce. Car leur affection n'est pas aultre que de me induire, plus tost que me retirer, de secourir vostre esglise, en tant qu'ilz congnoistront estre expédient pour le salut d'icelle. Parquoy je vous supplye affectueusement de vouloir avoir ceste fiance, que mon couraige est du tout à cela de monstrer que j'ay aultant en recommandation d'assister, en tant qu'il me sera licite, à vostre esglise, et faire qu'elle soit proveue selon la conséquence qu'elle porte, comme de chose du monde. Au surplus, je vous remercie très humblement de la bonne affection qu'il vous a pleu de vostre grâce déclairer envers moy, comme je l'ay entendue par voz lettres et encore plus amplement par le rapport de voz ambassadeurs.

A tant, magnificques, puissantz et honorables Seigneurs, après m'estre humblement recommandé à vostre bonne grâce, je supplye le Seigneur de vouloir vous augmenter de jour en jour ses grâces qu'il a commencées en vous, et vous confermer[5] tellement par son sainct esperit, que vous puissiez servir en vostre dignité à la gloire de son nom, et ainsi que vostre gouvernement et l'estat de vostre ville par sa bénédiction journellement prospère. Sur toutes choses, je vous prye, au nom du Seigneur Jésus, de maintenir bonne paix et concorde, tant qu'il vous sera possible, et entre vous et avec ceux qui vous sont conjoinctz en Nostre Seigneur. De Wormes, ce XII de Novembre 1540.

Vostre humble serviteur en Nostre Seigneur,

JEHAN CALVIN.

(*Suscription :*) A Magnificques, nobles et puissantz Seigneurs Messieurs les Syndicques et Conseil de Genefve[6].

---

[5] Dans l'édition de Brunswick : *conserver*.

[6] On lit au dos la note suivante du secrétaire genevois : « Lettre de maystre Caulvin, escripte az Wormes. *Recyeux ce 26 novembre 1540.* »

911

LES MINISTRES DE STRASBOURG ET DE BALE au Conseil et au Clergé de Genève[1].

De Worms, 13 novembre 1540.

Copies contemporaines. Arch. de Berne. Bibl. Nat. à Paris.
Coll. du Puy, t. 268 [2]. Calvini Opp. Bruns. XI, 106.

Gratia et pax à patre nostro Deo et servatore nostro Christo!
Valde nos in hac molestia, qua vobis meritò compatimur, recreavit, quòd *Dominus hunc vobis animum immisit, ut revocaretis ad Christi apud vos ministerium quem aliquando,* preoccupati à salutis nostræ hoste, *ob id ipsum ministerium à vobis depulistis, vel depelli consensistis.* Ut enim Christus ejicitur, cum fidi[3] ejus ministri rejiciuntur, ita repetitur quoque quando ii repetuntur qui eum verè prædicant. Repetitus autem non poterit non adesse, et adesse ut sentiamus eum mali omnis depulsorem et bonorum omnium conciliatorem. Gratulamur itaque vobis hunc animum et verè salutarem cogitationem, quæ indubiè non minùs vobis commodorum adferet, quàm est grata Domino ac omnibus qui nomen ejus ex vero animo invocant. Hunc nos precabimur, ut mentem istam vobis servet et in eo perseverare vobis largiatur, ut *non quoslibet, sed eos semper expetatis Christi ministros qui totum Christi ministerium prestare vobis laborent,* hoc est, [nihil] omittant, quominus

---

[1] En comparant la présente épître avec deux lettres écrites de Strasbourg en juin et en octobre (N°s 869, 902), on peut s'assurer qu'elles sont sorties toutes les trois de la plume de *Bucer.* On retrouvera ici les mêmes idées, mais exposées avec plus d'ampleur. Il n'y a guère de nouveau que le paragraphe relatif aux exilés politiques de Genève (p. 360-362).

[2] La minute de *Bucer* avait probablement des ratures. C'est ainsi que nous nous expliquons les nombreuses imperfections des deux copies. N'ayant pas consulté celle de Paris, nous avons généralement suivi celle de Berne, mais en la complétant ou en la corrigeant, dans plusieurs passages, au moyen des variantes fournies par les éditeurs des *Calvini Opera.*

[3] Dans les copies et dans l'édition de Brunswick : *fidei.*

quicquid ovium Christi ab hoc ipso suo bono pastore alienatum adhuc erat, ad caulas ejus perducatur, et quicquid ab hiis rursus digressum fuerit ad eas revocetur, quicquid aliquid fregerit vel vulneratum fuerit curetur, quicquid debile sit confortetur, quicquid sanum et vegetum custodiatur : qui instet universis et singulis opportunè et importunè, ne quis vel à gratia excidat, vel eam in vanum amplectatur. *Nec enim satis pastori est ut publicè doceat et sacramenta administret; sed [tum] se curatorem animarum ritè exhibebit, cum ut pater filios, ut nutrix alumnum curarit, foverit et instituerit gregem sibi commissum et ex eo grege quemlibet, ut pater (inquam) et nutrix,* quas duas imagines Paulus proponit, *quin ut Christus ipse, quo nihil potest esse moderatius aut mitius atque amabilius.* Commodum [enim] est jugum Domini et onus ejus leve : nihil duri, nihil inhumani in disciplina Christi est. Rex hic, ut in suo ipsius corpore, ita etiam in servis suis venit humilis et mansuetus, non ut dominetur, sed ut serviat, non ut ipsi ministretur, sed ut ipse ministret nobis, etiam impendendo vitam suam, ut nobis per omnia bene sit. Quid hoc ? *quod caput membris et membrum membro prestat in sano corpore, hoc prestatur in ministerio Christi cunctis et singulis in Ecclesia, quæ Christi corpus est.* Quare non utilis tantùm et salutaris, sed etiam grata et jucunda sit oportet omnis doctrina, exhortatio, correctio quæ fit ab idoneo ministro, quæ exhibetur à ministerio Christi. *Quemadmodum igitur ante discessum Farelli et Calvini, qui verè rara et eximia organa Christi sunt, uti unum Domini corpus invicem coherebitis et coagmentati perseverabitis, unum cor unamque animam habere studebitis, probatum omnibus sanctis ministerium constituetis, idque ut Christi ministerium observabitis,* cunctamque ab eo institutionem et admonitionem atque etiam increpationem et correctionem [1] spiritu Christi factam, ut Domini disciplinam, sicuti revera est, amplectemini. [Hæc] Dominus vobis, ut benignè cœpit, impleat et confirmet servetque semper !

Porrò, *quòd Calvino fratri et symmystæ nostro venerando et charissimo, authores nunc esse non potuimus, ut se statim ad vos reciperet, causa una est quòd communi nunc omnium ecclesiarum ministerio, et eo perquam neccessario sanè, detinetur.* Dum enim *Imperator* et quàm plurimi principes pacem *Germaniæ* querunt, et ea constitui non possit nisi religionis dissidio sublato, et hoc tolli

---

[1] Copie de Berne : coërci[ti]onem.

nequeat nisi admittatur puritas doctrinæ et synceritas disciplinæ Christi, dici vix potest ut laboretur ab adversariis, qui hic frequentes adsunt ex *Roma* et *Italia* atque aliis nationibus, episcopi, doctores, monachi et fratres variarum sectarum, ut videantur ipsi pacificationem Ecclesiæ quesiisse, nos verò rejecisse. Cum itaque ista molimina contra Christum videamus, et institutum sit semel de controversiis religionis serio colloqui, pietatis est, ut et ipsi ita adsimus et conatus adversariorum excipiamus, ne videamur causæ Domini et salutis nostræ ipsi defuisse. Hæc itaque causa prima est cur *Calvinus* nunc ad vos venire non queat, quod etiam boni consulere debetis, cum non minùs hic vestræ quàm aliarum ecclesiarum ministerio inserviat. *Altera causa cur modò vestram amplecti vocationem non potest, est quòd videndum ei sit, ne vel eam quam modò certam vocationem habet, temerè deserat, neve vestram non rectè et ordine amplectatur. Habet in hac, qua nunc apud nos detinetur, vocatione, duo certè præclara et ecclesiis utilia ministeria. Pastor est ecclesiæ Gallicanæ apud nos,* parvæ quidem, si numerum [spectes] populi, at qui considerat hic lectos quosdam ex omni *Gallia* juvenes ad Christum institui, is agnoscet facilè *Calvini ministerium, quod hic quamlibet paucis exhibet, patere in totam ferme Galliam,* et ut hi aliqua ex parte possunt [l. possint?] illum ad vos sequi, certum tamen est id, cum propter alias quæ hic habentur *prælectiones,* tum etiam propter loci commoditatem et linguæ *Germaniæ* usum, atque alias causas, non omnes esse facturos. Jam *alterum ministerium, quod in Schola præstat, explicando Sacras Scripturas, multò latiùs patet.* Eo enim *Germanis, Italis* et *Gallis* maximam utilitatem adfert, eamque non solùm docendo Christum eos qui ex hisce nationibus ad nos confluunt, suisque postea quem apud nos didicerint Christum hoc feliciùs prædicabunt, sed etiam conservando hac opera sua studium illud et institutum ecclesiæ et reipublicæ nostræ certè perquam neccessarium, ut aliarum quoque ecclesiarum curam gerat, et inducendo illis ministros et communia omnium ecclesiarum negotia, totamque Christi causam pro sua virili procurando. Jam præter *Wittenbergensem ecclesiam et scholam,* certè in *Germania* nulla est quæ excitare aliquod seminarium hominum ad sacrum ministerium idoneorum aut instructorum moliretur, aut etiam quæ ecclesiis in communi necessaria sunt et utilia sibi curanda duceret. Dedit quoque Dominus ut hoc qualecunque ecclesiæ nostræ studium et institutum plerisque ecclesiis haud parùm commodarit et commodaturum sit adhuc ampliùs, et certè *ut Calvinus ipse donis quæ habet amplissima tantùm ecclesiis, postquam à vobis discesserit, commodarit, ad id hoc ipsum ecclesiæ nostræ institutum tamen aliquid contulit.* Quò igitur alibi minùs est hujus sanctæ et necessariæ pro ecclesiis solicitudinis, hoc magis enitendum omnibus, ut id quod apud nos Dominus quantulumcunque sit excitavit, conservemus et provehamus. Ad hanc verò rem dedit Dominus *Calvino* quàm plurimùm conferre, adeò ut neminem uspiam sciamus quem ei vel aliqua spe, non dico paris, sed aliquantulùm accedentis ad eam quam ipse prestitit utilitatis, sufficiamus. Interim verò nos, qui in hac relinquimur ecclesia, senio, morbis ac laboribus fracti, non solùm quod ecclesiarum necessitates tam multæ et variæ [5] requirunt, sed nec id quod hactenus utcunque prestitimus, sustinere poterimus. Id autem verendum, ut ecclesiis multò majus damnum det, quàm nunc omnes perpendimus. In tam sancta igitur et neccessaria vocatione *Calvinus* cum sit, certè non est rejicienda ei, nisi admodum clarè videat, quòd majorem possit apud vos ecclesiis Christi utilitatem adferre. De hoc itaque illi et nobis diligenter inquirendum est, ne abjiciens certum et amplectens incertum Dominum tentare videatur.

Jam licet de vocatione vestra sic statuamus, ut eam vobis gratulemur, tanquam eam qua, ut diximus, non partem ministerii Christi, sed totum ministerium, idque non tepidum sanè vel ignavum, sed ardens et satagens restitui vobis queratis, *tamen est certa tradita in Scripturis ratio, qua Calvino explorandum sit, si ipse is sit per quem velit Dominus apud vos regnum suum tueri et amplificare.* Dubitari enim non potest, si debeat id prodesse apud vos quod per dona quæ a Domino habet, potest necessariò requiri, ut non solùm à vobis, sed etiam à vicinis vobis, et maximè *Bernatibus* ministris ecclesiarum, expetatur. Hinc in veteribus canonibus constitutum legimus ut episcopus etiam injuria à suis pulsus, non restituatur tamen, nisi vicinorum episcoporum judicio, per quos id scilicet curetur, ut sic munus suum repetat, assentientibus et sese Christi disciplinæ tradentibus omnibus quorum id interest, ne facilè novæ offensiones incidant. Atqui istam explorationem nunc obtinere non potest : quocirca rogamus et obtestamur vos in Domino, ut quod certum nunc nec ipsi consulere nec ille statuere de vestra vocatione potuimus, boni consulatis, agnoscentes, id

---

[5] Dans les deux copies et dans l'édition citée, *tam multa et varia.*

nullo certè vocationis vestræ contemptu, sed religione Domini necessaria fieri. *Ne autem hæc mora vobis fraudi sit, hortamur vos in Domino, ut nihil prætermittatis quò Vireti,* viri ut ad Christi ministerium utilis, ita sanè et vestris necessitatibus accommodatissimi, *opera interim, dum Calvinus certum aliquid constituere queat,* [*uti*] *possitis.* Qua de re et nos ad magnificos Dominos et Senatum ac etiam fratres nostros ejus ecclesiæ ministros literas fecimus [6], ea certè spe, ut si unà instetis, fore vos voti compotes nobis polliceamur.

Præterea et istuc oramus Dominum, ut postquam vobis tantum regni sui desiderium restituit, etiam largiatur, ea omnia apud vos submoveri et extingui quæ instaurationi regni sui quoquo modo obstare queant. Vos quoque per Domini gloriam et salutem vestram rogamus, hac in re Domino vos, cunctis humanis affectibus repressis, accommodetis. Ut igitur nec ipsi dubitare potestis, vix aliud æquè restituendo apud vos regno Christi obsistere, atque *intestinum civium vestrorum et sociale cum Bernatibus dissidium,* ita vos per hoc ipsum Domini regnum, ex quo cuncta expetenda vobis constabunt, obsecramus et obtestamur, ut totis in hoc viribus incumbatis quò utrumque [7] dissidium extinguatur penitùs et aboleatur. Audimus *admodum magnum numerum esse exulum, qui vel pulsi urbe vestra sunt, vel ultro eam reliquerunt* [8]. Hi certè, cum Christum non plenè habeant in se viventem, non poterunt non dies noctesque cogitare et moliri, non solùm ut sedem et res suas repetant, sed ut se etiam de iis ulciscantur quos suæ calamitati causam dedisse arbitrantur. Et Dominus talium conatus tum demum reprimit, cum nos bono vincere illorum malum studemus, [dum] de illis ex misericordia, quale scilicet a Domino nobis petimus, judicium facimus, dum Christi denique spiritum sequimur, qui non perdere, sed servare homines etiam

---

[6] C'étaient évidemment des lettres adressées aux Seigneurs et aux ministres de *Berne*, et non au Conseil de *Genève*, comme les éditeurs de Calvin le disent, t. XI, p. 113, note 8. Voyez le N° 920, note 6.

[7] Dans la copie de Berne, *utrinque*

[8] Allusion aux trois députés *articulants* et au syndic *Étienne Dadaz*, lesquels s'étaient retirés sur le territoire bernois. « Plusieurs autres citoyens allèrent demander aux pays voisins une sécurité qu'ils ne trouvaient plus dans leur ville natale. Leurs noms furent proclamés à son de trompe, avec menace de séquestration de leurs biens s'ils s'obstinaient à demeurer éloignés » (Voy. p. 199, 242, 273. — A. Roget, o. c. I, 256, 257).

peccatores satagit. Fatemur, periculosum est factiosos cives in republica admittere. At cum illi tamen cives sint, et nostri adeoque multi (nam et multitudo delinquentium semper causam præbet humanas pœnas mitigandi), danda opera est ut clementia et misericordia animos nunc factionis morbo infectos, amantes reipublicæ faciamus. *Quamlibet feroces sint et factiosi, malent tamen, vel hoc exilio humiliati, si tolerabilibus conditionibus recipiantur, moderatos et legibus obsequentes cives prestare, rebus suis et familiis fruentes, quàm his destituti et exilii calamitatibus pressi tantùm moliri ut vobis noceant.* Et nisi malum inimicorum nostrorum vinci nostro bono posset, ad id nos Dominus per apostolum suum et alios non esset hortatus, nec clementia roborari thronum regis dixisset, per regem sapientissimum, si clementia seditiosis daretur causa nocendi potestatibus legitimis. Cicero spiritum Christi non habebat : ea tamen luce, quam Dominus ethnico animo infuderat prudentissimè Romanis suis consulebat, cum factiones in ea republica invaluissent, ut eas perpetua omnium injuriarum condemnatione et oblivione consopirent. Et certè rempublicam illam servasset, si suum consilium obtinere potuisset. *Precamur itaque vobis hanc mentem a Domino, ut tum publicas, tum privatas injurias exulibus vestris ex animo condonetis, nisi sint quibus citra oblesionem justiciæ Dei illæ condonari non debeant;* tum ut vias queratis promovendi illos ut suam insolentiam atque iniquitatem etiam agnoscant; deinde ut optimis legibus et viris, qui eas leges optima fide exequantur, rempublicam vestram sic firmetis quò minima sit malis civibus turbandi occasio; denique ut, postquam exules ad agnoscendam culpam suam promoveritis et administrationem civitatis vestræ cum legibus, tum legum ministris magistratibus communieritis, petentibus veniam exulibus haudquaquam negetis, sicque eos restituatis, ut Evangelicum in vobis animum et verum quærendi salutem hominum studium sentiant : quæ res sanè rempublicam ab illorum vel aliorum malis conatibus tutissimam reddet. Nam ut illos ista vestra evangelica mansuetudo non corrigat [9], Dominus tamen, qui civitatem non frustra custodit, molitiones illorum malas nullo negotio repellet, et efficiet ut sentiatis misericordiam vestram omni studio prestitam vobis nunquam fraudi futuram. Ea in re eorum ratio habenda est [10] quos adhuc intra menia

---

[9] Édition de Brunswick : *corriget.*

[10] Dans les deux copies et dans les *Calvini Opera*, on lit ici : « Ea in

vestra habetis, amicos et necessarios illorum exulantium, quos clementia ista sic vobis devincietis, ut et ipsi invigilaturi sint ne quid *sui* porrò peccent, proque etiam [11] hoc in suis accepto à vobis beneficio, permitti [l. permulti?] se præstare cives fideliores et obsequentiores dabunt operam.

Eodem Christi spiritu et avertenda erunt quæ a Magnificis Dominis Bernatibus molesta incident. Cogitandum hic erit, quid per hos vobis Dominus prestiterit. Certè enim ex faucibus leonis horum vos opera eripuit, utque Evangelii et civili libertate fruamini, horum sanè ministerio consequuti estis. Quare etsi, sicut homines sunt, et multi homines pleraque in nos [l. vos?] statuissent aut statuerent non tam humaniter quàm cupitis, haud tamen ulla potest esse injuria, quæ salva religione Christi ferri queat, quam non meritò illis condonetis, cogitantibus [l. cogitantes] quanto vos antè beneficio affecerint. Jam *non est [etiam] illi præclaræ reipublicæ imputandum quòd pauci aliquando vel imperitia vel etiam malitia peccent.* Eam adhuc illi gravitatem et æquitatem præstiterunt, ut nos haudquaquam dubitemus, si de rebus omnibus ritè et moderatè doceant[ur], eos ita se temperaturos, ut futurum ab iis non sit de quo magnopere queramini. Attamen *et illud cogitandum est, Dominum solere nonnunquam per eos ipsos nostram tentare patientiam, per quos singularibus nos cumulavit beneficiis. Fecit Dominus occasione vestræ necessitatis ut et Domini Bernates, propter auxilium vobis latum, immortale decus et ingentem etiam utilitatem perciperent, et vos eo auxilio religionem libertatemque confirma[re]tis, et opes quoque non contemnendas con[se]queremini, è summo discrimine erepti, in quo tot jam annos miserè et periculosè conflictati eratis. Sicut itaque utraque urbs alteri instrumentum extitit maximorum Dei beneficiorum, ita visum [nunc] Domino est, ut altera alteri etiam organum sit cujusdam probationis,* sed ut, si hanc christiana prudentia et modestia excipiatis, rursus Dominus utriusque ministerio ad augendam et ornandam utramque præclarè usurus sit.

Hoc consilium Domini perpendetis, et ei vos religiosè accom-

---

re eorum, *quorum* ratio habenda est, etc. » La suppression de *quorum* suffit pour rendre la phrase intelligible.

[11] Ibidem : *proque se etiam.* Nous croyons que les deux copistes, embarrassés en présence des ratures de l'original, n'ont pas mis le mot *se* à sa vraie place, et que Bucer, à la fin de la phrase, avait substitué *permulti se præstabunt cives fideliores* à cette forme moins correcte : *permulti se præstare cives fideliores... dabunt operam.*

modabitis, semper cogitantes Dominum eos exaltare qui sese humiliant, et reddere centuplum pro eo quod pro ipsius gloria relinquimus. *Non potest non maximam Evangelio ignominiam adducere, si ita cum Dominis Bernatibus dissentiatis, et occasionem detis ut hostes Christi jactent : En spiritum novi evangelii! Bernates destruere conantur quos jactabant se Christo [vindicasse et servasse. Genevates exercent inimicitiam cum consortibus evangelii sui, cumque iis per quos se Christo [12]] restitutos gloriabantur.* Proinde si, causa hujus offendiculi depellendi et necessariam inter has urbes amicitiam retinendi et confirmandi, aliquid de jure vestro conceditis, id indubiè Dominus centuplum etiam hîc rependet. Nam ut Dominus tot vos vinculis sanctæ conjunctionis conjunxit, ita nihil facietis [ei] gratius quàm si hanc vestram conjunctionem colatis et firmam reddere studeatis. Et væ homini qui disjunxerit quos ita Deus conjunxit! *En ipsi videtis quàm non appareat ullum hodie instrumentum aliud, quo religionem et libertatem vobis conservare Dominus velit, quàm soli Bernates. Qui enim cum Christo non faciunt, certè contra eum faciunt, ne[c] possunt non nocere velle filiis Dei, quique suis omnem ademerunt libertatem, quàm tuerentur vobis [13]? Quoniam [14] verò innumera mala inde existere possunt, si à societate resiliretis Bernatium, vestra ipsorum prudentia facilè perspicit.* Ergo unde Dominus et prestitit et prestandas ostendit suam opem et summas utilitates, eò toto pectore respicietis, et quicquid ullam possit injicere offensionem, id summo studio removebitis, quod procul dubio, sicut in gloriam Christi et utilitatem regni ejus, ita et maximo vestro cum decore, tum commodo facietis.

Dominus Jesus, unicum caput nostrum, cujus omnes membra sumus, quemque cum vero corde Servatorem invocamus, donet vobis hæc quæ monemus omnia pio animo expendere, bonique ea facere, et quatenus ipsius sunt sequi, ut cum religione Christi libertas vobis et omnimoda fœlicitas confirmetur et quotidie augeatur! Amen. Commendamus nos vestris charitatibus in eodem Domino

---

[12] Le passage que nous plaçons entre deux crochets est omis dans la copie de Berne.

[13] Allusion aux visées de *François I* sur la ville de *Genève*. Les propositions du roi de France, en 1535 et en 1538, avaient été reçues comme elles le méritaient par les républicains genevois.

[14] Nous supposons qu'il y avait *quot*, et non *quoniam*, dans le manuscrit original.

et servatore nostro Jesu Christo. Datum Wormatiæ, 13. Novembris anno 1540.

Dominationibus et charitatibus [15] vestris addictissimi

WOLFFGANG CAPITO.
SIMON GRYNEUS [16].
MARTINUS BUCERUS.
JOHANNES STURMIUS.

Ministri ecclesiarum Argentinensis et Basiliensis missi ad colloquium de religione Wormaciam.

912

JEAN CALVIN à Guillaume Farel, à Neuchâtel.
De Worms, 13 novembre 1540.

Calvini Epistolæ et Responsa. Genevæ, 1576, p. 414. Calvini Opera. Brunsvigæ, XI, 113.

CALVINUS FARELLO, S.

Si meo loco esses, optime Farelle, fortassis pars aliqua dubitationis istius, quæ me vehementer cruciat, te quoque nonnihil solicitum haberet. Nam neque ego solus conturbor : et qui mecum laborant non carent multis et justis causis, cum tamen non soleant aliàs de nihilo commoveri. *Vos soli sine controversia pronunciatis quid facere debeam. Sed cum ego nonnihil vacillem, et alios omnes videam fluctuari, nihildum possum statuere : nisi quòd paratus sum omnino sequi Domini vocationem, simul ac mihi fuerit patefacta.* Cum *legati* literas *Senatui* obtulissent, responsum est me abesse :

---

[15] A vos Seigneuries et à Vos Dilections. — *Charitates* correspond ici au mot allemand *Liebden*.

[16] J. Oporin écrivait de Bâle à Bullinger le 28 octobre : « Hodie aut cras abituri sunt *Vormaciam Amerbachius* et *Grynæus*, uterque a Senatu nostro ad hoc destinati. » Et, le 11 novembre : « Ex Comitiis nihil prorsùs audimus quod fiat. *Grynæus* cum Argentinensibus *Capitone, Bucero, Calvino, Sturmio* profectus est. *Amerbachius* nescio quibus causis adhuc hæret apud nos » (Ms. autogr. Arch. de Zurich).

sine cujus consensu nihil polliceri vellet¹. Exceperunt se libenter
huc venturos, ut de meo animo sciscitarentur. Præmissus est eques
celeri cursu, qui nobis indicaret. Biduo eos antevertit². Jubebat
autem *Senatus* legatos suos³ dare operam, ne quid pollicerer.
Nunquam credidissem me tanti esse apud Senatum nostrum. Nec
literæ sine admiratione eorum qui aderant lectæ sunt, quòd de me
retinendo essent adeò soliciti, quibus videbar parùm esse notus⁴.
Sed fortassis ideo fecerant, quia non me satis noverant. Quid
enim habeo in me commendatione dignum? Utcunque tamen sit,

¹ Les ambassadeurs genevois (*Loys Dufour* et *Michel du Bois*) s'étant
présentés le samedi 6 novembre devant le Conseil de Strasbourg, en
avaient reçu la réponse suivante : « Primò agit et habet Senatus Argentoratensis gratias magnas, quòd legati Senatus et communis civitatis
Gebennensis amica officia et obsequia sibi parata obtulerunt, vicissim sti-
pulans si quacunque in re quidquam è re et commodo Senatus et communis civitatis Gebennensis facere et præstare ullo modo poterit, id animo
parato, amico atque perlubenti se facturum. Et quantùm ad *legatorum
Gebennensium petitionem* attinet, qua petunt *Calvino* permitti ut *Gebennam*
redeat, respondet Senatus : Quum *Joannes Calvinus* hoc tempore, propter
communis christianæ ecclesiæ et etiam civitatis Argentoratensis negotia,
colloquio Wormatiensi adsit, sese ad petitionem legatorum nihil certi jam
respondere posse. Recipit autem Senatus, quàm primùm *Calvinus* peracto
hoc colloquio domum fuerit reversus, se petitionem hanc illi expositurum,
et ut animum suum, quid ea in re facere velit, declaret, petiturum. Quem
Calvini animum ubi Senatus perceperit, quid ad petitionem hanc legatorum responderе tum instituerit, Senatui Gebennensi certò perscribet.
Actum vi^a Novembris Anno Do. MDXL. » (Reg. du Conseil de Genève,
t. 34, p. 533. Calv. Opp. Brunsvigæ, XXI, 268. Le texte allemand de
cette réponse est imprimé à la p. 102 du t. XI de la même édition.)

Jacques Bédrot écrivait de Strasbourg, le 24 novembre, à Pierre Kuntz,
à Berne : « Si nescis, legatos miserunt tum ad senatum nostrum tum ad
Calvinum Genevates, hujus revocandi gratia. Responderunt nostri se nunc
valde opus habere *Calvino* ad colloquium, partim propter Scripturæ, partim linguæ Gallicæ cognitionem » (Mscr. autogr. Bibl. de Zofingue. Calv.
Opp. XI, 120).

² Le courrier des magistrats de Strasbourg était arrivé à *Worms* le
lundi matin 8 novembre; les ambassadeurs de Genève, le 10 seulement.
C'est ce qu'on apprend par la lettre responsive que le député strasbourgeois *Jacques Sturm de Sturmeck* écrivit à ses supérieurs, le 11 novembre.
Elle est imprimée dans les *Calvini Opera*, t. XXI, p. 270.

³ C'est-à-dire, Bucer, Capiton, Jean Sturm, Jacques Sturm et Matthias
Pfarrer.

⁴ A comparer avec le t. V, p. 231, fin de la note 19, et p. 273,
note 9.

legati mihi literas⁵ interpretati priùs, hortati sunt ut apud me expenderem quid maximè putarem in Christi gloriam fore : interim tamen satis declararunt quid haberent animi. Dies ad consultandum datus est⁶. Adhibui statim *fratres*⁷ in consilium. Aliquid agitatum est. Melius tamen putavimus, si omnia nobis integra manerent usque ad *eorum* adventum⁸ : ut intellecto *urbis* statu, certiùs de toto negotio judicaremus.

Ubi hæc acta sunt, *propositis tuis et Vireti literis*⁹ rursum petii consilium. Qua oratione usus fuerim, nihil opus est dicere. Obtestatus tamen sum quibus potui modis, ne me respicerent. Quàm seriò autem id à me diceretur, intelligebant ex re ipsa, cum plus lachrymarum efflueret quàm verborum. Quinetiam bis ita sermonem interruperunt, ut secessum quærere coactus fuerim. Non progrediar longiùs. Hoc tantùm tibi confirmo, me optimè conscium mihi esse summæ sinceritatis. Huc tandem ventum est, ut non me adstringerem in præsentia, sed tantùm bonam spem Genevensibus facerem*¹⁰. Obtinui tamen ut reciperent nostri, se impedimento non fore quominus eò concederem absoluto hoc conventu, si modò Bernates* responderent, se ab eo consilio non abhorrere¹¹. *Senatus* quidem, ut video, me ægerrimè dimittet. *Legati* qui hîc sunt vix consentient. Nec in alia opinione est *Capito*. Sed *Bucerus* efficiet ne retinear : modò ne quis ventus adversus *istinc* flaverit. Tu eos¹² in spe concepta confirmabis, ac interim diligenter mihi expones

---

⁵ La lettre adressée le 6 novembre par le Conseil de Strasbourg à ses députés (n. 2, 3).

⁶ Le mardi 9 novembre.

⁷ Grynæus et tous les députés de Strasbourg (Voy. n. 10-11).

⁸ C'est-à-dire, jusqu'à l'arrivée de *L. Dufour* et de *M. du Bois*.

⁹ La lettre de Viret du 22 octobre et celle de Farel du 31 (Nᵒˢ 899, 907).

¹⁰⁻¹¹ Voici le résumé de la lettre allemande écrite par *Jacques Sturm* le 11 novembre : A la suite de nos négociations avec *Calvinus* et de la conférence qu'il a eue hier avec les ambassadeurs de *Genève*, il leur a répondu, aujourd'hui jeudi, qu'il ne peut, pour le moment, ni engager sa parole, ni refuser leur demande ; mais qu'après son retour à Strasbourg, il délibérera avec ses collègues, les prédicateurs, afin de prendre la résolution qui contribuera le plus à l'honneur de Dieu et à la prospérité des églises. Telle est la réponse qu'il a aussi adressée par écrit au Conseil de Genève [Nᵒ 910] et remise aux ambassadeurs. De plus, il nous a priés de vous remercier très humblement des excellentes dispositions que, dans votre lettre, vous témoignez à son égard.

quidquid putabis nostra interesse. Cum redierimus, si expediet me venire, tunc magis urgendum erit. Plus tamen impetrabis tuis literis, quàm ullus alius. Sed de illis ubi tempus venerit.

Quid sperandum sit *de hoc conventu,* breviter complexus sum in charta quam tibi fratres ostendent [13]. Et paulò antè tibi exposueram [14]. Plura cum otii plus fuerit. *Viretum* salutabis amantissimè et diligenter excusabis quòd nihil rescribam, rogabisque ut his literis satisfieri sibi patiatur. Vale, frater optime et charissime. Dominus vos omnes conservet! Wormatiæ, 13 Novemb. 1540.

[12] Scil. *Genevenses.*

[13] Le mot *fratres* désigne les députés genevois, qui repartirent le 13 novembre pour le Pays romand. Le 17, ils étaient à Strasbourg, et Jacques Bédrot leur remettait pour Myconius une lettre qui se termine ainsi : « Habes... *legatos Genevatium* a Vangionibus redeuntes, ex quibus tanquam oculatis testibus intelliges omnia » (Mscr. autog. Bibl. de Zurich. Calv. Opp. XI, 117).

[14] A notre connaissance, la lettre et « le papier » où Calvin énonçait ses prévisions touchant *le colloque de Worms*, n'ont pas été conservés. Mais cette perte est compensée, en quelque sorte, par les nombreux renseignements que fournissent sur la même époque les *Melanthonis Epistolæ* (Voyez notre N° 910, n. 4. — Bretschneider, o. c. III, 1125-1155). Ainsi *Bucer* écrit à Luther : « Tres Bavari quidem et triplex Moguntinus cum nostro Saturno nihil omittent, freti pontificiis, Cæsareis et Regiis, quò nos majore gravent invidia, ut qui summam ipsorum clementiam pervicaciter rejecerimus. Sed aderit Christus, et... in eam ipsam eos foveam præcipites dabit, quam fodunt nobis. Itaque spero futurum, ut, sicut Tua Paternitas confessione facta *in hac urbe* Evangelii cursum mirificè expedivit, ita etiam nunc nostra qualicunque attestatione idem Evangelii cursus nonnihil tamen incitetur.... De eventu viderit Christus, cujus causa agitur... In eo vale felicissimè... atque commendare me ne graveris venerandis viris D. Præposito [*Justo Jonæ*] et *Pomerano,* et salutem dicere *Capitonis, Sturmii, Calvini, Grynei* et legatorum nostrorum *Jacobi Sturmii* et *Matthiæ Pfafferini* [l. *Pfarreri*],... et hoc omnes petierunt ac meis verbis : quam etiam tibi *hi omnes* officiosè precantur. Wormatiæ, 8 Novembr. 1540. »

Le 14, *Mélanchthon* écrit à Luther : « Hactenus otiosi dies 14 expectamus adventum *Granveli*.... In hoc otio aliquoties convenimus et de præcipuis articulis amanter collocuti sumus... Dictæ sunt rectæ et piæ sententiæ magno consensu. » On lit, en effet, dans le journal de *Wolfgang Musculus* : « Nona Novembris Wormatiæ, in hospitio Saxonum, convenimus evangelii Christi ministri numero viginti tres, hora diei septima usque ad decimam. » Dans ces assemblées, *Calvin* prit la parole le 9, le 10, le 11, le 17 et le 18 novembre (Voyez les Calv. Opp. Brunsv. XXI, 269-271).

913

LE BAILLI DE LAUSANNE au Clergé et aux magistrats
de son Bailliage.

De Lausanne, 13 novembre 1540.

Inédite. Copie contemporaine. Arch. du C. de Vaud. Communiquée
par M. Ernest Chavannes.

SÉBASTIAN NÆGUELLIN, gentilhomme et bourgeois de Berne, Ballifz de Lausanne au nom et pour la part de la magnifficence de nous très redoubtés Seigniers supérieurs de Berne, — à vous les *spectables seigneurs prédicantz,* et aussi les nobles et honnorables Bourguemeistre, juges, mayors, chastellains, mestraulx, lieutenant et aultres officiers, tant médiatz comment immédiatz, estans dedans les limites de nostre ballivaige, Salut.

Combien que nous dictz Seigniers supérieurs, pour abolir plusseurs abus et superfluytés, aussi pour l'utilité du bien public, aultreffois ayant [l. ayent] ordonner et décréter, entre les aultres choses, que nulz ne deusse faire chaus[s]es décoppées ny déchicquitées [1], — ce nonobstant, plusseurs en mesprisant les ordon-

---

[1] Dès 1532 *les chausses chapelées* furent défendues dans les bailliages d'Orbe et de Grandson. L'édit de Réformation du 24 décembre 1536 les prohibait « sous le bamp de trente sols et perdition des chausses. Toutefois (disaient MM. de Berne) celles qui seront par ci-devant faites, octroyons de les user. » Mais l'usage fut plus fort que la loi (Voyez Ruchat, IV, 529. — Jean de Muller, o. c. XI, 208, en note).

« Du temps de noz pères (disait *Pierre Viret*), on a veu les Allemans [l. *les Suisses*] allans en guerre... et estoyent vestus la plus part d'eux de celle toille que nous appellons du triège ; mais maintenant il n'y a plus que soye, velours, damas, argent et or.... Il n'y a si petit marchant qui ne vueille contrefaire le gentilhomme.... Et ceux qui ne peuvent tenir train de gentilhomme, s'efforcent de parvenir, pour le moins, à quelque degré prochain. Tous deviennent maintenant, par deça, publicains, fermiers, receveurs, ou admodiateurs ou commissaires : et n'y a presque nul qui n'ait vergoigne d'exercer le mestier et l'art duquel son père... a entretenu sa famille » (Dialogues du désordre qui est à présent au monde.

nances de nous dictz Seigneurs, comment ingnobéissant ont faict le contraire, et daventaige ont décopper, chappler et déchicquiter pourpoinctz, collet, aulbergeons [2] et aultres habilliemens. Sur quoy nous dictz Seigneurs Petit et Grand Conseil de noveaulx, pour plusseurs raisons raisonnables et pour ce que leur plaisir a esté de faire, ont faict ordonnances et décretz, *Que nul d'ores en avant ne doibge fayre ny fayre à fayre pourpoinctz, chaus[s]es, colletz, aulbergeons ny aultres halbilliemens décopper, chappler ny déchicquiter,* dessoub la painne de la perdition des dictz halbilliemens, et dessoub le bamp d'ung florin d'or pour chesque contrevenant. Et, touchant les habilliemens par cy-devant chapplés et décoppés et déchiquitéz, ceulx que les ont à présent en puissent gaudir et user, pour l'espace de six moys entiers, desjà commencer le vingthuytiesme jour du moys d'octobre nouvellement passer [3]. Et, estre passer les dictz six moys, que nulz n'en doibge plus pourter, dessoub la perdition d'iceulx. Desquelles ordonnances nous dictz Seigneurs supérieurs Petit et Grand Conseil nous ont mander et commander fayre à fayre les publications.

A ceste cause, nous le dict Ballifz vous les dictz Seigneurs prédicantz, Bourguemeistre, juges, mayor, chastellains, mestraulx, lieutenans et aultres officiers dedans les limites de nostre dict ballivaige, exhortons et néantmoins, de la part de nous dictz Seigniurs supérieurs, *voz mandons et commandons que doibgés publiés ou fayre publier les dictes ordonnances et décretz* [4], affin que nul puisse prétendre ingnorance d'iceulx. Datté le tréziesme jour du moys de novembre, l'an nostre Seigneur Jésus-Christ mille cinq cens quarante.

Genève, 1545, p. 59, 61, 62, à comparer avec l'ouvrage de P. Viret intitulé : Le monde à l'empire. Genève, 1561, p. 158 et suivantes).

[2] Les *collets* rabattus et à bords découpés étaient brodés, piqués ou tailladés. On donnait aussi le nom de *collet* ou *colletin* à un justaucorps sans manches, fait de peau de buffle. Les *pourpoints* de drap, de cuir ou de velours portaient des coupures en long, sous lesquelles on apercevait une étoffe de couleur vive. Parfois ils avaient, aux coudes et aux emmanchures, des bouffants ou renflements, qui étaient pareillement tailladés. Le *haubergeon* (petit haubert), cotte de mailles à manches et à gorgerin, avait fait place, paraît-il, à un vêtement en drap, qui admettait les mêmes ornements que le pourpoint.

[3] La décision avait été prise dans les séances du 25 et du 29 octobre 1540.

[4] Dans plusieurs occasions, les pasteurs du territoire bernois avaient

914

LES PASTEURS DE MONTBÉLIARD à la Classe de Neuchâtel.

De Montbéliard, 14 novembre (1540).

Inédite. Manuscrit orig. Bibl. des pasteurs de Neuchâtel.
(COMPOSÉE PAR PIERRE TOUSSAIN.)

Charissimis et observandis fratribus nostris, Farello, Barbarino, Capunculo, et cæteris Verbi Ministris in oppido et ditione Neocomensi agentibus, salutem in Domino Jesu!

Nuper (ita volente Domino) *Princeps noster tandem permisit, ut Missa in ditione Blamontana abrogetur*[1], sed hac lege, ut ante ejus in *Germaniam* abitum, hoc est, ante diem 22 hujus mensis, fratres habeamus qui illic Verbum Domini concionentur : id quod nos benignitate patris nostri cœlestis, promissis vestris, studio ac pietate freti, promisimus. Quare obsecramus vos per D. Jesum, ut cum hoc charissimo fratre nostro, *duos saltem bonos fratres huc mittatis*, qui nobis in negotio Domini adjumento sint. Valete in Domino. Monbelgardi, 14 Novembris (1540[2]).

MINISTRI ECCLESIÆ MONBELGARDENSIS.

déjà été invités à publier, dès la chaire, des édits et même de simples règlements de police.

[1] Voyez la p. 212, lignes 3-4, et la p. 263, renvoi de note 11.

[2] L'année est déterminée par ce qui est dit de l'abolition de la messe dans la seigneurie de *Blamont*. (Voyez G. Goguel. Hist. de Farel, 1873, p. 77. — Recherches sur l'ancienne seigneurie de Neuchâtel en Bourgogne, par l'abbé Richard de Dambelin. Besançon, 1840, p. 239.)

915

NICOLAS PARENT [1] à Guillaume Farel, à Neuchâtel.
(De Strasbourg) 16 novembre 1540.

Autographe. Bibl. des pasteurs de Neuchâtel. Calv. Opp.
Bruns. XI, 115.

S. Cum tam sedulò perscribat ad te Dominus *Calvinus* ea quæ hic fiunt, mi Farelle, non est quòd in eis exponendis te diutius detineam. Puto enim esse nefas agentem seria earundem rerum frequenti subinde repetitione interturbare, vel potiùs obruere. Sed tamen et sunt quædam quæ et tibi significare mea plurimùm refert, et te scire, si non juvet, tamen incommodi nihil allaturum arbitror. Habeo enim te ut Christi servum, et eum te agnosco cujus opera et ministerio dignatus est Dominus uti, ad regnum suum propagandum et suam ecclesiam edificandam, cui rei hactenus intentis nervis studuisti. Faxit is qui cœpit, ut fœliciùs indies pergas!

Ego paulò antequam abirent nostri Warmatiam (sic), *missus sum ad Evangelii prædicationem, mihique manus sunt impositæ a Bucero et Calvino simul,* XIIII *die octobris* [2], in sacro nostro conventu statim post concionem vespertinam (erat autem dies dominicus), *relictusque sum ab eis ut pastoris munere fungar hic tantisper dum aberit Calvinus noster.* Ego verò id nequaquam expectabam, immò verò sperare tantum munus non fuissem ausus, præsertim in hac nostra ecclesia. Scis autem quæ apud me aliquando proponerem : deliberationem enim animi mei paucis tibi manifestaram domi

---

[1] Voyez sur ce pasteur intérimaire de l'église française de Strasbourg, la page 103, note 116, les pp. 157, n. 24; 174, n. 34; 225, lignes 1-2; 240, renvoi de note 38.

[2] Il aurait dû écrire : XXIIII *die octobris*, puisqu'il rappelle, un peu plus loin, que sa consécration au saint ministère eut lieu « un dimanche. » Or, le 14 octobre 1540 fut un jeudi.

Calvini, cum ad nos primùm venisses [3]. Consului equidem te num operæprecium videretur ut ad parentes redirem [4], docturus eos, si qua ratione fieri posset, in Domino, viam veritatis et evangelium Christi. Neque meum animum etiam eo videbaris improbare, quòd et ipse judicares quàm cautè mihi esset in ea re agendum, agendique modum præscriberes. *Constitueram etiam et illud, me scilicet transacturum tempus aliquod meæ juventutis in docendis pueris, idque* [5] *in iis locis ubi nihildum ex Evangelio esset cognitum,* ut etiam aliquid facerem fructus in regno Christi mei illic fungens evangelistæ munere, donec paulò grandior in Christo factus, depositis his carnis concupiscentiis meque ipso abnegato, aptior essem ad regnum Christi annunciandum, id est, evangelium veritatis.

Subduxeram equidem ad tempus me ab hoc onere annunciandi Evangelii, cui me imparem et sensi et sentio. Quis enim terrestris et imbecilis homo agere possit opus tam divinum, sublime et arduum? Cum omnis homo mendax et vanitate ipsa vanior sit, et in ipsissimis ignorantiæ tenebris versetur, quomodo tantam veritatem, tam solidam doctrinam, tamque claram evangelii Jesu lucem, non dico aliis proponere et explicare, sed etiam vel videre vel sustinere possit? Hic certè magnum Dei opus, magnam ejus erga homines benevolentiam agnoscimus. Denique et illud addam : *non videri præcipuum ministri Verbi in hoc esse situm, ut verbis quidem annunciet Evangelium, nisi et ipse eo afficiatur in corde, vitam-*

---

[3] Cela signifie évidemment : la première fois que vous êtes venu à Strasbourg depuis que j'y suis, c'est-à-dire, au mois de juin de cette année. On sait, en effet, que *Nicolas Parent* n'y vint qu'en février ou en mars 1540.

Les nouveaux éditeurs de Calvin énoncent, à ce propos, l'opinion suivante (Ed. Brunsv. XI, 115) : « *Farellus ter videtur Argentorati fuisse, prima vice statim post Calvini adventum, secunda, ad ejus nuptias, tertia Wormaciam petens in. Decembre 1540.* » Le premier de ces trois voyages de *Farel,* lequel aurait eu lieu en septembre ou en octobre 1538, est purement imaginaire (Voy. le t. V, p. 140, 142), et, fût-il historique, ce n'est pas de celui-là que *Parent* ferait mention, puisqu'il ne suivait pas encore, à cette époque, les leçons de Calvin, de Sturm et de Bucer. En revanche, les éditeurs des *Calvini Opera* omettent trois autres voyages de Farel à Strasbourg : celui de juin 1539 et ceux de juin et d'octobre 1540 (pp. 168, n. 19; 242, n. 3; 327, n. 13).

[4] On ignore si *Parent* était originaire de la Lorraine, ou de la Franche-Comté, ou du royaume de France.

[5] Dans l'édition de Brunswick, *unquam.*

que suam formet ad ejus præscriptum, quò aliis sancto vitæ exemplo præeat. Sed quid sus Minervam? Hæc dico, mi Farelle, ut mei animi candorem habeas. Væ mihi si non annunciem Dei salutem per Christum Jesum! Væ et mihi si spiritum regenerationis, beneficium Christi erga me verè ipse non sentiam, eoque me sanctificante et ad bona opera consecrante, innocentia, bonitate et puritate vitæ aliis non præluceam: Tu ergo, mi Domine Farelle, admone, obsecro, si quid olim adverteris in me quod parùm Christi ministrum deceret. Instrue me, rogo, ut veteranus et bellandi peritus, id est, hostes invadendi et eorum insultus excipiendi : instrue, inquam, me ut tyronem et adhuc militiæ rudem. Existimo certè magnam a Deo mihi gratiam fieri, si à te et tui similibus officii mei commonefiam, etsi etiam ab aliis admonitus benevolentiam in me Dei agnoscam. De his satis.

Cæterùm nescio qua conscientia tandiu [6] tantillæ pecuniæ solutionem differant *debitores mei* [7]. Tantùm abest ut mihi aliquid de suo mutuent, mihi, inquam, in scholis versanti, ubi non sine magno sumptu vivitur, cum etiam id quod debent non persolvunt. Certè parùm considerati sunt homines, ne dicam parùm pii. Puto autem mihi deberi adhuc coronatos tres aut circiter, quibus si vel tu vel quispiam alius addere vellet quartum, cum ad me mittentur (missos verò jam vellem), polliceor me redditurum posthac et brevi. Ego enim hospiti meo jam incipio debere, deficiente pecunia et *Calvino* absente, qui ubi adfuerit certior ero eorum quæ agam, neque volo cuiquam esse oneri. Igitur te oro, mi Farelle, ut hoc tempore et hac in re mihi si liceat succurras, par aliquando pari relaturo, si quando sese tempus offerat. Vale in Christo Jesu semper. Salutat te *uxor Calvini et tota ejus familia* [8]. Salutat te *Enardus* [9], salutant et te qui mecum sunt omnes. Salutabis etiam tuos nostro nomine, præcipuè verò *Capunculum, Mullotium, Corderium* et *Jacobum* [10], et totam domum tuam. Vale, XVI novembr. 1540.

Tuus NICOLAUS PARENS.

(*Inscriptio :*) Pietate et eruditione prædito Guilelmo Farello, verbi Dei ministro Neocomensi. Neocomi.

[6] Ibid., *tandem*.

[7] Pendant son séjour à *Neuchâtel, Parent* avait peut-être rempli au collège les fonctions de sous-maître, ou donné quelques leçons particulières.

[8] C'est-à-dire, *Antoine Calvin*, les enfants du premier mariage d'*Ide-*

916

LE CONSEIL DE GENÈVE à Pierre Viret, à Lausanne.
De Genève, 22 novembre 1540.

Manuscrit orig. Bibl. des pasteurs de Neuchâtel. Calvini Opera.
Brunsvigæ, XI, 118.

Monsieur, de bon cueur az vous nous recommandons.

Suyvant laz déclaration du grand desyr que nostre peuple az envers vous [1], lesquieulx toutjour sont en tel volloyr, vous envoyons les propres lectres que havons receyuz des Ministres euvangéliques et de Monsr *Caulvin* [2], lesquelles vous playraz voyër et dempuys nous renvoyer. Suyvant lesquelles vous pryons très assertes vous volloyër transporter par deça, et croyés entièrement que ne seryés

---

lette *de Bure*, et les pensionnaires de la maison, entre autres, le jeune *Malherbe* et les deux frères *Louis* et *Charles de Richebourg*.

[9] *Eynard Pichon* (p. 29).

[10] *Jean-Jacques Farel* ou le ministre *Jacques Sorel* (pp. 35, n. 13; 231, n. 3-4)?

[1] A comparer avec le commencement du N° 880, p. 271.

[2] On lit dans le Registre de Genève du 22 novembre : « Lettres de *Caulvin* et des prédicans d'*Estrabourg*. Lequelt sur la prière qui luy az esté faycte de venyr icy... az respondus que, après la journée de *Wurmes*, il est prest az obeyr az tout ce que luy seraz commandé, et que cependant l'on demande Maystre *Pierre Viret*... Sur quoy résoluz de escripre au dit *Viret* qu'il viengne icy, et qu'il luy soit envoyé le doble *des lectres*. » Ces derniers mots font allusion aux lettres du 24 octobre (N°^{s} 901, 902).

Les éditeurs des *Calvini Opera* disent que l'épître des ministres strasbourgeois du 13 novembre (N° 911) « pouvait déjà être entre les mains du Conseil. » Or, le post-scriptum du N° 920 nous apprend que l'épître en question fut apportée à *Genève* par les ambassadeurs genevois qui étaient repartis de *Worms* le 13 ou le 14 novembre. Le 17, ils n'avaient pas encore dépassé *Strasbourg* (N° 912, n. 13). Il était donc impossible, vu la distance, qu'ils parvinssent à Genève pour la séance du 22.

[l. sauriez] fère plus grande ouvre envers Dieu et les homes fidelles que iceste, voyeant que nostre ditz peuple vous az fort aggréable. Et si par aventure n'estiés prompt az layser le lieuz aut [l. où] il az plieuz az Dieu vous constitué az présent, vous playraz nous donner le moyen par lequelt puissiés fère vostre département az l'honneur de Dieu et, en apprés, de vous. Et sur ce vostre amyable responce. Actum 22 Novembre 1540.

Vous bons amys
Les Sindicques et Conseyl de Genève.

(*Suscription :*) Az maystre Pierre Viret, prédicant et ministre euvangélique, nostre singulier amy[3].

917

JEAN CALVIN à Nicolas Parent, à Strasbourg.
De Worms, 26 novembre 1540.

Copie contemporaine[1]. Bibl. Publ. de Genève. Vol. n° 106. Calvini Opera. Brunsvigæ, XI, 121.

Ego mihi ecclesiæque nostræ magis quàm tibi gratulor, mi Nicolae, quòd omnes ita diligenter ad concionem veniunt et reverenter auscultant. Id enim summum meum votum fuit quum discederem, ut ne quid fratribus nostris, quos ministerio meo regebat Christus, ex mea absentia decederet, ne quid ex eo ordine deperiret quo Christiani gregis incolumitas continetur. Atque id ipsorum magis interest quàm mea. Ut enim gloria et corona pastoris ecclesia est bene constituta, ita neque gaudere vel gloriari nisi in ejus salute ille potest. *Benedictus* ergo *Dominus, qui nostrorum*

---

[3] Le manuscrit porte le sceau de la République avec la devise : « Post tenebras spero lucem. »

[1] Elle est de la main de *Charles d. Jonvilliers*. Il dit dans une note marginale : « Ex autographo. Inscriptio erat hujusmodi : Optimo fratri meo, etc. »

omnium animos in tali verbi sui reverentia continet, et te etiam iis donis instruit quæ satisfacere illis possint. Utinam sic aliquando Genevensibus quoque prospiciat, ne me ampliùs sollicitent! Illud enim vehementer me angit quòd illis cupio opitulari, sed rationem nullam video. Quanquam ab ista solicitudine animum quoad possum revoco, donec istuc redierimus, et *Farellus* rescripserit quomodo apud illos res habeant. Ea enim lege nobis sumpsimus istas inducias, ut ex statu ecclesiæ qui tunc erit, consilium capere liceat. Nunc igitur, dum omnia sic suspensa sunt, interquiesco, et ab ea anxietate, quam mihi hujus consultationis difficultas² attulerat, nonnihil respiro.

Verùm redeo ad *ecclesiam nostram. Placet sanè quòd absentiam meam non magno desiderio ferre potest.* De cœna Domini celebranda bene facis quòd mones³. Neque enim mihi in mentem venerat cum abirem : sed nimis serò id fecisti. Præteriit enim dies quo denunciari oportuerat, aut certè antè elapsus erit quàm literæ meæ pervenire ad te possint. Et vereor ne, si *probationem solitam*⁴ remiserimus, ea varietas turbationem aliquam nobis generet. Proinde satius fore arbitror, si nunc supersedeas, quando non fuit in tempore cogitatum, nisi fortè redierit *Claudius*⁵, ut cum eo possis deliberare; nam si ipse tecum expedire censuerit, nolim differri. Tantùm vereor ne in posterum nobis fraudi sit, si quid innovetur. Alioqui, si salvo ordine fieri posset, nihil morarer. Vale, mi Nicolae, *Sebastianum*⁶, *Enardum* et alios tuos sodales aman-

---

² A comparer avec le N° 912, renvois de note 1-11.

³ A comparer avec le paragraphe de la p. 224 qui commence par ces mots : Cum instat *dies Cœnæ*, edico ut qui communicare cupiunt, priùs se mihi repræsentent. »

⁴ L'examen de conscience des communiants (p. 200, renv. de n. 8-9; p. 223, renv. de n. 37-39).

⁵ *Claudius Feræus* (*Féray*), qui était probablement diacre de l'église française de Strasbourg.

⁶ *Sébastien Châteillon* (en latin *Castalio* ou *Castellio*), l'un des hommes remarquables du seizième siècle, était né en 1515 à Saint-Martin-du-Fresne, en Bresse. Fils de parents pauvres et zélés catholiques, ce fut par la seule puissance de ses efforts et de ses talents qu'il acquit une instruction littéraire distinguée et la connaissance approfondie des langues bibliques. On ignore quelles furent les causes prochaines qui lui firent embrasser le parti de la Réforme. D'abord précepteur de trois jeunes nobles à *Lyon*, il publia dans cette ville ses *Dialogi sacri*, composés d'extraits des Saintes-Écritures et destinés à l'enseignement de la jeunesse. Il se rendit ensuite à *Strasbourg*, où il passa l'automne de 1540 et l'hiver

tissimè nomine meo saluta. Dominus vos omnes conservet, et spiritu suo sancto ad omne opus bonum dirigat! Wormaciæ, 26. Novemb. (1540.)

CALVINUS tuus.

(*Inscriptio :*) Optimo fratri meo Nicolao Parenti, ecclesiæ Gallicanæ apud Argentoratenses diacono.

918

LE CONSEIL DE GENÈVE à Guillaume Farel, à Neuchâtel.

De Genève, 26 novembre 1540.

Manuscrit original. Bibliothèque des pasteurs de Neuchâtel.
Calvini Opera. Brunsvigæ, XI, 122.

Monsieur, apprès nous estre recommandé de très bon cueur az

---

suivant. Dans son ouvrage adressé à *Calvin* (1558) et intitulé : « *Sebastiani Castellionis Defensio. Ad authorem Libri, cui titulus est, Calumniæ Nebulonis,* » il s'exprime comme il suit, p. 26-28 :

« Vixi ego domi tuæ *Argentinæ* septem aut ad summum octo dies. Interea cupivit domum tuam migrare Galla quædam fœmina nobilis, nomine *Madamoyselle du Verger*, unà cum suo filio et filii famulo. Sed cum ejus famulo non esset domi tuæ locus ad cubandum, tu à me modestè petiisti, ut ei cederem. Ego modestè cessi, pecuniam tibi pro victu solvi, atque ita à te cum bona venia... migravi. Postea cum domi tuæ in morbum incidisset famulus tuus, conterraneus meus *Johannes Chevantius*, ego ad eum, accersitus à tuis, ivi, et ægrotanti domi tuæ... administravi usque ad ejus obitum : hoc est circiter alteros septem dies. Postea tuus convictor nunquam fui.

« Eodem deinde anno, cum tu *Ratisbonam* ad comitia profectus esses, accidit ut peste mortuus sit domi tuæ, absente te, convictor quidam tuus Gallus, nomine *Claudius* [*Feræus*].... Acta sunt hæc anno M.D.XL. et XLI. Testor eos qui tum erant *Argentinæ*... et in primis tuam fratrisque tui conscientiam, et *Nicolaum Parentem*, et *Enardum Pichonum*, qui nunc concionatores sunt in comitatu Neocomensi, quorum *hic* ægrotantem famulum tuum, de quo nunc narravi, etiam visit, *ille* paulò post etiam mecum vixit, et ante *Claudii* mortem *Argentina* discessit. » (Voyez *Sebas-*

vous. Il est [l. il est] certainne que havons entendus le bon cueur, grand ameur et zèle que nous portés az nous fère service et playsir, dont très assertes vous mercions. Et croyons que, *par nous ambassadeurs estant par devers vous, estes assés advertys de la cause encore par appellation pendante entre nous très chiers combourgeoys les Seigneurs de Berne et nous* [1]. *Et pource que en cest affère nous povés servyr, vous pryons nous havoyër entièrement pour recommander,* et qu'il vous playse vous employer pour nous laz aoù cognoystrés estre neccessayre [2]. Et en ce nous ferés aggréable playsir, lequelt nous paroffrons déservyr, Dieu aydant, auquelt pryons qu'il vous doiënt prospérer. De Genève, ce 26 Novembre 1540.

                          Vous bons amys
                Les Sindicques et Conseyl de Genève.

(*Suscription :*) Aut Docteur Farel, Ministrez Euvangélique, nostre singulier amy [3].

---

tiani Castellionis Dialogi IIII. Eiusdem Opuscula quædam... Aresdorffii, 1578, petit in-8° de 12 ff. prélimin., 445 et 135 pp.).

[1] Malgré l'abrogation du traité du 30 mars 1539 (p. 273, n. 3), *Berne*, irritée de la ténacité des Genevois, se conduisait comme si le dit traité était encore en vigueur. Elle avait autorisé le bailli de Ternier à faire acte de souveraineté, dans les terres du prieuré de Saint-Victor et du Chapitre de Genève, toutes les fois que l'occasion s'en présenterait. Il en était résulté de nouveaux procès. Les « journées de marche » tenues à Lausanne du 4 au 11 octobre et le 15 novembre n'ayant eu aucun résultat, les procureurs des deux parties en avaient appelé au sur-arbitre *Bernard Meyer* de Bâle, élu par les Bernois. L'ancien secrétaire de Genève, *Claude Roset*, venait d'être envoyé à Bâle par ses supérieurs, pour communiquer au sur-arbitre toutes les pièces du procès (Voyez A. Roget, o. c. I, 265-270).

[2] *Farel* avait à *Bâle* plusieurs amis qui pouvaient servir la cause de Genève auprès de *Bernard Meyer*.

[3] La présente lettre, écrite par le secrétaire Pierre Ruffi, porte le sceau de la république avec la devise : « Post tenebras spero lucem. »

919

PIERRE VIRET au Conseil de Genève.
De Lausanne, 26 novembre 1540.

Autographe. Arch. de Genève. F. Turrettini et A.-C. Grivel, o. c., p. 148. Impr. en partie dans les Calvini Opera. Brunsvigæ, XI, 123.

S. Grâce, paix et miséricorde par Jésuschrist nostre Seigneur!
Magnifiques et honnorables Seigneurs, *ainsyn que je cognois le grand desir et l'affection que vous avez à recouvrer bons et fidèles ministres, pour consoler et restaurer vostre pouvre église tant désolée et dissipée, je croy aussy que vous ne ignorez pas le bon vouloir et ardant desir que non-seulement moy, mais aussy tous vrays amateurs de vérité ont à la consolation et restauration d'icelle. Mais ainsy que, touchant ce affayre, nous sommes tous avec vous unys de voulunté, de desir et de cueur, aussy sommes-nous en telle perplexité que vous estes, pour trouver les moyens et occasions justes et raysonnables pour y pourvoir à la gloire de Dieu et édification de toutes les églises.* Vous avez veu ce que nostre frère *Calvin* vous respond[1], qui vous doibt aussy touchant mon cousté abundamment satisfaire pour moy. Car non obstant qu'il y aye entre luy et moy grande différence quant à la doctrine et érudition, toutefoys quant au cueur et à l'affection envers vous et les églises de Dieu, soyez asseurés que nous ne sommes pas beaucop différans. Je ne me estime pas estre mien, mais aux églises auxquelles le Seigneur m'a dédié et consacré. Pourquoy mon vouloir ne tire à aultre chose, fors que je serve fidèlement à ma vocation, en quelque lieu qu'il

---

[1] Allusion à la lettre de *Calvin* du 24 octobre (p. 334, second paragraphe). Celle qu'il écrivit au Conseil de Genève le 12 novembre ne parle point de *Viret*, et le Réformateur de Lausanne ne pouvait pas la connaître, puisqu'elle ne parvint à sa destination que le 26 novembre (N° 910, n. 6).

plaira au Seigneur m'apelle[r] par les moyens qu'il a ordonné. *Vous ne ignorez pas combien je doibs estre tenus à l'église en laquelle le Seigneur m'a maintenant constitué ministre, et quel debvoir j'ay selon Dieu à mes princes et seigneurs, par lesquelz premièrement Dieu m'a tiré et appellé à ce sainct ministère*[2], *et par eulx grandement assisté. Je ne dépens en rien des hommes, et ne vouldroye pour prince, seigneur, ne créature vivante, me forvoyé de la droicte voye et obmettre aucune chose qui me fût enchargée de Dieu; mais aussy ne oseroye-je rien entreprendre légièrement ne témérairement, sans estre asseuré de ma vocation et user des moyens que le Seigneur nous présente en toute édification.*

Je voys le conseil que ces bons frères vous donnent[3]; *je cognois le désir qu'ilz ont de secourir à ceste église, et en quelle réputation ilz l'ont. Je desireroye bien de mon cousté estre tel qu'ilz m'estiment, et bien idoine à l'affayre auquel ilz me vouldroient employer, et duquel pareillement ilz m'ont rescript très affectueusement*[4], *m'advertissant et admonnestant que je ne me monstre point difficile, si mes princes et seigneurs, auxquelz ilz ont faict requeste et prière de telle chose*[5], *m'en solicitoient. Quant je regarde ma petitesse, mon ignorance, la faulte de prudence et jugement qui est en moy, j'ay honte de moy-mesmes, et ne me puys persuader que je soye apte à une si grande œuvre. Mais quant je considère de l'aultre cousté vostre desir et bonne affection, vostre nécessité et dangier, le conseil de ces grans personnages, je ne sçay que je doibs délibérer, sinon que ainsy que je suys consacré à l'Église de Nostre Seigneur, je me soubmet à son jugement, et suys prest de m'employer à toutes choses quil me seront commandées par l'Église, voyre jusques à respandre mon sang pour vous, me confiant que Dieu me fortifiera et me donrra*[6] *la grâce selon l'œuvre qu'il me mettra entre les mayns. Et à cecy je ne puys voir, ne mes frères aussy, meilleur moyen que celluy que ces bons personnages*

---

[2] C'est proprement *Farel* qui l'avait « tiré et appelé au saint ministère » (Voy. t. II, p. 372, n. 9). *Viret* ne pouvait pas l'oublier; mais il pensait, sans doute, qu'il fallait d'abord en remercier *les Bernois*, auxquels Dieu avait inspiré le dessein de faire prêcher l'Évangile dans la ville d'*Orbe*.

[3] Allusion à l'épître des pasteurs de Strasbourg du 23 ou 24 octobre (N° 902, p. 336, lig. 13-17).

[4]-[5] Ces lettres des ministres strasbourgeois à Viret et à MM. de Berne n'ont pas été conservées.

[6] Forme familière, au lieu de *donnera*.

vous baillent, c'est à sçavoir que vous impétrez cella que demandez de mes princes et seigneurs [7]. Ce sont ceulx qui m'ont premièrement meiner en vostre ville [8], et par lesquelz Dieu m'a ouvert la porte pour vous prescher son évangile, par lesquelz il a assisté à mon ministère pour planter ceste église. *S'il plait au Seigneur vous adresser à eulx, et leur donner le cueur de m'envoyer à vous pour ung temps, pour restaurer ceste pouvre église tant minée, ainsy qu'i*[*l*] *leur a baillé pour la plantation d'icelle, je me offre de ne rien refuser que je ne employe mon âme, corps et sang et toutes les grâces qu'il playra à Dieu me bailler pour vostre salut et édification. Mais aultrement je ne voys point de bon moyen qu'il ne demeure tousjours quelque crainte en mon cueur,* non pas touchant ma personne, mais l'église, craignant qu'en cuydant édifier, on ne ruyne, et en cuydant réparer une église, on ne destruyse celle-là et d'aultres aussy. Et pourtant, mes très honnorez Seigneurs, s'il vous plaît, prendrez mon bon vouloir en gré, et mon œuvre, quant il playra à Dieu qu'elle vous puysse servy, et me tiendrez pour vostre petit serviteur et amy, qui a plus de vouloir à vous fayre playsir et service selon Dieu, que de puyssance, conseil, ne sagesse. La grâce de Dieu soit avec vous, qui vous remplisse tousjours de sagesse pour conduyre et gouverner la République à son honneur et louange! De Lausanne, ce 26. de Novemb. 1540.

      Le tout vostre humble et petit serviteur
        et amy PIERRE VIRET.

(*Suscription :*) A Magnifiques et honnorables Seigneurs Messʳˢ les Syndiques et Conseil de Genève [9].

---

[7] Il semblait bien que ce fût le procédé le plus simple. Mais les Genevois craignaient un refus, à cause de la mésintelligence qui existait entre eux et les Bernois.

[8] Dans les premiers jours de janvier 1534 (Voyez t. III, p. 124-129).

[9] Le sceau de Viret porte la devise : « *Veritas vulnere viret.* »

On lit dans le Registre du 29 novembre : « Maystre *Pierre Viret*, prédicant, sus laz lectre az luy envoyé de venyr icy pour annuncé la saincte parolle de Dieu, az faict responce qu'il vouldroy espandre son sang pour *Genève*, et qu'il est prest az fère tout ce que par nous luy seraz commandé, ayant précédemment obtenus licence de ses seigneurs de Berne et pourviheuz en sa place en laquelle est colloqué az présent az *Lausanne*. Pource que l'on az entendus que les prédicans sont apprès az il donné bon ordre, cecy est demoré en suspend. »

920

PIERRE VIRET à Ami Porral et à J.-A. Curtet[1], à Genève.
De Lausanne, 26 novembre 1540.

Autographe. Arch. de Genève. F. Turrettini et A.-C. Grivel,
o. c. p. 151.

S. Grâce, paix et miséricorde par Jésuchrist nostre Seigneur! Vous ne ignorez pas l'argument et propos des lettres qu'il a pleut à Messrs les Syndiques et Conseil me fayre rescripre[2], auquelz je respons briefvement, non obstant que la cause requéroit plus longue responce. Pourquoy vous ay bien voulu rescripre pour supplier [l. suppléer] à la brefveté des lettres et vous exposer plus amplement nostre advis, affin que s'il faict besoing et que la chose ne soit assés ample en mes lettres, vous puyssiez communiquer la reste avec ceulx qui vous semblera expédiant, lesquelz vous cognoissez mieulx que moy, et selon cella fayre et proposer les choses.

Quant à mon cueur et affection, je croys que assés les cognoissez, et n'ay besoing sur cecy faire grandes adjurations pour le vous persuader. *Touchant ce aussy que n'ay faict conte de vous aller visiter, selon le debvoir que j'ay à l'église de Jésuchrist, vous entendés assés si la faulte vient de moy, en quelle perplexité je suys et quelz empeschemens je puys avoir, et en quelle prudence et circunspection me fault cheminer*[3]. *Or toutefoys je voys quel conseil vous donnent ces bons frères et ministres de là-bas*[4], lesquelz j'ay en grand hon-

---

[1] Voyez, sur *Ami Porral*, le t. II, p. 423; III, 279. — *Jean-Ami Curtet* ou *Curteti*, l'un des syndics de l'an 1537, était membre du Petit Conseil depuis le mois de juillet 1540.

[2] Voyez la lettre du 22 novembre.

[3] S'il eût donné libre cours à ses sympathies pour les Genevois, *Viret* se serait exposé à mécontenter les Bernois, auxquels il avait prêté serment.

[4] Ceux de Strasbourg (Lettre du 23 ou du 24 octobre).

neur et révérence, et suys asseuré qu'ilz ne quièrent que la gloire de Dieu, la paix et édification des églises; pourquoy je suys grandement esmeu, non obstant que je ne me sente pas avoir les dons et grâces pour pouvoir ce fayre à quoy je leur semble idoine. Mais il ne fault pas regarder ses forces et vertus, ains tousjours attendre la vertu d'enhault de Celluy qui œuvre en nous. Avec l'advis de ces bons frères *je voys aussy le consentement de mes frères et fidèles ministres qui sont par deçà, principalement de Maistre Guiliaume, Zébédœe, Comes et aultres semblables* [5], *qui non obstant qu'ilz sentent comme moy quelle nécessité et dangier nous avons par deçà, néantmoins coignoissans quelle édification ou scandale peut advenir, en toute la chrestienté, de vostre église bien ou mal disposée, ne peuvent facilement nyer l'ayde et secourt que demandez.*

Or sommes-nous en telle doubte et perplexité que vous, et ne sçavons bonnement quel moyen tenir. De me absenter d'icy je ne puys et ne le doibs fayre sans le vouloir, congié et bonne grâce de mes Seigneurs et de l'église, sans les irriter grandement, et non sans cause, et sans donner scandale aussy. *De demander aussy congié ou licence pour ung temps, je ne sçay comme la requeste ne de moy ne de mes frères seroit receupve. Pourquoy ne sçaurions trouver meilleur moyen, fors que cella ce fit par vous-mesmes, suyvant le conseil des frères qui vous ont escript et les lettres aussy que eulx-mesmes en ont envoyé à noz Seigneurs et Princes, requérant que telle chose ce fit* [6]. *Et combien que entre vous et eulx soit quelque différent, peult-estre que voyans vostre bon cueur et desir, seront aultrement affectionnés qu'on ne pense, et que si vous priez le seigneur de la moysson, il donrra le cueur à ceulx qui le peuvent fayre, de vous oultroyer des ouvriers pour mettre en son champ.*

De demander que je départe d'icy pour tousjours et résidemment demeurer vers vous, je croy qu'il seroit difficile d'obtenir, mais en la manière que les frères vous proposent sera plus tollérable. Et pour mieulx satisfaire de tous coustez, à cause que le frère *Comes* seroit icy trop chargé seul, principalement veu que le Seigneur a

---

[5] *Guillaume Farel*, *André Zébédée*, pasteur à Orbe, et *Béat Comte*, second pasteur à Lausanne. Les « aultres semblables » étaient probablement les pasteurs des églises voisines de Lausanne : *Jacques le Coq*, *Antoine Saunier*, *Matthieu de la Croix*, *François du Rivier*, et peut-être aussi *Antoine Marcourt*, élu le 12 novembre pasteur d'Orzens et d'Essertines, dans le bailliage d'Yverdon.

[6] Voyez le N° précédent, notes 4-5.

retiré *nostre diacre* [7], si le playsir estoit de Messieurs que je vous allasse pour ung temps consoler, *Champereaux* [8] pourroit icy tenir ma place jusques à ce que vous fussiez pourveu, comme les frères entendent de fayre après la journée de *Wolmes,* et par ce moyen ceste église ne seroit pas déporveue, ne le frère *Comes* tant pressé, et paravanture Messieurs se contenteroient pour ung temps avec les honnestes et chrestiennes remonstrances que leur pourroient estre faictes. Et si nostre advis vous sembloit bon, et que vous envoyssiez là quelcun qui passà[t] par icy vers nous, nous luy pourrions encores bailler quelque adresse pour démeiner toutes choses à édification.

Voylà, frères, l'advis et conseil que pour maintenant mes frères et moy avons pour vous donner sus ce affayre, ce que n'ay pas oser escripre du tout si copieusement à Messieurs les Syndiques et Conseil, craignant prolixité, ou que paravanture quelcun en fût offensé; mais vous en a[y] bien voulu adverty, sachant que vous aurez bien la prudence de déclairer et communiquer *noz lettres* là où vous cognoistrez qu'elles pourront prouffiter. Sur toutes choses vous et nous avons besoing de nous humilier devant Dieu, le prier incessamment, et je croy qu'il addressera noz conseilz et voluntés, et qu'il donnera selon sa promesse à ceulx qui demandent; il ouvrira à ceulx qui hurtent à la porte, et ceulx qui cerchent trouveront. Si vous plaît, faire mes salutations à noz frères et amys et singulièrement à voz familles. De Lausanne, ce 26 de Novembre. 1540.

        Le tout vostre entier frère et amy
           Pierre Viret.

Je vous vouldroye bien prier, s'il estoit vostre playsir, *de procurer que je puysse avoir le double des dernières lettres que les ambassadeurs qui ont esté vers Calvin ont apporté, principalement les Latines* [9]. *Je vous recommande l'affayre, et pour cause qui pourra servy à ce à quoy elles prétendent.*

(*Suscription :*) A mes bons frères et amy le seigneur Aymé Porralis et le seigneur Curteti
         A Genefve.

---

[7] Voyez la page 330, note 1.

[8] *Edme Champereau,* précédemment pasteur d'un village près de *Genève,* prèchait dans cette ville depuis peu de temps (Calv. Epp. 1576, p. 421).

[9] Ces « dernières lettres... latines, » apportées par les ambassadeurs et remises au Conseil de Genève le 26 novembre, sont celles du 6 et du 13 du même mois (N°s 911 ; 912, note 1).

921

PIERRE TOUSSAIN à Guillaume Farel, à Neuchâtel.
(De Montbéliard) 30 novembre (1540).

Inédite. Autographe. Bibliothèque des pasteurs de Neuchâtel.

S. Colendissime frater, debemus tibi plurimùm et fratribus omnibus quòd curam habeatis hujus ecclesiæ. *Nunc,* gratia Christo, *esset prospectum universæ huic ditioni*[1]*, nisi Dominus nobis abstulisset Pignolum*[2]*, in cujus locum suffecimus Thomam*[3]*, ut uno fratre adhuc opus habeamus,* quem in *Estaubon*[4]*,* ditione privata et in media *Burgundia,* sed inter sylvas sita, collocemus. Quare obsecro te per Dominum, ut si quem usquam scias bonum fratrem patientem, et gloriæ Dei studiosum, quique possit adversariis respondere, ad nos mittas, ut illic quoque deturbetur Idololatria papistica.

Fratrem hunc[5] quantumvis (ut arbitror) bonum vix vix recepissemus, ob linguæ defectum, nisi adegisset nos necessitas; sed speramus fore ut vicium naturæ corrigat, et meliùs in Domino proficiat, præsertim abs te diligenter admonitus. Dominus Deus et pater noster cœlestis te Ecclesiæ suæ sanctæ quàm diutissimè

---

[1] Ce détail semble annoncer que la présente lettre n'appartient pas à l'année *1539* (comme nous l'avons dit, mais à tort, t. V, p. 342, n. 4); car ce fut précisément le manque de pasteurs, cette année-là, qui fit ajourner jusqu'en 1540 la réformation de la seigneurie de Blamont (p. 212, renv. de n. 2).

[2] *André Pignol* ou *Pignoli* (IV, 63, 335, 336; V, 53, 55).

[3] Probablement *Thomas Cucuel* (p. 204, 263). Selon Duvernois, o. c. 110, 111, il aurait été pasteur à *Bavans* dès le mois d'avril 1540.

[4] Aujourd'hui *Étobon,* commune située à 6 ½ lieues de la ville de Lure (Haute-Saône). *Clairegoutte,* situé à 3 l. de Lure, forma dès 1540 avec *Étobon* une paroisse, dont le premier pasteur fut, selon Duvernois, *Vincent Ortin.*

[5] Le porteur de la présente lettre.

servet incolumem, et fratres omnes, quos tu diligenter salutabis
meo nomine! Ultima Novembris (1540 °).

Tuus TOSSANUS.

Gaspar [7] mecum loquutus est de nescio quo *Vincentio* [8]; vide tu
quid sit. Non vacat aliter aut diffusiùs scribere.

(Inscriptio :) Guilielmo Farello, fratri meo observando.

922

GUILLAUME FAREL aux Pasteurs de Berne [1].

(De Neuchâtel, dans la 1re moitié de décembre 1540 [2].)

Copie contemporaine [3]. Bibliothèque des pasteurs de Neuchâtel.
Calvini Opera. Brunsvigæ, XI, 124.

Salutem, gratiam et pacem.

*Cum Christi expendo præceptum de quærendâ summo studio fratris salute, ac potissimùm quod jubet pastores præstare erga oves,
non ampliùs apud me sum,* fratres quàm charissimi, ad summum
vocati munus, *cum videam me tam fractum ac prorsùs nullum in
opere Domini, post horrendum illud facinus Genevense* [4] *: quo sic
omnem vel cogitationem aliquid agendi ablegavi, ut tantùm putarem
expedire privatim Dominum invocare, ut mei misertus non pateretur à se prorsùs excidere,* felicia omnia om[n]ibus faceret, emitteret eos qui tum *nos* vincerent modis omnibus in tam sacra functione, in qua indigniss.[imè] fueram versatus, ac juxta sanctam Dei
dispensationem ea liberatus.

[6] Voyez les notes 1, 3, 4, 7.

[7] Probablement *Gaspard Carmel*, principal de l'École à Montbéliard
(p. 204, 208). Il n'y était plus à la fin de 1541.

[8] *Vincent Ortin?*

[1,2] Voyez les notes 12-13, 20, et le renvoi de note 19.

[3] Cette copie, écrite très négligemment par un écolier, ne porte ni
adresse, ni date, ni signature ; mais on y reconnaît dès les premières lignes
l'esprit et le style de *Farel*. Voyez les n. 28, 30.

[4] C'est-à-dire, l'expulsion de trois pasteurs, décrétée par le Conseil
général de Genève, le 23 avril 1538.

Quàm impar semper fui ad rem tam arduam! *Vix in tanta animi defectione potui à mea ignavia extorquere, ut literas communes scriberem*[5], quibus commonefacerem omnes sua agnoscerent peccata, quibus accepta ferrent omnia. *Particularem aliquem Genevæ literis convenire mihi religio fuit*[6], *ne forté privatum, liberiùs indulgens affectibus, ut sumus homines, aliter formarem quàm oportebat, vel existimaret aliquis (quod tamen ausi sunt nonnulli dicere, sed mentientes) nos clàm moliri aliquid*[7]. Scio me causas juxta carnem posse non paucas nec leves adducere, quibus factum non veniret improbandum. Sed quid omnia possunt ad tribunal Christi? Qua ratione subsistent ad ea quæ dixit, exemploque docuit Christus, et prestiterunt ipsi Apostoli? Præcipuè id[8] videre est in Paulo. *Hic me detestor ac damno, quòd pro tanta non egerim ecclesia*, imò pro omnium penè ædificatione, *quod unius tantùm homuncionis causa meritò facere debebam*: quamvis in tanta ruina non passus sit Dominus me malo unquam affectu cupivisse aliquid detrimenti miseræ ecclesiæ, sed Deo in precibus et fratribus commendasse. Sed erant longè alia præstanda. *Non enim satisfacit animo meo cucurrisse ultro ad concordiam cum pastoribus firmandam*[9], *quò mea charissima pignora sub illis possint meliùs foveri sub alis Christi, festinasse ut pastorem rursus haberent*[10]. *Ut testis est mihi Dominus, paratus etiam sum, senex et fractus, ad extrema orbis penetrare, si meus labor succurrere possit*[11]. Sanè non possunt omnia jam acta quietam conscientiam reddere, quin plurimùm arguar apud Dominum et negligentiæ et imprudentiæ.

---

[5] Voyez les lettres de Farel du 19 juin, du 7 août et du 8 novembre 1538, adressées à l'église de Genève (t. V, p. 33, 73, 172).

[6] A comparer avec le t. V, p. 177, renvois de note 15-16.

[7] Ce fut avec moins de raison encore que les Bernois soupçonnèrent *Farel* de s'être introduit secrètement à *Genève*, pour y préparer la ruine de *Jean Philippe* (Voyez, dans l'Appendice, les deux lettres datées de Neuchâtel, le 13 juillet 1540).

[8] Dans l'édition de Brunswick : præcipue quod videre est in Paulo.

[9] Allusion à la conférence tenue à *Morges* le 12 mars 1539 (t. V, p. 243-246, 271-273). Ce passage nous confirme dans l'opinion que *Farel* y assistait.

[10] Allusion aux deux voyages qu'il avait faits à Strasbourg en juin et en octobre, pour exhorter *Calvin* à répondre favorablement au vœu des Genevois.

[11] N'est-ce pas un indice que *Farel* était sur le point de se rendre à *Worms*, et que la présente lettre a été écrite avant le 14 décembre (N° 924, note 8)?

Vos estis, ô fratres, quos elegit Dominus, quorum opera prospici potest ac consuli discerptæ ac dissipatæ ecclesiæ [12]. Sua habet Dominus, qui se ipso solo [l. solus?] potest omnia, quibus hic agit instrumenta. Quæ si quis non admoveat operi, tentat Dominum. *Si meam cerneretis miseriam, anxietatem, ac omnium qui hodie vivunt miserrimam conditionem, quæ ipsa etiam saxa emoliret, certò, mihi sum persuasus, mea refocillaretis viscera, ut vobis dedit Dominus. Non ferretis sic distrahi tam gravibus ac non ferendis torminibus.* Sed quid mea vobis propono ipse dignissimus qui longè plura feram? Etsi Deum testem invoco, me bona conscientia in hunc diem versatum in tanto ministerio, nec aliud quæsivisse, nisi solam Christi gloriam, tamen dignitas ministerii, et quæ exigit tanta functio, facit, ut meæ mihi conscius infirmitatis et quàm nichil sim, me judicem omnium indignissimum. *Non igitur mei ratio habeatur, sed ecclesiæ talis et tantæ, ac omnium qui inde ad Christum riam aliquam habebunt accedendi.* At indigna est ac ingrata. Sit omnium indignissima ac ingratissima. Decet eos per quos Dominus tam benignè auxiliatus est misellæ [13], tanta cum estimatione apud Deum, ne dicam apud homines, non sine fructu, utcunque obganniant aliqui, quorum oculos nequàm video, quòd Deus bonus sit, potentiam non refero, neque ditionem, — decet, inquam, istos, juxta præceptum et exemplum Domini, optimè mereri de indignis ac ingratis, officia officiis addere, si hosti carbones in caput sint congerendi, omnium officiorum, quid [l. quin] fratri, licet indigno et immerito! Hic exoptarim pios et Christianos gratia posteriori vincere priores, nomenque præclarius in cœlis sibi parare, ac in terris etiam suspicienda relinquere exempla. Verùm omnium dignissimus Christus, qui ita vulneratus, confossus supra quàm dici potest, crudelissima morte affectus, ut illam miserrimam sibi acquireret ecclesiam. Fratres a Christo Jesu dilecti, constituti ut suæ prospiciatis ecclesiæ, *quæso hanc unam, non malignitatem nec ingratitudinem plebis fixo intuitu contueamini, quamvis hic ausim coram Deo meo testari, si rem ipsam ut habet prorsùs resciretis, ac ut sunt pectora illic Christi amantia, et propter Christum vestri, non aliter causam ipsorum susciperetis quàm animæ vestræ.* Sed dies

---

12. 13. Ces deux passages ne pouvaient s'adresser qu'aux chefs de l'église qui était alors la plus influente dans la Suisse occidentale, c'est-à-dire, aux *ministres bernois*. Leur sollicitude pour les églises du Chablais, de Genève et du Pays de Vaud n'avait pas été infructueuse (Voyez les Nos 758, 766, 771, 779, note 82).

patefaciet qui pacem quærunt Israëlis ac verum Dei cultum, quique offendicula ac divisiones serunt.

Proinde, ô amantissimi fratres, propter Christum Jesum vos obtestor omnes, *totis incumbite viribus instaurationi illius ecclesiæ, ac instate, vos oro, ut quem petunt Calvinum habeant.* Id agite quod boni medici apud ægrotum, dum spes aliqua est recuperandæ salutis : si videant salubre aliquid appetere, etiamsi priùs respuebat optima, læti offerunt. Omnia sunt tentanda ut levemus ægrotum. *Argentoratenses non facilè reddent semel fugatum. Videtis quàm expediat, cogite ut velint* [14]. Omnes accurrite ad sublevandam illam ecclesiam. Non erit hoc indignum vobis, nec ingratum Christo, nec inutile vestris ecclesiis. Hac via poterit aliqua subintroduci disciplina. Dum vicini pastores revocatum introducant pastorem [15], fiet aliquis progressus. Quòd *aliorum* non habeatur ratio [16] non moveat : plus scitis quàm vel cogitare possim, in tali perturbatione vel ruina potiùs, minimum esse accipiendum [17]. Interea, *dum Calvynus, ut nostis, in tam sancto opere ut voluerunt fratres, audiet vestrum studium pro ecclesia illa et alii[s], quàm alacer veniet, qui attonitus penè quid dicat non satis habet* [18]. Recreabitis omnes fratres, qui ex vestra diligentia pleniùs intelligent hoc esse opus Domini. Et ut Sathan, qui sanctis semper reluctatur conatibus, nihil vobis possit parare offendiculi, *date Viretum dudum flagitatum* [19], *vel ad tempus. Potestis apud Senatum, non dubito.*

Sed quid miser, mei oblitus, verba apud vos profundo? quasi

---

[14] Les ambassadeurs genevois qui avaient fait le voyage de *Worms* étaient rentrés à *Genève* le 26 novembre. Nous avons lieu de croire qu'ils revinrent par *Berne* et non par *Neuchâtel*. Si notre calcul est juste, ce serait seulement dans les derniers jours de novembre que *Farel* aurait été instruit de la réponse dilatoire des magistrats et des pasteurs strasbourgeois.

[15] A comparer avec le N° 911, page 359, lignes 21-35.

[16-17] S'agit-il ici des innovations et réformes ecclésiastiques recommandées par les Bernois aux Genevois (p. 158-160 ; t V, p. 16, n. 8) ? Ou bien *aliorum* serait-il une allusion à *Farel* lui-même, que ses anciens paroissiens de *Genève* ne voulaient pas rappeler en qualité de pasteur? Le *minimum esse accipiendum*, qui termine la phrase, s'accorde mieux avec la première interprétation.

[18] De cette affirmation il ne serait pas légitime de conclure que *Farel* était alors présent à *Worms*. Il veut sans doute parler d'une lettre de *Calvin* postérieure à celle du 13 novembre, et qui n'existe plus.

[19] Dès le milieu d'août, les Genevois avaient sollicité *Pierre Viret* de venir remplacer le pasteur démissionnaire *Jean Morand* (p. 271).

vobis tam misello sit opus monitore, cum jam et velitis et noveritis, ac non dubito, agatis, juxta gratiam quam dedit vobis Dominus, pro illa ecclesia. Verùm non puto vos vel secùs accepturos, quàm solemus languentis excipere vota et quæ proponit varia, ut putat posse suo mederi lang[u]ori : sic mea, quæ cogor [20] ita prodigere, excipietis, plus quid velim quàm quid scribam expendentes. Nam *juvat ita, pro insigni injuria qua sic me prostratum video, dum non se gerit nec gessit pauper ecclesia [ut] decet* [21], *conari ut illi prospiciatur,* etiam si possem summa mei calamitate. [Etiam si] judicer [22], habear ac credant omnes me puerum meum extinxisse, ac eum qui utcunque superest nihil minùs esse quàm meum [23], non quæso dividatur, vivus [24] servetur, illius ratio habeatur, ne pereat. O fratres, adjuvate me ; ne pereat mea culpa tanta ecclesia, curate, nam id maximè poscit Christus et omnium ædificatio.

Quod olim petebamus, ut ecclesiæ quæ jam annos aliquot caret pastore [25] (meliora sibi studente qui præerat, parare [26]), *hic non*

[20] Dans l'édition de Brunswick, *rogor.*

[21] Les Genevois savaient bien, à l'occasion, rendre justice au dévouement sans bornes dont *Farel* leur avait donné tant de preuves (Voyez le N° 918). Mais ils ne voulaient pas le rappeler au milieu d'eux. Le Réformateur, quoique très sensible à l'ingratitude, s'efforçait d'endormir sa peine secrète, en multipliant ses témoignages d'affection pour le peuple de Genève (t. V, p. 173, 277, renv. de n. 7).

[22] On peut lire aussi : *indicer.* — Après *calamitate,* on trouve dans l'édition de Brunswick quelques points, puis le mot *habeas.*

[23] Il est à peine besoin de faire observer qu'il y a ici une allusion au fameux jugement du roi Salomon (I Rois, III, 16-27).

[24] Les éditeurs de Brunswick placent un point après *dividatur.* et ils reproduisent ainsi la phrase suivante : *Unus* servetur. Illius ratio habeatur, etc.

[25] Il s'agit ici de *l'église des Brenets* ou de *celle de Valangin,* dans la principauté de ce nom (Voyez la note 26 et les notes du N° 871, p. 251).

[26] Est-ce pour « améliorer » sa position matérielle ou ses connaissances théologiques que le ministre en question avait quitté sa paroisse ? Dans la première alternative, il s'agirait ici du *pasteur des Brenets,* qui accepta une vocation des Bernois en 1537 (IV, 263, n. 8), vocation qu'il aurait eu le droit de refuser. — Dans la seconde alternative, ce serait *l'ancien pasteur de Valangin,* et peut-être *Jacques Sorel.* Ayant à réfuter les objections des prêtres et des chanoines réfugiés au chef-lieu de la seigneurie, il aurait senti son insuffisance et aurait quitté pour un temps le pays, afin d'étudier à Bâle ou à Strasbourg (Voyez pp. 55, n. 13 ; 57, n. 25 ; 208, renv. de n. 17; 231, n. 3-4; 251, n. 4).

apud Do[minum]²⁷ *idoneus illi daretur, ditione Vallenginiana, — nondum est effectum,* etsi miser populus sæpius petierit. *Nec Landeroni etiam aliud, neque post prohibitionem ne ego vel decanus Thomas eò iremus* ²⁸, *quidquam pro Christo est actum.* Populus ille miser, sub Pontifice agens, neglecti omnia Pontificis habens, in *Senatum* non dubium est quin loquatur, quòd sacerdotium et quicquid *rasus* olim percipiebat, colligat, ac nullum præficiat ²⁹. Vestræ erit prudentiæ, ut expedit, de his agere cum quibus est operæprecium, ut non malè audiat nomen Domini nostra causa, nosque cum nota Deum insuper nobis sentiamus iratum.

Valete, Christi servi. Servet vos tantus Dominus, ac det ut sanctissimè ipsi serviamus omnes! Cupio vestris commendari precibus, ne perpetuò sine pectore jaceam. Fratres vos omnes salvos cupiunt, optantque *Genevensem ecclesiam* vobis esse quàm commendatissimam ³⁰.

---

²⁷ L'original porte *Do.* On peut lire à volonté *dominum* (René de Challant, seigneur de Valangin) ou *dominam* (Guillemette de Vergy, aïeule de René). Le *hic* désignerait le porteur de la lettre, candidat recommandé par Farel.

²⁸ A comparer avec la lettre des Bernois du 24 décembre 1538 au châtelain du Landeron, et avec la requête que *Farel* adressait à Pierre Kuntz le 15 janvier 1539 (t. V, p. 203, renv. de n. 4; 226, renvois de note 17, 18). Le *decanus* ici mentionné était *Thomas Barbarin.*

²⁹ La collature de l'église du Landeron appartenait à MM. de Berne (IV, 200, 201; V, 94, 95) Soleure s'opposant toujours à ce que *Berne* y élût un pasteur à la place du curé défunt, *le Landeron* n'avait ni curé ni pasteur. Mais les Seigneurs de Berne continuaient à percevoir les revenus de la cure, au grand scandale des paroissiens. Pour faire changer cet état de choses, *Farel* ne pouvait s'adresser qu'aux ministres bernois.

³⁰ Sur la même page commence la lettre originale de *Farel* à Calvin du 30 janvier 1541, qui fait allusion à celle-ci dans le passage suivant : « Tu vide ne spiritui sancto relucteris, ne te moveant qui *iis literis* nulla ratione moti sunt, adeò ut magis contendant secùs agere, etsi verbis et literis egregiè mentiantur aliter facere, ut intellexi. » Ce passage peut servir à déterminer la date. Si *Farel* avait écrit la présente lettre pendant son séjour à *Worms* (du 22 au 26 décembre 1540), il l'aurait certainement mise sous les yeux de *Calvin* et n'aurait pas jugé nécessaire, un mois plus tard, de lui en adresser une copie. S'il ne l'avait composée qu'après son retour à *Neuchâtel,* dans la première moitié de janvier 1541, il n'aurait pas eu besoin de dire aux ministres bernois : *Date Viretum dudum flagitatum* (renv. de n. 19). En effet, le 31 décembre 1540, MM. de Berne autorisaient *Viret* à se transporter à *Genève* « et y demeurer par l'espace de demi an, » si cela lui était « loisible et agréable. » La date que nous avons adoptée a donc pour elle les probabilités.

925

MARTIN FRECHT[1] à Gervais Schuler[2], à Memmingen.
De Worms, entre le 26 novembre et le 8 décembre 1540.

Inédite. Copie contemporaine. Arch. de Zurich.

..... Novembris 22, *Cæsaris* legatus *a Granvell*[3] *Wormatiam* venit, convocavit utrasque partes, vicem *Cæsaris* egit. In sedili

---

[1] *Martin Frecht* (1494-1556), moins connu par son activité pastorale que par la polémique ardue qu'il eut à soutenir contre Sébastien Frank et Gaspard Schwenkfeld, représentait la ville d'Ulm au colloque de Worms. Il avait fait ses études à Tubingue, enseigné la philosophie et la théologie à Heidelberg. Le 22 juin 1531, Œcolampade écrivait d'Ulm à Zwingli : « Vocatus est ex Heidelberga *Martinus Frechtus*, qui sacras literas, quas illic professus est, hîc prælegat. *Ulmensis* est, piè eruditus, satisque facundus et linguarum non ignarus » (Zuinglii Opp. VIII, 612, 613, 618). En 1533, il succéda au pasteur d'Ulm *Conrad Sam* (*Somius*), qui était mort à la peine, et il fut, ainsi que *Gervais Schuler* (n. 2), l'un des signataires de la Concorde de Wittemberg (mai 1536). Selon la Bibliotheca univ. de Gesner, « *Martinus Frechtus* scripsit annotationes in Vuitichindi Saxonis rerum ab Henrico et Ottone I imperatoribus gestarum libros III. Excusæ Basileæ cum aliis multis, 1532. » (Voyez Ottii Annales anabaptistici, p. 82, 95, 97, 99. — Jo. Fechtius. Supplementum Hist. eccl. Durlaci, 1684, Pars II, p. 36-39. — Keim. Die Reformation der Reichsstadt Ulm, 1851, p. 247, 272-355. — Herzog. Real-Encyklopædie, art. Sam, XX, 677-681.)

[2] *Gervais Schuler* (en latin *Scholasticus*), natif de Strasbourg, mais élevé en Suisse, fut d'abord diacre à Zurich. *Zwingli* écrivait, le 6 août 1524, à Nicolas Kniebis, ammeister de Strasbourg : « Commendamus et tibi *Gervasium* hunc nostrum, qui apud vos natus est, apud nos multos Domino genuit, homuncio magni et imperterriti spiritus et cœlestem sapientiam adprobe doctus » (Röhrich, o. c., I, 401, 402, 454). Schuler exerçait le ministère à Bischweiler en Alsace, à l'époque de la guerre des paysans (1525). Il fut ensuite pasteur à Bremgarten (1529-1531), d'où il fut chassé avec ses collègues, les deux Bullinger, par les troupes des cantons catholiques. Après avoir servi l'église de Bâle, il accepta, vers la fin de l'année 1535, l'appel que lui avait adressé la ville de *Memmingen* en Souabe. Outre une poésie chrétienne, qu'il composa au temps de ses tribulations à Bischweiler, on a de lui un ouvrage sur la Résurrection des morts. Nurem-

præsidens, latinè unicuique pro more dato titulo, nomine et vice *Cæsaris*, congregatis ex *Cæsare* salutem est præcatus, et mox credentiales literas, deinde mandatum Cæsareum in ejus personam datum prælegi jussit. Posthac orationem habuit satis luculentam, patheticè exhortatus ad concordiam, protestatus se in futura actione summa acturum fide et integritate. Dixit autem..... disertis verbis : « *Latiùs serpit virus, et fides suis debilitata malis nichil jam quàm ultima suspiria ducit.* » 25. autem, quatuor præsidentes utrascunque convocarunt partes, et ex decreto Hannoico⁴ quandam præscripserunt formam futuræ actionis, quam hic habes. Ab utraque parte XI erunt suffragia in Colloquio⁵.

*Est isthic Episcopus Aquileianus*⁶*, qui hisce diebus ad se Calvinum vocavit et tam amicè cum [eo] est collocutus, ut quis juraret jam factum illum Lutheranum. Laudavit summopere Calvini librum*

---

berg, 1537, in-8 (Voy. J.-J. Hottinger, o. c. III, 457, 602. — Schelhorn. Amœnitates litter. Lipsiæ, 1727, VI, 363. — Ruchat, II, 102, 449, 450. — C. Pestalozzi. Heinrich Bullinger, 1858, p. 57, 629.).

Le 14 décembre 1540, *Schuler*, écrivant de Memmingen à Bullinger, lui communiquait en ces termes la lettre de Martin Frecht dont nous publions un fragment : « Ex nostris nemo *Wormatiam* abiit, quia nemo vocatus. Quæ verò illic agantur te minimè latere puto. Mitto tamen, velut auctarii vice, quæ hisce diebus ad me *Frechtus* scripsit, cujus verba sunt quæ inserta habes : Novembris 22 Cæsaris legatus, etc. »

³ *Nicolas Perrenot*, seigneur de Granvelle (p. 217, 218). La harangue latine qu'il prononça le 25 novembre a été publiée par Gilbert Cousin (C. Gesneri Bibl.). Elle est imprimée dans les *Melanthonis Epp.*, III, 1164-68. Sleidan, II, 198, 199, et Seckendorf, III, 295, en ont donné un résumé.

⁴ Le recès de la diète d'Haguenau.

⁵ Voyez la longue lettre de Calvin écrite vers le milieu de décembre (N° 928), et l'ouvrage intitulé : Jo. Pauli Rœderi de colloquio Wormatiensi ad an. 1540 inter Protestantium et Pontificiorum Theologos... Disquisitio. Norimbergæ, 1744.

⁶ Frecht aurait dû écrire *Aquilanus*, puisqu'il ne s'agit pas ici du patriarche d'*Aquilée*, dans le Frioul, mais de l'évêque d'*Aquila*, dans l'Abruzze ultérieure. Voici quelques-uns des détails que F. Ughelli donne sur ce prélat : « *Ber[n]ardus Sanctius*, Reatinus, advocatus Consistorialis, Caroli V... consiliarius, vir omnium existimatione præclarus, ob insignem scientiam prudentiamque, ab ipso Carolo Imperatore Episcopus diligendus designatus est, a Paulo III Pontifice.... declaratus Episcopus anno 1538, die 14 mensis Julii. Absens eidem Ecclesiæ [scil. Aquilanæ] jus dixit per 15 annos, cum sub eodem Pontifice in *Belgio*, tum in *Germania*, *Nuncius Apostolicus* fuisset » (Italia Sacra. Venetiis, 1717, I, 392, 393).

cui Institutionem fecit titulum, quasi istum librum debeant omnes Papistæ et Lutherani, tanquam amicabile et certum concordiæ medium, recipere et probare [7]. •

. . . .

[7] Calvin et quelques-uns de ses amis les plus intimes avaient des rapports journaliers avec Martin Frecht. Ce n'est donc pas à la légère que celui-ci parle des éloges adressés par *l'évêque d'Aquila* à l'auteur de *l'Institution*. Seulement, le pasteur d'Ulm exagère, sans le vouloir, la portée de ces éloges. *Calvin*, plus avisé, les estima, sans doute, à leur juste valeur, et lorsque, dix ans plus tard, il eut l'occasion de rapporter une partie de son entretien avec *Bernard Sanctius*, il n'hésita pas à le ranger au nombre des détracteurs des Évangéliques. « Fingunt... se propinquam Ecclesiæ vastitatem animis prospicere, quæ ex intestinis dissidiis impendet. Hac nos providi homines non magis affici mirantur : atque *ut in odium nos trahant, susque deque nobis esse colligunt, si terra incendio misceatur*. Sic olim *Aquilanum episcopum* in privato colloquio mecum disserere memini, quàm horrenda clades timenda foret, nisi discordiis finem brevi statueremus. Huc autem tota tendebat oratio, fieri aliter non posse, si essemus propositi nostri adeò tenaces, quin tandem ad arma res veniret. Belli porrò non alium fore exitum, quàm ut bonis literis extinctis, et barbara confusione inducta, humanitas propè ipsa è mundo tolleretur. Horum malorum sicuti culpa in nobis hæreret, ita subeundam invidiam esse. Quinetiam hæc ipsa religio, dicebat, pro qua tam acriter pugnatis, simul cum literis intereat necesse est. Quod tunc uni respondi, omnes sibi dictum accipiant : Nos certè, neque tam sumus socordes, qu'a nobis in mentem veniant quæcunque machinatur Sathan : neque tam feri et inhumani, ut securè negligamus. Paci et otio non modò cupimus consultum, sed quantùm in nobis est, consulimus. Ordinis et politiæ non minùs sumus studiosi quàm qui maximè. Literarum quanta nos cura sollicitet, verbis prædicare nihil opus est. Sed quum nulla exceptione opposita, Evangelium prædicari Christus jusserit, quicunque sequatur eventus, huic mandato parendum est » (De Scandalis. Calvini Opuscula omnia. Genevæ, 1552, p. 876, 877).

Kampschulte, o. c. I, 338, donne à entendre que l'entrevue de *l'évêque d'Aquila* et de *Calvin* eut lieu à Worms ou à Ratisbonne; mais il n'indique pas la date approximative, parce qu'il ne connaissait pas la présente lettre.

Selon Corneille Schulting, auteur catholique de la fin du XVIe siècle, aussitôt que *l'Institution de Calvin* fut sortie de dessous la presse à Strasbourg, *Bernard Cincius*, évêque d'Aquila, en apporta un exemplaire au cardinal Marcel Cervin, Légat du pape à la cour de l'Empereur; et ces deux prélats ayant jugé que c'était un livre plus dangereux que les autres écrits des Luthériens (Reliqua Lutheranorum scripta esse dilutiora, *hoc acriùs mordere et fortiùs stringere*), ils le donnèrent à examiner à Albert Pighius, qui entreprit de le réfuter (Voy. l'ouvrage intitulé : C. Schultingii Variæ Lectiones et Animadversiones contra Institutiones Calvini, 1602, t. I. p. 39, 40. → Bayle. Dict. hist. art. Schultingius, notes A et B.)

924

FRANÇOIS DU RIVIER[1] à Guillaume Farel, à Neuchâtel.
De Vevey, 11 décembre 1540.

Inédite. Autographe. Bibliothèque des pasteurs de Neuchâtel.

S. Recepimus tuas literas per eum qui egit cum *Garino*[2], quibus per eundem respondissemus ; cæterùm non redibat *Neocomum*. Nunc nactus tabellarium respondeo. Mirum fuit nobis quód is frater optimum ferebat elogium a *Garino* de vita et moribus, ut data erat à fratribus[3] provincia ; at de doctrina et eruditione, quod postremò non requiritur in Verbi ministro, nulla mentio. Attamen par pari non referebat, nam parùm candidè loquebatur de *Garino*. Bene monuisti ut probaremus doctrinam[4] : quod factum est. Visus est nobis prorsùs non rejiciendus, attamen nondum satis idoneus qui alicui loco prefici possit. Præterea, etiamsi fuisset vitæ probatæ et doctrinæ, non potuissemus nunc retinere hominem : nam *non est locus in hac classe qui careat ministro*.

De me autem, si quid scire lubet, *valeo ut cum maximè, gratia Dei, cum tota familia mea. Multò meliùs hic habeo quàm Melduni*[5];

---

[1] Voyez, sur *François du Rivier*, qui s'appelait aussi *Martoret du Rivier*, le t II, p. 454, n. 25 ; III, 215-219.

[2] *Guérin Muète*, pasteur dans le comté de Neuchâtel (p. 240, n. 37 ; t. V, p. 73).

[3] Sous-entendu *Neocomensibus*.

[4] Dans le nouveau territoire bernois, les candidats au saint ministère devaient se procurer une lettre de témoignage et de recommandation, signée par le doyen et les quatre jurés de l'une des *Classes* du pays. Le doyen était spécialement chargé « de prendre garde à la doctrine des frères. » Nous supposons que *François du Rivier* avait été élu doyen ou juré par le synode qui se réunit à *Vevey* le lundi 19 juillet 1540. — La « *classe* » mentionnée à la fin de ce paragraphe était celle de Lausanne et de Vevey, qui comprenait alors les pasteurs des bailliages de Lausanne et de Vevey et ceux du gouvernement d'Aigle (Voyez Ruchat, IV, 413, 418 ; V, 129, 144).

[5-6] Dès le mois d'octobre 1536 jusqu'au mois de mai 1540, il avait é é

aër enim est mihi multò salubrior, adeò ut clariùs loquar quàm antea; domus aptior ad studia. *Taceo quòd non sum ita pressus tot molestiüs et tanto onere : quod certè ampliùs ferre non poteram solus* [6], etiam si non careamus nostro onere et molestiis, nam ubique sunt paratæ angustiæ ei qui velit rectè incedere in via Domini; sed Deus qui cepit in nobis bonum opus perficiet in diem Domini nostri Jesu Christi. *Bene convenit cum Vincentio, collega meo* [7], qui satis probè suum officium facit, et vos omnes salutat in Domino.

Porrò, nihil novi habemus nunc quod vestra scire referat; sed si quid habetis, non gravemini, cum licebit per negotia vestra, nobis rescribere. Vale, et oremus pro nobis invicem ut detur nobis sermo in apertione oris nostri, ut liberè et intrepidè loquamur verbum sicut oportet, ut aperiatur ostium ubique et sermo Dei currat, ut omnes qui ambulant in tenebris et sedent in umbra mortis videant lucem Evangelii, et sanctificetur nomen Dei per Dominum Jesum! Iterum vale, salutatis omnibus

---

l'unique pasteur de la ville de *Moudon* et des villages environnants (p. 105, n. 129; 238, n. 28).

[7] *Vincent Peinant*, précédemment pasteur à la Neuveville, envoyé à *Vevey* en août 1537 (IV, 287). Il y était encore deux ans plus tard. Le 12 octobre 1542, le Conseil de la ville décida de donner à Maystre *Vincent*, « prédicant, » un logement chez un tondeur nommé *Johan Talex* (Manuel du dit jour).

A ce propos, nous devons relever une erreur assez grave, qui s'est glissée dans *l'Épistre de M. Malingre envoyée à Clément Marot*. Basle, 1546, in-8°. L'auteur était ministre à Yverdon. C'est de là qu'il écrit au poète français, le 2 décembre 1542, pour le féliciter de son arrivée à *Genève*, et l'assurer qu'il trouvera « en ces désertz » bien des amis et « précurseurs. » Il en énumère quelques-uns :

« Tu as *Marcourt*, saige prédicateur,
D'honneur divin très ferme zélateur,
Ministre tel que saint Paul nous descrit,
Lequel nous a plusieurs livres escrit.
. . . .
Dedans *Vincy*, tu as *Vincent Pennant*,
Pour l'Évangile incessamment peinnant. »

Au lieu de *Vincy*, — petit hameau de la commune de Gilly, près de Rolle, et qui n'a jamais formé une paroisse — il faut lire *Viuey* (*Vivey*), forme ancienne du nom de *Vevey*. Par une erreur de lecture, l'*u* a été pris pour une *n*, et l'*e* pour un *c* (Voyez la réimpression de Harlem, 1868, f. B 1 verso).

fratribus. *Uxor mea* te ex animo salutat in Domino. Viviaci, 11 Decembr. 1540.

Tuus FRANCISCUS MARTHOREUS A RIVO.

(Inscriptio :) Suo in Domino fratri dilectiss. Guilielmo Farello, Neocomi ³.

925

JEAN CALVIN à Nicolas Parent, à Strasbourg.
De Worms, 14 décembre (1540).

Copie contemporaine ¹. Bibl. Publ. de Genève. Vol. n° 106.
Calvini Opera. Brunsvigæ, XI, 130.

Placet quòd *sacram cœnam* in alterum mensem distuleris : quia eam nunc administrare non poteras, nisi neglecto eo ordine quem non sine causa diligenter servatum esse cupio ². *Ecclesiolam nostram* quòd audio stare incolumem, ita ut nullum ex mea absentia incommodum sentiat, id me mirum in modum exhilarat, vel certè, ut in rebus malis, valde recreat ac solatur. Tametsi obiter tantùm ac paucis verbis tibi sub discessum indicavi quid mihi operæpre-

---

³ Quand cette lettre parvint à *Neuchâtel*, le Réformateur était déjà à *Berne*, où il se présenta devant le Conseil le mardi matin 14 décembre. Nous lisons dans le procès-verbal du dit jour :

« Sur la relation que *Farel* [nous] a faite au sujet de *la persécution ordonnée par le Roi contre les Chrétiens de la Provence*, on décide que *Farel* doit s'informer auprès des Évangéliques à *Worms*, s'ils seraient disposés à envoyer (comme il le demande lui-même) une ambassade au Roi, pour implorer sa miséricorde en faveur des Chrétiens persécutés. Et dans le cas où *Farel* trouverait les États évangéliques disposés à entreprendre une pareille démarche, mes Seigneurs veulent bien s'y associer. Sinon, ils estiment que leur intervention isolée aurait peu d'effet, vu l'écrit méprisant que le Roi leur a jadis adressé, à propos d'une semblable requête, écrit dans lequel il répond qu'il ne souffrira plus qu'on lui parle de ces choses-là » (Trad. de l'allemand).

¹ Elle est de la main de *Charles de Jonvilliers*.
² Voyez le N° 917, second paragraphe.

tium videretur, dedi tamen fidele consilium, cui te obtemperare gaudeo : non quia meum est, sed quia et tibi non inutile, et aliis salubre esse confido. *De pauperibus*[3]*, non parùm sum perplexus in ratione excogitanda qua possimus illis succurrere. Sed vides ecclesiæ nostræ inopiam. Neque efficere unquam potui, ut e Gallia subsidii aliquid mitteretur.* Clavem alteram *Sturmius*[4] domi suæ reliquit. Si tantum reperietis in ærario unde possitis, usque ad meum reditum, præsentem necessitatem sustentare, tunc deliberabimus coràm meliùs quidnam agendum sit. *Vagos istos errones,* quos nullo consilio, sed sola levitate cursitare intelliges[5], non est quód multùm moreris. De *Philippo* mihi sanè dolet quód tam diutino morbo afflictatur[6]. Juvenis est pius, modestus, integer, prudens, ut mihi videtur. Itaque si Dominus eum nobis servet, optimam spem de ipsius ingenio concepi. Salutabis eum diligenter meo nomine. *Alterum, quò magis est destitutus, ope et solatio debemus sublevare.*

Quod de vetula narras, quia monstri simile erat, non potui statim adduci ut crederem. Neque tamen temerè factum abs te putabam, quód me monueras, cum res esset multorum sermonibus vulgata. Neque enim dissimulanter ferenda nobis sunt quæ ita rumoribus jactantur, etiam si obscuris et parùm firmis. Nam temerè conficta opprimere officii nostri cum sit, non possumus verum à falso discernere, si negligenter præterimus ea quæ sunt in ore omnium. Nunc ubi *Carolus* non tantùm de illis indiciis lasciviæ, ex quibus suspicari flagitium magis quàm indicare licet, sed de nuptiis etiam confirmavit, penitùs obstupui. Portentum est sanè quod meritó sancti omnes abominari debent. Quid enim magis videtur fabulosum, quàm cum apud poëtas legimus mulieres sexagenarias adhuc catullire ? Atqui *anicula ista* septuagesimum jam attigit. Filium habet ea ætate quæ mulieribus etiam conjugatis finem libidinis afferre debet. Saltem si viro alicui devexæ jam ætatis se conjunxisset, poterat obtendere se aliud quæsiisse quàm thori delitias.

---

[3] Les pauvres devaient être nombreux dans l'église française de Strasbourg, parce qu'elle se composait en majeure partie de réfugiés pour la religion.

[4] *Jean Sturm* était probablement le trésorier de l'église française.

[5] A comparer avec les Nos 876, n. 6 ; 887, renvoi de note 34.

[6] Ce personnage figure déjà dans le N° 887, renvoi de note 40. Nous ignorons si c'était *Philippe d'Église* (*de Ecclesia*), natif de la Provence, plus tard pasteur à Genève, ou *Philippe Buissonnier*, originaire de la Bresse, et que nous retrouverons dans le Pays de Vaud.

Nunc omnem non tantùm defensionem, sed etiam excusationis speciem sibi ademit. Bellè se consulere suis rationibus putarunt, cum ad *clanculariam benedictionem* confugerent. Sed experientur brevi ambo quàm sit periculosum cum Deo ludere. Si jam quæris quid officii tui sit, vix tibi possum expedire. Nam etsi objurgandos severè censeo, neque id effugere nos posse, nisi officio nostro deesse velimus, — quia tamen periculo non caret, opus est magna cautione, ut ne exacerbati à nobis, eadem qua coierunt temeritate, majore flagitio, gravioreque offendiculo dissiliant. Ergo nisi singularis aliqua occasio viam tibi fecerit, non consulo ut verbum cum ea facias. Sin verò opportunum aliquando fuerit, tantùm ostendas eam parùm suæ existimationi et ecclesiæ ædificationi consuluisse; tibi graviter displicere, et neminem esse gravem honestumque hominem qui non maximè improbet; te etiam non dubitare, quin hic mihi acerbissimus tristissimusque nuncius sit futurus. Interim tamen, ne prorsùs vel frangatur, vel erumpat in insaniam, ea qua poteris verborum lænitate rei asperitatem mitiges, et horteris ut malè cœptum meliore exitu compensare studeat. Denique ita tibi moderare, ut omnia mihi integra sint, cum venero.

In vocatione Genevensi ita sum perplexus, vel potiùs confusus animo, ut vix audeam cogitare quid mihi agendum sit. Quòd si quando in hanc meditationem ingredior, exitum nullum invenio. Itaque, quantisper hac anxietate constringor, mihi sum meritò suspectus : ideoque aliis me regendum permitto. Interim rogemus Dominum ut viam nobis demonstret. Vale, mi frater. Saluta mihi amantissimè omnes nostros. Wormaciæ, 14 Decembris (1540).

CALVINUS tuus.

Cum missurus essem has literas, venerunt alteræ tuæ, quibus epithalamium describis. Audacter certè abs te factum est, quòd ausus es *Matth.* aggredi, qui non facilè se admoneri, nedum reprehendi patitur. Gaudeo tamen adeò bene cessisse. Simus ergo contenti hac amica expostulatione, neque ulteriùs ecclesiæ nostræ jus prosequamur. Hoc exemplum fortè in posterum nos admonebit, ne quid de ordine prætermittatur. In conjugibus hoc temperamentum servare te velim, ne ex stultis insani fiant. Novi fastum, amarulentiam, arrogantiam *mulierculæ*. *Monacho* hybernas noctes domi nimis longas esse puto. Timendum ergo ne ad fallendum tædium alió se conferat. Scis enim huic hominum generi esse errandi privilegium. *Sturmium* admonui, tametsi facturus sponte erat quod petis. Itaque *illa* per *Crattonem* [7] literas recipiet. Vale, charissime frater. Hæc celeriter, cum nuncius vellet equum conscendere. Saluta mihi amicissimè *Sebastianum* et *Enardum* [8] et alios omnes.

CALVINUS tuus.

(*Inscriptio :*) Nicolao Parenti, fratri meo charissimo, Diacono Ecclesiæ Gallicanæ.

926

PIERRE TOUSSAIN à Guillaume Farel, à Neuchâtel.

(De Montbéliard) 14 décembre (1540).

Inédite. Autographe. Bibl. des pasteurs de Neuchâtel.

S. Vehementer gaudeo *hunc fratrem Vi[n]centium nobis a Domino datum* [1], et accidit optimè quòd solus venerit. Nam alioqui non fuisset hîc exceptus a *Principe* [2] : et interdixit heri mihi seriò per cancellarium suum [3], ne quem huc posthac vocem, eo inscio, nisi illum velim offensum. Quod te scire volui, non solùm ne posthac defatigeris inquirendo nobis aliquem, sed ut istic quoque sciatur *nos nunc nullo egere verbi Dei ministro* [4]. Precor ut Dominus Deus nos omnes servet in vero timore nominis sui sancti. Vale, frater et amice integerrime, mihique fratres diligenter saluta. 14 decemb. (1540 [5]).

Tuus TOSSANUS.

(*Inscriptio :*) Guilielmo Farello, fratri meo et amico integerrimo.

---

[7] L'imprimeur *Craton Mylius.*

[8] *Sébastien Châteillon* et *Eynard Pichon* (p. 376, 377).

[1] Serait-ce *Vincent Ortin*, déjà mentionné à la p. 204? Nous avons eu plus d'une occasion de croire que la liste des pasteurs installés, selon Duvernoy, le 1er avril 1540, était antidatée ou inexacte (Voyez p. 212, n. 4).

[2] Le comte *Georges de Wurtemberg.*

[3] Le chancelier *Sigismond Stier* (en latin *Taurus*). Les lettres officielles du Comté portaient cette souscription : Les Lieutenant, chancelier, conseillers et officiers pour Monseigneur le duc de Wirtemberg à Montbéliart.» Suivait la signature du secrétaire du Conseil.

[4-5] Le 14 décembre 1539, Toussain n'aurait pu s'exprimer ainsi. A

927

LA CLASSE DE THONON (aux Ministres de Berne).
(De Thonon, vers le milieu de décembre 1540 [1]).

Inédite Manuscrit de la main d'Antoine Froment [2]. Bibl. Publ. de Genève.

S. Il ne se peult fayre qui ne viennent des scandalles, hommes Pères et Frères en Nostre Seigneur. Aultrement ne seroit pas bessoing des loys civillez. Maintenant, en nostre Classe, il y a une chose de laquelle noz debvons plourer et congnoistre que nostre cons[c]ience nous contrainct et aussi nostre jurament eclésiasticque faict et confirmé. Vous avés congnu *Antoine Froment* [3], du commencement, avoir esté impliqué en beacoup de négoces séculliers, et a faict beaucop de choses indignes du ministère de la parolle de Dieu. *Il a plustost faict l'office d'ung marchant dans Genève que l'office de prescheur* [4], quand, par toute la semmaine, il excersoit marchandise, et luy et sa femme, tenant bouticque publicquement [5]. Et les dimenches il anunçoit la parolle de Dieu, et aussi par les villaiges de la jurisdiction de Messieurs [6].

---

cette époque on manquait de pasteurs. Le 14 novembre 1540, on n'en demandait plus que *deux* (N° 914).

[1] Voyez la note 24.

[2] La lettre originale a dû être composée en latin (n. 18, 20, 21) par *Antoine Rabier*, le doyen de la classe. *Froment* s'en procura une copie, et il la traduisit en français pour être mieux en état de préparer sa défense. La minute de cette traduction est remplie de ratures et de retouches qui trahissent l'inexpérience de l'écrivain.

[3] Ces deux mots, bien que soigneusement biffés, sont encore lisibles.

[4] *Prescheur* a été substitué à *évangéliste*.

[5] Dans un écrit tout récent, M. Albert Rilliet a démontré que *Marie d'Entière*, femme d'Antoine Froment, est le véritable auteur de l'opuscule intitulé : « *La Guerre et Deslivrance de Genesve. Fidelement faicte et composée par ung Marchant demourant en icelle* » (1536, 24 pp. in-8°, caract. goth. Réimpression de 1881. Voy. aussi Th. Dufour, o. c. p. 134-136).

Oultre beaucop d'aultres scandalles qu'il a faict, il a achapté grand nombre d'huille en la ville et aux villaiges circu[n]voysins de *Thonon*⁷, et a esté faict marchand d'huille. Nous noz taysons de l'office des publicquains, lequel office a prins et exercé avec quelcun. De rechief, *selon l'antrée de Massongier*⁸, *en laquelle église demeure maintenant, il si est mictz soy-mesmes, et là a produict les fruictz dignes de sa voccation, en telle sorte et manière que noz l'affirmons et disons ung vray Démas*⁹, veu qu'il a embrassé d'une merveilleuse avidité ou affection ce monde : comme ainsi soit, certes, que oultre les gaiges comuns, lesquelz reçoipt tousjourt, et de tous les biens et revenus de la cure ¹⁰ n'est pas content. Mais, soubz la couverture d'ung dyacre lequel faulcement a dict et affirmé à Messieurs ¹¹ l'avoir nurry par l'espace d'ung an, il n'a [l. il en a] tiré et extraict deux centz flourins¹², sans nostre sceu. Mais plustost debvoit estre reprins de ce qu'il a tenu en sa mayson *Roubert* ¹³ (lequel est maintenant *dyacre* de sa propre auctorité), pour apprendre des filles qu'il a en sa mayson ¹⁴, sans point de probation et consentement de nulz frères. Et, de sa propre auctorité, environ quinze foys l'a contrainct à prescher.

L'attribution de ce livre à « *ung marchant* » n'avait rien de contraire à la vérité, puisque la femme auteur et son mari « tenaient publiquement boutique. »

⁶ C'est-à-dire, de Messieurs de Berne (Voyez, dans le t. IV, p. 102, 103, la lettre de Farel du 14 novembre 1536 à Jean-Rodolphe Nägueli).

⁷ Froment y avait fixé son domicile en septembre 1537.

⁸ Froment avait renoncé, en mars 1539, aux fonctions de *diacre*, qu'il remplissait à *Thonon*. Le 11 avril suivant, Farel écrivait à Fabri : « De *Frumento* audimus parum grata... Puto ipsum veluti in negociationibus, ita in ministerio versari » (IV, 295-297, n. 4, 10; V, 278). Ce fut probablement dans le cours de cette année-là que Froment se fit nommer *pasteur* à *Massongy*, village situé au pied du coteau de Boisy, dans le Chablais. Les Bernois y avaient toléré jusqu'alors la présence d'un curé. Mais le 20 novembre 1539, ils prirent la décision suivante : « Si le curé de *Messonges* ne déclare pas définitivement *an probet vel reprobet missam*, [il faut] le chasser du pays » (Manuel de Berne du dit jour).

⁹ Seconde épître de saint Paul à Timothée, IV, 10 : « *Démas* m'a abandonné, ayant aimé le présent siècle. »

¹⁰ C'est-à-dire, celle de Massongy.

¹¹ Encore Messieurs de Berne.

¹² Pension ordinaire des pasteurs du territoire bernois (p. 105, n. 130).

¹³ Le nom de famille du diacre *Robert* nous est inconnu.

¹⁴ C'est le premier pensionnat de jeunes filles dont il soit fait mention

Nous avons unte [l. honte] d'escripre *les usures des vignes qu'il a partout* et a occupé cautelleusement et finement. Mais aux dernières vendenges des vignes sus-dictes, plus rigoreusement[15] et exactement que les prestres ne soulloint fayre, a recuilly la vendenge avec les aultres qu'il a obtenu de Messieurs[16], et aussi avec tout ce qui appartient à la cure. Non contant d'avoir assemblé une grande multitude de vin, mais[17] partout a achapté en grande abundance de vin[18], en tant que, à l'exemple des avaricieux, ses seilliers [l. celliers] n'ont pas esté assés grandz, mais a esté contrainct d'en avoir d'aultres[19]. Et n'a pas eu uncte d'avoir marchandé, trompé aulcuns de noz frères, tout ainsi que ceste chose et toutes les choses desjà dictes en nostre congrégation[20] ont esté me[i]ntenant provées, et ces choses luy ont esté dictes et [pro]posées. Lesquellez choses davant que les eust faict, et après qui les a faict, il n'a [l. il en a] esté admonesté et incrépé jusques à vomye et fâcherie[21] de toute la Classe. Non-seullement n'est venu à pénitence et repentance, mais n'a pas eu uncte de mentir davant toute l'assemblée des frères, quand il a esté interrougué combien de vin il avoit achapté. Et tout ainsi qu'il, jusques à présent, avoit meschamment faict, aussi en nostre dernière congrégation nous tous et ung chascun de nous le pryions et luy disions qu'il se retournâ[t], — mais il a mesprisé et injurié toute la Classe et a rejecté nostre ordre, nous menassant et provocant de noz fayre venir en Justice, si noz luy disons quelque chose. Et noz a appellé tous calloniateurs, et que quand toutes choses debv[r]oint en rager, il noz tirera en droict civil[22].

Ces choses bien advisées, comme ainsi soit que nous congnois-

à cette époque. Nous supposons que *Marie d'Entière* y donnait une partie des leçons.

[15] Au-dessus de *sévèrement* on lit *rigoreusement*.

[16] A comparer avec le t. IV, p. 257, note 1.

[17] Signifie ici *de plus*.

[18] La phrase commençait, sans doute, dans l'original par ces mots : *Magna vini copia*. Froment a d'abord transcrit les deux premiers, par inadvertance, puis les a biffés, et il a écrit à la suite : « Non contant d'avoir assemblé, etc. »

[19] Il dut se livrer à ces grandes spéculations en 1539 et 1540, deux années où la récolte du vin fut si abondante, qu'on le vendait à vil prix.

[20] Il avait d'abord écrit : *in cœtu*.

[21] Traduction littérale du latin *usque ad nauseam et molestiam*.

[22] C'est-à-dire, devant la cour des jurés et du bailli de Thonon.

cions bien ceste playe, laquelle aussi noz tous la sentons, et que par luy tant de malédiction tous les jours nous voyons, desquelz il est cause, — en tant que tout nostre ministère partout est blasmé, et sommes réputés rapineurs et plus rigoureux que ne furent jamais les prestres, plus tenans et recu[ei]llans et desirant plus l'avarice que euix, a quellez [l. et que telles] quérémonies publicquement parmy le peuple sont faictes, et [que] les marchantz, ceulx qui ont de coustume achapter tous les ans et de gaigner quelque chose en ceste négociation, tous les jours ilz crient après noz et noz ameynent cecy, de quoy sommes quasi confus, noz n'y pouvons résister, — Aussi avoir considéré l'inobédiance de ce misérable, la finesse et malice, Au nom de Nostre Seigneur, tous d'un courage [23] et entendement estant assamblés, touteffoys avec grand doulleur et marrissement de cueur, *comme indigne de ce excellent ministère, Avons consenti et consentons tous avec ces lettres de le vous envoyer,* luy signifiant le jour davant vous le **21** de Décembre [24]. Adieu.

PARIAT [25]. RABERIUS, lecanus [26].
JOACHIMUS BITURIX [27].
REGINALDUS [28].

[23] Au-dessus de *cueur*, on lit *courage*.

[24] Les deux congrégations tenues à Thonon, en 1540, avant ce jour-là, durent avoir lieu le jeudi 9 et le jeudi 16. Nous n'avons trouvé, dans les Archives bernoises, aucun document qui pût nous apprendre si *Froment* parut à *Berne* le 21 décembre 1539, 1540 ou 1541. Mais, à défaut de preuves positives, nous avons adopté la date qui se concilie le mieux avec les diverses données fournies par la correspondance de Farel (Voyez les notes 8, 19, 26, et les pages 173, renvois de note 27, 28; 176-178).

[25] *Gérard Pariat*, second pasteur à Thonon, souvent mentionné dans les deux volumes précédents. Il signa, en qualité de juré de la Classe, une lettre du 29 septembre 1541.

[26] *Antoine Rabier*, pasteur à Hermance, élu doyen de la Classe en août 1540 (p. 275, renv. de n. 17).

[27] *Joachimus Biturix* (le Berruyer ou le Berrichon), doit désigner *Joachim de Coignac*, natif de Chateauroux en Berri. Il était juré de la Classe, ainsi que *Pariat* et *Reginaldus*. C'est par négligence que Froment a écrit *Joachimus Buturix*.

[28] Ce nom a été à moitié écrit. On peut lire *Reginellus*; mais il est probable que le nom exact était *Reginaldus* (p. 13, n. 3).

928

Jean Calvin à [Guillaume Farel[1], à Neuchâtel.]
De Worms (vers le milieu de décembre 1540[2]).

Copies contemporaines[3]. Calvini Opera. Brunsv. XI, 135.

Quòd rariùs tibi scribo inde fit quòd nimis sumus ociosi. Hæc tibi ridicula videbitur excusatio, quia est prorsùs inusitata. Verùm ex animo loquor. Nam *si vel in speciem aliqua actio hic institueretur, mihi scribendi argumentum subministraret. Nunc quid aliud literis complectar, quàm quod tacito animi sensu*[4] *recognoscere mecum piget ac pudet : nos scilicet alterum jam mensem*[5] *frustra expectando hic desidere.*

Viginti dies[6] elapsi erant ab adventu nostro, antequam nos *arbitri* vocarent. Nam cum *Granvellus* distineretur[7] in asserenda et constituenda *reip.[ublicæ] Vesontinæ* libertate[8], absentiam suam

---

[1-2] Voyez les notes 41, 63, 70.

[3] Nous désignerons par le n° 1 celle de la bibliothèque des pasteurs de Neuchâtel : elle est transcrite immédiatement après la copie de la lettre de Calvin du 24 décembre 1540. Le volume n° 141 de la Bibl. de Berne contient une autre copie, moins imparfaite, mais qui présente aussi des lacunes : nous la distinguerons par le n° 2. On en trouve une troisième aux Archives bernoises, dans le registre intitulé : *Kirchliche Angelegenheiten*, 1540-1559.

[4] Copie n° 2 : tacito animi *consensu*. Édition de Brunswick : *tanto* animi sensu.

[5] Calvin et les députés de Strasbourg étaient à *Worms* depuis le 2 novembre.

[6] Dans la copie n° 2, on lit *30 dies*, ce qui est inexact.

[7] Copie n° 2 : *detineretur*.

[8] *Granvelle* s'était moins occupé de garantir les privilèges de la ville impériale de *Besançon*, que d'y rétablir la paix entre le clergé et les magistrats de la commune. En agissant ainsi, il opposait de nouveaux obstacles à la propagation de « l'hérésie » (Voyez le mémoire de M. Auguste Castan cité à la p. 291, et le N° 910, fin de la n. 4).

excusaverat et *alterum*⁹ subrogaverat, qui vice sua fungeretur. Isti autem suppressis literis expectarunt dum nunciatum esset adventare et non plus biduo abesse. Tunc demum, nobis et adversariis convocatis¹⁰, primùm literas jusserunt recitari, deinde fidem omnem ac diligentiam in hac cognitione se adhibituros receperunt, ac vicissim stipulati sunt à nobis ut, deposita omni contentione et acerbitate, paci et concordiæ studeremus¹¹. Responsum est¹² utrinque, non alio animo venisse quàm ut Ecclesiæ tranquillitati consuleretur. *Nostri* tamen semper addebant : si qua inveniri pacificatio poterit secundùm verbum Domini. Postea agitatum est *de modo et ordine actionis*¹³. Utraque pars *arbitris* detulit ut quem putarent optimum præscriberent, salvo tantùm repudiandi jure. Illi, pro sua æquitate, *adversariis* concesserunt quantùm vix palàm ausi essent postulare. *Nostri* tamen, ne viderentur statim ab initio in rebus non magnis impendiò morosiores, paucis exceptis capitibus, concesserunt. *Putas, opinor, hæc omnia intra dimidiam horam fuisse absoluta. Atqui tam actuosæ nobis sunt ceremoniæ, ut sæpiuscule nos convenire oportuerit antequam aliquid transigeretur.*

⁹ La copie n° 2 omet *alterum* et conserve, à la fin de la phrase, *fungeretur*, au lieu de *fungerentur*. Le lieutenant que Granvelle accrédita, par sa lettre du 2 novembre, était *Jean de Naves*, de Luxembourg, prévôt de Merville en Flandre (Voy. Nendecker. Urkunden, 1836, p 600-605. — Sleidan, II, 197). Mélanchthon disait le 14 novembre : « Est ei [scil. Granvellano] adjunctus quidam Lucelburgensis vir eruditus, pius, nostræ doctrinæ amans et abhorrens à crudelitate » (Mel. Epp. III, 1156).

¹⁰ Justus Menius écrivait de Worms, le 22 novembre, à Fred. Myconius Postridie Elisabeth, quæ fuit 20 Novembris, primùm tandem vocati sumus à præsidentibus, et significata nobis *Caroli* imperatoris voluntas de instituta collocutione. Nunc de ratione et modo colloquii deliberant. »

¹¹ Tout ce qui suit jusqu'à *Illi pro sua æquitate* manque dans la copie n° 2.

¹² Suivant les éditeurs des *Calvini Opera*, XI, 135, n. 6, cette réponse serait du 29 novembre. Ils nous paraissent l'avoir confondue avec celle qui fut donnée à Granvelle lui-même, le 27 (Voy. n. 13 et les *Mel. Epp.*, III, 1168, 1169). La réponse en question fut faite oralement le 20.

¹³ On s'occupa de ce sujet dès le 20 novembre. Nous lisons, en effet, dans la lettre de Cruciger du 22 : « A partibus petitum est..., ut exponant præsidentes quem *modum et ordinem collocutionis* esse velint. De eo *jam bidunm* deliberant, ac mirati sumus, eos tam imparatos inchoasse negotium. » Le 27, Mélanchthon écrit encore : « Deliberant jam *totos octo dies* de ordine disputationis Equites et nescio qui Canonici, alieni à nostris studiis » (Mel. Epp., p. 1159, 1174).

Est autem hæc agendi forma et series : dµæ sunt aulæ duabus partibus destinatæ, in quibus seorsim consultant. Tertiam habent *cognitores,* in quam utrinque convenimus cum est aliquid publicè agendum. In eam tamen nimis familiariter commeant hostes nostri, ut consilia cum arbitris communicent[14]. Neque id faciunt clanculùm aut verecundè, sed sub oculis etiam nostris, dum illic adstamus, non dubitant capita conferre. Et quid aliud facerent? *Moguntinus* enim et *Bavarus* et *Argentinensis* suos miserunt, qui nobiscum disceptarent et disceptationi præsiderent[15]. Illi singulos è suo numero[16] *præsides* deligunt, sed ea lege ut *cognitores* vocentur, hostium partes impleant.

Interim[17] *venerat Granvellus, qui 25 Novembris*[18] *urbem est ingressus*[19]. *Tertio post die, orationem habuit nobis non usque adeò æquam*[20]*, quòd videretur culpam omnium malorum in nos derivare.* Ejus exemplar tibi mitto, quoad potuit ab ore loquentis à notariis excipi. Fideliter certè tota summa comprehensa est, nec est ulla particula omissa, in qua esset aliquid momenti. *Postridie responsum est communiter omnium nomine*[21], *quanquam nostris vehemen-*

---

[14] Copie n° 1 : *consultant.* Copie n° 3 : *constent.*

[15] Voici les noms des députés qui devaient présider les débats : *Jean de Ehrenberg,* doyen, envoyé par l'archevêque de Mayence. — *Seubelsdorfer* ou *von Schwolsdorf,* prévôt de Munich, envoyé par le duc Louis de Bavière. — *Jean,* comte *d'Eisenberg,* député par l'évêque de Strasbourg. — Le quatrième président était le chevalier *Frédéric de Fleckenstein,* député par l'Électeur Palatin (Voy. les Mel. Epp. III, 1160-61, 1217-18. — Georgii Spalatini Annales Reformationis. Leipzig, 1718, p. 457).

[16] Copie n° 1 : *de suo munere.*

[17] Ce mot est omis dans la copie n° 2.

[18] Copie n° 1 : 25 Novembris. Copie n° 2 : 23 Novembris. La date vraie est le 22. Voyez la lettre de Martin Frecht (N° 923, n. 3), qui est d'accord avec Sleidan et plusieurs témoignages contemporains.

[19] Édition de Brunswick : *urbem ingressus,* tertio post die, etc.

[20] Voyez, sur le discours de *Granvelle* du 25 novembre, le N° 923.

[21] D'après Rœder, o. c. p. 61, il y aurait eu le 25 novembre (non le 26, comme le rapporte Calvin) *deux réponses* au discours de Granvelle : celle des Catholiques et celle des Protestants (Mel. Epp. III, 1168-1171). Mais nous croyons plutôt que la seconde a été supprimée pour gain de paix : ce qui expliquerait pourquoi la première, commune aux deux partis, se termine par les paroles suivantes : « Futurum sperant, ut quæ hactenus dissita remanserunt, nunc demum concilientur in Dei laudem, sacrosanctæ fidei et religionis nostræ decus et *restitutionem,* ac *Ecclesiæ jam dudum desideratam reformationem.* »

ter displicebat. Sed quid fecissent, cum aliter non permitteretur. Jam ante audierat ipse *Granvellus,* aut certè ex re ipsa suspicabatur, nostros [22] fremere et indignari sibi factam esse nimiam injuriam, quòd falsò perstringerentur jam ante actionis ingressum. Proinde illis excusavit, se nihil minùs in animo habuisse quàm illos vel minimùm offendere.

Ab eo tempore aliquot diebus fuit de formulis agitatum, in quibus illi mille effugia captarunt. Nos, ut in apertum campum eos attraheremus, nullam iniquitatem subire recusavimus, quæ saltem nobis salvam [23] causæ defensionem relinqueret. Aliquantum [24] temporis intercessit, quo inter se, nobis non adhibitis, consultarunt. Nostri non modò à sua parte nihil esse impedimenti ostendere, sed urgere etiam et passim reprehendere hanc moram. *Tandem verecundia coacti, finxerunt se velle incipere. Cecinerunt igitur missam suam de Spiritu Sancto* [25], *ut auspicatò aggrederentur. Nos etiam solemnem supplicationem* [26] *in templo nostro* [27] *habuimus. Nemo erat qui non putaret mox futurum ut ad certamen accingeremur.*

Eo tamen die nobis feriæ fuerunt atque etiam postridie. Mercurii autem [28] vocamur tanquam ad rem maximè seriam. Postquam ad aulam præsidum [29] ventum est, indicatum est *Granvello,* qui aliquantò post subsequutus est. Tunc accersitus fuit *Nuncius apostolicus* [30]*,* qui nos, sanctissimi *Pauli* [31] nomine, ad studium concor-

[22-23] *Nostros* et *salvam* sont omis dans la copie n° 1.

[24] Cop. n° 2 : *aliquantulum.*

[25] Cette messe fut chantée le lundi 6 décembre, jour de la fête saint Nicolas.

[26] Éd. de Brunswick : *solennes supplicationes.*

[27] Le peuple de *Worms* put s'associer aux prières des Protestants : il était en grande partie gagné à la Réforme. — Un fait que nous devons noter témoigne du sentiment de solidarité qui unissait alors les États évangéliques. Dès le 27 octobre, MM. de Berne avaient décidé que leurs « prédicants » imploreraient la bénédiction divine sur *le colloque de Worms* (Manuel du dit jour).

[28] *Vocamur* est omis dans la copie n° 2, et *autem,* dans l'édition de Brunswick.

[29] Copie n° 1 : *præsidis.*

[30] *Thomas Campeggi* (en latin *Campegius*), évêque de Feltri, dans la Marche de Trévise, frère de ce cardinal Laurent Campeggi qui avait été nonce apostolique en Allemagne (1524 et 1530). Le discours qu'il prononça, le mercredi 8 décembre 1540, est imprimé dans les *Melanthonis Epistolæ,* III, 1192. Voyez aussi la lettre de Cruciger à Justus Jonas du 15 décembre, ibid. p.1234.—Sleidan, II, 200,—Seckendorf,1602, III, 296.

[31] Le pape *Paul III.*

diæ et reconciliationis [32] cum Ecclesia hortaretur. Erat autem illi apposita [33] sella è regione *Granvelli*, qui in superiore loco cum *Electorum* legatis sedebat. Processit tamen illi *Granvellus* quatuor aut quinque passibus obviàm, ne sanctam sedem apostolicam prorsùs contemnere videretur. Orationem habuit compositam ex elogiis charitatis, deploratione præsentium temporum, exhortatione ad tollenda dissidia. Ejus exemplar ad te [34] mitto. Cum finem dicendi fecisset, secedunt suo more legati Electorum ad deliberationem. Erat enim [35] forma conventus imperialis. Petunt adversarii ut in commune respondeatur. *Saxo* [36], qui unus est ex professo noster, reclamare et firmis rationibus ostendere [37], nobis esse seorsim respondendum. Nos enim obliquè fuisse perstrictos, ideoque privatim esse de iis quæ objecta erant satisfaciendum, quum tota culpa in nos dirigeretur. Deinde nos pati non posse ut partes aliquas honoris sibi in consessu hoc sumeret. Ergo protestatione jam aliqua esse sibi utendum, ne quid tribuere illi crederentur. Jam verò nullo modo coire [38] posse duorum orationes, quorum alteri titulum sanctissimi Patris illi deferrent, alteri Dei hostem et Ecclesiæ tyrannum vocarent, alteri obedientiam [39] omnem pollicerentur, alteri, se velle ejus [40] regimen expugnare, præ se ferrent.

Cum ad *Granvellum* ventum esset, ille verò rogare et suadere ut omnes ordines in aliquam responsionem convenirent. Cursitatum est ultro citroque octies aut circiter, antequam nostri flecterentur. Postulant demum ut saltem permitteremus illi agi gratias, nulla *Pontificis* mentione facta. Hoc à se impetrari passi sunt, ne omnia negarent. Hæc omnia fiebant in ejus conspectu, et adeò non procul ut exaudire interdum voces aliquas posset. Responsione habita, cujus formam hîc quoque habebis [41], discessum est. *Quan-*

[32] Copie n° 2 : *ad studium pro reconciliatione.*
[33] Copie n° 1 : *opposita.*
[34] Cop. n° 2 : *tibi mitto.*
[35] Dans la copie n° 2, *autem.*
[36] L'électeur de Saxe. Dans la copie n° 1 : *Faxo.*
[37] Copie n° 2, *contendere.*
[38] Ibid. *convenire.*
[39] Édition de Brunswick : obedientiam *ei* omnem.
[40] La copie de Neuchâtel se termine ici. Nous donnons la suite d'après la copie n° 2.
[41] C'est à *Farel* que *Calvin*, depuis qu'il était fixé en Allemagne, envoyait habituellement les nouvelles du jour et les copies des actes officiels qui devaient intéresser les églises romandes (Voy. p. 227, lignes 2-

quam nostris plurimùm doluit vices loquendi sibi tunc fuisse ereptas [42], *cordatiores tamen judicant, nobis tacentibus non parùm fuisse effectum eo die. Nam qui olim, imò ante paucos annos, ad latus Cæsaris supra omnes Electores recipiebatur, nunc ex subsellio loqui coactus fuit. Quum Paulum Dominum suum nominaret ac honoris causa retegeret, nemo sequutus est, ne ex adversariis quidem. Cum Cæsaris mentionem faceret, omnes pileum deponebant. Quæ autem ignominia major, hoc statu rerum, Papæ irrogari potuit, quàm ita responderi a Cæsare et Ordinibus Imperii ejus legato, ut ejus nomen prorsùs subticeretur? Hoc certè parùm abest à manifesto ludibrio* [43]. Nam et tanquam homini privato responsum est, et

6, et les N°⁸ 751, 762 a, 767, 772, 774, 784, 832, 835, 843, 845, 846, 857, 863, 865, 868. 893). Il n'y aurait donc rien d'étonnant à ce qu'il lui eût écrit cette longue lettre vers le milieu de décembre, dans un moment où il ne pouvait pas se douter de son départ pour Worms.

Seckendorf, III. 296, dit au sujet de la *réponse faite à Thomas Campeggi* : « Responsum ei fuit per cancellarium Moguntinum, D. *Jacobum Reuter*, breviter et aridè, nulla cum *Pontificis* mentione... Orationem *Nuncii* « gravem, piam, et christianam » fuisse dicebat « et libenter auditam. » Pollicetur « se ita exhibituros esse deputatos, ut appareat quæsivisse gloriam Dei, et ea quæ faciunt ad pacem et tranquillitatem christianam. »

[42] *Mélanchthon* avait composé une éloquente réplique, dont les présidents n'autorisèrent pas la lecture (Mel. Epp. III, 1195-1199), « quia, ut Legati Saxonici scribunt (dit Seckendorf, l. c.), nihil pro autoritate dixerat aut gesserat *Nuncius*, immò *Pontificem* in oratione sua ne nominasset quidem. Abeuntem ex curia deduxerunt qui introduxerant. *Granvellanus*, scenæ serviens, modicam illi *reverentiam*, quam vocant, gestu exhibuit, vulgarem nempe et domesticam, ut Legati loquuntur. » — *Cruciger* donne sur cette séance d'autres détails intéressants (Mel. Epp. 1224-25).

[43] Le 15 décembre 1540, — peut-être le même jour où *Calvin* se réjouissait de la mortification infligée au Nonce, — *l'évêque d'Aquila* écrivait de Worms aux cardinaux Farnèse et Cervin : « Dubitavi semper causam istam Christianæ Religionis aliis vestri ordinis non ita ut Vobis perspectam esse. Et præsertim illis quibus status *Germaniæ* et *Germanorum* vires et ingenia minimè notæ sunt, illis inquam, quibus minimè constat, quæ abhinc XX. annis... et Christianæ et Germanæ Religioni jactura effluxerit, ut nullus sit pagus, nullum oppidum, nulla civitas, nulla regio, nulla provincia quæ ab antiqua et vera Religione, vel partim non desciverit, vel propediem lapsura esse videatur. Et hinc factum est quòd salutaria omnia remedia vel omittuntur vel negliguntur ; sed jam omnes existimare debent in eo statu esse causam, *ut solùm ultimus tragediæ actus expectetur...*

Propterea, ut in desperatis rebus fieri solet, *non voluntate, sed necessitate, dissidentibus tot annis petitum colloquium concessum est. Et licet* necessitate, tamen prudentissimo consilio. Hæc enim sola supererat dissisilentium de *Pontifice* notabili contemptu non caruit. Si quid à nobis asperiùs dictum esset, non novum esset à tam contumacibus indomitisque capitibus. *Cæsarem* verò et totam filiorum ejus catervam tantum nobis dare ut ipsius meminisse non liceat, id verò ejus majestatem non parùm imminuit.

A prandio, *adversarii nostri inter se deliberarunt, quo primùm vulnere*[44] *deberent nos conficere. Placuit ordine excutere totam Confessionem*[45]. In primo articulo controverso, qui est *de originali peccato,* cùm biduum depugnassent, secessionem fecerunt[46]. Sex nostram confessionem receperunt, quinque reclamarunt, in quibus erat Achilles ipse *Ecchius*[47]. Tertio die formulam nescio quam conscripserunt, in quam pariter consentirent. Illic autem non damnabatur dogma nostrum, sed adhibita moderatione mitigabatur. Ventum est postea ad *justificationem,* in qua mirum est quàm tumultuosè inter se rixati sint[48]. Hæc autem talis[49] perturbationis est causa, quòd *Brandeburgenses*[50] prorsùs nostri sunt, *Palatini*[51]

dentibus fuga denegati colloquii. Hac sola arte et verborum lenocinio, populorum animos deleniebant. *At nunc habent colloquium, et suo marte et suis armis confodientur.* Nullum enim ex colloquio fructum sibi polliceri possunt, nullum profectò, sive causam ipsam spectemus, quæ propriis et divinis suis viribus nixa se ipsam defendit : sive Theologorum numerum, quem parem esse videmus, sive judicii eventum, et illud ad *Cæsarem* referetur...

At enim considerandum est, qui sit status dissidentium causæ. Nonne enim constat, quàm varia sint inter eos ingenia, quàm varia dogmata, judicia inconstantia, abusus; ..... quæ sint doctissimorum nostrorum Theologorum studia, doctrina, eruditio, fides, religio, virtus, eloquentia, ut facilè possint jam prorsùs lapsam religionem et reparare et erigere et sustinere. Sed illud magis omnes movere debet, sanctissima *Cæsaris* vita, institutio ac Religio, ac firma semper et illæsa fides. *Dixit* enim *pluries Cæsar se velle potiùs et Regnorum suorum et Imperii quàm Religionis, etiam minima in parte, jacturam pati.* Deerit nunc primùm suæ fidei *Cæsar?* Nunquam profectò hoc posteritas leget » (Læmmer, o. c. p. 307, 308, 309).

[44] Copie n° 2 : *ulcere.*

[45] La Confession de foi d'Augsbourg.

[46] La discussion sur *le péché originel* avait commencé le 8 décembre. Menius écrivait le 15 à Boëtius « Multos jam dies deliberant *de peccato.*

[47] Le docteur Jean Eck (*Eccius*).

[48] On lit dans la lettre de Moller du 14 décembre : « *Hodie* proposuit *Eccius* articulos, in quibus tollit exclusivam *sola* [scil. *fides*], etc. Huic sententiæ cum contradixerint *Palatinenses, Marchici,* moliti sunt ut eos ex suo cœtu ejiciant » (Mel. Epp. III, 1210).

[49] Édition de Brunswick : *tantæ.*

[50,51,52] Les théologiens de l'Électeur Joachim II, Margrave de Bran-

aliquantulùm accedunt, *Clivienses* et *Colonienses* [52] non sunt iniquissimi. Alii verò, quasi [53] furiis correpti, nihil æqui, nihil moderati, nihil sani ferunt. Ideo autem in eorum parte est *Marchio* [54], quòd quum se nondum decretis Cæsaris opposuerit, nec in fœderis societatem concesserit, ex grege nostro non habetur. Quum elector sit, non potuit præteriri. Ergo eum recipere hostes nostri coacti sunt [55].

Nostri interea conqueri, tum apud præsides, tum apud Granvellum [56], *quòd ita extrahantur.* Instare enim sextum Januarii, qui *Ratisbonensibus comitiis* sit indictus [57] : nimirum esse non dubiam [58] *tergiversationem, ut re infecta discederetur. Istis flagitationibus coacti, cœperunt ordiri novam telam : Formulam juramenti protulerunt, qua volunt obstringere notarios* [59]. Erat autem adeò iniqua, ut à nostris admitti non debuerit. Neque tamen impetrari potuit ut

---

debourg (p. 127, n. 25-26). étaient le prévôt *Léonard Keller*, *Alexander Alesius Scotus*, *Jean Ludicken*, pasteur à Francfort-sur-l'Oder. Ceux de l'Électeur Palatin, *Heinrich Stoll* et *Matthias Kegler*. Guillaume, duc de Clèves et de Juliers, avait envoyé à Worms *Joannes Ulattenus*, *Conrad Heresbach* (t. V, p. 256) et *Albert Kœnig*. L'archevêque de Cologne y était représenté par les docteurs *Jean Gropper*, chanoine, et par *Éberard Billican*, carmélite. La forme de plusieurs de ces noms n'est pas la même dans Spalatin, o. c. p. 458, 459, et dans les Épîtres de Mélanchthon, p. 1160, 1217.

[53] Ce mot est omis dans la copie n° 2.

[54] Le *margrave* Joachim II.

[55] Voyez Planck. Geschichte der Entstehung u. der Bildung des protestantischen Lehrbegriffs. Leipzig, 1798, t. III, P. II, p. 68-71. Sur l'ensemble du Colloque de Worms on peut consulter L. Ranke, o. c. IV, 196-204.

[56] Voyez les *Melanthonis Epistolæ*, III, 1236, 1239, 1252, 1254, 1258.

[57] Les lettres impériales qui convoquaient les Princes à Ratisbonne pour le 6 janvier étaient déjà connues en novembre (Voy. la lettre de l'Électeur de Saxe à l'Empereur du 23 nov. 1540. Neudecker. Urkunden, 1836, p. 613-621).

[58] Dans la copie n° 2 : *dubio*.

[59] Les *notaires* des Protestants étaient *Gaspard Cruciger* et *Wolfgang Musculus* (p. 252); leurs substituts, *Joachim Goler*, secrétaire de Constance, et *Martin Webel*, secrétaire de Hambourg (Voy. dans les Mel. Epp. p. 1200, à la date du 11 décembre, la pièce intitulée : Forma jurisjurandi a Notariis et eorum Vicariis dandi, proposita a Præsidentibus collóquii). Du 11 au 13 décembre on discuta sur cet incident. La réclamation des Protestants et de leurs notaires fut présentée le 12. Ils eurent, à ce propos, le lendemain, une entrevue avec Granvelle (Op. cit. 1202-1209, 1219-1223).

remitteretur apiculus unus. Et est sanè causa cur illi boni viri eam sic mordicus teneant. *Est enim illic cautum, ut Acta supprimantur et nemini mortalium communicentur, nisi Cæsari*[60]. Ne tamen omnem spem præcidant[61], exceptionem addunt, ut edantur ea partibus quæ ipsi censuerint. Videmus quid aucupentur, nempe ut, cum jurati[62] hinc abierimus, invidiam suo more in nos aliquo prætextu derivent. Cedendum ergo erit[63], nisi volumus occasionem præbere iis qui captant[64].

Atqui, meo quidem judicio, *ita magis se apud omnes bonos jugulant. Neque enim dubitabitur cujus conscientiæ fuerit pro Actis*[65] *supprimendis tantopere laborasse. Certè nisi causæ nostræ bonitati*

---

[60] Le 16 décembre Cruciger écrivait à Juste Jonas : Nostri legati aliquot jam dies coacti sunt concertare cum præsidente. Id certamen ortum est ex formula juramenti proposita *notariis*... Ac nescio an de hoc possit conveniri. Fortasse hoc impetrabitur, ut *copias descriptas* concedant mitti principibus. Sed *archetypos* notariorum prorsùs nolunt nisi ad *Cæsarem* mitti » (O. c. 1226).

[61] Copie n° 2 : *Neque* tamen omnem spem *præcidunt*, etc.

[62] Dans les copies, *irati*. La variante que nous proposons donnerait ce sens plus naturel : Quand nous aurons *juré*, nos adversaires trouveront facilement, après notre départ, un prétexte pour nous accuser de parjure.

[63] Dans l'énumération des ruses imaginées par les Catholiques pour tirer les choses en longueur, Calvin insiste beaucoup sur la plus récente : le serment qu'ils exigent des notaires. Cette ruse va réussir : *cedendum erit*. Nous en concluons que la narration de Calvin a dû être écrite avant le 15 ou le 16 décembre. S'il l'eût terminée quelques jours plus tard, il aurait, ce nous semble, mentionné les faits suivants, que Mélanchthon communiquait à Luther le 16 et le 17 : « Repudiata est *formula Eccii* [de peccato originis et de justificatione] à trium principum legatis, *Palatini, Marchionis* et *Juliacensis*. Hi modestè, sed rectè tamen, professi sunt se probare nostram sententiam..... Fremunt reliqui et de excludendis illis trium Principum legatis deliberant. Sed tamen cum id facere non auderent, *decurritur eo, ut Eccius et ὁμόψηφοι exhibeant suam sententiam scriptam* præsidentibus; item, *ut reliqui tres etiam sententiam exhibeant scriptam*, quam dixissent. Id heri, hoc est, 15. die Decembris factum est. Sunt igitur ab adversariis trium Principum legati aliquo modo sejuncti..... Nobis pugnandum est, ut *publica disputatio* instituatur, ne fiat suffragatio antequam res explicatæ sint..... Sum et ego invitatus ut formulam aliquam componerem. Sed respondi, me *publicè* dicturum esse quid mihi videatur... Sperabamus *Colonienses* etiam probaturos esse veram sententiam de justificatione,... sed hi non modò fefellerunt nos, sed etiam augent *periculum trium illorum* qui dissenserunt » (Op. cit. 1228-1229). Voyez aussi la note 66.

[64] Copie n° 2 : *quæ captent*.

[65] Copie n° 3 : pro *aliis*.

confideremus, non cuperemus omnia publicari; et nisi illi lucem
reformidarent, non hoc refugerent. Vereor tamen ne, ubi istis præ-
ludiis vellicati fuerimus, tandem sine certamine dimittamur. Quantus omnium hìc risus, putas, excitabitur, si tantus apparatus in
fumum evanuerit! Verùm quid? si Dominus, elusa humana provi-
dentia, opus suum velit peragere, et arte industriaque nostra non
adhibita, prosternere verbi sui adversarios? Bona igitur conscientia
simus contenti, neque plus appetamus, quàm ut ab ejus nutu suspensi, tantùm agamus quantùm ille voluerit. Sanè, quantùm ad
nos attinet, non sumus adeò formidabiles, nisi Dominus ipse terro-
rem ac trepidationem hostibus nostris incuteret.

*Si conserendæ erunt manus, Philippus primo loco verba faciet,
quo nihil unquam vidi cordatius* [66]. *Alius est penitùs quàm fuerat* [67]
ante annos quatuor [68]; neque tamen mutavit sententiam, sed animo
factus est confirmatiore, quemadmodum ipse dicit, quòd vidit sua
moderatione nihil se proficere apud eos quibus lucrifaciendis intentus erat [69]. *Si audires dimidiam horam, plurimùm te exhilararet.*

---

[66] A comparer avec la p. 131, renvoi de note 55. — On lit dans la
lettre de Cruciger du 14 décembre : « Eam [scil. articulorum conciliationem]
valde urget *Granvellus*, et insidiis res agitur ; si posset obtineri ex nostris,
vellent deligi paucos quosdam, quos ipsi habent pro moderatis, qui cum
illis concinnarent articulos, exclusis aliis, etiam ipso *Philippo*, quem accusant, quòd nunc sit factus *asperior* » (O. c. 1213).

[67] Copie n° 2 : *fuerit.*

[68-69] On sait que, depuis 1528, *Philippe Mélanchthon* avait étudié très
attentivement tous ceux des passages des Pères qui sont relatifs à la sainte
Cène, et qu'il avait fini par adopter la doctrine sacramentaire des théologiens de la Haute-Allemagne, telle que la formulait *Calvin* (Voyez le
t. V, p. 146, n. 24-25 ; 268-269, renv. de n. 10-12 ; 317, n. 9, et le
N° 932, n. 29-31. — Rod. Hospinianus. Hist. Sacramentaria, 1602, ff. 137-
140, 148 a, 169-171, 174-182, 202 a). Mais il n'avait pas réussi à rallier
à la Concorde de Wittemberg les ultra-Luthériens, qui l'accusaient d'être
un disciple de Zwingli. Nous en trouvons la preuve dans ce paragraphe
d'une lettre d'*André Osiander*, non datée, mais qui est certainement du
mois de décembre 1550 : « Mihi necessariò bellum gerendum est cum
adversariis hypocritis, qui sunt Christiani sine Christo... Contemnunt
Lutherum, jactant *Philippum*, quem ego deprehendo hujus mali fontem.
Itaque accingor, Principe hortante, contra carnalissimam ejus de justificatione opinionem. Narravit enim mihi, sese *ante decennium* jam fidis argumentis persuasum, quòd *Philippus* sit *totus Zwinglianus*, aliud in ore,
aliud in pectore habens » (Hummel. Epistolarum hist.-eccles. semicentuiia
altera. Halæ, 1780, p. 83-84).

Reliqua scribam quum fuerit opportunum. Vale optimè[70], integerrime et amicissime frater.

CALVINUS.

929

JEAN CALVIN aux Pasteurs de Neuchâtel.
De Worms, 24 décembre (1540).

Copie contemporaine. Bibliothèque des pasteurs de Neuchâtel.
Calvini Opera. Brunsvigæ, XI, 133.

Gratia et pax vobis a Deo patre nostro et Domino Jesu Christo, fratres mihi amicissimi et observandi!
Quoniam *non*[1] *de scribendo priùs cogitavi quàm optimus frater*

---

[70] Les nouvelles étant rares, les magistrats et les hommes instruits recueillaient et se communiquaient les uns aux autres des extraits de lettres officielles ou privées C'étaient les journaux de l'époque. On comprend dès lors pourquoi les salutations et les détails purement personnels ne figurent pas d'ordinaire dans ces extraits. Ainsi l'un des copistes de la présente lettre a omis non-seulement les mots *integerrime et amicissime frater*, mais encore la signature. En revanche, la copie n° 3, qui les a recueillis, omet *Wormatiæ*.

Quant au destinataire, ce n'est pas l'un des amis de Calvin à Strasbourg ou à Bâle. Bucer et Capiton, plus rarement Grynæus, leur envoyaient les nouvelles du Colloque. Ce n'est pas non plus le soigneux Bullinger : il aurait conservé la lettre originale de Calvin, et, en tout cas, on en trouverait un extrait dans sa correspondance avec Vadian. Nous avons dit (n. 41) que *Viret* recevait les nouvelles d'Allemagne par l'entremise de *Farel*. Aussi, en tenant compte de toutes les circonstances, nous sommes-nous décidé pour le réformateur de Neuchâtel.

Les éditeurs des *Calvini Opera* disent que la présente lettre paraît avoir été adressée à un pasteur neuchâtelois, à la fin de décembre, pendant que *Farel* était à *Worms*. On peut leur objecter qu'elle ne fait pas la moindre allusion au voyage de *Farel*, et que si *Calvin* trouvait « superflu et même absurde » d'écrire à la Classe de Neuchâtel le 24 décembre (N° 929), au moment où *Farel* se préparait à repartir, — il aurait été moins disposé encore à composer, peu après, une longue lettre, pour envoyer à un pasteur neuchâtelois des nouvelles que *Farel* pouvait donner lui-même *de visu* avec les plus grands détails.

[1] Édition de Brunswick : *Quum non*. Dans la copie : *Qn*, surmonté

noster Farellus se ad iter accingeret[2], *et illi omnia coràm exposui quæ de muta*[3] *ista nostra actione referre possum,* ideo à longiore scriptione supersedebo : et maluissem in totum abstinere, nisi ipse meam negligentiam severis verbis castigasset. Videor enim mihi rem agere non modò supervacuam, sed prorsùs absurdam, cum tali nuncio literas ad vos perferendas trado[4]. Quia tamen hoc officium me negligere non patitur, mos gerendus est ejus voluntati.

Non est tamen *quòd à me longam historiam expectetis eorum quæ hic geruntur. Sedemus in castris ociosi, quia hostes pugnandi copiam minimè faciunt; cum putamus omnibus eorum effugiis esse occursum, novas subinde rimas*[5] *excogitant.* Sed has artes, quibus tantopere sibi placent, speramus in magnam Domini gloriam cessuras. Intelliget enim mundus cujus conscientiæ fuerit lucem adeò reformidasse. Nos sanè et verbis sumus testati et re ipsa demonstravimus, nos ad reddendam doctrinæ nostræ rationem esse animo paratos. Utcunque[6] malè instructi simus, illi cum sæpe eludendo et tergiversando nos extraxissent, tandem non dissimulanter confessi sunt se ab eo quod præ se tulerant agendi consilio[7], penitùs

d'un trait horizontal et suivi de *nos*. Il faut lire *Quoniam non*, à cause des indicatifs *cogitavi* et *exposui*.

[2] *Farel*, qui était encore à Berne le 14 décembre au matin (N° 924, n. 8), avait dû arriver à Bâle le 16, à Strasbourg le 19, et il était probablement entré à *Worms* le 22 ou le 23. Deux jours lui suffisaient, à la rigueur, pour s'entendre avec les députés des États évangéliques; mais ils le retinrent jusqu'au 26 décembre.

[3] Édition de Brunswick : *mutua*. La variante *muta* a pour elle le *Sedemus in castris ociosi* du paragraphe suivant.

[4] Cette réflexion nous autorise à croire que la lettre précédente n'a pas été écrite pendant que Farel était à Worms.

[5] Il faut peut-être lire *remoras*, mot qui était familier à Calvin.

[6] Le copiste a lu *utrimque*, puis il a mis un *c* au lieu de l'*r*, de sorte qu'on peut lire *utcunque*, qui est ici le mot juste.

[7] Avant le colloque de Worms, les Catholiques avaient annoncé qu'on y procèderait suivant le recès de la diète d'Haguenau, confirmé par le rescrit de l'Empereur : c'est-à-dire, qu'il y aurait, entre les représentants des deux Églises (onze d'un côté et autant de l'autre), une discussion publique sur les dogmes formulés dans la Confession d'Augsbourg. Mais aussitôt qu'ils s'aperçurent que trois députés de leur parti inclinaient vers la doctrine évangélique, ils commencèrent à traîner les choses en longueur, afin d'empêcher une discussion où chaque vote pouvait donner la majorité à leurs adversaires. Aussi les Protestants se plaignaient-ils de ce que le rescrit impérial n'était pas plus observé à Worms, que les promesses faites à Francfort au nom de l'Empereur n'avaient été tenues à la diète

abhorrere; idque faciunt, cum omnibus aliis rebus, præterquam causæ bonitate, sint multò superiores. Cognitores [8] habent quales illis visum est è sua cohorte deligere. Is quem velut moderatorem ferre cogimur [9] non obscurè illis favet. Opibus, potentia aliisque omnibus præsidiis abundant quibus destituimur [10]. Sed mala conscientia consternat, ut nemine persequente fugiant. Quid autem, si Dominus non tantùm quò potentiùs eos prosternat ac majore miraculo, sed etiam ut nos humiliet, hac trepidatione ipsorum animos percellit, ne in certamen nobiscum descendant? Neque enim digni sumus quorum industriam ad causæ suæ defensionem adhibeat. Utcunque sit, modò salva maneat ejus veritas, et gloria splendidiùs elucescat, satis superque nobis esse debet. Verùm et si non in acie palàm consertis manibus confligimus, memineritis tamen, optimi fratres, nobis esse occultum cum obliquis Sathanæ astutiis certamen. Quod ideo moneo, ut sanctis precibus adlaboretis, ne Dominus suorum simplicitatem talibus captionibus [11] irretiri sinat.

Causam fratrum qui crudeliter ab impiis vexantur, qua decet fide ac diligentia suscipiemus [12]. Nihil aliud possumus in præsentia polliceri, nisi quòd operam dabimus ut sentiatis nostrum studium ipsorum saluti non defuisse. *De adventu ad vos meo nihil audeo certò dicere. Farellus novit quibus impedimentis distinear.* Cupio

---

d'Haguenau (Voyez les pp. 127, renv. de n. 24; 235, n. 6-7; 259, renv. de n. 12; 353, n. 4. — Les requêtes des Protestants à Granvelle. Mel. Epp. III, 1236, 1239, 1252-54, 1258. — Sleidan, II, 193, 201, 202).

[8] Les quatre présidents ou arbitres.

[9] *Granvelle.*

[10] Dépourvus de ce qui donne la puissance extérieure, les Protestants étaient, du moins, très unis et ils le sentaient vivement (N° 930, n. 2). Nous lisons dans la lettre de *Grynæus* aux ministres bâlois, datée de Worms le 22 décembre 1540 : « *Incredibile est, qua gratia, humanitate, concordia inter se fratres hic omnes conveniant. Miranda alacritas in omnium oculis et oratione est.* Oro dominum Christum, ut mihi concedere venienti hanc apud unumquemque vestrûm gratiam velit, ut commune ministerium obire cum gaudio et lætitia spiritus nostri queamus. — *Tygurinis fratribus hanc et illam mittite. Nam Bernam per Farellum scripsi* » (Inédite. Autographe. Arch. de Zurich). Ce post-scriptum doit signifier simplement que *Grynæus*, dans sa dernière lettre à *Farel*, avait inclus une épître adressée aux pasteurs bernois.

[11] Dans la copie : *cautionibus.*

[12] C'était à cause des persécutions exercées contre les Évangéliques français, que les pasteurs de la Suisse romande avaient chargé Farel de se rendre à Worms (N° 930, n. 2).

tamen diem illum videre quo vos omnes semel amplectar in Domino. Valete, integerrimi fratres. Dominus vos confirmet magis ac magis ad opus suum! Wormaciæ, 24 Decemb.

CALVINUS vester.

(Inscriptio :) Venerandis [13] Collegis meis et charissimis fratribus fidelibus et Christi Ministris et ecclesiasticis Pastoribus in Provincia Neocomensi.

930

LES PRÉDICATEURS PROTESTANTS aux Pasteurs neuchâtelois.

De Worms, 26 décembre 1540.

Copies contemporaines [1]. Melanchthonis Consilia theologica. Neustadii, 1600, P. I, p. 435. Melanthonis Opera. Éd. Bretschneider, III, 1249.

(COMPOSÉE PAR MÉLANCHTHON.)

S. P. Posteaquam Deus, pater liberatoris nostri Jesu Christi, lucem Evangelii sui ecclesiis nostris reddidit, decet animos nostros ad ea certamina paratos esse quæ doctrinæ cœlestis prædicationem sequi solent. Videtis enim *pontificum et hypocritarum conspirationes adversùs nos,* qui cum habeant adjunctos Principes, inflammant eos ad delendas nostras ecclesias. Quare *post Diocletiani tempora, nulla major sævitia in Ecclesiam grassata est, quàm quæ nunc exercetur* [2]. Sed scitis hæc certamina de postrema ætate prædici

---

[13] Édition de Brunswick : *Honorandis.*

[1] Il y a deux copies faites en Allemagne au seizième siècle : celle de Munich, dont Bretschneider donne les variantes, et celle qui est déposée à la bibliothèque de Sainte-Geneviève à Paris (Epistolæ Hæreticorum, vol. D. 1. 54³, p. 639). Nous suivons la copie de Neuchâtel (Bibl. des pasteurs), en notant les principales variantes.

[2] Allusion à la persécution qui sévissait en *France. Farel* écrivait le 30 avril 1541 aux ministres de Zurich : « Audivistis quàm crudeliter ageretur cum piis, [ut] etiamnum fit hodie ; nam ferro et flammis multos è vita

apud Danielem, qui ait « futurum ut docti ruant in gladio. » Sed tamen consolationem addit; promittit non fore irritos labores nostros, inquiens : « Docti in populo docebunt plurimos. » Feramus igitur constanti animo et pericula et has ærumnas, quibus propter Evangelium conflictamur, cum sciamus, et hoc doctrinæ genus quod profitemur verè esse consensum catholicæ Ecclesiæ Christi, et Deo gratissimum cultum esse hujus doctrinæ propagationem.

Ac *Farellus*, vir egregia pietate et doctrina præditus, utrumque *nobis prædicavit, et doctrinæ puræ consensum in ecclesiis vestris, et vestram diligentiam ac constantiam* [3]. Quare magnam ex ejus oratione voluptatem cepimus, et ex animo precamur, ut filius Dei, Jesus Christus, qui ascendit ad patrem, ut dona det[4] hominibus, etiam vos et ecclesias vestras cumulet cœlestibus donis, luce Evangelii, fide, constantia, concordia et mutua dilectione, et omnibus officiis quæ ornant evangelium [5] Christi.

Sed non solùm adversùs externos hostes opus est animi robore, sed etiam vigilantia et gravitate adversùs domesticas offensiones. Cum autem, ut apud vos [6], *ita etiam alibi sint quidam parùm morigeri* [7], *vel inter pastores, vel in populo, oramus propter Christum magistratus pios, ut, adjuncto pastorum aliquorum judicio, coherceant* [8] *eos qui sunt obnoxii manifestis criminibus.* Ac optandum

---

tollunt tyranni. Fratres permoti jusserunt Wormaciam adirem rogatum pios qui illic coacti erant, ut efficerent, si per Dominum possent, quò tanta rabies mitigaretur. Lubens p[arui]. *Non possem exprimere quid invenerim in cœtu illo :* nam pietatem, eruditionem, benignitatem et affabilitatem hostes cogebantur admirari. Ego verò laudabam Dominum talia orbi data esse lumina, pro instaurandis ecclesiis. Visum fuit ipsis fratres salutare literis. *Philippus* ille provinciam suscepit ac omnium nomine scripsit » (Autogr. Arch. de Zurich).

[3] *Mélanchthon* avait reçu jadis, sur le caractère et l'activité de *Farel* à Montbéliard, des renseignements très défavorables (Voyez, dans le t. I, p. 289, 290, la lettre d'Érasme du 6 septembre 1524). C'est pourquoi il écrivait à Œcolampade, peu de temps après : « Displicent mihi quæ audio meditari *Varellum* παρὰ τῷ λίστῃ [Ulric de Wurtemberg] ad quem se contulit » (J. J. Herzog Das Leben Œkolampads, 1843, II, 280). Le réformateur de Bâle prit sans doute la défense de Farel, et celui-ci n'hésita pas, en 1535, à se joindre aux hommes pieux qui sollicitaient *Mélanchthon* d'accepter l'appel de François I (t. III, p. 357, 358).

[4] Bretschneider et la copie de Paris : *et dona dat.*

[5] Ibidem : *Ecclesiam.*

[6] Copie de Munich : *nos.*

[7] Bretschneider et la copie de Paris : *quidam immorigeri.*

[8] Ibidem : *coërceatis.*

esset certa judicia ecclesiæ constitui, delectis judicibus ex pastoribus et viris gravioribus è populo, sicut in quibusdam nostris ecclesiis judicia constituere cepimus.

Ac his opus est, tum propter alia scandala, tum verò [9] maximè propter controversias divortiorum et pœnas adulteriorum. In his negociis profectò opus est singulari diligentia et gravitate Gubernatorum. Injustè laudant hypocritæ canones pontificios et judicia episcopalia, ut vocabantur, de negociis conjugiorum. Hinc enim multa vicia orta et confirmata sunt. Nam adulteria rarò puniebantur, aut redimebantur exigua mulcta, et quia non discernebantur justa divortia ab injustis, connivebatur ad injustas [10] distractiones [11] conjugum. Talia cum ad regulam Evangelii revocanda sint, rogamus ut Magistratus diligentissimè hortemini, ut vobiscum curam suscipiant tales causas cognoscendi [12]. Hæc etiamsi subitò fortassis fieri non possunt, tamen paulatim gradus faciendus est ad ornandas ecclesias et quasi muniendas tali disciplina.

Optamus enim [13] *institui morem ante synaxin* [14] *audiendi et erudiendi eos qui ad Cœnam Domini accedunt* [15]. Hic mos multiplices utilitates adfert [16]. Nam rudiores cum interrogati respondere coguntur, meliùs erudiri possunt. Est autem, ut scitis, doctrina fidei et remissionis [17] peccatorum non ita in conspectu humanæ menti, ut sine doctoribus intelligatur. Doctrina de moribus minùs est obscura. Sed in illo familiari colloquio doceri præsertim consternatæ mentes possunt [18] de proprio Evangelii beneficio, de remissione peccatorum, et quanti faciat Deus hunc cultum, cum agentes

---

[9] Ce mot n'existe pas dans la copie neuchâteloise.

[10] Ibidem : *justas.*

[11] Copie de Munich : *obtrectationes.*

[12] Dans le nombre des causes matrimoniales qu'il importait de juger, Farel comptait celle de « la dame noble » qui bravait toutes ses admonitions (V, 225).

[13] Dans Bretschneider : *Optaremus etiam.* Dans la copie de Paris : *Optaremus enim.*

[14] Copie neuchâteloise : *sinaxim.*

[15] Voyez, sur l'examen de conscience des communiants, tel qu'il existait dans l'église française de Strasbourg, la p. 200, renvois de note 8-9, et la p. 223, renv. de n. 37-39.

[16] Bretschneider et la copie de Paris : *habet.*

[17] Bretschneider : *remissio.*

[18] A comparer avec la page 45, renvoi de note 9, et avec le t. IV, p. 275.

pœnitentiam verè sese consolantur fide ac fiducia Christi, qui pro nobis victima factus est. Hanc vocem etsi sæpe multi audiunt, tamen [19] non intelligunt homines ferrei, qui verè non agunt pœnitentiam. Quare colloquium illud erit utilis κατήχησις piarum mentium. Ac de his rebus omnibus copiosiùs exponet vobis nostram sententiam *Farellus* [20].

De conventu non multa possumus scribere. Adversarii non hoc agunt, ut ecclesiis piè consulant, et emendent doctrinam viciosam et impios cultus, sed ut confirment potiùs fucosa aliqua conciliatione. *Nos nondum auditi sumus.* Ipsi hactenus inter se deliberarunt, et quia aliqui pii eis admixti fuerunt, *trium Principum præcipuorum legati testati sunt se probare doctrinam nostrarum ecclesiarum, videlicet legati Palatini Electoris et Marchionis* [21] *Electoris, et Ducis Juliacensis.* Multa tentarunt adversarii ut hos ad se retraherent, sed legati quos diximus constanter [22] in sententia dicta manserunt. Dum igitur cum illis litigant, nobiscum nondum congressi sunt. Deus gubernet nos ac eripiat ex insidiis adversariorum! *Non enim sentimus concordiam oppressione veritatis constituendam esse, sed potiùs omnia pericula adeunda, quàm prodendam* [23] *Evangelii veritatem.*

Vos autem hortamini ecclesias vestras, ut nos et causam publicam votis suis Deo commendent. Ecclesia divinitus regitur et conservabitur, etiamsi regum et principum conventus ei parùm consulunt. Sed tamen *hic comperimus admixtos fuisse malis aliquos* [24]

---

[19] Ce mot n'existe pas dans la copie de Neuchâtel.

[20] Farel ne put annoncer aux ministres neuchâtelois aucune décision importante prise en faveur des Évangéliques français. Les Protestants allemands craignaient alors d'irriter l'Empereur en envoyant une ambassade à François I. On lit, en effet, dans la lettre de Calvin à Farel du 9 juin 1541 : « Quominus πρεσβεία mittatur, id ipsum hodie quoque obstat quod impedimento nobis esse tunc audiebas, cum in prato apud *Vangiones* [scil. *Wormaciam*] colloqueremur. »

[21] *Marquionis*, dans la copie neuchâteloise : ce qui permettrait de croire qu'elle a été écrite sous dictée.

[22] Dans les autres copies : *constantes*.

[23] Ibidem : *prodamus*.

[24] Ibid. *aliquot*.

[25] Le millésime est exact d'après l'ancien style, qui faisait commencer l'année à Noël. Mais on a commis une erreur, dans les éditions modernes de la *Vita Melanthonis*, en ne rapportant pas la présente lettre à l'année 1540. Le texte de Bretschneider ne porte aucun millésime.

pios. Orate igitur ut Deus pios confirmet propter Evangelii sui gloriam. Bene valete. Wormaciæ, die Stephani, 1541 [25].

CONCIONATORES ECCLESIARUM PURÆM EVANGELII
DOCTRINAM PROFITENTIUM QUI NUNC SUNT
WORMACLÆ IN CONVENTU.
Ego PHILIPPUS MELANTHON
meo et aliorum nomine subscripsi [26].

(Inscriptio :) Egregia pietate et doctrina præditis pastoribus Ecclesiarum in Comitatu [27] Neocomensi, fratribus in Christo dilectis.

931

LE CONSEIL DE BERNE à Pierre Viret, à Lausanne.
De Berne, 31 décembre 1540.

Minute originale. Arch. de Berne. Calvini Opera. Brunsvigæ,
XI, 140.

Nostre amiable salutation devant mise. Honorable, doct, très aimé! *Ilz nous ont nous combourgeoys de Genève requesté et prié que feust de nostre plaisir de leur oultroyer de vous transpourter ver eulx, pour ung espace de temp leur anuncé la Parolle de Dieuz,* espérant que par ce moyen l'honneur de Dieuz seroit avancé et plus[i]eurs désordres entre eulx rabilliés [1]. Sur ce, désirrans avancer l'honneur de Dieuz et christiêne honestité, avons advisés de leur complaire en ce endroit, et, par ainsy, à vous donné le choisy [l. le choix] d'y vous transpourter, sy vous est loysible et agréable, et y

---

[26] Cette adjonction ne se trouve que dans la copie neuchâteloise, qui porte d'ailleurs cette note autographe de Farel : *Philipp. Melantho,* et celle-ci de la main de Christophe Fabri : « 26 Decembris 1540. *Melancthoad Classem Neocomensem suo et aliorum ministrorum nomine.* »

[27] Bretschneider et la copie de Paris : *Conventu.*

[1] Les ambassadeurs genevois étaient les conseillers *Jean-Ami Curtet* et *Amblard Cornas.* Ils furent élus le 25 décembre et se présentèrent le 30 devant le Conseil de Berne. Leur demande fut agréée le lendemain.

desmourer par l'espace de dimie an, ou de le reffuser². De quoy vous avons par ces présentes voulsuz³ advertir. Datum ultima Decembris, anno, etc., XL.

        L'ADVOYER ET CONSEIL DE BERNE.

(*Suscription :*) A honorable, doct, nostre très aimé maistre Pierre Viret, prédicant de Lausanne.

932

JEAN CALVIN à Richard du Bois¹, à Payerne.
(De Strasbourg, 1540².)

Minute autographe³. Bibl. Publ. de Genève. Vol. n° 106. Ruchat, op. cit. éd. Vulliemin, t. V, p. 521. Calvini Opera. Brunsvigæ, t. X, P. II, p. 444.

Gratia tibi et pax a Deo Patre nostro et Domino Jesu-Christo!
Significatum est mihi, primùm rumore ipso, deinde quorundam literis⁴, *te istic nuper non parræ offensionis vel causam, vel certè*

---

 ² MM. de Berne avaient également laissé à *Jean Morand* la liberté d'accepter ou de refuser, lorsqu'il fut appelé par Genève en 1538 (V, 81, n. 11).

 ³ Dans l'édition de Brunswick : « de quoy *nous* avons par ces présentes *voulsiez* advertir. » Cette forme du participe de *vouloir* était inconnue au seizième siècle.

 ¹ Voyez, sur *Richard du Bois,* la p. 211, les t. IV, p. 91, 93, 142; V, 233, 313. C'était un pasteur instruit et même savant, s'il faut en croire ces vers de l'*Épistre de Malingre* déjà citée :
   « Tu as Richard du Bois, qui sait les langues
    Entièrement, dont fait belles harengues. »
Calvin, qui l'avait probablement connu en France, faisait grand cas de lui, et, lorsqu'il apprit en 1539 qu'on cherchait à l'écarter de *Payerne,* pour mettre *Antoine Saunier* à sa place, il écrivit à Farel : Je n'hésiterais pas à préférer *du Bois* à plusieurs *Sauniers.*

 ² Voyez les notes 5, 30, 34.

 ³ Elle porte beaucoup plus de corrections et d'additions que les autres lettres familières de Calvin.

 ⁴ Ces six derniers mots ont été ajoutés. *Quorundam* fait sans doute allusion à *Farel* (V, 313, renv. de n. 7).

occasionem præbuisse, cum pro concione ita de Cœnæ mysterio locutus esses, ut carnalem sub pane inclusionem corporis te velle asserere omnes putarent. Hac de re à fratribus appellatum ut rationem redderes, detrectasse. Ac causa adhuc integra, provocasse Bernam ad majorem cognitionem ⁵, *cui docti viri interessent, qualis est Melancthon et ejus similes.*

Id quanquam mihi videbatur non modò ab ingenii tui mansuetudine alienum ⁶, sed per se quoque valde absurdum ⁷, quia tamen verisimile erat non de nihilo fuisse ortum hunc rumorem, *officii mei esse putavi apud te quamprimum intercedere,* ut si qua ob id inter te ac fratres ⁸ dissidii semina jam sparsa sint, protinus omni studio atque opera ⁹ excidere ea contendas, antequam ad malam frugem perveniant. Id autem mihi licere non dubitavi, cum *pro jure* ¹⁰ *amicitiæ nostræ veteris,* tum pro fraterna quæ inter omnes Christi servos esse debet necessitudine ¹¹ ac conjunctione. Præcipuè

---

⁵ Nous n'avons trouvé dans les archives bernoises aucun renseignement relatif à cette affaire. A supposer que les choses se soient passées comme on l'avait rapporté à Calvin, l'appel de *du Bois* ne put guère avoir lieu que dans les trois premiers mois de l'année 1540. On sait, en effet, qu'à la suite du différend qui s'était élevé entre le pasteur zwinglien *Érasme Ritter* et ses collègues de la ville de Berne, — à propos d un sermon sur la sainte Cène, prêché par *Sébastien Meyer* le dimanche des Rameaux (21 mars) 1540, — tous ces ministres furent invités à exposer leurs raisons devant le Conseil. Celui-ci décida le 5 mai, que l'obligation de prêcher selon les deux édits publiés en 1537 sur la doctrine de l'Eucharistie, était supprimée, et la liberté de la prédication rétablie, en vertu de celui du 15 juin 1523 (II, 23, n. 6; 30-31, n. 2); mais que tout pasteur qui s'écarterait à l'avenir de la doctrine admise lors de la Dispute de Berne, ou de la Confession de Bâle, de la liturgie et du catéchisme, ou qui porterait en chaire ses querelles dogmatiques, au lieu de les terminer à l'amiable dans les Colloques, pourrait être destitué. (Voyez le Manuel de Berne, séances des 17, 22 avril, 3 et 5 mai 1540. — Ruchat, V, 143, 144. — Hundeshagen. Die Conflikte, p. 106-109.)

En présence de ces restrictions, ce n'était pas à Berne que les partisans du dogme luthérien de la Cène pouvaient trouver de l'appui.

⁶⁻⁷ Première rédaction : videbatur ab ingenii tui mansuetudine valde alienum, quia tamen, etc.

⁸⁻⁹ Première rédaction : ut si qua dissidii semina jam sparsa sint, tua opera protinus excidere, etc.

¹⁰ Il avait d'abord écrit : cum pro amicitiæ nostræ veteris *iure*. Les nouveaux éditeurs de Calvin ont lu : quum pro *in te* amicitiæ nostræ veteris, tum pro fraterna, etc.

¹¹ Rédaction primitive : servos esse debet *consuetudine.*

veró mihi animum fecit *illa quam semper ostendisti amicæ erga me voluntatis significatio* [12] : quam sic demum non fuisse fallacem arbitrabor, si quod in amicitia præcipuum ac maximè necessarium est mihi permittas, nempe *liberas admonitiones*. Ego certè, nisi te amarem ex animo, vel à monitionibus in totum abstinerem, vel alio styli genere [13] uterer. Quò magis videndum est tibi, ut fiduciam hanc de tua sinceritate non temerè fuisse [14] à me conceptam re ipsa comprobes.

De dogmate non possum tecum disceptare, quia nescio quale fuerit [15] *: nisi quòd tibi testatum esse volo, me nolle cum iis litigare qui veram corporis ac sanguinis Domini communicationem in Cœna statuunt.* Quin potiùs omnes apud quos vel gratia vel authoritate valeo assiduè hortor, ut in ea disertè commendanda et illustranda quanto possent studio elaborent. *Neque verò mihi unquam placuit eorum consilium qui, in evertenda localis præsentiæ superstitione nimis occupati, veræ præsentiæ virtutem vel elevabant extenuando, vel subticendo ex hominum memoria quodammodo delebant* [16]. Sed est aliquid medium, quod ita tenere possis, ut neque videaris deflectere ad prodigiosa illa papistarum deliria, neque tamen dissimules veram participandæ Christi carnis rationem. Quòd si eatenus tibi moderatus es, miror unde nata sit offensio. Existimabam enim veritatem esse inter omnes istic fratres magis stabilitam, quàm ut parere novas controversias adhuc deberet [17]. Quid enim tot synodis de hac re habitis profectum est, si nullam nobis consensionem attulerunt [18]? Equidem *fieri posse non dubito ut alius alio rem acutiùs ac perspicaciùs cernat, alius etiam id quod cernit alio clariùs*

---

[12] Prem. réd. : voluntatis erga me *propensio*.

[13] Prem. réd. : vel alio *dicendi* genere uterer.

[14] Les mots *non temerè fuisse* ont été ajoutés.

[15] Ici Calvin a biffé les mots suivants : Nihil tamen vetat quominus sensum tibi meum exprimam, ut tecum diligenter reputes. — Au dessus de *Nihil tamen*, il a également biffé *Et periculum esset*.

[16] Allusion à *Œcolampade* et à *Zwingli* (Voyez la fin du *Petit traité de la sainte Cène*, publié par Calvin en 1540).

[17] Première rédaction : *posthac* deberet.

[18] Allusion aux divers synodes tenus en Suisse, de 1533 à 1538, soit pour examiner les projets de conciliation de *Bucer*, soit pour accepter la *Concorde de Wittemberg* (Voyez Hospinianus, J.-J. Hottinger et Ruchat). En comparant la présente lettre avec les pages 132-137, on peut s'assurer de l'extrême sollicitude que Jean Calvin vouait au maintien de cette *Concorde*.

et expressiùs eloquatur. Sed mihi incredibile, est ullos esse inter vos hodie fratres qui indignè ferant communicationem carnis Christi, quæ in Cœna fidelibus exhibetur, perspicuè enarrari. Neque id dicitur in concione tua adversis auribus acceptum esse, sed quòd visus sis nescio quam localem præsentiam comminisci, quam meritò pii omnes detestantur, si quid theologiæ intelligo. Præterquam enim quòd huic errori tota Scriptura palàm adversatur, ab eo quoque longè alienum fuisse veteris Ecclesiæ sensum, videre promptum est.

Sed fac tibi nunquam in mentem venisse : quoniam tamen vel temerè insedit hominum animis suspitio, non importunè faciunt fratres quòd offendiculo remedium quærunt. *Tu verò qualiter excusare queas, quòd tanta confidentia perstiteris* [l. *persistere?*] *in tua opinione videris? Ego certè, si verum est quod audio* [19], *minùs te præstitisse puto quàm debueris charitati. Doctis ac exercitatis viris satisfacere paratus es. Atqui ubi erit illud Apostoli :* « *Debitores nos esse rudibus non minùs quàm peritis?* » Fingamus omnes qui rationem abs te exigebant fuisse indoctos idiotas, quod certè de fratribus Classis tuæ nunquam tibi concedam, quo tamen prætextu, imò qua fronte ab illa obligatione te eximes, cui se tantus Apostolus subjicit? At præposterè judicabunt. Primùm tuum est experiri cessurine [20] sint veritati, ubi de ea edocti fuerint, an obstinatis animis perrecturi.

Deinde quàm iniquus futurus es, non dico tantùm fidelibus, sed et Christi servis [21] et Ecclesiæ pastoribus et collegis tuis, si ita eos contemnas ut nihil æqui aut recti ab iis expectes? Postremò, aliud est studere justa satisfactione placare [22] animos fratrum, aliud pravo [23] judicio stare. *Si alius ita respondisse diceretur ut de te ferunt, putarem magnorum nominum obtentu data opera voluisse fratribus illudere. De te meliùs sum persuasus, cujus moderationem videor habere perspectam. Sed ipse, quæso, cum animo tuo reputa*

---

[19] Première rédaction : Ego certè minus te præstitisse puto quàm debueris charitati.

[20] Il avait d'abord écrit : *an cessuri sint.*

[21] Première rédaction : Deinde quam iniquus *esses* futurus Christi servis, etc.

[22] Prem. réd. : aliud est justa satisfactione *studere* placare, etc.

[23] Le manuscrit porte *puo*, surmonté d'un *a* ou d'une *r*. Ce doit être *pravo*. Les éditeurs des *Calvini Opera* hésitent entre *pravo* et *privato*; mais nous croyons que pour ce dernier mot, on n'a pas d'exemple d'une abréviation aussi considérable.

quid hæc verba sibi velint : « *Veniant Bucerus et Melancthon, ut apud eos causa hæc tractetur!* » Mihi certè, dum à moribus tuis paulisper cogitationem averto, planè significant, te alios omnes tanquam parùm idoneos cognitores aspernari : id quod nunquam lego factum, nisi ab iis qui ut judicium Ecclesiæ subterfugerent, fucum facere volebant. Ita, fateor, *meriti sunt tales viri, ut sit illis supra vulgarem modum nonnihil deferendum;* extremæque vel impudentiæ, vel contumaciæ, vel stultitiæ fuerit, nihil illis plus tribuere quàm aliis quibuslibet. *Sed non impedit eorum excellentia, quin manere quoque apud inferiores ordines debeat sua authoritas.* Quorsum enim illa politia inter vos instituta [24], nisi pro [25] se quisque, tanquam ecclesiasticum judicium, revereatur quod à fratrum consessu prodierit? Intercedunt quidem permulta quæ majorem cognitionem desiderent. Neque te impedio quin ad ecclesias provoces, quoties jus tuum, hoc est Christi, apud vestrum collegium non impetrabis [26]. Sed utcunque tibi agendum est, ut si qua in re tibi injurii sint *vicini fratres* [27], ad majus ecclesiæ judicium [28] vocentur, et tamen ministerii tui rationem illis approbare, quantùm in te est, studeas, ne *disciplinæ ordinem* abs te violatum conquerantur.

Age ergo, frater mi, *ultima potius omnia experire, quàm ut pacem Ecclesiæ tua culpa perturbes, quæ constare nequit nisi salva disciplina. Habes in Classe tua fratres non contemnendos, sive doctrinam respicias, sive studium pietatis, sive sinceritatem. Si quid in ipsis desideras, cogita te nondum eò pervenisse ut nullis vitiis labores.* Ita demum facies morbos tuos aliis tolerabiles, si vicissim patienter eos feras quos in ipsis animadvertas. Utinam semper nobis bene succurreret, quantæ sint pestes doctrinæ et animorum dissidium! Nemo nostrùm esset qui non utrumque pejus morte exhorresceret.

De dogmate ipso, ut mecum amicè conferendi viam tibi aperirem, describendos tibi curavi articulos, quibus tibi sanctissimè promitto

---

[24] L'organisation des *classes* et des *colloques* (Ruchat, IV, 413, 417, 418).

[25] Il avait d'abord écrit : nisi *ut* pro se, etc.

[26] Première rédaction : non impetrabis apud *tuum* collegium.

[27] Les pasteurs de la Classe de Payerne, parmi lesquels on pouvait mentionner, au commencement de l'année 1540, *François du Rivier, Georges Grivat, Hugues Turtaz, Henri des Frères, Eustorg de Beaulieu* et *Siméon Lion.*

[28] Le *Synode*, assemblée de toutes les Classes du Pays romand.

consentaneam esse Philippi mentem [29]. *Illos enim ad eum miseram, quò expiscarer an aliquid esset inter nos dissensionis. Antequam responderet, conveni eum Francfordiæ* [30] : *testatus est mihi, nihil se aliud sentire quàm quod meis verbis expressissem* [31].

Proinde obtestor te, mi frater, iterum atque iterum, ut si tibi propiùs scopum videris attigisse, conferre mecum ne graveris. Interim pacem atque amicitiam colas cum optimis tuis fratribus, quibus magna ex parte non dubito tribuere hoc elogium. Expectabo avidè tuam responsionem, qua utinam mihi renuncies quidquid fuit inter vos dissensionis, esse jam bene compositum. Vale [32], frater integerrime ac mihi verè in Domino dilecte, cum omnibus symmistis vestri collegii. Dominus Jesus vos spiritus sui virtute ad opus suum ritè [33] peragendum instruat [34] !

933

PIERRE VIRET aux Évangéliques de la France [1].

(De Lausanne, 1540 [2].)

Epistre consolatoire, envoyée aux fideles qui souffrent persecution pour le Nom de Jesus et Verité evangelique. (Genève. Jehan Girard.) 1541, petit in-8° [3].

(EXTRAITS)

A tous ceux qui souffrent persécution pour le nom de Jésus, Salut, grâce, paix et miséricorde de Dieu nostre Père par Jésus-

---

[29] Voyez le t. V, p. 146, renvois de note 24-25, à comparer avec la p. 317, note 9.

[30] *Calvin* avait fait la connaissance personnelle de *Mélanchthon* à Francfort, en février 1539 (V, 247, 255). L'absence de toute allusion au colloque de Worms, où ils se trouvèrent ensemble pendant deux mois, nous autorise à croire que cette lettre est d'une époque antérieure au susdit colloque.

[31] Voyez le N° 928, notes 68-69.

[32] Il avait d'abord écrit : *Vale optime.*

[33] Édition de Brunswick : *recte.*

[34] Au dos, cette note, écrite en grandes lettres latines par une main

Christ nostre Seigneur, qui vous vueille consoler et fortifier par son sainct Esprit au milieu des tentations et afflictions de ce misérable monde, afin que ne défaillez point, ains persévérez en grande constance de cueur en la grâce en laquelle estes appellez, jectans l'ancre de vostre espérance en Jésus, qui règne au ciel à la dextre

qui nous est inconnue : « *Farello 1540*, » puis la note autographe de Farel : « *Ad Ricardum Sylvium.* » Le manuscrit ne porte ni signature, ni incisions, ni traces d'un cachet. C'est une simple minute, qui fut communiquée par Calvin à Farel.

¹⁻² En 1535, *Viret* s'était employé très chaleureusement en faveur des Vaudois de la Provence (t. III, p. 327-332), et il devint leur principal avocat auprès des Évangéliques de la Suisse et des Protestants de l'Allemagne, depuis que Farel, Calvin, Saunier, Mathurin Cordier et autres Français réfugiés à Genève en furent successivement expulsés. C'est à lui que les messagers des Vaudois apportaient les nouvelles alarmantes et les suppliques des communautés persécutées. C'était donc lui qui était le plus naturellement appelé à les consoler. Et pouvait-il tarder d'accomplir ce devoir, lorsque la grande persécution éclata au printemps de l'année 1540 (p. 227, 228)? Aussi ne cédons-nous pas à des probabilités spécieuses en affirmant que *l'Épître consolatoire* fut composée cette année-là. *Viret* ne pouvait ignorer que la persécution ne sévissait pas seulement en Provence. Les exhortations qu'il adresse aux « frères » provençaux convenaient à tous leurs compatriotes persécutés (Voyez les pp. 58, 59, 119-121, 206, 207, 418, n. 2). Il nous apprend lui-même qu'il existait déjà plusieurs copies de son *Épître*, quand il songea à la faire imprimer en 1541. On lit, en effet, dans la préface de l'*Épistre envoyée* [par Viret] *aux fidèles conversans entre les Chrestiens Papistiques* (Genève) *1543* : « Plusieurs .... m'ont prié d'en avoir la copie .... Pour mieux servir à leur sainct desir, [j']avoye proposé de l'envoyer à l'Imprimeur, *afin qu'il n'y eust pas tant de travail et de temps perdu à en transcrire plusieurs exemplaires et copies, comme nous feismes de l'Épistre consolatoire.* »

³ Le titre porte la foliole noire qui figure sur la plupart des impressions de *Jehan Girard*. Le papier et les caractères annoncent l'imprimerie d'où ils sont sortis. Entre la foliole et le millésime, on lit : « Christ dit. Matth. V. Bien-heureux sont ceux qui souffrent persecution pour iustice, car le Royaume des cieux est à eux. » Au verso, d'autres passages de l'Écriture, en caractères italiques. L'Épître commence à la page 3 (fol. b 2, au lieu de a 2), et forme 15 feuillets non paginés, de 26 lignes à la page, caractères ronds, format très petit in-8°. Nous en avons élagué les développements qui nous semblaient superflus et les renvois aux passages scripturaires.

L'Épître consolatoire a été réimprimée en 1543 par Girard (47 ff. sans le titre), mais avec beaucoup d'additions qui en rendent la lecture un peu laborieuse, et en 1559 par Jean Rivery (79 pp.), avec des corrections qui font perdre au texte de 1541 une partie de sa naïveté.

du père tout-puissant, qui ne permettra pas qu'un seul cheveu de nostre teste tombe en terre sans sa volunté, qui seul peut tout ce qui [l. qu'il] veult, et ne veult rien qui ne serve à son honneur et gloire, au salut, édification et consolation de ses esleuz, auxquelz il faict servir en bien toutes ses créatures.

Mes chers frères, puis que nous sommes membres de Jésus, il ne nous fault pas estre esmerveillez ny estonnez si nous sommes participans de ses croix et passions. Car si nous voulons régner avec luy, il fault que nous souffrons ensemble avec luy. Puis qu'il est nostre chef, nous sommes ses membres; le chef ne peut passer par ung chemin et les membres par ung autre, mais faut que tout le corps et les membres suyvent le chef qui les conduyt et gouverne. Si nostre Chef donq a esté coronné d'espines, nous ne pouvons estre au corps que nous ne sentons la poincture d'icelles, et que la douleur ne transperce nostre cueur. Si nostre Roy et souverain Maistre tout nud, tout sanglant, tout chargé de reproches, opprobres et blasphèmes, a esté eslevé et pendu au boys, il ne faut pas que nous attendons en ce monde de dormir tousjours à nostre aise, d'estre exaltez en honneurs et dignitez, estans vestuz de pourpre, de velours et de soye comme le riche mauvais, ayans tous noz plaisirs et voluptez en ceste terre basse. Si le Seigneur Jésus en ses grands tormens, après avoir respandu tout son sang, estant prochain de rendre l'esprit à son Père, n'a pas eu seulement d'eaue pour boyre, ains a esté abbrevé de vin aygre, fiel et mirrhe, sommes-nous esbahys si nous n'avons pas tous les jours la malveisie, les doulx vins et viandes délicates pour satisfaire à la volupté de nostre chair? jà soit que c'est bien peu de chose tout ce que nous pourrions endurer au pris de ce que le Seigneur Jésus a souffert pour nous, qui, congnoissant l'infirmité de nostre chair, ne charge pas fardeau sur noz espaules plus gros et pesant que nous ne pouvons porter. Car comme dit l'Apostre : Le Seigneur est fidèle et ne vous laissera pas tenter plus que vous ne pourrez porter, mais donnera bonne yssue à la tentation, laquelle rapportera avec soy ung grand fruict.

Le père céleste, qui nous a prins en sa sauvegarde et protection, sçait et congnoist ce qu'il nous faut, mieux que nous-mesmes, et quand il nous visite par adversitez et lâche la bride aux tyrans pour nous affliger, il ne le faict et permet que pour nostre grand bien, afin que nostre Foy qui est plus précieuse que l'or soyt esprouvée et bien examinée au feu et en la fornayse de tribulation, et que l'escume et tout faux métal en soyt séparé, sçachant aussi qu'ainsi que le fer se consomme de rouillure s'il n'est mis en besogne, qu'aussi pareillement l'Église et les fidèles incontinent se corrumpent et s'endorment en ce monde, s'ilz ne sont esveillez et exercitez par beaucop de tribulations. Car la chair est tousjours chair, et n'a cure que de soy-mesme, et ne pense qu'à soy et à ses voluptez, laissant le ciel, s'arestant à la terre, préférant les plaisirs mondains qui périssent soubdainement aux biens célestes et éternelz. Pourquoy le Seigneur nous veult en maintes sortes expérimenter et excerciter, pour nous donner à congnoistre à nous-mesmes les mal-heurs et misères de ce monde, afin que nous n'y mettons point nostre cueur et nostre espérance, que nous n'en faisons pas nostre paradis, que nostre chair ne s'y enyvre pas, ains congnoissans que tout y est corruptible et transitoire, qui [l. qu'il] n'y a rien de permanent, mais tout s'enfuyt comme le vent, et s'esvanouyt comme la fumée, que la vie de l'homme (plus digne d'estre appelée guerre et continuelle mort que vie) passe comme l'umbre, nous en cercheons une autre, nous eslevons noz cueurs en hault, et avec Abraham retirons noz yeux de la terre pour les dresser au ciel, et là querir une cité permanente et éternelle, en laquelle n'aura point de mutation, povreté, misère, larmes, pleurs, deul, ennuys et tristesse, mais félicité et béatitude perpétuelle, où le Seigneur panne et essuye les larmes de ses enfans et serviteurs, là où n'a point de nuit et le soleil jamais ne défaut.

Voylà, mes frères bien-aymez, la leçon que nous devons apprendre en l'eschole des persécuteurs, aux prisons et chartres des tyrans, où les enfans de Dieu apprennent et proffitent plus que les disciples des Philosophes et Sophistes en leurs escholes. En lisans les Escritures nous apprenons la théorique, mais nous ne serons jamais bons Théologiens, si nous ne practiquons ceste Théologie des lettres divines, et jamais ne les entendrons bien sans estre exercitez par diverses tribulations, par lesquelles nous venons à la vraye intelligence et l'expérience des choses que nous lisons, et goustons quelle est la bonté, l'assistence, ayde et faveur de Dieu, combien heureux sont ceux qui se fient en luy, lesquelz jamais il ne délaisse : ou autrement sans cecy nous parlons seulement des Escriptures sainctes comme clercz d'armes, et comme ceux qui devisent de la guerre et des autres choses après ouyr dire, sans aucune congnoissance ou expérience d'icelles.

Estimons donc, mes frères, que les afflictions et persécutions que nous endurons en ceste valée de misère sont grandes bénédictions de Dieu pour nous enseigner de mortifier nostre chair, despouiller et corrumpre le vieil homme, afin que le nouveau aye plus de vigueur, et que la chair voluptueuse, orgueilleuse et rebelle contre la volunté de Dieu apprenne de soy humilier, obeyr et estre subjecte à l'esprit. Ou autrement pensons-nous que Dieu nostre bon Père fust si amer, rude et rigoureux envers ses enfans, qu'il eust permis que ses serviteurs les Prophètes, Apostres et Martyrs, voire son filz Jésus-Christ, le Roy et Prince de tous, eussent ainsi estez traictez des meschans et infidèles, si ce n'estoyt une singulière bénédiction de Dieu? quoy que la chair murmure, qui ne sçait espérer vie en la mort, bénédiction en malédiction, ce que néantmoins la foy nous enseigne et persuade, et par expérience le congnoissons et voyons, alors que estans délaissez de toute créature, abysmez jusques aux portes d'enfer, nous sentons la main puissante de Dieu qui nous en retire, qui faict parler nostre sang comme celuy d'Abel et espovante les homicides, déclarant que ceux qui souffrent et meurent pour luy ne meurent point, mais estans vaincus demeurent victorieux, et avec Samson en tuent plus en mourant qu'en vivant, desquelz la mort est plus forte et puissante que la vie des meschans et réprouvez, qui demeurent tremblans dessus la terre, comme Caïn, attendans le jugement de Dieu, ayans le ver de leur conscience qui les ronge et meine en désespoir, tellement que bien souvent sont avec Judas borreaux et meurtriers d'eux-mesmes, et desirent la mort, et elle s'enfuit d'eux.

Ne soyons pas scandalisez si nous voyons quelque temps fleurir et triumpher les meschans et iniques, les bons et fidèles opprimez, tormentez et meurtris...... La félicité des iniques est de peu de durée et flétrit incontinent comme l'herbe et les fleurs des champs. La tristesse des enfans de Dieu est tousjours tornée en joye et liesse qui n'a point de fin, lesquelz riront quand les meschans pleureront et grinceront les dentz. Il convient que nous bevions très tous une partie du calice que le Seigneur nous a trempé, ung chascun sa portion; mais les meschans et réprouvez boyront et avalleront la lie, qui leur sera merveilleusement amère.

Resjouissons-nous en noz tribulations, et chantons louenges au Seigneur avec les disciples de Jésus-Christ, estans asseurez que le Seigneur ne nous délaissera point, mais ainsi qu'il a délivré Noé avec son arche des gouffres et inundations du déluge, et les enfans d'Israël de la dure captivité d'Égypte, abysmant les iniques persécuteurs qui affligeoyent son peuple, aussi maintenant fera-il miséricorde à son Église. Jésus-Christ a bien permis que la nacelle des Apostres a esté tormentée et agitée des ventz, tempestes et undes de la mer, mais il n'a pas permis qu'elle soyt enfonsée ny abysmée. Il pourra bien laisser pour quelque temps affliger son Église, et lâcher la bride aux ventz et tempestes; mais quand il leur fera commandement, il faudra que tout soubdain ilz cessent et obéissent à la voix du Seigneur qui a tout en sa main. Parquoy s'il advient qu'au milieu des gouffres et abysmes... nous nous trovons de tous costez environnez de dangers et périlz, il convient, à l'exemple des Apostres crier : Seigneur, sauve-nous.

Il ne faut point regarder aux hommes ne mettre aucune fiance en eux; car ilz n'ont pas puissance de fermer la porte aux vents, de faire cesser et appaiser les tempestes, tonnerres, tourbillons et flotz de la mer, mais le seul Dieu, qui en est le Seigneur et Maistre, devant lequel toute créature tremble, qui commande aux vents, à la mer et aux diables, et nul ne luy peut résister. Et pourtant devons-nous prier incessamment, afin que le Seigneur nous augmente nostre foy, qui est la victoyre du monde, par laquelle rien ne nous est impossible, par laquelle nous sommes corroborez, en sorte que nous n'estimons les glaives, feux, menaces et toute la puissance des ennemis de verité que paille et poudre qui ne pourront subsister devant la face de Dieu, qui est le feu consommant. Et ce que nous sommes tant espouvantez des menaces, chaînes et liens des persécuteurs, ne vient que par faute de foy, qui est cause que nous tremblons et sommes espovantez comme sainct Pierre, quand il regardoit aux ventz et aux undes, et non à Jésus-Christ, qui enfonsoit en la mer ainsi que sa foy défailloit. Suyvons l'exemple des premiers Chrestiens, qui ne sçavoient avoir leur recours que au Seigneur, devant lequel ilz prosternoient leurs oraisons, qui estoient de si grande efficace que la terre et les fondemens des prisons et tours en trembloient, les portes s'ouvroient, les liens et chaînes tomboyent en terre. C'est le remède auquel les fidèles avoyent refuge, quand Jaques, frère de Jehan, fut occis par Hérode, et Pierre estoit détenu en prison, attendant la mort d'heure en heure....

Ces choses sont escriptes pour nous, afin que nous prenons en patience s'il plaist au Seigneur que aucuns d'entre nous soyent affligez ou meurent comme sainct Estienne et sainct Jaques, et que nous prions le Seigneur pour ceux qui sont détenuz comme sainct Pierre, qu'ilz mettent leur fiance en Dieu, qui plaise au Seigneur avoir pitié de sa povre et désolée Église, qui nous donne à tous ferme foy et constance pour persévérer jusques à la fin. Et si nous sommes imitateurs des vrays serviteurs de Dieu, soyons certains que le Seigneur ne monstrera pas moins sa puissance et bonté envers nous qu'il a faict alors. S'il veult que nous souffrons, il nous fortifiera et nous donnera constance pour persévérer en la confession de son sainct Nom. S'il se veult encore servir de nous, il trouvera tel moyen qu'il luy plaira pour nous délivrer et retirer de la main de noz ennemys. Il envoyera quelque Moyse, ou il touchera le cueur des Roys et Princes, comme il a faict à Cyrus pour mettre son peuple en liberté après la grande captivité de Babylonne. Mais pourtant qu'il n'y a homme qui aye en sa main les cueurs des Princes et Seigneurs, que Dieu le souverain Prince, à luy se faut retourner et le prier incessamment. Car si luy ne le faict, en vain les hommes travaillent; aussi si le Seigneur veult besogner, nul ne [le] pourra empescher.

Parquoy, mes chers frères, prennez bon cueur, demandans l'ayde du Seigneur; prennez en gré sa volunté; soyez fermes et constans; ne regardez pas les undes et les ventz, mais Jésus, qui est avec vous en la nacelle, qui en est le patron et conducteur, qui ne la laissera pas périr.... Faisons comme Moyse, mettons nostre cueur au Seigneur. Ne craignons point les Égyptiens, et le Seigneur bataillera pour nous, et nous verrons les merveilles de Dieu; et, combien que nous souffrons pour ung temps, le Seigneur à la fin se lèvera et n'endurera pas que son peuple périsse totalement. Suyvons donc nostre Capitaine et nostre Roy qui dit : Resjouissez-vous et ne craignez point, car j'ay vaincu le monde.... Ne craignons donc et ne soyons point troublez, veu que nous avons ung Seigneur, ung Capitaine et ung Père qui sçait, voit et congnoist toutes les entreprinses, conseilz et machinations de noz ennemys, sans lequel ne peuvent seulement souffler et se mouvoir, duquel il fault qu'ilz ayent congé avant qu'ilz puissent faire aucun mal à ses serviteurs, aussi bien que Satan, leur prince et seigneur, avant qu'il ose mettre la main sus Job....

Disposons-nous plustost très tous à mourir que d'abandonner nostre Espoux Jésus pour paillarder avec la grande ribaude. mère de fornication. Entrons plustost avec les troys enfans en la fornaise de Nabuchodonosor que de nous prosterner devant sa statue d'or, quelque belle harmonie, sonnerie ne chanterie que nous oyons. Jectons-nous plustost en la fosse des Lyons avec Daniel que de laisser ung seul jour de prier, servir et adorer nostre Dieu. Et le bon Dieu qui a assisté à ses serviteurs ne nous délaissera point, si comme eux nous mettons en luy seul nostre espérance, sans le tenter ne nous confier aucunement aux hommes.... Nous avons la guerre avec Satan, avec les princes de ce siècle et recteurs de ténèbres. Il faut donq une puissance plus que humaine pour donner la fuite à nostre ennemy, pour le prosterner et ruer jus. Si nous bataillons avec bras charnelz, il a des bras comme nous, il a des glaives et harnoys comme nous, et ce pendant que chair bataillera contre chair, l'homme contre l'homme, la victoire sera ambiguë, difficile, dangereuse, et l'un consummera l'autre et le plus fort l'emportera. Mais si l'esprit descend en campaigne contre la chair, l'homme vient au combat armé du bras de Dieu, vestu de la vertu d'enhault, toute puissance humaine tremblera devant luy, le camp et l'armée du prince de ce monde sera soubdainement desconfite, comme nous en avons l'exemple en David, qui tout seul a combatu et coppé la gorge au grand Goliath. Ung enfant, ung bergier sans armes a abbatu avec sa fonde l'horrible Géant, exercité aux armes toute sa vie, bien armé et équippé, qui faisoit trembler Saül, roy d'Israël, et toute son armée....

Ainsi nous advient-il tous les jours. Quand moins nous nous fions aux hommes, à leurs conseilz, puissance et force, que toutes choses semblent plus désespérées selon l'entendement humain, d'autant sommes-nous plus puissans et voyons de plus grandz merveilles et œuvres de Dieu admirables. Au contraire, alors qu'il nous semble que nous avons plus d'ayde, plus de secours et assistence des hommes, nous faisons moins, et tout ce que nous cuydons tenir nous eschappe d'entre les mains, à cause que d'autant que le monde a plus belle monstre, plus beau visage et amiable regard, d'autant que nous sentons plus grande compaignie avec nous, nous avons plus d'armures et de harnois, nous nous fions moins en Dieu et en sa force, pourtant que nostre fiance et espérance se divise en deux, et, au lieu de regarder et s'appuyer sur ung seul Dieu, elle jecte son oblique regard en la puissance humaine et au conseil de la chair, sur laquelle elle s'arreste et repose, voyre bien souvent plus que au Seigneur — sans ce qu'elle le congnoisse et pense — pourtant que la chair est cauteleuse, qui nous trompe et séduit et soy-mesme aussi, couvrant tousjours son infidélité et hypocrisie de quelque belle couleur, que l'œil bien souvent ne peut discerner. Et cela est cause que nous souffrons et endurons beaucop, et quand plus fors nous sommes, nous sommes moins vaillans et plus foybles et débiles, et les armes auxquelles nous avons nostre fiance nous empeschent comme ceux que David avoit vestu, et empescheront jusques à ce que nous les ayons jectées loing de nous, et avec les pierres prinses du ruisseau et la fonde branslée et jectée en la puissance du bras de Dieu, nous attendons nostre ennemy et luy donnons l'assaut.

Les Apostres n'avoyent Empereur, Roy, Prince ne Seigneur qui leur donna ayde et faveur, ains avoient tout contre eux. Toute puissance, richesse, autorité, dignité, excellence, sapience et apparence humaine estoit dressée contre eux, et [ils] faisoyent toutesfoys tout trembler devant eux, et en peu de temps, contre tous les effors, estudes, machinations et astuces de Satan et ses satélites, maulgré tous les iniques, ce levain de l'Évangile de Jésus-Christ a tellement faict lever la paste, ce petit grain de sénevé et de moustarde a tellement estendu et eslargi ses rameaux et branches, qu'il en a remply tout le monde. Et maintenant nous sommes desjà si grande multitude, nous avons tant de grands personnages, Princes, Seigneurs et Républiques associez avec nous! Et nous ne faisons rien; nous recullons plustost qu'avancer; au lieu d'estre plus eschauffez, nous refroidissons, tellement que nous ne sommes pas seulement tièdes, mais tout froytz et gelez, pourtant que nous nous fions les uns aux autres, nous nous arrestons aux hommes, qui ne sont que umbre et fumée qui s'enfuit et esvanouyt devant noz yeux, nous nous appuyons dessus le roseau d'Égypte qui est foyble et fragile, qui ne peut soustenir ung si pesant fardeau, ains se rompt et brise en nostre main, et nous faict non-seulement tomber, mais avec ce nous blesse la main grandement des petites bûches qui y demeurent plantées, — ce que jamais ne nous adviendroit si nous nous reposions dessus la ferme pierre, laquelle vent, pluye ne tempeste ne peut esmouvoir n'esbranler, et pourrions dire avec le Prophète : Qui se fie au Seigneur ne sera point commeu, ains demourera ferme comme la montaigne de Zion. Le Seigneur est mon illumination et salut : duquel auray-je crainte ?... Car tout ce qui nous doibt advenir est passé par le conseil immuable de Dieu, et ainsi que son essence est immuable, aussi est sa providence. Parquoy il ne nous faut autre, fors que nous humilier devant luy et nous soubmettre à sa saincte volunté. Ce pendant que les enfans d'Israël estoient en Égypte detenus en celle dure captivité nommée fornaise de fer en l'Escripture, ... à l'heure que la cruauté estoit plus grande ... et quand toutes choses estoyent désespérées, le Seigneur a estendu sa main forte, et sans bras charnel a puissamment délivré son peuple. Car nulle tyrannie ne peut estre pardurable, et n'est possible qu'un Arc, s'il demeure tousjours tendu, à la fin ne rompe, et quant plus on le tendra, tant plus sera-il près d'estre rompu. Il n'y a rien qui plustost rompe la violence des tyrans que la patience des saincts; il n'y a moyen pour hébéter le trenchant de leurs glaives, amortir et esteindre leurs feux que la foy et la constante oraison.

Je dy cecy, mes chers frères et bien-aymez, non pas pour vous apprendre de tenter Dieu, ou [l. en] délaissant les moyens que Dieu nous offre, desquelz il veult que nous usons. Car mespriser les occasions et rejecter les moyens honnestes que le Seigneur nous présente ne seroit pas acte de foy, mais plustost seroit tentation envers Dieu, qui faict l'œuvre luy-mesme, non pas l'instrument avec lequel il besoigne et qu'il tient en sa main. Mais ainsi que je ne dois pas mespriser l'instrument duquel le Seigneur se sert, aussi ne fault-il pas que je regarde tant l'instrument que je ne m'arreste du tout à celuy qui le meine et le met en œuvre, ce que bien souvent nous ne faisons pas. Nous regardons la sie et la hache qui coppe, et n'eslevons pas noz yeux à celuy qui les faict copper. Parquoy le maistre et l'ouvrier est marry quand on baille l'honneur de son œuvre aux varlets, apprentis et instruments, et non à luy-mesme auquel seul il est deu.... Pour ceste cause, querons les moyens que Dieu nous baille, et en usons en sorte que nous ne le tentons pas, et que nous ne le rejectons en ses créatures; mais aussi usons des créatures, en manière que le Créateur n'y soyt point offencé, que le cueur ne s'y fie ny en tout ny en partie. Ne regardons pas la verge, ains celuy qui la tient; ne regardons ceux qui sont instrumens de Dieu pour nous servir; ne nous arrestons point aux gendarmes, mais au Prince qu'ilz servent et au capitaine qui les meine... En ce faisant, nous sentirons une merveilleuse assistance du Seigneur, et plus qu'on ne sçauroit penser.

Ce pendant ayons souvenance de l'admonition du Seigneur Jésus : « En vostre patience possèderez voz âmes. Soyez prudens comme serpens et simples comme columbes. » Soyez tellement prudens que vostre prudence ne soyt tournée en sens charnel, en cautelle, astuce et malice; et soyez simples en telle sorte que vostre simplicité ne soit convertie en sotise et folie qui soit en grand scandale à la parolle de Dieu. Fiez-vous en Dieu, mais reiglez tellement vostre foy et fiance par les Sainctes Escriptures, que vostre foy ne soyt changée en témérité et folle persuasion. Soyez fervans en l'œuvre du Seigneur et la poursuyvez de grand zèle qui ne se refroide point par sapience charnelle, qu'aussi ne soyt point converty en rage et fureur, ains soyt attrempé de science et modestie chrestienne. Confessez Jésus-Christ en tous lieux et toutes places, mais en édification, sans semer les marguerites devant les porceaux et donner les choses sainctes aux chiens. Vostre parolle soyt salée du sel de science, de foy et de la parolle de Dieu pour donner grâce aux auditeurs, non pas en farcerie, moquerie et irrision des aveugles et ignorans, mais en gravité, meureté, modestie et toute crainte de Dieu, traictans la parolle de Dieu en tout honneur et révérence, afin que nous fermons la bouche aux calumniateurs, et qu'ilz soyent contrainctz de confesser que Dieu est en nous. Et s'il nous faut souffrir et endurer quelque affliction pour verité, mettons peine que ce ne soyt pas en vain, pour chose de nulle édification, mais pour chose qui redonde à la gloire du Seigneur. Et si son ordonnance est telle qu'il vueille que nous souffrons, pour le moins nous sommes asseurez que nous ne mourrons point. Car il n'y a point de mort aux enfans de Dieu, veu qu'ilz sont délivrez de la mort éternelle, qui seule est digne d'estre appellée mort, et que par la mort de ce corps-cy ilz entrent et passent de mort à vie. De laquelle par sa bonté et miséricorde nous vueille faire participans, et nous donner grace de tellement mettre nostre foy et espérance en luy et renoncer à ce monde icy et à nous-mesmes, que nous nous puissions trouver devant Dieu couvers de la justice de Jésus-Christ et non de la nostre, et estre du nombre de ceux qui l'auront confessé devant les hommes, et qu'il recongnoistra devant son Père et tous les esleuz !

934

PIERRE DE LA PLACE à François de la Place,
à St-Jean-d'Angély [1].

(De Poitiers, dans les derniers mois de 1540.)

Inédite. Manuscrit original. Bibliothèque de la ville de Poitiers. Communiquée par M. Alfred Richard, archiviste du dép' de la Vienne [*].

A très dévote et religieuse personne François de la Place, aulxmosnier de Sainct-Jehan-d'Angéli et prieur de Marestay, — Pierre de la Place, humble salut.

J'ay longtemps et assez cogneu, Monsieur, *l'amour et craincte de Dieu qui est en vous, sans laquelle l'on doibt estimer l'homme moins que rien, qui vous engendre ung tel amour aux Lettres Suinctes, que s'il y a quelque libvre nouveau traictant d'icelles, soubdainement desirés l'avoir en toutes sortes qu'il vous est possible.* Cela ay-je bien dernièrement aperceu, quant j'estois avec vous, lors que si dilligemment me recommandiez que n'obliasse, estant de par deçà, vous envoyer tout ce que je pourrois sçavoir nouvellement estre mis en lumière, mesmement ce qui seroit escript en nostre langue vulgaire [*]. Et depuis non moins l'ay-je aperceu par vos lettres

---

[1] Voyez, sur *Pierre de la Place*, le N° 870, pp. 246-250. Nous ne savons à quel degré il était parent de *François de la Place*. Nous avons inutilement cherché le nom de cet ecclésiastique dans la *Gallia Christiana*.

[2] Ce passage nous autorise à croire qu'après avoir traduit en français la *Vita hominis christiani*, Pierre de la Place ne pouvait guère tarder d'en offrir une copie à l'aumônier de Saint-Jean-d'Angély. Or, il est très probable (comme nous l'avons exposé, p. 248. n. 10) que cette traduction était terminée en juin 1540. Il s'ensuivrait que la visite du traducteur à François de la Place aurait eu lieu dans l'automne de la même année, vers la fin des vacances universitaires (juillet-septembre), lorsqu'il dut revenir d'*Angoulême* à *Poitiers*, pour y continuer ses études de droit. En tout cas,

[*] Nous présentons aussi nos remerciements à M. Henri Bordier, de Paris, et à M. Ch. Barbier, conservateur adjoint de la Bibliothèque de Poitiers.

tousjours ayant avec soy pareilles recommandations. Laquelle chose m'a donné à cognoistre, comme j'ay dict, que *telle affection ne peult estre engendrée sinon d'un vray zelle et amour chrestien,* — *ainsi que Jesuchrist mesme nous porte tesmoignaige, quant il dict :* « *Celluy qui m'ayme prend plaisir d'oyr mes parolles.* »

En pareille sorte voyons-nous plusieurs prendre plaisirs en plusieurs et diverses choses. Celluy qui est belliqueux ayme ouyr parler de la guerre ; mais, au contraire, l'homme paisible ayme ouyr tenir propos de paix. Celluy qui est ambitieux prend plaisir d'oyr parler des biens, dignités et pompes de ce monde. Mais l'homme non-ambitieux et content loue les propos vitupérantz l'ambition et qui prisent contentement. Celluy qui est terrien a en admiration les propos terriens, par lesquelz il peult monter aux honneurs de ce monde. Mais, au contraire, *l'homme de Dieu, servant à l'esprit, non à la chair, se réjouist des parolles de Dieu, lesquelles luy promectent toute fœlicité.*

Ainsi l'ung ayme ce que l'autre mesprize, scelon qu'il est conduict par son affection ; et ni a [l. *n'y a*] *celle toutesfoix qui soit plus à estimer que celle que j'ay aperceu en vous: c'est à sçavoir, l'affection qui est envers Dieu et ces* [l. *ses*] *parolles. A laquelle,* ayant perfaicte cognoissance d'icelle, *j'ay bien voulu porter deue obéissance, en m'emploiant moy-mesme et mectant la main à la plume pour faire ce petit livre* [3], *lequel je vous présente, estant asseuré qu'il vous sera*

---

il nous semble que le ton et le style de l'écrivain annoncent plutôt un jeune étudiant qu'un homme fait, et rendent notre hypothèse plus vraisemblable que celle qui placerait la présente épître dix années plus tard.

[3] Voulait-il donner à croire qu'il était *l'auteur du « petit livre? »* Le caractère loyal de Pierre de la Place doit faire écarter le soupçon d'une pareille tromperie. Il est fort possible qu'il eût précédemment indiqué, de bouche ou par lettre, à son correspondant, quel était l'auteur de l'ouvrage en question. De là les expressions peu précises dont il s'est servi, et qui pouvaient très bien se rapporter à son travail de traducteur et de calligraphe. C'est peut-être aussi pour cette raison qu'il s'est contenté d'écrire dans un encadrement, sur le titre de l'opuscule : « LA VIE DE L'HOMME CHRESTIEN, » et au-dessous, dans un autre encadrement : « PIERRE DE LA PLACE. » Simple interprète, il avait le droit de faire l'éloge du livre. Mais s'il avait eu le sentiment de n'être qu'un plagiaire, il aurait caché son jeu, et ne se fût pas loué, lui et son œuvre, en disant : Je suis *assuré* que ce livre vous sera agréable, parce que vous y trouverez ce que vous cherchez le plus : Christ et l'imitation d'icelui.

Au reste, comme nous l'avons dit plus haut, le petit livre envoyé à François de la Place existe encore. Il est conservé à la bibliothèque de la

aggréable, non pour raison de mon rude stille ou langaige, mais *parce que trouverrés en icelluy ce que cherchés le plus, c'est à sçavoir, Christ et imitation d'icelluy.* Et ayant à ce plus de regard que non au langaige, j'ay perfecte fiance qu'ayséement supporterés les faultes de celuy qui desire vous faire service.

Dizain à l'Homme Chrestien.

Homme chrestien, que veulx-tu devenir ?
Pense-tu vivre ayant ce corps en vie ?
Ne sens-tu point la mort te survenir,
Quant ceste chair, de plaisir assouvie,
Règne sur toy, n'estant point asservie ?
Veulx-tu donc vivre et eschaper la mort,
Faiz que ton corps premièrement soit mort,
Et puis après l'esprit sentiras vivre
Sans nul débat et sans aulcung remort.
Ainsi par mort de mort on se délibvre.

ville de Poitiers (Manuscrits, n° 351). Il se compose de 79 feuillets, écrits sur vélin en beaux caractères imitant ceux de l'imprimerie. Les lettres initiales sont enluminées avec beaucoup de soin, ainsi que le blason placé au dos du titre. Les quatre premières pages contiennent l'Épître dédicatoire que nous publions. Le dizain occupe la page 5. A la page 6 commence le Traité, qui est purement et simplement la traduction de celui de *Calvin*. Voici les sept premières lignes du texte latin et la première page du texte français :

« *De Vita Hominis Christiani*. (Institutio Christianæ Religionis. Autore Alcuino. Argentorati, 1539, in-folio. Cap. XVII, p. 414.)
Dum vitam Christiani hominis formandam suscipio, argumentum ingredior varium et copiosum, et quod magnitudine sua longum volumen explere possit, si numeris suis omnibus ipsum absolvere libeat. Videmus enim in quantam prolixitatem diffundantur veterum paræneses, de singulis tantum virtutibus compositæ. Neque id loquacitate nimia : siquidem quamcunque virtutem commendare oratione propositum sit, ultro stylus in eam amplitudinem, materiæ copia, deducitur, ut rite, etc. »

« *La Vie de l'Homme Chrestien.* (Traduction de Pierre de la Place.)

Quand j'entreprens de former et instituer la vie de l'homme chrestien, j'entre en une matière grande et copieuse, et de laquelle, pour sa grandeur, l'on pourroit remplir ung gros libvre, si l'on vouloit l'accomplir en toutes ses parties. Car nous voyons en combien grande prolixité s'espandent les exhortations des anciens, faictes seulement sur une chascune vertu. Non toutesfoix en trop grandes parolles, tellement que si quelcung a entrepriz de louer, ou mectre par escript, quelque vertu que ce soit, le stile de soymesmes s'espend et enfle de telle sorte, etc. »

APPENDICE

DES TOMES II, III, IV, V, VI

340a

CLAUDE DE GLANTINIS[1] à J.-J. de Watteville,
à Colombier.

De Grandson, 5 juin 1531.

Inédite. Copie dans les Annales manuscrites d'Estavayer
par le chanoine Grangier[2].

La paix, ensemble la grâce de nostre Seigneur Jésus-Christ, demeure en vous, nostre honoré Seigneur Monsieur de Collombier! A vostre sublime grâce moi recommande.

Monsieur, il est véritable chose que comme Messieurs les ambassadeurs de mes très redoutés Seigneurs de *Berne* furent à *Grandson* pour constituer un prédicant, lesquieux moi ordonnèrent[3]. Or est que pour aller à autres affaires, je laissi *un d'Orbe*[4] à mon lieu; et aussi maistre *Guillaume Farellus* l'y est venu[5] et de présent illi est, et sommes-nous deux. Et *l'hoste* là où nous sommes logés[6] demande de l'argent et ne nous veut plus soutenir. Et nous avons parlé à Monsieur *le Chastelain de Grandson*[7] pour faire le cas :

---

[1] Voyez, sur *Claude de Glantinis*, le t. II, p. 251, 252, 308, 351.
[2] Nous suivons l'orthographe de la copie, qui modernise dans maint passage celle de l'original.
[3] A la fin d'avril 1531.
[4] *Pierre Viret* (II, 372).
[5] Les premiers jours de mai 1531.
[6] Ils étaient logés chez *Bernard Quicquan*, à l'enseigne de la Croix rouge, auberge située dans le bas de la ville, presque en face du couvent des Cordeliers.

lequieux ne veut rien faire sinon pour un, et tant seulement six sols par jour. Pourquoi ne sçavons plus que faire, sinon attant que Messieurs l'y aiont du regard; et vous promet qu'il seroit bien nécessaire que nous fussions quatre, et non pas tant seulement deux, pour cause de la résistance et contrariété de ces faux Cordeliers et Moines [8]. Et avons déjà compté avec *l'hoste*, et illiat de dépense six écus au soleil.

Partant je supplie vostre sublime grâce, que vostre bon plaisir soit que Messieurs en soient advertis, afin que ils mettiont ordre et que la Parole de Nostre Seigneur ne soit point ainsi vitupérée; car il ne faut sinon que on aie le consente à ceci, et je crois que au plaisir de Dieu que l'affaire se portera bien. Je vous prie, en l'honneur de Dieu, que le cas soit recommandé à Messieurs. Autrement il nous faudra désister, laquelle chose viendroit an grand scandale, et que par faute d'ordre il faudroit laisser de prêcher l'Évangile : que seroit toute la consolation des adversaires de Dieu.

Item, à cause que Messieurs ne ont point fait d'estime du rapport à l'encontre de ces Cordeliers et Moines de vers maistre *Guillaume* [9], les dits adversaires en font la moquerie de Messieurs et se fortifient fort, disant que Messieurs sçavent bien que illont [l. ils ont] bon droit et que nostre cas n'est pas sûr, et que Messieurs voudriont bien que il fussiont au premier estat de la messe, et que il leur en coûte grand chose, — et tout plein de blâme sur eux.

Item, tout plein de mauvais états et méchante vie et paillardise que règne à *Grandson*. Il seroit bien expédient de il mettre ordre. Item, pour mandement que Messieurs envoye, l'on en tient point de compte et ne en fait ton sinon moquerie. Pourtant le cas soyez [l. soyt] pour recommander, je vous en prie pour Dieu, à nos honorés Seigneurs. Non autre, sinon que Dieu vous donne sa miséricorde! Amen. A Grandson, le 5ᵉ jour de juin 1531 [10].

Par le tout vostre humble serviteur en Jésus-Christ.
CLAUDIUS DE GLANTINIS.

(*Suscription :*) A mon honnoré Seigneur Monsieur de Collombier, à Collombier.

[7] Voyez, sur ce personnage, le t. II, p. 373, 374, 486.

[8] Les moines bénédictins habitaient, dans le haut de la ville, le prieuré de Saint-Jean, dont l'église existe encore.

[9] Voyez, dans le t. II, p. 486-487, le mémoire rédigé par *Guillaume Farel* vers le milieu de mai 1531.

[10] Le jour même où *Farel* perdit sa cause devant le tribunal du châtelain de Grandson (II, 340, n. 2, 3).

416bis

FRANÇOIS I à ses Conseillers, à Paris.

De Moulins, 18 mai 1533.

Minute orig. Bibliothèque nationale. Collection du Puy, t. 322, f. 63.
Les luttes religieuses en France au seizième siècle. Par le vicomte de Meaux. Paris, 1879, p. 19, 389.

FRANÇOIS, etc., à noz amez et féaulx conseillers *l'évesque de Senlis* [1], *Mre Pierre de Lestoille* [2], *Léonnard de la Guyonnière* et *François Tabary*, official de Paris.

Comme nous eussions esté advertys que, *au caresme dernier passé, y avoit aucuns prescheurs à Paris, dont sur les ungs se disoit qu'ils preschoient propositions contre la foy*, jaçoit ce qu'autres fois de ce eussent esté accusez et ne s'en estre encore purgez, et les aultres par leurs sermons taschoient à émouvoir le peuple à sédition, et les ungs scandalizoient les autres sans vallable fondement, si ce n'est qu'ilz disoient l'avoir ouy dire [3]; — à ceste cause, tant pour obvier à telles voyes scandalleuses que pour la conservation de nostre foy et éviter toute sédition, ordonnasmes à nostre très cher et grand amy *le cardinal de Sens, légat en France et nostre chancellier* [4], à vous *évesque de Senliz*, et à Mre *Pierre Poyet* [5], nostre conseiller et advocat en nostre Court de Parlement à Paris, eulx

---

[1] *Guillaume Parvi* ou *Petit* (III, 111, n. 27).

[2] Voyez, sur *Pierre de l'Estoile*, le t. II, p. 315, n. 3.

[3] Les faits qui avaient donné lieu à ces jugements du peuple de *Paris* sont racontés dans la lettre de *Pierre Siderander* du 28 mai 1533, et dans celle de *Jean Sturm* du 28 août, même année (III, 54-61, 73-75). Nous y renvoyons pour ce qui concerne *Gérard Roussel*, la reine de Navarre, *Noël Beda, François Picart, Ant. du Prat* et *Jean du Bellay*. Voyez aussi la lettre de *Marguerite de Navarre* écrite vers la fin de mai 1533 (III, 52, 53).

[4] *Antoine du Prat* (II, 33, n. 1).

[5] N'était-ce pas plutôt *Guillaume Poyet* (p. 104, n. 125)?

transporter au dict Paris et informer bien et deuement des choses susdictes...

Et depuis le dit légat, ensemble les dessus-dictz, furent en nostre dicte ville de Paris, et appelèrent avecque eulx nostre amé et féal conseiller en nostre conseil privé, *l'évesque de Paris* [6], ordinaire, lequel ou ses officiers auroient fait information de ce que dict est : lesquelles informations par eulx veues, ordonnèrent que Maistre *Gérard Roussel*, docteur, *François Picquart*, bachelier, frère *Géofroy Jehan*, cordellier, et frère *Louis Lescudier*, mathurin, seroient par eulx interrogez, pour, ce faict, pourveoir au demeurant ainsy que de raison ; lesquels interrogatoires faicts, ordonnèrent qu'ilz tiendroient prison ès lieux qui lors leur furent ordonnez, et avecque ce envoièrent querir *ceux de la Faculté de Théologie,* pour entendre par eulx qui les avoit meuz d'admonester iceulx prescheurs de prescher sans riens nommer les hérélicques : par lesquels fut répondu que estoit à cause que *le peuple murmuroit contre le dit Me Gérard, et de celluy qui prescheoit en bracque* [7]. Et sur ce leur fut demandé quelles preuves et indices ils avoient contre ycelluy Me *Gérard ;* lesquelz dirent que dans trois jours les mestroient par devers le dict légat,... lequel vous commist pour parachever le procès des dessus-dictz et pour informer plus amplement, et aussy pour procéder contre autres que trouveriez coulpables jusques à sentence définitive conclusivement, en laquelle seroit procédé par vous avec aultres que appeller[i]ez jusques au nombre contenu en vostre commission.

Et depuis fut par nous ordonné que, avant que procéder plus avant, les informations et autres procédures faictes nous seroient envoiées et que n'entendions qu'il fust procédé contre le dict Me *Gérard,* si [ce] n'est des faultes qu'il pourroit avoir faictes en *ses sermons aux advent et karesme derniers passez,* et que les prédications luy seroient prohibées et deffendues, jusques à tant qu'il se seroit purgé de cas à luy imposez et dont il est accusé (commis, ainsy qu'on dict, par luy auparavant les dictz advent et karesme) par les juges auxquelz en apartient la cognoissance ; lequel procès nous a esté depuis envoié, et *par la Faculté de Théologie nous ont esté pareillement envoyez certains articles cloz et sceliez, contenant*

---

[6] *Jean du Bellay.*

[7] Maistre *Jehan Retif* ou *le Rentif,* surnommé « le prescheur de bracque » (III, 237, 391).

*les propositions erronnées, hérétiques et scandaleuses preschées ès advent et karesme passez par le dit M⁰ Gérard*⁸, comme disent avoir entendu sans autre information.

Et d'autant que nous avons très à cueur et desirons que toutes hérésies soyent extirpées de nostre royaume, et les hérétiques et ceulx qui les endoctrinent griefvement pugniz, et aussy ceulx qui en leurs sermons preschent parolles movants le peuple à sédition et contre l'honneur de leurs supérieurs, — nous, pour ces causes et autres ad ce nous movans, *desirons le dict affaire estre vuydé lez nous*, ce que de présent ne pouroit estre, actendu le long voyage que pour le bien de nous et de nostre royaume nous convient présentement faire⁹. Et, affin que cependant soit faict en la dicte matière ce que nous semble estre raisonnable, et après avoir auctorizé, en tant que besoin seroit et à nous touche, ce que le dict légat a faict par nostre commandement et ordonnance, vous mandons et enjoingnons vous informiez bien et deuement sur le contenu aux articles que la Faculté de Théologie nous a envoyez, et leur enjoingnez de vous administrer tesmoings, laquelle information et autres que vous pouvez avoir faictes et ferez, garderez jusques à nostre retour. *Et cependant nous avons ordonné et ordonnons que le dict M⁰ Gérard sera baillé en garde à nostre très chère et très amée sœur unicque la royne de Navarre, pour le tenir en icelle jusques à nostre dict retour*, et les dictz *Picart*, frère *Géofroy Jehan*, cordellier, et frère *Lois Lescudier*, mathurin, seront mis hors la garde où sont de présent avecques deffances qu'ilz n'approcheront de *Paris* de vingtz lieues, et interdiction de prescher, et aussi au dict M⁰ *Gérard Roussel*, jusques autrement en soit ordonné.

Et d'autant que avons esté advertis par gens dignes de foy que *le docteur Beda*, qui se dict procureur de la Faculté de Théologie, soubz umbre de son dit prétendu povoir, faict en la dicte Faculté plusieurs menées et monopolles¹⁰, qui sont cause des scan-

---

⁸ De cette mention de « l'advent passé » il faudrait conclure que *Gérard Roussel* était venu à *Paris*, avec la reine de Navarre, au mois de novembre 1532, c'est-à-dire, quatre ou cinq semaines plus tôt que nous ne l'avons dit dans le t. III, p. 53, note 5.

⁹ *François I* se rendait à Marseille pour son entrevue avec Clément VII (t. III, 55, n. 7; 74, n. 16). Le 7 juin, il était à Lyon, d'où il repartit le 25. Le 18 juillet il arrivait au Puy; le 1ᵉʳ août, à Toulouse; le 21, à Montpellier; à la fin d'août, à Nîmes; le 5 septembre, à Avignon, et le 4 octobre à Marseille.

¹⁰ Dans le sens d'*intrigues*.

dalles qui proviennent en la dicte Faculté, nous avons aussi voulu et ordonné, voulons et ordonnons que, jusques autrement par nous en soit ordonné, il n'approche nostre dicte ville de *Paris* de vingtz lieues, et si ordonnons que inventaire de son meuble sera faict sans riens desplacer ni sans le désaisir d'icelluy, fors ce qui se trouveroit des dictz monopolles, intelligences et autres choses dont la dicte Faculté s'est mise en division. Et si avons enjoint et enjoingnons à nostre dict conseiller *l'évesque de Paris*, en tant que besoing seroit et pour éviter toutes disputations et scrupules, vous bailler vicariat pour faire et accomplir ce que dessus, affin que vous ayez l'auctorité de nous, du dict légat et pareillement celle de l'ordinaire, desquelles vous ayderez tant et si avant que verrez estre requis et nécessaire, tant pour les exempts, comme sont cordelliers et maturins, et non exemptz, et en faisant les dicts eslargissement et commutation de garde, ferez faire aux dessus-dictz les submissions en tel cas acoustumées, etc............. Donné à Molins le xviii° jour de may, l'an de grâce mil cinq cents xxxiii, et de nostre règne le dix-neufviesme.

Par le Conseil,
Signé : BOUCHETEL.

569a

CLÉMENT MAROT[1] à Renée, duchesse de Ferrare.
De Venise, 15 juillet 1536.

Copie ancienne[2], communiquée par M. Ch. du Mont, bibliothécaire à Lausanne. Bibl. Nationale, ms. n° 4967, f. 291. Œuvres de Clément Marot, édition Georges Guiffrey, III, 410-427.

A la très illustre dame duchesse de Ferrare[3].

Après avoir, par maintz jours[4], visité
Ceste fameuse et antique cité,

---

[1] *Clément Marot* (1497-1544) avait déjà composé quelques poésies, lorsqu'il entra (1518) au service de Marguerite d'Angoulême, sœur de

> Où tant d'honneur, en pompe ⁵ sumptue[u]se,
> T'a esté faict ⁶, Princesse vertue[u]se,
> J'y ay trouvé que sa fondation ⁷
> Est chose estrange et d'admiration.
>
>   Quant au surplus, ce qui en est surmonte
> Ce que loing d'elle au mieulx on en racompte,
> Et n'est possible à citadins mieulx faire
> Pour à ce corps et à l'œil satisfaire.
> Que pleust à Dieu (ma très illustre dame)
> Que autant soigneulx ilz fussent de leur âme!

François I. Plusieurs lettres des années 1521-1526 font connaitre les préoccupations religieuses de cette princesse et des théologiens qu'elle honorait de sa confiance (Voy. t. I, p. 66, 67, 76, 78, 81, 84, 85, 105, 109, 189, 191, 420, 421, 430, 441, 475-480). On comprend que la société d'un Gérard Roussel et d'un Michel d'Arande ait éveillé la sympathie de *Clément Marot* pour les nouvelles doctrines. Vers 1521 ou 1522, il entra dans le mouvement de la Réforme, mais sans se livrer tout entier. Il se compromit pour elle en donnant pleine carrière à sa verve railleuse contre les obscurantins; mais son caractère léger et ami des plaisirs le priva de l'honneur de combattre en héros de la foi. A notre avis, « le gentil Clément » fut avant tout un fils de la Renaissance.

Il ne sera que juste de citer ici l'opinion plus favorable de son récent biographe : « *Marot* ne connut la piété qu'en devenant hérétique, et le sentiment religieux n'apparaît dans ses vers qu'à dater du jour où il embrassa l'Évangile. S'il retomba parfois dans la mondanité, si la divine semence déposée dans son âme crût lentement, du moins elle ne fut jamais étouffée par les passions, et à mesure que l'âge et les épreuves mûrirent son caractère, il se montra de plus en plus l'homme du devoir et de la religion, conçue bien plus comme une rénovation du cœur que comme une série de dogmes à croire » (O. Douen. Clément Marot et le Psautier huguenot, 1878, I, 54). Voyez aussi la note 37.

² Écrite vers la fin du seizième siècle, et probablement à Genève. Elle donne la date précise de l'épître de Marot, et elle peut servir à rectifier quelques passages du texte publié par M. Guiffrey. Les variantes de ce dernier texte seront indiquées en caractères italiques dans les notes. Nous avons reproduit exactement l'orthographe de notre manuscrit, excepté dans certains mots où l'erreur du copiste était manifeste.

³ *Épistre envoyée de Venise à madame la duchesse de Ferrare par Clément Marot.*

⁴ Après avoir par *mes* jours visité. — Ce début semble annoncer que Marot était depuis peu de temps à Venise. Il aurait donc quitté Ferrare dans le courant du mois de juin.

⁵ Où tant d'honneur *et* pompe.

⁶ Selon M. Guiffrey, ce voyage de la duchesse à Venise aurait eu lieu au mois de septembre 1531.

⁷ *Je* y ai trouvé que *la* fondacion.

Certes leurs faictz quasi font à sçavoir
Que l'âme[8] au corps ilz ne cuydent avoir,
Ou, s'il[z] en ont, leur fantasie est telle,
Qu'ell' est ainsi, comme le corps, mortelle.
Dont il s'ensuit qu'ilz n'eslèvent leurs yeulx
Plus hault ne loing que ces terrestres lieulx[9],
Et que jamais espoir ne les convie
Au grand festin de l'éternelle vie.
Advient aussi que de l'amour du proche
Jamais leur cueur partial ne s'approche,
Et si quelcun de l'offenser se garde,
Craincte de peine et force l'en retarde.
 Mais où pourra trouver siège ne lieu
L'amour du proche, où l'on n'ayme point Dieu?
Et comme peult prendre racine et croistre
L'amour de Dieu, sans premier le cognoistre?
J'ay des enffants[10] entendu affermer
Qu'il est bessoing cognoistre avant que aymer.
 Les signes clers qui dehors apparoissent
Pour tesmoigner[11] que Dieu point ne cognoissent,
C'est qu'en esprit n'adorent nullement
Luy seul, qui est[12] esprit totallement,
Ains par haultz chantz, par pompes et par mines :
Qui est, mon Dieu, ce que tu habommynes.
Et sont encor les pouvres[13] cytoïens
Plains de l'erreur de leurs pères payens.
Temples marbrins y font, et y adorent
Pièces de boys[14], que à grans despens ilz dorent.
Et à leurs piedz (hélas!)[15] sont gémissans
Les pouvres nudz, pasles et languissans.
 Ce sont, ce sont telles ymages vives
Qui, de ces grandz despences ex[c]essives,
Estre debvroient aornées et parées,
Et de noz yeulx les aultres séparées.

[8] *Qu'une ame* au corps ils ne cuident avoir.
[9] Plus hault ne loing que *les* terrestres lieux.
[10] J'ay, *dès enfance*, entendu affermer.
[11] *Font* tesmoigner que Dieu poinct ne congnoissent.
[12] Luy [*qui*] *est seul* esprit totallement.
[13] Et sont encor *ces* pouvres citoyens.
[14] *Images peinctz* qu'à grandz despens ilz dorent.
[15] Et à leurs piedz *ullans* sont gémissans.
C'est une faute évidente. *Ullans* est la forme ancienne de *hurlants*.

Car l'Éternel les vives recommande
Et de fuyr les mortes nous commande.
　　Ne convient-il en reprandre que iceulx?
Hélas! ma dame, ilz ne sont pas tous seulz :
De ceste erreur, tant creue et foisonnée,
La Chrestienté est toute empoisonnée.
Non toute, non! Le Seigneur, regardant
D'œil de pitié ce monde caphardant,
S'est faict cognoistre à une grand partie,
Qui à luy seul est toute convertie [16].
O Seigneur Dieu [17], fais que le demeurant
Ne voise plus [18] les pierres adorant!
　　C'est ung abus d'idolastres sorty,
Entre Chrestiens plussieurs foys amorty,
Et remis sus tousjours par l'avarice [19]
De la palliarde et grande méréfrice,
Avec qui ont faict fornication
Les roys de terre, et dont la potion
Du vin public de son calice immonde
A de long temps [20] ennyvré tout le monde [21].

[16] Qui à luy seul est *ores* convertie.

[17] *O* Seigneur Dieu, faictz que le demourant.
Notre manuscrit porte : Ou Seigneur Dieu.

[18] Ne voyse *pas* les pierres adorant.

M. Guiffrey dit en note : « Sous l'impression toute fraîche encore des enseignements de *Calvin* à Ferrare, *Marot* s'en fait ici l'écho, pour complaire à la princesse qui venait de se laisser gagner aux principes de la Réforme » (p. 417). Plus haut (p. 413), il mentionne « les prédications de *Calvin* à Ferrare, ... les homélies religieuses que faisait le réformateur dans les appartements les plus retirés de la duchesse, en présence d'un petit nombre d'élus. » Et il ajoute : « L'effet produit sur l'âme de *Renée* fut irrésistible ... *Marot*, avec toute la ferveur d'un catéchumène de fraîche date, partageait les enthousiasmes religieux de la duchesse. »

Les choses ont dû se passer autrement. *Calvin* n'est pas arrivé à Ferrare vers la fin d'août 1535 (comme l'affirme M. Guiffrey, II, 274) et pour y séjourner quatre ou cinq mois de suite. M. Albert Rilliet a démontré, au contraire, que le séjour de Calvin à Ferrare fut de très courte durée; qu'il ne partit pour l'Italie qu'au mois de mars 1536, et qu'il dut être de retour à Bâle vers le milieu de mai (Lettre à M. Merle d'Aubigné. Genève, 1864, p. 20-34). De plus, et ceci est capital dans la question, M. Guiffrey nous fournit lui-même la preuve que Renée de France et Marot, son protégé, avaient entièrement secoué le joug du papisme en 1535, c'est-à-dire *avant* l'arrivée de Calvin à Ferrare (Voy. la note 21).

[19] Et remys sus tousjours *pour* l'avarice.

[20] A *si* longtemps, etc.

[21] *Renée de France* et *Marot* nourrissaient déjà les mêmes sentiments

> Au résidu, affin que ceste carthe
> De son propos commencé ne s'escarte,
> Sçavoir te fais, Princesse, que deçà
> Oncques Romain empereur ne dressa

anti-catholiques avant l'arrivée de *Calvin* à Ferrare (note 18). Pendant l'automne de 1535, le poète composa une pièce intitulée : « Avant-naissance du troisième enfant* de madame la duchesse de Ferrare, » et dans laquelle nous lisons les vers suivants, qui ont été supprimés dans toutes les anciennes éditions des Œuvres de Clément Marot :

> ..... « Viens donc, petit enfant,
> Viens escouter vérité révélée,
> Qui tant de jours nous a esté cellée.
> Viens escouter, pour l'âme resjouyr,
> Ce que caffars veulent garder d'ouyr.
> Viens veoir, viens veoïr la beste sans raison,
> Grand ennemye de ta noble maison :
> Viens tost la veoir atout sa triple creste
> Non cheute encor, mais de tumber bien preste.
> Viens veoir de Christ le règne commancé,
> Et son honneur par torment avancé. »
>
> (Édition Guiffrey, II, 278.)

L'hostilité de ce langage ne comporte qu'une seule explication : Marot devait savoir par ses entretiens journaliers avec la duchesse, qu'elle refusait toute obéissance à l'église romaine, et que si elle assistait encore aux cérémonies du culte, c'est qu'elle y était obligée par les convenances de sa haute position. La polémique étant ici superflue, quelles exhortations Calvin pouvait-il adresser à la princesse ? — « Autant que les circonstances le lui permettaient (répond Théodore de Bèze), *il l'affermit dans le véritable amour de la piété.* » Ce résumé si bref ne satisfait guère notre curiosité, mais tout annonce qu'il est exact. Le 12 septembre 1540 (p. 297) *Calvin* disait : « Ce m'est une chose difficile de donner conseil à une personne chrestienne, comme elle se doit gouverner en un lieu où on est détenu en captivité et servitude, tellement qu'on ne puisse donner gloire à Dieu, et vivre selon la reigle de sa Parolle. » Or la difficulté de donner des conseils pratiques avait dû être bien plus grande pour lui en 1536, lorsqu'il s'était trouvé en présence de la duchesse de Ferrare, unie à un prince très catholique et très impérieux. Aussi persistons-nous à croire qu'il se conduisit avec beaucoup de réserve pendant les trois ou quatre semaines qu'il passa à la cour d'Este (Voyez p. 4, et le t. IV, p. 4, 6, 77).

Quant à *Clément Marot*, il ne paraît pas avoir éprouvé, à l'égard de *Calvin*, les sentiments d'un disciple respectueux et reconnaissant. Plusieurs indices, au contraire, nous autorisent à penser qu'il y avait très peu de sympathie entre ces deux personnages.

---

* Né le 16 décembre 1535 (op. cit. II, 274).

Ordre public, s'il est bien regardé,
Plus grand, plus rond, plus beau ne mieux gardé.
Ce sont, pour vray, grandz et sages mondains,
Meurs en conseil, d'exécuter soubdains,
Et ne veoy riens, en toutes leurs polices,
De superflu que en pompes [22] et délices.
Tant en sont plains que d'eulx peu d'œ[u]vres sortent
Sentant Celluy duquel le nom ilz portent.
    D'avoir le nom de Chrestiens ont prins cure,
Puys sont vivans à la loy d'Épycure,
Faisant yeulx, nez et oreillies jouyr
De ce que on peult veoir, sentir et ouyr
Au gré d'iceulx, et traictant [23] ce corps comme
Si là gisoit le dernier bien de l'homme.
    Mesmes, parmy tant de plaisirs menus,
Trop plus que allieu[r]s y triumphe Vénus.
Vénus y est, certes, plus révérée
Que au temps des Grecz en l'isle Scytarée [24];
Car mesme reng de réputation.
De liberté et d'estimation
Y tient la femme éventée et publicque
Comme la chaste, honorable et pudique.
Et sont enclins, si disent [25], à aymer
Vénus, d'autant qu'elle est née de mer,
Et que sus mer ilz ont nayssance prise.
Disent aussi qu'ilz ont basty Venise
En mer, qui est [26] de Vénus l'héritage,
Et que pour tant ilz luy doibvent hommaige.
    Voilà comment ce qui est deffendu
Est par deçà permis et espandu.
Et j'escriprois [27], Princesse, bien encores
Des Juifz, des Turcqs, des Arabes et Mores
Que on veoit icy par trouppes chacun jour,
Quel en est l'air, quel en est le séjour [28],

---

[22] De superflu *que* pompes et délices.

[23] Au gré *des sens*, et *traictent* ce corps comme.
Notre manuscrit porte : Au gré de ceulx, traictant, etc.

[24] *Cithérée*. — Il est possible qu'il y ait là un jeu de mots (*si tarée*) que le poète n'a pas voulu sacrifier.

[25] Et sont enclins (*ce disent*) à aymer.
La variante de notre manuscrit équivaut à : ainsi disent-ils.

[26] Que [*Venise*] *est* de Veuuz l'héritage.

[27] Et *t'escriproys*.

De leurs maisons et pallais autentiques,
De leurs chevaulx de bronze très antiques [29],
De l'arcenal, chose digne de poix,
De leurs canaulx, de leurs mulles de boys [30],
Des meurs [31] sallez dont leur cité est close,
De leur grand place et mainte autre chose.
Mais j'aurois peur de t'ennuyer, et puys
Tu l'as mieulx veu que escripre ne le puis.

    Je t'escriprois aussi plus amplement
Du sage duc [32], et généralement
Des beaulx vie[i]llardz [33]. Mais, ma dame et maistresse,
Tu les cognois : si font-ilz ta hautesse.
Ilz sçavent bien que tu es, sans mentir,
Fille d'un roy [34] qui leur a faict sentir
Le grand pouvoir de son fort bras vainqueur
Et la noblesse et bonté de son cœur [35].

[28]   Qu'on veoit icy *par trop*, *ung* chacun jour,
    Quel en est, *las!* quel en est le séjour!

[29] Les quatre chevaux de bronze doré qui sont placés sur le portail de l'église de Saint-Marc. Après la prise de Constantinople par les Croisés (12 avril 1204), le doge Dandolo avait fait transporter à Venise ce chef-d'œuvre de l'art antique (Voy. Daru. Hist. de la République de Venise. Paris, 2me édition, 1821, I, 330).

[30] Leurs gondoles.

[31]   Des murs sallez dont leur cité est close,
    De leur grand place et *de* mainte autre chose.

[32] Titre que les anciens chroniqueurs donnent au doge. Il est ici question d'*André Gritti*, qui fut revêtu de la dignité « ducale » de 1523 à 1539 (Daru, o. c. IV, 14, 112).

[33] Il devait s'en trouver quelques-uns parmi les trois cents sénateurs de Venise.

[34] *Renée de France*, sœur de Claude, première femme de François I, éta.t fille du roi *Louis XII*. Née en 1510, elle avait épousé, le 28 juin 1528, *Hercule d'Este*, duc de Ferrare. Brantôme s'exprime comme il suit. au sujet de cette princesse : « Le duc de Ferrare l'ayma fort et la traitta honorablement comme fille de Roy. Vray est, qu'ils furent quelque temps un peu mal ensemble, pour la Religion Luthérienne, de laquelle il la soupçonnoit. Peut-estre que, se ressentant des mauvais tours que les Papes avoient faits au Roy son père, en tant de sortes, elle renia leur puissance et se sépara de leur obéissance, ne pouvant faire pis, étant femme. Je tiens de bon lieu qu'elle le disoit souvent » (Vies des dames illustres. Œuvres de Brantôme. Londres, 1779, II, 279).

[35] Les Vénitiens n'ont pas ratifié cet éloge de *Louis XII*. Henri Martin, o. c. VII, 375, dit que la dureté du roi pour les villes du Vénitien qui résistaient à ses armes, révolta l'armée française elle-même. Marot l'igno-

Parquoy clorray ma lettre mal aornée,
Te suppliant, Princesse deux foys née[36],
Te souvenir, tandiz que icy me tien,
De cestuy-là que retiras pour tien,
Quant il fuyoit la fureur serpentine
Des ennemys de la belle Christine[37].

De Venize, ce xve de Julliet 1536[38].

597a

LE CONSEIL DE NEUCHATEL aux gouverneurs de Besançon[1].

De Neuchâtel, 30 décembre 1536.

Archives de Besançon. G. Monod et G. Fagniez. Revue historique. Paris, 1876, I, 131.

Magnifiques, nobles, prudens, sages et spectables seigneurs et noz très agréables bons voisins et amys, nostre amyable salutacion

---

rait peut-être, et d'ailleurs, pour les Français, le père de la duchesse Renée était toujours *le Père du peuple*, « le bon roi Louis XII. » C'était « l'âge d'or, » dit Farel en parlant de ce temps-là.

[36] Jeu de mots auquel se prêtait le prénom de la duchesse, et qui fait peut-être allusion à sa conversion à la doctrine évangélique.

[37] *La belle Christine* est une personnification de l'église de Jésus-Christ. Ses « ennemis, » c'étaient les persécuteurs de la doctrine évangélique, c'est-à-dire, les moines et les docteurs de « l'ignorante Sorbonne. » On sait que *Marot* les avait irrités au plus haut point par ses épigrammes (III, 59, 60). Aussi, après l'affaire des *placards* (octobre 1534), fut-il, l'un des premiers, « ajourné à trois briefs jours, à peine de bannissement. » Il se retira d'abord à la cour de Marguerite de Navarre, puis, vers le mois d'avril 1535, il vint demander un asile à *Renée de France*, protectrice non moins charitable pour ses compatriotes persécutés. Elle en fit son secrétaire. *Marot* passa une année entière à *Ferrare*. Ses biographes s'accordent à dire qu'il y était encore lorsque *Jean Calvin* y arriva. Marot dut quitter cette ville, parce que le duc Hercule d'Este avait embrassé le parti de l'Empereur, et congédié la plupart des Français qui s'étaient établis dans son duché. (Voyez t. III, p. 237, 238. — Chronique de François I, p. 129, 130. — Douen, o. c. I, 54, 64, 161-188, 210-222, 435-438. — Œuvres de Cl. Marot, éd. cit. II, 273 ; III, 410, 411).

[38] Cette date manque dans l'édition Guiffrey.

[1] Nous sommes persuadé que c'est le pasteur *Marcourt* qui a composé cette lettre.

devant mise. Il vous plaira considérer l'ancienne convenance et bonne amytié laquelle, de si long temps qu'il n'est mémoire du contraire, a esté observée entre nous et vous. En signe de quoy, quant la matière le requiert, avons recours à vous pour *les entresves*², comme à une noble et antique cité impériale, c'est-à-dire membre et partie du sainct et sacré Empire.

Or est-il advenu que Dieu, par sa saincte bonté, nous a visitez en sa miséricorde, tellement que il nous a retirez de beaulcop d'abuz et erreurs où paravant avyons esté entretenuz; aussi, par sa vertu, nous a donné courage de réformer à la vérité de l'Évangille tant d'excèz que paravant régnoient. A cause de quoy, et pour l'advancement et promotion d'icelle saincte Parolle, *très voluntiers avons permis que en nostre ville la saincte Bible ayt esté imprimée en nostre langaige maternel*³, afin que de ung chascun de nostre langue puisse estre entendue, veu que c'est ung trésor qui à nul ne doit estre caché, car c'est le testament de Nostre Père. Et par ainsi, avons desiré et de tout nostre cueur desirons que ung chascun ayt part et portion en ceste grâce et bénédiction, et que icelle saincte Bible soit vendue, distribuée, pourtée et communiquée en tous lieux et toutes places qui sera possible, et surtout à noz amyables et bons voisins. *Finalement est advenu*, ainsi que fusmes bien et deluement informez, *que ung de voz citiens et bons bourgeois, nommé Pierre du Chemin, homme vertueux et honorable, en a une*⁴. Pour laquelle, à l'instance et poursuite d'aucunes gens de vostre ville qui se nomment d'église, a esté inconvénienté en corps et biens, jusques à le détenir prisonnier et luy faire plusieurs dommages. Et, encoires présentement, iceulx personnaiges, et signantement ung nommé maistre *Franccois Symard*, lequel pour son tiltre est appelé suffragant⁵, peult-estre par la commission des aultres, détient icelle Bible, sans la vouloir rendre au dict

---

² Les franchises de Neuchâtel étant calquées sur celles de Besançon, c'est à Besançon que les tribunaux neuchâtelois allaient demander conseil (ou, comme on disait, *prendre les entrèves*) dans les cas difficiles. Voyez Fréd. de Chambrier, c. c. p. 21, 88, 105, 118. — G.-A. Matile, Musée hist. de Neuchâtel, I, 204.

³ *La Bible d'Olivétan*, imprimée « dans la ville de Neuchâtel » et publiée le 4 juin 1535 (III, 288-290).

⁴ En outre, le clergé accusait l'orfèvre *Pierre du Chemin* et sa mère d'avoir tenu des propos hérétiques (Revue hist. I, 111).

⁵ *François Simard*, ex-professeur de théologie à l'université de Dole,

Pierre du Chemin, non obstant que par le dict *du Chemin* en ayt esté requis. Mais, plus tost, *icelluy suffragant a usé de menasses contre le dict du Chemin, et, que plus est, a osé dire et prononcer que en icelle Bible a plusieurs lieux faulx et plains d'erreurs : qui n'est pas petit scandalle. En oultre, en ceste chose nous tenons fort touchez et grevez en nostre honneur, attendu que elle a esté imprimée en nostre ville, voire et de nostre exprès vouloir et consentement.* Et avons certes à grand regret que gens de biens soyent pour cecy par telles gens ainsi molestez. Eussions bien voulu, pour nostre bonne amytié, que de ce nous eussiez advertiz, plus tost que de avoir souffert ung tel personnaige estre ainsi affligé et molesté par telles gens ; car mésuit [6], quant faulte il y auroit, elle ne luy debvroit estre imputée, mais à nous ou à ceulx qui l'ont imprimée.

Et pourtant, nous vous prions et requérons que vueillez pourveoir à ce que icelle Bible soit au dict *du Chemin* rendue et restituée. Au surplus, si le trouvez autant raisonnable que nous, journée nous soit donnée au lieu de marche acostumé, ou en aultre lieu qu'il sera veu plus convenable, contre le dict suffragant et tous ceulx qui lui seroient adhérens, pour nous deffendre contre luy et iceulx ; car nous voulons soubstenir et maintenir par la Parolle de Dieu, en toutes voyes licites et raisonnables, que en la dicte Bible il n'y a rien qui ne soit selon la pure vérité de la Saincte Escripture, jaçoit que à telles gens vérité communément desplaise. Vous prions aussi sur cecy nous vouloir donner response, afin de nous y sçavoir conduire [7]. Faisans aussi fin aux présentes, prions Nostre

---

portait le titre d'évêque de Nicopolis. Il était, depuis 1533, suffragant d'Antoine de Vergy, archevêque de Besançon (Revue citée, I, 86).

[6] *Mésuit* ou *mais huy* (eo magis hodie) signifie : à plus forte raison aujourd'hui.

[7] Le 7 janvier 1537, le conseil communal de Besançon fit à cette lettre une réponse des plus embarrassées. On en jugera par le passage suivant : « Messieurs, quant au fait de la Bible de *Pierre du Chemin*, vous sçavez que ceste cité est impériale, subjecte immédiatement à l'empereur, nostre souverain seigneur : par quoy, et obéissant, comme susmes tenuz, à ses édictz, avons tousjours vescu et susmes tout résolus pour l'advenir nous conduir selon ses constitutions et ordonnances, et suyvre entièrement nostre foy et manière de vivre du passé. » — Ce à quoi *Neuchâtel* répliquait, le 9 janvier suivant : « Et, quant au temps futeur comment vous vivrés, Dieu, que seul congnoist les choses advenir, en disposera » (Revue hist. I. 133). Voyez dans notre t. IV, p. 173, 194, la lettre de Neuchâtel du 29 janvier 1537 au Conseil de Berne, et la réponse de celui-ci, en date du 26 février.

Quoique l'Empereur et Ferdinand, roi des Romains, eussent écrit à la

Seigneur que vous vueille tenir en sa saincte garde. De ceste ville, le pénultime jour de décembre 1536.

Vos bons voysins et amys, prestz à vous faire service et plaisirs,
LES QUATRE MINISTRAULX ET CONSEIL
DE NEUFCHASTEL.

(Suscription:) A magnifiques, nobles, prudens et sages seigneurs Gouverneurs et Conseilliers de la cité impériale de Besançon, nos honorez seigneurs, singuliers amys et très agréables bons voisins.

664a

JEAN SINAPIUS [1] à Jean Calvin, à Genève.
De Ferrare, 21 octobre (1537 [2]).

Autographe. Bibl. Publ. de Genève. Vol. n° 112. Calvini Opera. Brunsvigæ, t. X, P. II, p. 127.

S. D. P. Etsi me antehac semper, tum propter eruditionem, tum propter eximiam illam pietatem tuam, devinctissimum tibi habueris, tamen magna studii erga te mei facta est accessio, ex eo quòd gratissimis me nuper [3] officiis ac benefitiis cumulasti, quum non solùm literas meas, *Basilæa* ad te missas, tam diligenter *Ferrariam* perferri curaveris, verùm etiam tuas ad me ornandum, voluntatemque meam adjuvandam [4] benignissimè addidisti. Nam tametsi

commune de Besançon, par dépêches reçues le 6 et le 14 janvier 1537, de se montrer excessivement sévère à l'égard des hérétiques, la mère de Pierre du Chemin fut mise en liberté, grâce à l'intercession des Suisses et par le crédit de Gauthiot d'Ancier. Quant à *du Chemin* lui-même, il en fut quitte pour deux mois de prison et six vendredis de jeûne au pain et à l'eau (Délibérations municipales, 20 mars 1537. Revue hist. I, 111, 112).

[1] Voyez le t. IV, page 204.
[2] Voyez la note 3.
[3] Probablement au mois d'avril 1537, époque où *Sinapius* fit un voyage à *Tubingue* et à *Bâle* (IV, 205, n. 5).
[4] Calvin, en écrivant à *Françoise Boussiron* à *Ferrare*, avait fait l'éloge

magna inter nos jam antè familiaritas intercesserat⁵, valde tamen illam tua commendatione auctam sentio. Sed ea de re mox ad te plura et diligentiùs scribam⁶. Nunc te oro ut, si qui has literas tibi dabunt non ipsi *Basilœam* proficiscantur, tu eas quas ipsis ad *Grynœum* dedi auferas et prima quaque occasione per certum tabellionem mittas. Quod officium unà cum priùs in me collatis, ubi potero, sedulò promerebor. Interea bene vale, vir ornatissime. Ferrariæ, XII cal. Novembr. Obiter.

Tui observantiss. JOANNES SINAPIUS.

(*Inscriptio :*) Eruditione ac pietate clarissimo viro Domino Joanni Calvino, amico suo singulari et semper observando. A Genevra.

843a

LA CLASSE DE PAYERNE à la Classe de Neuchâtel.

(De Payerne, 1539 ou 1540?)

Inédite. Manuscrit orig. Bibl. des pasteurs de Neuchâtel.
(COMPOSÉE PAR RICHARD DU BOIS.)

Gratiam et Pacem in Domino! Dilecti fratres ac fidi Christi Jesu ministri, nobis in ipso conservi, ad vos, hujusce *Paterniacœ Classis* deliberatione et judicio, refero rem, ut nobis visum est, neque inutilem neque posthabendam. Ea est *de dispiciendu ratione amandandi è singulis classibus quempiam, qui invisat fratres dispersionis per Galliam ubiubi positos, quibus impartiatur aliquid doni spiri-*

---

de *Sinapius*, et il avait sans doute conseillé à la jeune Française d'accorder sa main au docteur allemand (Voyez la p. 5, et le t. IV, p. 205, n. 2, 4, à comparer avec la p. 337).

⁵ Un passage de la lettre de *Sinapius* du 1ᵉʳ septembre 1539 à *Calvin* (p. 4, renv. de n. 4) indique cependant qu'ils n'étaient pas amis intimes en 1536.

⁶ Nous ignorons s'il tint sa promesse. Il s'accusait, le 1ᵉʳ septembre 1539 (N° 813), d'avoir gardé trop longtemps le silence.

tualis [1]. Id quod omnes ex æquo omnino curandum putavimus, si modò vobis imprimis, deinde et aliarum classium fratribus comprobatum fuerit.

Rogamus ergo ut quum primùm licebit commodè, pro judicio insigni, quo hîc et alibi polletis, nos certiores faciatis, quid et qualiter ea de re meditandum ac gerendum censeatis [2]. Vestrum namque consilium hîc unicè et expectamus et amplecti indubie volumus, utpote quod cum è diuturna rerum experientia, tum è divini spiritus motu, profecturum speramus; neque putamus (quæ vestra est candida charitas) istud vos esse nobis vel negaturos vel malignè concessuros. Interim si quid per nos, vestra causa, fieri usquam possit, in id omnes studebimus impensissimè, ubi primùm nobis fuerit significatum. Dominus Jesus cum spiritibus vestris sit jugiter! Amen.

Vester in Christo RICHARDUS A SYLVA,
nomine Classis.

(*Inscriptio :*) Decano et Classi Neocomensi, fratribus in Domino observandis. Neocomi.

---

[1] Il y avait sept *classes*, ou départements ecclésiastiques, dans le nouveau territoire bernois. Les pasteurs de Neuchâtel formaient la huitième; la « Compagnie de ceux de Genève » la neuvième. C'était donc neuf évangélistes que la Suisse romande enverrait en France vers « les frères de la dispersion. »

La proposition de la Classe de Payerne était due peut-être à l'initiative de son doyen, *Richard du Bois*, qui avait visité la France au commencement de l'année 1539 (t. V, p. 233, renv. de n. 9-10). Mais on peut aussi conjecturer qu'elle avait été suggérée à quelques pasteurs de la susdite classe par les plaintes de *Farel*. Dans sa lettre du 6 septembre 1540 (p. 296, renvoi de n. 34) il dit, en effet, que beaucoup de faux frères prêchent des erreurs aux Français et prétendent avoir été envoyés par les Suisses.

[2] On ne possède pas la réponse des ministres neuchâtelois.

870a

LE GOUVERNEUR DE NEUCHATEL au Conseil de Berne.
De Neuchâtel, 13 juillet 1540.

Manuscrit orig. Arch. de Berne. Copie communiquée par M. l'archiviste Rodolphe de Sinner. Publiée en partie par A. Roget, op. cit. I, 253.

Très magniffiques, puissans et mes redoubtez Seigneurs! A ce jourd'huy sont comparuz par devant moy *les prédicans de la saincte Évangille de ce Comtez,* estans assemblez en ceste ville [1]. Lesquelx m'ont déclairez que Voz Exellences aulcunement (comme il estoient advertis) avoient suspicionnez que Maistre *Guillaume Pharel,* prédicant de ce lieu, personnellement estoit au lieu de *Genefve,* quant la dernière esmotion de fehuz [l. feu] *Jehan Phelippe* fut faicte [2]. Dont, pour sa décharge, il m'ont prier vouloir certiffier la veritez de la résidence et présence du dict Maistre *Guillaume.* Et, pour ce que à nulluy certifficacion de veritez ne doibt estre refusée, — suyvant leurs requeste, je vous certiffie véritablement que, lorsque les dites esmotions ont estées faictes au dit *Genefve,* le dit Maistre *Guillaume Pharel* au paravant longtemps, et dempuys jusques à présent a tousjours estez personnellement en ceste ville, preschant à sa sepmaine, et ays journellement converser et parler avec luy [3]. Suppliant Vostre Exellence ainssin le croire et non adjouster foy à ceulx que aultrement le vouldroient affermer.

---

[1] A l'exemple des ministres zuricois, ceux du comté de Neuchâtel se réunissaient en synode deux fois par an : au printemps et en octobre. L'assemblée dont il est ici question paraît avoir été convoquée exceptionnellement pour témoigner en faveur de *Farel.*

[2] Voyez les pages 85, 86, 239, note 31.

[3] Le Gouverneur devait savoir que, dans la seconde moitié de juin, *Farel* s'était absenté de *Neuchâtel* pendant plus d'une semaine (p. 242, 254). Mais il ne mentionne pas cette absence du Réformateur, parce qu'elle avait eu lieu après l'échauffourée de *Jean Philippe.*

En me humblement recommandant à voz bonnes grâces, je prie au Créateur vous donner l'entier acomplissement de voz bons desirs. De Neufchastel, le xiii* jour de Juillet, l'an 1540.

Vostre très humble et très obéissant serviteur
LE LIEUTENANT ET GOUVERNEUR GÉNÉRAL
DU COMTEZ DE NEUFCHASTEL.

(Suscription:) A magniffiques, très puissans et mes très redoubtez Seigneurs, Messeigneurs l'Advoyer et Conseil de la ville et quanthon de Berne.

Nous le mayre et quattres ministraulx de la ville de Neufchastel certiffions en pure verité de conscience, que, au temps que *Jehan Phelippe* et ses complices firent la sédition dernièrement au lieu de *Genefve*, Maistre *Guillaume Farel*, ministre du saint Évangile, estoit en ceste ville du dit Neufchastel, nous preschant Nostre Seigneur Jésus-Christ, et n'estoit aultre part en manière que ce soit. Et, en signe de vraye certiffication, nous avons impressé en ceste le séel commun de la mayerie du dit Neufchastel. Ce xiii* jour de Juilliet 1540 [1].

921a

RICHARD DU BOIS à la Classe de Neuchâtel.
De Payerne, 7 décembre (1540?)

Inédite. Autographe. Bibliothèque des pasteurs de Neuchâtel.

Omnis gratiæ et pacis beatum vobis incrementum, fratres in Christo sanè quàm optimi atque doctissimi!

Quoniam hicce frater qui nostram hanc schedam ad vos perfert, *multa tulit ac fecit in Gallia ob promotionem veritatis evangelicæ,* atque est tum pietatis tum probitatis ita spectatæ, ut bene proficere possit in parte aliqua sacri ministerii, — neque verò nobis nunc

---

[1] On lit dans le Manuel de Berne du 15 : « *Farel* est déchargé de l'accusation d'avoir été à *Genève* » (Trad. de l'allemand).

patet locus ubi eum possimus cum Principum nostrorum gratia assignare ¹, audimus autem locos aliquot jam vacuos esse in vestra Classe ², — *ipsum ad vos mittimus et vobis in Domino commendamus,* ut si vobis non ineptus comperiatur, et illius opera in vestris ecclesiis fuerit ullo modo opus, admittere dignemini in sacram aliquam functionem. Atque hac de re plurimùm vos obsecramus in Christo Jesu, qui vobis atque suis inter vos ecclesiis eximiè pergat benedicere! Valete in ipso. Paterniaci, septimo decembris, jussu et consensu totius Classis.

Vobis omnibus in omne obsequium paratus
RICHARDUS A SYLVA, Decanus.

(*Inscriptio :*) Evangelica doctrina et pietate clarissimis D. D. Decano et aliis Ministris in Classe Neocomensi.

---

¹⁻² A la fin de l'année 1540, toutes les paroisses de la Classe de Lausanne étaient pourvues de pasteurs (N° 924, p. 395). Mais nous ne pouvons pas affirmer qu'il en fût de même des paroisses de la Classe de Payerne. C'est donc par conjecture que nous plaçons la présente lettre en 1540. Toutefois, cette observation de Richard du Bois : « *Audimus locos aliquot jam vacuos esse in vestra Classe,* donne quelque vraisemblance à notre hypothèse, puisqu'on a vu, par les lettres de Toussain, que plusieurs pasteurs neuchâtelois furent envoyés, cette année-là, dans le comté de Montbéliard.

ADDITIONS ET CORRECTIONS

Page 4, au bas, — après ces mots : lui qui avait coutume de dire qu'il n'était entré en Italie que pour en sortir, — ajoutez : En dehors de la cour de *Ferrare*, *Calvin* laissa si peu de souvenirs en Italie, son nom même y était encore si peu connu vingt ans plus tard, qu'un vicaire général des Célestins a pu l'omettre, en toute bonne foi, dans son énumération des principaux hérétiques. Et pourtant il n'oublie pas « *il Melantone, il Bucciero* (Bucer)*, il Zuinglio, il Mu*[*n*]*stero, il Farello, il Lamberto, il Pellicano et Ecola*[*m*]*padio!* » (Voyez l'ouvrage intitulé : Il Modello di Martino Lutero, per Q. Iacopo Moronessa da Lezze, monacho Celestino... In Vinegia. MDLVI, in-8°, p. 353.)

P. 12. La dernière phrase de la note 15 doit être modifiée comme il suit : On songea même à y envoyer *Calvin* et *Jean Sturm*, pour accompagner les élèves ; mais ce projet fut abandonné.

P. 21, note 69, ajoutez : On peut aussi indiquer l'ouvrage suivant : « *Antonii A Konygstein*, Minoritæ, *Concordantiæ breviores* omnium ferme materiarum ex sacris Bibliorum libris. Coloniæ, apud Melchiorem Novesianum, 1537 (La Croix du Maine, etc. éd. cit. VI, 21).

P. 34. Modifiez ainsi le commencement de la note 8 : La *sèche* ou *sépia* est, selon Pline, un poisson de mer, selon les naturalistes modernes, un céphalopode qui, etc.

P. 39, à la fin du premier paragraphe des notes 14-15, ajoutez : Voyez aussi Neudecker. Urkunden, 1836, p. 349, 351, 359, 360, et Merkw. Aktenstücke, 1838, p. 171-173, 218.

P. 53, à la fin des notes 6-7, ajoutez : L'erreur que nous venons de signaler se répète chaque fois que les éditeurs des *Calvini Opera* mentionnent en latin le Pays de Vaud. On trouve, il est vrai, dans le dictionnaire géographique d'Eschard un *Vadensis pagus*; mais ce nom y désigne *le Valois*, petit canton de l'Isle de France, lequel avait pour capitale la ville de *Crespy*.

P. 69, note 16, le texte incorrect que l'éditeur d'Érasme a donné de la lettre de *Georges Wicelius* doit être remplacé par le texte original, daté du *18* mars 1533, et non du 30. Le voici : « Superioribus nundinis, dedi ad te literas..... Summa rei erat Œcumenica Synodus. Bone Christe, ut animum meum obsedit ejus negocii tam magni quàm necessarii perpetua consyderatio! Nihil nunc in votis meis est hoc ipso prius. Nam video *summi mali nullum finem, nisi caussæ legittimo modo transigantur.* Bello exulcerantur, non sedantur .. O surdas aures tuas, *Roma!* O pectora ad consyderationem rei maximæ prorsùs emortua, atque in desyderiis mundi hujus sepulta! Quomodo habet titulus tuus? Quæ est professio? Quod officium? Satisne diu expectamus opem debitam nobis *Catholici?* Siccine grex Domini Jesu nulli vobis curæ est, ut fama non tarda in orbe universo volat? Num percussi sunt animi vestri à bonis etiam hominibus, qui de vinea Domini à vobis neglecta conquerentur, non à malis tantùm, qui vos non honestis admodum nominibus accusant ac damnant? » (Epistolarum... Libri quatuor. Georgii Wicelii. Lipsiæ, Nicolaus Vuolrab. M.D.XXXVII, in-4°, fol. E e 4.)

P. 79, note 2, ajoutez : 640, n. 7; 932, n. 5.

P. 80, ajoutez à la note 5 : Le Manuel de Berne du 23 octobre 1540 renferme cependant l'article que voici : « On remet à [*Matthias*] *Apiarius* un [certain] nombre d'*Agend Büchlin* à imprimer » (Trad. de l'allemand).

P. 106, note 132, ligne 5e, lisez : *Pierre Benoit*, qui fut, un peu plus tard, pasteur dans le Pays de Vaud, ou *Benoit de la Coste*, qui était en 1540 pasteur de Saint-Maurice et Montagni, près d'Yverdon.

P. 113, à la fin de la note 11, ajoutez : et la p. 268, note 9.

P. 118, ligne 9 du texte, après *pias precationes Lutheri*, nous aurions dû renvoyer à la note suivante : *Enchiridion piarum precationum*, Iusto Iona interprete, cum Calendario et Passionali, ut vocant, etc. Vuitenbergæ, 1529 » in-16, chartis 39 (Gesneri Bibl. univ. f. 503 a).

P. 123, note 9, ligne 5e, lisez : il avait, sous les ordres de son frère, le comte *Frédéric*, commandé, etc.

P. 125, à la fin de la note 13, ajoutez : La citation de quelques vers de Hugues Salel aurait suffi à démontrer que ce fut en 1539, et non en 1538, que *François I* tomba malade à *Compiègne*. La France, souhaitant la bienvenue à l'Empereur, à Bayonne, lui dit :

« Làs! que ces jours passez je fuz attaincte
D'aigre douleur. Hélàs! que j'euz de craincte
Pour le grief mal du grand Roy treschrestien!
Mais à présent j'ay changé de maintien,
Car sa santé de là-hault descendue.
Et toi, César, m'avez joie rendue. »

(Les Œuvres de Hugues Salel, valet de chambre ordinaire du Roy, imprimees par commandement dudict Seigneur. Paris (1540) in-8°, fol. 18 recto.)

P. 127, à la fin de la n. 22, ajoutez : Cette dernière dénomination ne doit pas être taxée d'anachronisme. On s'en servait depuis quelques années, quoiqu'elle ne fût pas encore d'un usage général. On appela d'abord *Eidguenots* ou *Eiguenots* ceux des Genevois qui étaient partisans de l'alliance avec les Suisses confédérés (*Eidgnossen*), et, depuis le triomphe de la Réforme à Genève, *engnot*, *eiguenot* devint promptement synonyme d'*hérétique*. Il est déjà employé dans ce sens par le moine savoyard *Jean Gache* ou *Gacy* (II, 39), auteur du poëme intitulé : « La Deploration de la Cité de Genefve sur le faict des Hereticques qui l'ont tiranniquement opprimée » (1536, s. l. in-4° de 4 ff., caractères gothiques). Il fait parler en ces termes la ville tyrannisée :

« Arrestez-vous par le chemin, passans;
Considerés que je ne suis pas sans
Extrême dueil et très griefve souffrance.
M'eulx me seroit si je estoie soubz France,
Ou obeisse à mon naturel prince;
Je n'eusse pas forvoyé ne prins ce
Chemin oblicque, devenant *Anguenotte,*
De déshonneur perpétuelle note.
Las ! je ne fusse par ces mau[l]ditz livrée
A heresie, ains de mal delivrée. »

(Voyez le Recueil de Poésies Françoises des XV[e] et XVI[e] siècles..... réunies et annotées par M. Anatole de Montaiglon. Paris, P. Janet, M.DCCC.LVI, petit in-8°, t. IV, p. 101. — Th. Dufour. Notice bibliogr. p. 136-138. — Merle d'Aubigné, o. c. I, 129, 130.)

Selon M. E. Castel, au contraire, le mot *Huguenots,* désignant un parti religieux, aurait été employé pour la première fois dans la Touraine, en 1551 ou 1552, et il ne serait devenu d'un usage général qu'en 1560, après la Conjuration d'Amboise (Voyez l'ouvrage intitulé : Les Huguenots et la constitution de l'Église reformée de France en 1559. Paris, Genève, 1859, p. 29-41, 56, 58, 81-97).

P. 147, à la fin de la note 6, ajoutez : *Rodolphe Gualther* écrivait de Bâle à Bullinger le 26 avril 1540 : « Erat mihi conditio *Genevæ* oblata non spernenda, quam negavistis, quæ duarum forsan horarum spatium quotidie insumpsisset : reliquum temporis mihi permittebatur » (Mscr. orig. Arch. de Zurich). Il convient aussi de rappeler que *Nuremberg,* patrie des *Cléberguer,* était la ville d'Allemagne où l'on cultivait avec le plus de succès les sciences mathématiques (Voyez Karl Hagen. Deutschlands literarische und religiöse Verhältnisse in Reformationszeitalter. Erlangen, 1841, I, 182, 261-277, 288-290).

P. 155, note 12, après *la discipline ecclésiastique,* ajoutez : (Fueslinus. Reformatorum Epp. p. 90).

P. 168, à la fin de la note 20, ajoutez : (Communication obligeante de M. Gagnebin, pasteur à Amsterdam).

P. 183, à la fin de la note 8, ajoutez : Le Conseil de Lausanne avait décrété, le 10 février, quelques mesures disciplinaires; mais elles étaient insuffisantes (Voyez Ruchat, V, 145).

P. 184, note 9, à la fin, ajoutez : et la biographie d'Henri Bullinger par C. Pestalozzi, 1858, p. 94-100.

P. 185, note 6, lisez : *Amédée* ou *Amé Jaquemet* était libraire à Lausanne en 1540. M. Ernest Chavannes a bien voulu nous en indiquer un autre : « Magister *Anthonius,* librarius, » qu'il croit pouvoir identifier avec *Anthoine Mornay,* natif de « Marcilago [Massilargues?] au diocèse de Mende, » reçu bourgeois de Lausanne en 1545. Nous avons vu une lettre de 1551 dans laquelle il est appelé *Antoine Mornac* et qualifié d'imprimeur (Buchtrucker). Ils avaient pour collègue, etc.

P. 187, note 23, ajoutez : On lit dans le Manuel de Berne au 27 février 1540 : Écrire au bailli de Thonon que la justification de *Christophe* [*Fabri*] a été bien accueillie. Le laisser jouir [de son droit]. Être tranquille [c. à d. le laisser tranquille].

P. 187, ajoutez à la note 24 : Autant qu'on peut l'entrevoir dans les notes très laconiques du secrétaire bernois, quelques habitants de Thonon avaient été mis en prison, pour avoir ouvertement souhaité le retour du duc de Savoie. Il paraît que l'affaire était peu sérieuse, à en juger par ce passage du Manuel de Berne du 9 mars 1540 : « A ceux de *Thonon* une lettre de confirmation de leurs biens, libertés et coutumes, pour aussi longtemps qu'ils voudront faire leur devoir, constituer leur Conseil et observer inviolablement les statuts et la Réformation de mes Seigneurs. Écrire au bailli de supprimer l'amende de 5 livres. On accorde à *Cuinet* et à sa femme l'investiture du jardin » (Trad. de l'allemand). *Claude Quinet* était un zélé serviteur des Bernois (IV, 101, 177).

P. 206, à la fin de la note 6, ajoutez : En 1540, *N. Bourbon* était le précepteur de *Jeanne d'Albret*.

P. 207, note 8, ligne 7ᵉ, supprimez : *ou 1539*. Ce millésime, indiqué par le *Bulletin* (IX, 108), est inexact. M. Charles Pradel a bien voulu, à la demande de notre ami M. Charles Dardier, vérifier ce détail, et il nous affirme que, dans le Registre du parlement de Toulouse, l'arrêt de mort contre l'inquisiteur « *Loys de Rocheto* » est daté du 10 septembre *1538*.

P. 210, à la fin de la note 29, ajoutez : Cet ouvrage nous a été obligeamment communiqué par M. Adolphe Gaiffe.

P. 212, première ligne des notes, après *Boudevilliers*, ajoutez : (et à Fenin?)

P. 213, note 1, après *Crissier*, ajoutez : d'Avenches et de Ressudens, prieur de Montpreveyres (Voy. Ernest Chavannes. Extraits des Manuaux du Conseil de Lausanne, *passim*).

P. 228, note 6, deuxième paragraphe. La dernière phrase doit être remplacée par celle-ci : Un mois plus tard, il aurait eu à déplorer le nouvel édit du 31 mai, envoyé par *François I* au parlement de Provence (Voy. Crespin, o. c. fol. 132 b).

P. 229, à la fin de la note 11, ajoutez : ou *le diacre de Lausanne* qui décéda vers la fin d'octobre (Voy. p. 330, n. 1).

P. 230, à la fin du titre des Commentaires de Calvin sur Josué, lisez : feuillet l. 7, au lieu de *f. 17*.

P. 234, ligne 7ᵉ, lisez : *Ex Electoribus*.

P. 237, ligne 9ᵉ, lisez *illic*, au lieu de *illis*.

P. 237, supprimez les deux premières phrases de la note 18, et, à la fin, ajoutez : Mais il n'est que trop vrai que le 30 juillet il y eut, outre *Barnes* et ses deux collègues (p. 245, n. 12), quatre nouveaux martyrs, dont Burnet indique les noms comme il suit : *Grégoire Buttolf*, *Adam Damlip*, *Edmond Brindholm* et *Clément Philpot* (Voy. la lettre de Rod. Gualther du 15 sept. 1540. Fueslinus, o. c. p. 208).

P. 237, notes 21-22. Remplacez la seconde phrase par celle-ci : Il composa cet écrit « frivole » à l'occasion d'un sermon prononcé par *Sébastien Meyer*, le 21 mars 1540, sur le sacrement de la Cène (p. 424, n. 5).

P. 238, note 28, ligne 3ᵉ, lisez : Le *Franciscus* dont il est question serait-il *François Martoret du Rivier*, pasteur à Moudon dès 1536 ?

La dernière phrase de cette même note doit être remplacée par les observations suivantes : Nous croirions plutôt qu'il s'agit ici de ce *pasteur de Nyon* qui provoqua le mécontentement de ses paroissiens, en se laissant aller à des censures excessives et même outrageantes (p. 264, n. 3). On comprend que le bruit de sa destitution prochaine fût parvenu jusqu'à Neuchâtel. MM. de Berne décidèrent, le 5 août 1540, qu'il serait transféré à *Bernex*, village situé à deux lieues sud-ouest de Genève. Ce détail nous a permis de constater que « le prédicant congédié » de Nyon était *Franciscus Maurisius*, ex-moine dominicain.

P. 240, ligne 7e. au lieu de *Quoniam* lisez *Quando*.

P. 241. note 42, après le renvoi à l'ouvrage de Pierrefleur, ajoutez : Ruchat, IV, 52.

P. 245, note 11, après *Neudecker, o. c.*. ajoutez : 1836, p. 595.

P. 251, à la fin de la note 3, ajoutez : La seconde interprétation est certainement la meilleure. On lit, en effet, dans le Manuel de Berne du 15 juillet : « Écrire à la Dame de Valangin à cause de l'église et aussi à cause de ceux des Bernelz..... S'il n'y a pas d'église à ouvrir *sur la montagne* (uffem berg), qu'elle accorde au moins ce que *le Comte* a promis » (Trad. de l'allemand).

P. 256, à la fin de la note 10, lisez : Le susdit catalogue est de la main de Farel.

P. 258, note 7. au lieu de *1541*, lisez *1540*. Dans sa lettre datée d'Haguenau le 24 juillet 1540, il signe déjà : « Electus Viennensis episcopus. »

P. 259, note 13, au lieu de *Jean*, lisez : *Joachim II*.

P. 264, note 3, au lieu des trois premières lignes, lisez : Le ministre qui prêchait à *Nyon*, etc. Remplacez les trois dernières phrases par celles-ci : *Morand* ne négligea pas cette occasion d'occuper un poste qu'il ambitionnait. Il fit en temps utile des démarches auprès des magistrats bernois, et, le 5 août, il fut élu *pasteur de Nyon*, à la place du ministre congédié Il était donc assuré de son avenir, quand il donna sa démission à MM. de Genève.

Antoine Marcourt fut moins habile ou moins heureux. Recommandé aux ministres bernois dès le 23 septembre (c'est-à-dire, huit ou neuf jours après son départ de *Genève*, p. 310), il n'avait pas encore trouvé une place lorsqu'il reçut la lettre de Berne du 30 octobre, qui lui était adressée « à *Nyon* » (N° 904). Ruchat en a conclu par erreur (IV, 411, 480 ; V, 148) qu'il exerçait alors le ministère dans cette ville. Le 12 novembre 1540, *Marcourt* fut élu pasteur des villages d'Orzens et d'Essertines dans le bailliage d'Yverdon (Manuel du dit jour).

P. 265, note 4, lisez : « Les sieurs quattres prédicans ont fayct plusieurs plaientifz, etc.

P. 269, note 10, lisez : Il y vint quatre fois en 1540 — et, après *Calvin*, ajoutez : et il y revint au commencement d'octobre, etc.

P. 270, note 1, après *Besançon*, ajoutez : et à Dole, — et, à la fin : 224, 225.

P. 288, fin de la note 4, ajoutez : Suivant le continuateur de J. de Müller, (l. c.) *Apiarius* se serait établi à *Berne* en 1530. Si le fait était exact, les Bernois n'auraient pas été contraints de s'adresser à *Genève* pour faire imprimer le manifeste de la Dispute de 1536 (IV, 83). Deux historiens bernois, Schärer et Durheim, disent que le premier livre imprimé à Berne (l'*Onomasticon Medicinæ* d'Othon Brunfels) parut en 1534. C'est encore une erreur. Le susdit ouvrage fut imprimé à Strasbourg; la préface seule est datée de Berne (Voy. C. Gesner. Bibl. univ. 1545, f. 531, 532).

A propos de cette annonce : *Ex magnifica Helvetiorum urbe Berna*, nous aurions dû relever l'observation suivante de l'étudiant zuricois *Rodolphe Gualther* : « Nundinæ sunt satis tenues, nec vix quidquam librorum spectatu dignum hic video. Physices epitomen nullam invenire potui, nec astronomica ulla [Voyez p. 147]... Nescio quid ex Magnifica Helvetiorum urbe *Berna* prodierit. Miror, me Hercle! si Deus tantum fastum diutius toleraturus est » (Lettre à Bullinger, datée de Francfort le 15 septembre 1540. Fueslinus, o. c. p. 204. 205). Pour expliquer cette boutade, il suffira de rappeler qu'il fut un temps où le canton de *Zurich* était qualifié de « primarius Helvetiorum pagus » (t. I, p. 177, n. 4).

P. 291, à la fin des notes 8-9, ajoutez :

L'auteur qui attribue à *Lambelin* un perfectionnement de la torture a composé son livre un demi-siècle après l'événement. Quand cet unique témoignage serait admissible, suffirait-il pour déshonorer la mémoire d'un malheureux, victime de tant de haines? La vue fréquente des supplices avait peut-être fermé son cœur à la pitié; mais rien ne prouve qu'il fût réellement cruel. Et, même dans ce cas, supposera-t-on qu'un secrétaire de la Justice aurait pu, de son autorité privée, aggraver les tourments des accusés? La responsabilité de ces perfectionnements sinistres pesait sur le tribunal tout entier. Celui de Besançon n'aurait-il point cédé aux passions du moment, en laissant croire que *Lambelin* était l'unique auteur des terribles *mitaines*?

Quoi qu'il en soit, on ne peut pas juger le malheureux secrétaire d'après les idées de notre temps. On avait vu, en 1516, le premier magistrat de la ville de Metz inventer une horrible machine, qui devait prolonger le supplice d'une femme condamnée à mort. L'inventeur n'en resta pas moins, pour ses compatriotes, le « débonnaire, » le « dévotieux » maître-échevin *Nicolas d'Esch*, le même qui, huit ans plus tard, devint l'ami et le correspondant de *Farel* (Voyez t. V, p. 385, 386. — Les Chroniques messines, p. 704, 711, 712).

P. 296, note 34, lisez : Une lettre écrite au nom de la Classe de Payerne, mais dépourvue de millésime, concerne la mission qu'on voulait donner à quelques pasteurs, etc.

P. 297, note 42, à la fin, lisez : en *1540* (N° 917, n. 6).

P. 297, note 1, lisez : *Antoine de Saussure*, seigneur de *Dammartin*.

P. 306, dernier paragraphe de la note 1, après *Carinus*, III, 94, 159, ajoutez : Voyez aussi les *Zuinglii Opera*, VIII, 597, 598, 603, 608, 614.

P. 308, 3ᵉ ligne du texte, nous aurions dû, après *Wingarterum*, ajouter en note : Voyez la lettre de Nicolas Zurkinden à Zwingli, datée de Berne le 1ᵉʳ janvier 1531, où il parle des trois fils de feu le banneret *Jean de Wingarten* (Zuinglii Opp. VIII, 569).

P. 310, note 10, au lieu de *az S^r*, lisez *aut S^r*.

P. 312, sixième ligne du texte, en remontant, au lieu de *catharrus*, lisez *catarrhus*.

P. 312, avant-dernière ligne du texte, au lieu de *commotionem*, lisez *commutationem*.

P. 313, dernière ligne du texte, lisez : *quod* receperat.

P. 314, ligne 18ᵉ, lisez : *quando* vides.

P. 316, à la fin de la note 15, ajoutez : Nous apprenons par une communication de notre jeune ami M. Paul Humbert, étudiant à Tubingue, que l'événement eut lieu dans la nuit du 21 septembre 1540. (Voyez l'ouvrage intitulé : Geschichte der Stadt u. Universität Tübingen, von Klüpfel und Eifert, I, 130.)

P. 324, à la fin de la note 4, ajoutez : Voyez Froment. Actes et Gestes, 1855, p. 182.

P. 327, avant-dernière ligne du premier paragraphe, lisez : *ne vicinis sint ludibrio*, et, deux lignes plus bas, *efficiunt*, au lieu d'*officiunt*.

P. 327, avant-dernière ligne du texte, lisez *magis idoneos*.

P. 331, note 1, ligne 8ᵉ, au lieu de : pour estre *nostre* [*prédicant*], lisez : pour estre *ministre*.

P. 332, ligne 8ᵉ, lisez : *ce 22 octobre*.

P. 332, ligne 18ᵉ, lisez : prier *ce* volloyër transporter.

P. 333, ligne 2ᵉ, au lieu de *23* octobre, lisez *24*.

P. 333, notes 1-2, avant-dernière ligne, effacez *Pierre Ruffy*. C'était un autre secrétaire qui tenait la plume ce jour-là.

P. 335, ligne 4ᵉ, lisez : ce xxiiiiᵉ d'Octobre.

P. 336, note 3, à la fin de la première ligne, lisez *adhibeantur*.

P. 341, à la fin de la note 2, ajoutez :

Il y avait à *Berne* une « *Haute-École,* » qui méritait plutôt le nom de Gymnase. Elle comptait trois ou quatre professeurs, et les leçons se donnaient dans l'ancien couvent des Cordeliers, où logeaient les xx étudiants pensionnés par MM. de Berne. *L'École inférieure* était divisée en cinq classes. La partie la plus importante du « règlement » de la Haute-École, c'est le plan général des études, lequel, à teneur des instructions données aux députés bernois le 27 mai 1540, devait être le même pour les xii écoliers de Lausanne et pour les xx pensionnaires entretenus aux Cordeliers par les Bernois.

Plan général des études à l'École de Berne.

Il est exposé comme il suit dans une postface de *Jean Rhellicanus*, adressée au Lecteur chrétien et publiée en 1533 :

« Quum literarum studia ubique ferme frigeant, et plerique hanc culpam Evangelio i. putent, statui ad te *studii nostri Bernensis rationem* perscribere, non ut per eam nos orbi notos faciamus, sed ut vel alios nostro exemplo ad similem aut potiorem rationem extimulemus, vel ut pro nostra virili hanc Evangelii labem abstergamus. Ludus itaque literarius hoc modo institutus est. *Elementariis pueris* tres viri honesti stipendiis conducti præsunt, quorum hæc sunt nomina : *Joannes Endesbergius*, aut si Græcè mavis, *Telorus*, ludimagister, juvenis trilinguis : *Petrus Huberus*, utriusque linguæ mediocriter gnarus, τοῦ ἐκείνου ὑποδιδάσκαλος, qui pueros trium linguarum rudimenta docent, unà cum tertiano quodam, qui tantùm Latinæ linguæ prima elementa tradit.

Cæterùm ego, et *Gaspar Megander*, iis qui *in studio literarum nonnihil profecerunt*, hæc tradimus : Ante prandium, *ad imitationem Theologicæ Tigurinorum scholæ* (tametsi longè sequamur et vestigia semper adoremus*), Vetus Testamentum, ita ut Latina interpretatio præcedat. Deinde Septuaginta prælegúntur, quæ partes meæ sunt. Tertiò Hebraica veritas secundùm rem grammaticam, hoc est genuinum sensum, a *Megandro* ita explicatur, ut primùm indicet quid cum Latina et Græca tralatione ei conveniat, aut secùs. Postremò, ubi et Germanica interpretatio prælecta est, prælecti loci scopum et summam ostendit, ac quomodo singula pro suggestu tractanda sint edocet.

Post prandium, hora duodecima, ego solus nunc *Erasmi libellos de utraque copia*, et *Salustii historias* alternis prælectionibus enarro, brevi *Dialectices et Rhetorices elementa* exorsurus. Sub horam tertiam itidem solus Novum Testamentum in ea lingua qua scriptum est, prælego, primùm Grammatici, deinde et Theologi, pro mea in hisce literis parvitate, officio fungens.

Porrò, ne prædictæ prælectiones frustra prælegantur, sed ut appareat quem quisque fructum inde reportet, cum *Vuolgangi Capitonis*, viri undecunque doctissimi pientissimique, tum eorum qui hic verbo Dei præsunt, communi consilio, in proxima Synodo [II, 395] decretum est, ut singulis diebus Martis (quando et agrestibus Parochis, propter rerum venalium forum, adesse licet) in harenam descendamus, ac propositum unum atque alterum difficilem Scripturæ locum tractemus. Quæ exercitatio quantùm ad mores et linguam formandam, in periculosis illis temporibus, nobis conducat, res ipsa in dies docet. Plerique enim multò instructiores cum ad Papistas, tum Anabaptistas convincendos fiunt » (Gasparis Megandri Tigurini, nunc Beruæ à concionibus, in Epistolam Pauli ad Galatas, Commentarius. Unà cum Ioannis Rhellicani Epistola, et Epigrammatis, in quibus ratio studii literarii Bernensis indicatur. Tiguri... mense Mar. An M.D.XXXIII, petit in-8°, ff. 44 b-45 b). Voyez aussi Friedr. Schärer. Gesch. der öffentlichen Unterrichts- Anstalten des deutschen Theils des ehemal. Kantons Bern. 1829, p. 90-105. — K. J. Durheim. Der Stadt Bern Beschreibung u. Chronik, 1859, p. 108, 109, 112.

P. 352, à la fin de la lettre de *Louis Dufour*, nous aurions dû ajouter qu'elle porte cette note du secrétaire genevois : « Du seigneur Loys Dufour estant az Estrabourg. Recyeuz ce 8 novembre 1540. »

P. 384, note 8, au lieu *d'un village*, lisez *de Satigny*, et, après la seconde ligne, ajoutez : On lit dans le Registre du Conseil, au 20 août 1540 : « Maystre *Jaque Bernard*, prédicant, az exposé si l'on veult accepte[r] pour prédicant, au lieu de Maystre *Morand*, Maystre *Champereau*, nostre prédicant de *Sategnyez*. Résoluz que jusque az ce que l'on en aye trouvé ung aultre, que le ditz Maystre Champereau presche icy, et que cependant les dicts prédicans mecstent diligence de trouvé ung

---

* Comme on le voit, les Bernois avaient imité, autant qu'il leur était possible, l'École fondée à *Zurich* par *Zwingli*. On peut consulter, sur l'organisation de celle-ci, la préface d'André Carlstadt qui est placée en tête du commentaire de Léon Jude sur l'Épître aux Philippiens (Tiguri, 1531) et datée du 10 décembre 1530. — J. J. Wirz. Historische Darstellung der urkundlichen Verordnungen welche die Geschichte des Kirchen- und Schulwesens in Zürich... betreffen. Zürich, 1793-1794, 2 vol. in-8°.

home sçavant. » — Et, le 25 décembre suivant : « M. *Champereau...* lequelt autjourduy, en saz prédication, az annuncé que par le baptesme avions rémission des péchés, et que, en laz Cenne, aut pain c'estoy le corps de Crist et aut vin son sang. Ce néanmoyens sed excusé, respondant qu'il ne l'entendoy pas ainsin, et que demaien le déclayreroy mieulx aut peuple. » — La détestable écriture du secrétaire Ruffy a induit en erreur les nouveaux éditeurs de Calvin, t. XXI, p. 273. Ils ont lu dans les passages précités, *abjourduy, ab pain, ab vin,* formes qui n'étaient pas usitées à Genève au seizième siècle.

P. 395, note 4, ligne 3e, après *Classes du pays,* ajoutez : (IV, 263, n. 7).

P. 398, note 6, après *la Bresse,* lisez : ou bien encore *Philippe Marchant,* natif de Mauzé, près de Niort, deux personnages que nous retrouverons dans le Pays de Vaud.

P. 414, à la fin de la note 66, ajoutez : Le 22 décembre, le Légat vint même proposer que la discussion n'eût lieu désormais qu'entre *deux* personnes (Voyez la lettre de Grynæus du même jour aux Seigneurs de Bâle. Copie contemp. Arch. de Zurich. Communication de M. J.-H. Labhart, aide-archiviste à Zurich). Grynæus écrivait le 22 décembre aux ministres bâlois : « Jam de *privato Colloquio,* et uno tantùm et altero viro in id adhibendo, [adversarii] nobiscum agunt » Copie. Coll. Simler. Communication de M. le Dr Horner, bibliothécaire à Zurich). C'est un fait que Calvin n'aurait pas passé sous silence, s'il eût écrit à la fin du mois de décembre la lettre en question.

TABLETTES CHRONOLOGIQUES

1539, 1er septembre. Calvin publie sa *Réponse à l'Épitre du cardinal Sadolet*.

1539, entre le 1er et le 8 octobre, les pasteurs de Strasbourg réintègrent Pierre Caroli dans le ministère.

1539, 14 octobre. Luther fait saluer respectueusement Jean Sturm et Calvin.

1539, 18 octobre. Calvin dédie à Grynæus son commentaire sur l'Épitre aux Romains.

1539, commencement de novembre. A l'arrivée de Bucer à Wittemberg, Luther le questionne très amicalement au sujet de Calvin.

1539, novembre-décembre. Charles-Quint traverse la France pour se rendre aux Pays-Bas.

1540, 1er janvier. Entrée de l'Empereur à Paris.

1540, 13 janvier. Berne exhorte vivement les Genevois à relever le Collège et l'Hôpital et à réprimer les vices publics.

1540, janvier. Trois martyrs périssent sur le bûcher à Lyon.

1540, 1er février. Réconciliation publique à Genève entre les Articulants et les Guillermins.

1540, 4 février. Martyre de Jérôme Vendocin à Agen.

1540, février. La *Réponse de Calvin à Sadolet* s'imprime en français à Genève.

1540, mars. Calvin publie son *Commentaire sur l'Épitre aux Romains*.

1540, 25 mars. François I permet de publier en français le commentaire de Primasius sur l'Épitre aux Romains et l'Épitre aux Hébreux.

1540, fin mars. Calvin institue dans l'Église française de Strasbourg l'examen de conscience des communiants.

1540, vers la fin de mars. Nouveaux sujets de brouillerie entre l'Empereur et François I.

1540, mars-avril. Le parlement de Provence ordonne l'arrestation de cent cinquante-quatre personnes accusées d'hérésie.

1540, avril. Henri VIII renouvelle dans son royaume les persécutions religieuses.

1540, 12 avril. Le parlement de Toulouse défend aux maîtres d'école de lire et d'interpréter publiquement la Sainte Écriture.

1540, 27 mai. Berne décide d'entretenir à ses frais douze écoliers à Lausanne.

1540, 31 mai. Lettres-patentes de François I au parlement de Provence, pour lui enjoindre d'accélérer l'extirpation de l'hérésie.

1540, 1er juin. Édit de Fontainebleau contre les hérétiques.

1540, 5 juin. Les magistrats de Genève condamnent à mort par contumace trois chefs du parti des Articulants.

1540, 10 juin. L'exécution du capitaine général Jean Philippe achève la ruine des Articulants et prépare le triomphe du parti des Réformateurs.

1540, entre le 22 et le 28 juin. Farel arrive à Strasbourg et demande que Calvin soit rendu aux Genevois.

1540, 28 juin. Ouverture de la diète d'Haguenau.

1540, juin. Martyre d'Étienne Brun à Embrun.

1540, juillet. Calvin se rend plusieurs fois à la diète d'Haguenau, où il est très bien accueilli par les théologiens protestants.

1540, juillet-août. Progrès de l'Évangile à Metz. On y chante publiquement les Psaumes.

1540, commencement d'août. Farel bénit le mariage de Calvin avec Idelette de Burc.

1540, août. Intercession des Bernois en faveur des évangéliques prisonniers à Besançon.

1540, 1er, 20 et 22 septembre. Charles-Quint promulgue dans les Pays-Bas des édits défendant la lecture des livres de Luther et de sa traduction du Nouveau Testament.

1540, 21 septembre. Morand et Marcourt s'étant retirés dans le Pays de Vaud, le Conseil de Genève charge Ami Perrin de chercher comment on pourrait faire venir Maître Calvin.

1540, 27 septembre. Le pape Paul III approuve officiellement *la Société de Jésus*.

1540, 1er octobre. Farel se rend à Strasbourg, afin d'exhorter Calvin à revenir à Genève.

1540, vers le 16 octobre. Calvin est élu avec Bucer, etc., pour représenter Strasbourg au colloque de Worms.

1540, 19-21 octobre. Les trois Conseils de Genève décident de rappeler Calvin.

1540, 30 octobre. Les Bernois communiquent à leurs baillis du Pays romand les décisions prises au sujet des écoles.

1540, 12 novembre. Calvin écrit aux Genevois que, dès qu'il sera libre, il mettra tous ses soins à secourir leur Église.

1540, 18 novembre. Le parlement de Provence condamne au bûcher dix-sept habitants de Mérindol.

1540, 25 novembre. Ouverture du colloque de Worms.

1540, vers la fin de novembre. Entrevue de Calvin et de l'évêque d'Aquila.

1540, vers le 12 décembre. Les pasteurs de la Suisse romande députent Farel à Worms, pour requérir l'intercession des Princes protestants en faveur des Vaudois provençaux.

1540, 31 décembre. Berne autorise Viret à secourir l'Église de Genève.

1540, Calvin publie son *Traité de la Cène du Seigneur*.

1550, Viret adresse aux Évangéliques de la France son *Épître consolatoire*.

LISTE CHRONOLOGIQUE

DES PIÈCES CONTENUES DANS LE SIXIÈME VOLUME

Les lettres *inédites* sont distinguées par un astérisque placé avant le Numéro.

NUMÉROS	ANNÉE 1539	PAGES
813.	Jean Sinapius à Jean Calvin, 1er septembre	3
814.	Jean Calvin au cardinal Sadolet, 1er septembre	6
815.	Jean Calvin [à l'abbé de Bon-Repos], 1ers jours de septembre	7
816.	Christophe Fabri à Jean Calvin, 5 septembre	13
817.	Béat Comte à Jean Calvin, 13 septembre	27
818.	Jean Calvin à Christophe Fabri, vers le 25 septembre	29
*819.	Christophe Fabri à Guillaume Farel, sur la fin de septembre	33
820.	Simon Grynæus à Jean Calvin, derniers jours de septembre	35
821.	Antoine Pignet à Jean Calvin, 4 octobre	36
822.	Réconciliation des pasteurs et professeurs de Strasbourg avec P. Caroli, 1ers jours d'octobre	40
823.	Jean Calvin à Guillaume Farel, 8 octobre	52
824.	Jean Calvin à Pierre Viret, 8 octobre	58
*825.	Martin Bucer à Louis du Tillet, 8 octobre	61
826.	Marguerite de Navarre au Conseil de Nîmes, 8 octobre	71
827.	Martin Luther à Martin Bucer, 14 octobre	72
828.	Jean Calvin à Simon Grynæus, 18 octobre	74
829.	Éberard de Rumlang à Henri Bullinger, 20 octobre	79
830.	Guillaume Farel à Jean Calvin, 21 octobre	82
831.	Simon Grynæus à Jean Calvin (25 octobre)	108
832.	Jean Calvin à Guillaume Farel, 27 octobre	110
833.	Jean Calvin à Jean Sturm, 1ers jours de novembre	119
834.	Pierre Toussain à ses parents et amis, 18 novembre	122
835.	Jean Calvin à Guillaume Farel, 20 novembre	122
836.	Pierre Toussain à l'Église de Metz, 28 novembre	137

NUMÉROS	PAGES
837. Théodore de Bèze à Maclou Pompon, novembre	138
838. Théodore de Bèze à Maclou Pompon, 1ers jours de décembre	141
839. Théodore de Bèze à Maclou Pompon, 7 décembre	143
*840. Rodolphe Gualther à Henri Bullinger, 12 décembre	146
841. Théodore de Bèze à Maclou Pompon, vers le milieu de décembre	150
*842. Le Conseil de Berne au Conseil de Genève, 18 décembre	152
843. Jean Calvin à Guillaume Farel, 31 décembre	154

1540

844. Le Conseil de Berne à ses députés à Genève, 3 janvier	158
*845. Jean Calvin à Guillaume Farel, 10 janvier	160
846. Jean Calvin à Guillaume Farel, 6 février	165
847. Guillaume Farel à Jean Calvin, 6 février	169
*848. Guillaume Farel à Christophe Fabri, 8 février	176
849. [Philippe Mélanchthon] à Jean Calvin, 11 février	178
850. Robert Estienne à [Jean Ribit], 16 février	179
851. Pierre Viret à Henri Bullinger, 20 février	181
852. Christophe Fabri à Jean Calvin, 21 février	184
*853. Béat Comte à Henri Bullinger, 22 février	187
854. Jean Calvin à Guillaume Farel, 27 février	189
855. Léon Jude à Jean Calvin, 29 février	194
856. Jean Calvin à Henri Bullinger, 12 mars	195
857. Jean Calvin à Guillaume Farel, 29 mars	198
858. Jean Calvin à Pierre Viret, mars ou avril	202
*859. Pierre Toussain à Guillaume Farel, 4 avril	204
860. Guillaume Farel à Jean Calvin, 16 avril	205
*861. Pierre Toussain à Guillaume Farel, 17 avril	211
*862. Le Prévôt de Lausanne au Gouverneur de Verceil, 20 avril	213
863. Jean Calvin à Guillaume Farel, vers le 13 mai	215
*864. Pierre Trimund à Gaucher et à Claude Farel, 14 mai	225
865. Jean Calvin à Pierre Viret, 19 mai	226
866. Jean Calvin à Guillaume Farel, 30 mai	230
*867. Le Conseil de Neuchâtel au Conseil de Berne, mois de mai	231
868. Jean Calvin à Guillaume Farel, 21 juin	234
869. Martin Bucer aux Pasteurs de Berne, entre le 22 et le 28 juin	242

NUMÉROS	PAGES
870. Pierre de la Place à Jean Calvin, vers le milieu de l'année.	246
*871. Le Conseil de Berne à la Dame de Valangin, 15 juillet.	250
872. Wolfgang Musculus à Jean Calvin, 23 juillet	252
873. Jean Calvin à Guillaume Farel, 27 juillet.	254
874. Jean Calvin à Guillaume du Taillis, 28 juillet	256
875. Symon Grynæus à Jean Calvin, 31 juillet.	261
*876. Pierre Toussain à Guillaume Farel, 7 août	262
877. Jean Morand au Conseil de Genève, 9 août	263
878. Jean Calvin à Pierre Caroli, 10 août.	266
*879. Le Conseil de Berne au Conseil de Besançon, 10 août.	270
880. Pierre Viret au Conseil de Genève, 14 août.	271
881. Christophe Fabri à Jean Calvin, 17 août.	272
*882. Les Pasteurs de Montbéliard à la Classe de Neuchâtel, 22 août	276
*883. Le Conseil de Berne aux magistrats de Saint-Hippolyte, 27 août.	277
*884. Pierre Toussain à l'Église de Metz, 27 août.	278
885. Guillaume Farel à Christophe Fabri, 28 août	284
*886. Eustorg de Beaulieu à Pierre Giron? fin d'août.	286
887. Guillaume Farel à Jean Calvin, 6 septembre	289
888. Jean Calvin à [Laurent de Normandie?] 12 septembre.	297
*889. Martin Bésard à Éberard de Rumlang, 21 septembre.	305
*890. Le Conseil de Berne au Conseil de Neuchâtel, 24 septembre	308
891. Christophe Fabri à Guillaume Farel, 25 septembre.	309
*892. Le Conseil de Berne à Béat Comte et à P. Viret, 29 septembre	311
893. Jean Calvin à Guillaume Farel, vers la fin de septembre	312
894. Antoine de Marcourt à Jean Calvin, 1er octobre.	317
895. Mathurin Cordier à Jean Calvin (1er octobre)	318
896. André Zébédée à Jean Calvin, 1er octobre	321
897. Guillaume du Taillis à Guillaume Farel, 3 octobre.	324
898. Jean Calvin à Guillaume Farel, 21 octobre	325
899. Pierre Viret à Jean Calvin, 22 octobre	329
900. Le Conseil de Genève à Jean Calvin, 22 octobre	331
901. Jean Calvin au Conseil de Genève, 24 octobre.	333
902. Les Pasteurs de Strasbourg au Conseil de Genève, 23 ou 24 octobre	335
903. Jean Calvin à Guillaume Farel (24 octobre).	338

LISTE CHRONOLOGIQUE DES PIÈCES DU VOLUME.

NUMÉROS		PAGES
*904.	Le Conseil de Berne à Antoine Marcourt, 30 octobre	339
905.	Le Conseil de Berne au Bailli de Lausanne, 30 octobre	340
*906.	Étienne le Vert au Consistoire de Berne, 30 octobre	344
907.	Guillaume Farel à Jean Calvin, 31 octobre	345
*908.	Jacob de Rumlang à Éberard de Rumlang, 1er novembre	348
909.	Louis Dufour au Conseil de Genève, 2 novembre	351
910.	Jean Calvin au Conseil de Genève, 12 novembre	352
911.	Les Ministres de Strasbourg et de Bâle au Conseil et au Clergé de Genève, 13 novembre	356
912.	Jean Calvin à Guillaume Farel, 13 novembre	364
*913.	Le Bailli de Lausanne au clergé et aux magistrats de son bailliage, 13 novembre	368
*914.	Les pasteurs de Montbéliard à la Classe de Neuchâtel, 14 novembre	370
915.	Nicolas Parent à Guillaume Farel, 16 novembre	371
916.	Le Conseil de Genève à Pierre Viret, 22 novembre	374
917.	Jean Calvin à Nicolas Parent, 26 novembre	375
918.	Le Conseil de Genève à Guillaume Farel, 26 novembre	377
919.	Pierre Viret au Conseil de Genève, 26 novembre	379
920.	Pierre Viret à Ami Porral et à J.-A. Curtet, 26 novembre	382
*921.	Pierre Toussain à Guillaume Farel, 30 novembre	385
922.	Guillaume Farel aux Pasteurs de Berne, 1re moitié de décembre	386
*923.	Martin Frecht à Gervais Schuler, entre le 26 novembre et le 8 décembre	392
*924.	François du Rivier à Guillaume Farel, 11 décembre	395
925.	Jean Calvin à Nicolas Parent, 14 décembre	397
*926.	Pierre Toussain à Guillaume Farel, 14 décembre	400
*927.	La Classe de Thonon aux Ministres de Berne vers le milieu de décembre	401
928.	Jean Calvin à [Guillaume Farel] vers le milieu de décembre	405
929.	Jean Calvin aux Pasteurs de Neuchâtel, 24 décembre	415
930.	Les Prédicateurs Protestants à la Classe de Neuchâtel, 26 décembre	418
931.	Le Conseil de Berne à Pierre Viret, 31 décembre	422
932.	Jean Calvin à Richard du Bois, 1540	423
933.	Pierre Viret aux Évangéliques de la France, 1540	428
*934.	Pierre de la Place à François de la Place (derniers mois de 1540)	439

APPENDICE DES TOMES II, III, IV, V, VI

NUMÉROS   PAGES

1531

*340a. Claude de Glantinis à J.-J. de Watteville, 5 juin . . . 443

1533

416bis. François I à ses Conseillers, 18 mai 445

1536

569a. Clément Marot à la Duchesse de Ferrare, 15 juillet . . . 448
597a. Le Conseil de Neuchâtel aux Gouverneurs de Besançon,
     30 décembre 455

1537

664a. Jean Sinapius à Jean Calvin, 21 octobre 458

1539

*843a. La Classe de Payerne à la Classe de Neuchâtel 1539? ou
     1540? 459

1540

870a. Le Gouverneur de Neuchâtel au Conseil de Berne, 13 juillet 461
*921a. Richard du Bois à la Classe de Neuchâtel, 7 décembre
     (1540?) 462

LISTE ALPHABÉTIQUE

DES CORRESPONDANTS

(Les chiffres *arabes ordinaires* indiquent les N°˚ des lettres écrites par les correspondants, et les chiffres *en italique*, celles qui leur ont été adressées.)

Beaulieu (Eustorg de). 886.
Berne (Le Conseil de). 842, 844, 871, 879, 883, 890, 892, 904, 905, 931. — *867, 870a*.
Berne (Le Consistoire de). *906*.
Berne (Les députés de). *844*.
Berne (Les pasteurs de). *869, 922, 927*.
Bésard (Martin). 889.
Besançon (Le Conseil de). *879*.
Besançon (Les gouverneurs de). *597a*.
Bèze (Théodore de). 837, 838, 839, 841.
Bois (Richard du). 921a. — *932*.
Bon-Repos (L'abbé de). *815*.
Bucer (Martin). 825, 869. — *827*.
Bullinger (Henri). 829, 840, 851, 853, 856.
Calvin (Jean). 814, 815, 818, 823, 824, 828, 832, 833, 835, 843, 845, 846, 854, 856, 857, 858, 863, 865, 866, 868, 873, 874, 878, 888, 893, 898, 901, 903, 910, 912, 917, 925, 928, 929, 932. — *813, 816, 817, 820, 821, 830, 831, 847, 849, 852, 855, 860, 870, 872, 875, 881, 887, 894, 895, 896, 899, 900, 907, 664a*.
Caroli (Pierre). *878*.
Colombier (M. de). Voyez Watteville (J.-J. de).
Comte (Béat). 817, 853. — *892*.
Cordier (Mathurin). 895.
Costé (Guillaume du). Voyez Bon-Repos (L'abbé de).
Curtet (Jean-Ami). *920*.
Dufour (Louis). 909.
Estienne (Robert). 850.
Fabri (Christophe). 816, 819, 852, 881, 891. — *818, 848, 885*.

Farel (Claude). *864.*

Farel (Gaucher). *864.*

Farel (Guillaume). 830, 847, 848, 860, 885, 887, 907, 922. — *819, 823, 832, 835, 843, 845, 846, 854, 857, 859, 861, 863, 866, 868, 873, 876, 891, 893, 897, 898, 903, 912, 915, 918, 921, 924, 926, 928.*

Ferrare (Renée, duchesse de). *569*a.

France (Les Évangéliques de la). *933.*

François I. 416 bis.

Frecht (Martin). 923.

Genève (Le Conseil de). 900, 916, 918. — *842, 877, 880, 901, 902, 909, 910, 911, 919.*

Genève (Georges de). Voyez Verceil (Le gouverneur de)

Genève (Le clergé de). *911.*

Giron? (Pierre). *886.*

Glantinis (Claude de). 340a.

Grynæus (Simon). 820, 831, 875, 911. — *828.*

Gualther (Rodolphe). 840.

Hippolyte (Les magistrats de St.). *883.*

Jude (Léon). 855.

Lausanne (Le bailli de). 913. — *905.*

Lausanne (Les magistrats de). *913.*

Lausanne (Le clergé de). *913.*

Lausanne (Le prévôt de). 862.

Luther (Martin). 827.

Lutry (François de). Voyez Lausanne (Le prévôt de).

Marcourt (Antoine de). 894. — *904.*

Marguerite de Navarre. Voyez Navarre.

Marot (Clément). 569a.

Martoret du Rivier (François). Voyez Rivier.

Mayor (François). Voyez Lausanne (Le prévôt de).

Mélanchthon (Philippe). 849.

Metz (L'Église de). *836, 884.*

Montbéliard (Les pasteurs de). 882, 914.

Morand (Jean). 877.

Musculus (Wolfgang). 872.

Navarre (Marguerite de). 826.

Nægueli (Sébastien). Voyez Lausanne (Le bailli de).

Neuchâtel (La Classe de). *882, 914, 929, 930, 843a, 921a.*

Neuchâtel (Le Conseil de). 367, 597a. — *890.*

Neuchâtel (Le gouverneur de). 870a.

Nîmes (Le Conseil de). *826*.

Normandie? (Laurent de). *888*.

Parent (Nicolas). 915. — *917, 925*.

Payerne (La Classe de). 843a.

Pignet (Antoine). 821.

Place (François de la). *934*.

Place (Pierre de la). 870, 934.

Pompon (Maclou). *837, 838, 839, 841*.

Porral (Ami). *920*.

Protestants (Les prédicateurs). 930.

Ribit? (Jean). *850*.

Rive (Georges de). Voyez Neuchâtel (Le gouverneur de).

Rivier (François du). 924.

Rumlang (Éberard de). 829. — *889, 908*.

Rumlang (Jacob de). 908.

Sadolet (Le cardinal). *814*.

Sinapius (Jean). 813, 664a.

Schuler (Gervais). *923*.

Strasbourg (Les pasteurs de). 902, 911.

Sturm (Jean). *833*.

Taillis (Guillaume du). 897. — *874*.

Thonon (La Classe de). 927.

Tillet (Louis du). *825*.

Toussain (Pierre). 834, 836, 859, 861, 876, 884, 921, 926.

Trimund (Pierre). 864.

Valangin (La dame de). *871*.

Verceil (Le gouverneur de). *862*.

Vert (Étienne le). 906.

Viret (Pierre). 851, 880, 899, 919, 920, 933. —*824, 858, 865, 892, 916, 931*.

Watteville (Jean-Jacques de). 340a.

Zébédée (André). 896.

INDEX ALPHABÉTIQUE

DES

NOMS DE PERSONNES

QUI SE TROUVENT DANS LE SIXIÈME VOLUME

Les noms imprimés en petites capitales désignent les *auteurs des Lettres*, et ils sont suivis des Numéros d'ordre de celles-ci. Lorsque dans un article le chiffre de la page est seul indiqué, la personne à laquelle il se rapporte figure *seulement dans le texte*; s'il est suivi de la lettre *n.*, la personne n'est mentionnée que *dans les notes*. L'abréviation *et n.*, après le chiffre d'une page, signifie que le nom propre se rencontre à la fois *dans le texte et dans les notes.*

Les noms de lieux ne sont reproduits que lorsqu'ils servent à désigner un individu ou des collections de personnes, et l'on a omis tous les noms des personnages qui n'appartiennent pas au seizième siècle.

Nous sommes heureux de pouvoir adresser nos remerciements publics à M. le ministre Ernest Chavannes, qui s'est chargé spontanément de la rédaction de cet Index.

A

Agnet, 152 n.
Agrippa (Henri-Cornelius), 15 n.
Aigroz (Hélène), 342 n.
Alanus Auriga, voy. Chartier (Alain).
Albert, duc de Prusse, 73 n.
Albertus, 141 et n., 143.
Albret (Jeanne d'), 220 n., 468.
Alcuin, voy. Calvin (Jean), 247 et n., 248 n., 441 n.
Alesius Scotus (Alexander), 412 n.
Aliod (Claude d'), 27 n., 53 et n., 84 n., 112 n.
Aloaty (Antoine), 226 et n.
Amboise (Georges II d'), cardinal, 104 et n.
Ameaux (Pierre), 216 n.
Amerbach (Boniface), 39 n., 334 n., 364 n.
Angleterre (Les Évangéliques d'), 72 et n.
Anhalt (Georges d'), 314 n., 349 n.
Annebaut (Claude d'), 104 et n., 124 n., 125 n., 155 et n.
Antonius, sartor, 14.
Apiarius (Matthias), 22 n., 25 n., 288 et n., 466, 469.
Aquila (L'évêque d'), voy. Sanctius (Bernard).
Aquilius, 141 et n.
Arande (Michel d'), 18 n., 449 n.
Arbaud (d'), 56 n.
Archer (Jean l'), 285 n.
Archesius, voy. Archer (Jean l').

INDEX ALPHABÉTIQUE DES NOMS.

Arcuarius, voy. Archer (Jean l').
Arquerius, voy. Archer (Jean l').
Articulants (Les), 199 n., 210 n.
Aubespine (Claude de l'), 9 n.
Aubespine (François de l'), 10 n.
Aubespine (Sébastien de l'), 9 n., 10 n., 11 n.
Audebert (Germain), 141 n.
Augsburger (Michel), 176 et n.
Aurelius (Franciscus), 140 et n.
Aurogallus (Matthæus), 17 et n.

B

Badius (Conrad), 248 n.
Baduel (Claude), 71 et n., 72 n., 180 n.
Baïf (Lazare de), 22 n., 180 n., 236 et n., 260 et n.
Bâle (Le Conseil de), 334 n., 473.
BALE (Les ministres de), N° 911. — 310 n., 338 n., 417 n., 473.
Balme (Amédée de la), 100 n.
Balme (Catherine de la), 100 n.
Balthazar (Michel), voy. Sept (Michel).
Barbarin (Thomas), 35 et n., 57 et n., 88 et n., 94, 118 et n., 168 et n., 175 et n., 204, 205 et n., 309 et n., 310 et n., 311 et n., 370, 391 et n.
Barbaroux (Hélion), 228 n.
Barbat ou Barbut (Antoine), 26 n., 33 et n., 154 et n.
Barbéri, 341.
Barnes, 221 n., 245 n.
Barnes (Antoine-Robert), 72 n., 468.
Bassy (Pierre), 283 n.
Bastien, 215.
Baudesard, 331 n.
Baumbach (Louis de), 115 n.
Baume (Claude de la), 293 n.
Bavière (Le duc de), voy. Louis, duc de Bavière.
Béatrice de Portugal, duchesse de Savoie, 214 et n.
BEAULIEU (Eustorg ou Hector de), N° 886. — 286 et n., 287 n., 288 n., 289 n., 427 n.
Beaulieu (Rolette de), 286, 287 n.
Beda (Noël), 445 n., 447.
Bédrot (Jacques), 36 et n., 51, 55 n., 57 et n., 107, 117, 126 n., 132, 175, 202, 211, 224, 229, 260 n., 262, 296, 328 n., 337, 365 n., 367 n.
Bel (Alexandre le), 57 et n., 93 n., 94, 97 et n., 98 et n., 99 et n., 100, 101 n., 102, 113 et n., 118 et n., 166 et n, 295 n.

Belisem de Belimakon, voy. Olivétan (P.-R.).
Bellay (Jean du), 104 et n., 445 n., 446 et n., 448.
Bellay (Guillaume du), 116 n., 120 n., 124 n.
Bellay (Martin du), 116 n., 124 n., 125 n.
Belloloco (Eustorgius de), voy. Beaulieu (Eustorg de).
Bély (Jean de), 168 n.
Benedictus, 106 et n.
Benoît (Pierre), 106 n., 466.
Berard, voy. Serre (Jean).
Bérauld (François), 152 et n.
Bérauld (Nicolas), 152 et n.
Bernard (Jacques), 86 et n., 106 n, 159 n., 216 n., 217 n., 472.
BERNE (Le Conseil de), N°s 842, 844, 871, 879, 883, 890, 892, 904, 905, 931. — 26 n., 79 n., 80 n., 83 n., 84 n., 86 n., 88 et n., 89, 90, 93, 97 n., 99 n., 101 n., 102, 105 n., 106 n., 154 n., 171 n., 176 n., 183 n., 199 n., 203 n., 231, 232 n., 233 n., 238, 244 et n., 250, 251 et n., 263, 264 et n., 270 et n., 278 et n., 289 n., 290, 291, 292, 307 n., 308, 309 et n., 312, 327 n., 332, 336, 339, 340, 341 n., 343 n., 346 et n., 351, 362 et n., 363, 366, 368 et n., 369, 378 et n., 380 n., 381 n., 383, 389 et n., 391 et n., 397 n., 401, 402 et n., 403, 408 n., 423 n., 424 n.
Berne (Le consistoire de), 101 n., 176 n., 183 n., 344, 345, 346 n.
Berne (Les députés de), 90, 105 n., 158, 159 et n., 160 n., 239 n., 443, 471.
Berne (La Haute École de), 471.
Berne (Les ministres de), 89 et n., 242, 254 n., 359, 386, 388 n., 401, 417 n.
Berne (Le secrétaire de), 160.
Berthelin (André), 34 n.
Besançon (L'archevêque de), 291 n., 457 n.
Besançon (Le Conseil de), 270, 455, 457 n.
Besançon (Les Évangéliques de), 270 et n., 290.
BÉSARD (Martin), N° 889. — 305 et n., 306 n., 308, 348 et n., 349 n.
Bessard, voy. Bésard.
Bétencourt ou Béthoncourt (Jean de), 204 n., 211 et n., 212, 285 n.
Béthencourt (Jacques de), 212 n.
Betschart (Martin), voy. Bésard.
Betuleius (Xystus), 71 n.
Beynon (Eymer), 36 n., 99 n.

INDEX ALPHABÉTIQUE DES NOMS.

Bèze (Aubert ou Audebert de), 140 et n., 142 et n., 152 et n.
Bèze (Claude de), 139 n., 152 et n.
Bèze (Nicolas de), 138 n., 139 n., 140 n., 142 n.
Bèze (Théodore de), Nos 837, 838, 839, 841. — 118 n., 121 n., 130 n., 131 n., 138 n., 139 n., 140 et n., 141 et n., 142 n., 145 n., 146 n., 147 n., 151 n., 152, 200 n., 207 n., 230 n., 244, 247 n., 275 n., 282 n., 326 n., 327 n., 336, 452 n.
Bezencenet (Étienne), 92 n.
Bibliander (Théodore), 21 et n., 190, 198 et n., 262 et n.
Bienne (Le Conseil de), 232 n.
Bigot (Guillaume), 145 et n.
Billican (Éberard), 412 n.
Billing (Henri), 330 n.
Biturix (Joachimus), voy. Coignac (Joachim de).
Blaarer (Ambroise), 71 n., 145 n., 235 et n., 257 n.
Blescheret (Jean-Louis), 199 et n.
Boës (Jean de), 311 n.
Boëtius, 411 n.
Boineburg (Georges de), 201 n.
Bois (Michel du), 6 n., 16 et n., 32 et n., 37 et n., 38 et n , 39, 103 n., 117 et n., 118 n., 156 et n., 185 et n., 199 et n., 216 n., 217 n., 219 n., 255 et n., 256 et n., 274 et n., 296 et n., 310 n., 328 n., 333 n., 335 n., 338 n., 352, 353 et n., 365 n., 366 n.
Bois (Richard du), N° 921 a. — 211 et n., 288 n., 296 n., 423 et n., 424 n., 429 n., 459, 460 et n , 463.
Bois (Watrain du), 282 n., 283 n.
Boisrigaud, voy. Dangerant.
Bomberg (Daniel), 17 n., 31 n.
Bomeromenus (Jean), 166 et n., 193 et n.
Bonæ Requietis (Pater), voy. Costé (Guillaume du).
Bonivard (François de), 147 n., 164 n., 288 n.
Bon-Repos (L'abbé de), voy. Costé (Guillaume du).
Bora (Catherine de), 255 n.
Boston (Guillaume), 206 n.
Boucherius (D.), 143 n.
Bouchetel, 448.
Bourbon (Nicolas), 206 et n., 468.
Bourg (Antoine du), 104 n.
Boussiron (Françoise), 4 et n., 5 et n., 458 n.

Bouvier (René), 350 n.
Bovard (Antoine), 342 et n.
Boyssonne (Jean de), 207 n.
Brandenbourg (Albert de), archevêque de Mayence, 234 et n., 260 et n , 407 et n.
Brassicanus, 141 et n.
Brentz (Jean), 19 et n., 241 et n., 244 n., 245 n., 257 n., 316 n.
Briant (D.), 206 n.
Brindholm (Edmond), 468.
Brisset ou Brisseti (Pierre), 342 et n.
Brithoni ou Briton (Jean), 117 n., 168 et n., 182 n.
Brucioli (Antonio), 25 n.
Brully ou Brusli (Pierre), 280 n., 282 n.
Brun (Étienne), 315 n.
Bruneti (Loys), 341 et n.
Brunfels (Othon), 470.
Brunswick (Henri de), 220 et n., 316 n.
Bucer (Martin), Nos 825, 869. — 14 et n., 26, 35 n., 39 et n., 42 n., 51, 52, 54, 55 et n., 57, 60, 61 n., 62 n., 63 n., 65 n., 70 n., 72 et n., 76 et n., 77 et n., 81 et n., 96 et n., 107, 108, 109 et n., 111, 113, 114, 115, 117, 129 et n., 130 et n., 132, 161 et n., 162 et n., 165 et n., 175 et n., 186, 190, 191, 193, 197, 210, 224, 227 et n., 229, 238, 241 et n., 245 n., 250 n., 252 n., 254 n., 255 n., 257, 258 et n., 260 n., 261 n., 275 n., 295 n., 296, 313 et n., 314, 323, 326 n., 327 n., 328 n., 329 n., 337 et n., 338 et n., 339 n., 347, 356 n., 362 n., 364 et n., 365 n., 366, 367 n., 371, 372 n., 415 n., 425 n., 427, 465.
Buchanan (Georges), 305 n.
Bucyronia (Francisca), voy. Boussiron Françoise).
Budé (Guillaume), 18 et n., 180 n., 350 et n., 351 n.
Buissonnier (Philippe), 398 n.
Bullinger (Henri), 39 n., 76 et n., 77 n., 140 n., 146, 147 n , 150 et n., 171 n., 181, 182 n., 184 et n., 187, 188 et n., 189, 190 et n., 191 n., 195 et n., 196 et n., 197 et n., 200, 203 n., 211 n., 221 n., 306 n., 415 n.
Bunel (Pierre), 236 n.
Burdinæus (Petrus), 10 n.
Bure (Idelette de), 168 n., 275 et n., 285 et n., 314, 374 n.
Burkhard (François), 115 n.
Burnet (Loys), 341 et n.

INDEX ALPHABÉTIQUE DES NOMS.

Bussier (Agnet), 152 et n., 153 n., 340 n., 342.
Butt (Guillaume), 206 n.
Buttolf (Grégoire), 468.

C

Cæsar (Martinus), 20 n.
Calesi (G.), 288 n.
Calvin (Antoine), 16 n., 32 et n., 114, 117 et n., 156 et n., 185 et n., 187, 202, 211, 225, 238, 247 n., 274 n., 313, 373 n.
CALVIN (Jean), N°ˢ 814, 815 818, 823, 824, 828, 832, 833, 835, 843, 845, 846, 851, 856, 857, 858, 863, 865, 866, 868, 873, 874, 878, 888, 893, 898, 901, 903, 910, 912, 917, 925, 928, 929, 932. — 3 et n., 4 n., 5 n., 6 et n., 7 n., 8 n., 9 n., 10 n., 12 n., 13 et n., 14 n., 16 n., 21 n., 24 n., 26 n., 27, 28 n., 21 n., 30 n., 32 et n., 35 et n., 36 et n., 37 n., 38 et n., 39, 48 n., 51 et n., 53 n., 55 n., 56 n., 58 et n., 60 et n., 61 n., 65 n., 73 et n., 74 et n., 80 n., 81 et n., 82 et n., 83 n., 84 n., 85 n., 86 n., 87 n., 89 n., 92 n , 94 n., 97 n., 102 n , 103 n., 107, 108 et n., 109, 111 n., 112 n., 114 n., 116 n., 117 et n., 118 n., 119 n., 121 n., 122 n., 126 n., 127 n., 129 n., 130 et n., 131 et n., 132 et n., 134 n., 137 n., 138 n., 145 n., 149 n., 151 n., 156 n., 157 et n., 161 n., 162 n., 163 n., 164 n., 165 et n., 167 n., 168 et n., 169 et n., 171 n., 172 n., 174 n., 175 et n., 178, 179 n., 180 n., 184, 185 et n., 186 n., 187 et n., 189, 193 et n., 194, 195 et n., 196 n., 197 n., 198 et n., 199 n., 200 n., 201 n., 202 n., 203 et n., 205 et n., 207 n., 208 n., 209 n., 210 n., 211 et n., 216 n., 217 n., 219 n., 221 n., 223 n., 225 et n., 227 n., 228 n., 229 n., 230 et n., 231 n., 236 n., 237 n., 238 n., 240 n., 241 et n., 242 et n., 243 et n., 244 et n., 246, 247 n., 248 n., 249 n., 252, 254, 255 n., 256 et n., 261 et n., 262 et n., 266, 267 n., 269 et n., 272, 274 n., 275 et n., 279 n., 280 n., 285, 286 n., 289 et n., 290 n., 297 et n., 309 et n., 310 et n., 317 et n., 318 n., 319 n., 321 et n., 322 n., 323 n., 324, 325, 326 n., 327 n., 328 et n., 329, 330, 331 et n., 332, 333 n., 334 n., 335, 336 et n., 338 et n., 339 n., 345, 346 n., 347 et n., 352 et n., 355 et n., 357, 358, 359, 360, 364 et n., 365 n., 366 n., 367 n., 371, 372 et n., 373, 374 et n , 377 et n., 379 et n., 384, 387 n., 389 et n., 391, 393 et n., 394 n., 399, 400, 405 et n., 407 n., 409 n., 410 n., 413 n., 414 n., 415 et n., 416 n , 421 n., 423 et n., 425 n., 428 n., 429 n., 441 n., 451 n., 452 n., 455 n., 458 n , 459 n., 465, 468, 473.
Camerarius (Joachim), 257 n., 316 n.
Camerle (Daniel), 18 n.
Camerle (Jacques), 14 et n., 39 et n., 106, 107 n.
Campeggi (Le cardinal Laurent), 258 n., 354 n., 408 n.
Campeggi (Thomas), 408 et n., 410 n., 473.
Campen (Jean van den), 21 n., 23 et n.
Camuset (Léonard), 204 n., 283, 284 n.
Capiton (Wolfgang Fabricius), 19 et n., 26, 35 n , 39 n., 45 n., 51, 57, 60, 81 et n., 107, 111 et n., 112 n., 117, 129 n., 132, 145 n., 156, 175 et n., 186, 193, 197, 202, 208 et n., 210, 221 n., 222, 224, 229, 238, 243, 252 n., 255 n., 256 et n., 260 n., 261 et n., 273, 275, 296, 313 et n., 323, 327 n., 328 n., 329, 337, 339 et n., 364 et n., 365 n., 366, 367 n., 415 n., 472.
Carinus (Ludovicus), 306 n., 470.
Carlstadt (André), 235 et n., 267 n., 472.
Carmel (Gaspard), 27 et n., 30 et n., 39, 57 et n , 107 et n., 117 et n , 156 et n., 160, 161 n., 204 et n., 208 et n., 222 et n., 386 et n.
Caroli (Pierre), 35 et n., 36 n., 40, 41 et n., 44, 45, 46, 47 et n., 48 et n., 50, 51 n., 52, 53 n., 54, 55, 56 et n., 58 n., 60, 82 et n., 83 et n., 84 n., 85 n., 86 et n., 87 et n., 88 et n., 89 et n., 90 et n., 91 et n., 92 et n., 93 et n., 94, 95, 96 et n , 97, 102 et n., 103, 108 et n., 109, 111 n., 113 et n., 114 n., 118 n., 122, 123 n., 156 et n., 162 et n., 165, 166 et n., 169, 170 n., 171 n., 172 et n., 184 et n., 185 n., 191, 208 n., 222 et n., 262 n., 266 et n., 267 n., 264 n., 280 n., 283 n., 398.
Castalio ou Castellio (Sebastianus), voy. Châteillon (Sébastien).
Catharina, domicella, 313 et n.
Caturce (Jean de), 207 n.
Ceporinus (Jacobus), 19 et n.
Cervin (Marcel), cardinal, 394 n , 410 n.

Chabot (Philippe de), 202 n.
Challant (René, comte de), 251 et n., 391 n., 469.
Chambout (Urbain), 27 et n.
Champereau (Edme), 384 et n., 472, 473.
Chapeaurouge (Ami de), 199 n., 242 n., 323 n.
Chapeaurouge (Étienne de), 216 n.
Chaponneau (Jean), 57 et n., 88 et n., 92 et n., 118 et n., 168 et n., 174 et n., 175, 209 et n., 211, 241, 310, 370, 373.
Charles III, duc de Savoie, 167 et n., 214 et n., 239, 468.
Charles-Quint, empereur, 39 n., 73 et n., 125 n., 127 et n., 143 et n., 148 et n., 151 et n., 154 et n., 155 n., 161 et n., 164 n., 167 et n., 168, 192 et n., 201 et n., 202 n., 217, 218, 219 et n., 220 et n., 225 n., 234 et n., 235 et n., 236 et n., 237, 239 n., 245 et n., 255 n., 257, 258, 259 et n., 260, 279 n., 291 n., 294 n., 314 et n., 315 et n., 316 et n., 336, 357, 392, 393 et n., 406 n., 410, 411 et n., 412 et n., 413 et n., 416 n., 421 et n., 455 n., 457 n., 466.
Chartier (Alain), 16 et n., 23 n., 24.
Charvin (Claude), 177 n.
Châteillon (Sébastien), 36 n., 376 et n., 377, 378 n., 400 et n.
Chautems (Pierre), 344, 345.
Chelius (Ulric), 114 et n., 219 et n.
Chevallon (Claude), 21 n.
Chemin (Pierre du), 456 et n., 457 et n., 458 n.
Chirens (Le châtelain de), 26 et n., 207 et n.
Chissey (Péronne de), 28 n.
Choli (Pierre), 138 n.
Chonl (Guillaume du), 141 n.
Christiern II, roi de Danemark, 129 n.
Christiern III, roi de Danemark, 128 n., 129 et n., 220 et n.
Christine, personnification de l'Église évangélique, 455 et n.
Clarenbach (Adolphe), 259 n.
Claudius, 145, 203, 211, 224, 2 8.
Cléberguer (Jean), 147 n., 467.
Clefs (Georges des), 147 n.
Clément VII, pape, 150 n., 447 n.
Clenardus, voy. Cleynarts.
Clerc (Claude), 100 et n., 328 et n.
Clèves (Anne de), 59 n., 73 n., 128 et n., 148 et n., 221 et n., 237 n., 245 n.
Clèves (Guillaume, duc de), 128 et n., 148, 155 et n., 220 n., 256 n., 412 n., 413 n., 421.
Cleynarts (Nicolas), 349 et n.
Clug (Joseph), 75 n., 132 n.
Cnevet (Henri), 206 n.
Cochleus, 258 et n.
Coctet (Pierre), 176 n., 177 n.
Coignac (Joachim de), 27 n., 404 et n.
Coligny (Odet de), cardinal de Chastillon, 143 n.
Colines (Simon de), 16 et n., 18, 19 n., 22 n., 23 n.
Collier (Claude), 251 n.
Collimitius (G.), 22 n.
Cologne (L'archevêque de), 220 n., 234 et n., 412 n.
Colombier (M. de), voy. Watteville (J.-J. de).
Combe (Arnaud de la), 206 n.
Cometa, 163 et n.
Comte (Béat), N°s 817, 853. — 27 n., 28 n., 184 n., 187 n., 189, 203 et n., 222 et n, 311, 312, 330 n., 342 n., 383 et n., 384.
Coq (Jacques le), 99 n., 101 n., 104 et n., 147 et n, 153 n., 203 et n., 229 et n., 383 n.
Corauld (Élie), 103 n., 187 n.
Cordier (Mathurin), N° 895. — 35 et n., 57 et n., 58 et n., 106 et n., 157 et n., 163, 165 et n., 168, 180 n., 209 et n., 223, 225, 241, 295, 308 et n., 318 n., 319 n., 321, 325 n., 328, 340, 342, 350 n., 373, 429 n.
Cornaz (Amblard), 422 n.
Corneille (Érasme), 203 et n., 229 et n.
Cornier (Érasme), 203 n., 341 n.,
Cosme ou Cômes (Benoît), 106 n.
Coste (Benoît de la), 106 n., 466.
Costé (Guillaume du), 7 n., 12 n.
Cotter (Hans), 288 n.
Courtois (Jean), 204 n.,
Cranmer (Thomas), 76 n., 109 et n., 206 n.
Cratander (André), 20 n., 21 n., 229 n.
Crespin (Jean), 206 n., 245 n., 248 n.
Cressonerius, voy. La Cressonière.
Croix (Matthieu de la), 171 n, 383 n.
Cromwell (Thomas), 206 n., 221 n., 237 n.
Cruciger (Gaspard), 244 n., 255 n., 257 n., 261 n., 315 n., 406 n., 408 n., 410 n., 412 n., 413 n., 414 n.
Cucuel (Thomas), 263 et n., 276 n., 290 et n., 385 et n.
Cunier (Thomas), 168 et n., 175 et n.

INDEX ALPHABÉTIQUE DES NOMS.

Curie (Jean), 117 et n., 182 n.
Curtet (Jean-Ami), 382 et n., 384, 422 n.
Czerwenka (Matthias), 255 n.

D

Dadaz (Étienne), 360 n.
Daillens (Jacob), 342 et n.
Damlip (Adam), 468.
Dampierre (Jean), 139 n., 142 et n.
Danès (Pierre), 354 n.
Dangerant (Louis), s^r de Boisrigaud, 114 et n., 233 et n., 307 n.
Daniel (François), 7 n., 8 n., 9 n., 10 n., 12 n., 13 n., 140 n.
Daniel (Pierre), 8 n., 9 n., 11 n., 12 n.
Dentière (Marie), 173 et n., 174 n., 187 n., 401 n., 403 n.
Des Combes (Étienne-Jacot), 92 n.
Devanteri, 342 n.
Dieherr (Gottfried), 185 n., 209 n.
Diesbach (Jean-Rodolphe de), 158, 288 n.
Diesbach (Nicolas de), 286 et n.
Dionysius, 141 et n., 143.
Dobeneck (Jean), voy. Cochleus.
Dobte ou Doubte (Michel), 175 et n., 204 n., 212 et n., 263 et n.
Dôle (Le Parlement de), 292, 293 et n.
Dolet (Étienne), 23 n., 150 n.
Dominique (Firmin), 204 n., 284 et n.
Dommartin (Le seigneur de), voy. Saussure (Ant. de).
Donatus (Ælius), 21 n.
Donzère (M^r de), voy. Comte (Béat).
Dorothée de Danemark, 129 n.
Druide, 140 n.
Duchemin (Nicolas), 9 n.
Dudley (Jean), 206 n.
Dufour (Légier), 288 n.
Dufour (Louis), N° 909. — 310 n., 328 n., 331 n., 332 et n., 346 n., 347 n., 351, 352, 353 et n., 365 n., 366 n., 472.
Duncey (Pierre), 204 n.
Duval (Jean), 294 n.

E

Eck (Jean), 15 et n., 411 et n., 413 n.
Église (Philippe d'), 398 n.
Ehrenberg (Jean d'), 407 n.
Eisenberg (Jean, comte d'), 407 n.
Elias Levita, 17 n.
Endesbergius, voy. Telorus (Joannes).
Entière (Marie d'), voy. Dentière (Marie).

Enzinas (Francisco), 245 n.
Érasme de Rotterdam, 18 et n., 20 n., 69 n., 148, 149, 258 n., 287 n., 465.
Erlach (Wolfgang d'), 288 n.
Esch (Nicolas d'), 470.
Este (Anne d'), 4.
Estienne (Henri), 143 n., 180 n.
Estienne (Robert), N° 850. — 4 n., 16 et n., 22 n., 150 n., 179 et n., 180 n., 181 n., 185 n.
Estoile (Pierre de l'), 445.
Étampes (La duchesse d'), 210 n.

F

Faber, 258.
Faber Stapulensis, voy. Fèvre d'Étaples (Jacques Le).
Fabri (Christophe), N°^{s} 816, 819, 852, 881, 891. — 13 n., 14 n., 15 n., 22 n., 23 n., 25 n., 26, 27 n., 29 et n., 30 n., 32, 34 n., 35 et n., 84 et n., 99 n., 100 et n., 173 n., 176 et n., 177 n., 178 n., 184 n., 187 et n., 208 et n., 238 n., 273 n., 284 et n., 285 n., 286 et n., 309 et n., 402 n., 422 n.
Fabri (Pierre), 342 et n.
Fabricius (Érasme), 190 et n., 195 et n.
Fabritius (Theodorus), 17 et n.
Farel (Claude), 127 et n., 225, 226 n., 232 et n., 233 et n.
Farel (Françoise), 35 et n., 226 n., 310 et n.
Farel (Gauchier), 126 n., 127 et n., 177 et n., 187 et n., 225, 226, 232 et n., 233 et n., 241.
Farel (Guillaume), N°^{s} 830, 847, 848, 860, 885, 887, 907, 922. — 26 et n., 27 n., 33 et n., 34 n., 35, 50 n., 52, 55 n., 56 n. 57 n., 58 et n., 60, 80 n., 81 n., 82 n., 83 n., 84 n., 85 n., 86 n., 88 n., 89 n., 91 n., 92 n., 93 n., 99 n., 102 n., 103 n., 106 n., 107 et n., 108 et n., 109, 110 et n., 111 n., 112 n., 114 n., 116 n., 117 n., 118 et n., 119 n., 122, 124 n., 130 n., 132 n., 149 n., 154, 157 et n., 160, 161 n., 163 n., 165 et n., 167 n., 168 et n., 171 n., 172 n., 173 n., 174 n., 175 et n., 176 et n., 178 n., 187 n., 189 et n., 193, 198 et n., 203 n., 204 et n., 205 et n., 206 n., 208 n., 211, 213, 215, 219 n., 221 n., 223 n., 225 n., 227, 229, 230 et n., 231 n., 232 n., 234, 238 n, 241 et n., 242 et n., 244 n., 254 et n., 255 n.,

256 n., 261 et n., 262 et n., 263, 266, 267 et n., 269 et n., 273 et n., 274, 280 n., 281 n., 283 n., 284, 285 n., 286, 289 n., 290 n., 294 n., 297, 309 et n., 310 et n., 311 et n., 312 et n., 313 n., 315, 317 et n., 318 n., 319 n., 321, 322, 323 n., 324 et n., 325 et n., 327 n., 328 n., 332, 336 et n., 338 et n., 339 n., 347 et n., 352 et n., 357, 364, 370, 371, 372, 373, 376, 377, 378, 380, 383 et n., 385, 386 et n., 387 n., 389 n., 390 n., 391 n., 395, 397 et n., 400, 402 n., 404 n., 405, 409 n., 415 n., 416 et n., 417 et n., 418 n., 419 et n., 420 n., 421 et n., 422 n., 423 n., 429 n., 443, 444 et n., 455 n., 460 n., 461 et n., 462 et n., 465, 469, 470.

Farel (Jean-Jacques), 35 et n., 374 n.
Farnèse (Alexandre), cardinal, 410 n.
Fathon ou Faton (Jean), 35 et n., 91 et n., 94 n., 175 et n., 241, 310, 311 et n., 317 n., 323.
Fatin (Claude), 154 et n.
Favery (Claude), 228 n.
Favre ou Fabri (Jean), 15 et n.
Felinus (Aretius), voy. Bucer (Martin).
Feltre (L'évêque de), 350 n.
Fer ou Féray (Claude de), 57 et n., 107 et n., 111 et n., 193 et n., 244 n., 295 et ..., 296, 297, 376 et n., 377.
Ferdinand, roi des Romains, 167 et n., 208 n., 234 et n., 255, 257, 258 et n., 261 n., 314 n., 336, 457 n.
Ferrare (Hercule d'Este, duc de), 452 n., 454 n., 455 n.
Ferrare (La duchesse de), voy. Renée de France.
Fèvre d'Étaples (Jacques le), 15 et n., 22 et n.
Firn (Antoine), 186 n.
Fitz-Williams (William), 202 n.
Fivva (Claude), 288 n.
Fleckenstein (Frédéric de), 407 n.
Fliestedt (Pierre), 259 n.
Foles (Jacques), 203 n., 330 n.
Fontaine (Les frères de la), 203 n., 229 et n.
Fontaine (Antoine de la), 229 n.
Fontaine (Estienne de la), 229 n.
Fontaine (Pierre de la), 15 n., 27 n., 32 n., 177 et n., 186 et n., 187, 275 et n.
Fontesius, 330 n.
Foret (Pierre), 107 et n., 204 n., 212 et n.
Fossé (Jean du), 228 n.

Four (Légier du), voy. Dufour.
Fox (Édouard), 72 n.
Framberge (Claude), 9 n., 10 n., 12 n., 13 n.
Framberge (Guillaume), 9 n.
Framberge, avocat du roi, 9 n.
Framberge la Bretesche, 9 n.
France (Les Évangéliques de), 31 et n., 59 n., 124 n., 127 n., 277 n., 296 n., 417 et n., 421 n., 428.
FRANÇOIS I (Le roi), N° 416 bis. — 25 n., 26 et n., 32 n., 34 n., 60 et n., 72 n., 86 n., 114, 115 n., 116 et n., 119 et n., 120 n., 121 n., 123 et n., 124 n., 125 n., 126 et n., 141, 148 n., 151 n., 154 et n., 155 n., 160 n., 162 n., 164 n., 167 et n., 201 n., 202 n., 210 n., 219, 220 et n., 228 n., 236 et n., 237, 239, 245 n., 246 n., 260 et n., 295, 306 n., 307 n., 315 et n., 363 n., 397 n., 419 n., 421 n., 445, 447 n., 449 n., 454 n., 466, 468.
François ***, 34 et n., 35 n., 468.
Frank (Sébastien), 392 n.
Frantz (Nicolas), 307 n.
Fraxinæus (Jean), voy. Montiers (de).
FRECHT (Martin), N° 923. — 120 n., 392 et n., 393 n., 394 n., 407 n.
Frédéric II, comte Palatin, 128 et n., 129 et n., 220 et n.
Frellon (François), 181 n.
Frellon (Jean), 181 et n.
Frères (Henri des), 427 n.
Fricker (Jérôme), 307 et n.
Fricker (Thuring), 307 n.
Frisius (Jean), 81 n.
Froben (Jean), 17 n., 18 n.
Froment (Antoine), 27 et n., 117 n., 173 et n., 174 n., 176 et n., 177 et n., 185 n., 187 n., 275 et n., 401 et n., 402 n., 404 n.
Froschauer (Christophe), 20 n., 21 n., 76 n., 81 n., 190 n.
Frytag (Hans), 241 n.
Furstemberg (Frédéric, comte de), 466.
Furstemberg (Guillaume, comte de), 31 et n., 60 et n., 116 n., 120 n., 123 et n., 124 et n., 125 et n., 126 n., 127 n., 163 et n., 164 n., 208 et n., 223 et n., 228 n., 239 et n., 347 et n.

G

Gache ou Gacy (Jean), 466.
Gagneius (Joannes), 19 n.

INDEX ALPHABÉTIQUE DES NOMS.

Gaigni (Jean de), 210 n.
Galba, 146.
Gallars (Nicolas des), 200 n.
Garbille (Antoine), 227 n., 228 n.
Garenne (Nicolas de la), 15 et n., 91 et n.
Garret (Thomas). 245 n.
Garsonnet (Guillaume), 228 n.
Gaspard ***, 229, 230 n.
Gast (Hiobus), 19 n.
Gastius (Jean), 187 n.
Gattinara (Mercure de), 218 n.
Gaudinæus (Alexis), 140 et n., 143.
Gauthiot d'Ancier (Simon), 291 n., 292 n., 293 n., 458 n.
Gaza (Theodorus), 17, 18 n.
Gebwiler (Hieronymus), 21 n.
Geiger (Ulric), voy. Chelius (Ulric).
Genève (Aymon de), 214 n.
Genève (Le collège de), 153 n., 158 n., 159 et n., 160 n.
GENÈVE (Le Conseil de), N°s 900, 916, 918. — 26 n., 86 et n., 152, 153 et n., 159 et n., 160 n., 199 n., 238, 239 n., 242 n., 244 et n., 263, 264 n., 265 et n., 271 et n., 272 et n., 300 et n., 310 et n., 323 et n., 331 et n., 332, 333 et n., 335 et n., 337, 338 et n., 346 et n., 347 et n., 351, 352, 355, 356, 360 n., 365 et n., 366 n., 374 et n., 375, 378 et n., 379 n., 381, 382, 384 et n., 386 n., 389 n., 390 n., 422.
Genève (Les députés de), 364, 365 n., 366 et n., 367 et n., 374 n., 384 et n., 389 n.
Genève (L'église de), 390, 391.
Genève (Georges de), 213, 214 n., 215.
Genève (Les ministres de), 153 n., 159 n., 160 n., 217 n., 323 et n., 327 n., 328, 356.
Gérard ou Girard (Jean), 24 n., 31 et n., 38 n., 147 n., 186 et n., 289 n., 429 n.
Gesner (Conrad), 138 n., 147 et n., 180 n., 203 n., 229 et n., 258 n., 306 n., 307 n., 330 et n., 342 n.
Gette (Jacques), 204 n.
Gindron (François), 342 et n.
Giron, chancelier de Berne, 288 n., 346 n.
Giunti (Li), 25 n.
GLANTINIS (Claude DE), N° 340 a. — 58 n., 97 et n., 98 et n., 99 n., 102, 211 n., 444.
Glareanus (Henri), 21 n.
Goler (Joachim), 412 n.
Gomati (Jean Balles), 227 n.
Gondi (Antoine de), 287 n.
Gonin (Martin), 99 n.

Gormont (Jérôme), 143 n.
Gouault, 13 n.
Goupil (Jacques), 180 n.
Grandson (Les Bénédictins de), 444 et n.
Grandson (Le châtelain de), 443, 444 n.
Grandson (Les Cordeliers de), 444 et n.
Granvelle (Le chancelier), 217 et n., 218 et n., 291 n., 294 n., 314 n., 354 n., 367 n., 392, 393 et n., 405 et n., 406 n., 407 et n., 408, 409. 410 n., 412 et n., 414 n., 417 et n.
Grauw (Frédéric), 258 et n., 469.
Gravier (Bertrand), 14 et n., 99 et n.
Gritti (Le doge André), 454 n.
Grivat (Georges), 288 n., 427. n.
Gropper (Jean), 412 n.
Gros, 146 n.
Groulleau (Étienne), 150 n.
GRYNÆUS (Simon), N°s 820, 831, 875. — 4, 35 n., 36 n., 39 n., 74 et n., 94 et n., 108 et n., 109 et n., 131 n., 133 n., 145 n., 155 n., 162 et n., 169 et n., 171 n., 172 n., 182 et n., 185 n., 190 n., 191 n., 229, 261 n., 262 et n., 267 n., 310, 314, 326 n., 334 n., 352, 364 et n., 366 n., 367 n., 415 n., 417 n., 459, 473.
Gryphe (Sébastien), 19 n., 21 n., 22 n., 206 n.
GUALTHER (Rodolphe), N° 840. — 126 n., 147 n., 150 et n., 235 n., 467, 470.
Guast (Le marquis du), 155 et n.
Gué (François du), 105 n.
Guidacerio (Agathio), 144 n.
Guillaume, duc de Bavière, 316 et n.
Guillemin (Girard), 204 n., 283 et n.
Guillermins (Les), 86 n., 199 n.
Gurin (Pierre), 239, 240 et n.
Guyonnière (Léonard de la), 445.

H

Haller (Berthold), 76 n.
Haller (Jean), 253 n.
Hardi (Jean), 88 et n.
Hautmont (Le s^r de), voy. Tillet (Louis du).
Heath (Nicolas), 72 n.
Hédion (Gaspard), 26, 39 n., 51, 132, 175, 186, 220, 260 n., 275, 337.
Henri, dauphin de France, 127, 151 n., 210 n.
Henri VIII, roi d'Angleterre, 59 et n., 72 et n., 73 n., 115 et n., 128 et n., 129 et n., 148 et n., 155 et n., 164,

201 et n., 202 et n., 205 et n., 206 n.,
220, 221 n., 237 et n., 245 et n.
Henri d'Albret, roi de Navarre, 127.
Henry, étudiant neuchâtelois, 225 et n.,
240 et n.
Henry (Guillaume), 99 n., 101 n.
Heresbach (Conrad), 412 n.
Hermann, 166 et n., 192.
Hervagius, 18 n.
Hesse (Philippe, landgrave de), 32 n., 72
n., 115 et n., 126 n., 127 et n., 129
et n., 130, 161 n., 201 n., 218 n., 219
n., 228 n., 235 et n.
Heu (Gaspard de), 280 n., 281 n.
Heu (Martin de), 114 n.
Heyss (Corneille), 206 n.
Hill (Richard), 221 n.
Hochberg (Jeanne de), 285 n.
Hofüscher (Boniface), 147 n.
Hohenstein (Guillaume de), 127 n., 257
et n.
Howard (Catherine), 245 n.
Huberus (Petrus), 471.
Huguenots (Les), 127 n., 467.

I

Isabelle, sœur de Charles-Quint, 129 n.
Isnard (Cyprien), 229 et n., 341 n.

J

Jacobus, chirurgus, 212 et n.
Jacques V, roi d'Écosse, 201 n.
Jacques, maître d'école, 228 n.
Jametz (M' de), voy. Marck (Jean de La).
Jaquemet (Amédée), 295 et n., 467.
Jaquemet (Jean), 185 n., 295 et n.
Jean, margrave de Brandebourg, 259 et n.
Jean-Frédéric, Électeur, 73 n., 255 n.
Jehan (Géoffroy), 446, 447.
Jérôme (Guillaume), 245 n.
Joachim II, Électeur de Brandebourg, 127
et n., 128 n., 259 n., 411 n., 412 et n.,
413 n., 421, 469.
Jonas (Juste), 244 n., 315 n., 367 n., 408
n., 413 n., 466.
Jonvilliers (Charles de), 375 n., 397 n.
Jordil (Hugonin du), 176 n.
JUDE (Léon), N° 855. — 81 n., 194 et n.,
195, 198 et n., 200, 211 n., 472.
Juste (François), 23 n.

K

Kegler (Matthias), 412 n.

Keller (Léonard), 412 n.
Knoblouch (J.), 19 n.
Köln (Gabriel), 159 n.
Köln (Wigand), 147 n., 158 n., 159 n.
König (Albert), 412 n.
Konygstein (Antonius a), 465.
Krumm (Martin), 288 n., 307 et n.
Kuntz (Pierre), 54 n., 79 n., 100 et n.,
211 et n., 241 et n., 365 n., 391 n.

L

La Cressonière, 239 et n., 256 et n.
Lambelin (Jean), 290 et n., 291 n., 292
n., 293 et n., 294 n., 470.
Lambert (Denis), 27 n.
Lambert d'Avignon (François), 465.
Langey (de), 236 n.
Langres (L'évêque de), voy. Longwy
(Claude de).
Lateranus, voy. Costé (Guillaume du).
Latimer (Hugues), 59 et n.
Latomus (Bartholomæus), 235 n., 244 n.
Lausanne (L'académie de), 106 n., 145 n.
LAUSANNE (Le bailli de), N° 913. — 147
et n., 340, 343 n., 368.
Lausanne (Le collège de), 171 n., 340.
Lausanne (Le Conseil de), 467.
Lausanne (Les XII écoliers de), 342, 343 n.,
471.
Lausanne (L'église de), 336.
Lausanne (Les ministres de), 184 et n.
LAUSANNE (Le prévôt de), N° 862. — 213 n.
Lausanne (Le synode de), 97 et n., 100
et n., 112 n.
Laval (Gui de), 7 n.
Lecomte de la Croix (Jean), 92 et n., 93
et n., 114 et n.
Lescudier (Louis), 446, 447.
Leuenburg (Sibert de), 201 n.
Libertetus (Christoforus), voy. Fabri
(Christophe).
Lichtenfels (Cornelius de), 98 n.
Lichtenfels (Wullième de), 98 n.
Liconiensis episcopus, 34.
Lieresse (Pierre de), 90.
Limbourg (Érasme de), 127 n.
Lingonensis episcopus, voy. Longwy (Clau-
de de).
Link (Venceslas), 244 n.
Lion (Siméon), 427 n.
Longwy (Claude de), 34 n.
Lopadius (Ludovicus), 18 et n.
Loriot ou Loriol (Pierre), 145 n.
Lorraine (Jean de), cardinal, 104 et n.

Lorraine (Marie de), 201 n.
Louis, duc de Bavière, 257 et n., 316 et n., 407 et n.
Louis XII, roi de France, 124 n., 454 n., 455 n.
Louis V, Électeur palatin, 128 et n., 129 et n., 220 et n., 254 et n., 257 et n., 260 et n., 407 n., 412 n., 413 n., 421.
Louvat (Robert le), 57 n., 107 et n., 117 et n., 207 n., 276 n., 290 n.
Louvre (Raimond de), 204 n.
Ludicken (Jean), 412 n.
Ludovicus, voy. Olivétan (P.-R.).
Luft (Hans), 24 n.
Luitholdus (Varemundus), voy. Bucer (Martin).
Lullin (Jean), 199 n., 242 n., 323 n.
Lunden (L'archevêque de), 127 n.
Luscinius (Ottmar), 19 et n.
LUTHER (Martin). N° 827. — 24 et n., 25 n., 39 n., 62 n., 69 n., 73 et n., 76 n., 81, 96 et n., 118, 128 n., 130 et n., 131 et n., 133 n., 137 n., 148, 149, 161 n., 165 et n., 188 n., 191, 228 n., 229, 236 n., 237 et n., 240 n., 241 et n., 245 n., 255 n., 258 n., 260, 295 n., 353 n., 307 n., 413 n., 414 n., 466.
Lutry (François de), voy. Lausanne (Le prévôt de).
Lutternow (Augustin de), 117 n.

M

Magdunæus, 141 et n.
Mainard (André), 228 n.
Mainard (François), 228 n.
Mainard (Jacques), 228 n.
Mainard (Martin), 228 n.
Mainard (Michel), 228 n.
Mainard (Philippe), 228 n.
Maioraius (Laurentius), 253 et n.
Mairat, 13 n.
Maître-Jean (Louis), 88 et n., 267 n.
Malherbe, 117 n., 374 n.
Malingre (Thomas), 93 et n., 114 et n., 284 n., 396 n., 423 n.
Manderscheid (Dietrich de), 218 n., 219 n.
Mannlich (Matthieu), 147.
Manuel (Jérôme), 307 et n.
Manuel (Nicolas), 307 n.
Marchant (Philippe), 473.
Marck (Érard de La), évêque de Liège, 275 n.
Marck (Guillaume de La), voy. Clèves (Guillaume, duc de).

Marck (Jean de La), s^r de Jametz, 97 et n., 113 n., 123 n., 156 n., 166 et n., 208 n., 268 n.
Marck (Robert II de La), 97.
MARCOURT (Antoine DE), N° 894. — 69 n., 86 et n., 92 et n., 103 et n., 108 et n., 117 n., 186 et n., 216 n., 217 n., 239 et n., 264 n., 271 n., 272 n., 310 et n., 317, 318 et n., 323 n., 325 n., 339, 342, 383 n., 396 n., 455 n., 469.
Mare (Henri de la), 216 n., 217 n.
MARGUERITE DE NAVARRE, N° 826. — 72 n., 121 et n., 246 n., 315 et n., 445 n., 447 et n., 448 n., 455 n.
Marmier (Hugues), 293 n.
MAROT (Clément), N° 569 a. — 287 n., 281 n., 396 n., 448 n., 449 n., 451 n., 452 n., 454 n., 455 n.
Martin, 102 n.
Martoret du Rivier (François), voy. Rivier (du).
Maurisius (Franciscus), 469.
Mauritius (Michaël), 343 n.
Maximilien, empereur, 123 n.
Mayence (L'archevêque de), voy. Brandenburg.
Megander (Gaspard), 79 n., 182 et n., 108, 471, 472.
Meigret (Lambert), 307 n.
MÉLANCHTHON (Philippe), N° 849. — 17 n., 18 et n., 22 et n., 59 n., 72 n., 73 n., 75 et n., 77, 115 n., 120 n., 127, 128 n., 131 et n., 132 n., 161 n., 165, 179 n., 235 et n., 240 n., 260 et n., 261, 314 n., 316 n., 349 n., 353 n., 367 n., 406 n., 408 n., 410 n., 412 n., 413 n., 414 et n., 418, 419 n., 422 et n., 424, 427, 428 et n.
Menius (Justus), 257 n., 406 n., 411 n.
Meschinot (Jean), 16 n.
Mesland, 142 et n.
Mettmann (Pierre), 260 n.
Metz (Les Échevins de), 114 et n., 279 n., 280 n., 281 n.
Metz (L'Église et les Évangéliques de), 137, 243 et n., 262 et n., 278, 279 et n., 280 et n., 281 et n., 282 n., 283 et n.
Metz (L'official de), 280 n.
Metzenhausen (Jean de), Électeur de Trèves, 161 n., 220 et n., 234 et n., 257 et n., 260 et n.
Metzilten (Bartolomé), 308 et n.
Meung (Jean de), 141 n.
Mex (M^r de), voy. Comte (Béat).

Mensslin (Wolfgang), voy. Musculus.
Meyer (Bernard), 378 n.
Meyer (Sébastien), 54 n., 79 et n., 124 n., 468.
Michaëlius, voy. Michaulx.
Michaulx (Gilles), 154 et n., 207, 222, 267 et n.
Michel (Jean), 24 n., 31 n., 38 n., 118 n., 186 et n., 241.
Milan (La duchesse de), 128 et n.
Minckwitz (Christophe de), 315 n.
Moller, 411 n.
Monathon (J.-G.), 199 n., 323 n.
Monstiers (Jean de), 179 n.
MONTBÉLIARD (Les ministres de), N°⁸ 882, 914. — 276, 277.
Montejean (René de), 104 et n., 116 et n., 123 et n., 124 et n., 125 n.
Montiers, s⁺ de Fraisse (Jean de), 178 et n., 179 n., 219 n.
Montmorenci (Le connétable Anne de), 34 n., 60 et n., 116, 123 et n., 124 et n., 125 n., 126 et n., 127 n., 151 n., 201 et n., 236 n.
MORAND (Jean), N° 877. — 170 n., 186 et n., 216 n., 217 n., 263 et n., 264 n., 265 et n., 272 n., 310 et n., 323 et n., 389 n., 423 n., 469, 472.
Morat (Le bailli de), 345.
Morat (Le consistoire de), 345 et n.
Mornac ou Mornay (Ant.), 467.
Moronessa (F. Iacopo), 465.
Mosellanus (Petrus), 15 et n.
Mount (Christophe), 72 et n., 73 n., 109 et n.
Mount (Philippe), 115 n.
Moûtier-Grandval (Les chanoines de), 98 et n., 99.
Moûtier-Grandval (Les prédicants de), 97 n.
Muète (Guérin), 112 n., 240 n., 395 et n.
Mulot (Michel), 118 n., 175 et n., 205 et n., 209 et n., 225 et n., 296 et n., 373.
Munster (Sébastien), 17 et n., 25 n., 465.
MUSCULUS (Wolfgang), N° 872. — 252 et n., 254 et n., 367 n., 412 n.
Myconius (Frédéric), 255 n., 257 n., 367 n., 406 n.
Myconius (Oswald), 39 n., 155 et n., 190 n., 235 n., 328 n.
Mylius (Craton), 73 n., 130 et n., 400 et n.

N

Nægueli (Jean-François), 160 n., 346 n.

Nægueli (Jean-Rodolphe), 138, 402 n.
Nægueli (Sébastien), voy. Lausanne (Le bailli de).
Nausea, voy. Grauw (Frédéric).
Naves (Jean de), 406 n.
Neobar (Conrad), 146 et n.
Neuchâtel (Bonne de), 208 n.
Neuchâtel (Claude I de), 100 et n., 101 et n.
NEUCHATEL (Le Conseil de) N°⁸ 867, 597 a. — 308, 309, 457 n.
NEUCHATEL (Le gouverneur de), N° 870 a. — 461 n.
Neuchâtel (Lancelot de), 100 n.
Neuchâtel (Les IV Ministraux de), 462.
Neuchâtel (Les ministres et la Classe de), 100, 168, 169 n., 170 n., 172, n. 193 et n., 208 n., 212 n., 223 et n., 233 n., 266 et n., 267, 276, 277, 284 et n., 285 n., 310 n., 370, 415, 418, 421 n., 459, 460 et n., 461 et n., 462.
Neuenar (Guillaume de), 218 n., 219 n.
Nîmes (Le Conseil de), 71.
Noël (Étienne), 204 n., 262 et n.
Normandie (Laurent de), 246, 247 n., 248 n., 249, 297 et n.
Nourry (Claude), 18 n.
Novesianus (Melchior), 465.

O

Oecolampade (Jean), 19 et n., 21 et n., 25 et n., 76 n., 137 n., 148, 149, 155 n., 229 et n., 255 n., 256 et n., 339 n., 392 n., 419 n., 425 n., 465.
Olivétan (Pierre-Robert), 5 n., 13 n., 14 n., 15 et n., 16 n., 23 n., 24 et n., 30 n., 31 et n., 156 n., 85 n., 186 et n., 274 n., 288 n., 456 n.
Omphalius (Jacques), 73 n.
Oporin (Jean), 145 n., 260 n.
Orbe (Les prêtres d'), 240 n.
Orléans (François d'), 285 n.
Orléans (Louis d'), 285 n.
Ortembourg (Le comte d'), 208 n.
Ortin (Vincent), 204 n., 385 n., 386 et n., 400 et n.
Osiander (André), 257 n., 414 n.
Ozias, voy. Trimund (Pierre).

P

Paccolet (Imbert), 106 n., 288 n., 330 et n.
Pagninus (Sanctès), 19 et n.

Pallenq (Colin), 315 n.
Papillon (Jean), 15, 16, 27 n., 30, 177 et n.
PARENT (Nicolas), N° 915. — 103 n., 107 n., 157 n., 168 et n., 174 et n., 202 et n., 225 et n., 240 et n., 269 n, 320 n., 371 n., 372 n., 373 et n., 375, 377 et n., 397, 400.
Pariat (Gérard), 27 et n., 32, 404 et n.
Partridge (Nicolas), 148 et n.
Parvi, voy. Petit.
Passellius (Carolus), 246, 249, 250, voy. Calvin (Jean).
Paul III, pape, 39 n., 47, 48 n., 85 et n., 90 et n., 148 et n., 408 et n., 409, 410 et n., 411 et n.
PAYERNE (La Classe de), N° 843a — 460 et n., 463 n., 470.
Payerne (Le secrétaire de), 117 et n.
Peinant (Vincent), 100 n., 396 et n.
Peintre (Claude le), 315 n.
Pellène (Hugues), 228 n.
Pellène (Jean), 228 n.
Pelletier (Jacques), 141 n.
Pellican (Conrad), 20 et n., 81 n., 198, 465.
Pellisson (Jean), 206 n.
Pellisson (Reymond), 233 et n.
Perrenot (Nicolas), voy. Granvelle (Le chancelier de).
Perrin (Ami), 310 n., 322 n., 331 n., 353 n.
Perrin (Giles), 180 n.
Perrot (Émile), 236 n.
Perrot (Olivier), 107 n.
Peterson (Guillaume), 221 n.
Petit (Guillaume), 415 et n.
Petrus (Henricus), 18 n., 22 n.
Pfarrer (Matthieu), 328 n., 365 n., 367 n.
Philippe (André), 85 n., 86 n.
Philippe (Jean), 85 et n., 86 n., 199 n., 239 n., 242 n., 322 n, 387 n., 461 et n., 462.
Philippus, 297, 398 et n.
Philpot (Clément), 468.
Phrygio (Paul-Constant), 20 et n.
Picard ou le Picquart (François), 445 n., 446, 447.
Pichon (Eynard), 27 et n., 28 et n., 29 et n., 33 et n., 57 et n., 117 et n., 187 et n., 275 et n., 373, 374 n., 376, 377 n., 400 et n.
Pierrefleur (Pierre de), 207 n.
Pighius (Albert), 394 n.
PIGNET (Antoine), N° 821. — 36 n., 38 n., 39, 103 n., 116 et n., 117 et n., 186 et n.

Pignol ou Pignoli (André), 385 et n.
Pistorius (Joannes), 257 n.
Place (Bertrand de la), s' de Torsac, 246 n.
Place (François de la), 249 n., 439 et n., 440 n.
PLACE (Pierre DE LA), N°° 870, 934. — 246 et n., 247 n., 248 n., 249 n., 250 et n., 439 et n., 440 n., 441 n.
Platter (Thomas), 196 n.
Poitiers (Diane de), 210 n.
Pollatus (Claudius), 305 n., 306 n.
Pomeranus (Jean), 131, 367 n.
Pompon ou Popon (Maclou), 138, 139 n., 140 n., 141, 143, 145 n., 146, 150, 152.
Pons (Jean), 228 n.
Pontanus (Franciscus), 238 n.
Porral (Ami), 382 et n., 384.
Porret (Michel), 27 et n., 99 n., 177, 178 n.
Poyet (Guillaume), chancelier, 104 et n., 228 n.
Poyet (Pierre), 445.
Prat (Antoine du), 104 n., 445 et n.
Pré (Galiot du), 210 n.
Prêcheur de Bracque (Le), voy. Retif (Jean).
PRÉDICATEURS PROTESTANTS (Les), N°930. — 422.

Q

Quicquan (Bernard), 443 n.
Quinet (Claude), 468.

R

Rabelais (François), 23 n.
Rabier (Antoine), 27 n., 117 n., 177 et n., 186 et n., 275 et n., 401 n., 404 et n.
Ræmond (Florimond de), 206 n., 209 n., 250 n.
Reginaldus, voy. Regnauld (Jean).
Régis, 27 n.
Regnauld (Jean), 13 et n., 14 n., 15, 16, 27 n., 404 et n.
Regnault (François), 22 n.
Renée de France, 4 n., 448, 449 n., 451 n., 452 n., 454 n., 455 n.
Resch (Conrad), 262 et n.
Retif ou le Rentif (Jean), 446 et n.
Retours (Adam de), 187 n.
Reuchlin (Jean), 19 et n., 148 et n.
Reuter (Jacques), 410 n.
Rey (Peyron), 228 n.

Rhegius (Urbanus), 244 n., 257 n.
Rhellicanus (Joannes), 471, 472.
Rhenanus (Beatus), 20 et n.
Ribit (Jean), 179, 180 n., 330 n.
Richardet (Claude), 199 n., 242 n., 322 n.
Richebourg (Charles de), 117 et n., 374 n.
Richebourg (Louis de), 117 et n., 374 n.
Rihel (Wendelin), 6, 74, 76 n., 156 n., 255 et n., 256 n., 339 et n.
Ritter (Érasme), 237 et n., 424 n.
Rive (Georges de), 87 et n., 88.
Rivery (Jean), 429 n.
RIVIER (François DU), N° 924. — 99 n., 105 et n., 238 et n., 383 n., 395 et n., 427 n., 397, 469.
Robert, diacre, 402 et n.
Robert Britannus, 116 n.
Robert (Simon), 174 n.
Robertet (Florimond), 126 n.
Robertval (Le sieur de), 87 et n., 166 et n.
Rochet, inquisiteur, 206 n.
Rochette (Louis de), 207 n., 463.
Roffet (Étienne), dit Le Faulcheur, 150 n., 210 n.
Roffet (Pierre), 145 n.
Rognac (M. de), 56 et n., 57 et n., 97 et n., 103, 113 et n., 123 n., 156 et n., 166 et n., 268 n.
Roset (Claude), 378 n.
Roset (Michel), 322 n.
Roussel (Gérard), 66 n., 121 n., 194 et n., 200 n., 209 et n., 223 n., 445 n., 446, 447 et n., 449 n.
Rousset (François), 227 n.
Ruffi, voy. Roussel (Gérard).
Ruffi (Pierre), 265 n., 333 n., 378 n., 471, 473.
RUMLANG (Éberard DE), N° 829. — 79 n., 81 et n., 147 n., 176 n., 288 n., 305, 306 n., 307 n., 308, 348, 350.
RUMLANG (Jacob DE), N° 908. — 306 n., 348 et n., 350.
Ryd (Valerius Anselm), 288 n.

S

Sadolet (Jacques), cardinal, 6 et n., 12, 13 n., 37 et n., 49 n., 57, 58 n., 73 et n., 86 et n., 103 n., 116, 124 n., 130 n., 216 et n., 239 et n., 258 n., 260 n.
Sagittarius, voy. Archer (Jean l').
Saint-Flour (Antoine de), 139 n.
Saint-Hippolyte (Les magistrats de), 276 et n., 277 et n., 278 et n.

Saint-Symon (Marguerite de), 288 n.
Salel (Hugues), 23 n., 466.
Saliat (Pierre), 23 n.
Salignac, 23 n.
Sam (Conrad), 392 n.
Samuel, rabbin, 18 et n.
Sanctius (Bernard), 393 et n., 394 n., 410 n.
Sapidus, 235 n.
Sapientis, 312 et n.
Sarrasin (Philibert), 297 n.
Saunier ou Sonier (Antoine), 15, 92 n., 117 n., 159 n., 160 n., 383 n., 423 n., 429 n.
Saussure (Antoine de), 297 n., 470.
Sauvage (Denis), 141 n., 143.
Savoie (Louise de), 126 n.
Savoie (Le duc de), voy. Charles III.
Savoye (Claude), 86 n., 159 n.
Saxe (Christine de), 121 n.
Saxe (Georges, duc de), 128 n., 258 n.
Saxe (Henri, duc de), 128 n., 259 et n.
Saxe (Jean-Frédéric, Électeur de), 115 et n., 155 et n., 201 n., 218 n., 219 n., 234 et n., 409 et n., 412 n.
Saxe (Jean le Constant, Électeur de), 234 n.
Scepperus (Cornelius), 201 n.
Schmid (Érasme), voy. Fabricius (Érasme).
Schneider (Pierre), 37 n.
Schnepf (Erhard), 44 n., 257 n.
Scholasticus, voy. Schuler (Gervais).
Schuler (Gervais), 392 et n., 393 n.
Schwenkfeld (Gaspard), 190 n., 392 n.
Schwolsdorf (von), 407 n.
Secerius (Jean), 75 n.
Sedeille ou Sedille (Alexandre), 15 et n., 27 et n., 32, 177 et n., 186 et n., 275 et n.
Seiler (Géryon), 165 n.
Selve (Georges de), 201 n., 209 et n., 223 n.
Sénarpont (Gabriel de), 211 et n.
Senlis (L'évêque de), voy. Petit (Guill.).
Sept (Michel), 324 et n.
Serre, dit Bérard (Jean), 227 n., 228 n.
Seubelsdorfer, 407 n.
Sforza (Christine), 129 n.
Sforza (François), 129 n.
Shaxton (Nicolas), 59 et n.
Siderander (Pierre), 445 n.
SINAPIUS (Jean), N°s 813, 664 a. — 4 n., 5 n., 6, 458 n., 459 n.
Sleidan (Jean), 68 et n., 179 n., 228 n., 236 n., 245 n., 258 n., 314 n., 406 n., 408 n.

INDEX ALPHABÉTIQUE DES NOMS.

Sonerius, voy. Saunier.
Sorel (Jacques), 55, 57 et n., 107 et n., 117 et n., 207 et n., 208 n., 211 et n., 221 et n., 222 et n., 223 et n., 225 et n., 230 n., 231 n., 290 et n., 296, 374 n., 390 n.
Soter (Jean), 17 n.
Starck (Urs), 97 n.
Steiger (Jean), 307 et n.
Stier (Sigismond), 400 et n.
Stoll (Henri), 412 n.
Stordeur (Jean), 166 n., 168 n., 193 n., 275 n.
Strasbourg (Le Conseil de), 26 n., 31 n., 59 et n., 254 n., 310, 331 n., 332, 334, 351, 364, 365 et n., 366 n.
Strasbourg (Les députés de), 119 n., 365 n., 366 et n., 405 n.
Strasbourg (L'École de), 157 n., 243 n.
Strasbourg (L'église française de), 170 et n., 171 n., 326 n., 327 n., 397, 398 et n.
Strasbourg (L'évêque de), 407 et n.
STRASBOURG (Les ministres de). N°˚ 902, 911. — 163 n., 169 n., 184 n., 185 n., 190 n., 191 n., 193 et n., 262 n., 266 n., 310 n., 327 n., 339 n., 382 et n.
Strasbourg (Les professeurs de), 9 n., 339 n.
Stucks (Jean), 75 n.
Sturm (Jacques), 12 n., 39 n., 119 n., 328 n., 365 n., 366 n., 367 n.
Sturm (Jean), 7 n., 10, 12 n., 26 et n., 39 n., 51, 54 et n., 60, 73 et n., 107, 117, 119 et n., 129, 130 et n., 132, 154 et n., 175 et n., 186, 190 et n., 193, 202, 211, 229, 235 n., 244 n., 261 n., 262 et n., 275, 323, 328 n., 329, 337, 364 et n., 365 n., 367 n., 372 n., 398 et n., 399, 445 n., 465.
Sylva, ou Sylvius (Richardus a), voy. Bois (Richard du).
Symard (François), 456 et n.

T

Tabary (François), 445.
TAILLIS (Guillaume DU), N° 897. — 16 et n., 161 n., 185 et n., 199 et n., 256 et n., 324, 325.
Talex (Jean), 396 n.
Taquerony (Claudius), 343 n.
Taurus, voy. Stier (Sigismond).
Teinturier (Nicolas le), 27 n.
Telorus (Joannes), 288 n., 350 n., 471.

Ternier (Les ministres de la Classe de), 38 et n., 106 et n.
Testuz, 215.
Textor (Benoît), 297 n.
Theodoricus (Martinus), 143 n.
Theodorus (Vitus), 179 n.
Thibout ou Thibaut, 9 n., 10 n., 11 n., 12 n.
Thierry (Jean), 180 n.
Thomas, 211, 328.
Thonon (Le bailli de), 29 n., 403 n., 467, 468.
Thonon (Les bourgeois de), 468.
THONON (Les ministres de la Classe de), N° 927. — 27 n., 29 n., 99, 100, 176 et n., 401, 403.
Thylesius (Antonius), 22 n.
Tillet (Les frères du), 247 n., 249 n.
Tillet (Jean du), 65 n., 247 et n., 248 n.
Tillet (Louis du), 39 n., 61 et n., 62, 63 n., 65 n., 69 n., 70 n., 170 et n., 247 n., 249 et n., 250 n.
Tiraqueau (André), 180 n.
Tucker ou Tucher (Théobald), 147 n.
Tordeur (Jean), 166 n.
Tour (François de la), 287 n.
Tour (Godefroi de la), 287 n.
Tournon (François de), cardinal, 85 et n., 86 n.
TOUSSAIN (Pierre), N°˚ 834, 836, 851, 861, 876, 882, 884, 921, 926. — 91 et n., 201 n., 205, 208, 213 et n., 222 n., 262 n., 277 n., 279 n., 280 n., 281 n., 282 n., 283 et n., 290, 294 n., 296 et n., 370, 388, 389, 400 et n.
Travers (Jean), 190 n.
Trèves (L'Électeur de), voy. Metzenhausen (Jean de).
Trimund (Jérémie), 232 n.
Trimund (Jouanas), 232.
TRIMUND (Pierre), N° 864. — 212 n., 226 et n., 231, 232 n., 233 n.
Truchon (Jean), 9 n., 10 et n., 11, 12, 139, 145 et n.
Turnèbe (Adrien), 180 n.
Turtaz (Hugues), 176 et n., 427 n.
Tusan (Jacques), 180 n.
Tusana (Emonda), 146 n.

U

Ubelius (Joannes), 305 n.
Ulattenus (Joannes), 412 n.
Ulricher (Georges), 14 n.

INDEX ALPHABÉTIQUE DES NOMS.

V

Vadian (Joachim), 22 n., 39 n., 120 n., 190 n., 221 n., 260 n., 415 n.
Vaillant (Louis), 139 n.
Val (du), 294 et n.
Val (Jean du), 295 n.
Val (Pierre du), 294 n.
Valangin (La Dame de), 250 et n., 251 n., 285 n., 391 n., 469.
Valier (Jacques), 330 n.
Valla (Laurentius), 20 et n.
Vatable (François), 144 n.
Vand (Les pasteurs du Pays de Vaud), 28 n.
Vaudois de Bohème (Les), 255 n.
Vaudois du Piémont (Les), 123 et n., 124 n., 347 et n.
Vaudois de la Provence (Les), 227 n., 228 n., 397 n., 429 n.
Veeze (Johann von), 168 et n.
Véluzat (Jacques), 251 n.
Venise (Les sénateurs de), 454 n.
Verceil (Le gouverneur de), voy. Genève (Georges de).
Veret (Le capitaine), 107 n.
Vergier (Madame du), 297 et n., 377 n.
Vergy (Guillemette de), voy. Valangin (La dame de).
VERT (Étienne LE), N° 906. — 311 et n., 344, 345.
Viam (Bertin), 228 n.
Viartius (Jacobus), 10 n.
Vicelius (Georges), 128 n., 465.
Vignier (Nicolas), 348 et n.
Vindocin (Jérôme), 206 et n., 207 n.
Vio (Thomas de), 22 n.
VIRET (Pierre), N° 851, 880, 899, 919, 920, 933. — 33, 58, 59 et n., 60, 83 et n., 84 et n., 92 n., 102 n., 118 n., 130 n., 171 et n., 172 n., 181, 182 n., 183 n., 184 et n., 187 n., 188, 198 n., 202, 203 n., 208 et n., 217 n., 221 et n., 222, 223 n., 225 n., 226, 227 n., 228 et n., 229 n., 230, 266 n., 271 et n., 272 et n., 286 et n., 289 n., 295, 308 n., 311, 312, 330 et n., 334, 336, 342 n., 360, 366 et n., 368 n., 374 et n., 375, 379 n., 380 n., 381 et n., 384, 389 et n., 391 n., 415 n., 422, 429 n., 443 n.
Viri (Michel de), 107 n.
Vitus (Theodorus), 128 n.

Vogelsberg (Sébastien), 121 n., 125 n. 126 n., 164 n.
Vogler (Georges), 245 n.
Voulté (Jean), 206 n.

W

Waremberg (Ayma), 240 n.
Waremberg (Dominique), 240 n.
Watteville (Jean-Jacques de), 91 et n., 251 et n., 288 n., 443.
Watteville (Nicolas de), 288 et n.
Webel (Martin), 412 n.
Werdmüller (Othon), 147 et n.
Wicelius (Georges), 69 n., 258 n.
Wied (Hermann de), Électeur de Cologne, 220 et n., 259 et n., 260 n.
Wingarten (Jean de), 470.
Wingarter (Georges), 308, 470.
Wingle (Pierre de), 38 n.
Winter (Robert), 3 n., 330 n.
Wittemberg (Les théologiens de), 73 n.
Wolf (Jean), 253 n.
Wolmar (Melchior), 138 n., 140 n., 141 et n., 142 et n., 145 n., 307 n.
Wolrab (Nicolaus), 466.
Wurtemberg (Christophe de), 213 n., 245 n.
Wurtemberg (Georges de), 91 et n., 190 n., 208 et n., 213 et n., 400 et n.
Wurtemberg (Ulric de), 123 n., 126 n., 141, 419 n.

Y

Yverdon (La Classe d'), 86 n., 174 n.
Yverdon (Le Synode d'), 98 n.
Yvoyre (J.), 288 n.

Z

ZÉBÉDÉE (André), N° 896. — 15 et n., 102, 131 n., 148 et n., 149, 162 et n., 172 n., 184 n., 191, 240 et n., 241, 266 n., 288 n., 321 et n., 323 et n., 325 n., 383 et n.
Zechender (Hans Ulrich), 307 n., 348 et n., 349.
Zell ou Zelles (Guillaume), 212 et n.
Zell (Matthias), 51, 54 et n., 186 n., 229 et n.
Ziegler (Jacob), 22 et n.
Zuiccius, voy. Zwick (Jean).
Zurich (Le Conseil de), 26 n.
Zurich (L'église de), 148, 171 et n.

Zurich (Les ministres de), 163 n., 190 et n., 417 n., 418 n., 461 n.
Zurkinden (Nicolas), 470.
Zwick (Jean), 190 n., 194 et n.

Zwingli (Ulric), 19, 20 n., 21 et n., 76 n., 129 n., 137 n., 148 et n., 149, 150 n., 155 n., 188 et n., 191, 229, 392 n., 414 n., 425 n., 472.

FIN DU TOME SIXIÈME

BIBLIOTHÈQUE NATIONALE

CHÂTEAU
de
SABLÉ
1990

Original en couleur
NF Z 43-120-8

www.ingramcontent.com/pod-product-compliance
Lightning Source LLC
Chambersburg PA
CBHW051139230426
43670CB00007B/866